CODE

DES

LOIS, DÉCRETS ET ORDONNANCES

SUR LES

CONTRIBUTIONS INDIRECTES

LES TABACS ET LES OCTROIS

De 1790 à 1874

Paris. — Soc. d'imp. PAUL DUPONT, 41, rue J.-J.-Rousseau (Cl.)

CODE

LOIS, DÉCRETS ET ORDONNANCES

SUR LES

CONTRIBUTIONS INDIRECTES

LES TABACS ET LES OCTROIS

De 1790 à 1874

SEPTIÈME ÉDITION

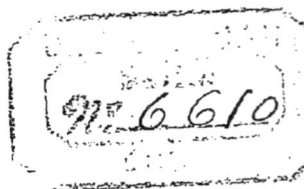

BIBLIOTHÈQUE NATIONALE R. F. IMPRIMÉS

N° 6610

PARIS

IMPRIMERIE ADMINISTRATIVE DE PAUL DUPONT

RUE J.-J.-ROUSSEAU, 41 (HÔTEL DES FERMES).

1884

AVANT-PROPOS

Comme accessoire de la publication des *Annales*, nous avions, en 1843, adressé à nos souscripteurs un recueil succinct des lois promulguées (de 1816 à 1842) pour la perception des contributions indirectes, des droits d'octroi et pour le régime du monopole des tabacs. Plus tard, nous avons, dans un cadre rétrospectif, reproduit le texte des lois, décrets et ordonnances publiés sur ces matières diverses antérieurement à 1816.

L'utilité d'un travail plus complet, plus étendu a été, maintes fois, l'objet de nos méditations. Des dispositions avaient été faites dans ce but, mais les changements survenus dans l'administration supérieure, l'ingérence prolongée du service des douanes si peu en harmonie avec le nôtre, et enfin d'autres considérations qu'il serait superflu de mentionner, ont retardé l'exécution de ce projet.

Aujourd'hui, la nécessité d'un travail de cette nature est démontrée. La revision d'une législation aussi étendue, aussi compliquée que l'est celle des Contributions indirectes est d'autant plus urgente que des modifications profondes ont été récemment apportées aux prescriptions réglementaires en même temps que de nouveaux impôts ont été créés (1).

L'Assemblée nationale a, d'ailleurs, exprimé plusieurs fois, et notamment au cours de la discussion de la loi du 21 juin 1873, le vœu que la concordance des prescriptions anciennes et nouvelles soit méthodiquement résumée dans un code spécial.

C'est pour répondre au désir de l'Assemblée nationale autant qu'à un besoin réel que la rédaction des *Annales* s'est chargée, avec l'assentiment de M. le Conseiller d'État, directeur général (*lettre-circulaire* du 5 janvier 1874), de préparer le travail que nous mettons à la disposition des nombreux agents de l'Administration, des contribuables et de tous ceux qui, dans les actes législatifs intervenus depuis près d'un siècle, ont à discerner ceux qui sont maintenant en vigueur.

Sans parler des laborieuses recherches qu'exigeait la réunion de documents épars dans les anciens recueils ou dans les bulletins officiels, la tâche la moins grande n'a pas été assurément de faire disparaître de nos codes beaucoup de lois surannées dont l'abrogation, non explicitement prononcée, résultait de textes identiques ou contradictoires insérés dans les lois subséquentes. — Sauf quelques exceptions que nous avons admises dans un intérêt purement historique, nous nous sommes attachés à ne publier que les dispositions en vigueur et présentant un véritable caractère d'actualité. C'est dans cet ordre d'idées que nous avons cru inutile de reproduire les décrets relatifs à l'ouverture des bureaux pour la vérification des boissons et autres objets exportés, ceux concer-

---

(1) L'extension des impôts indirects depuis 1870 a été telle, que l'administration des Contributions indirectes qui, en 1869, ne percevait que 646 millions, verse actuellement près *d'un milliard* dans les caisses de l'État.

nant l'institution ou la suppression de bureaux de la garantie et de jaugeage, ou qui ont fixé les prix de vente de certaines espèces de tabacs et de poudres à feu. On trouvera, toutefois, à la fin de l'ouvrage, des tableaux synoptiques indiquant, sous ces divers rapports, l'état actuel de la législation.

Le texte de tous les documents auxquels nous avons donné place a été revu avec soin sur celui des bulletins officiels. Beaucoup de notes et des renvois imprimés en petit texte en expliquent le sens et marquent leur corrélation. Des caractères italiques font ressortir les articles ou fragments d'articles qui ont été modifiés, remplacés ou abrogés par les lois ultérieures.

Enfin, indépendamment de la table chronologique, notre recueil contient une table analytique, qui, sous forme de dictionnaire, résume succinctement l'ensemble des matières relatives à chaque objet différent. Cette dernière partie de notre travail sera, nous l'espérons, favorablement appréciée par tous ceux qui sont chargés de résoudre journellement des questions purement administratives.

Il n'est pas impossible que, dans ce travail, il y ait quelques lacunes ou imperfections ; mais il sera facile de les faire disparaître plus tard, en donnant des feuilles supplémentaires, lorsque de nouvelles dispositions législatives se produiront ou que les règlements seront modifiés.

TABLE CHRONOLOGIQUE

DES

LOIS, DÉCRETS ET ORDONNANCES

DE 1790 A 1874

a

TABLE CHRONOLOGIQUE

CODE

DES

LOIS, DÉCRETS ET ORDONNANCES

SUR LES

CONTRIBUTIONS INDIRECTES

LES TABACS ET LES OCTROIS,

De 1790 à 1874

DÉCRET DU 16 AOUT 1790.

Art. 13. — Les fonctions judiciaires sont distinctes et demeureront toujours séparées des fonctions administratives (1). Les juges ne pourront, à peine de forfaiture, troubler, en quelque manière que ce soit, les opérations des corps administratifs, ni citer devant eux les administrateurs pour raison de leurs fonctions.

DÉCRET DU 1er DÉCEMBRE 1790.

Art. 2. — Les fonctions du tribunal de cassation seront de prononcer sur toutes les demandes en cassation, contre les jugemens rendus en dernier ressort..... (2)

Art. 3. — Il annulera toutes procédures dans lesquelles les formes auront été violées, et tout jugement qui contiendra une

---

(1) Cette disposition est la première qui, dans notre nouvelle législation, ait proclamé le principe de la séparation du pouvoir administratif et du pouvoir judiciaire. Voir le décret du 16 fructidor an III, page 6.

(2) Voir le décret du 2 brumaire an IV, page 6.

contravention expresse au texte de la loi... Sous aucun prétexte et en aucun cas, le tribunal ne pourra connaître du fond des affaires; après avoir cassé les procédures ou le jugement, il renverra le fond des affaires aux tribunaux qui devront en connaître....

Art. 14. — En matière civile, le délai pour se pourvoir en cassation ne sera que de trois mois, du jour de la signification du jugement à personne ou domicile, pour tous ceux qui habitent en France, et sans que, sous aucun prétexte, il puisse être donné des lettres de relief de laps de temps.....

Art. 16. — En matière civile, la demande en cassation n'arrêtera pas l'exécution du jugement, et, dans aucun cas et sous aucun prétexte, il ne pourra être accordé de surséance.

DÉCRET DES 6-22 AOUT 1791.

Celles des dispositions de ce décret dont il doit être fait plus particulièremen application aux contributions indirectes sont reproduites ou rappelées dans l'ordonnance du 11 juin 1816.

TITRE III. — Des acquits-à-caution.

Art. 2. — Les marchandises sujettes à des droits de sortie seront déclarées, vérifiées et expédiées par acquits-à-caution. Ces acquits contiendront la soumission de rapporter, dans le délai qui sera fixé, suivant la distance des lieux, un certificat de l'arrivée ou du passage des marchandises au bureau désigné, ou de payer le double des droits de sortie. Les expéditionnnaires donneront caution solvable, qui s'obligera solidairement avec eux au rapport du certificat de décharge. Si les expéditionnaires préfèrent de consigner le montant des droits de sortie, les registres des déclarations portant lesdites soumissions énonceront, ainsi que les acquits-à-caution, la reconnaissance des sommes consignées.

Art. 5. — Dans le cas où les marchandises devront être expédiées sous plomb, les cordes seront aux frais des expéditionnaires, qui payeront, en outre, chaque plomb...

Art. 6. — Les maîtres et capitaines de bâtiments, et les voituriers, seront tenus de présenter les marchandises dont ils seront chargés, savoir : celles expédiées par mer, au bureau de leur destination; et celles expédiées par terre, aux bureaux de leur passage, en même qualité et quantité que celles énoncées dans l'acquit-à-caution dont ils seront porteurs. Cet acquit ne pourra être déchargé par les préposés auxdits bureaux, qu'après vérification faite de l'état des cordes et plombs, du nombre des ballots et des marchandises y contenues; et il ne sera rien payé pour les certificats de décharge qui devront être inscrits au dos des acquits-à-caution, et signés au moins de deux desdits préposés dans les bureaux où il y aura plusieurs commis. Il est défendu auxdits préposés, à peine de tous dépens, dommages et intérêts, de différer la remise desdits certificats, lorsque les formalités prescrites par les acquits-à-caution auront été remplies, ou qu'il sera rapporté des procès-verbaux dans la forme indiquée par l'article 8 ci-après ; et, pour justifier du refus, le conducteur des marchandises sera tenu d'en faire rédiger acte, qui sera signifié sur-le-champ au receveur du bureau, et aucune preuve par témoins ne sera admise à cet égard.

Art. 7. — Les préposés de la régie ne pourront délivrer de certificats de décharge pour les marchandises qui seront représentées au bureau de la destination ou du passage, après le temps fixé par l'acquit-à-caution ; et, s'il s'agit de marchandises expédiées par mer ou par terre, en empruntant le territoire de l'étranger, elles acquitteront, au bureau où elles seront présentées après ledit délai, les droits d'entrée, comme si elles venaient de l'étranger, sans préjudice du double droit de sortie dans le cas où il en sera dû, et dont le payement sera poursuivi, au lieu du départ, contre les soumissionnaires.

Art. 8. — Les capitaines et maîtres de bâtiments seront admis à justifier qu'ils auront été retardés par des cas fortuits, comme fortune de mer, poursuite d'ennemis et autres accidents, et ce, par des procès-verbaux rédigés à bord, et signés des principaux de l'équipage, ou par des rapports faits aux juges du tribunal qui remplacera celui d'amirauté au lieu de destination, ou aux officiers de la municipalité, à défaut de ce tribunal ; et les procès-verbaux ou rapports seront affirmés devant lesdits juges. Les marchands ou conducteurs des marchandises transportées par terre seront également admis à justifier des retardements qu'ils auront éprouvés pendant la route, en rapportant au bureau de la régie des procès-verbaux en bonne forme, faits par les juges des lieux où ils auront été retenus ; et, à défaut d'établissement d'aucune juridiction, par les officiers municipaux desdits lieux, lesquels procès-verbaux feront mention des circonstances et des causes du retard : dans ces cas, les acquits-à-caution auront leur effet, et les certificats de décharge seront délivrés par les préposés de la régie. Il ne pourra être suppléé par la preuve testimoniale au défaut desdits rapports ou procès-verbaux, qui ne seront admis qu'autant qu'ils auront été déposés au bureau de destination ou de passage, en même temps que les marchandises y auront été représentées.

Art. 9. — Dans le cas où, lors de la visite au bureau de destination ou de passage, les marchandises mentionnées dans l'acquit-à-caution se trouveront différentes dans l'espèce, elles seront saisies, et la confiscation en sera prononcée contre les conducteurs, avec amende de 100 livres, sauf leur recours contre les expéditionnaires. Si la quantité est inférieure à celle portée dans l'acquit-à-caution, il ne sera déchargé que pour la quantité représentée ; en cas d'excédant, il sera soumis au double droit, en observant ce qui est réglé par l'article 19 du titre II (1). Si les marchandises

---

(1) Art. 19. — La déclaration du poids et de la mesure ne sera point exigée

représentées sont prohibées à l'entrée, elles seront confisquées avec amende de 500 livres ; le tout indépendamment des condamnations qui seront poursuivies au bureau du départ contre les soumission- naires et leurs cautions, et d'après leurs soumissions.

Art. 10. — Les soumissionnaires qui rapporteront dans les délais les acquits-à-caution déchargés, certifieront, au dos desdites expéditions, la remise qu'ils en feront; ils seront tenus de déclarer le nom, la demeure et la profession de celui qui leur aura remis le certificat de décharge, pour être procédé, s'il y a lieu, comme à l'égard des falsifications ou altérations de tout genre d'expédi- tions, soit contre les soumissionnaires ou porteurs des expéditions. Dans ce dernier cas, lesdits soumissionnaires et leurs cautions ne seront tenus que des condamnations purement civiles, conformé- ment à leurs soumissions. Le délai pour s'assurer de la vérité du certificat de décharge, et pour intenter l'action, sera de quatre mois; et, après ledit délai, la régie sera non recevable à former au- cune demande.

Art. 11. — Les droits consignés seront rendus aux marchands, et les soumissions qu'eux et leurs cautions auront faites seront annulées en leur présence et sans frais sur le registre, en rappor- tant par eux les acquits-à-caution revêtus des certificats de dé- charge en bonne forme, sauf le cas prévu par l'article précédent.

Art. 12. — Si les certificats de décharge qui devront être déli- vrés dans les bureaux de la destination ou du passage, ne sont pas rapportés dans les délais fixés par les acquits-à-caution, et s'il n'y a pas eu consignation du simple droit à l'égard des marchandises qui y sont soumises, les préposés à la perception, dans les bureaux, décerneront contrainte contre les soumissionnaires et leurs cautions, pour le payement du double droit de sortie.

Art. 14. — Néanmoins, si les soumissionnaires rapportent, dans le terme de six mois après l'expiration du délai fixé par les acquits-à-caution, les certificats de décharge en bonne forme, et délivrés en temps utile, ou les procès-verbaux du refus des pré- posés, les droits, amendes ou autres sommes qu'ils auront payés leur seront remis; ils seront néanmoins tenus des frais faits par la régie, jusqu'au jour du rapport desdites pièces. Après ledit délai de six mois, aucunes réclamations relatives auxdites sommes consignées ou payées ne seront admises, et il en sera compté par la régie au Trésor public. —

TITRE XIII. — De la police générale.

Art. 33. — L'exécution des contraintes ne pourra être sus-

---

pour les marchandises sujettes à coulage; les capitaines ou maîtres de bâti- ments et voituriers devront énoncer seulement, dans leur déclaration, le nombre de futailles, leurs marques et les numéros, les représenter en même quantité que celles portées aux déclarations, lettres de voiture, connaissements et autres expéditions relatives au chargement, et la perception des droits ne sera faite que sur le poids et sur la contenance effectifs.

pendue par aucune opposition ou autre acte, si ce n'est quant à
celles décernées pour défaut de rapport de certificats de décharge
des acquits-à-caution, en consignant le simple droit. Il est défendu
à tous juges, sous les peines portées en l'article précédent (1), de
donner contre lesdites contraintes aucunes défenses ou surséances,
qui seront nulles et de nul effet, sauf les dommages et intérêts de
la partie.

DÉCRET DU 5 SEPTEMBRE 1792.

Art. 5. — Lorsque plusieurs saisies de tabacs auront été faites
séparément sur des inconnus, dans le ressort d'un même tribunal
de district, *et que la valeur de chaque partie saisie n'excédera
pas* 50 *livres en argent*, la régie pourra en demander la confiscation par une seule requête, laquelle contiendra l'estimation de
chaque partie de tabac; il sera statué sur ladite demande par un
seul et même jugement.

Art. 6. — Les dispositions de l'article précédent seront exécutées à l'égard de toutes les saisies faites, sur des inconnus, d'objets qui n'auraient pas été réclamés.

Ces dispositions de la législation des Douanes sont applicables aux contributions
indirectes. — Circ. 138, 31 mai 1813 ; 14, 17 septembre 1816.

LOI DU 30 MARS 1793. — DÉBETS DES COMPTABLES (2).

. . . .

DÉCRET DU 16 JUILLET 1793.

Il ne sera fait par la Trésorerie nationale, et par les caisses des
diverses administrations de la République, aucun payement en vertu
de jugements qui seront attaqués par voie de la cassation, DANS
LES TERMES PRESCRITS PAR LE DÉCRET (3), qu'au préalable, ceux au
profit desquels lesdits jugements auraient été rendus, n'aient donné
bonne et suffisante caution pour sûreté des sommes à eux adjugées.

---

(1) Aux termes de l'article 32, ils répondent, en leur propre et privé nom
des objets pour lesquels les contraintes ont été décernées.
(2) Voir l'arrêté du 8 floréal an x. — Le décret du 1er germinal an XII
et les articles 8, 9, 12 et 13 de la loi du 17 août 1832.
(3) Du 1er décembre 1790. Les mots en petites capitales ont été ajoutés par
un décret du lendemain 17 juillet.

DECRET DU 16 FRUCTIDOR AN III (2 SEPTEMBRE 1795).

Article unique. — Défenses itératives sont faites aux tribunaux de connaître des actes d'administration, de quelque espèce qu'ils soient, aux peines de droit, sauf aux réclamants à se pourvoir devant le comité des finances pour leur être fait droit, s'il y a lieu, en exécution des lois et notamment de celle du 13 frimaire dernier.

DÉCRET DU 2 BRUMAIRE AN IV (24 OCTOBRE 1795).

Art. 14. — Le recours en cassation contre les jugements préparatoires et d'instruction ne sera ouvert qu'après le jugement définitif; mais l'exécution, même volontaire, de tel jugement, ne pourra en aucun cas être opposée comme fin de non-recevoir.

Art. 15. — Il ne sera point admis de relief de laps de temps pour se pourvoir en cassation.

Art. 17. — La requête ou mémoire en cassation, en matière civile, ne sera pas reçue au greffe, et les juges ne pourront y avoir égard, à moins que la quittance de consignation d'amende n'y soit jointe (1).....

LOI DU 14 BRUMAIRE AN V (4 NOVEMBRE 1796).

Art. 1er. — L'article 5 du titre IV de la première partie du règlement de 1738, qui assujettit les demandeurs en cassation à consigner l'amende de 150 livres, ou de 75 livres, selon la nature des jugements (2), sera strictement observée, tant en matière civile qu'en matière de police correctionnelle et municipale.

L'article 2 est supprimé. (Voir la note mise à la fin du décret du 2 brumaire an IV.)

LOI DU 13 FRUCTIDOR AN V (30 AOUT 1797).

TITRE I. — De la récolte en salpêtre (3).

. . . .

(1) La disposition qui suivait, et que l'article 2 de la loi du 14 brumaire an V avait reproduite, dispensait de la consignation les agents de la République et les indigents; mais cette disposition se trouve abrogée de fait, pour les derniers, par l'article 404 du Code de procédure civile. (*Arrêt du Conseil d'Etat du 20 mars 1810.*)

(2) 150 livres pour les jugements contradictoires, 75 livres pour les jugements par défaut; plus le décime, dans l'un et l'autre cas.

(3) Voyez la loi du 10 mars 1819.

TITRE II. — De la fabrication des poudres et de leur distribution.

Art. 16. — Les poudres continueront d'être fabriquées pour le compte *de la République*, et ne pourront l'être que sous la direction et la surveillance de l'administration chargée de cette partie (1).

Voir décret du 17 juin 1865, art. 1, 2, 3 et 4.

Art. 20. — Les armateurs et corsaires continueront d'être approvisionnés par *l'administration des poudres* (2), en raison de la quantité de leurs armes à feu, et sur des états certifiés par le commissaire de la marine du lieu de l'armement.

Art. 21. — La loi du 11 mars 1793 est rapportée. En conséquence, il est défendu à qui que ce soit d'introduire aucunes poudres étrangères dans la *république*, sous peine de confiscation de la poudre, des chevaux et voitures qui en seraient chargés, et d'une amende de 20 fr. 44 c. par kilogramme de poudre (ou 10 francs par livre). Si l'entrée en fraude est faite par la voie de la mer, l'amende sera double, en outre de la confiscation de la poudre.

Voir l'article 10 de la loi du 24 mai 1834, et le décret du 1er mars 1852.

Art. 23. — Les poudres ou salpêtres saisis par les employés des douanes seront par eux déposés au magasin national le plus prochain affecté à ces matières....

Art. 24. — La *fabrication* et la vente des poudres continueront d'être interdites à tous les citoyens autres que ceux qui y seront autorisés par une commission spéciale *de l'administration nationale des poudres* (3).

Il est également interdit aux citoyens qui n'y seraient pas autorisés, de conserver chez eux de la poudre au delà de la *quantité de cinq kilogrammes*.

Le maximum est maintenant fixé à *deux* kilog. — Art. 2 de la loi du 24 mai 1834.

Art. 27. — Ceux qui feront fabriquer illicitement de la poudre seront condamnés à 3,000 *francs d'amende* (4). La poudre, les matières et ustensiles servant à sa confection, seront confisqués, et les ouvriers employés à sa fabrication seront détenus pendant trois mois pour la première fois, et pendant un an en cas de récidive. Le tiers des amendes appartiendra au dénonciateur; le sur-

---

(1) Artillerie. (*Ordonnance du 19 novembre 1817.*)

(2) Par la régie des contributions indirectes. (Voyez l'ordonnance du 19 juillet 1829.)

(3) De l'administration des contributions indirectes. (*Conséquence de l'article 1er de l'ordonnance du 25 mars 1818.*)

(4) 300 francs à 1,000 francs d'amende. Voyez la loi du 25 juin 1841, art. 24.

plus, ainsi que les objets confisqués, seront versés au **Trésor public** et dans les magasins nationaux.

Art. 28. — Tout citoyen qui vendrait de la poudre sans y être autorisé, conformément à l'article 24, sera condamné à une amende de 500 *francs* (1) ; et celui qui en conserverait chez lui plus de *cinq* kilogrammes (2), à une amende de 100 francs.

Dans l'un et l'autre cas, les poudres seront confisquées et déposées dans les magasins nationaux.

Art. 29. — Il est aussi défendu aux gardes des arsenaux de terre et de mer, à tous militaires, ouvriers et employés dans les poudreries, de vendre, donner ou échanger aucune poudre, sous peine de destitution, et d'une détention qui sera de trois mois pour les gardes-magasins et militaires, et d'un an pour les ouvriers et employés des poudreries.

Les ouvriers des raffineries et ateliers nationaux de salpêtre qui en détourneraient les produits encourront les mêmes peines que les ouvriers de poudreries en pareil cas.

Art. 30. — Tout voyageur ou conducteur de voitures qui transportera plus de cinq kilogrammes de poudre, sans pouvoir justifier de leur destination par un passe-port de l'autorité compétente, revêtu du visa de la municipalité du lieu du départ, sera arrêté et condamné à une amende de 20 fr. 44 c. par kilogramme de poudre saisie (ou 10 francs par livre), avec confiscation de la poudre et des chevaux et voitures ; mais si le conducteur n'a pas eu connaissance de la nature du chargement, il aura son recours contre le chargeur qui l'aurait trompé, et qui sera tenu de l'indemniser.

Néanmoins, dans la distance de deux lieues des frontières, les citoyens resteront soumis à tout ce qui est prescrit par les lois pour la circulation dans cette étendue.

Pour les formalités relatives au transport des poudres, voir art. 8 de la loi du 16 mars 1813.

Art. 31. — Les capitaines de navires, de quelque lieu qu'ils viennent, à leur entrée dans des ports maritimes, seront obligés, dans les vingt-quatre heures, de faire au bureau des douanes, ou, à défaut, au commissaire de la marine, la déclaration des poudres qu'ils auront à bord, et de les déposer, dans le jour suivant, dans les magasins nationaux (3), sous peine de 500 francs d'amende : ces poudres leur seront rendues à leur sortie desdits ports.

TITRE III. — Dispositions générales.

Art. 33. — La vente des salpêtres et poudres se fera pour le compte *de la République*, soit dans les magasins nationaux, soit

---

(1) 300 francs à 1,000 francs d'amende. Voyez la loi du 25 juin 1841, art. 24.
(2) Deux kilogrammes. — Voir art. 2 de la loi du 24 mai 1834.
(3) Voir l'article 7 de l'ordonnance du 19 juillet 1829.

par des débitants pourvus de commissions de l'administration *des poudres*.....

Art. 36. — Si un débitant était convaincu de tenir en dépôt ou vendre de la poudre de contrebande, il encourrait, outre la révocation de sa commission, la confiscation des matières prohibées, et une amende de 1,000 *francs* (1).

LOI DU 19 BRUMAIRE AN VI (9 NOVEMBRE 1797).

TITRE Ier.

Section 1re. — Des titres des ouvrages d'or et d'argent.

Art. 1er. — Tous les ouvrages d'orfévrerie et d'argenterie fabriqués en France doivent être conformes aux titres prescrits par la loi, respectivement suivant leur nature.

Art. 2. — Ces titres, ou la quantité de fin contenue dans chaque pièce, s'exprimeront en millièmes. Les anciennes dénominations de karats et de deniers, pour exprimer le degré de pureté des métaux précieux, n'auront plus lieu.

. . . .

Art. 4. — Il y trois titres légaux pour les ouvrages d'or, et deux pour les ouvrages d'argent; savoir pour l'or :

Le premier, de 920 millièmes (ou 22 karats 2/32 et 1/2 environ);

Le second, de 840 millièmes (20 karats 5/32 et 1/8);

Le troisième, de 750 millièmes (18 karats);

Et pour l'argent :

Le premier, de 950 millièmes (11 deniers 9 grains 7/10);

Le second, de 800 millièmes (9 deniers 11 grains 1/2).

Art. 5. — La tolérance des titres pour l'or est de trois millièmes; celles des titres pour l'argent est de cinq millièmes.

Cette tolérance ne peut être abaissée sous prétexte d'usage ou de nécessités commerciales. — (Arr. C. de Paris, 3 décembre 1862.)

Art. 6. — Les fabricants peuvent employer, à leur gré, l'un des titres mentionnés à l'article 4 respectivement pour les ouvrages d'or et d'argent, quelle que soit la grosseur ou l'espèce des pièces fabriquées.

Section 2. — Des poinçons.

Art. 7. — La garantie du titre des ouvrages et matières d'or et d'argent est assurée par des poinçons; ils sont appliqués sur chaque pièce, en suite d'un essai de la matière, et conformément aux règles établies ci-après.

Art. 8. — Il y a pour marquer les ouvrages, tant en or qu'en argent, trois espèces principales de poinçons, savoir:

---

(1) Voir la note 1 et 2 page 8.

Celui du fabricant,
Celui du titre,
Et celui du bureau de garantie.

Il y a d'ailleurs deux petits poinçons, l'un pour les menus ouvrages d'or, l'autre pour les menus ouvrages d'argent trop petits pour recevoir l'empreinte des trois espèces de poinçons précédentes.

Il y a de plus un poinçon particulier pour les vieux ouvrages dits de HASARD (1) :

Un autre pour les ouvrages venant de l'étranger ;

Une troisième sorte pour les ouvrages doublés ou plaqués d'or et d'argent ;

Une quatrième sorte, dite *poinçon de recense*, qui s'applique par l'autorité publique, lorsqu'il s'agit d'empêcher l'effet de quelque infidélité relative aux titres et aux poinçons ;

Enfin, un poinçon particulier pour marquer les lingots d'or ou d'argent affinés.

Art. 9. — Le poinçon du fabricant porte la lettre initiale de son nom, avec un symbole : il peut être gravé par tel artiste qu'il lui plaît de choisir, en observant les formes et proportions établies par l'administration des monnaies (2).

Art. 10. — Les poinçons de titre ont pour empreinte *un coq* (3), avec l'un des chiffres arabes 1, 2, 3, indicatif des premier, second et troisième titres, fixés dans la précédente section. Ces poinçons sont uniformes dans toute *la République.* Chaque sorte de ces poinçons a d'ailleurs une forme particulière qui la différencie aisément à l'œil.

Art. 11. — Le poinçon de chaque bureau de garantie a un signe caractéristique particulier, qui est déterminé par l'administration des monnaies.

Ce signe est changé toutes les fois qu'il est nécessaire, pour prévenir les effets d'un vol ou d'une infidélité.

Art. 12. — Le petit poinçon destiné à marquer les menus ouvrages d'or a pour empreinte *une tête de coq*; celui pour les menus ouvrages d'argent porte *un faisceau* (4).

Art. 13. — *Le poinçon de vieux destiné uniquement à marquer les ouvrages dits* de hasard *représente une hache.*

Celui pour marquer les ouvrages venant de l'étranger contient *les lettres E T* (5).

Le poinçon dit *de vieux* a été supprimé par l'ordonnance du 5 mai 1819.

Art. 14. — Le poinçon de chaque fabricant de doublé ou de plaqué a une forme particulière déterminée par l'administration des monnaies. Le fabricant ajoute, en outre, sur chacun de ses

---

(1) Le poinçon pour les vieux ouvrages dits *de hasard* a été supprimé par l'ordonnance du 5 mai 1819, art. 2.

(2, 3, 4 et 5) Les empreintes des poinçons ont été changées par diverses ordonnances, et, en dernier lieu, par celle du 30 juin 1835.

ouvrages, des chiffres indicatifs de la quantité d'or et d'argent qu'il contient.

Art. 15. — Le poinçon de recense est également déterminé par l'administration des monnaies, qui le différencie à raison des circonstances.

Art. 16. — Le poinçon destiné à marquer les lingots d'or ou d'argent affinés est aussi déterminé par l'administration des monnaies : il est uniforme dans toute la France.

Art. 17. — Tous les poinçons désignés dans les articles 10, 11, 12, 13, 15 et 16 sont fabriqués par le graveur des monnaies (1), qui les fait parvenir dans les divers bureaux de garantie, et en conserve les matrices.

. Le poinçon destiné pour les lingots affinés n'est déposé que dans les bureaux de garantie dans l'arrondissement desquels il se trouve des affineurs, et à la chambre de délivrance de la monnaie de Paris, pour l'affinage national.

Art. 18. — Lorsqu'on ne fait point usage de ces poinçons, ils sont enfermés dans une caisse à trois serrures, et sous la garde des employés des bureaux de garantie, comme il sera dit ci-après (2).

Art. 19. — Les fabricants de faux poinçons et ceux qui en feraient usage seront condamnés à *dix années de fers* (3), et leurs ouvrages confisqués.

Art. 20. — Les poinçons servant actuellement à constater les titres et l'acquit des droits de marque seront biffés immédiatement après que les poinçons ordonnés par la présente loi (4) seront en état d'être employés.

TITRE II. — Des droits de garantie sur les ouvrages et matières d'or et d'argent.

Art. 21. — Il sera perçu un droit de garantie sur les ouvrages d'or et d'argent de toute sorte, fabriqués à neuf.

Ce droit sera de 20 *francs* (5) par hectogramme (trois onces deux

---

(1) Sous la surveillance de l'administration des monnaies. Voyez la loi du 26 frimaire an vi.

(2) Articles 45 et 55.

(3) *Code pénal*, art. 140. Ceux qui auront contrefait ou falsifié, soit un ou plusieurs timbres nationaux, soit les marteaux de l'Etat servant aux marques forestières, soit le poinçon ou les poinçons servant à marquer les matières d'or et d'argent, ou qui auront fait usage des papiers, effets, timbres, marteaux ou poinçons falsifiés ou contrefaits, seront punis des travaux forcés à temps, dont le maximum sera toujours appliqué dans ce cas.

Art. 141. — Sera puni de la réclusion quiconque s'étant indûment procuré les vrais timbres, marteaux ou poinçons ayant l'une des destinations exprimées en l'article 140, en aura fait une application ou usage préjudiciable aux droits ou intérêts de l'Etat.

(4) De même aussi par les ordonnances subséquentes.

(5) 30 francs en principal. Art. 1er de la loi du 30 mars 1872.

gros douze grains) d'or et de 1 franc(1) par hectogramme d'argent, non compris les frais d'essai ou de touchaud (2).

Le droit fixé par cet article est applicable à l'Algérie. (Décret du 11 juin 1872.)

Art. 22. — Il ne sera rien perçu sur les ouvrages d'or et d'argent dits *de hasard*, remis dans le commerce ; ils ne sont assujettis qu'à être marqués une seule fois *du poinçon de vieux ordonné par l'article 8 de la présente loi* (3).

Art. 23. — Les ouvrages d'or et d'argent venant de l'étranger devront être présentés aux employés des douanes sur les frontières de *la République,* pour y être déclarés, pesés, plombés et envoyés *au bureau de garantie le plus voisin,* où ils seront marqués *du poinçon E T,* et payeront des droits égaux à ceux qui sont perçus pour les ouvrages d'or et d'argent fabriqués en France.

Les ouvrages d'or et d'argent importés, à l'exception de l'horlogerie, peuvent être marqués dans tous les bureaux indistinctement. (Art. 1er de l'ordonnance du 28 juillet 1840.)

Sont exceptés des dispositions ci-dessus : 1° les objets d'or et d'argent appartenant aux ambassadeurs et envoyés des puissances étrangères ;

2° Les bijoux d'or à l'usage personnel des voyageurs, et les ouvrages en argent servant également à leur personne, pourvu que leur poids n'excède pas en totalité cinq hectogrammes (seize onces, deux gros, soixante grains et demi).

Art. 24. — Lorsque les ouvrages d'or et d'argent venant de l'étranger, et introduits en France en vertu des exceptions de l'article précédent, seront mis dans le commerce, ils devront être portés aux bureaux de garantie, pour y être marqués du poinçon destiné à cet effet ; et il sera payé, pour lesdits ouvrages, le même droit que pour ceux fabriqués en France.

Art. 25. — Lorsque les ouvrages neufs d'or et d'argent fabriqués en France, et ayant acquitté les droits, sortiront de *la République* comme vendus ou pour l'être à l'étranger, les droits de garantie seront restitués au fabricant, *sauf la retenue d'un tiers* (4).

En cas d'exportation d'ouvrages d'or et d'argent, les droits sont restitués *en entier.* (Art. 2 de la loi du 30 mars 1872.)

Art. 26. — Cette restitution sera faite *par le bureau de garantie qui aura perçu les droits sur lesdits ouvrages, ou, à défaut de fonds, par une traite sur le bureau de garantie de Paris* (5).

---

(1) 1 fr. 60 en principal. — (Loi du 30 mars 1872, art. 1er.)
(2) Plus les décimes. (*Lois des 6 prairial an* VII, *art.* 1er, 28 avril 1816, art. 232, 14 juillet 1855 et 30 décembre 1873.)
(3) Voyez la note de la page 10 n° 1.
(4) L'exportation peut, sous certaines conditions, avoir lieu en franchise complète du droit. (*Loi du 10 août* 1839, *art.* 16.)
(5) Comme toutes les autres restitutions de droits, celle-ci s'opère maintenant par les caisses de la régie des contributions indirectes, en vertu d'un ordonnancement du ministre des finances.

Cette restitution n'aura lieu cependant que sur la représentation d'un certificat de l'administration des douanes, muni de son sceau particulier, et qui constate la sortie de France desdits ouvrages.

Ce certificat devra être rapporté dans le délai de trois mois.

Art. 27. — Le *Directoire exécutif* désignera les communes maritimes et continentales par lesquelles il sera permis de faire sortir de *la République* les ouvrages d'or et d'argent.

Art. 28. — Les ouvrages déposés au mont-de-piété, et dans les autres établissements destinés à des ventes ou à des dépôts de ventes, sont assujettis à payer les droits de garantie, lorsqu'ils ne les ont pas acquittés avant le dépôt (1).

Art. 29. — Les lingots d'or et d'argent affinés payeront un droit de garantie avant de pouvoir être mis dans le commerce (2).

Ce droit sera :

Pour l'or, de 8 francs 18 centimes par kilogramme (ou 2 francs par marc) ;

Et pour l'argent, de 2 francs 4 centimes par kilogramme (ou 10 sous par marc) ;

Les lingots dits *de tirage* ne payeront qu'un droit de 82 centimes par kilogramme (ou 4 sous par marc) (3).

TITRE III. — Dispositions transitoires.

.   .   .   .

TITRE IV. — Des bureaux de garantie.

Art. 34. — Il y aura des bureaux de garantie établis pour faire essai et constater les titres des ouvrages d'or et d'argent, ainsi que des lingots de ces matières qui y seraient apportés, et pour percevoir, lors de la marque de ces ouvrages ou matières, les droits imposés par la loi.

Art. 35. — Ces bureaux seront placés dans les communes où ils seront le plus avantageux au commerce ; le nombre en est fixé provisoirement *à deux cents au plus* (4) pour toute la France. Le placement de ces bureaux et les lieux compris dans leur arrondissement seront déterminés par le *Directoire exécutif,* sur la demande motivée des administrations de département et sur l'avis de celle des monnaies (5).

---

(1) Voyez le décret du 8 thermidor an XIII.
(2) Voir l'arrêté du 19 messidor an IX.
(3) Ces droits sont accrus des décimes. Voyez la note 2 de la page 12.
(4) Voyez bureaux de garantie actuels. — Établissement de bureaux en Algérie. Voyez *Décrets* des 24 juillet 1867 et 9 octobre 1865.
(5) Ainsi que de celle des contributions indirectes. (*Induction de l'ordonnance du 5 mai* 1820.) Par l'effet de cette ordonnance, la régie des contributions indirectes exerce aujourd'hui la plupart des attributions que la loi ci-dessus conférait à celles de l'enregistrement et des monnaies.

Art. 36. — Les bureaux de garantie seront composés de trois employés, savoir : un essayeur, un receveur et un contrôleur; mais, à Paris et dans les communes populeuses, le ministre des finances pourra autoriser un plus grand nombre d'employés, à raison des besoins du commerce.

Art. 37. — L'administration des monnaies surveillera les bureaux de garantie relativement à la partie d'art et au maintien de l'exactitude des ouvrages d'or et d'argent mis dans le commerce.

Art. 38. — La régie *de l'enregistrement* (1) surveillera les bureaux de garantie relativement aux dépenses et au recouvrement des droits à percevoir.

Art. 39. — L'essayeur de chaque bureau de garantie sera nommé par l'administration du département (2) où ce bureau est placé ; mais il ne pourra en exercer les fonctions qu'après avoir obtenu de l'administration des monnaies un certificat de capacité (3), aux mêmes conditions prescrites par l'article 59 de la loi du 22 vendémiaire, sur l'organisation des monnaies (4).

Art. 40.—La régie *de l'enregistrement* (5) nommera le receveur de chaque bureau de garantie, ou en fera faire les fonctions par l'un de ses préposés, dans les communes où cette cumulation de fonctions ne serait nuisible ni à l'un ni à l'autre service.

Art. 44. — Les contrôleurs des bureaux de garantie seront nommés par le ministre des finances, *sur la proposition* de l'administration des monnaies (6).

Modifié par l'article 3 de l'ordonnance du 5 mai 1820.

Art. 42. — Les receveurs n'auront d'autre rétribution que celle qui leur est allouée pour les frais de chaque essai d'or et d'argent(6), ainsi qu'il sera dit dans le titre suivant (7).

Art. 43. — Les traitements des receveurs et des contrôleurs seront gradués à raison de l'importance et de l'étendue de leurs fonctions : ces traitements ne pourront excéder, savoir : 3,000 francs à Paris, 2,400 francs dans les communes au dessus de cinquante mille âmes, et 1,800 francs dans les autres.

Le traitement des receveurs et contrôleurs est porté au budget de la régie. — (Voir art. 9 de l'ordonnance du 5 mai 1820.)

Art. 44. — L'essayeur se pourvoira, à ses frais, de tout ce qui

---

(1) La régie des contributions indirectes (*Art. 80 de la loi du 5 ventôse an* VII.)

(2) Le préfet.

(3) Voyez la loi du 13 germinal an VI, art. 2.

(4) Texte de l'article 59 de la loi du 22 vendémiaire an IV :

« Les citoyens qui se présenteront pour exercer les fonctions d'essayeur pour le commerce subiront le même examen sans concours. — Lorsqu'ils auront été jugés posséder les qualités requises pour leurs fonctions, l'administration leur délivrera un certificat de capacité. »

(5) De concert avec l'administration des contributions indirectes. (*Art. 3 de l'ordonnance du 5 mai* 1820.)

(6) Voir l'article 1er de la loi du 13 germinal an VI.

(7) Voyez art. 62, page 17.

est nécessaire à l'exercice de ses fonctions; l'administration des monnaies fournira au bureau les poinçons et la machine à estamper : les frais de registres et autres seront réglés par la régie de *l'enregistrement* (1), sous l'approbation du ministre des finances. L'administration du département procurera un local convenable au bureau, qui devra être placé, autant que possible, dans celui de la municipalité du lieu.

Art. 45. — L'essayeur, le receveur et le contrôleur du bureau de garantie auront chacun une des clefs de la caisse dans laquelle seront renfermés les poinçons.

Art. 46. — Les employés des bureaux qui calqueraient les poinçons, ou qui en feraient usage sans observer les formalités prescrites par la loi, seront destitués et condamnés à un an de détention.

Art. 47. — Aucun employé aux bureaux de garantie ne laissera prendre de calque, ni ne donnera de description, soit verbale, soit par écrit, des ouvrages qui sont au bureau, sous peine de destitution.

TITRE V. — Des fonctions des employés des bureaux de garantie.

Art. 48. — L'essayeur ne recevra les ouvrages d'or et d'argent qui lui seront présentés pour être essayés et titrés, que lorsqu'ils auront l'empreinte du poinçon du fabricant et qu'ils seront assez avancés pour qu'en les finissant ils n'éprouvent aucune altération.

Art. 49. — Les ouvrages provenant de différentes fontes devront être envoyés au bureau de garantie dans des sacs séparés, et l'essayeur en fera l'essai séparément.

Art. 50. — Il n'emploiera dans ses opérations que les agents chimiques et substances provenant du dépôt établi dans l'hôtel des monnaies de Paris ; mais les frais de transport de ces substances et matières seront compris dans les frais d'administration du bureau.

Art. 51. — L'essai sera fait sur un mélange des matières prises sur chacune des pièces provenant de la même fonte. Ces matières seront grattées ou coupées, tant sur les corps des ouvrages que sur les accessoires, de manière que les formes et les ornements n'en soient pas détériorés.

Art. 52. — Lorsque les pièces auront une languette forgée ou fondue avec leur corps, c'est en partie sur cette languette, et en partie sur le corps de l'ouvrage, que l'on fera la prise d'essai.

Art. 53. — Lorsque les ouvrages d'or et d'argent seront à l'un des titres prescrits respectivement pour chaque espèce par l'article 4 de la présente loi, l'essayeur en inscrira la mention sur un registre destiné à cet effet, et qui sera coté et paraphé par l'administration

(1) Voyez note 1, page précédente.

départementale : lesdits ouvrages seront ensuite donnés au receveur, avec un extrait du registre de l'essayeur, indiquant le titre trouvé.

Art. 54. — Le receveur pèsera les ouvrages qui lui seront ainsi transmis, et percevra le droit de garantie qu'ils doivent conformément à la loi. Il fera ensuite mention, sur son registre, qui sera coté et paraphé comme celui de l'essayeur, de la nature des ouvrages, de leur titre, de leur poids, et de la somme qui lui aura été payée pour l'acquittement du droit ; enfin il inscrira sur l'extrait du registre de l'essayeur le poids des ouvrages, la mention de l'acquittement du droit, et remettra le tout au contrôleur.

Art. 55.—Le contrôleur aura un registre coté et paraphé comme ceux de l'essayeur et du receveur ; il y transcrira l'extrait du registre accompagnant chaque pièce à marquer ; et, conjointement avec le receveur et l'essayeur, il tirera de la caisse à trois serrures le poinçon du bureau et celui indicatif du titre, soit de l'or, soit de l'argent, ou le poinçon dont les menus ouvrages doivent être revêtus, et il les appliquera en présence du propriétaire (1).

Art. 56. — Les ouvrages d'or et d'argent qui, sans être au-dessous du plus bas des titres fixés par la loi, ne seraient pas précisément à l'un d'eux, seront marqués au titre légal immédiatement inférieur à celui trouvé par l'essai, ou seront rompus, si le propriétaire le préfère.

Art. 57. — Lorsque le titre d'un ouvrage d'or ou d'argent sera trouvé inférieur au plus bas des titres prescrits par la loi, il pourra être procédé à un second essai, mais seulement sur la demande du propriétaire.

Si le second essai est confirmatif du premier, le propriétaire payera le double essai, et l'ouvrage lui sera remis après avoir été rompu en sa présence.

Si le premier essai est infirmé par le second, le propriétaire n'aura qu'un seul essai à payer.

Art. 58. — En cas de contestation sur le titre, il sera fait une prise d'essai sur l'ouvrage pour être envoyée, sous les cachets du fabricant et de l'essayeur, à l'administration des monnaies, qui la fera essayer dans son laboratoire en présence de l'inspecteur des essais.

Art. 59. — Pendant ce temps, l'ouvrage présenté sera laissé au bureau de garantie, sous les cachets de l'essayeur et du fabricant ; et lorsque l'administration des monnaies aura fait connaître le résultat de son essai, l'ouvrage sera définitivement titré et marqué conformément à ce résultat.

Art. 60. — Si c'est l'essayeur qui se trouve avoir été en défaut, les frais de transport et d'essai seront à sa charge : au cas contraire, ils seront supportés par le propriétaire de l'objet.

_____

(1) Voyez l'arrêté du 13 prairial an VII, qui attribue au contrôleur la direction du service et la police du bureau.

Art. 61. — Lorsqu'un ouvrage d'or, d'argent ou de vermeil, quoique marqué d'un poinçon indicatif de son titre, sera soupçonné de n'être pas au titre indiqué, le propriétaire pourra l'envoyer à l'administration des monnaies, qui le fera essayer avec les formalités prescrites pour l'essai des monnaies.

Si cet essai donne un titre plus bas, l'essayeur sera dénoncé aux tribunaux et condamné pour la première fois à une admende de 200 francs; pour la seconde, à une amende de 600 francs, et la troisième fois il sera destitué.

Art. 62. — Le prix d'un essai d'or, de doré, et d'or tenant argent, est fixé à trois francs, et celui d'argent à quatre-vingts centimes (16 sous).

Voir art. 3 de la loi du 30 mars 1872.

Art. 63. — Dans tous les cas, les cornets et boutons d'essai seront remis au propriétaire de la pièce.

Art. 64. — L'essai des menus ouvrages d'or par la pierre de touche sera payé neuf centimes par décagrammes (deux gros quarante-quatre grains et demi environ) d'or.

Art. 65. — Si l'essàyeur soupçonne aucun des ouvrages d'or, de vermeil ou d'argent d'être fourré de fer, de cuivre ou de toute autre matière étrangère, il le fera couper en présence du propriétaire. Si la fraude est reconnue, l'ouvrage sera saisi et confisqué, et le délinquant sera dénoncé aux tribunaux, et condamné à une amende de vingt fois la valeur de l'objet.

Mais, dans le cas contraire, le dommage sera payé sur-le-champ au propriétaire, et passé en dépense comme frais d'administration.

Art. 66. — Les lingots d'or et d'argent non affinés qui seraient apportés à l'essayeur du bureau de garantie pour être essayés, le seront par lui, sans autres frais que ceux fixés par la loi pour les essais. Ces lingots, avant d'être rendus au propriétaire, seront marqués du poinçon de l'essayeur, qui, en outre, insculpera son nom des chiffres indicatifs du vrai titre, et un numéro particulier.

L'essayeur fera mention de ces divers objets sur son registre, ainsi que du poids des matières essayées.

Art. 67. — L'essayeur qui contreviendrait au précédent article serait condamné à une amende de 100 francs pour la première fois, de 200 francs pour la seconde, et la troisième fois il serait destitué.

Art. 68. — L'essayeur d'un bureau de garantie peut prendre, sous sa responsabilité, autant d'aides que les circonstances l'exigeront (1).

Art. 69. — Le receveur et le contrôleur du bureau de garantie feront respectivement mention sur leurs registres de l'apposition qu'ils auront faite, *soit du poinçon de vieux*, soit de celui d'étran

_____

(1) Voyez l'ordonnance du 26 juillet 1842.

ger, soit de celui de recense, sur les ouvrages qui auront dû en-être revêtus, ainsi que du poinçon de garantie sur les lingots affi-nés, de la perception des droits qui aura pu en résulter, et du poids de chaque objet.

Art. 70. — Le contrôleur visera les états de recettes et de dépenses de bureau (1).

Art. 71. — Les employés des bureaux de garantie feront les recherches, saisies ou poursuites, dans le cas de contravention à la présente loi, comme il sera dit au titre VIII.

TITRE VI.

Section 1re. — Des obligations des fabricants et marchands d'ouvrages d'or et d'argent.

Art. 72. — Les anciens fabricants d'ouvrages d'or et d'argent, et ceux qui voudront exercer cette profession, sont tenus de se faire connaître à l'administration du département et à la municipalité du canton où ils résident, et de faire insculper dans ces deux admi-nistrations leur poinçon particulier, avec leur nom, sur une plan-che de cuivre à ce destinée. L'administration de département veillera à ce que le même symbole ne soit pas employé par deux fabricants de son arrondissement.

Art. 73. — Quiconque se borne au commerce d'orfévrerie sans entreprendre la fabrication, n'est tenu que de faire sa déclaration à la municipalité de son canton, et est dispensé d'avoir un poinçon.

Art. 74. — Les fabricants et marchands d'or et d'argent, ou-vrés ou non ouvrés, auront, un mois au plus tard après la publica-tion de la présente loi, un registre coté et paraphé par l'adminis-tration municipale, sur lequel ils inscriront la nature, le nombre, le poids et le titre des matières et ouvrages d'or et d'argent qu'ils achèteront ou vendront, avec les noms et demeures de ceux de qui ils les auront achetés.

Art. 75. — Ils ne pourront acheter que de personnes connues ou ayant des répondants à eux connus.

Art. 76. — Ils sont tenus de présenter leurs registres à l'auto-rité publique toutes les fois qu'ils en seront requis.

Art. 77. — Ils porteront au bureau de garantie, dans l'arron-dissement duquel ils sont placés, leurs ouvrages, pour y être es-sayés, titrés et marqués, ou, s'il y a lieu, être simplement revêtus de l'une des empreintes de poinçon prescrites à la deuxième section du titre Ier.

Art. 78. — Ils mettront dans le lieu le plus apparent de leurs magasins ou boutiques, un tableau énonçant les articles de la pré-sente loi, relatifs aux titres et à la vente des ouvrages d'or et d'argent.

Art. 79. — Ils remettront aux acheteurs des bordereaux énonciatifs de l'espèce, du titre et du poids des ouvrages qu'ils leur auront vendus, en désignant si ce sont des ouvrages neufs ou vieux.

Ces bordereaux, préparés d'avance, et qui seront fournis au fabricant ou marchand par la régie *de l'enregistrement*, auront, *dans toute la République*, le même formulaire, qui sera imprimé (1). Le vendeur y écrira à la main la désignation de l'ouvrage vendu, soit en or, soit en argent, son poids et son titre, distingués par ces mots : PREMIER, SECOND OU TROISIÈME, suivant la réalité ; il y mettra de plus le nom de la commune où se fera la vente, avec la date et sa signature.

Art. 80. — Les contrevenants à l'une des dispositions prescrites dans les huit articles précédents seront condamnés, pour la première fois, à une amende de 200 fr. ; pour la seconde, à une amende de 500 francs avec affiche, à leurs frais, de la condamnation, dans toute l'étendue du département; la troisième fois, l'amende sera de 1,000 francs, et le commerce de l'orfévrerie leur sera interdit, sous peine de confiscation de tous les objets de leur commerce.

Art. 81. — Les articles 73, 74, 75, 76, 78, 79 et 80 sont applicables aux fabricants et marchands de galons, tissus, broderies ou autres ouvrages en fil d'or ou d'argent.

Le 2e paragraphe de cet article concernant les pénalités a été remplacé par l'article 423 du Code pénal (2).
Art. 82 à 85 (Dispositions transitoires).

Art. 86. — Les joailliers ne sont pas tenus de porter aux bureaux de garantie les ouvrages montés en pierres fines ou fausses, et en perles, ni ceux émaillés dans toutes les parties, ou auxquels sont adaptés des cristaux (3) ; mais ils auront un registre coté et paraphé comme celui des marchands et fabricants d'ouvrages d'or et d'argent, à l'effet d'y inscrire, jour par jour, les ventes et les achats qu'ils auront faits.

Art. 87. — Ils seront tenus, comme les fabricants et marchands orfèvres, de donner aux acheteurs un bordereau, *qui sera également fourni par la régie de l'enregistrement*, et sur lequel ils décriront la nature, la forme de chaque ouvrage, ainsi que la qua-

---

(1) Cette disposition est depuis longtemps sans exécution.

(2) Article 423 du Code pénal : « Quiconque aura trompé l'acheteur sur le titre des matières d'or et d'argent, sur la qualité d'une pierre fausse vendue pour fine, sur la nature de toutes marchandises ; quiconque, par usage de faux poids ou de fausses mesures, aura trompé sur la quantité des choses vendues, sera puni de l'emprisonnement, pendant trois mois au moins, un an au plus, et d'une amende qui ne pourra excéder le quart des restitutions et dommages-intérêts, ni être au-dessous de 50 francs.

« Les objets du délit ou leur valeur, s'ils appartiennent encore au vendeur, seront confisqués. Les faux poids et les fausses mesures seront aussi confisqués et, de plus, seront brisés. »

(3) Voyez l'arrêté interprétatif du 1er messidor an VI, page 29.

lité des pierres dont il sera composé, et qui sera daté et signé par eux.

Art. 88. — La contravention aux deux articles précédents sera punie des mêmes peines portées en pareil cas contre les marchands orfèvres.

Art. 89. — Il est aussi interdit aux joailliers de mêler dans les mêmes ouvrages des pierres fausses avec les fines, sans le déclarer aux acheteurs, à peine de restituer la valeur qu'auraient eue les pierres si elles avaient été fines, et de payer en outre une amende de 300 francs ; l'amende sera triple la seconde fois, et la condamnation affichée dans tout le département, aux frais du délinquant ; la troisième fois, il sera déclaré incapable d'exercer la joaillerie, et les effets composant son magasin seront confisqués.

Art. 90. — Lorsqu'un orfèvre mourra, son poinçon sera remis, dans l'espace de cinq décades après le décès, au bureau de garantie *de son arrondissement,* pour y être biffé de suite.

Pendant ce temps, le dépositaire du poinçon sera responsable de l'usage qui en sera fait, comme le sont les fabricants en exercice.

Art. 91. — Si un orfèvre ou fabricant quitte le commerce, il remettra son poinçon au bureau de garantie *de l'arrondissement* pour y être biffé devant lui; s'il veut s'absenter pour plus de six mois, il déposera son poinçon au bureau de garantie, et le contrôleur fera poinçonner les ouvrages fabriqués chez lui en son absence.

Section 2. — Des obligations des marchands d'ouvrages d'or et d'argent ambulants.

Art. 92. — Les marchands d'ouvrages d'or et d'argent ambulants ou venant s'établir en foire, sont tenus, à leur arrivée dans une commune, de se présenter à l'administration municipale, ou à l'agent de cette administration dans les lieux où elle ne réside pas, et de lui montrer les bordereaux des orfèvres qui leur auront vendu les ouvrages d'or et d'argent dont ils sont porteurs.

Art. 93. — La municipalité ou l'agent municipal fera examiner les marques de ces ouvrages par des orfèvres, ou, à défaut, par des personnes connaissant les marques et poinçons, afin d'en constater la légitimité.

Art. 94. — L'administration municipale, ou son agent, fera saisir et remettre au tribunal de police correctionnelle du canton les ouvrages d'or et d'argent qui ne seraient pas accompagnés de bordereaux, ou ne seraient pas marqués *du poinçon de vieux ou de recense,* ainsi qu'il est prescrit à l'article 92, ou les ouvrages dont les marques paraîtraient contrefaites, ou enfin ceux qui n'auraient pas été déclarés conformément audit article 92.

Le tribunal de police correctionnelle appliquera aux délits des marchands ambulants les mêmes peines portées dans la présente loi, contre les orfèvres, pour des contraventions semblables.

TITRE VII. — De la fabrication du plaqué et doublé d'or et d'argent sur tous métaux (1).

Art. 95. — Quiconque veut plaquer ou doubler l'or et l'argent sur le cuivre ou sur tout autre métal, est tenu d'en faire la déclaration à sa municipalité, à l'administration de son département et *à celle des monnaies.*

Art. 96. — Il peut employer l'or et l'argent dans telle proportion qu'il le juge convenable.

Art. 97. — Il est tenu de mettre sur chacun de ces ouvrages son poinçon particulier, qui a dû être déterminé par l'administration des monnaies, ainsi qu'il est dit article 14 de la présente loi. Il ajoutera à l'empreinte de ce poinçon celle de chiffres indicatifs de la quantité d'or ou d'argent contenue dans l'ouvrage, sur lequel il sera en outre empreint, en toutes lettres, le mot DOUBLÉ.

Art. 98. — Le fabricant de doublé transcrira, jour par jour, les ventes qu'il aura faites, sur un registre coté et paraphé par l'administration municipale. *Il lui sera fourni par la régie de l'enregistrement des bordereaux en blanc, comme aux orfévres et joailliers;* et il sera tenu de remettre à chaque acheteur un de ces bordereaux, daté et signé par lui, et rempli de la désignation de l'ouvrage, de son poids et de la quantité d'or et d'argent qui y est contenue.

Art. 99. — En cas de contravention aux deux articles précédents, les ouvrages sur lesquels portera la contravention seront confisqués, et en outre, le délinquant sera condamné à une amende qui sera, pour la première fois, de dix fois la valeur des objets confisqués; pour la seconde fois, du double de la première, avec affiche de la condamnation dans toute l'étendue du département, aux frais du délinquant; enfin, la troisième fois, l'amende sera quadruple de la première, et le commerce, ainsi que la fabrication d'or et d'argent, seront interdits au délinquant, sous peine de confiscation de tous les objets de son commerce.

Art. 100. — Le fabricant de doublé est assujetti, comme le marchand orfévre, et sous les mêmes peines, à n'acheter des matières ou ouvrages d'or et d'argent, que de personnes connues ou ayant des répondants à eux connus.

TITRE VIII. — Des formes à observer dans les recherches, saisies et poursuites relatives aux contraventions à la présente loi.

Art. 101. — Lorsque les employés d'un bureau de garantie auront connaissance d'une fabrication illicite de poinçons, le receveur ou le contrôleur, accompagnés d'un officier municipal (2), se

---

(1) Les dispositions du titre VII sont applicables aux fabricants d'ouvrages dorés ou argentés par les procédés galvaniques ou électro-chimiqu s. (Décret du 26 mars 1860.)

(2) Ou d'un commissaire de police, en vertu de la loi du 28 pluviôse an VIII.

transporteront dans l'endroit ou chez le particulier qui leur aura été indiqué, et y saisiront les faux poinçons, les ouvrages et lingots qui en seraient marqués, ou enfin les ouvrages achevés et dépourvus de marque qui s'y trouveraient; ils pourront se faire accompagner, au besoin, par l'essayeur ou par un de ses agents.

Art. 102. — Il sera dressé à l'instant, et sans déplacer, procès-verbal de la saisie et de ses causes, lequel contiendra les dires de toutes les parties intéressées, et sera signé d'elles; ledit procès-verbal sera remis dans le délai d'une *décade* au plus, au *commissaire du Directoire exécutif* (*procureur du roi*) près le tribunal de police correctionnelle, qui demeure chargé de faire la poursuite, également dans le délai d'une *décade* (*dix jours*).

Art. 103. — Les poinçons, ouvrages ou objets saisis, seront mis sous les cachets de l'officier municipal, des employés du bureau de garantie présents, et de celui chez lequel la saisie aura été faite, pour être déposés, sans délai, au greffe du tribunal de police correctionnelle.

Art. 104. — Dans le cas où le tribunal prononcerait la confiscation des objets saisis, ils seront remis au receveur de la régie *de l'enregistrement* pour être vendus.

Il sera prélevé, sur le prix qui en proviendra, un dixième, qui sera donné à celui qui aura le premier dénoncé le délit, et un second dixième partageable, par portions égales, entre les employés du bureau de garantie. Le surplus, ainsi que les amendes, seront versés dans la caisse du receveur *de l'enregistrement*.

Art. 105. — Les mêmes formes et dispositions prescrites par les quatre articles précédents auront lieu également pour toutes les recherches, saisies et poursuites relatives aux contraventions à la présente loi.

Art. 106. — *Les recherches ne pourront être faites qu'en se conformant à l'article* 359 *de la Constitution* (1).

Art. 107. — Tout ouvrage d'or ou d'argent achevé et non marqué, trouvé chez un marchand ou fabricant, sera saisi, et donnera lieu aux poursuites par-devant le tribunal de police correctionnelle. Les propriétaires des objets saisis encourront la confiscation de ces objets, et, en outre, les autres peines portées par la loi.

Art. 108. — Seront saisis également et confisqués tous les ouvrages d'or et d'argent sur lesquels les marques des poinçons se trouveront entées, soudées ou contre-tirées en quelque manière que ce soit; et le possesseur avec connaissance sera condamné à six années de fers.

Art. 109. — Les ouvrages marqués de faux poinçons seront confisqués dans tous les cas; et ceux qui les garderaient ou les exposeraient en vente avec connaissance seront condamnés, la première fois, à une amende de 200 francs; la deuxième, à une

---

(1) Abrogé par l'article 81 de la loi du 5 ventôse an xii.

amende de 400 francs, avec affiche de la condamnation dans tout le département, aux frais du délinquant; et la troisième fois, à une amende de 1,000 francs, avec interdiction de tout commerce d'or et d'argent.

Art. 110. — Tous citoyens, autres que les préposés à l'application des poinçons légaux, qui en emploieraient même de véritables, seront condamnés *à un an de détention* (1).

TITRE IX.

Section 1re. — De l'affinage.

Art. 111. — La ferme de l'affinage national, qui comprend l'affinage de Paris et celui de Lyon, est et demeure supprimée.

Art. 112. — La profession d'affiner et de départir les matières d'or et d'argent, est libre dans toute l'étendue de *la République*.

Art. 113. — Quiconque voudra départir et affiner l'or et l'argent pour le commerce, est tenu d'en faire la déclaration, tant à sa municipalité qu'à l'administration de son département, et à celle des monnaies; il sera tenu un registre desdites déclarations, et délivré copie au besoin.

Art. 114. — L'affineur ne pourra recevoir que des matières qui auront été essayées et titrées par un essayeur public autre que celui qui devra juger des lingots affinés.

Art. 115. — L'affineur délivrera au porteur de ces matières une reconnaissance qui en désignera la nature, le poids, le titre, tel qu'il aura été indiqué par l'essayeur, et le numéro.

Art. 116. — Les affineurs tiendront un registre coté et paraphé par l'administration de département, sur lequel ils inscriront, jour par jour, et par ordre de numéros, la nature, le poids et le titre des matières qui leur seront apportées à affiner, et de même pour les matières qu'ils rendront après l'affinage.

Art. 117. — Ils seront tenus d'insculper leurs noms en toutes lettres sur les lingots affinés provenant de leurs travaux ; et avant de les rendre aux propriétaires, ils porteront lesdits lingots affinés au bureau de garantie, pour y être essayés, marqués, et y acquitter le droit prescrit par la loi.

Art. 118. — Les lingots affinés, apportés au bureau de garantie, ne seront passés en délivrance que dans le cas où ils ne contiendraient pas plus de cinq millièmes d'alliage, si c'est de l'or, et vingt millièmes, si c'est de l'argent.

Art. 119. — Lorsque les lingots seront reconnus bons à passer en délivrance, le receveur, après avoir perçu les droits, et le contrôleur, tireront le poinçon de garantie de la caisse où il doit être renfermé, et ce poinçon sera appliqué par le contrôleur, en multipliant les empreintes de manière que l'une des grandes surfaces de chaque lingot en soit entièrement couverte.

---

(1) Aux peines portées par l'article 141 du Code pénal. Voyez la note 3 de la page 11.

Art. 120. — L'affineur acquittera les frais d'essai et les droits au bureau de garantie, et en prendra récépissé, pour pouvoir s'en faire rembourser par les propriétaires des lingots.

Art. 121. — L'affineur qui contreviendrait aux dispositions des articles 113, 114, 115 et 116, encourra les mêmes peines portées en l'article 80 contre les marchands orfévres.

Art. 122. — Les lingots et matières d'or et d'argent affinés, qui seraient trouvés dans le commerce sans être revêtus du poinçon du bureau de garantie, seront confisqués; et l'affineur qui les aurait délivrés condamné à 500 francs d'amende.

Art. 123. — Le contrôleur du bureau de garantie est autorisé à prélever des prises d'essai sur les matières fines apportées au bureau; ces prises d'essai seront mises en réserve sous une enveloppe portant le numéro du lingot d'où elles proviennent, et scellées du cachet de l'affineur et de celui de l'essayeur.

Le contrôleur aura la garde du paquet contenant ces prises d'essai.

Art. 124. — Si dans le courant d'un mois il ne s'élève aucune réclamation sur la validité du titre indiqué par l'essayeur du bureau de garantie, le contrôleur remettra le paquet cacheté contenant les prises d'essai à l'affineur, qui lui en donnera décharge. Dans le cas contraire, le paquet sera adressé à l'administration des monnaies, qui fera vérifier l'essai sans délai.

Art. 125. — Si cette vérification fait connaître une erreur sur le titre indiqué, l'essayeur qui aura commis cette erreur sera tenu de payer, à la personne lésée, la totalité de la différence de valeur qui en sera résultée.

L'essayeur d'un bureau de garantie qui aura été pris trois fois en faute de cette manière sera destitué.

Section 2e. — De l'affinage national.

Art. 126. — L'affinage national est conservé à Paris pour le service des monnaies. Le public a la faculté d'y faire affiner ou départir des matières d'or et d'argent contenant or.

Le *Directoire exécutif* pourra établir d'autres affinages nationaux, si les besoins de la fabrication des monnaies l'exigent, et sur la demande de l'administration chargée de ce service.

Art. 127. — L'affineur national sera nommé par l'administration des monnaies, sous l'approbation du ministre des finances.

Art. 128. — Les matières apportées à l'affinage national seront inscrites sur un registre coté et paraphé par le commissaire du *Directoire exécutif* près l'administration des monnaies.

Art. 129. — L'affineur national se conformera, relativement à l'affinage des matières qui lui seraient apportées par des particuliers, à tout ce qui est prescrit dans la section précédente aux affineurs libres pour le commerce; les peines portées contre ceux-ci en cas de contravention seront applicables à l'affineur national.

Art. 130. — L'affineur national sera tenu d'avoir un fonds en matières d'or et d'argent capable d'assurer le service national.

Art. 131. — Il ne pourra garder les lingots à affiner plus de cinq jours, non compris les jours d'entrée et de sortie de ces lingots.

Art. 132. — L'affineur national fournira un cautionnement en immeubles de la valeur de 100,000 francs, pour répondre des matières d'or et d'argent qui lui seront livrées.

Art. 133. — Lesdites matières affinées par l'affineur national seront portées à la chambre de délivrance des monnaies, et remises au caissier, où elles seront empreintes du poinçon national dans toute l'étendue de l'une des grandes surfaces du lingot.

Art. 134. — Les lingots affinés appartenant à *la République* porteront le nom d'affineur national, et le titre en sera déterminé suivant la forme prescrite par l'article 51 de la loi sur l'organisation des monnaies.

Art. 135. — L'affineur national est autorisé à porter en compte, pour frais d'affinage ou départ des matières nationales,

Savoir :

Pour les lingots d'or (et sont réputés tels ceux qui contiennent plus que la moitié de leur poids en or), 24 francs 53 centimes par kilogramme d'or fin passé en délivrance;

Pour les matières d'argent doré contenant or, 10 francs 22 centimes par kilogramme de matière brute, c'est-à-dire telle qu'elle était avant l'affinage ;

Et, pour les lingots d'argent, 3 francs 27 centimes par kilogramme d'argent pur.

Lesdits frais seront acquittés par le caissier de la monnaie.

TITRE X. — De l'argue.

Art. 136. — Il y a, dans l'enceinte de l'hôtel des monnaies de Paris, une argue destinée à dégrossir et tirer les lingots d'argent et de doré.

Lorsque les besoins de la fabrication l'exigeront, *le Directoire exécutif* pourra établir des argues dans d'autres lieux, sur la demande motivée de l'administration de département, et sur l'avis de celle des monnaies (1).

Art. 137. — Les tireurs d'or et d'argent sont tenus de porter leurs lingots aux argues nationales, pour y être dégrossis, marqués et tirés.

Art. 138. — Ils y payeront pour prix de ce travail,

Savoir :

Pour les lingots de doré, et lorsque les propriétaires auront leurs filières, 50 *centimes* par hectogramme (trois onces deux

---

(1) Les arrêtés des 17 pluviôse et 25 ventôse an VI ont rétabli les argues de Trévoux et de Lyon.

gros douze grains); et lorsqu'ils n'auront pas de filières, 75 *centi mes* (1);

Pour les lingots d'argent, 12 centimes par hectogramme, lorsque les propriétaires auront des filières; et, quand ils n'en auront pas, 25 centimes (2).

Art. 139. — *L'administration des monnaies* est chargée de l'établissement et entretien du service de l'argue, sans cependant pouvoir ajouter de nouveaux préposés à ceux qu'elle a déjà sous son autorité: elle passera en dépense les frais de l'argue, et en fera verser les produits *dans la caisse du caissier de la Monnaie (3); et, chaque année, elle rendra sur le tout un compte séparé au ministre des finances, qui le mettra sous les yeux du Directoire exécutif pour être transmis au Corps législatif.*

LOI DU 26 FRIMAIRE AN VI (16 DÉCEMBRE 1797).

L'article 17 de la loi du 19 brumaire dernier, relative à la perception des droits sur les matières d'or et d'argent, est rapporté, et il y sera substitué la rédaction suivante:

« Tous les poinçons désignés dans les articles 10, 11, 12, 13, « 15 et 16, sont fabriqués par le graveur des monnaies, sous la « surveillance de l'administration des monnaies qui les fait parve- « nir dans les divers bureaux de garantie, et en conserve les « matrices. »

ARRÊTÉ DU 3 PLUVIOSE AN VI (22 JANVIER 1798).

. . . .

Art. 9. — Nul citoyen ne pourra fabriquer des cartes qu'après avoir fait inscrire ses nom, prénoms, surnoms et domicile à la régie (4), et en avoir reçu une commission qu'elle ne pourra refuser; les particuliers qui voudront vendre des cartes seront soumis à la même obligation.

Art. 10. — Chaque fabricant de cartes tiendra trois registres cotés et paraphés par le directeur de la régie, *et timbrés conformément à la loi (5): le premier pour inscrire, jour par jour, les*

---

(1) Voir l'article 13 de la loi du 4 août 1844, qui réduit ces droits à 30 et à 45 centimes.

(2) Voir l'arrêté du 7 floréal an VIII et l'ordonnance du 5 mai 1824.

(3) Ces produits font partie des recettes générales, depuis que la loi du 23 septembre 1814 a fait disparaître toute affectation spéciale des recettes de l'Etat.

(4) Voyez l'article 12 de l'arrêté du 19 floréal an VI, qui exige de plus d'autres indications.

(5) Il n'est plus fait usage de registres timbrés (*Art. 4 de la loi du 20 juillet 1837*).

achats de feuilles timbrées en filigrane qu'il aura levées au bureau de la régie; le second, pour y porter les fabrications à mesure qu'elles seront parachevées, et le troisième, pour les ventes qu'il fera, soit en détail, soit aux marchands commissionnés (1).

Art. 11. — Le marchand non fabricant tiendra deux registres également cotés et paraphés par le directeur de la régie, *et en papier timbré* (2) : sur l'un seront portés ses achats; il ne pourra les faire que chez le fabricant directement; l'autre servira pour la vente journalière.

Art. 12. — Les entrepreneurs et directeurs des bals, fêtes champêtres, réunions, clubs, billards, cafés et autres maisons où l'on donne à jouer, auront également un registre coté et paraphé, sur lequel seront inscrits tous leurs achats de jeux de cartes, avec indication des noms et domiciles des vendeurs (3).

Art. 13. — Les préposés de la régie *de l'enregistrement* sont autorisés à se présenter, toutes les fois qu'ils le trouveront convenable, chez les fabricants et marchands de cartes, et dans les lieux désignés dans l'article précédent, pour s'y assurer de l'exécution du présent arrêté, et prendre communication des registres dont l'exhibition leur sera faite, et en retirer telles notes ou extraits qu'ils aviseront.

Art. 14 à 16 (Dispositions transitoires).

Art. 17. — Les préposés des douanes ne laisseront sortir ni entrer aucunes cartes à jouer qu'autant qu'elles seront revêtues du filigrane et du timbre *ci-dessus ordonnés*.

ARRÊTÉ DU 17 PLUVIOSE AN VI (5 FÉVRIER 1798)

Qui rétablit à Trévoux l'argue destinée à dégrossir et tirer les lingots d'argent et de doré.

ARRÊTÉ DU 25 VENTOSE AN VI (15 MARS 1798)

qui rétablit dans la commune de Lyon l'argue destinée à dégrossir et tirer les lingots d'argent et de doré.

LOI DU 13 GERMINAL AN VI (2 AVRIL 1798).

Art. 1er. — Le ministre des finances pourra, *sous l'autorisation du Directoire exécutif*, accorder aux essayeurs des bureaux de ga-

---

(1) Les comptes portatifs tenus par les employés des contributions indirectes ont rendu inutiles les deux premiers registres.

(2) Voir, ci-contre, la note 5.

(3) Voyez l'article 14 de l'arrêté du 19 floréal an VI, page 28.

rantie un traitement qui pourra être porté jusqu'à la somme de 400 francs par an, lorsque le produit des essais faits pendant l'année ne se sera pas élevé à 600 francs, déduction faite des frais.

Art. 2. — Les citoyens qui se présenteront dans les départements pour y remplir la place d'essayeur dans un bureau de garantie pourront, jusqu'au 1er vendémiaire de l'an VIII (1), être examinés par des artistes connus qui se trouveraient le plus à portée, et commis à cet effet par l'administration des monnaies, sous l'autorisation du ministre des finances. L'administration des monnaies, sur le rapport de l'examinateur désigné par elle, pourra accorder au candidat un certificat de capacité, qui lui tiendra lieu de celui exigé par l'article 38 de la loi du 19 brumaire an VI.

Art. 3. — Lorsqu'il ne se sera pas présenté, pour un bureau de garantie, d'essayeur assez instruit, le contrôleur en tiendra lieu, et procédera de la manière suivante :

1° Il fera l'essai au toucheau des pièces qui doivent être soumises à cet essai ;

2° Il formera des prises d'essai des autres pièces, et les enverra, sous son cachet et sous celui du fabricant, au bureau de garantie le plus voisin qui sera pourvu d'un essayeur. Celui-ci fera les essais et enverra sa déclaration des résultats.

3° Cette déclaration reçue, le contrôleur et le receveur apposeront les poinçons, en conformité de la loi du 19 brumaire an VI.

Art. 4. — Les fonctions d'essayeur dans un bureau de garantie ne pourront, en aucun cas, être remplies par un citoyen exerçant la profession de fabricant d'ouvrages d'or et d'argent.

ARRÊTÉ DU 19 FLORÉAL AN VI (8 MAI 1798).

Art. 11. — Il est défendu, conformément à l'article 8 de l'arrêté du 3 pluviôse, aux commis des maisons de jeu, aux serviteurs et domestiques, et à tous particuliers, de vendre aucun jeu de cartes, soit sous bandes ou sans bandes, neuves ou ayant servi.

Art. 12. — Chaque fabricant de cartes sera tenu de déclarer non-seulement ses noms et son domicile, conformément à l'article 9 de l'arrêté du 3 pluviôse, mais encore les différents endroits où il entend fabriquer, le nombre des moules qu'il a en sa possession, et celui de ses ouvriers actuels, dont il donnera les noms et signalements. Il ne pourra fabriquer en d'autres lieux que ceux qu'il aura déclarés (2).

---

(1) L'ordonnance du 5 mai 1820, art. 1er, a conservé cette disposition.
(2) Licence. Voir article 164 de la loi du 28 avril 1816.

Art. 13. — Il est défendu aux graveurs, tant en cuivre qu'en bois, et à tous autres, de graver aucun moule ou aucune planche propre à imprimer des cartes (1), sans avoir déclaré au bureau de la régie les noms et demeure du fabricant qui aura fait la demande, et avoir pris la reconnaissance du préposé sur la remise de ladite déclaration.

Art. 14. — Les marchands non fabricants, *et les maîtres de jeux* et locataires des maisons désignées à l'article 12 de l'arrêté du 3 pluviôse, seront tenus, lorsqu'ils feront leurs achats chez les fabricants, de présenter le registre qui leur est prescrit par les articles 11 et 12, sur lequel le fabricant inscrira les quantités qui auront été levées.

Art. 15 (Dispositions transitoires).

Art. 16. — Il est fait défense à toute personne de tenir dans ses maisons et domiciles aucun moule propre à imprimer des cartes à jouer, d'y retirer ni laisser travailler à la fabrique et recoupe des cartes et tarots, aucuns cartiers, ouvriers et fabricants qui ne seraient pas pourvus d'une commission de la régie.

Art. 17. — Les jeux de cartes fabriqués dans *la République*, qui ne sont pas dans la forme usitée en France, et qui sont destinés uniquement pour l'étranger, ne seront pas assujettis au timbre. Les fabricants seront seulement tenus de tenir registre de leurs fabrications et de leurs envois, pour justifier aux préposés de la régie que la totalité de la fabrication passe à l'étranger, et de joindre aux envois un permis du directeur de la régie *de l'enregistrement*, lequel lui sera rapporté, dans le mois, revêtu du certificat de sortie délivré par les préposés des douanes (2).

Art. 18. — L'amende pour les cas de contravention aux dispositions ci-dessus, *sera de* (3) 100 *francs pour chaque contravention, outre la lacération des cartes non timbrées, conformément à l'article* 60 *de la loi du 9 vendémiaire dernier*. La régie pourra conclure, suivant l'exigence des cas, à ce que le jugement de condamnation soit imprimé et affiché. En cas de récidive par un fabricant ou marchand, il ne pourra continuer son exercice, et la commission de la régie lui sera retirée.

* * * * * * * * * * * * * * *

ARRÊTÉ DU 1er MESSIDOR AN VI (19 JUIN 1798).

Art. 1er. — Les ouvrages de joaillerie dont la monture est très-légère et contient des pierres ou perles fines ou fausses, des cris-

---

(1) Voyez l'art. 1er du décret du 16 juin 1808.

(2) Voyez le décret du 30 thermidor an XII et l'article 5 du décret du 16 juin 1808.

(3) Voyez le décret du 4 prairial an XIII, et l'article 166 de la loi du 28 avril 1816.

taux dont la surface est entièrement émaillée, ou enfin qui ne pourraient supporter l'empreinte des poinçons sans détérioration, continueront d'être seuls dispensés de l'essai et du payement du droit de garantie, qui a remplacé ceux de contrôle et de marque des ouvrages d'or et d'argent.

Art. 2. — Tous les autres ouvrages de joaillerie et d'orfévrerie, sans distinction ni exception, auxquels seraient adaptés, en quelque nombre que ce soit, des pierres ou des perles fines ou fausses, des cristaux, ou qui seraient émaillés, seront sujets à l'essai et au payement du droit dont il s'agit, ainsi qu'il est prescrit par la loi précitée (1).

EXTRAIT DE LA LOI DU 13 BRUMAIRE AN VII (3 NOVEMBRE 1798).

Art. 1er. — La contribution du timbre est établie sur tous les papiers destinés aux actes civils et judiciaires, et aux écritures qui peuvent être produites en justice et y faire foi. — Il n'y a d'autres exceptions que celles nommément exprimées dans la présente.

Art. 12. — Sont assujettis au droit du timbre...... les pétitions et mémoires, même en forme de lettres, présentés au *Directoire exécutif* (2), aux ministres, à toutes autorités constituées....
...... et aux administrations ou établissements publics.........

EXTRAIT DE LA LOI DU 14 BRUMAIRE AN VII (4 NOVEMBRE 1798).

Relative à la taxe d'entretien des routes (3).

Art. 25. — Le juge de paix du canton prononcera sans appel et en dernier ressort, lorsque, non compris le droit, la taxe fixe n'excédera pas *cinquante francs;* et, pour le surplus, il renverra aux tribunaux compétents (4).

Art. 26. — Les procès-verbaux des inspecteurs et percepteurs de la taxe d'entretien seront affirmés dans les trois jours devant le juge de paix du canton, ou devant l'un de ses assesseurs, à peine de nullité.

Ces procès-verbaux feront foi jusqu'à inscription de faux en matière de fraude et de contravention; et, en matière de police correctionnelle, jusqu'à la preuve contraire.

Dans les cas qui excéderont la compétence du juge de paix, il

---

(1) Cette loi citée dans le préambule de l'arrêté ci-dessus, est celle du 19 brumaire an vi.

(2) Le chef du gouvernement.

(3) Cette taxe n'existe plus de nos jours. — Elle a été supprimée par la loi du 24 avril 1806, article 60.

(4) La loi du 25 mai 1838 a étendu la compétence des juges de paix jusqu'à la valeur de 100 francs en dernier ressort, et 200 francs à charge d'appel.

sera tenu de renvoyer les procès-verbaux au tribunal qui doit en
connaître, pour être l'affaire poursuivie à la diligence du *commissaire du Directoire* près le tribunal.

Les actions résultantes des procès-verbaux seront poursuivies
dans le mois, aussi à peine de nullité.

LOI DU 6 FRIMAIRE AN VII (26 NOVEMBRE 1798).

§ 1er. — Des bacs existants.

Art. 1er. — Les dispositions des lois du 25 août 1792, sur les
bacs et bateaux établis pour la traverse des fleuves, rivières ou
canaux navigables, et du 25 thermidor an III, sur les droits à percevoir auxdits passages, ainsi que toutes autres lois, tous usages,
concordats, engagements, droits communs, franchises qui pourraient y être relatifs ou en dépendre, sont abrogés.

Art. 2. — Aussitôt la publication de la présente loi, les propriétaires, détenteurs, conducteurs de bacs, bateaux, passe-cheval,
et autres passeurs sur les fleuves, rivières et canaux navigables,
seront tenus de faire connaître leurs titres à l'administration de
leur canton, qui recevra leur déclaration en présence du préposé
de la régie *de l'enregistrement ;* ils justifieront à quel titre ils jouissent desdits bacs, bateaux et agrès, ainsi que des logements, magasins, bureaux et autres objets y relatifs ; s'ils en ont acquitté la
valeur, soit au trésor public, soit à des particuliers : et, dans ce
dernier cas, ceux qui auront reçu, justifieront de leurs pouvoirs et
du compte qu'ils auront rendu. A défaut de preuves écrites, il y
sera suppléé par une enquête (1).

Art. 3. — Dans le cas où lesdits propriétaires, détenteurs et
conducteurs ne feraient pas lesdites déclarations et justifications
dans le mois qui suivra la publication de la loi, et, ledit mois passé,
ils seront considérés comme rétentionnaires d'objets appartenant
à *la République,* et dépossédés sans indemnité.

Art. 4. — Aussitôt que les administrations se seront assurées
du nombre des passages existants et du lieu de leur établissement,
elles feront constater l'état des bacs, bateaux, agrès, logements,
bureaux, magasins et autres objets relatifs à leur service.

Art. 5. — Il sera procédé de suite à leur estimation, par deux
experts, dont l'un sera choisi par le détenteur ou propriétaire,
l'autre par le préposé de la régie ; et, en cas de partage, par un
tiers qui sera nommé par l'administration du département.

Art. 6. — Cette estimation fixera la valeur des objets dont le
remboursement sera dû au détenteur ou propriétaire ; elle sera
acquittée dans le mois de l'adjudication définitive.

Art. 7. — Immédiatement après la clôture du procès-verbal

---

(1) Bacs et passages établis sur les routes et chemins à la charge des départements Voyez art. 58 de la loi du 10 août 1871.

d'estimation, les préposés de la régie prendront possession, au nom
de la nation, des objets y désignés.

Art. 8. — Ne sont point compris dans les dispositions des articles précédents, les bacs et bateaux non employés à un passage
commun, mais établis pour le seul usage d'un particulier, ou pour
l'exploitation d'une propriété circonscrite par les eaux.

Ils ne pourront toutefois être maintenus, il ne pourra même en
être établi de nouveaux qu'après avoir fait vérifier leur destination,
et fait constater qu'ils ne peuvent nuire à la navigation ; et, à cet
effet, les propriétaires ou détenteurs desdits bacs et bateaux établis
ou à établir, s'adresseront *aux administrations centrales* (1), qui,
sur l'avis de l'administration municipale, pourront en autoriser
provisoirement la conservation ou l'établissement, qui toutefois
devra être confirmé par *le Directoire exécutif*, sur la demande qui
lui en sera faite par *l'administration centrale (le Préfet)*.

Art. 9. — Ne sont point non plus compris dans les précédents
articles : les barques, batelets et bachots servant à l'usage de la
pêche et de la marine marchande, montante et descendante ; mais
les propriétaires et conducteurs desdites barques, batelets et bachots ne pourront point établir de passage à heures ni lieux
fixes.

§ 2. — De la régie provisoire.

Art. 10. — Les bacs, bateaux, agrès, logements, bureaux, magasins et autres objets dont les préposés de la régie auront pris
possession au nom de la nation, seront provisoirement, et jusqu'aux
nouvelles adjudications, confiés, sous bonne et solvable caution et
à titre de séquestre, à des abonnataires qui seront acceptés par
les administrations municipales.

Ils pourront toutefois être laissés au même titre, et sous les
mêmes conditions, aux détenteurs actuels.

Art. 11. Le prix de l'abonnement sera fixé par les *administrations centrales (les Préfets)*, sur l'avis des administrations municipales, et acquitté au bureau du receveur *de l'enregistrement (de
la Régie)* dans l'arrondissement duquel le passage est situé.

Art. 12. L'abonnataire sera chargé, autant qu'il sera possible,
des entretiens usufruitiers et des réparations locatives, ainsi que
du balayage des ports et cales dans les crues d'eau ou marées périodiques.

Dans le cas où il ne serait pas possible d'en charger l'abonnataire, ces frais d'entretien, de réparations et de balayage seront
prélevés sur le prix de l'abonnement jusqu'aux adjudications définitives.

Art. 13. (Dispositions transitoires).

Art. 14. — Dans le cas d'infidélité, de perception arbitraire, de
vexation ou d'insulte, quel que soit le séquestre, il pourra être

---

(1) Aux préfets.

destitué et remplacé par les administrations, sans préjudice des autres peines qu'il aurait encourues en raison du délit pour lequel il aurait été destitué.

Art. 15. Si les détenteurs actuels sont séquestres, les augmentations qui pourraient avoir lieu pendant leur abonnement, et dont ils auront fait les avances, accroîtront d'autant la somme qui leur sera due par suite de l'estimation ordonnée par l'article 6 ; de même elle décroîtra en raison des dégradations qui seraient survenues pendant ledit temps.

Art. 16. — Si les détenteurs actuels ne sont pas séquestres, le prix total de l'estimation ordonnée par l'article 6 leur sera également remboursé par le nouvel adjudicataire, dans le mois de l'adjudication : sauf à faire tenir compte par le séquestre intermédiaire, à ce nouvel adjudicataire, des dégradations ; et au séquestre, par l'adjudicataire, des augmentations qui pourraient avoir eu lieu pendant le temps de l'abonnement.

Art. 17. — Pour l'exécution des deux articles précédents, il sera fait un récolement des objets mentionnés au procès-verbal ; s'il y a des différences, il sera procédé à une nouvelle estimation par experts, dont l'un sera choisi par le préposé de la régie, les autres par chacune des parties intéressées, et, en cas de partage, par un tiers choisi par *l'administration centrale* du département.

§ 3. — Dispositions transitoires.

.   .   .   .

§ 4. — Des adjudications et fermes.

Art. 25. — Aussitôt que les tarifs déterminés *par le Corps législatif* seront parvenus aux *administrations centrales*, il sera procédé, suivant les formes prescrites pour la location des domaines nationaux, à l'adjudication des droits de passage, bacs, bateaux, passe-cheval, établis sur les fleuves, rivières et canaux navigables, pour trois, six ou neuf années (1).

Art. 26. — Le procès-verbal d'adjudication contiendra les clauses, charges et conditions qui, conformément à la présente loi, auront par *le Directoire* été jugées les plus convenables à l'intérêt public, les plus utiles à la nation et aux localités (2) ; il fixera également le nombre des mariniers nécessaires à chaque bateau, celui des bateaux utiles au service de chaque passage, leur forme, leur dimension, leur construction, ainsi que la quantité et la nature des agrès dont ils devront être pourvus.

Art. 27 et 28 (Dispositions transitoires).

Art. 29. — Au moyen de cet acquit, les nouveaux adjudicataires

---

(1) Et même pour douze, quinze ou dix-huit ans (*Art.* 3 *de l'arrêté du 8 floréal an* xii). — L'adjudication est définitive après l'approbation des Préfets. (Décret du 13 avril 1861.)

(2) Il a été fait, plus tard, un modèle général de cahier des charges.

seront propriétaires desdits objets, tenus de les entretenir et transmettre en bon état, à l'expiration de leur bail, au nouveau fermier qui leur en payera le prix suivant l'estimation qui en sera faite lors de ladite expiration.

Voir art. 2 de l'arrêté du 8 floréal an XII.

Art. 30. — Aussitôt l'entrée en jouissance des adjudicataires, les tarifs provisoires établis conformément à l'article 13 cesseront, et le fermier sera tenu de faire placer les nouveaux sur un poteau, en lieu apparent, de l'un ou de l'autre côté de la rivière, fleuve ou canal, sur lequel sera aussi tracé le niveau d'eau au delà duquel le supplément de taxe sera exigible.

§ 5. — De la police.

Art. 31. — Les opérations relatives à l'administration, la police et la perception des droits de passage sur les fleuves, rivières et canaux navigables, appartiendront aux *administrations centrales* de département dans l'étendue desquelles se trouvera situé le passage, sans préjudice de la surveillance de l'administration municipale de chaque lieu ; la poursuite des délits criminels et de police continuera, conformément au *Code des délits et peines* (1), à être de la compétence des tribunaux.

Art. 32. — Lorsque les passages seront communs à deux départements limitrophes, l'administration et la police desdits passages appartiendront à *l'administration centrale* dans l'arrondissement de laquelle se trouvera située la commune la plus prochaine du passage ; en cas d'égalité de distance, la population la plus forte déterminera. En conséquence, la gare, le logement et le domicile de droit du passager seront toujours établis de ce côté.

Art. 33. — L'attribution donnée par l'article précédent aux *administrations centrales* dans l'arrondissement desquelles se trouve la commune la plus prochaine du passage, déterminera également celle des tribunaux civils, criminels, de police et de justice de paix, chacun suivant leur compétence.

Art. 34. — Dans le cours de *vendémiaire* et de *germinal* de chaque année, sans préjudice des autres visites qui pourraient être jugées nécessaires, les *administrations centrales* prescriront aux ingénieurs des ponts et chaussées de faire, en présence des administrations municipales ou d'un commissaire nommé par elles, la visite des bacs, bateaux et autres objets dépendant de leur service, afin de juger s'ils sont régulièrement entretenus.

Art. 35. — S'il se trouve des réparations ou des reconstructions à faire auxquelles les adjudicataires soient assujettis, ils y seront contraints par les *administrations centrales*, ainsi et par les mêmes voies que pour les autres entreprises nationales.

Dans le cas contraire, il sera pourvu, et le payement s'en fera ainsi qu'il sera ci-après expliqué.

---

(1) Code pénal.

Art. 36. — Les ingénieurs constateront également la situation des travaux construits dans le lit des rivières, sur les cales, ports, abordages et chemins nécessaires pour y arriver. Ils observeront les changements qui pourraient être survenus dans leur cours, soit à raison des débordements, éboulis, glaces, ensablements, soit à raison de toute autre cause.

Ils indiqueront ensuite les travaux à faire ; et si, pour leur confection, il était utile de changer le cours de l'eau, le concours de l'agence des eaux et forêts sera nécessaire, et son avis annexé au procès-verbal.

Art. 37. — Si aucun des événements prévus par l'article précédent, ou tous autres, survenaient dans l'intervalle d'une visite à l'autre, et qu'il fût indispensable d'y pourvoir sans délai, l'administration municipale, sur l'avis que lui en donnera l'adjudicataire, fera faire provisoirement tout ce qui sera utile au service.

Art. 38. — L'administration municipale en informera de suite *l'administration centrale*, qui ordonnera une visite extraordinaire, à laquelle il sera procédé ainsi qu'il est dit article 36.

Art. 39. — Si, par l'effet des événements prévus par les articles 36, 37, outre les changements à faire aux cales, ports, abordages et chemins, il fallait en ouvrir de nouveaux sur des propriétés particulières, la nécessité en sera constatée par procès-verbal dressé en présence des parties intéressées, qui pourront y faire insérer leurs dires et réquisitions : l'indemnité sera fixée conformément à l'article 358 de l'acte constitutionnel.

Art. 40. — Si cependant le changement de chemin, port et abordage n'était qu'accidentel et momentané à cause du gonflement des rivières, fleuves et canaux, les *administrations centrales*, sur l'avis des administrations municipales, et à dire d'experts, pourvoiront aux indemnités, qui seront acquittées sur les droits de bac, après l'approbation du *Directoire exécutif.*

Art. 41. — Le *Directoire exécutif* se fera rendre compte de la situation des passages, et prononcera sur la nécessité d'établir des bacs et bateaux alternant sur les deux rives, lorsque la communication exigera cette mesure.

Art. 42. — Il désignera aussi les passages dont la communication devra être suspendue depuis le coucher du soleil jusqu'à son lever ; et, pendant cette suspension, les bacs, bateaux et agrès devront être fermés avec chaînes et cadenas solides.

Art. 43. — Aux passages où le service public, les intérêts du commerce et les usages particuliers résultant de la nature du climat et de la hauteur des marées, exigeront une communication non interrompue, *le Directoire* fera régler par *les administrateurs* (eu égard au temps et aux lieux), le service des veilleurs ou quarts qui devront être établis pour ces passages.

Art. 44. — *Le Directoire* déterminera également les mesures de police et de sûreté relatives à chaque passage : en conséquence, il désignera les lieux et les circonstances dans lesquelles le bac ou bateau devra avoir attaché à sa suite un batelet ou canot, et ceux dans lesquels les batelets ou canots devront être disposés à la rive, à l'effet de porter secours à ceux des passagers auxquels un accident imprévu ferait courir quelques risques.

Il prescrira le mode le plus convenable d'amarrer les bacs et bateaux lors de l'embarquement et du débarquement, afin d'éviter les dangers que le recul du bateau pourrait occasionner.

Il fixera aussi le nombre des passagers et la quantité de chargement que chaque bac ou bateau devra contenir en raison de sa grandeur.

Art. 45. — Les adjudicataires et nautonniers maintiendront le bon ordre dans leurs bacs et bateaux pendant le passage, et seront tenus de désigner aux officiers de police ceux qui s'y comporteraient mal, ou qui, par leur imprudence, compromettraient la sûreté des passagers.

Art. 46. — Dans les lieux où les passages de nuit sont autorisés, les veilleurs ou quarts exigeront des voyageurs autres que les domiciliés, la représentation de leurs passeports, qui devront être visés par l'administration municipale ou l'officier de police des lieux.

Les conducteurs de voitures publiques, courriers des malles et porteurs d'ordres du gouvernement seront dispensés de cette dernière formalité.

Art. 47. — Les adjudicataires ne pourront se servir que des gens de rivière ou mariniers reconnus capables de conduire sur fleuves, rivières et canaux. A cet effet, les employés devront, avant que d'entrer en exercice, être munis de certificats des commissaires civils de la marine, dans les lieux où ces sortes d'emplois sont établis, ou de l'attestation de quatre anciens mariniers conducteurs, donnée devant l'administration municipale de leur résidence, dans les autres lieux.

§ 6. — De l'acquit des droits de bacs, et des exceptions y relatives.

Art. 48. — Tous individus voyageurs, conducteurs de voitures, chevaux, bœufs ou autres animaux et marchandises passant dans les bacs, bateaux, passe-cheval, seront tenus d'acquitter les sommes portées aux tarifs.

Art. 49. — Ne sont point dispensés du payement desdits droits les entrepreneurs d'ouvrages et fournitures faits pour le compte de *la République*, ni ceux des charrois à la suite des troupes.

Art. 50. — Ne seront point toutefois assujétis au payement des droits compris auxdits tarifs, les juges, les juges de paix, *administrateurs, commissaires du Directoire* (1), ingénieurs des ponts et chaussées, lorsqu'ils se transporteront pour raisons de leurs

_____

(1) Préfets et procureurs du roi.

fonctions respectives ; les cavaliers et officiers de gendarmerie, les militaires en marche, les officiers lors de la durée et dans l'étendue de leur commandement (1).

§ 7. — Dispositions pénales.

Art. 51. — Il est enjoint aux adjudicataires, mariniers et autres personnes employées au service des bacs, de se conformer aux dispositions de police administrative et de sûreté contenues dans la présente loi, ou qui pourraient leur être imposées par le *Directoire et les administrations* pour son exécution, à peine d'être responsables, en leur propre et privé nom, des suites de leur négligence, et, en outre, être condamnés pour chaque contravention, en une amende de la valeur de trois journées de travail ; le tout à la diligence des *commissaires du Directoire exécutif* près les administrations *centrales* et municipales.

Art. 52. — Il est expressément défendu aux adjudicataires, mariniers et autres personnes employées au service des bacs et bateaux d'exiger, dans aucun temps, autres et plus fortes sommes que celles portées aux tarifs, à peine d'être condamnés, par le juge de paix du canton, soit sur la réquisition des parties plaignantes, soit sur celle des commissaires *du Directoire*, à la restitution des sommes indûment perçues, et en outre, par forme de simple police, à une amende qui ne pourra être moindre de la valeur d'une journée de travail et d'un jour d'emprisonnement, ni excéder la valeur de trois journées de travail et trois jours d'emprisonnement : le jugement de condamnation sera imprimé et affiché aux frais du contrevenant.

En cas de récidive, la condamnation sera prononcée par le tribunal de police correctionnelle, conformément à l'article 607 du Code des délits et des peines (2).

Art. 53. — Si l'exaction est accompagnée d'injures, menaces, violences ou voies de fait, les prévenus seront traduits devant le tribunal de police correctionnelle, et, en cas de conviction, condamnés, outre les réparations civiles et dommages et intérêts, à une amende qui pourra être de 100 francs et un emprisonnement qui ne pourra excéder trois mois.

Art. 54. — Les adjudicataires seront, dans tous les cas, civilement responsables des restitutions, dommages et intérêts, amendes et condamnations pécuniaires. prononcés contre leurs préposés et mariniers.

---

(1) Plusieurs autres cas d'affranchissement, jugés nécessaires, ont été prononcés ultérieurement par des décisions du ministre des finances. Voyez *Franchises et modérations.* —Art. 44 du cahier des charges, —modèle de la Circ. 1110 du 12 janvier 1869.

(2) Texte de l'article 607 du Code des délits et des peines du 3 brumaire an IV : « En cas de récidive, les peines suivent la proportion réglée par les lois des 19 juillet et 28 septembre 1791, et ne peuvent, en conséquence, être prononcées que par le tribunal correctionnel. »

Art. 55. — Ils pourront même, dans le cas de récidive légalement prononcée par un jugement, être destitués par les *administrations centrales*, sur l'avis des administrations municipales; et alors leurs baux demeureront résiliés sans indemnité.

Art. 56. — Toute personne qui se soustrairait au payement des sommes portées auxdits tarifs, sera condamnée par le juge de paix du canton (1), outre la restitution des droits, à une amende qui ne pourra être moindre de la valeur d'une journée de travail, ni excéder trois jours.

En cas de récidive, le juge de paix prononcera, outre l'amende, un emprisonnement qui ne pourra être moindre d'un jour, ni être de plus de trois; et l'affiche du jugement sera aux frais du contrevenant.

Art. 57. — Si le refus de payer était accompagné d'injures, menaces, violences ou voies de fait, les coupables seront traduits devant le tribunal de police correctionnelle, et condamnés, outre les réparations civiles et dommages et intérêts, en une amende qui pourra être de 100 francs, et un emprisonnement qui ne pourra excéder trois mois.

Art. 58. — Toute personne qui aura aidé ou favorisé la fraude, ou concouru à des contraventions aux lois sur la police des bacs, sera condamnée aux mêmes peines que les auteurs des fraudes ou contraventions.

Art. 59. — Toute personne qui aurait encouru quelques unes des condamnations prononcées par les articles précédents, sera tenue d'en consigner le montant au greffe du juge de paix du canton, ou de donner caution solvable, laquelle sera reçue par le juge de paix ou l'un de ses assesseurs.

Sinon, seront ses voitures et chevaux mis en fourrière et les marchandises déposées à ses frais, jusqu'au paiement, jusqu'à la consignation ou jusqu'à la réception de la caution.

Art 60. — Toute consignation ou dépôt sera restitué immédiatement après l'exécution du jugement qui aura prononcé sur le délit pour raison duquel les consignations ou dépôts auront été faits.

Art. 61. — Les délits plus graves et non prévus par la présente, ou qui se compliqueraient avec ceux qui y sont énoncés, continueront d'être jugés suivant les dispositions des lois pénales existantes, auxquelles il n'est point dérogé.

. . . .

---

(1) Voyez la loi du 14 brumaire an VII, page 30.

LOI DU 11 FRIMAIRE AN VII (1er DÉCEMBRE 1798).

TITRE V. — De l'établissement des taxes municipales dans les communes formant à elles seules un canton.

Art. 51. — Lorsque, dans une commune formant à elle seule un canton, ou considérée comme telle, l'état des demandes municipales et communales réunies, ainsi qu'il est dit en l'article 10 ci-dessus (1), aura été arrêté, et qu'il aura été reconnu que les recettes ordinaires, telles qu'elles ont été désignées en l'article 11, sont insuffisantes pour fournir en entier auxdites dépenses, il y sera pourvu par l'établissement de TAXES INDIRECTES ET LOCALES, *lesquelles ne pourront avoir lieu qu'après l'autorisation expresse et spéciale du Corps législatif.*

Art. 52. — En conséquence, *et avant le 30 thermidor de chaque année,* l'administration municipale desdites communes dressera le tableau comparatif des dépenses municipales et communales réunies, telles que l'état en aura été arrêté par l'administration de département, et du montant présumé des recettes municipales et communales également réunies, y compris le produit des centimes additionnels, calculé sur le pied de ceux perçus en l'année précédente.

Elle y joindra l'indication des taxes indirectes et locales qu'elle jugera les plus convenables pour suppléer à l'insuffisance des centimes additionnels.

ART. 53. — Ce tableau comparatif sera fait, dans les communes au-dessus de cent mille âmes, par l'administration de département, à laquelle le bureau central et les municipalités d'arrondissement fourniront, à cet effet, leurs états de recettes et dépenses particulières et autres documents nécessaires.

ART. 54. — L'indication des taxes indirectes et locales dont il est parlé en l'article précédent, comprendra :

1° La désignation des objets sur lesquels ces taxes devront porter ;

2° Le tarif de la taxe à établir sur chacun des objets désignés ;

3° L'indication des moyens d'exécution pour la perception desdites taxes ;

4° L'évaluation du produit présumé des diverses taxes projetées ;

5° Enfin l'évaluation des frais que pourra occasionner leur perception.

ART. 55. — *Ne pourront être assujettis auxdites taxes, ni les grains et farines, ni les fruits, beurre, lait, fromages, légumes, et autres menues denrées servant habituellement à la nourriture des hommes* (2).

---

(1) L'article 10 contient la désignation des dépenses ordinairement à la charge des communes.

(2) L'article 147 de la loi du 28 avril 1816 attribue, sans restriction, aux conseils municipaux, la désignation des objets à imposer.

Art. 56.— Les administrations municipales et *bureaux centraux* auront égard dans leurs projets de taxes municipales :

1° A ce que le tarif et le produit en soient, le plus qu'il se pourra, proportionnés au montant des sommes reconnues rigoureusement nécessaires ;

2° A ce que le mode de perception entraîne le moins de frais possible, et le moins de gêne qu'il se pourra pour la liberté des citoyens, des communications et du commerce ;

3° Aux exceptions et franchises qui pourront être jugées nécessaires au commerce de la commune, et à raison de sa position.

Art. 57. — Le projet de taxes municipales mentionné aux articles précédents sera soumis à l'administration départementale, qui pourra le modifier, et l'adressera, *dans le mois de fructidor*, avec son avis motivé, *au Directoire exécutif*, qui le transmettra *dans le mois de vendémiaire suivant au Corps législatif*, pour être approuvé s'il y a lieu.

EXTRAIT DE LA LOI DU 22 FRIMAIRE AN VII (12 DECEMBRE 1798).

TITRE IX. — Des poursuites et instances (1).

Art. 63. — La solution des difficultés qui pourront s'élever relativement à la perception des droits d'enregistrement, avant l'introduction des instances, appartient à la régie.

Art. 64. — Le premier acte de poursuite pour le recouvrement des droits d'enregistrement et le paiement des peines et amendes prononcées par la présente, sera une contrainte : elle sera décernée par le receveur ou préposé de la régie ; elle sera visée et déclarée exécutoire par le juge de paix du canton où le bureau est établi, et elle sera signifiée.

L'exécution de la contrainte ne pourra être interrompue *que par une opposition* formée par le redevable, et motivée, avec assignation, à jour fixe, devant le tribunal civil du département. Dans ce cas, l'opposant sera tenu d'élire domicile dans la commune où siége le tribunal (2).

Art. 65. — L'introduction et l'instruction des instances auront lieu devant les tribunaux civils de département. La connaissance

---

(1) Le Code de procédure civile n'a point abrogé les dispositions de la loi du 22 frimaire an vii, sur le mode de procéder en matière d'enregistrement *avis du conseil d'État du 1ᵉʳ juin* 1807), mais il en est le complément nécessaire pour tous les cas que cette loi n'a point prévus (*Arrêt de cassation du 17 juillet* 1827).

(2) Voir l'article 45 du décret du 1ᵉʳ germinal an xiii et l'article 147 de la loi du 28 avril 1816 d'après lequel les contraintes sont exécutoires nonobstant opposition.

et la décision sont interdites à toutes autres autorités constituées ou administratives.

L'instruction se fera par simples mémoires respectivement signifiés (1).

Il n'y aura d'autres frais à supporter pour la partie qui succombera, que ceux du papier timbré, des significations et du droit d'enregistrement des jugements.

Les tribunaux accorderont, soit aux parties, soit aux préposés de la régie qui suivront les instances, le délai qu'ils leur demanderont pour produire leurs défenses. Il ne pourra néanmoins être de plus de trois *décades*.

Les jugements seront rendus dans les trois mois au plus tard, à compter de l'introduction des instances, sur le rapport d'un juge, fait en audience publique, et sur les conclusions *du commissaire du Directoire exécutif* (2) ; ils seront sans appel, et ne pourront être attaqués que par voie de cassation.

Art. 66. — Les frais de poursuite payés par les préposés de l'enregistrement pour des articles tombés en non-valeur pour cause d'insolvabilité reconnue des parties condamnées, leur seront remboursés sur l'état qu'ils en rapporteront à l'appui de leur compte. L'état sera taxé sans frais par le tribunal civil du département, et appuyé des pièces justificatives.

EXTRAIT DE LA LOI DU 6 PRAIRIAL AN VII
(25 MAI 1799).

Art. 1er. — A compter du jour de la publication de la présente loi, il sera perçu au profit *de la République*, à titre de subvention extraordinaire de guerre pour l'an VII, un décime par franc en sus des droits d'enregistrement, de timbre, hypothèque, droits de greffe, droits de voitures publiques, de garantie sur les matières d'or et d'argent, amendes et condamnations pécuniaires (3), ainsi que sur les droits de douane à l'importation, l'exportation et la navigation.

Double décime. — Voir la loi du 14 juillet 1855, art. 5 et l'article 13 de la loi du 8 juin 1864. Voir aussi la loi du 30 décembre 1873 (Demi-décime en sus).

ARRÊTÉ DU 13 PRAIRIAL AN VII (1er JUIN 1799).

Art. 1er. — Le contrôleur du bureau de garantie, chargé essentiellement de surveiller le titre des matières et ouvrages d'or et d'argent et de les poinçonner, l'est également de la direction du service ainsi que de la tenue et police dudit bureau.

---

(1) Voir l'article 17 de la loi du 27 ventôse an IX.
(2) Ministère public.
(3) Voir l'article 232 de la loi du 28 avril 1816, l'article 1er de la loi du 28 juin 1833, et les lois subséquentes, concernant le budget des recettes.

ARRÊTÉ DU 16 PRAIRIAL AN VII (4 JUIN 1799).

Le Directoire exécutif, vu l'article 15 de la déclaration du 26 janvier 1749, qui enjoint, etc. (1);

Considérant..... qu'il est utile de rappeler les dispositions de cet article à tous les tribunaux qui doivent les appliquer;

Arrête que l'article 15 (*ci-dessus désigné*) sera inséré au *Bulletin des lois,* à la suite du présent arrêté.

Déclaration du 26 janvier 1749.

Art. 15. — « Enjoignons à tous orfèvres, joailliers, fourbis-
« seurs, merciers, graveurs et autres travaillant et fabriquant des
« ouvrages d'or et d'argent, de tenir des registres cotés et paraphés
« par l'un des officiers de l'élection, dans lesquels ils enregistre-
« ront, jour par jour, par poids et espèces, la vaisselle et autres
« ouvrages vieux ou réputés vieux suivant l'article 3, qu'ils achè-
« teront pour leur compte ou pour les revendre, ceux qui leur
« seront portés pour raccommoder, ou donnés en nantissement,
« pour modèle ou dépôt, ou sous quelque prétexte que ce puisse
« être ; et ce, à l'instant que lesdits ouvrages leur auront été ap-
« portés ou qu'ils les auront achetés. Seront aussi tenus de faire
« mention, dans lesdits enregistrements, de la nature et qualité
« des ouvrages, et des armes qui y seront gravées, des noms et
« demeures des personnes à qui ils appartiennent, sans qu'ils puis-
« sent travailler aux ouvrages qui leur auraient été apportés pour
« raccommoder, qu'ils ne les aient portés sur leurs registres ; le
« tout à peine de confiscation et de 300 livres d'amende. »

LOI DU 13 FRIMAIRE AN VIII (4 DÉCEMBRE 1799).

Art. 1er. — Les commissaires de la trésorerie nationale, chargés par les lois d'arrêter provisoirement les comptes des receveurs
et payeurs généraux des départements, ainsi que des différentes
régies nationales, sont autorisés à prendre, pour les recouvrements
des débets desdits comptables, tous arrêtés nécessaires, lesquels
seront exécutoires par provision, par les mêmes voies que ceux
des commissaires de la comptabilité intermédiaire pour les comptes
soumis à leur examen.

Art. 2. — En cas de décès, faillite, démission, destitution ou
infidélité des comptables mentionnés en l'article précédent, les
commissaires de la trésorerie nationale sont particulièrement autorisés à prendre, pour le recouvrement du débet constaté par le

---

(1) Il y a erreur dans la citation de l'article 15 comme dans l'indication de
ce nombre 15 en tête des dispositions, qui suivent, de la déclaration du
26 janvier 1749 ; c'est l'article 14 de l'édit qui porte ces dispositions.

procès-verbal de situation des caisses, registres et pièces comptables, tous arrêtés nécessaires, lesquels seront exécutoires provisoirement (1).

Art. 3. — Seront de même exécutoires par provision les arrêtés desdits commissaires portant règlement de la situation des personnes chargées d'opérations cambistes pour le compte de la trésorerie nationale. Les comptes de ces opérations seront vérifiés définitivement par les commissaires de la comptabilité nationale.

Art. 4. — Les commissaires de la trésorerie pourront également prendre des arrêtés exécutoires provisoirement contre les entrepreneurs, fournisseurs, soumissionnaires et agents quelconques, chargés des services depuis la mise en activité de la constitution de l'an III, soit pour la réintégration des à-compte accordés pour lesdits services, dont le tableau doit être dressé en exécution de l'article 3 de la loi du 12 vendémiaire dernier, soit pour le recouvrement des débets résultant des comptes qui doivent être arrêtés par les ministres, et déposés à la trésorerie nationale en exécution des articles 3 et 4 de la même loi.

Art. 5. — Toutes lois ou dispositions de lois contraires à la présente sont abrogées.

———

LOI DU 27 FRIMAIRE AN VIII (18 DÉCEMBRE 1799).

. . . .

Art. 3. — Le gouvernement est chargé définitivement, et les *administrations centrales de département* par provision, de faire les règlements généraux et locaux pour la perception desdits octrois, *de déterminer le nombre nécessaire de bureaux de recette, ou de régler tout autre mode de surveillance et de perception, suivant les localités* (2), *et de fixer le nombre des employés, ainsi que le mode et le taux de leur traitement.*

Dispositions modifiées par les lois subséquentes.

Art. 4 à 7. — (Abrogés.)

Art. 8. — Leurs procès-verbaux constatant la fraude seront affirmés devant le même juge de paix, dans les vingt-quatre heures de leur date, sous peine de nullité ; et ils feront foi en justice jusqu'à l'inscription de faux.

. . . .

Voir, pour la forme des procès-verbaux, l'article 75 de l'ordonnance du 9 décembre 1814.

Art. 11. — Tout porteur et conducteur d'objets de consommation compris au tarif de l'octroi sera tenu de faire sa déclaration

———

(1) Voyez l'arrêté du 6 messidor an x.
(2) Voyez la loi du 28 avril 1816, art. 147.

au bureau de recettes le plus voisin, et d'en acquitter les droits avant de les faire entrer dans la commune, *sous peine d'une amende égale à la valeur de l'objet soumis au droit d'octroi* (1).

La même amende sera encourue par les fabricants et autres débiteurs des droits d'octroi perceptibles dans l'intérieur de la commune, faute par eux d'avoir fait leur déclaration dans les délais ou à l'époque déterminés par les règlements *qui auront été faits en exécution de l'article 2 de la présente.*

Ces amendes, après qu'elles auront été prononcées, seront acquittées entre les mains du receveur du bureau, et sur-le-champ, de la part du condamné; sinon, à l'égard des objets saisis, dans les vingt-quatre heures de leur vente. Une moitié appartiendra aux employés de l'octroi ; l'autre sera versée par le receveur à la caisse des recettes municipales et communales.

Art. 12. — Dans aucun cas, les citoyens entrant dans lesdites communes, à pied, à cheval *ou en voiture de voyage* (2), ne pourront, sous prétexte de la perception de l'octroi, être arrêtés, questionnés ou visités sur leurs personnes, ni à raison des malles qui les accompagnent.

Tous actes contraires à la présente disposition seront réputés actes de violence; les délinquants poursuivis par voie de police correctionnelle, et condamnés à 50 francs d'amende et à six mois de détention.

Voir art. 30 de l'ordonnance du 9 décembre 1814.

Art. 13. — Les contestations qui pourront s'élever sur l'application du tarif, ou sur la quotité des droits exigés par les receveurs d'octroi, seront portées devant le juge de paix dans l'arrondissement duquel siége l'administration municipale, à quelque somme que le droit contesté puisse s'élever, pour être par lui jugées sommairement et sans frais, soit en dernier ressort, soit à la charge de l'appel, suivant la quotité du droit réclamé (3).

Art. 14. — En cas de contestation sur l'application du tarif ou sur la quotité du droit, tout porteur ou conducteur d'objets compris au tarif sera tenu de consigner entre les mains du receveur le droit exigé; il ne pourra être entendu qu'en rapportant au juge, qui devra en connaître, la quittance de ladite consignation

Articles remplacés par l'article 81 de l'ordonnance du 9 décembre 1814.

Art. 15. — Toute personne qui s'opposera à l'exercice des fonctions desdits préposés sera condamnée à une amende de 50 francs. En cas de voie de fait, il en sera dressé procès-verbal, qui sera envoyé au *directeur du jury* (4), pour en poursuivre les

---

(1) L'amende est de 100 à 200 francs, indépendamment de la confiscation de l'objet saisi et, dans certains cas, des moyens de transport. (*Lois des 29 mars et 24 mai 1834.*)

(2) La visite des voitures est autorisée. Voyez la loi du 24 mai 1834, art. 9.

(3) Voyez l'article 78 de l'ordonnance du 9 décembre 1814.

(4) Au procureur du roi.

auteurs et leur faire infliger les peines portées par le Code pénal contre ceux qui s'opposent avec violence à l'exercice des fonctions publiques.

Voir art. 65 de l'ordonnance du 9 décembre 1814.

Art. 16. — Tout préposé à l'octroi qui favorisera la fraude, soit en recevant des présents, soit tout autrement, sera condamné aux peines portées par le Code pénal contre les fonctionnaires prévaricateurs.

Poursuites contre les préposés. — Voir art. 62 de la même ordonnance.

. . . .

Art. 22. — Ne sont point sujets aux droits d'octroi les objets non destinés à la consommation desdites communes (1), et qui n'y entrent que par TRANSIT, ou pour y être entreposés jusqu'à leur sortie ultérieure.

Le gouvernement est chargé définitivement, et *les administrations centrales* provisoirement, de régler les formalités et le mode de surveillance auxquels seront assujettis les propriétaires ou conducteurs desdits objets, et ils pourront, suivant les localités, ordonner la consignation du droit d'octroi, pour être restitué à la sortie des objets entreposés.

LOI DU 5 VENTOSE AN VIII (24 FÉVRIER 1800).

Art. 1er. — Il sera établi des octrois municipaux et de bienfaisance sur les objets de consommation locale, dans les villes dont les hospices civils n'ont pas de revenus suffisants pour leurs besoins.

Art. 2. — Le conseil municipal de chacune de ces villes sera tenu de présenter, dans deux mois, les projets de tarifs et de règlements convenables aux localités; ils seront soumis à l'approbation du gouvernement, et par lui, s'il y a lieu, définitivement arrêtés.

Art. 3. — La perception et l'emploi se feront conformément aux dispositions générales des lois des 19 (2) et 27 frimaire dernier.

EXTRAIT DE LA LOI DU 25 VENTOSE AN VIII (16 MARS 1800).

Art. 7. — Les fonctions de notaires sont incompatibles avec

---

(1) Voir l'article 150 de la loi du 28 avril 1816.
(2) Nous n'avons pas inséré au présent recueil la loi du 19 frimaire an VIII, qui ne concerne que l'octroi de Paris. D'ailleurs celles des dispositions générales auxquelles renvoie l'article 3 ci-dessus ont été reproduites dans les lois subséquentes

celles de juges, commissaires du gouvernement près les tribunaux, leurs substituts, greffiers, avoués, huissiers, préposés à la recette des contributions directes et indirectes, juges, greffiers et huissiers des justices de paix, commissaires de police et commissaires aux ventes.

EXTRAIT DE L'ARRÊTÉ DU 18 FRUCTIDOR AN VIII (5 SEPTEMBRE 1800).

Art. 5. — ...... Il est de nouveau expressément défendu à toute autorité civile ou militaire, à peine d'en répondre personnellement, de disposer d'aucune somme dans les caisses publiques. Les payeurs et receveurs seront également responsables de tout ce qu'ils auraient payé sans une ordonnance régulière.

LOI DU 21 VENTOSE AN IX (12 MARS 1801).

Article unique. — Les traitements des fonctionnaires publics et employés civils seront saisissables jusqu'à concurrence du cinquième sur les premiers mille francs et toutes les sommes au-dessous ; du quart sur les cinq mille francs suivants, et du tiers sur la portion excédant six mille francs, à quelque somme qu'elle s'élève, et ce, jusqu'à l'entier acquittement des créances.

Voir ordonnance du 16 septembre 1837.

EXTRAIT DE LA LOI DU 27 VENTOSE AN IX (18 MARS 1801).

Art. 17. — L'instruction des instances que la régie (1) aura à suivre pour toutes les perceptions qui lui sont confiées, se fera par simples mémoires respectivement signifiés sans plaidoirie. Les parties ne seront point obligées d'employer le ministère des avoués.

EXTRAIT DE L'ARRÊTÉ DU 19 MESSIDOR AN IX (8 JUILLET 1801).

Art. 1er. — Les propriétaires et porteurs des lingots d'or et

---

(1) Des contributions indirectes, comme de l'enregistrement. Voyez l'article 88 de la loi du 5 ventôse an XII.

d'argent affinés et mis en circulation avant la loi du 19 brumaire an VI, seront tenus de les porter, dans le délai de deux mois à compter du jour de la publication du présent arrêté, au bureau de garantie le plus voisin, pour y être marqués, sans frais, d'un poinçon de recense qui sera déterminé par l'administration des monnaies.

Art. 2. — Le délai de deux mois expiré, les articles 117, 118, 119, 120, 121 et 122 de la loi du 19 brumaire an VI sont déclarés applicables aux lingots d'or et d'argent affinés, à quelque époque que ce soit, qui ne porteront pas l'empreinte du poinçon de recense ou de ceux de garantie nationale établis par la loi.

Voir art. 29 de la loi du 19 brumaire an VI.

ARRÊTÉ DU 8 FLORÉAL AN X (28 AVRIL 1802).

Tout receveur, caissier, dépositaire, percepteur ou préposé quelconque chargé de deniers publics, ne pourra obtenir la décharge d'aucun vol, s'il n'est justifié qu'il est l'effet d'une force majeure, et que le dépositaire, outre les précautions ordinaires, avait eu celle de coucher ou de faire coucher un homme sûr dans le lieu où il tenait ses fonds, et, en outre, si c'est au rez-de-chaussée, de le tenir solidement grillé.

EXTRAIT DE LA LOI DU 14 FLORÉAL AN X
(4 MAI 1802).

TITRE IV. — Enregistrement. — Droits sur les bacs et sur les ponts.

Art. 9. — Le gouvernement, pendant la durée de dix années, déterminera, pour chaque département, le nombre et la situation des bacs et bateaux de passage établis ou à établir sur les fleuves, rivières et canaux (1).

Art. 10. — Le tarif de chaque bac sera fixé par le gouvernement, dans la forme arrêtée pour les règlements d'administration publique (2).

Art. 11. — Le gouvernement autorisera, dans la même forme et pendant la même durée de dix années, l'établissement des ponts dont la construction sera entreprise par des particuliers ; il déterminera la durée de leur jouissance, à l'expiration de laquelle ces ponts seront réunis au domaine public, lorsqu'ils ne seront

---

(1) Chaque année, la loi qui règle le budget des recettes contient une disposition pour cet objet. Voyez la loi du 15 mai 1818.
(2) C'est-à-dire avec la sanction du conseil d'État.

pas une propriété communale. Il fixera le tarif de la taxe à percevoir sur ces ponts.

Les perceptions faites sur les ponts, les bacs et passages d'eau sont exemptes du décime. — (Loi du 25 mars 1817.)

LOI DU 30 FLORÉAL AN X (20 MAI 1802).

Art. 1er. — Il sera perçu, dans toute l'étendue *de la République,* sur les fleuves et rivières navigables, un droit de navigation intérieure, *dont les produits seront spécialement et limitativement affectés au balisage, à l'entretien des chemins et ports de halage, à celui des pertuis, écluses, barrages et autres ouvrages d'art établis pour l'avantage de la navigation.*

Ce droit sera aussi établi sur les canaux navigables qui n'y ont point encore été assujettis, *et sur ceux dont la perception des anciennes taxes serait actuellement suspendue.*

.   .   .   .

ARRÊTÉ DU 6 MESSIDOR AN X (25 JUIN 1802).

Art. 1er. — L'insolvabilité ou l'absence des redevables du Trésor public seront constatées, ou par des procès-verbaux, soit de perquisition, soit de carence, dressés par des huissiers, ou par des certificats délivrés sous leur responsabilité par les maires et adjoints des communes de leur résidence ou de leur dernier domicile.

Art. 2. — Ces certificats seront visés par les préfets pour l'arrondissement du chef-lieu, et par les sous-préfets pour les autres arrondissements.

LOI DU 5 FLORÉAL AN XI (3 MAI 1803).

Art. 1er. — Tous les canaux de navigation qui seront faits à l'avenir, soit aux frais du domaine public, soit aux dépens des particuliers, ne seront taxés à la contribution foncière qu'en raison du terrain qu'ils occupent comme terre de première qualité.

Art. 2. — A compter de l'an XIII, les anciens canaux de navigation et les francs-bords, magasins et maisons d'éclusiers, dépendant du domaine public, ne seront taxés à cette contribution que dans la proportion énoncée dans l'article précédent.

Art. 3. — Les autres maisons d'habitation et usines dépendantes desdits canaux seront imposées comme les autres propriétés de la même nature.

Art. 4. — Les objets compris aux articles précédents seront

imposés dans chaque commune dans laquelle ils se trouvent situés (1).

EXTRAIT DE LA LOI DU 13 FLOREAL AN XI
(3 MAI 1803).

Art. 2. — Sont marchandises de contrebande, celles dont l'exportation ou l'importation est prohibée, ou celles qui, étant assujetties aux droits, et ne pouvant circuler dans l'étendue du territoire soumis à la police des douanes sans quittances acquits-à-caution ou passavants, sont transportées et saisies sans ces expéditions.

Art. 3. — La contrebande est avec attroupement et port d'armes, lorsqu'elle est faite par trois personnes ou plus, et que, dans le nombre, une ou plusieurs sont porteurs d'armes en évidence ou cachées, telles que fusils, pistolets et autres armes à feu, sabres, épées, poignards, massues, et généralement de tous instruments tranchants, perçants ou contondants.

Ne sont réputés armes, les cannes ordinaires sans dards ni ferrements, ni les couteaux fermant et servant habituellement aux usages ordinaires de la vie (2).

ARRÊTÉ DU 8 PRAIRIAL AN XI (28 MAI 1803).

Art. 1er. — La navigation intérieure de la France sera divisée en bassins, dont les limites seront déterminées par les montagnes ou coteaux qui versent les eaux dans le fleuve principal ; et chaque bassin sera subdivisé en arrondissement de navigation.

Art. 2. — Les portions de fleuves et rivières faisant partie de départements autres que celui dans lequel sera placé le chef-lieu d'arrondissement de navigation intérieure, seront mises dans les attributions administratives du préfet de ce chef-lieu ; et ce, seulement en ce qui concerne les travaux à exécuter dans le lit et sur les bords de la rivière ou du fleuve : le surplus de l'administration continuera à être exercé par le préfet du territoire.

Art. 3. — L'ingénieur du département où sera fixé le chef-lieu d'arrondissement, exercera ses fonctions relativement aux travaux à faire sur toute l'étendue des fleuves et rivières comprise dans les attributions du préfet de son département.

---

(1) La loi du 5 floréal an v est applicable à tous les canaux de navigation existants, comme à ceux qui seraient construits par la suite. (Art. 26 de la loi du 23 juillet 1820.)

(2) L'article 1er et les articles 4 et 8 inclusivement de cette loi attribuaient à des tribunaux spéciaux (il n'en existe plus) la poursuite, l'instruction et le jugement des crimes et délits de contrebande avec attroupement et port d'armes. Ils déterminaient aussi les peines à infliger. Les articles 209 à 221 inclusivement du Code pénal ont annulé ces dispositions

Art. 4.. — *L'octroi.* (1) de navigation sera régi, sauf les cas où, sur l'avis des préfets et sur le rapport du ministre, la mise en ferme ou régie intéressée aura été ordonnée par le gouvernement.

Art. 5. — Les tarifs en vertu desquels devra se faire la perception, et les points sur lesquels les bureaux devront être fixés, seront déterminés par des arrêtés spéciaux pour chaque arrondissement (2).

Art. 6. —La perception se fera au moyen d'un receveur ou d'un contrôleur dans chaque bureau.

. . . .

Art. 13. — Le receveur de chaque bureau tiendra un registre à talon, conforme au modèle qui sera déterminé par *le ministre de l'intérieur.*

Il sera coté et paraphé par le *sous-préfet* dans l'arrondissement duquel se trouvera situé le bureau.

. . . .

Art. 22. — Les receveurs ne pourront sous peine de destitution, traiter ou transiger sur la quotité du droit : il leur est défendu de recevoir d'autres droits que ceux portés aux tarifs, sous peine d'être destitués et poursuivis comme concussionnaires.

Art. 23. — Il est défendu à tous conducteurs de bateaux, trains, etc., de passer les bureaux sans payer, à peine de 50 francs d'amende.

Art. 24. — *En cas d'insultes ou de violences, l'amende sera de 100 francs (3), indépendamment des dommages et intérêts et de peines plus graves si le cas y échet; et ce, conformément aux dispositions du titre 2 de la loi du 3 nivôse an* vi, *sur la taxe d'entretien des routes.*

Art. 25. — Les autorités civiles et militaires seront tenues, sur la réquisition écrite des préposés au droit de navigation, de requérir et de prêter main-forte pour l'exécution des lois et règlements relatifs à leurs fonctions. Les *commissaires du gouvernement* feront poursuivre, même d'office, devant les tribunaux, les auteurs d'insultes ou violences qui pourraient être commises; et ce, tant sur la clameur publique que sur les procès-verbaux dressés et affirmés par les préposés *à l'octroi* (4).

(1 et 4) C'est sous la qualification de *droit de navigation* que l'impôt a été créé par la loi du 30 floréal an x. Le mot *octroi*, employé dans plusieurs articles du présent décret, exprime l'affectation spéciale qui jusqu'en 1814 avait été donnée au produit de cet impôt.

(2) Depuis la loi du 9 juillet 1836, cette disposition n'est plus applicable qu'aux canaux, aux rivières des bassins de l'Escaut et de l'Aa; au parcours des ports situés à l'embouchure des fleuves jusqu'à la mer, ou de la mer auxdits ports; et, enfin, au cabotage et transport sur la Gironde, la Garonne et la Dordogne. Voyez les articles 22 et 23 de ladite loi et l'article 16 de l'ordonnance du 15 octobre 1836. Voir au surplus le décret du 9 février 1867.

(3) De 50 à 200 francs d'amende, sans préjudice des peines établies par les lois (*Code pénal*), en cas d'insultes, violences et voies de fait. (*Art.* 20 *de la loi du 9 juillet* 1836.)

Art. 26. — *Tout procès-verbal devra être affirmé devant le juge de paix du canton ou son assesseur, dans les trois jours, sous peine de nullité, conformément à l'article 26 de la loi sur la taxe des routes du 14 brumaire an* VII (1).

Art. 27. — Il sera placé sur le port, en face de chaque bureau de perception, un poteau et une plaque sur laquelle sera inscrit le tarif.

Art. 28. — Défenses sont faites à tout maître de ponts ou de pertuis, de monter ou descendre aucun bateau avant de s'être fait représenter la quittance des droits de navigation ; et ce, à peine d'être contraint personnellement au remboursement de ces droits par les voies prescrites pour le payement des contributions.

Art. 29. — Aucun particulier ne pourra percevoir aux pertuis, vannes et écluses, dans les rivières navigables des divers bassins, aucun droit de quelque nature qu'il soit ; le tout conformément aux articles 13 et 14 du titre 2 de la loi du 28 mars 1790, et des articles 7 et 8 de la loi du 25 août 1792.

Art. 30. — Le service des pertuis, vannes et écluses s'exécutera par des individus à ce commis, *et dont le salaire sera pris sur les produits de l'octroi de navigation.*

Les préfets d'arrondissement de navigation feront préalablement constater la situation desdits pertuis, vannes et écluses par les ingénieurs en chef, lesquels en dresseront procès-verbal en présence des détenteurs actuels, ou eux dûment appelés.

ARRÊTÉ DU 10 PRAIRIAL AN XI (30 MAI 1803).

Art. 7. — L'administration pourra faire entrer et transporter d'un magasin à un autre, dans l'intérieur *de la République,* les salpêtres, potasse, soufre et autres matières servant à la confection de la poudre, en telle quantité que les besoins de son service l'exigeront, sans qu'elles puissent être assujetties à aucun droit de douane et octroi, à la charge, par le voiturier qui en fera transport, de représenter des passeports de l'administration, délivrés par les commissaires des départements.

Sur ces passeports, la quantité et la qualité des marchandises devront être certifiées par les autorités du lieu du départ, et vérifiées également par celles du lieu d'arrivée.

Voir l'article 104 de la loi du 28 avril 1816, portant que les matières servant à la confection des poudres sont exemptes des droits d'octroi.

---

(1) Les procès-verbaux doivent être suivis selon les formes propres à l'administration des contributions indirectes. (*Loi du 9 juillet* 1836 *art.* 21.)

ARRÊTÉ DU 29 THERMIDOR AN XI (17 AOUT 1803).

Les préfets pourront désormais autoriser la mise en jugement des préposés de l'octroi municipal.

EXTRAIT DE LA LOI DU 5 VENTOSE AN XII
(25 FEVRIER 1804).

TITRE V. — Des droits réunis.

. . . .

CHAPITRE III. — *Du droit sur les voitures publiques.*

Art. 74. — Les droits sur les voitures publiques de terre et d'eau continueront d'être perçus sur le pied fixé par la loi du 9 vendémiaire an VI et celles ultérieures (1).

Art. 75. — Il sera, en outre, perçu un dixième du prix payé aux entrepreneurs de voitures publiques de terre, pour les transports de marchandises qu'elles feront.

Cette perception se fera sur le vu des registres tenus dans leurs bureaux, et des feuilles remises à leurs conducteurs, postillons, cochers ou voituriers; lesquelles feuilles les employés auront droit de se faire représenter, de compulser et vérifier.

Voir décret du 14 fructidor an XII. (Art. 4).

CHAPITRE IV. — *Des contraventions aux droits exprimés aux chapitres 2, 3 et 5.*

. . . .

CHAPITRE V. — *De la régie et de ses employés.*

Section 1re. — De la régie.

Art. 77. — Il sera établi, pour la perception des droits dont il vient d'être parlé, une administration particulière sous le titre de *Régie des droits réunis* (2).

Art. 78. — Elle sera composée d'un directeur général et du nombre d'administrateurs et d'employés qui sera déterminé par le gouvernement dans un règlement d'administration publique (3).

Art. 79. — Le directeur général et les administrateurs auront un traitement fixe.

Les employés auront une remise progressive sur les produits, en raison de leur accroissement, d'après les fixations et taxations qui seront faites par le gouvernement, comme il est dit en l'article précédent (4).

---

(1) Ces lois sont celles qui réglaient les recettes et les dépenses de l'État.

(2) Contributions indirectes (*ordonnance du 17 mai 1814 et décret du 25 mars 1815*).

(3) Voyez le décret du 5 germinal an XII.

(4) Aujourd'hui, les préposés buralistes sont seuls rétribués intégralement au moyen de remises sur les perceptions.

Art. 80. — Indépendamment des droits dont il est parlé ci-dessus, la régie sera chargée de percevoir : 1° un droit sur les cartes à la fabrication ; 2° le droit de garantie sur les matières d'or et d'argent (1).

Section 2. — Des employés.

. . . .

Art. 84. — Les procès-verbaux signés de deux d'entre eux feront foi en justice jusqu'à inscription de faux.

Voir art. 5 de la loi du 21 juin 1870.

Art. 85. — Il sera fait sur leurs appointements une retenue annuelle, dont le gouvernement réglera la quotité, *et dont le montant sera versé à la caisse d'amortissement*, pour être employé à des pensions de retraite pour les employés ou de secours pour leurs veuves ou leurs enfants.

. . . .

Chapitre VI. — *De la forme de procéder et des tribunaux.*

Art. 88. — Les contestations qui pourront s'élever sur le fond des droits établis ou maintenus par la présente loi seront portées devant les tribunaux de première instance, qui prononceront dans la chambre du conseil, et avec les mêmes formalités prescrites pour le jugement des contestations qui s'élèvent en matière de payement des droits perçus par la régie de l'enregistrement.

Art. 89. — Le payement des licences et des obligations souscrites pour le payement des droits sera poursuivi par voie de contrainte, dans la même forme que celle suivie pour décerner les contraintes en matière de contributions (2).

Art. 90. — Les contraventions qui, en vertu des dispositions de la présente loi, entraînent la confiscation ou l'amende, seront poursuivies par-devant les tribunaux de police correctionnelle, qui prononceront les condamnations.

EXTRAIT DE L'ARRÊTÉ DU 28 VENTOSE AN XII
(19 MARS 1804).

Art. 2. — La perception..... du droit de navigation intérieure, celle des droits et revenus des canaux de navigation et des bacs....., l'affermage, la police et le contentieux de ces droits et revenus sont attribués au ministère des finances

Art. 3. — Le conseiller d'État, directeur général des ponts et

---

(1) Les attributions de la régie se sont successivement accrues par diverses lois ou décrets, ordonnances et décisions ministérielles.

(2) Voyez l'article 43 du décret du 1er germinal an XIII.

chaussées travaillera avec le ministre des finances, pour ce qui sera relatif à l'affermage, la police et le contentieux des droits et revenus énoncés en l'article précédent. ·

Art. 4. — L'exécution des lois et des arrêtés du gouvernement sur les octrois municipaux et de bienfaisance, en tout ce qui concerne l'établissement des octrois et la surveillance de leur perception, est attribuée au ministère des finances.

Tout ce qui concerne le budget des villes, l'administration des propriétés communales et leur comptabilité continuera de faire partie des attributions du ministère de l'intérieur. ....

ARRÊTÉ DU 5 GERMINAL AN XII (26 MARS 1804)

Concernant l'organisation de la Régie des droits réunis.

TITRE Ier. — De l'Administration centrale à Paris.

Art. 1er. — L'organisation et la surveillance des octrois municipaux et de bienfaisance, *et du droit de passe sur les routes*, et les perceptions provenant des *droits réunis*, seront dans les attributions du ministre des finances.

Art. 2. — *Le conseiller d'État chargé des ponts et chaussées travaillera avec le ministre des finances pour l'organisation, l'instruction et le contentieux relatif au droit de passe.*

Art. 3. — En exécution de la loi du 5 ventôse dernier, il y aura un directeur général de la régie des *droits réunis* et *cinq* administrateurs.

Art. 4. — Le directeur général dirigera et surveillera, sous les ordres du ministre des finances, toutes les opérations relatives aux *droits réunis*.

Il fera faire la recette *de la taxe d'entretien des routes* (1), du droit de navigation intérieure, et des droits et revenus des bacs, bateaux et canaux.

Il dirigera et surveillera tous les agents et préposés à ces recettes.

Il sera chargé, d'après les instructions du ministre des finances, de l'exécution des lois et règlements sur les octrois municipaux et de bienfaisance.

Art. 5. — Le directeur général travaillera seul avec le ministre.

Art. 6. — *Le ministre des finances fera la division du travail entre les cinq administrateurs; l'un d'eux sera uniquement chargé de suivre la comptabilité et le service des caisses.*

Art. 7. Chaque administrateur travaillera particulièrement avec le directeur général.

---

(1) Cette taxe a été supprimée par la loi du 24 avril 1806, art. 60.

Art. 8.— Les administrateurs se réuniront en conseil d'administration toutes les fois que le directeur général en indiquera.

Ce conseil sera présidé par le directeur général.

Art. 9. — Les affaires contentieuses seront rapportées dans ce conseil ; elle seront décidées à la majorité des voix. En cas de partage d'opinions, le directeur général les départagera ; il pourra, lorsqu'il le jugera nécessaire, suspendre l'effet d'une délibération, afin d'en référer au ministre des finances.

Art. 10. — *Il sera établi, près du directeur général, un secrétariat général, quatre bureaux de correspondance et un bureau de comptabilité.* Toute la correspondance sera adressée au directeur général, qui jouira de la franchise et du contre-seing, conformément à l'arrêté du 27 prairial an VIII (1).

Le secrétariat général sera chargé spécialement des affaires qui auront été réservées au directeur général.

‗ITRE II. — De l'Administration dans les départements.

Art. 11. — Il sera établi une direction dans chacun des départements *de la République.*

Art. 12. — Il y aura dans chaque direction, sous les ordres et la surveillance du directeur, des *inspecteurs*, des contrôleurs, des commis à cheval, des commis sédentaires et des préposés aux déclarations et aux recettes, dont le nombre et la résidence seront désignés ultérieurement.

TITRE IV. — Des traitements et remises.

. . . .

TITRE III. — De la nomination aux emplois (2).

. . . .

TITRE V. — Des principales fonctions des divers préposés.

Art. 18. — Le directeur correspondra avec le directeur général à Paris. Il transmettra aux *inspecteurs* et aux divers préposés les ordres et instructions qui lui seront adressés par la régie, et leur donnera, d'ailleurs, directement les ordres que nécessitera le bien du service.

Il fera la recette générale de tous les produits de son département, et en versera le montant tous les quinze jours au Trésor public, par l'intermédiaire d'un receveur général établi près la régie, à Paris. Il adressera, au commencement de chaque mois, à la régie, le bordereau général de ses recettes et de ses dépenses pour le mois précédent.

Art. 19. — Il veillera à ce que la perception soit faite en con-

_____

(1) Voir l'ordonnance du 17 novembre 1844.
(2) Voir l'ordonnance du 17 décembre 1844.

formité des lois, et à ce que les différents employés de sa direction s'acquittent avec exactitude de leurs fonctions.

Il décernera des contraintes, et fera toutes poursuites nécessaires contre les préposés en débet.

Il instruira et défendra sur les instances qui seront portées devant les tribunaux.

Il formera, dans le second mois qui suivra chaque trimestre expiré, le compte général de ses recettes et de ses dépenses, et l'adressera à la régie, avec les pièces justificatives à l'appui.

TITRE VI. — Des amendes et confiscations.

Art. 22. — L'administration centrale ne pourra avoir aucune part dans les produits des amendes et confiscations. Ils seront répartis entre le Trésor public, *les directeurs, inspecteurs,* contrôleurs et employés, comme il suit :

Un sixième au Trésor public,

Deux sixièmes au directeur et à l'inspecteur de l'arrondissement, à raison de deux tiers pour le directeur, et d'un tiers pour l'inspecteur ; trois sixièmes aux employés qui auront concouru à la saisie de la contravention, avec deux parts à chaque contrôleur qui aura coopéré à la saisie (1).

Modifié par la loi du 28 avril 1816, art. 240, et par l'article 126 de la loi du 25 mars 1817.

Art. 23. — Les transactions sur procès (2) seront définitives :

1° Avec l'approbation du directeur de département, lorsque sur les procès-verbaux de contravention et saisie, les condamnations de confiscations et amendes à obtenir ne s'élèveront pas à plus de 500 francs ;

2° Avec l'approbation du directeur général, lorsque lesdites condamnations s'élèveront de 500 francs à 3,000 francs ;

3° Avec l'approbation du ministre des finances dans les autres cas.

TITRE VII. — Des cautionnements.

•   •   •   •   •   •   •   •   •   •   •   •   •   •   •   •

(V. Décret du 31 octobre 1850.)

RÊTÉ DU 5 GERMINAL AN XII (26 MARS 1804).

Portant nomination des directeurs des droits réunis dans les départements.

Art. 1er. — Sont nommés directeurs des droits réunis les citoyens dont les noms suivent :

---

(1) Cette proportion n'est pas suivie en matière de droit de garantie. Voir l'article 104 de la loi du 19 brumaire an VI.

(2) Il ne peut être transigé sur les contraventions et délits en matière de droit de garantie. Voyez le décret du 28 floréal an XIII.

DÉPARTEMENTS.	NOMS DES DIRECTEURS.
Ain	Costaz.
Aisne	Milanges, ex-législateur.
Allier	Say, tribun.
Alpes (Basses-) . . .	Lemercier, directeur d'octroi.
Alpes (Hautes-) . . .	Bessières (Julien).
Alpes-Maritimes . .	Moltedo, ex-conventionnel.
Ardèche	Suard.
Ardennes	Malus, ex-législateur.
Ariége	Brothier, ex-législateur.
Aube	Jaillant-Deschenets.
Aude	Debosque.
Aveyron	Grand (Charles), receveur particulier de la commune de Saint-Affrique.
Bouches-du-Rhône .	Greffier père.
Calvados	Bremontier, législateur.
Cantal	Quibert-Palisseaux.
Charente	Bouisseren, ex-législateur.
Charente-Inférieure .	Gaudin-Lagrange, ancien directeur des fermes.
Cher	Juhel, législateur.
Corrèze	Porquier, législateur.
Côte-d'Or	Lejeas-Charpentier fils aîné.
Côtes-du-Nord . . .	Bonamy, ancien officier.
Creuse	Hargenvillier, ancien employé des aides.
Doire	Lauthier Xaintrailles, général de divison réformé.
Dordogne	Garnier-Laboissière (Henri).
Doubs	Jacomin, législateur.
Drôme	Français.
Dyle	Prat.
Eure	Lhôpital (Pierre-Nicolas).
Eure-et-Loir	Parceval-Deschênes, ancien receveur général.
Finistère	Toulgoët-Legogat, législateur.
Gard	Viguier.
Garonne (Haute-) . .	Devienne.
Gers	J.-J. Aimé, ex-législateur.
Gironde	Mathieu, tribun.
Hérault	Guesviller (Philippe).
Ille-et-Vilaine	Cordeil-Judicelli.
Indre	Boëry, ex-législateur.
Indre-et-Loire	Vauzelle, législateur.
Isère	Bourcet.
Jura	Vernety.
Landes	Mauriel, ex-législateur.
Léman	Lacorbière.
Liamone	NOTA. — Le directeur est au Golo.
Loir-et-Cher	Pincemaille-Delannoy.
Loire	Viennot, ex-législateur.
Loire (Haute-) . . .	Ruinet, ancien directeur des fermes.
Loire-Inférieure . . .	Saget, législateur.
Loiret	Delaage, ancien directeur des ferme
Lot	Bastid, sous-préfet de Gourdon.
Lot-et-Garonne . . .	Reguis, ex-législateur.
Lozère	Pascal fils.
Maine-et-Loire . . .	Clavier, législateur.
Manche	Rajeot-Laroche.
Marengo	Mazin, adjoint du maire de Turin.

DÉPARTEMENTS.	NOMS DES DIRECTEURS.
Marne	Deffosse, ancien receveur général.
Marne (Haute-) . . .	Bosc, tribun.
Mayenne	Romme, régisseur de l'octroi de Paris.
Meurthe	Viart, ex-constituant.
Meuse	Loison.
Mont-Blanc	Malus (Louis-François).
Morbihan	Delon.
Moselle	Champion (de la Meuse), ex-législateur.
Nèthes (Deux-) . . .	Auguste-Michel.
Nièvre	Grepy.
Nord	Guinard, tribun.
Oise	Duménil (Charles-Nicolas-Gilet).
Orne	Ludot.
Ourthe	Pigneffe, ex-législateur.
Pas-de-Calais	Cezeau, directeur d'octroi à Arras.
Pô	Fontanes.
Puy-de-Dôme	Allard, législateur.
Pyrénées (Basses-) .	Turgan, législateur.
Pyrénées (Hautes-) .	Bernadotte.
Pyrénées-Orientales .	Julia, ex-payeur d'armée.
Rhin (Bas-)	Gravelotte, ancien employé des fermes.
Rhin (Haut-)	Schirmer, législateur.
Rhône	Labrouste, tribun.
Saône (Haute-) . . .	Laligant, ancien administrateur.
Saône-et-Loire . . .	Gauthier, ex-législateur.
Sarthe	Laurent de Mézières.
Seine	Legrand.
Seine-Inférieure . . .	Suchet.
Seine-et-Marne . . .	Picault, tribun.
Seine-et-Oise . . .	Randon Duthil, ancien receveur général.
Sésia	Gardini.
Sèvres (Deux-)	Paulian, ancien directeur des fermes.
Somme	Bailleul, ex-législateur.
Stura	Cerutti.
Tanaro	Lessona.
Tarn	D'hautpoult.
Var	Caze le jeune.
Vaucluse	Rellier.
Vendée	Leforestier, receveur des contributions à Évreux.
Vienne	Vincent.
Vienne (Haute-) . . .	Malvergnes-Freyssinat.
Vosges	Daston.
Yonne	Rabassé, législateur.

ARRÊTÉ DU 6 GERMINAL AN XII (27 MARS 1804)

Portant nomination du directeur général, des administrateurs et du secrétaire général de l'administration centrale des droits réunis.

BONAPARTE, premier consul de la République, nomme, pour composer l'administration centrale des droits réunis, les citoyens ci-après :

Directeur général : Français (de Nantes), conseiller d'État.

Administrateurs . . . . . {
Mouscelon.
Collin fils.
Frignet.
Delarue.
Gamot.
}

Secrétaire général . . . . | Bergerot.

EXTRAIT DE L'ARRÊTÉ DU 8 FLORÉAL AN XII
(28 AVRIL 1804).

Art. 1er. — La perception des droits de bacs et passages d'eau, dont les tarifs ont été arrêtés ou le seront à l'avenir par le gouvernement, sera affermée à l'enchère publique, d'après les ordres et instructions du ministre des finances, et à la diligence des préfets de département.

Art. 2. — Les baux ordinaires seront de trois, six et neuf années ; et l'adjudicataire se chargera, par estimation, des effets mobiliers affectés au service des bacs.

Art. 3. — Lorsque, pour l'intérêt et l'avantage de la perception, il sera jugé convenable de passer des baux d'une plus longue durée, les préfets pourront les consentir pour douze, quinze et dix-huit années, à la charge de les soumettre à l'approbation du ministre des finances.

DÉCRET DU 11 THERMIDOR AN XII (30 JUILLET 1804).

Article unique. — Le filigrane du papier destiné à la fabrication des cartes à jouer, les bandes à timbre sec nécessaires pour le contrôle des jeux et sixains de cartes, et les cachets et autres marques employés au service de la régie des *droits réunis* porteteront l'écusson des armes *de l'empire,* avec l'exergue distinctif de cette administration.

DÉCRET DU 14 FRUCTIDOR AN XII (1er SEPTEMBRE 1804).

Art. 1er. — Tout entrepreneur de voitures publiques à destination fixe, et faisant le service d'une même route ou d'une ville à une autre, est compris dans les dispositions des articles 68 et 69 de la loi du 9 vendémiaire an VI, et comme tel soumis à leur exécution, ainsi qu'à celle des articles 74 et 75 de la loi du 5 ventôse an XII.

Voir définition du service régulier, art. 112 de la loi du 25 mars 1817.

Art. 2. — Ne sont pas comprises dans l'article précédent : 1° les voitures qui ne portent pas de voyageurs ; 2° celles restant sur place ou purement de louage, et qui partent indifféremment à quelque jour et quelque heure et pour quelque lieu que ce soit, sur la réquisition des voyageurs.

Art. 3. — Les entrepreneurs de voitures publiques, autres que celles mentionnées en l'article 2, tiendront des registres *en papier timbré* (1), cotés et paraphés par le sous-préfet de leur arrondissement, ou tel autre officier public commis à cet effet par le préfet du département. Ils y enregistreront jour par jour toutes les personnes et marchandises dont ils entreprendront le transport, ainsi que le prix des places, la nature, le poids et le prix du port des paquets et marchandises. Lesdits registres seront visés des préposés des *droits réunis* de l'arrondissement.

Art. 4. — La perception du dixième du prix du port des marchandises, créée par l'article 75 de la loi du 5 ventôse an xii, s'établira sur le vu desdits registres, qui serviront à constater la fidélité des déclarations du nombre et du prix des places de chaque voiture. A cet effet, les entrepreneurs ou leurs commis communiqueront, sans déplacement, aux préposés de la régie des *droits réunis*, et à toute réquisition, non-seulement les registres d'enregistrements journaliers ci-dessus désignés, mais encore toute espèce de registre de contrôle et de recette qu'ils auront établi dans leur manutention.

Seront considérés comme marchandises sujettes au droit du *dixième*, tous les objets qui donneront lieu à une perception au profit de l'entreprise.

Art. 5. — Les entrepreneurs remettront à leurs conducteurs, cochers, postillons ou voituriers, au moment de leur départ, une feuille de route portant le numéro de l'estampille de la voiture, le nom de l'entrepreneur et celui du conducteur, ainsi que le nombre des places de la voiture. Cette feuille, certifiée de l'entrepreneur ou d'un de ses commis, présentera littéralement, article par article, les enregistrements ainsi que le prix des places et du port des objets portés au registre.

Tout chargement fait dans le cours de la route sera inscrit sur ladite feuille et reporté au registre du bureau d'arrivée.

Voir article 118 de la loi du 25 mars 1817.

Art. 6. — Les préposés de la régie des *droits réunis* sont autorisés à assister aux chargements et déchargements des voitures, tant aux lieux de départ et d'arrivée que dans le cours de la route, à viser les registres et feuilles de route, à en vérifier l'exactitude, à en prendre copie et à dresser procès-verbal de toutes contraventions.

_____

(1) Depuis la loi du 2ⁿ juillet 1837, art. 4, ces registres sont établis en papier libre.

Art. 7. Sont exceptés du droit de dixième et du droit fixe les courriers chargés du transport des dépêches dans les malles affectées à ce service par l'administration des postes, et à elle appartenant.

Les entrepreneurs particuliers de ce service seront tenus de payer le dixième du prix des places des voyageurs qu'ils conduiront, et des paquets autres que ceux des dépêches qu'ils transporteront.

Art. 8. — Il sera délivré à chaque entrepreneur de voitures publiques, par le préposé de la régie des *droits réunis*, autant de laissez-passer conformes à sa déclaration, qu'il aura de voitures en circulation. Les conducteurs seront tenus d'en être toujours porteurs, et de les représenter à toute réquisition, à tout préposé de la régie des *droits réunis*.

Voir art. 115 et 117 de la loi du 25 mars 1817.

Art. 9. — Lorsque les entrepreneurs suspendront le service d'une voiture pour la mettre en réparation, celle qu'ils y substitueront devra également être déclarée, estampillée, et ne pourra être d'une capacité excédante, sans acquitter le droit en raison de l'excédant des places, qui sera vérifié par le commis de la régie.

Voir art. 117 de la la loi du 25 mars 1817.

Art. 10. — Tout emploi de faux registres et de fausses feuilles ou de faux enregistrements sera constaté par procès-verbal pour poursuivre les contrevenants, conformément *à l'article 76 de la loi du 5 ventôse an* XII (1), sans préjudice des poursuites extraordinaires pour crime de faux, suivant les cas.

Les peines pécuniaires ne pourront être remises ni modérées, si ce n'est par transaction, en conformité de l'article 23 du règlement général du 5 germinal an XII.

Art. 11. — En cas de résistance, voies de fait ou insultes de la part des conducteurs, cochers, postillons et voituriers, il y aura lieu à l'application des peines portées en l'article 15 de la loi du 27 frimaire an VIII, sur l'organisation générale des octrois.

DÉCRET DU 21 BRUMAIRE AN XIII (12 NOVEMBRE 1804).

Art. 1er. — Il sera rendu compte au ministre de l'intérieur, par les préfets, et par le ministre à Sa Majesté, en son conseil d'État, du montant des frais de régie, pendant l'an XIII, des octrois des villes ayant plus de 20,000 francs de revenu, si ces octrois sont en régie; et des conditions des baux, s'ils sont en ferme ou régie intéressée.

Art. 2. — A compter de l'an XIV, le montant des frais de régie

---

(1) Remplacé par l'article 122 de la loi du 25 mars 1817.

et l'état abrégé de leur emploi, ou les conditions des baux à ferme ou régie intéressée, seront joints aux budgets des villes, lorsqu'ils seront proposés par le ministre à l'approbation de Sa Majesté.

EXTRAIT DE LA LOI DU 25 NIVOSE AN XIII
(15 JANVIER 1805) (1).

Art. 1er. — Les cautionnements fournis par les agents de change, les courtiers de commerce, les avoués, greffiers, huissiers, et les commissaires-priseurs sont, comme ceux des notaires (art. 23 de la loi du 25 ventôse an XI), affectés, par premier privilége, à la garantie des condamnations qui pourraient être prononcées contre eux, par suite de l'exercice de leurs fonctions; par second privilége, au remboursement des fonds qui leur auraient été prêtés pour tout ou partie de leur cautionnement; et subsidiairement, au payement, dans l'ordre ordinaire, des créances particulières qui seraient exigibles sur eux.

Art. 2. — Les réclamants, aux termes de l'article précédent, seront admis à faire sur ces cautionnements des oppositions motivées, soit directement à la caisse d'amortissement, soit aux greffes des tribunaux dans le ressort desquels les titulaires exercent leurs fonctions....

Art. 4. — La déclaration au profit des prêteurs des fonds de cautionnement, faite à la caisse d'amortissement à l'époque de la prestation, tiendra lieu d'opposition pour leur assurer l'effet du privilége du second ordre, aux termes de l'article 1er.

EXTRAIT DU DÉCRET DU 23 PLUVIOSE AN XIII
(12 FÉVRIER 1805).

Art. 1er. — A dater de la publication du présent décret, toute vente de poudre de guerre est interdite : *en conséquence, l'administration générale des poudres ne pourra en faire délivrer, même aux citoyens qui ont obtenu une commission spéciale de ladite administration pour la vente des poudres.*

Art. 4. — Après l'expiration du délai accordé par l'article précédent (2), tout individu qui aura conservé, ou qui sera trouvé nanti d'une quantité quelconque de poudre de guerre, sera dénoncé aux tribunaux pour être poursuivi, aux termes de l'article 27 de la loi du 13 fructidor an V, comme ayant illicitement fabriqué de la poudre de guerre, et puni de 3,000 francs d'amende, à moins

---

(1) Voyez la loi du 6 ventôse an XIII, qui déclare celle-ci applicable à tous les comptables publics ou préposés des administrations.
(2) Un mois de délai.

qu'il ne prouve l'avoir achetée d'un marchand domicilié et patenté, ou qu'il n'en mette le vendeur sous la main des tribunaux.

Art. 5. — L'administration des poudres pourra, toutefois, faire délivrer de ses magasins aux artificiers patentés la poudre de guerre qu'ils justifieront leur être nécessaire, en s'engageant à produire, toutes les fois qu'ils en seront requis, le certificat d'achat de ladite poudre.

EXTRAIT DE LA LOI DU 2 VENTOSE AN XIII
(21 FÉVRIER 1805).

TITRE IX. — De la régie des droits réunis.

Art. 44. — Les mesures nécessaires pour assurer la perception des *droits réunis* pourront être prises par les règlements d'administration publique, en se conformant, tant pour la nature et la quotité des droits, que pour les peines contre les contraventions, aux dispositions portées au titre V de la loi du 5 ventôse an XII, concernant l'établissement des *droits réunis;* et les règlements seront proposés en forme de loi au Corps législatif, à la session la plus prochaine.

LOI ADDITIONNELLE DU 6 VENTOSE AN XIII
(25 FÉVRIER 1805),

A celle du 25 nivôse an XIII, relative aux cautionnements.

Art. 1er. — Les articles 1, 2 et 4 de la loi du 25 nivôse dernier, relative aux cautionnements fournis par les notaires, avoués et autres, s'appliqueront aux cautionnements des receveurs généraux et particuliers, et de tous les autres comptables publics, ou préposés des administrations.

Art. 2. — Les prêteurs des sommes employées auxdits cautionnements jouiront du privilége de second ordre institué par l'article 1er de la loi du 25 nivôse dernier, en se conformant aux articles 2 et 4 de la même loi.

EXTRAIT DU DÉCRET DU 1er GERMINAL AN XIII
(22 MARS 1805).

CHAPITRE Ier. — *Des vins, cidres et poirés.*

.   .   .   .

CHAPITRE II. — *Des tabacs.*

.   .   .   .

CHAPITRE III. — *Droit sur les cartes.*

Art. 10. — Nul fabricant de cartes ne pourra s'établir, à l'avenir, hors des chefs-lieux de direction de la régie.

L'administration autorise l'établissement de fabriques de cartes dans les chefs-lieux de Recettes principales. — Décision 302. M. 9 p. 400.

Art. 11. — Tous les moules de cartes à figures seront déposés dans le principal bureau du lieu de la fabrique ; les fabricants seront tenus d'y venir imprimer les cartes à figures (1).

Art. 12. — Les cartes ne pourront être fabriquées que sur un papier filigrané, qui sera délivré par la régie aux fabricants de cartes, et dont le prix lui sera remboursé par eux. *Ce prix sera réglé chaque année par un décret.*

CHAPITRE IV. — *Des distilleries.*

. . . .

CHAPITRE V. — *Des bières.*

. . . .

CHAPITRE VI. — *Des commis et des procès-verbaux.*

Art. 20. — Les préposés de la régie seront âgés au moins de *vingt et un ans* accomplis : ils seront tenus, avant d'entrer en fonctions, de prêter serment devant le *juge de paix* ou le tribunal civil (2) de l'arrondissement dans lequel ils exercent ; ce serment sera enregistré au greffe, et transcrit sur leur commission, sans autres frais que ceux d'enregistrement et de greffe, et sans qu'il soit nécessaire d'employer le ministère d'avoué.

Aux termes de l'article 1er de la loi du 21 juin 1873, les employés des contributions indirectes peuvent prêter serment et exercer leurs fonctions à l'âge de vingt ans.

Art. 21. — Les procès-verbaux énonceront la date et la cause de la saisie, la déclaration qui en aura été faite au prévenu, les noms, qualités et demeures des saisissants et de celui chargé des poursuites, l'espèce, poids ou mesure des objets saisis, la présence de la partie à leur description, ou la sommation qui lui aura été faite d'y assister, le nom et la qualité du gardien, s'il y a lieu, le lieu de la rédaction du procès-verbal, et l'heure de sa clôture.

Art. 22. — Dans le cas où le motif de la saisie portera sur le faux et l'altération des expéditions, le procès-verbal énoncera le genre de faux, les altérations ou surcharges.

Lesdites expéditions, signées et paraphées des saisissants, NE VARIETUR, seront annexées au procès-verbal, qui contiendra la sommation faite à la partie de les parapher, et sa réponse.

Art. 23. — Il sera offert mainlevée, sous caution solvable,

---

(1) Les feuilles de moulage à portrait français sont fournies par la régie. Voyez le décret du 9 février 1810, art. 3.
(2) Voir circulaire n° 413, du 29 septembre 1856.

ou en consignant la valeur des navires, bateaux, voitures, chevaux et équipages saisis pour autre cause que pour importation d'objets dont la consommation est défendue; et cette offre, ainsi que la réponse de la partie, sera mentionnée au procès-verbal.

Art. 24. — Si le prévenu est présent, le procès-verbal énoncera qu'il lui en a été donné lecture et copie; en cas d'absence du prévenu, la copie sera affichée, dans le jour, à la porte de la maison commune du lieu de la saisie.

Ces procès-verbaux et affiches pourront être faits tous les jours indistinctement.

Art. 25. — Les procès-verbaux seront affirmés au moins par deux des saisissants, dans les trois jours *devant le juge de paix ou l'un de ses suppléants*; l'affirmation énoncera qu'il en a été donné lecture aux affirmants (1).

Art. 26. — Les procès-verbaux, ainsi rédigés et affirmés, seront crus jusqu'à inscription de faux (2).

Les tribunaux ne pourront admettre, contre lesdits procès-verbaux, d'autres nullités que celles résultant de l'omission des formalités prescrites par les articles précédents.

Art. 27. — Tout préposé destitué ou démissionnaire sera tenu, sous peine d'y être contraint, même par corps, de remettre à la régie ou à son fondé de pouvoirs, en quittant son emploi, sa commission, ainsi que les registres et autres effets dont il aura été chargé par la régie, et de rendre ses comptes.

CHAPITRE VII. — *De la procédure judiciaire sur les procès-verbaux de contravention.*

Art. 28. — *L'assignation à fin de condamnation sera donnée dans la huitaine au plus tard de la date du procès-verbal;* elle pourra être donnée par les commis (3).

Art. 29. — Si le tribunal juge la saisie mal fondée, il pourra condamner la régie, non-seulement aux frais du procès et à ceux de fourrière, le cas échéant, mais encore à une indemnité proportionnée à la valeur des objets dont le saisi aura été privé pendant le temps de la saisie, jusqu'à leur remise ou l'offre qui en aura été faite; mais cette indemnité ne pourra excéder un pour cent par mois de la valeur desdits objets.

Art. 30. — Si, par l'effet de la saisie et leur dépôt dans un lieu et à la garde d'un dépositaire qui n'aurait pas été choisi ou indiqué par le saisi, les objets saisis avaient dépéri avant leur remise ou les offres valables de les remettre, la régie pourra être condamnée à en payer la valeur, ou l'indemnité de leur dépérissement.

_____

(1) L'affirmation doit avoir lieu dans les trois jours de la clôture de l'acte, devant l'un des juges de paix établis dans le ressort du tribunal qui doit connaître du procès-verbal ou devant l'un des suppléants du juge de paix. — (Art. 3 de la loi du 21 juin 1873.)

(2) Voir art. 4 et 5 de la loi du 21 juin 1873.

(3) La première partie de l'article 28 ci-dessus a été remplacée par la loi du 15 juin 1835. (Délai de trois mois.)

5

Art. 31. — Dans le cas où la saisie n'étant pas déclarée valable, la régie des *droits réunis* interjetterait appel du jugement, les navires, voitures et chevaux saisis, et tous les objets sujets à dépérissement, ne seront remis que sous caution solvable, après estimation de leur valeur.

Art. 32. — L'appel devra être notifié dans la huitaine de la signification du jugement, sans citation préalable, au bureau de paix et de conciliation : après ce délai, il ne sera pas recevable, et le jugement sera exécuté purement et simplement. La déclaration d'appel contiendra assignation à trois jours devant le tribunal criminel du ressort de celui qui aura rendu le jugement; le délai de trois jours sera prorogé d'un jour par chaque deux myriamètres de distance du domicile du défendeur au chef-lieu du tribunal (1).

Art. 33. — Si la saisie est jugée bonne, et qu'il n'y ait pas d'appel dans la huitaine de la signification, le neuvième jour, le préposé du bureau indiquera la vente des objets confisqués, par une affiche signée de lui, et apposée tant à la porte de la maison commune qu'à celle de l'auditoire du juge de paix, et procédera à la vente publique cinq jours après.

Art. 34. — Dans le cas où le procès-verbal portant saisie d'objets prohibés serait annulé pour vice de forme, la confiscation desdits objets sera néanmoins prononcée sans amende, sur les conclusions du poursuivant ou du *procureur impérial.*

La confiscation des objets saisis en contravention sera également prononcée, nonobstant la nullité du procès-verbal, si la contravention se trouve, d'ailleurs, suffisamment constatée par l'instruction.

Art. 35. — Les propriétaires des marchandises seront responsables du fait de leurs facteurs, agents ou domestiques, en ce qui concerne les droits, confiscation, amendes et dépens.

Art. 36. — La confiscation des objets saisis pourra être poursuivie et prononcée contre les conducteurs, sans que la régie soit tenue de mettre en cause les propriétaires, quand même ils lui seraient indiqués; sauf, si les propriétaires intervenaient, ou étaient appelés par ceux sur lesquels les saisies auraient été faites, à être statué, ainsi que de droit, sur leurs interventions ou réclamations.

Art. 37. — Les condamnations pécuniaires contre plusieurs personnes, pour un même fait de fraude, seront solidaires.

Art. 38. — Les objets, soit saisis pour fraude ou contravention, soit confisqués, ne pourront être revendiqués par les propriétaires, ni le prix, soit qu'il soit consigné ou non, réclamé par aucun créancier, même privilégié ; sauf leur recours contre les auteurs de la fraude.

Art. 39. — Les juges ne pourront, à peine d'en répondre en

---

(1) Voir le *Code d'instruction criminelle.*

leur propre et privé nom, modérer les confiscations et amendes, ni en ordonner l'emploi au préjudice de la régie.

CHAPITRE VIII. — *De l'inscription de faux.*

Art. 40. — Celui qui voudra s'inscrire en faux contre un procès-verbal sera tenu d'en faire la déclaration par écrit, en personne, ou par un fondé de pouvoir spécial passé devant notaire, au plus tard à l'audience indiquée par l'assignation à fin de condamnation ; il devra, dans les trois jours suivants, faire au greffe dudit tribunal le dépôt des moyens de faux et des noms et qualités des témoins qu'il voudra faire entendre, le tout à peine de déchéance de l'inscription de faux.

Cette déclaration sera reçue et signée par le président du tribunal et le greffier, dans le cas où le déclarant ne saurait écrire ni signer.

Art. 41. — Le délai pour l'inscription de faux contre le procès-verbal ne commencera à courir que du jour de la signification de la sentence, si elle a été rendue par défaut.

Art. 42. — Les moyens de faux proposés dans le délai et dans la forme réglée par l'article 41 ci-dessus, par les prévenus, contre les procès-verbaux des préposés de la régie des *droits réunis*, ne seront admis qu'autant qu'ils tendront à justifier les prévenus de la fraude ou des contraventions qui leur sont imputées.

CHAPITRE IX. — *Des contraintes.*

Art. 43. — La régie pourra employer contre les redevables en retard la voie de contrainte (1).

Art. 44. — La contrainte sera décernée par le directeur ou receveur de la régie ; elle sera visée et déclarée exécutoire, sans frais, par le juge de paix du canton où le bureau de perception est établi, et pourra être notifiée par les préposés de la régie.

Le juge de paix ne pourra refuser de viser la contrainte pour être exécutée, à peine de répondre des valeurs pour lesquelles la contrainte aura été décernée.

Art. 45. — *L'exécution de la contrainte ne pourra être suspendue que par une opposition formée par le redevable;* l'opposition sera motivée et contiendra assignation à jour fixe devant le tribunal civil de l'arrondissement, avec élection de domicile dans la commune où siége le tribunal; le délai pour l'échéance de l'assignation ne pourra excéder huit jours, le tout à peine de nullité de l'opposition.

Les contraintes sont exécutoires nonobstant opposition. (Art. 239 de la loi du 28 avril 1816.)

---

(1) Voyez l'article 239 de la loi du 28 avril 1816.

CHAPITRE X. — *Dispositions générales.*

Art. 46. — Sont exceptées des dispositions précédentes les contraventions aux lois *sur la taxe d'entretien des routes et sur les canaux, la navigation intérieure* (1) et les droits de bacs, lesquelles continueront d'être constatées, poursuivies et jugées suivant les formes prescrites par la loi du 14 brumaire an VII.

Art. 47. — La régie aura privilége et préférence à tous les créanciers *sur les meubles et effets mobiliers des comptables pour leurs débets* (2), et sur ceux des redevables pour les droits, à l'exception des frais de justice, de ce qui sera dû pour six mois de loyer seulement, et sauf aussi la revendication dûment formée par les propriétaires des marchandises en nature qui seront encore sous balle et sous corde.

Art. 48. — Toutes saisies du produit des droits faites entre les mains des préposés de la régie ou dans celles de ses redevables, seront nulles et de nul effet.

Art. 49. — Dans le cas d'apposition des scellés sur les effets et papiers des comptables, les registres de recette et autres de l'année courante ne seront pas renfermés sous les scellés ; lesdits registres seront seulement arrêtés et paraphés par le juge, qui les remettra au préposé chargé de la recette par intérim, lequel en demeurera garant comme dépositaire de justice ; et il en sera fait mention dans le procès-verbal d'apposition de scellés.

Art. 50. — La prescription est acquise à la régie contre toutes demandes en restitution des droits et marchandises, payement d'appointements, après un délai révolu de deux années; elle est acquise aux redevables contre la régie, pour les droits que ses préposés n'auraient pas réclamés dans l'espace d'un an, à compter de l'époque où ils étaient exigibles.

La régie est déchargée de la garde des registres des recettes antérieures de trois années à l'année courante.

Art. 51. — La force publique sera tenue de prêter assistance aux préposés de la régie dans l'exercice de leurs fonctions.

Art. 52. — *Les redevables sur lesquels auraient été protestées, faute de payement, des obligations souscrites par eux envers la régie, par suite de crédits obtenus, seront contraignables par corps* (3).

Art. 53. — Tous commis à la perception des octrois des villes, ayant prêté serment en justice, sont autorisés à rendre leurs procès-verbaux de la fraude qu'ils découvrent contre les *droits réu-*

---

(1) Pour les canaux et la navigation, voyez la loi du 9 juillet 1836, art. 21.

(2) Une des lois du 5 septembre 1807 (voyez plus loin) soumet à d'autres règles le privilége du Trésor sur les biens meubles et immeubles des comptables. « Ce privilége, dit cette loi, ne s'exerce qu'après les priviléges généraux et particuliers énoncés aux articles 2101 et suivants du Code civil. »

(3) Voyez art. 11 de la loi du 17 avril 1832 et la loi du 22 juillet 1867.

nis; et, de même, les commis de la régie, pour les fraudes qu'ils découvriront contre les octrois (1).

DÉCRET DU 28 FLORÉAL AN XIII (18 MAI 1805).

Article unique. — Les dispositions de l'article 76 de la loi du 5 ventôse an XII, concernant les condamnations qui doivent être prononcées contre les contrevenants aux *droits réunis*, et celles de l'arrêté d'organisation de ces droits, du 5 germinal de la même année, relatives à la répartition du produit des amendes et confiscations, et à la faculté de transiger sur les procès-verbaux de saisie, ne sont point applicables aux délits et contraventions concernant la garantie des matières d'or et d'argent, à l'égard desquelles la loi du 19 brumaire an VI, relative à la surveillance du titre des matières et des ouvrages d'or et d'argent, doit être exécutée, sauf en ce qui concerne la perception des droits de garantie, qui a été attribuée à la régie des *droits réunis*, dont les préposés peuvent néanmoins eux-mêmes ou concurremment avec les employés des bureaux de garantie, constater les délits et contraventions à la loi du 19 brumaire an VI, et poursuivre la condamnation des peines encourues, en remplissant les formalités prescrites par cette loi, et sans qu'il puisse être transigé sur les délits et contraventions.

DÉCRET DU 4 PRAIRIAL AN XIII (24 MAI 1805).

Art. 1er. — Toutes contraventions aux lois sur les cartes, des 9 vendémiaire an VI et 5 ventôse an XII, ainsi qu'aux règlements des 3 pluviôse et 19 floréal an VI, et au décret impérial du 1er germinal an XIII, seront punies, indépendamment de la confiscation des objets de fraude ou servant à la fraude, de 1,000 francs d'amende, *sans préjudice des poursuites extraordinaires et de la punition, comme pour crime de faux, encourue par la contrefaçon des filigranes, timbres et moules, et l'émission des objets frappés de faux.*

Le crime de contrefaçon des marques de la régie est puni des peines portées par les articles 142 et 143 du Code pénal. (Art. 168 de la loi du 28 avril 1816.)

EXTRAIT DU DÉCRET DU 16 MESSIDOR AN XIII
(5 JUILLET 1805).

Art. 1er. — Les préposés des douanes et les préposés à la perception des droits d'octroi sont tenus de se faire représenter les

---

(1) Voir ordonnance du 9 décembre 1814, art. 92.

lettres de voiture, connaissements, chartes parties et polices d'assurance des marchandises et autres objets dont le transport se fait par terre ou par eau, et de vérifier si ces actes sont écrits sur papier *d'un franc* (1), ainsi qu'il est prescrit par l'article 5 de la loi du 16 prairial an VII.

Art. 2. — En cas de contravention, ils en rédigeront des procès-verbaux pour faire condamner les souscripteurs et porteurs solidairement à l'amende fixée par l'article 4 de la même loi.

Art. 3. — Pour indemniser les préposés des soins de cette vérification, il leur sera accordé la moitié des amendes qui auront été payées par les contrevenants.

EXTRAIT DU DÉCRET DU 8 THERMIDOR AN XIII
(27 JUILLET 1805).

Règlement général.

CHAPITRE II.

§ 6. — Des ventes de nantissements.

Art. 74. — Lorsque des nantissements entièrement composés ou même seulement garnis d'or ou d'argent, se trouveront compris dans le rôle de vente dressé en exécution de l'article précédent, il en sera donné avis aux *contrôleurs de la régie des droits de marque* (2), en service pour le Mont-de-Piété, avec invitation de venir procéder à la vérification desdits nantissements.

Art. 75. — Les contrôleurs de la régie se transporteront, à cet effet, au dépôt des ventes du Mont-de-Piété, et formeront, après cette vérification, l'état de ceux desdits nantissements d'or ou d'argent qui, n'étant pas revêtus de l'empreinte de garantie, ne pourront être délivrés qu'après l'avoir reçue; sauf néanmoins l'exception dont il sera parlé ultérieurement, article 87, au présent paragraphe.

Art. 87. — Les effets adjugés, même ceux composés ou garnis d'or ou d'argent non empreints de la marque de garantie, mais que l'adjudicataire consentira à faire briser et mettre hors de service, seront remis audit adjudicataire aussitôt qu'il en aura payé le prix.

Art. 88. — Quant à ceux desdits effets d'or ou d'argent non empreints de la marque de garantie, que l'adjudicataire désirera conserver dans leur forme, ils seront provisoirement retenus pour être présentés au bureau de garantie, et n'être remis audit adjudicataire qu'après l'acquittement par lui fait des droits particuliers dus à la régie.

---

(1) Voir le décret du 3 janvier 1809.
(2) Ceux des contributions indirectes, depuis l'ordonnance du 5 mai 1819.

DÉCRET DU 13 FRUCTIDOR AN XIII (31 AOUT 1805)
Concernant les cartes à jouer.

Art. 3. — Les fabricants tiendront séparées, dans leurs boutiques et magasins, les différentes natures de jeux et de papier. Ils ne confondront jamais le papier filigrané avec celui qui forme le dessus de la carte, et ni l'un ni l'autre avec l'étresse ou main-brune. Les feuilles de figures et valets, les cartons de point peint ou non peint, seront également distincts et séparés.

Art. 5. — L'introduction dans l'empire, et l'usage des cartes fabriquées à l'étranger sont prohibées ; *les seules cartes à portrait étranger, de fabrication française, pourront être exportées à l'étranger en franchise des droits, conformément à l'article* 17 *du règlement du* 19 *floréal an* VI (1).

Art. 8. — A partir de l'émission du papier filigrané, toutes cartes fabriquées avec ce papier seront soumises à la bande de contrôle à timbre sec, qui sera apposée chez les fabricants par les commis, qui en dresseront des actes réguliers.

Art. 9. — Toutes contraventions au présent décret emporteront la peine prononcée par le décret du 4 prairial an XIII.

EXTRAIT DE LA LOI DU 24 AVRIL 1806.

TITRE IV. — Cautionnement des préposés comptables.

Art. 19. — A l'avenir, aucun préposé comptable ne pourra être installé dans l'emploi dont il aura été pourvu, qu'après avoir versé le montant de son cautionnement et en avoir justifié.

TITRE VI. — Régie des droits réunis.

§ 4. — Dispositions générales.

Art. 40. — Il n'y aura pas, dans l'intérieur de la ville de Paris, d'exercice sur les boissons. Les droits établis par la présente y seront remplacés par des droits perçus aux entrées, à rai-

---

(1) L'exportation des cartes de toute espèce est permise. Voyez la loi du 4 juin 1836. La prohibition a été levée à l'égard des pays avec lesquels des traités de commerce ont été conclus.

son *de quatre francs par hectolitre de vin et eau-de-vie, et de deux francs par hectolitre de bière, de cidre et de poiré* (1).

Art. 41. — Les bières fabriquées dans Paris supporteront le même droit de *deux francs par hectolitre.*

Art. 42. — Il sera pourvu, par des règlements d'administration publique, à toutes les mesures nécessaires pour assurer les perceptions confiées à la régie des *droit réunis*, et pour la répression des fraudes et des contraventions.

Art. 43. — Ils pourvoiront à ce que notre commerce des vins et eaux-de-vie à l'étranger ne puisse souffrir des dispositions de la présente loi.

. . . .

TITRE VII. — Du remplacement de la taxe d'entretien des routes par une taxe sur le sel, à l'extraction des marais salants.

Art. 48. — Il est établi, au profit du Trésor public, un droit de *deux décimes* par kilogramme de sel (2), sur tous les sels enlevés, soit des marais salants de l'Océan, soit de ceux de la Méditerranée, soit des salines de l'Est, soit de toute autre fabrique de sel (3).

. . . .

Art. 51. — Il ne pourra être établi aucune fabrique, chaudière de sel, sans une déclaration préalable de la part du fabricant, à peine de confiscation des ustensiles propres à la fabrication, et de *cent francs* (4) d'amende.

. . . .

EXTRAIT DU DÉCRET DU 11 JUIN 1806

Concernant les sels.

Toute la partie non reproduite de ce décret se compose de dispositions relatives au service des douanes ou de mesures qui n'étaient que de transition.

TITRE Iᵉʳ. — De la surveillance des préposés des administrations des douanes et des droits réunis; des déclarations, congés et acquits-à-caution.

Art. 1ᵉʳ. — La surveillance des préposés des douanes et des *droits réunis* ne s'exercera, pour la perception de la taxe sur les sels, *que jusqu'à la distance de trois lieues des marais salants,*

---

(1) Voyez le tarif annexé à la loi du 12 décembre 1830, modifié par l'article 1ᵉʳ de la loi du 1ᵉʳ septembre 1871 et par la loi du 31 décembre 1873.

(2) Après diverses variations dans sa quotité, le droit sur les sels a été fixé à 3 décimes par l'article 18 de la loi du 28 avril 1816 (*douanes*), puis réduit à 10 francs par 100 kilogrammes par la loi du 28 décembre 1848; enfin porté à 10 francs par 100 kilogrammes par la loi du 28 décembre 1848; enfin porté

(3) Voyez la loi du 17 juin 1840.

(4) 500 francs au minimum. Voir la loi du 17 juin 1840, art. 10, et les ordonnances des 26 juin 1841 et 27 novembre 1843.

fabriques ou salines, situés sur les côtes et frontières (1), *et dans les trois lieues rayon des fabriques et salines de l'intérieur* (2). La ligne de démarcation sera déterminée, comme celle des douanes,

Art. — 2. — Nul enlèvement de sels *dans les limites détermi-nées par l'article précédent* ne pourra être fait sans une déclara-tion préalable au bureau le plus prochain du lieu de l'extraction, et sans avoir pris un congé ou un acquit-à-caution, que les con-ducteurs seront tenus de représenter aux préposés, à toute réqui-sition, *dans les trois lieues des côtes et frontières, ou des fabri-ques et salines de l'intérieur.*

Art. 3. — Les déclarations contiendront le nom du vendeur, celui de l'acheteur, la quantité de sel vendue, le nom du voitu-rier ou du maître du bateau ou barque qui devra faire le transport, le lieu de la destination et la route à tenir.

Art. 4. — Si les droits ont été payés au moment de la déclara-tion, il sera délivré un congé qui en fera mention.

Art. 5. — Il sera délivré un acquit-à-caution lorsque la déclaration n'aura pas donné lieu à l'acquit des droits.

Art. 6. — Aucun enlèvement de sels ne pourra être fait avant le lever du soleil ou après son coucher, et qu'en suivant la route indiquée par le congé ou acquit-à-caution. Ces expéditions indi-queront le délai après lequel elles ne seront plus valables.

Art. 7. — Les sels transportés dens l'étendue *des trois lieues soumises à la surveillance des préposés*, sans être accompagnés d'un acquit-à-caution, seront saisis et confisqués.

Les sels qui circuleraient *dans la même étendue du territoire* avant le lever ou après le coucher du soleil seront soumis aux mêmes peines, si le congé ou acquit-à-caution ne porte une per-mission expresse de transport pendant la nuit.

Art. 8. — Les préposés des douanes sont autorisés à se trans-porter en tout temps, dans l'enceinte des marais salants, dans les salines et lieux de dépôts, pour y exercer leur surveillance (3).

Les préposés des *droits réunis* visiteront et tiendront en exer-cice les salines et fabriques de l'intérieur.

Art. 12. — Il sera accordé à tous ceux qui enlèveront des sels des lieux de fabrication, soit qu'ils soient destinés pour les entre-pôts ou pour la consommation, 5 p. 0/0 pour tout déchet (4); de manière que, déduction faite de cette seule quantité, le droit sera dû sur la totalité des sels compris dans les déclarations et acquits-à-caution.

---

(1) Modifié et expliqué par les décrets des 25 janvier et 6 juin 1807.
(2) Voyez les décrets des 25 janvier et 6 juin 1807. Voir aussi le titre III de l'ordonnance du 17 septembre 1841, concernant l'exploitation des salines de l'Est.
(3) Voyez l'article 32 de la loi du 17 décembre 1844, qui a mis quelques restrictions à cette faculté.
(4) La remise de 5 0/0 est un maximum; elle peut être réduite, en certains

Art. 15. — La déclaration prescrite par l'article 51 de la loi du 24 avril, avant l'établissement d'aucune fabrique particulière de sel à la chaudière, sera faite au bureau le plus prochain des douanes pour celles qu'on voudra établir dans les trois lieues des côtes et dans les quatre lieues des frontières de terre, et au bureau le plus prochain des *droits réunis* pour celles qui seront établies dans l'intérieur, sous les peines portées par ledit article.

Art. 16. — Toutes les saisies qui donneront lieu à la confiscation des sels, emporteront aussi celle des chevaux, ânes, mulets, voitures, bateaux et autres embarcations, employés au transport (1).

Art. 18. — Toutes les fabrications de sels par l'action du feu seront tenues en exercice par les préposés des douanes ou des *droits réunis,* suivant le lieu où elles seront situées.

Art. 19. — Il sera tenu par les fabricants et préposés des registres en double sur lesquels seront portées les quantités de sels fabriquées, celles en magasin et celles vendues.

Art. 20. — Ils ne pourront laisser sortir de leur magasin aucune quantité de sel, que sur la représentation du permis que l'acheteur aura levé au bureau des douanes ou des *droits réunis.*

Ceux qui contreviendront à la présente disposition seront condamnés au payement du double droit des sels qu'ils auront vendus.

Les titres II, III et IV concernent exclusivement le service des douanes, le titre V s'applique aux sels inventoriés.

EXTRAIT DU DÉCRET DU 16 JUIN 1806.

Art. 13. — Les préposés à la perception de la taxe d'entretien des routes jusqu'au 22 septembre, et, à leur défaut, les préposés à la perception des octrois municipaux, ou enfin des préposés spéciaux, seront chargés de la garde, entretien, conservation et manœuvre des ponts à bascule.

DÉCRET DU 22 JUILLET 1806

Contenant règlement sur les affaires contentieuses portées au conseil d'État (Extrait du).

Art. 1er. — Le recours des parties au conseil d'État en matière contentieuse sera formé par requête signée d'un avocat au con-

---

cas, à 3 0/0. Voyez la loi du 17 juin 1840 et l'ordonnance du 8 décembre 1843.

(1) Voyez les articles 10 et 13 de la loi du 17 juin 1840; voyez aussi l'ordonnance du 26 juin 1841, titre III.

seil ; elle contiendra l'exposé sommaire des faits et des moyens, les conclusions, les noms et demeures de parties, l'énonciation des pièces dont on entend se servir et qui y seront jointes.

DÉCRET DU 9 AOUT 1806

Relatif aux formalités à observer pour la mise en jugement des agents du gouvernement.

. . . .

Art. 3. — La disposition de l'article 75 de l'acte constitutionnel de l'an VIII (1) ne fait point obstacle à ce que les magistrats chargés de la poursuite des délits informent et recueillent tous les renseignements relatifs aux délits commis par nos agents dans l'exercice de leurs fonctions ; *mais il ne peut être, en ce cas, décerné aucun mandat, ni subi aucun interrogatoire juridique sans l'autorisation préalable du gouvernement* (2).

DÉCRET DU 31 AOUT 1806.

Article unique. — La régie des *droits réunis* fera déposer au greffe de la cour criminelle et spéciale du département de la Seine des empreintes du timbre dont elle se sert pour les congés, passavants et autres actes de son administration ; ces empreintes seront apposées sur le papier à son filigrane pour servir au besoin aux vérifications qu'il pourrait être nécessaire d'en faire.

DÉCRET DU 25 JANVIER 1807.

Art. 1er. — La surveillance des douanes s'exercera sur la circulation intérieure des sels, jusqu'à la distance de trois lieues des côtes de tout l'*empire*, soit qu'il existe ou non des marais salants, salines et fabriques de sels (3).

Art. 2. — Les sels transportés dans le rayon de trois lieues des côtes, sans déclaration préalable au bureau le plus prochain du lieu de l'enlèvement, et sans être accompagnés des congés ou

---

(1) Cet article porte : « Les agents du gouvernement, autres que les ministres , ne peuvent être poursuivis pour des faits relatifs à leurs fonctions, qu'en vertu d'une décision du conseil d'État. En ce cas, la poursuite a lieu devant les tribunaux ordinaires.

(2) Cette autorisation préalable n'est pas nécessaire. Voyez l'article 244 de la loi du 28 avril 1816.

(3) Voyez le décret additionnel du 6 juin 1807.

acquits-à-caution prescrits par les articles 2, 4, 5 et 7 de notre décret du 11 juin dernier, seront saisis et confisqués, ainsi que les chevaux, ânes, mulets et voitures employés au transport, et les conducteurs seront en outre condamnés à une amende de *cent francs conformément à l'article 57 de la loi du 24 avril 1806* (1).

EXTRAIT DU DÉCRET DU 16 FÉVRIER 1807.

Art. 2. — Les dépens, dans les matières ordinaires, seront liquidés par un des juges qui aura assisté au jugement; mais le jugement pourra être expédié et délivré avant que la liquidation soit faite.

Art. 3. — L'avoué qui requerra la taxe remettra au greffier l'état des dépens adjugés, avec les pièces justificatives.

Art. 4. — Le juge chargé de liquider taxera chaque article en marge de l'état, sommera le total au bas, le signera, mettra le taxé sur chaque pièce justificative, et paraphera : l'état demeurera annexé aux qualités.

Art. 5. — Le montant de la taxe sera porté au bas de l'état des dépens adjugés ; il sera signé du juge qui y aura procédé, et du greffier. Lorsque ce montant n'aura pas été compris dans l'expédition de l'arrêt ou jugement, il en sera délivré exécutoire par le greffier.

Art. 6. — L'exécutoire ou le jugement au chef de la liquidation seront susceptibles d'opposition. L'opposition sera formée dans les trois jours de la signification à avoué avec citation; il y sera statué sommairement et il ne pourra être interjeté appel de ce jugement que lorsqu'il y aura appel de quelques dispositions sur le fond.

Art. 7. — Si la partie qui a obtenu l'arrêt ou le jugement néglige de le lever, l'autre partie fera une sommation de le lever dans les trois jours.

Art. 8. — Faute de satisfaire à cette sommation, la partie qui aura succombé pourra lever une expédition du jugement, sans que les frais soient taxés, sauf à l'autre partie à les faire taxer dans la forme ci-dessus prescrite.

DÉCRET DU 11 MAI 1807.

Art. 1er. — L'introduction des monnaies de cuivre et de billon de fabrique étrangère est prohibée sous les peines portées par les lois concernant les marchandises prohibées à l'entrée du territoire de l'empire.

---

(1) La peine applicable aujourd'hui est celle qui est fixée par l'article 10 de la loi du 17 juin 1840.

Art. 2. — Elles ne pourront être admises dans les caisses publiques en payement de tous droits et contributions, de quelque nature qu'ils soient, payables en numéraire.

DÉCRET DU 6 JUIN 1807.

Article unique. — Les dispositions de notre décret du 25 janvier 1807, concernant la surveillance à exercer par les préposés des douanes sur la circulation des sels, dans le rayon de trois lieues des côtes de tout l'*empire*, sont applicables à chaque bord des rivières affluentes à la mer, en remontant ces mêmes rivières jusqu'au dernier bureau des douanes où se peuvent payer les droits d'importation ou d'exportation ; et la distance des trois lieues, dans le rayon desquelles les sels doivent être accompagnés de congés ou acquits-à-caution, *sous les peines portées par ledit décret*, se mesurera : 1° du rivage de la mer vers l'intérieur ; 2° pour les rivières affluentes à la mer, de chaque point du bord de ces mêmes rivières, en rentrant vers l'intérieur des terres jusqu'au dernier bureau des douanes.

DÉCRET DU 18 AOUT 1807.

Art. 1er. — Indépendamment des formalités communes à tous les exploits, tout exploit de saisie-arrêt ou opposition entre les mains des receveurs, dépositaires ou administrateurs de caisses ou de deniers publics, en cette qualité, exprimera clairement les noms et qualités de la partie saisie ; il contiendra, en outre, la désignation de l'objet saisi.

Art. 2. L'exploit énoncera pareillement la somme pour laquelle la saisie-arrêt ou opposition est faite ; et il sera fourni, avec copie de l'exploit, auxdits receveurs, caissiers ou administrateurs, copie ou extrait en forme du titre du saisissant.

Art. 3. — A défaut par le saisissant de remplir les formalités prescrites par les articles 1 et 2 ci-dessus, la saisie-arrêt ou opposition sera regardée comme non-avenue.

Art. 4. — La saisie-arrêt ou opposition n'aura d'effet que jusqu'à concurrence de la somme portée dans l'exploit.

Art. 5. — La saisie-arrêt ou oppositon formée entre les mains des receveurs, dépositaires ou administrateurs de caisses ou de deniers publics, en cette qualité, ne sera point valable si l'exploit n'est fait à la personne préposée pour le recevoir, et s'il n'est visé par elle sur l'original, ou, en cas de refus, par le *procureur impérial* près le tribunal de première instance de leur résidence, lequel en donnera de suite avis aux chefs des administrations respectives.

Art. 6. — Les receveurs, dépositaires ou administrateurs seront tenus de délivrer, sur la demande du saisissant, un certificat qui tiendra lieu, en ce qui les concerne, de tous actes et formalités prescrits, à l'égard des tiers-saisis, par le titre VII du livre V du Code de procédure civile.

S'il n'est rien dû au saisi, le certificat l'énoncera.

Si la somme due au saisi est liquide, le certificat en déclarera le montant.

Si elle n'est pas liquide, le certificat l'exprimera.

Art. 7. — Dans le cas où il serait survenu des saisies-arrêts ou oppositions sur la même partie et pour le même objet, les receveurs, dépositaires ou administrateurs seront tenus, dans les certificats qui leur seront demandés, de faire mention desdites saisies-arrêts ou oppositions, et de désigner les noms et élection de domicile des saisissants, et les causes desdites saisies-arrêts ou oppositions.

Art. 8. — S'il survient de nouvelles saisies-arrêts ou oppositions depuis la délivrance d'un certificat, les receveurs, dépositaires ou administrateurs seront tenus, sur la demande qui leur en sera faite, d'en fournir un extrait contenant pareillement les noms et élection de domicile des saisissants, et les causes desdites saisies-arrêts ou oppositions.

Art. 9. — Tout receveur, dépositaire ou administrateur de caisses ou de deniers publics, entre les mains duquel il existera une saisie-arrêt ou opposition sur une partie prenante, ne pourra vider ses mains sans le consentement des parties intéressées, ou sans y être autorisé par justice.

LOI DU 5 SEPTEMBRE 1807.

Art. 1er. — En conséquence de l'article 2,098 du Code civil, le privilége du trésor public est réglé de la manière suivante, en ce qui concerne le remboursement des frais dont la condamnation est prononcée à son profit en matière criminelle, correctionnelle et de police.

Art. 2. — Le privilége du trésor public sur les meubles et effets mobiliers des condamnés ne s'exercera qu'après les autres priviléges et droits ci-après mentionnés, savoir : 1° les priviléges désignés aux articles 2101 et 2102 du Code civil; 2° les sommes dues pour la défense personnelle du condamné, lesquelles, en cas de contestation de la part de l'administration des domaines, seront réglées, d'après la nature de l'affaire, par le tribunal qui aura prononcé la condamnation.

Art. 3. — Le privilége du trésor public sur les biens immeubles des condamnés n'aura lieu qu'à la charge de l'inscription dans les deux mois, à dater du jour du jugement de condamnation.

passé lequel délai, les droits du trésor public ne pourront s'exercer qu'en conformité de l'article 2113 du Code civil.

Art. 4. — Le privilége mentionné dans l'article 3 ci-dessus ne s'exercera qu'après les autres priviléges et droits suivants :

1° Les priviléges désignés en l'article 2101 du Code civil, dans le cas prévu par l'article 2105 ;

2° Les priviléges désignés en l'article 2103 du Code civil, pourvu que les conditions prescrites pour leur conservation aient été accomplies ;

3° Les hypothèques légales existantes indépendamment de l'inscription, pourvu, toutefois, qu'elles soient antérieures au mandat d'arrêt, dans le cas où il en aurait été décerné contre le condamné ; et, dans les autres cas, au jugement de condamnation ;

4° Les autres hypothèques, pourvu que les créances aient été inscrites au bureau des hypothèques avant le privilége du trésor public, et qu'elles résultent d'actes qui aient une date certaine antérieure auxdits mandat d'arrêt ou jugement de condamnation ;

5° Les sommes dues pour la défense personnelle du condamné, sauf le règlement, ainsi qu'il est dit en l'article 2 ci-dessus.

DÉCRET DU 4 MARS 1808.

Art. 1er. — Les détenus en prison à la requête de l'agent du trésor public ou de tout autre fonctionnaire public, pour cause de dettes envers l'État, recevront la nourriture comme les prisonniers à la requête du ministère public.

Art. 2. — Il ne sera fait aucune consignation particulière pour la nourriture desdits détenus ; la dépense en sera comprise, chaque année, au nombre de celles du département de l'intérieur, pour le service des prisons.

Voir arrêt dans ce sens du 12 mai 1835, M. 14.

EXTRAIT DU DÉCRET DU 4 MARS 1808 (1).

Art. 15. — Tous les bâtiments à quille, pontés ou non pontés, servant au cabotage et transport sur le fleuve de la Gironde, depuis son embouchure jusqu'à Bordeaux ;

Sur la Dordogne, depuis Castillon inclusivement (2) jusqu'à Bordeaux ;

---

(1) Les articles 15 à 27 de ce décret sont maintenus par la loi du 9 juillet 1836, art. 23.

(2) Aux termes de l'ordonnance royale du 10 juillet 1835 qui fixe les limites entre la pêche fluviale et la pêche maritime dans les fleuves et rivières affluant à la mer, ces limites sont celles de l'inscription maritime.

Et sur la Garonne, depuis Mondiet, près et au-dessus de Saint-Macaire (1) jusqu'à Bordeaux ;

Sont assujettis à une taxe proportionnelle et annuelle (2), et sont dispensés, en conséquence, d'acquitter tout autre droit de navigation aux divers bureaux établis sur le bassin de la Gironde (3).

Art. 16. — Pour assurer la perception de la taxe proportion-nelle et annuelle, chacun des propriétaires des bâtiments qui viennent d'être désignés, en fera sa déclaration au bureau des *droits réunis* de son arrondissement, dans le délai de trois mois, à compter de la publication du présent décret.

Cette déclaration contiendra la désignation du bâtiment, la longueur de la quille, sa longueur de tête en queue, sa plus grande largeur, sa profondeur sur carlingue, et son tonnage.

Art. 17. — La déclaration sera vérifiée et rectifiée, s'il y a lieu.

Art. 18. — A la suite de la vérification, le bâtiment sera marqué sur le flanc droit, vers le bossoir, du timbre *de l'octroi de navigation* (4).

Art. 19. — Toutes les formalités prescrites par les trois articles précédents pourront être suppléées dans les bureaux *de l'octroi (de navigation)* de Bordeaux et de Libourne, où les propriétaires auront également la faculté de faire la déclaration et de faire appliquer le timbre.

Art. 20. — A l'expiration de chaque trimestre, le propriétaire pourra déclarer que son bâtiment est détruit, hors d'état de naviguer ou en radoub. Cette déclaration sera vérifiée, et la taxe cessera d'être perçue jusqu'à une nouvelle déclaration.

Cette nouvelle déclaration devra se faire au même bureau où la première déclaration aura été faite.

Art. 21. — Ne seront point compris dans l'état général des bâtiments sujets à la taxe :

1° Les canots et chaloupes des navires français et étrangers ;

2° Les pontons et les bâtiments servant au radoub ;

3° Les couralins ou autres bâtiments de la même espèce servant à la communication entre les navires en rade et les berges des rivières ;

4° Les bâtiments plats ou sans quille, venant des affluents de la Gironde ou de la Garonne, et qui sont assujettis à la taxe sous d'autres formes, conformément aux tarifs particuliers ci-dessus décrétés.

Art. 22. — Les receveurs des *droits réunis* des deux rives de la Gironde et des parties de rivières désignées dans l'article 15, qui auront reçu les déclarations des propriétaires de bâtiments domiciliés dans leurs arrondissements respectifs, en formeront

---

(1) Également d'après l'ordonnance royale du 10 juillet 1835.

(2) Voyez l'article 24.

(3) La taxe annuelle établie par cet article a été supprimée. Voir article 1er du décret du 22 mars 1860.

(4) Voir la note correspondante à l'article 4 de l'arrêté du 8 prairial an XI.

des états qu'ils adresseront au directeur de Bordeaux; pour être par lui convertis en rôle, après avoir été soumis à l'approbation du préfet.

Art. 23. — Les rôles seront renouvelés chaque année; les bâtiments y compris seront taxés à dater du jour de la déclaration jusqu'à la fin de l'année.

Art. 24. — *La taxe ou droit annuel sera d'un franc par tonneau, payable par trimestre et d'avance dans le bureau qui aura reçu la déclaration, soit que dans cet intervalle le bateau ait ou n'ait point navigué. Il en sera fourni quittance, dont un double devra rester entre les mains du conducteur du bâtiment, lequel sera tenu de le représenter à toute réquisition, aux employés des droits réunis.*

Art. 25. — Tout bateau assujetti à la taxe proportionnelle, qui sera rencontré par les employés des *droits réunis,* soit amarré dans les ports, soit à l'ancre, soit à la voile, et qui ne sera pas timbré, ou dont les conducteurs ne pourront pas représenter quittance du dernier trimestre expiré, sera en contravention. Il en sera dressé procès-verbal, et copie en sera laissée, ou au conducteur, ou au gardien spécial, ou à toute autre personne préposée à la garde du bâtiment.

Art. 26. — Nonobstant la contravention constatée, les bâtiments pourront continuer leur voyage, s'ils sont chargés; mais ils ne pourront prendre de nouveaux chargements, ni naviguer, qu'après le payement de la taxe due, et d'une somme double qui sera perçue pour le fait de la contravention.

Art. 27. — Néanmoins, en tout état de cause en cas de contestation, nul bâtiment ne pourra être retenu, si la somme qu'il doit payer pour la taxe et la contravention a été consignée aux employés des *droits réunis.*

EXTRAIT DU DÉCRET DU 29 MAI 1808.

Art. 7. — Toutes les marchandises enlevées (1) seront rendues à leurs propriétaires, d'après l'exhibition de leurs titres en bonne forme, en payant les frais du tirage de l'eau desdites marchandises, et de leur transport en lieu de sûreté, entre les mains du préposé ou de l'entrepreneur de la navigation, qui en rendra compte.

Les objets qui n'auront pas été réclamés, ou dont la propriété n'aura pas été légalement constatée, seront vendus par les ordres du préfet, et le montant en sera versé à la caisse des *droits réunis,* comme produits accessoires à l'*octroi* de navigation.

---

(1) C'est-à-dire provenant d'épaves ou de sauvetage.

DÉCRET DU 16 JUIN 1808.

Art. 1er. — La régie des *droits réunis* fera faire des moules uniformes pour la fabrication des cartes à jouer. Ces moules seront à vingt-quatre cartes : *les figures porteront le nom du fabricant et un numéro particulier pour chaque lieu de fabrication* (1).

Art. 2. — Aussitôt l'émission des nouveaux moules, les anciens seront supprimés. Il est défendu de contrefaire les moules de la régie et de fabriquer aucun moule particulier ; *les prévenus seront poursuivis devant les tribunaux ordinaires, et punis des peines portées par les lois, sans préjudice des amendes et confiscations prononcées par notre décret du 4 prairial an* XIII (2).

Art. 3. — Sont exceptés de la suppression, et demeureront déposés dans les bureaux de la régie, les moules de tarots et autres dont la forme ou la dimension diffère des cartes usitées en France.

Art. 4. — Les cartes mentionnées en l'article précédent seront fabriquées en papier libre et ne pourront circuler dans l'intérieur qu'autant qu'elles porteront, sur toutes les cartes à figure, la légende FRANCE et le nom du fabricant. Ces cartes continueront *d'acquitter le droit de demi-centime par carte, à l'instar de celles fabriquées en papier filigrané* (3), et d'être soumises à la bande de contrôle de la régie.

Art. 5. — Les cartes mentionnées aux deux articles précédents, qui seront destinées à l'exportation, ne seront assujéties à aucune légende : *elles payeront un droit particulier de cinq centimes par jeu exporté.* Les fabricants qui feront des exportations de ces cartes seront tenus de faire les déclarations et les justifications prescrites par les lois et règlements (4).

Art. 6. — Les cartes usitées en France ne pourront circuler qu'autant qu'il en sera fait déclaration au bureau des *droits réunis* du lieu de l'expédition, et qu'elles seront accompagnées d'un congé portant le nom de l'expéditeur, le lieu de destination et le nom de celui à qui elles sont destinées (5).

Art. 7. — *A compter du jour de l'émission des nouveaux moules de la régie, qui sera fixé par notre ministre des finances, il sera accordé un an pour l'écoulement des cartes fabriquées avant cette émission;* ce délai passé, toutes les cartes d'ancien

---

(1) Voyez le décret du 9 février 1810, art. 4.

(2) Voyez la loi du 28 avril 1816, article 168.

(3) Voyez le décret du 9 février 1810.

(4) Les cartes destinées pour l'exportation sont exemptes de tout droit. Voyez la loi du 4 juin 1836. Quant aux règles à observer, voyez le décret du 30 thermidor an XII.

(5) Le registre des congés pour la circulation des cartes à jouer a été supprimé par une circulaire du 26 décembre 1816. — V. Décision 654, M. 10, 462.

moulage seront détériorées et mises hors de la consommation,
sauf la restitution du droit qui aurait été perçu par la régie.

Art. 8. — La vente et la distribution de toutes les cartes fabriquées en papier libre, et marquées des timbres humides en usage avant le décret du 1er germinal an XIII, sont interdites à partir du jour de la publication du présent décret. Toutes celles existant à cette époque, chez les fabricants et débitants, seront détériorées ; *et le droit de demi-centime par carte sera restitué par la régie, en suite du procès-verbal de détérioration.*

Art. 9. — *La remise du onzième, fixée par l'article 2 du décret du 13 fructidor an XIII, ne sera pas accordée aux fabricants surpris en contravention.*

Art. 10. — La recoupe des cartes est interdite aux fabricants et débitants, ainsi que la vente, entrepôt et colportage sans bande des cartes recoupées ou réassorties.

Art. 11. — Toutes contraventions au présent décret seront punies conformément au décret du 4 prairial an XIII.

EXTRAIT DU DÉCRET DU 11 AOUT 1808

Portant désignation des bâtiments qui doivent être exemptés de la contribution foncière, comme destinés à un service public.

Article unique. — Ne sont pas imposables.....

Les bâtiments affectés au logement des ministres,....: des administrations et de leurs bureaux ;......

Les maisons communales ;.....

Les manufactures de poudre de guerre, les manufactures de tabacs et autres au compte du gouvernement;..... enfin, tous les bâtiments dont la destination a pour objet l'utilité publique.

DÉCRET DU 28 AOUT 1808.

Relatif aux cautionnements des receveurs particuliers de la Régie.

Art. 2. — Ces cautionnements en numéraire sont, *comme ceux fournis en immeubles,* affectés à la garantie de la gestion du titulaire, quel que soit le lieu où il exerce ses fonctions : il ne pourra, en conséquence, être formé d'oppositions motivées sur ces cautionnements au greffe des tribunaux de première instance, mais seulement à la caisse d'amortissement.

Art. 3. — Lors de la cessation des fonctions d'un titulaire, *ou lorsqu'en usant de la faculté qui lui est accordée par le décret du 29 août 1807, il remplacera par un immeuble le cautionnement en numéraire,* le remboursement *de ce dernier sera* fait par la caisse d'amortissement, sur la demande du titulaire ou des ayants droit, d'après le consentement de la régie des *droits réunis*, et en la même forme que s'effectue celui d'une consignation.

. . . .

DÉCRET DU 3 JANVIER 1809.

Art. 1er. — Les lettres de voiture, connaissements, chartes parties et polices d'assurance continueront d'être assujettis au timbre de dimension. Les parties, pour rédiger ces actes, pourront se servir de telle dimension de papier timbré qu'elles jugeront convenable, sans être tenues d'employer exclusivement à cet usage du papier frappé du timbre d'un franc.

Ne sont point assujettis à se pourvoir de lettres de voiture timbrées, les propriétaires qui font conduire, par leurs voituriers et leurs propres domestiques ou fermiers, les produits de leurs récoltes.

EXTRAIT DU DÉCRET DU 17 MAI 1809.

TITRE Ier. — De la responsabilité et des obligations des directeurs généraux et des administrateurs des régies.

Art. 1er. — La responsabilité des directeurs généraux des régies et administrations est purement morale; ils ne peuvent être assimilés aux comptables de deniers publics en recettes et dépenses.

La responsabilité des administrateurs desdites régies est aussi purement morale lorsqu'ils n'ont pas de caisse et maniement de deniers publics. Les administrateurs ne pourront être regardés, dans ce cas, que comme comptables d'ORDRE, et non comme comptables en SOMME.

Art. 2. — Les administrateurs sont tenus, sous leur responsabilité déterminée en la manière énoncée à l'article précédent, de surveiller la formation des comptes, et de les présenter au visa des directeurs généraux et à la cour des comptes dans les délais prescrits.

Art. 3. — En cas de négligence de leur part, pour la présentation des comptes, ainsi que dans le cas qu'il pût y avoir lieu à statuer sur des faits relatifs à l'exercice de leurs fonctions, il en sera, par notre cour des comptes, référé à notre ministre des finances, pour être prononcé par nous.

Art. 4. — Les dispositions pénales de la loi du 28 pluviôse

an III (1) né sont applicables qu'aux comptables directs, qui sont les préposés desdites administrations chargés du maniement des deniers, tant en recettes qu'en dépenses.

DÉCRET DU 17 MAI 1809.

Sauf les dispositions du titre IX de ce décret, qui traitent de la régie intéressée et de la ferme, modes de perception qu'avait interdits le décret du 8 février 1812, mais que la loi du 28 avril 1816 (art. 147) a rétablis, la plupart des articles ci-après ont été reproduits en entier ou avec des modifications dans l'ordonnance du 9 décembre 1814 et dans quelques lois postérieures, notamment celles du 28 avril 1816 et du 11 juin 1842. (Voyez *Annales*, 2° volume, *Code des octrois*.)

TITRE Ier. — Etablissement des octrois

Art. 10. — Lorsqu'une ville ou commune se trouvera dans le cas de l'article précédent (2), les préfets provoqueront les conseils municipaux desdites communes à délibérer sur la réunion, ou autre moyen de garantir la perception des droits d'octroi établis ou à établir.

Art. 11. — Les préfets soumettront à nos ministres des finances et de l'intérieur, avec leurs observations et avis, et ceux des sous-préfets et des maires, les délibérations des conseils municipaux, pour être par nous définitivement statué.

Voir article 5 et 6 de l'ordonnance du 9 décembre 1814.

TITRE II. — Des Tarifs.

Art. 19. — Les règlements détermineront l'espèce de raisins et de fruits susceptible de l'exemption des droits, et la quantité qui pourra jouir de cette exemption.

Art. 27. — Dans les communes où l'on élève des bestiaux, et dans celles où il s'en fait commerce sur les marchés publics, il sera accordé par les règlements, aux propriétaires et aux marchands, toutes les facilités compatibles avec la sûreté de la perception.

Art. 64. — Si, par le résultat des vérifications, la déclaration est trouvée fausse dans la quantité, l'excédant non déclaré sera

---

(1) Contrainte par corps, séquestration et vente des biens du comptable en retard ou en débet, payement des intérêts à 5 p. 0/0 depuis l'époque à laquelle le versement aurait dû être effectué. (*Chapitre* III *du décret du 28 plu viôse an* II (16 *février* 1795) *sur la comptabilité*.)

(2) Relatif à l'extension des limites de l'octroi.

saisi. Toute fausse déclaration dans l'espèce et même dans la quantité, lorsque l'excédant non déclaré dépasse du tiers cette quantité, sera punie de la saisie totale (1).

Art. 65. — Toute soustraction ou décharge frauduleuse pendant la durée du passe-debout fera encourir la saisie des objets déchargés, ou la confiscation des objets soustraits.

Art. 66. — Ne sont pas considérés comme contrevenants les individus qui justifieront, par une déclaration faite devant les autorités légales, avoir été retenus au delà du délai fixé, par accident ou par force majeure.

Dans ce dernier cas, les objets en passe-debout seront mis sous la surveillance des préposés de l'octroi, jusqu'à leur sortie. Les frais de loyer ou de garde, s'il y en a, seront à la charge des déclarants.

§ 2. — De l'entrepôt fictif.

Art. 95. — Toute déclaration reconnue infidèle, soit à l'entrée, à la sortie, soit lors des vérifications, visites et récolements que feront les préposés, soit dans l'apurement des comptes, *privera l'entreposeur du bénéfice de l'entrepôt* (2). Le droit sur les quantités restant en magasin sera de suite exigible, sans préjudice de l'amende pour celles soustraites, introduites en fraude ou trouvées en contravention de toute autre manière.

Art. 96. — Tout refus de souffrir les visites et vérifications des préposés de l'octroi, de les recevoir lorsqu'ils se présentent pour leurs exercices, *entraînera*, indépendamment des peines prononcées par la loi, *la déchéance de la faculté d'entrepôt*, et rendra exigibles les droits sur tous les objets existant en magasin, *comme sur ceux qui y seront introduits ultérieurement.*

TITRE IX. — De l'administration des octrois.

§ 1er. — De la régie simple.

§ 2. — Des régies intéressées (3).

Art. 104. — La régie intéressée consiste à traiter avec un

---

(1) Cette règle est générale pour les déclarations à l'entrée et à la sortie. Voyez *Annales des Contributions indirectes*, tome II (*Code des octrois*, page 61.)

(2) La privation du bénéfice de l'entrepôt ne peut pas s'étendre au delà du payement immédiat du droit sur les marchandises qui existent dans les magasins de l'entrepositaire. Voyez, *Annales* tome II (*Code des octrois*), page 61.)

(3) Voir l'article 147 de la loi du 28 avril 1816 qui attribue aux Conseils municipaux le droit de décider du mode de perception à appliquer.

régisseur, à la condition d'un prix fixe et d'une portion déterminée dans les produits excédant le prix principal et la somme abonnée pour les frais.

Art. 105. — L'abonnement pour les frais ne pourra excéder, autant que faire se pourra, 12 0/0 du prix fixe du bail.

Art. 106. — Le partage des bénéfices sera fait à la fin de chaque année; il ne sera que provisoire. A l'expiration du bail, il sera fait le compte de la totalité des bénéfices, pour établir une année commune, d'après laquelle la répartition sera définitivement arrêtée, conformément aux proportions déterminées par le cahier des charges.

Art. 107. — Dans le premier mois de la deuxième année de sa jouissance, l'adjudicataire présentera son compte, à la vérification et à l'arrêté duquel il sera procédé le plus promptement possible, et au plus tard dans le deuxième mois de cette seconde année, en présence du directeur des *droits réunis*, ou d'un préposé de cette administration par lui désigné à cet effet, de manière que ledit compte soit apuré avant la fin de ce deuxième mois.

Il en sera de même, chaque année, pour l'année précédente.

§ 3. — De la ferme.

Art. 108. — La ferme est l'adjudication pure et simple des produits d'un octroi, moyennant un prix convenu, sans partage de bénéfices et sans allocation de frais.

Art. 109. — L'adjudicataire ne pourra transférer son droit au bail, en tout ou en partie, sans le consentement exprès de l'autorité locale, approuvé par notre ministre des finances; il ne pourra, en aucun cas, faire aux contribuables les remises des droits, ni consentir aucun abonnement avec eux.

Dispositions communes aux régies intéressées et aux fermes.

Art. 110. — Les adjudications des octrois des villes ayant une population de cinq mille âmes et au-dessus seront faites par le maire, sur les lieux mêmes, à l'hôtel de la mairie; dans celles d'une population moindre, elles le seront à la sous-préfecture, par le sous-préfet, en présence du maire (1).

Art. 111. — Aucune adjudication ne peut être faite qu'en pré-

---

(1) *Lettre du ministre des finances au directeur général des droits réunis (du 28 décembre 1809).*

Vous m'avez entretenu, Monsieur, par votre rapport du 20 novembre dernier, des réclamations qui vous ont été adressées par un grand nombre de préfets, relativement à l'exécution de l'article 110 du décret impérial du 17 mai précédent.

J'ai l'honneur de vous prévenir que Sa Majesté, d'après le compte que je lui ai rendu de cet objet, a décidé le 7 décembre, présent mois, que les sous-préfets seront chargés d'aller procéder aux adjudications des octrois sur les lieux.

Veuillez, etc.

Signé : Le duc DE GAETE.

sence du directeur des *droits réunis*, ou d'un préposé délégué par ce dernier, lesquels signeront le procès-verbal.

Art. 112. — Aucune adjudication ne pourra excéder trois ans, sauf les cas où l'on aura à y comprendre ce qui resterait à courir de l'année commencée ; et, dans tous les cas, elle devra toujours avoir pour terme le 31 décembre.

Art. 113. — Les adjudications seront toujours précédées au moins de deux affiches, de quinzaine en quinzaine, lesquelles seront insérées dans les journaux du département ; elles seront faites aux enchères publiques, à l'extinction des bougies, au plus offrant et dernier enchérisseur.

Art. 114. — Ne seront admises aux enchères que les personnes d'une moralité, d'une solvabilité et d'une capacité reconnues par le maire ; sauf le recours au préfet.

Art. 115. — A cet effet, trois mois au moins avant le renouvellement du bail, il en sera donné avis dans les journaux, avec invitation à tous ceux qui voudraient concourir, de se présenter au secrétariat de la municipalité pour satisfaire aux dispositions précédentes.

Art. 116. — Les adjudicataires feront par écrit, au moment de l'adjudication, avant de la signer, la déclaration indicative des noms, prénoms, professions et demeures de leurs associés, s'il y a lieu ; ils joindront au procès-verbal l'acte de société, s'il en existe ; sinon les associés présents signeront, avec les adjudicataires, le procès-verbal.

Art. 117. — Après l'adjudication, aucune enchère ne sera reçue, si elle n'est faite dans les vingt-quatre heures et signifiée, par le ministère d'un huissier, à l'autorité qui aura procédé à cette adjudication, et s'il n'est offert un douzième en sus du prix auquel cette adjudication aura été portée. Dans ce cas, les enchères seront rouvertes sur la dernière offre.

Art. 118. — Les adjudicataires se conformeront, pour la perception et pour tout ce qui est relatif à l'octroi, aux tarifs et règlements approuvés. Ils seront également tenus de se conformer, sous peine de dommages et intérêts, et même de résiliement, aux lois et règlements concernant les rapports des administrations d'octroi avec la régie des *droits réunis.*

Art. 119. — Les adjudicataires auront le libre choix de leurs préposés (1), et pourront les révoquer à volonté ; néanmoins les préfets, sur la demande des sous-préfets, des maires ou des directeurs des *droits réunis*, et après avoir entendu les régisseurs, pourront donner ordre à ces derniers de destituer ceux des préposés qui auraient donné lieu à des plaintes fondées.

Art. 120. — Tout préposé qui, étant en fonctions depuis un

---

(1) Mais leur nomination définitive appartient *aux préfets* (loi du 28 avril 1816, art. 156) *et aux sous-préfets* (art. 6 du décret du 13 avril 1861). Voyez *Annales*, tome II (*Code des octrois*), page 96.

an, ne sera pas conservé par le fermier au moment de sa mise en jouissance, recevra, à titre d'indemnité, aux frais du nouvel adjudicataire, deux mois de son traitement.

Art. 121. — L'adjudicataire sera tenu, avant d'être mis en possession, de fournir un cautionnement dont la quotité et l'espèce auront été déterminées dans le cahier des charges.

Art. 122. — L'administration des *droits réunis* pourra charger, pour chaque octroi, un de ses préposés d'en surveiller la perception (1).

Art. 123. — Le prix de bail sera payé de mois en mois et d'avance : en cas de retard du payement du prix stipulé du bail aux époques fixées, l'adjudicataire pourra être poursuivi par toutes voies de droit, *et même par corps.* (2).

Art. 124. — L'adjudicataire sera tenu de donner connaissance, au maire et au préposé de l'administration des *droits réunis*, de tous les procès-verbaux de contravention. Il ne pourra transiger avec les contrevenants, sans l'autorisation du maire ; le préposé des *droits réunis* chargé de la surveillance de l'octroi (3) sera présent à toutes les transactions.

Art. 125. Dans tous les cas où l'adjudicataire en régie intéressée aura plaidé sans autorisation, les frais seront à sa charge : autrement ils seront à la charge de la commune.

Le fermier, quoique autorisé, supportera toujours les dépens auxquels il sera condamné.

Art. 126. — La moitié des produits nets des amendes, ainsi que ceux des ventes des objets saisis ou confisqués, soit que ces amendes aient été prononcées par jugement, soit qu'il y ait eu transaction, appartiendra à l'adjudicataire.

Il versera l'autre moitié, et le décime par franc, aux époques et de la manière prescrite (4).

Art. 127. — Aucune personne attachée à l'administration des *droits réunis*, aux administrations civiles ou aux tribunaux ayant une surveillance ou juridiction quelconque sur l'octroi, ne pourra, sous peine de résiliation du bail sans indemnité, et de tous dommages-intérêts, être adjudicataire ni associée de l'adjudicataire.

Art. 128. — Le cahier des charges portera la réserve, dans les cas où des changements ou des modifications seraient jugés nécessaires, de réduire ou d'augmenter le prix de bail en raison desdits

---

(1) Préposés en chef dans les communes où les droits d'octroi s'élèvent annuellement à 20,000 francs et au-dessus. Voir art. 155 de la loi du 15 mai 1818.

(2) Voyez le décret du 15 novembre 1810 et la loi du 17 avril 1852, article 10. Voir aussi la loi du 22 juillet 1867 qui a supprimé la contrainte par corps, sauf en ce qui concerne les condamnations en matière criminelle, correctionnelle ou de simple police.

(3) Ou le préposé en chef, institué en vertu de l'article 133 de la loi du 28 avril 1816.

(4) Le second paragraphe de cet article est remplacé par l'article 84 de l'ordonnance du 9 décembre 1814.

changements ou modifications; on pourra imposer à l'adjudicataire l'obligation de compter de clerc à maître des augmentations faites aux tarifs.

Art. 129. — Hors ce cas, l'adjudicataire ne pourra être reçu, sous aucun prétexte que ce soit, à demander à compter de clerc à maître, ni le résiliement ou des indemnités.

Il est même interdit aux conseils municipaux de délibérer sur les demandes qui pourraient en être faites.

Art. 130. — Le cahier des charges portera aussi la réserve des cas où le gouvernement ordonnerait le résiliement d'un bail, et fixera l'indemnité qui pourrait être accordée à l'adjudicataire pour le temps de non-jouissance.

Art. 131. — A défaut d'exécution, de la part de l'adjudicataire, des clauses du cahier des charges, la commune pourra, après une sommation ou commandement à lui fait, provoquer une nouvelle adjudication à sa folle enchère.

Art. 132. — Des copies des baux d'adjudication, des tarifs et règlements, seront remises aux directeurs des *droits réunis*.

Art. 133. — Tous les frais résultant de l'adjudication seront à la charge de l'adjudicataire.

Art. 134. — *Les droits d'octroi sur les marchandises mises en entrepôt appartiendront à l'adjudicataire sortant, si le terme de l'entrepot est expiré avant le terme de sa jouissance; autrement ils appartiendront au nouvel adjudicataire* (1).

Art. 13. — L'adjudication ne sera définitive, et l'adjudicataire mis en possession, qu'après l'approbation *de notre ministre des finances* (2).

Art. 136. — Les contestations qui pourront s'élever sur l'administration ou la perception des octrois en régie intéressée, entre les communes et les régisseurs de ces établissements, seront déférées au préfet, qui statuera en conseil de préfecture, après avoir entendu les parties; sauf le recours à notre conseil d'État, dans la forme et le délai prescrits par notre décret du 22 juillet 1806.

Il en sera de même des contestations qui pourraient s'élever entre les communes et les fermiers des octrois, sur le sens des clauses des baux.

Toutes autres contestations qui pourront s'élever entre les communes et les fermiers des octrois seront portées devant les tribunaux.

TITRE X. — Rapport des octrois avec l'administration des droits réunis.

Art. 137. — Les fermiers, les régisseurs intéressés, et tous autres dirigeant les octrois, seront tenus de permettre le concours des employés des *droits réunis* dans tous les cas où il doit avoir

---

(1) La durée de l'entrepôt est illimitée. (Art. 41 *de l'ordonnance du 9 décembre* 1814.)

(2) Des Préfets. (Art. 5 *du décret du* 12 *février* 1870.)

lieu; de leur laisser faire toutes les vérifications et opérations relatives à leur service; de leur présenter et donner communication de tous états, bordereaux et renseignements dont ils auront besoin.

Ils seront, en outre, tenus de faire concourir au service des *droits réunis* leurs propres préposés, toutes les fois qu'ils en seront requis, sous les peines de droit, sans pourtant pouvoir les déplacer du lieu ordinaire de leur service (1).

TITRE XI. — Du personnel.

Art. 145. — Il est défendu aux fermiers, régisseurs ou préposés, de faire commerce des objets compris au tarif.

Art. 147. — Il pourra être établi, sur la demande des communes, une caisse de retraite et de secours. Les fonds de cette caisse seront faits par une retenue sur les appointements fixes et remises, ainsi que sur le produit des amendes.

Art. 148. — Un règlement particulier déterminera le mode d'administration de cette caisse et de distribution des pensions et secours auxquels elle sera affectée.

Art. 149. — Les créanciers des préposés des octrois ne pourront saisir que les sommes déterminées par les lois et décrets, sur les appointements des préposés des *droits réunis* (2).

Art. 150. — Les surnuméraires dans l'administration de l'octroi auront droit aux places vacantes, de préférence à tous autres.

Art. 156. — Les préposés de l'octroi concourront, lorsqu'ils en seront requis, à la répression et à la découverte des délits de police.

TITRE XII. — De la comptabilité.

§ 1er. — De la tenue des registres.

TITRE XIII. — Du contentieux.

Art. 164. — Il sera procédé pour les octrois conformément aux lois des 2 vendémiaire et 27 frimaire an VIII.

Néanmoins, dans le cas où une contestation, soit sur le fond du droit ou l'application du tarif, soit sur des contraventions, aurait à la fois pour objet des droits d'octroi et des *droits réunis*, il sera procédé sur le tout conformément aux dispositions du chapitre 6 de la loi du 5 ventôse an XII, concernant les droits réunis.

---

(1) Voyez ordonnance 9 décembre 1814, article 88 et suivants.
(2) Voyez la loi du 21 ventôse an IX, qui détermine la portion saisissable sur le traitement de tous les fonctionnaires publics et employés civils.

DÉCRET DU 1ᵉʳ JUILLET 1809.

Art. 1ᵉʳ. — Le prélèvement qui sera fait par le débiteur sous le nom de PASSE DE SACS, en remboursement de l'avance faite par lui des sacs contenant les espèces qu'il donne en payement, ne pourra avoir lieu, à compter de la publication du présent décret, que dans les cas et aux taux exprimés dans les articles suivants.

Art. 2. — Dans les payements en pièces d'argent de sommes de 500 francs et au-dessus, le débiteur est tenu de fournir le sac et la ficelle.

Les sacs seront d'une dimension à contenir au moins 1,000 francs chacun : ils seront en bon état, et faits avec la toile propre à cet usage.

Art. 3. — La valeur des sacs sera payée par celui qui reçoit, ou la retenue en sera exercée par celui qui paye, sur le pied de quinze centimes par sac.

Art. 4. — Le mode de payement en sacs et au poids ne prive pas celui qui reçoit de la faculté d'ouvrir les sacs, de vérifier et de compter les espèces en présence du payeur.

DÉCRET DU 7 DÉCEMBRE 1809.

(Voir la note de l'article 110 du décret du 17 mai 1809, p. 87.)

DÉCRET DU 9 FÉVRIER 1810.

Art. 1ᵉʳ. — A compter du 1ᵉʳ avril 1810, la fabrication des cartes à jouer se fera avec les papiers portant les empreintes des moules confectionnés en exécution de notre décret du 16 juin 1808.

Art. 2. — Il est accordé un délai d'une année, à partir du même jour 1ᵉʳ avril 1810, pour l'écoulement des cartes fabriquées antérieurement : passé ce délai, ces cartes seront détériorées et mises hors de la consommation, en restituant les droits qui auront été perçus.

Art. 3. — La régie fournira les feuilles de moulage aux fabricants, dans les bureaux établis à cet effet au chef-lieu de chaque direction.

Art. 4. — Les fabricants mettront sur chaque jeu une enveloppe qui indiquera leurs noms, demeures, enseignes et signatures en forme de griffe, de laquelle enveloppe ils seront tenus de déposer une empreinte, tant au greffe du tribunal de première instance que dans les bureaux de la régie.

Ils ne pourront changer la forme de leurs enveloppes sans en faire la déclaration auxdits bureaux, et sans faire les mêmes dépôts de celles qu'ils substitueront aux précédentes.

Tout emploi et entrepôt de fausses enveloppes est prohibé.

Seront réputées fausses les enveloppes non conformes à celles déposées, ou qui seraient trouvées chez des fabricants autres que ceux y indiqués.

Les cartiers qui feront des enveloppes par sixain ne pourront les employer qu'en forme de bandes, de manière à laisser apparentes celles de contrôle apposées par les préposés de la régie sur chaque jeu, après la vérification des cartes à figures.

Les articles 5, 6 et 7 ont été modifiés par le titre III de la loi du 28 avril 1816.

Art. 8. — Les tarots et autres cartes dont la forme et les figures diffèrent de celles usitées en France seront, à compter de la même époque du 1er avril prochain, soumis au droit *de 40 centimes par jeu*, quel que soit le nombre de cartes qui le composeront. *Les cartes de cette espèce qui seront exportées, continueront à n'être sujettes qu'au simple droit de cinq centimes* (1).

Les cartes à portrait étranger sont aujourd'hui soumises à un droit de 70 centimes par jeu, en principal. (Loi du 19 juin 1873, art. 19.)

Art. 9. — Nul ne pourra vendre des cartes à jouer, en tenir entrepôt, ni afficher les marques indicatives de leur débit, s'il n'est pas fabricant patenté, à moins d'avoir été agréé et commissionné par la régie, qui pourra révoquer sa commission en cas de fraude.

Art. 10. — Il est fait défense à toutes personnes de conserver ou recéler des moules faux ou contrefaits.

Art. 11. — Toutes contraventions au présent décret seront punies conformément à ce qui est prescrit par celui du 4 prairial an XIII.

Art. 12. — La régie des *droits réunis* fera déposer au greffe des tribunaux l'empreinte des nouvelles cartes à figures qui serviront au 1er avril prochain.

EXTRAIT DU DÉCRET DU 7 AOUT 1810.

Art. 3. — À compter du 1er janvier 1811, la dépense d'occupation des lits militaires cessera d'être à la charge de l'administration de la guerre, dans toutes les communes qui reçoivent des droits d'octroi sur les objets de consommation des troupes qui occuperont ces lits.

Art. 4. — Cette dépense sera supportée par les communes au profit desquelles les droits seront perçus...

EXTRAIT DU DÉCRET DU 13 AOUT 1810.
Objets délaissés chez les entrepreneurs de roulage ou de messageries.

Les articles 1er à 5 disposent que la déclaration de ces objets sera faite, à l'expiration du délai voulu, aux préposés de la régie de l'enregistrement, et qu'après ouverture en présence du juge de paix, et annonce préalable dans les journaux, lesdits objets seront vendus publiquement. (Voyez *Annales* 1841-42, page 129.)

---

(1) La loi du 4 juin 1836 affranchit de tout droit les cartes destinées pou l'exportation.

Art. 6. — Les préposés de la régie de l'enregistrement et ceux de la régie des *droits réunis* sont autorisés, tant pour s'assurer de la sincérité des déclarations ci-dessus prescrites, que pour y suppléer, à vérifier les registres qui doivent être tenus par les entrepreneurs de messageries ou de roulage.

EXTRAIT DU DÉCRET DU 18 AOUT 1810.

Art. 2. — La monnaie de cuivre *et de billon* de fabrication française ne pourra être employée dans les payements, si ce n'est de gré à gré, que pour l'appoint de la pièce de 5 francs.

EXTRAIT DU DÉCRET DU 18 AOUT 1810.

Art. 1er. — Les préposés aux *droits réunis* et aux octrois seront, à l'avenir, appelés, concurremment avec les fonctionnaires publics désignés en l'article 2 de la loi du 29 floréal an x (19 mai 1802) (1), à constater les contraventions en matière de grande voirie (2), de poids des voitures et de police sur le roulage.

Voir la loi du 30 mai 1851, art. 15 et suivants.

Art. 2. — Les préposés ci-dessus désignés, ainsi que les fonctionnaires publics dénommés en l'article 2 de la loi du 29 floréal an x, seront tenus d'affirmer, devant le juge de paix, les procès-verbaux qu'ils seront dans le cas de rédiger, lesquels ne pourront autrement faire foi et motiver une condamnation (3).

DÉCRET DU 23 SEPTEMBRE 1810.

Article unique. — Les produits de la mise en ferme de la pêche, ainsi que ceux de franc bord et plantation dépendant desdits canaux, seront versés au Trésor public par l'intermédiaire de l'administration des *droits réunis*.

Voir décret du 25 mars 1863, qui étend les dispositions de cet article aux fleuves et rivières navigables et flottables.

---

(1) Les maires ou adjoints, les ingénieurs des ponts et chaussées, leurs conducteurs, les agents de la navigation, les commissaires de police et la gendarmerie.

(2) Pour la définition des principaux objets qui forment la grande voirie, voyez *Annales*, tome II (*Code des octrois municipaux*), page 74, note 2.

(3) Ces procès-verbaux sont exempts du timbre et de l'enregistrement (*arrêt du conseil d'État du 30 décembre* 1822). — C'est aux sous-préfets qu'ils doivent être adressés (*art. 3 de la loi du 29 floréal an x*). — Les amendes sont recouvrées par les préposés de l'enregistrement, et le produit net versé dans les caisses des receveurs généraux, qui en font la répartition (*décret du 29 août* 1813). — Enfin, aux termes du décret du 16 décembre 1811, article 115, cette répartition doit s'opérer ainsi qu'il suit : « Un tiers des amendes

DÉCRET DU 15 NOVEMBRE 1810.

Art. 1er. — Le recouvrement des droits d'octroi sera poursuivi par voie de contrainte *et par corps* contre tous régisseurs, fermiers, receveurs et autres préposés à la recette desdits droits.

Art. 2. — Les contraintes seront décernées par le receveur municipal, visées par le maire, et rendues exécutoires par le juge de paix du canton où est située la commune : elles seront signifiées à la requête du maire et exécutées conformément au titre XV du livre V de la Ire partie du Code de procédure civile.

LOI DU 29 DÉCEMBRE 1810.

· · · · · · · · · · · · · · · · · · · ·

TITRE IV. — **De la livraison et du payement des tabacs.**

Art. 15. — La régie établira des magasins pour y prendre livraison des produits de la culture.

Ces magasins seront établis de telle sorte que les planteurs ne soient jamais obligés de transporter leur récolte à plus de deux myriamètres et demi.

Art. 16. — Du 1er novembre au 1er mars suivant, la régie prendra la livraison des tabacs récoltés.

Chaque cultivateur sera tenu de les porter au magasin qui lui aura été indiqué, et à l'époque qui lui aura été fixée.

Art. 17. — Ces tabacs seront classés, à leur entrée dans les magasins, par la commission *instituée par l'article* 14 (1), suivant qu'ils appartiendront à la première, deuxième et troisième qualité.

Art. 18. — Il sera donné un récépissé énonçant les quantité, qualité et origine des tabacs livrés par chaque cultivateur ; et dès ce moment ils seront aux compte et risques de la régie.

Art. 19. — Les cultivateurs seront payés, argent comptant, du montant de leur livraison, à la caisse du receveur des *droits-réunis* de l'arrondissement, à la présentation de leur récépissé et de leur quittance, sans frais.

Art. 20. — Des règlements d'administration publique détermineront l'organisation de la régie du tabac, les lieux où seront établies les manufactures *impériales*, les entrepôts *principaux et particuliers*, les cautionnements que devront fournir les préposés, et les prix auxquels seront vendues, par la régie, les diverses espèces de tabacs (2).

---

de grande voirie appartiendra à l'agent qui aura constaté le délit; le deuxième tiers, à la commune du lieu du délit, et le troisième tiers sera versé, *comme fonds spécial*, à notre Trésor impérial, etc. »

(1) Voir l'article 2 de la loi du 12 février 1835.
(2) Voir l'article 176 de la loi du 28 avril 1816.

DÉCRET DU 12 JANVIER 1811.
Organisation du service des tabacs.

. . . .

Art. 5. — Le conseiller d'État directeur général proposera à notre ministre des finances les nominations des gardes-magasins *généraux,* des *régisseurs* des manufactures et des entreposeurs *principaux et particuliers* (1).

TITRE II. — Des magasins de tabacs en feuilles.

. . . .

Art. 7. — Il y aura, près de chaque magasin *général,* un garde-magagin chargé de veiller à la conservation des tabacs, et de diriger les travaux et préparations qu'elle pourra exiger.

Il assistera à toutes les expertises ordonnées par l'article 3 de notre décret du 29 décembre dernier.

. . . .

Il tiendra registre du classement de la qualité des tabacs, et délivrera les récépissés voulus par l'article 18 de notre décret du 29 décembre.

Il fournira, aux époques qui lui seront fixées par la régie, des états de la situation du magasin.

Il dressera les contrôles d'après lesquels les ouvriers devront être payés, et les soumettra à la vérification et au visa du contrôleur du magasin *général et du contrôleur principal de la régie dans l'arrondissement.*

Art. 8. — Il y aura à cet effet, près de chaque magasin *général,* un contrôleur qui en surveillera le travail et le mouvement, visera les récépissés, états de situation, et les expéditions qui devront être délivrées par le garde-magasin.

Ce contrôleur assistera, comme le garde-magasin *général,* aux expertises pour le classement des tabacs.

. . . .

Art. 11. — Un conseil d'administration, composé *du directeur du département, d'un inspecteur, du contrôleur principal de l'arrondissement,* du garde-magasin et du contrôleur près le magasin, proposera les dépenses à y faire, en se conformant aux statuts du conseil d'administration des manufactures, qui lui sont déclarés applicables.

Ces dépenses seront adjugées dans la même forme que celles des manufactures.

Art. 12. — La situation effective des magasins sera établie,

---

(1) L'administration des contributions indirectes, qui est restée chargée de la vente des tabacs, propose au ministre les nominations aux places d'entreposeurs, de receveurs principaux entreposeurs et de receveurs particuliers entreposeurs. (*Ordonnance du* 17 *décembre* 1844, *art.* 58.)

chaque année, d'après un inventaire fait dans la forme prescrite par l'article 29 du présent décret.

TITRE III. — Des manufactures impériales.

. . . .

Art. 18. — Les dépenses de toute nature, qui seront faites pour la fabrique et dans la fabrique, seront délibérées dans ce conseil.

Art. 19. — Les feuilles d'appointements de tous les employés, les contrôles des salaires des ouvriers de la manufacture, et tous les mémoires d'ouvriers et fournisseurs seront soumis à ce conseil.

Art. 20. — La destruction ou le brûlement de matières avariées y seront également délibérés.

Art. 21. — Ces délibérations seront inscrites sur un registre, et chaque membre sera libre d'y faire insérer son avis ou ses protestations.

Art. 22. — Ces délibérations seront envoyées de suite à l'administration centrale.

Art. 23. — Le conseil d'administration de la manufacture pourra ordonner provisoirement les réparations et fournitures urgentes, pourvu qu'elles aient été délibérées à l'unanimité par le conseil.

Art. 24. — Les réparations et les fournitures importantes seront adjugées au rabais devant le préfet du département, *en présence du directeur de la régie*, d'après des soumissions cachetées, et en vertu d'un cahier des charges approuvé par elle, et qui sera d'avance publié.

Art. 25. — L'approbation ou le rejet des dépenses des manufactures, proposées par les conseils d'administration, sera délibéré dans le conseil d'administration de la régie.

Art. 26. — L'arrivée dans la manufacture des tabacs en feuilles et des diverses fournitures sera constatée par procès-verbal signé du *régisseur* et du garde-magasin.

Art. 27. — En cas d'avarie ou de détérioration des marchandises parvenues à la fabrique, l'état en sera constaté conformément à l'article 106 du Code de commerce (1).

Art. 28. — Le conseil d'administration proposera, à la fin de chaque année, à la régie, ses vues d'économie et d'amélioration.

Il proposera à l'administration centrale les règlements de discipline intérieure de la manufacture.

Art. 29. — A la fin de chaque année, il sera fait, en présence des employés supérieurs désignés par la régie, un inventaire des tabacs existant dans la manufacture, pour établir le compte définitif de l'année.

_____

(1) « Par des experts nommés par le président du tribunal de commerce ou à son défaut, par le juge de paix, et par ordonnance au pied d'une requête. »

7

Des principales fonctions des préposés attachés aux manufactures impériales.

Art. 30. — Le *régisseur* dirigera les opérations de la manufacture. Il rendra compte de l'emploi des matériaux qui lui auront été délivrés et de leur produit en tabac fabriqué. Il sera chargé de la correspondance. Il sera responsable de l'exécution des ordres de la régie, et chargé de faire exécuter les délibérations du conseil d'administration de la manufacture.

Le *régisseur* n'aura pas de comptabilité en deniers.

Art. 31. — Les contrôleurs veilleront, dans la manufacture, aux intérêts de la régie, soit sous le rapport de l'emploi des matières premières et du compte à rendre en tabac fabriqué, soit à raison du bon emploi du temps des ouvriers, soit enfin en contrôlant les entrées et les sorties de tabacs en feuilles, de tabacs fabriqués et de fournitures du magasin de la manufacture. Ils maintiendront l'ordre et la discipline (1).

Toutes les pièces de la comptabilité du *régisseur* seront visées par les contrôleurs.

Art. 32. — Le garde-magasin près de chaque manufacture sera chargé de recevoir et emmagasiner les tabacs en feuilles expédiés à la manufacture, les tabacs provenant de la fabrication journalière, les approvisionnements de toute espèce de la manufacture ; de veiller à la conservation de tous ces objets et de délivrer, sur l'ordre du *régisseur*, visé des contrôleurs, les tabacs en feuilles nécessaires aux travaux des ateliers, les tabacs fabriqués dont l'expédition devra être faite aux entrepôts *principaux*, et, en général, les fournitures à l'usage de la manufacture.

Il en tiendra écriture dans la forme qui lui sera indiquée par la régie.

Art. 33. — Les chefs de fabrication et des ateliers dirigeront, sous le *régisseur*, tous les travaux de la manufacture. Ils dresseront les contrôles d'après lesquels les ouvriers devront être payés, et soumettront ces contrôles au visa des contrôleurs.

Ils seront responsables de la qualité des tabacs fabriqués.

Les contrôles pour le payement des ouvriers seront ordonnancés par le *régisseur*, sur la caisse du receveur des *droits réunis*.

TITRE IV. — Des entrepôts et bureaux de débit.

Art. 34. — Il sera établi *dans chaque département un entrepôt principal*, et dans chaque arrondissemet (2), un entrepôt *particulier*.

Art. 35. — Les tabacs fabriqués seront expédiés des manufac-

---

(1) Une partie de ces attributions est maintenant remplie par un inspecteur.

(2) Modifié. Un seul entrepôt approvisionne quelquefois plusieurs arrondissements. — Les entrepôts principaux ont été supprimés par ordonnance du 27 mars 1816.

tures *impériales* à la destination des entrepôts *principaux*, sur la demande que les entreposeurs en auront faite à l'agent principal de la manufacture, et dont une double expédition sera adressée en même temps à la régie.

Art. 36. — Les entreposeurs *particuliers ne pourront s'approvisionner qu'à l'entrepôt principal de leur département.*

Ils ne pourront pas vendre directement aux consommateurs, si ce n'est des carottes au-dessus de trois kilogrammes (1).

Art. 37. — La régie établira aussi des bureaux de débit *dans chaque arrondissement;* elle en calculera le nombre en raison de la population.

Les débitants s'approvisionneront à l'entrepôt *particulier* de leur arrondissement et non ailleurs.

Art. 38. — Les entreposeurs *principaux* seront comptables du prix des tabacs qui leur auront été expédiés, d'après le poids net constaté à l'arrivée par *le contrôleur principal* et les employés de la régie.

. . . .

Art. 40. — Les frais de transport des tabacs expédiés des manufactures *impériales* aux entrepôts *principaux*, seront à la charge de la régie; *elle pourra les mettre au compte de l'entreposeur, en lui allouant une augmentation de remise, calculée sur les distances et les prix de voiture.*

Art. 41. — Les déchets que les tabacs pourraient avoir éprouvés pendant leur séjour dans les magasins de l'entreposeur *principal* seront constatés par les employés; ils lui seront alloués en compte à la fin de chaque année.

. . . .

Art. 43. — Il est défendu aux entreposeurs *principaux et particuliers*, et aux débitants, d'avoir chez eux aucun instrument à tabac, tel que moulin, râpe, hache-tabac, tamis et autres de quelque forme qu'ils puissent être, sous peine *de l'amende prononcée par l'article 24 de notre décret du 29 décembre 1810* et de la confiscation des objets saisis (2).

Art. 44. — La régie commissionnera dans chaque arrondissement, sous le titre de râpeurs jurés, des individus auxquels elle permettra l'usage d'une râpe à table et d'un tamis, et qui pourront se transporter chez les particuliers pour râper les tabacs en carotte.

Art. 45. — Les entreposeurs *principaux et particuliers* et les débitants tiendront registre des livraisons qui leur auront été faites, et de leurs ventes, dans la forme qui leur sera indiquée par la régie.

Art. 46. — Ils recevront des commissions énonçant les obliga-

---

(1) Et des cigares étrangers, par boîtes ou caissons (*ordonnances des 14 juillet* 1833 *et 16 juin* 1844). Voir décret du 16 août 1862.

(2) Voyez l'article 220 de la loi du 28 avril 1816.

tions qu'ils auront à remplir; faute par eux de s'y conformer, ils seront immédiatement remplacés.

Art. 47. — Les entreposeurs *principaux et particuliers* seront obligés d'administrer par eux-mêmes leur entrepôt. Ils ne pourront s'absenter sans congé, ni pratiquer aucune autre profession.

Art. 48. — Ceux qui seront convaincus de servir de prête-nom et de gérer pour le compte d'autrui seront destitués

TITRE V. — Des cautionnements.

Art. 49. — Les préposés qui, aux termes de l'article 20 de notre décret du 29 décembre 1810, doivent fournir des cautionnements, sont les entreposeurs *principaux et particuliers et les débitants* (1).

. . . .

Art. 52. — Tous ces cautionnements porteront intérêt à *quatre* 0/0. (2)

TITRE VI. — Des traitements et remises.

Art. 55. — Les *régisseurs*, contrôleurs, gardes-magasins, *chefs de fabrication et des ateliers*, et autres employés des manufactures *impériales*, les gardes-magasins, contrôleurs et autres employés des magasins établis pour la livraison des tabacs en feuilles, jouiront du traitement fixe qui sera déterminé par notre ministre des finances, en raison de l'importance de l'établissement auquel ils seront attachés.

Art. 56. — Les entreposeurs *principaux et particuliers* recevront, pour leur tenir lieu de traitement, une remise *en nature*, dont la quotité et la répartition seront déterminées par notre ministre des finances (3).

Art. 57. — La rétribution des débitants se composera de l'augmentation de prix qu'ils seront autorisés à exiger du consommateur lors de la vente, *et d'une remise en nature qui leur sera faite sur le trait de balance* (4).

TITRE VII. — Des frais d'expédition des tabacs en feuilles et fabriqués et de l'acquittement des dépenses, en général.

Art. 58. — Les frais de transport, et généralement tous les

---

(1) Les débitants ne sont plus astreints à un cautionnement (*art. 9 de la loi du 10 août* 1839). Le cautionnement des entreposeurs est fixé à six fois et demie le montant de leur traitement; et, pour les recettes-entrepôts, à raison de trois fois le montant des appointements et remises réunis des comptables (*ordonnance du 13 décembre* 1829). V. loi du 8 août 1847 et décret du 31 octobre 1850.

(2) 3 0/0 (*art. 7 de la loi du 4 août* 1844).

(3) Ce système de rémunération n'est plus suivi.

(4) Au moyen d'une nouvelle combinaison des prix, la remise pour trait de balance, longtemps fixée à 5 0/0, a été supprimée. (*Art. 4 de l'ordonnance du 18 mars* 1832.)

frais d'expédition des tabacs en feuilles et fabriqués, seront adjugés au rabais, en une ou plusieurs parties, au secrétariat général de l'administration, ou dans les départements, en se conformant à ce qui est prescrit pour ces sortes d'adjudications par l'article 24 du présent décret.

Art. 59. — L'achat des tabacs en feuilles livrés par les cultivateurs, les frais de fabrication, et en général les dépenses des manufactures et des magasins, les traitements des employés et le salaire des ouvriers, les dépenses de toute espèce qui seront la suite de nos décrets du 29 décembre 1810, seront acquittés *par le directeur de la régie,* dans le département où elles auront été faites, *ou* par le receveur qui aura été délégué, sur pièces dûment régularisées.

TITRE VIII. — De la garde des manufactures impériales et magasins de feuilles.

Art. 60. — Il est enjoint à nos commandants militaires de fournir un poste pour la garde de chacune de nos manufactures et de nos magasins de tabacs en feuilles.

EXTRAIT DU DÉCRET DU 24 AVRIL 1811.

TITRE IV. — Des Finances.

Art. 16. — Les perceptions confiées à la régie des *droits réunis* cesseront d'avoir lieu en Corse, à compter du 1er juillet 1811 (1). Elles seront remplacées par l'addition d'une somme de 30,000 francs en principal de la contribution personnelle et mobilière.....

EXTRAIT DU DÉCRET DU 18 JUIN 1811.

TITRE Ier. — Tarif des frais.

CHAPITRE Ier. — *Des frais de translation des prévenus ou accusés, etc.*

Art. 5. — Lorsque la translation par voie extraordinaire sera ordonnée d'office, ou demandée par le prévenu ou accusé, à cause de l'impossibilité où il se trouverait de faire ou de continuer le

---

(1) Par autorisation du ministre des finances, le directeur des contributions directes, dans le département de la Corse, est chargé d'opérer, pour le compte de la régie des contributions indirectes, la vente des poudres à feu, de surveiller la gestion des octrois et de recouvrer le dixième du produit net de ces établissements. Il correspond, pour ces objets divers, avec l'administration centrale des contributions indirectes et avec le directeur de cette administration dans le département du Var·

voyage à pied, cette impossibilité sera constatée par certificat de médecin ou de chirurgien.

Ce certificat sera mentionné dans la réquisition et y demeurera joint.

Art. 6. — Dans les cas d'exception ci-dessus, la translation des prévenus ou accusés sera faite par les entrepreneurs généraux des transports et convois militaires, et aux prix de leur marché.

Dans les localités où le service des transports militaires ne sera point organisé, les réquisitions seront adressées aux officiers municipaux, qui y pourvoiront par les moyens ordinaires et aux prix les plus modérés.

CHAPITRE 4.—*Des frais de garde de scellés, et de ceux de mise en fourrière.*

Art. 39. — Les animaux et tous objets périssables, pour quelque cause qu'ils aient été saisis, ne pourront rester en fourrière ou sous le séquestre plus de huit jours.

Après ce délai, la mainlevée provisoire pourra en être accordée.

S'ils ne doivent ou ne peuvent être restitués, ils seront mis en vente, et les frais de fourrière seront prélevés sur le produit de la vente, par privilége et de préférence à tous autres.

Art. 40. — La mainlevée provisoire des animaux saisis et des objets périssables mis en séquestre sera ordonnée par le juge de paix ou par le juge d'instruction, moyennant caution et le payement des frais de fourrière et de séquestre.

Si lesdits objets doivent être vendus, la vente en sera ordonnée par les mêmes magistrats.

Cette vente sera faite à l'enchère, au marché le plus voisin, à la diligence de l'administration de l'enregistrement (1).

Le jour de la vente sera indiqué par affiches vingt-quatre heures à l'avance, à moins que la modicité de l'objet ne détermine le magistrat à en ordonner la vente sans formalité ; ce qu'il exprimera dans son ordonnance.

Le produit de la vente sera versé dans la caisse de l'administration de l'enregistrement (2), pour en être disposé ainsi qu'il sera ordonné par le jugement définitif.

TITRE III. — Du payement et recouvrement des frais de justice criminelle.

CHAPITRE 2. — *De la liquidation et du recouvrement des frais.*

Art. 156. — La condamnation aux frais sera prononcée dans toutes les procédures, solidairement contre tous les auteurs et complices du même fait, et contre les personnes civilement responsables du délit.

Art. 157. — Ceux qui se seront constitués parties civiles, soit

---

(1 *et* 2) Ou de l'administration poursuivante.

qu'ils succombent ou non, seront personnellement tenus des frais d'instruction, expédition et signification des jugements, sauf leur recours contre les prévenus ou accusés qui seront condamnés et contre les personnes responsables du délit.

Art. 158. — Sont assimilés aux parties civiles, 1° toute régie ou administration publique, relativement aux procès suivis, soit à sa requête, soit même d'office et dans son intérêt ; 2° les communes et les établissements publics, dans les procès instruits ou à leur requête ou même d'office, pour crimes ou délits commis contre leurs propriétés.

DÉCRET DU 24 AOUT 1812.

Art. 1ᵉʳ. — La régie des *droits réunis* est spécialement chargée de la recherche des poudres étrangères, et de celles fabriquées hors des poudrières du gouvernement, qui pourraient circuler et être vendues dans notre *empire*.

Art. 2. — Le prix de celles qui seront saisies par les agents de cette régie, *et qui doivent être remises à l'administration des poudres et payées par elle au prix fixé par les lois et règlements*, ainsi que les amendes des délinquants, sont adjugés à ses agents.

Les poudres saisies doivent être déposées dans les magasins de l'administration des contributions indirectes. (Art. 3 de l'ordonnance du 19 juillet 1829.)

Art. 3. — *L'administration des poudres et la régie des droits réunis se concerteront pour faire, relativement à ces saisies et aux amendes, un règlement(1) qui sera soumis à leur ministre respectif et présenté à notre approbation.*

DÉCRET DU 12 OCTOBRE 1812.

Art. 1ᵉʳ. — Les eaux-de-vie, esprits et liqueurs composées d'eaux-de-vie ou d'esprits, ne pourront circuler dans toute l'étendue de l'*empire* qu'accompagnés d'acquits-à-caution.

Art. 2. — Un *double* ou extrait de l'acquit-à-caution sera adressé, par le préposé de la régie des *droits réunis* du lieu de l'expédition, au directeur du département pour lequel les eaux-de-vie seront destinées.

Art. 3. — Cet extrait sera transmis de suite par le directeur aux préposés de la résidence du destinataire. Ces préposés constateront sur l'acquit-à-caution la prise en charge, si le destinataire est assujetti aux exercices pour un commerce quelconque de boissons.

(1) Cet objet a été réglé par l'ordonnance du 17 novembre 1819

Art. 4. — Si le destinataire n'est point sujet aux exercices, il sera tenu, pour obtenir la décharge de son acquit-à-caution, de payer comptant le droit de *quinze* 0/0 (1), d'après les prix courants de la vente au lieu de destination. *Si le montant du droit excède 100 francs, il pourra payer en obligations à trois, six ou neuf mois. Le préposé pourra exiger que ces obligations soient cautionnées, lorsqu'il le jugera nécessaire.*

Si, dans les dix jours de l'arrivée, le destinataire n'a pas fait décharger l'acquit-à-caution, il lui sera donné un avertissement, et les poursuites ne seront commencées que trois jours après l'avertissement.

Art. 5. — D'après la prise en charge, le payement du droit *ou la remise des obligations*, l'acquit-à-caution sera déchargé et renvoyé au lieu de l'expédition.

* * * * * * * * * * * *

DÉCRET DU 16 MARS 1813 (2).

Art. 1er. — La surveillance attribuée, par le décret du 24 août dernier, à la régie des *droits réunis*, sur la fabrication, la circulation et la vente, dans toute l'étendue de *l'empire*, des poudres étrangères ou fabriquées hors des poudrières du gouvernement, s'exercera aussi et de la même manière sur la fabrication, *la circulation et la vente* des salpêtres.

Art. 2. — Les employés des *droits réunis* sont autorisés, en conséquence, à entrer en tout temps dans les ateliers, fabriques et magasins des fabricants, marchands et débitants, qui, aux termes des lois, sont tenus de justifier de l'emploi des poudres *et salpêtres* qu'ils ont en leur possession. Ils pourront aussi, conformément à l'article 83 *de la loi du 5 ventôse an* XII (3), faire des visites chez les particuliers soupçonnés de fraude, en se faisant assister par un officier de police.

Tout particulier, autre que les salpêtriers, chez lequel il serait trouvé du salpêtre, sans pouvoir justifier qu'il l'a acheté dans les magasins de l'administration des poudres, ou qu'il l'a emporté en vertu de l'article 11 de l'arrêté du 27 pluviôse an VIII, *encourra la confiscation des matières; et, en cas de récidive, il sera condamné à une amende de 300 francs, peine portée par l'article 15 de la loi du 13 fructidor an* v *contre celui qui exploiterait du salpêtre sans autorisation.*

---

(1) Abaissé à 10 p. 0/0 par la loi du 12 décembre 1830, art. 3, le droit de détail a été reporté à 15 p. 0/0 par le décret du 17 mars 1852, art. 18.

(2) Il y a inexactitude dans ce titre, qui ne fait point mention des poudres à feu. Quant aux salpêtres, la circulation et la vente sont dégagées de toute formalité, depuis la loi du 10 mars 1819. — Voyez cette loi et les décrets des 17 et 19 mars 1852.

(3) Art. 237 de la loi du 28 avril 1816.

Art. 3. — Toutes contraventions aux lois et arrêtés concernant les poudres et salpêtres seront constatées par des procès-verbaux rédigés *concurremment au nom de l'administration des poudres et salpêtres* et au nom de l'administration des *droits réunis*.

Toutes les formalités relatives à la rédaction de ces procès-verbaux et aux suites à y donner seront conformes à celles qui sont établies, par le décret du 1er germinal an XIII, pour l'administration des *droits réunis*.

Art. 4. — Les instances relatives aux fraudes et contraventions seront portées devant les tribunaux de police correctionnelle, où elles seront suivies, à la requête *des deux administrations* (1), par les défenseurs ou préposés supérieurs de l'administration des *droits réunis*, dans les formes propres à cette dernière.

Art. 5. — Les tribunaux correctionnels prononceront, dans tous les cas, à raison des fraudes et contraventions, les peines établies envers les contrevenants par les lois et arrêtés relatifs aux poudres et salpêtres.

Lorsque des employés des *droits réunis, des poudres et salpêtres,* des douanes, des agents de police, des gendarmes ou autres agents publics ayant le droit de verbaliser, auront seuls découvert la contravention et opéré la saisie, le produit des amendes et confiscations appartiendra exclusivement aux saisissants.

Lorsque plusieurs préposés des administrations ou agents publics ci-dessus désignés auront concouru à une saisie, la répartition de l'amende et la confiscation sera faite par portions égales entre les diverses administrations et les agents dépendant d'une même autorité, sans égard au nombre respectif des saisissants. Les simples particuliers qui auront découvert des contraventions et fait opérer des saisies, de la manière prescrite par le décret du 10 septembre 1808 (2), auront droit, comme les préposés et agents susdésignés, à la totalité du produit des amendes et confiscations.

Les agents de police et les gendarmes qui ne seront appelés que pour assister à la saisie n'auront droit à aucun partage des amendes.

Art. 6. — Les transactions sur procès auront lieu dans la même forme et d'après les mêmes règles que celles qui sont établies pour la régie des *droits réunis; mais elles ne pourront être consenties par les directeurs de cette régie que provisoirement et de concert avec les commissaires de l'administration des poudres et salpêtres. Ces derniers consentiront seuls les transactions dans tous les cas où les employés des droits réunis n'auront point contribué à la découverte des délits; mais les arrange-*

---

(1) De l'administration des contributions indirectes. Voyez l'ordonnance du 25 mars 1818.

(2) Ce décret est ainsi conçu : « La municipalité sera tenue de déférer à cette réquisition; en conséquence, elle fera procéder à une visite dans la maison désignée. Cette visite ne pourra s'exécuter qu'en plein jour, par le maire ou son adjoint, assisté d'un commissaire de police ou de la gendarmerie, etc. »

ments qu'ils auront faits ne seront définitifs qu'après avoir été approuvés par l'administration des poudres.

Art. 7. — Les personnes qui, en vertu de commission de la régie, sont autorisées à avoir en leur possession des *poudres et salpêtres*, à la charge de justifier de l'emploi, feront cette justification dans les formes qui seront déterminées par des instructions administratives à la première réquisition *des agents de l'administration des poudres et salpêtres* et des employés de la régie des *droits réunis*.

Art. 8. — Les formalités relatives aux transports des poudres et salpêtres continueront, comme par le passé, à être remplies dans les lieux de départ, de passage et d'arrivée, par les officiers municipaux ; mais les employés des *droits réunis* seront prévenus de ces transports par ceux qui les auront ordonnés.

LOI DU 8 DÉCEMBRE 1814.

TITRE VIII. — Des octrois (1).

Art. 121. — L'administration directe et la perception des octrois, à compter du 1ᵉʳ janvier 1815, rentreront dans les attributions des maires, sous la surveillance immédiate des sous-préfets et sous l'autorité du gouvernement. *Dans aucun cas, et jusqu'à ce qu'il ait été statué par une loi sur le mode d'administration des revenus des communes, les octrois ne seront affermés ni confiés à des régies intéressées.*

Art. 122. — Les maires pourront, avec l'autorisation du ministre des finances, traiter de gré à gré avec la régie des *impositions* indirectes, pour qu'elle se charge de la perception de leurs octrois.

Art. 123. — Les communes qui voudront supprimer leurs octrois en feront la demande, par l'intermédiaire des sous-préfets et des préfets, au ministre de l'intérieur, qui autorisera la suppression, s'il y a lieu.

Art. 124. — Les moyens que les communes proposeront en remplacement des octrois, ne pourront être admis qu'en vertu d'une autorisation formelle et nécessaire du ministre des finances.

Art. 125. — Les règlements d'octrois ne devront contenir aucune disposition contraire à celles relatives à la perception du droit d'entrée.

Les préposés des octrois seront tenus, sous peine de révocation

---

(1) Voyez ordonnance du 9 décembre 1814.

immédiate, de percevoir le droit d'entrée pour le compte du Trésor public.

Art. 126. — *Le prélèvement de 10 p. 0/0, autorisé par l'article 75 de la loi du 24 avril 1806 sur le produit net des octrois, continuera d'avoir lieu.*

Abrogé. Art. 25 du décret du 17 mars 1852.

Art. 127. — Les lois, décrets et règlements généraux concernant les octrois, continueront à être exécutés en ce qui n'est pas contraire aux dispositions de la présente.

* * * * * * * * * * * * *

ORDONNANCE DU 9 DÉCEMBRE 1814.

TITRE Ier. — Dispositions transitoires.

Art. 1er. — En exécution de l'article 121 de la loi du 8 décembre 1814, le service des octrois sera remis aux maires, le 1er janvier 1815, par la régie des impositions indirectes. Cette remise et celles des maisons, ustensiles, effets de bureau et autres, servant à la perception des octrois, seront constatées par un procès-verbal rédigé en quadruple expédition, lequel sera signé par le maire et le préposé en chef de la régie dans chaque résidence, ou par des commissaires délégués à cet effet, de part et d'autre, dans les villes où cela sera jugé nécessaire. Un des procès-verbaux sera déposé à la mairie ; un autre sera remis au directeur des impositions indirectes dans le département ; le troisième sera adressé au préfet, et le quatrième à la régie des impositions indirectes.

* * * * * * * * * * * *

TITRE II. — De l'établissement des octrois.

Art. 5. — Les octrois sont établis pour subvenir aux dépenses qui sont à la charge des communes : ils doivent être délibérés d'office par les conseils municipaux. Cette délibération peut aussi être provoquée par le préfet, lorsqu'à l'examen du budget d'une commune, il reconnaît l'insuffisance de ses revenus ordinaires, soit pour couvrir les dépenses annuelles, soit pour acquitter les dettes arriérées, ou pourvoir aux besoins extraordinaires de la commune.

Voir loi du 28 avril 1816, art. 147.

Art. 6. — Les délibérations portant établissement d'un octroi sont adressées par le maire au sous-préfet, et renvoyées par celui-ci, avec ses observations, au préfet, qui les transmet également, avec son avis, à notre ministre de l'intérieur, lequel permet, s'il y a lieu, l'établissement de l'octroi demandé, et autorise le conseil municipal à délibérer les tarifs et règlements.

Art. 7. — Les projets de règlement et de tarif délibérés par les conseils municipaux, en vertu de l'autorisation de notre ministre de l'intérieur, parviennent de même aux préfets, avec l'avis des maires et des sous-préfets. Les préfets les transmettent à notre directeur général des *impositions* indirectes, pour être soumis à notre ministre des finances sur le rapport duquel nous accordons notre approbation, s'il y a lieu (1).

Art. 8. — Les changements proposés par les maires ou conseils municipaux, aux tarifs ou règlements en vigueur, et ceux jugés nécessaires par l'autorité supérieure, ne peuvent être exécutés qu'ils n'aient été délibérés et approuvés de la manière prescrite par les articles précédents.

Voir la loi du 24 juillet 1867, art. 8, 9 et 10.

Art. 9. — Si les conseils municipaux refusent ou négligent de délibérer sur l'établissement d'un octroi reconnu nécessaire, ou sur les changements à apporter aux tarifs et règlements, il nous en sera rendu compte, dans le premier cas, par notre ministre de l'intérieur, et, dans le deuxième, par notre ministre des finances, sur les rapports desquels nous statuerons ce qu'il appartiendra.

Art. 10. — Les frais de premier établissement, de régie et de perception des octrois des villes sujettes au droit d'entrée (2), seront proposés par le conseil municipal, et soumis, par la régie des *impositions* indirectes, à l'approbation de notre ministre des finances : dans les autres communes, ces frais seront réglés par les préfets. Dans aucun cas, et sous aucun prétexte, les maires ne pourront excéder les frais alloués, sous peine d'en répondre personnellement.

TITRE III. — Des matières qui peuvent être soumises au droit d'octroi.

Art. 11. — Aucun tarif d'octroi ne pourra porter que sur des objets destinés à la consommation des habitants du lieu sujet.

Voir art. 147 et 148 de la loi du 28 avril 1816, et le décret du 12 février 1870 (art. 8).

Ces objets seront toujours compris dans les cinq divisions suivantes :

SAVOIR :

1° Boissons et liquides ;
2° Comestibles ;
3° Combustibles ;
4° Fourrages ;
5° Matériaux (3).

---

(1) L'établissement des taxes, la modification de celles qui existent, ainsi que les règlements de perception, ne sont soumis à la sanction royale qu'après examen et discussion par le conseil d'État. (*Loi du 11 juin* 1842, *art.* 8.)

(2) Celles dont la population agglomérée est de quatre mille âmes au moins. (*Loi du 12 décembre* 1830, *art.* 3.)

(3) En cas de nécessité, d'autres objets peuvent être imposés à l'octroi,

Art. 12. — Sont compris dans la première division les vins, vinaigres, cidres, poirés, bières, hydromels, eaux-de-vie, esprits, liqueurs et eaux spiritueuses.

Les droits d'octroi sur les vins, cidres, poirés, eaux-de-vie et liqueurs, *ne pourront excéder ceux perçus aux entrées des villes sur les mêmes boissons pour le compte du Trésor public* (Paris excepté) (1).

Les vendanges ou fruits à cidre ou à poiré seront assujettis aux droits, à raison de trois hectolitres de vendange pour deux hectolitres de vin, et de cinq hectolitres de pommes ou de poires pour deux hectolitres de cidre ou de poiré.

Art. 13. — Les eaux-de-vie et esprits doivent être divisés, pour la perception, *d'après les degrés*, conformément aux tarifs des droits d'entrée(2).

Les eaux dites de Cologne, de la reine de Hongrie, de mélisse et autres dont la base est l'alcool, doivent être tarifées comme les liqueurs.

Art. 14. — *Dans les pays où la bière est la boisson habituelle et générale, celle importée, quelle que soit sa qualité, ne pourra être au plus, taxée qu'au quart en sus du droit sur la bière fabriquée dans l'intérieur.*

Abrogé. Art 10 du décret du 12 février 1870.

Art. 15. — Les huiles peuvent aussi, suivant les localités, être imposées : la taxe en est déterminée suivant leur qualité et leur emploi.

Art. 16. — *Sont compris dans la deuxième division les objets servant habituellement à la nourriture des hommes, à l'exception toutefois des grains et farines, fruits, beurre, lait, légumes et autres menues denrées.*

Art. 17. — *Ne sont point compris dans ces exceptions les fruits secs et confits, les pâtes, les oranges, les limons et citrons, lorsque ces objets sont introduits dans les villes en caisses, tonneaux, barils, paniers ou sacs, ni le beurre et les fromages venant de l'étranger* (3).

Art. 18. — *Les bêtes vivantes doivent être taxées par tête. Les bestiaux abattus au dehors et introduits par quartier payeront au prorata de la taxe par tête. A l'égard des viandes dépecées, fraîches ou salées, elles sont imposées au poids.*

Le droit sur les bestiaux vivants est maintenant perçu au poids. Exceptions toutefois. (Loi du 10 mai 1846.)

---

après avoir consulté les chambres de commerce. (*Instruction du ministre des finances du 25 septembre* 1809).

(1) Voyez la loi du 11 juin 1842, art. 9 et l'article 18 de la loi du 22 juin 1854 d'après lequel les droits d'octroi peuvent s'élever au double des droits d'entrée.

(2) Voyez la loi du 24 juin 1824, art. 9.

(3) La libre désignation des objets à imposer est attribuée aux conseils municipaux par l'article 147 de la loi du 28 avril 1816

Art. 19. — Les coquillages, le poisson de mer frais, sec ou salé de toute espèce, et celui d'eau douce, peuvent être assujettis aux droits d'octroi, suivant les usages locaux, soit à raison de leur valeur vénale, soit à raison du nombre ou du poids, soit par paniers, barils ou tonneaux.

Art. 20. — Sont compris dans la troisième division : 1° toute espèce de bois à brûler, les charbons de bois et de terre, la houille, la tourbe et généralement toutes les matières propres au chauffage; 2° les suifs, cires et huiles à brûler.

Art. 21. — La quatrième division comprend les pailles, foins et tous les fourrages verts ou secs, de quelque nature, espèce ou qualité qu'ils soient. Le droit doit être réglé par botte ou au poids.

Art. 22. — Sont compris dans la cinquième division les bois, soit en grume, soit équarris, façonnés ou non, propres aux charpentes, constructions, menuiserie, ébénisterie, tour, tonnellerie, vannerie et charronnage.

Y sont également compris les pierres de taille, moellons, pavés, ardoises, tuiles de toute espèce, briques, craies et plâtre.

Art. 23. — Pour toutes les matières désignées au présent titre, les droits doivent être imposés par hectolitre, kilogramme, mètre cube ou carré, ou stère, ou par fractions de ces mesures. Cependant, lorsque les localités ou la nature des objets l'exigent, le droit peut être fixé au cent ou au millier, ou par voiture, charge ou bateau.

Art. 24. — Les objets récoltés, préparés ou fabriqués dans l'intérieur d'un lieu soumis à l'octroi, ainsi que les bestiaux qui y sont abattus, seront toujours assujettis par le tarif au même droit que ceux introduits de l'extérieur.

TITRE IV. — De la perception.

Art. 25. — Les règlements d'octroi doivent déterminer les limites de la perception, les bureaux où elle doit être opérée, et les obligations et formalités particulières à remplir par les redevables ou les employés en raison des localités, sans toutefois que ces règles particulières puissent déroger aux dispositions de la présente ordonnance.

Art. 26. — *Les droits d'octroi seront toujours perçus dans les faubourgs des lieux sujets ; mais les dépendances rurales entièrement détachées du lieu principal en seront affranchies* (1). Les limites du territoire auquel la perception s'étendra seront indiquées par des poteaux, sur lesquels seront inscrits ces mots : Octroi de.....

Art. 27.—Il ne pourra être introduit d'objets assujettis à l'octroi que par les barrières ou bureaux désignés à cet effet. Les tarifs et

---

(1) Annulé par les articles 147 et 152 de la loi du 28 avril 1816.

règlements seront affichés dans l'intérieur et à l'extérieur de chaque bureau, lequel sera indiqué par un tableau portant ces mots : Bureau de l'octroi.

Art. 28. — Tout porteur ou conducteur d'objets assujettis à l'octroi sera tenu, avant de les introduire, d'en faire la déclaration au bureau, d'exhiber aux préposés de l'octroi les lettres de voiture, connaissements, chartes parties, acquits-à-caution, congés, passavants et toutes autres expéditions délivrées par la régie des *impositions* indirectes, et d'acquitter les droits, sous peine *d'une amende égale à la valeur de l'objet soumis au droit* (1). A cet effet, les préposés pourront, après interpellation, faire sur les bateaux, voitures et autres moyens de transport, toutes les visites, recherches et perquisitions nécessaires, soit pour s'assurer qu'il n'y existe rien qui soit sujet aux droits, soit pour reconnaître l'exactitude des déclarations.

Les conducteurs seront tenus de faciliter toutes les opérations nécessaires auxdites vérifications.

La déclaration relative aux objets arrivant par eau contiendra la désignation du lieu de déchargement, lequel ne pourra s'effectuer que les droits n'aient été acquittés, ou au moins valablement soumissionnés.

Art. 29. — Tout objet sujet à l'octroi, qui, nonobstant l'interpellation faite par les préposés, serait introduit sans avoir été déclaré, ou sur une déclaration fausse ou inexacte, sera saisi (2).

Art. 30. — Les personnes voyageant à pied, à cheval *ou en voiture particulière suspendue* (3), ne pourront être arrêtées, questionnées ou visitées sur leurs personnes ou en raison de leurs malles ou effets. Tout acte contraire à la présente disposition sera réputé acte de violence, et les préposés qui s'en rendront coupables seront poursuivis correctionnellement, et punis des peines prononcées par les lois (4).

Art. 31. — Tout individu soupçonné de faire la fraude à la faveur de l'exception ordonnée par l'article précédent, pourra être conduit devant un officier de police, ou devant le maire, pour y être interrogé, et la visite de ses effets autorisée, s'il y a lieu.

Art. 32. — Les diligences, fourgons, fiacres, cabriolets et autres voitures de louage, sont soumis aux visites des préposés de l'octroi.

---

(1) De confiscation des objets soumis aux droits, d'une amende de 100 à 200 francs, et, de plus, mais selon les circonstances accessoires, de la saisie des ustensiles, chevaux, voitures, etc., comme aussi de l'arrestation des fraudeurs. (*Loi du* 24 *mai* 1834.)

(2) Indépendamment des peines indiquées dans la note ci-dessus.

(3) La loi du 24 mai 1834, art. 9, a supprimé toute distinction entre les voitures publiques et les voitures particulières.

(4) 50 francs d'amende et six mois de détention. (*Loi du* 27 *frimaire an* VIII, *art.* 12.)

Cet article est sans objet depuis que la loi du 24 mai 1834 a fait disparaître l'exception établie en faveur des voitures particulières.

Art. 33. — Les courriers ne pourront être arrêtés à leur passage, sous prétexte de la perception; mais ils seront obligés d'acquitter les droits sur les objets soumis à l'octroi qu'ils introduiront dans un lieu sujet. A cet effet, des préposés de l'octroi seront autorisés à assister au déchargement des malles.

Tout courrier, tout employé des postes, ou de toute autre administration publique, qui serait convaincu d'avoir fait ou favorisé la fraude, outre les peines résultant de la contravention, sera destitué par l'autorité compétente.

Art. 34. — Dans les communes où la perception ne pourra être opérée à l'entrée, il sera établi au centre, suivant les localités, un ou plusieurs bureaux. Dans ce cas, les conducteurs ne pourront décharger les voitures ni introduire au domicile des destinataires les objets soumis à l'octroi, avant d'avoir acquitté les droits auxdits bureaux.

Art. 35. — Il est défendu aux employés, sous peine de destitution et de tous dommages et intérêts, de faire usage de la sonde dans la visite des caisses, malles et ballots annoncés contenir des effets susceptibles d'être endommagés; dans ce cas, comme dans tous ceux où le contenu des caisses ou ballots sera inconnu ou ne pourrait être vérifié immédiatement, la vérification en sera faite soit à domicile, soit dans les emplacements à ce destinés.

Art. 36. — Toute personne qui récolte, prépare ou fabrique dans l'intérieur d'un lieu sujet, des objets compris au tarif, est tenue, sous peine de l'amende (1) *prononcée par l'article* 28, d'en faire la déclaration et d'acquitter immédiatement le droit, si elle ne réclame la faculté de l'entrepôt (2).

Les préposés de l'octroi peuvent reconnaître à domicile les quantités récoltées, préparées ou fabriquées, et faire toutes les vérifications nécessaires pour prévenir la fraude. A défaut de payement du droit, il est décerné, contre les redevables, des contraintes, qui sont exécutoires nonobstant opposition et sans y préjudicier.

TITRE V. — Du passe-debout et du transit.

Art. 37. — Le conducteur d'objets soumis à l'octroi, qui voudra traverser seulement un lieu sujet, ou y séjourner moins de vingt-quatre heures, sera tenu d'en faire la déclaration au bureau d'entrée, conformément à ce qui est prescrit par l'article 28, et de se munir d'un permis de passe-debout, qui sera délivré sur le cautionnement ou la consignation des droits. La restitution des sommes consignées, ainsi que la libération de la caution, s'opéreront au bureau de la sortie.

(1) De 100 à 200 francs et de la confiscation. (*Loi du 24 mai 1834, art.* 9.)
(2) Voir le paragraphe 2 de l'article 41.

Toute soustraction ou décharge frauduleuse pendant la durée du passe-debout fera encourir la saisie des objets déchargés, ou la confiscation de la valeur des objets soustraits. (Art. 65 du décret du 17 mai 1809.)

Lorsqu'il sera possible de faire escorter les chargements, le conducteur sera dispensé de consigner ou de faire cautionner les droits.

Art. 38. — En cas de séjour au delà de vingt-quatre heures, dans un lieu sujet à l'octroi, d'objets introduits sur une déclaration de passe-debout, le conducteur sera tenu de faire, dans ce délai et avant le déchargement, une déclaration de transit, avec indication du lieu où lesdits objets seront déposés, lesquels devront être représentés aux employés à toute réquisition. La consignation ou le cautionnement du droit subsisteront pendant toute la durée du séjour.

Art. 39. — Les règlements locaux d'octroi pourront désigner des lieux où les conducteurs d'objets en passe-debout ou en transit seront tenus de les déposer pendant la durée du séjour, ainsi que des ports ou quais où les navires, bateaux, coches, barques et diligences devront stationner.

Art. 40. — Les voitures et transports militaires chargés d'objets assujettis aux droits sont soumis aux règles prescrites par les articles précédents, relativement au transit et au passe-debout.

TITRE VI. — De l'entrepôt.

Art. 41. — L'entrepôt est la faculté donnée à un propriétaire ou à un commerçant de recevoir et d'emmagasiner dans un lieu sujet à l'octroi, sans acquittement de droit, les marchandises qui y sont assujetties et auxquelles il réserve une destination extérieure.

L'entrepôt peut être réel, ou fictif, c'est-à-dire à domicile (1) : il est toujours illimité. Les règlements locaux doivent déterminer les objets pour lesquels l'entrepôt est accordé, ainsi que les quantités au-dessous desquelles on ne peut l'obtenir (2).

Art. 42. — Toute personne qui fait conduire dans un lieu sujet à l'octroi des marchandises comprises au tarif, pour y être entreposées, soit réellement, soit fictivement, est tenue, sous peine de l'amende *prononcée par l'article* 28 (3), d'en faire la déclaration préalable au bureau de l'octroi, de s'engager à acquitter le droit sur les quantités qu'elle ne justifierait pas avoir fait sortir de la commune, de se munir d'un bulletin d'entrepôt ; et, en outre, si l'entrepôt est fictif, de désigner les magasins, chantiers, caves, celliers ou autres emplacements où elle veut déposer lesdites marchandises.

Voir art. 8 du décret du 12 février 1870.

---

(1) L'entrepôt réel ou public pour les boissons est exclusif des entrepôts à domicile. (*Loi du* 28 *juin* 1833, *art.* 9.)

(2) Sauf pour les villes sujettes au droit d'entrée, s'il y a lieu à l'application de l'article 39 de la loi du 21 avril 1832.

(3) Voyez la note 1 de la page 111.

8

Art. 43. — L'entrepositaire est tenu de faire une déclaration au bureau de l'octroi, des objets entreposés qu'il veut expédier au dehors, et de les représenter aux préposés des portes ou barrières, lesquels, après vérification des quantités et espèces, délivrent un certificat de sortie.

Art. 44. — Les préposés de l'octroi tiennent un compte d'entrée et de sortie des marchandises entreposées : à cet effet, ils peuvent faire à domicile, dans les magasins, chantiers, caves, celliers des entrepositaires, toutes les vérifications nécessaires pour reconnaître les objets entreposés, constater les quantités restantes, et établir le décompte des droits dus sur celles pour lesquelles il n'est pas représenté de certificat de sortie. Ces droits doivent être acquittés immédiatement par les entrepositaires; et, à défaut, il est décerné contre eux des contraintes, qui sont exécutoires nonobstant opposition et sans y préjudicier.

Art. 45. — Lors du règlement de compte des entrepositaires, il leur est accordé une déduction sur les marchandises entreposées dont le poids ou la quantité est susceptible de diminuer. Cette déduction, pour les boissons, est la même que celle fixée par *l'article 38 de la loi du 8 décembre* 1814 (1), relativement aux droits d'entrée. La quotité doit en être déterminée, pour les autres objets, par les règlements locaux.

Art. 46. — Dans les communes où la perception des droits sur les vendanges, pommes ou poires, ne peut être opérée au moment de l'introduction, l'administration de l'octroi accordera l'entrepôt à tous les récoltants, et sera autorisée à faire faire un recensement général pour constater les quantités de vin, de cidre ou de poiré fabriquées (2). Les préposées de l'octroi se borneront, dans ce cas, à faire chaque année deux vérifications à domicile chez les propriétaires qui n'entreposent que les seuls produits de leur cru, l'une avant, l'autre après la récolte.

Art. 47. — Dans le cas d'entrepôt réel, les marchandises pour lesquelles il est réclamé sont placées dans un magasin public, sous la garde d'un conservateur ou (3) sous la garantie de l'administration de l'octroi, laquelle est responsable des altérations ou avaries qui proviennent du fait de ses préposés.

Art. 48. — Les objets reçus dans un entrepôt réel sont, après vérification, marqués ou rouannés, et inscrits par le conservateur sur un registre à souche, et avec indication de l'espèce, la qualité et la quantité de l'objet entreposé, des marques et numéros des futailles ou colis, et des noms ou demeure du propriétaire :

---

(1) Voyez l'ordonnance du 21 décembre 1838 et les deux tableaux y annexés. — Voyez aussi le décret du 4 décembre 1872, qui a réglé le taux de la déduction en ce qui concerne les spiritueux.

(2) Ainsi qu'il est réglé en matière de droit d'entrée par l'article 40 de la oi du 28 avril 1816.

n(3) Il y a erreur dans le texte de l'ordonnance; la fin de l'article démontre 'il faut lire ET *sous la garantie*, etc.

un récépissé détaché de la souche, contenant les mêmes indications, et signé par le conservateur, est remis à l'entrepositaire.

Art. 49. — Pour retirer de l'entrepôt les marchandises qui y ont été admises, l'entrepositaire est tenu de représenter le récépissé d'admission, de déclarer les objets qu'il veut enlever, et de signer sa déclaration pour opérer la décharge du conservateur : il est tenu, en outre, d'acquitter les droits pour les objets qu'il fait entrer dans la consommation de la commune, de se munir d'une expédition pour ceux destinés à l'extérieur, et de rapporter au dos un certificat de sortie, délivré par les préposés aux portes.

Art. 50. — Les cessions de marchandises pourront avoir lieu dans l'entrepôt, moyennant une déclaration de la part du vendeur et la remise du récépissé d'admission : il en sera délivré un autre à l'acheteur, dans la forme prescrite par l'article 48.

Art. 51. — L'entrepôt réel sera ouvert en tout temps aux entrepositaires, tant pour y soigner leurs marchandises que pour y conduire les acheteurs.

Art. 52. — Les rouliers ou conducteurs qui déposeront à l'entrepôt réel des marchandises refusées par les destinataires, pourront obtenir de l'administration de l'octroi le payement des frais de transport et des déboursés dûment justifiés.

Art. 53. — A défaut, par le propriétaire d'objets entreposés, de veiller à leur conservation, le conservateur se fera autoriser par le maire à y pourvoir. Les frais d'entretien et de conservation seront remboursés à l'administration de l'octroi sur les mémoires et états réglés par le maire.

Art. 54. — Les propriétaires d'objets entreposés sont tenus d'acquiter, tous les mois, les frais de magasinage, lesquels doivent être déterminés par le règlement général de l'octroi, ou par un règlement particulier, approuvé de notre ministre des finances.

Art. 55. — Soit par suite de dépérissement d'objets entreposés ou par toute autre cause, leur valeur, au dire d'experts appelés d'office par l'administration de l'octroi, n'excède pas moitié en sus des sommes qui peuvent être dues pour frais d'entretien, frais de transport, magasinage, il sera fait sommation au propriétaire ou à son représentant de retirer lesdits objets ; et, à défaut, ils seront vendus publiquement par ministère d'huissier. Le produit net de la vente, déduction faite des sommes dues, avec intérêt à raison de 5 p. 0/0 par an, sera déposé dans la caisse municipale et tenu à la disposition du propriétaire.

TITRE VII. — Du personnel.

Art. 56. — Conformément à l'article 4 de la loi du 27 frimaire an VIII, la nomination des préposés d'octroi sera faite de la manière suivante :

Notre directeur général des impositions indirectes est autorisé à établir et à commissionner, lorsqu'il le jugera nécessaire, un préposé en chef auprès de chaque octroi (1).

_____

(1) Changé. Voyez les articles 155 et 156 de la loi du 28 avril 1816 ◙

Notre ministre des finances est également autorisé à nommer et commissionner, sur la proposition du directeur général des impositions indirectes, un directeur et deux régisseurs pour l'octroi et l'entrepôt de Paris (1).

Les autres préposés d'octroi sont nommés par les préfets, sur une liste triple présentée par le maire (2).

Art. 57. — Les préfets sont tenus de révoquer immédiatement, sur la demande de notre directeur général des *impositions* indirectes, tout préposé d'octroi signalé comme prévaricateur dans l'exercice de ses fonctions, ou comme ne les remplissant pas convenablement (3).

Art. 58. — Les préposés de l'octroi doivent être âgés au moins de vingt-un ans accomplis. Ils sont tenus de prêter serment devant le tribunal civil de la ville dans laquelle ils exerceront, et, dans les lieux où il n'y a pas de tribunal, devant le juge de paix. Ce serment est enregistré au greffe, sans qu'il soit nécessaire d'employer le ministère d'avoué.

Il est dû seulement un droit fixe d'enregistrement de trois francs (4).

Art. 59. — Le cas de changement de résidence d'un préposé arrivant, il n'y a pas lieu à une nouvelle prestation de serment: il lui suffit de faire viser sa commission, sans frais, par le juge de paix ou le président du tribunal civil du lieu où il doit exercer.

Art. 60. — Les préposés d'octroi doivent toujours être porteurs de leur commission, et sont tenus de la représenter lorsqu'ils en seront requis.

Le port d'armes est accordé aux préposés d'octroi dans l'exercice de leurs fonctions, comme aux employés des *impositions* indirectes.

Art. 61. — Les créanciers des préposés d'octroi ne pourront saisir, sur les appointements et remises de ces derniers, que les sommes fixes déterminées par la loi du 21 ventôse an IX.

Art. 62 (*relatif aux cautionnements des préposés comptables des octrois*) (5).

Art. 63. — Il est défendu à tous les préposés d'octroi, indistinctement, de faire le commerce des objets compris au tarif.

Tout préposé qui favorisera la fraude, soit en recevant des présents, soit de toute autre manière, sera mis en jugement, et condamné aux peines portées par le Code pénal contre les fonctionnaires publics prévaricateurs (6).

---

l'art. 6 du décret du 13 avril 1861. La nomination des préposés de tout grade appartient maintenant aux Préfets et aux Sous-Préfets.

(1) Modifié par les articles 1er et 2 de l'ordonnance du 22 juillet 1831, concernant l'octroi de Paris.

(2 *et* 3) Voyez l'article 156 de la loi du 28 avril 1816.

(4) Plus les décimes par franc, d'après les lois actuelles sur les finances.

(5) Modifié par l'article 159 de la loi du 28 avril 1816.

(6) Dégradation civique et condamnation à une amende double de la valeur

Art. — 64. — Tout préposé destitué ou démissionnaire sera tenu, sous peine d'y être contraint par corps, de remettre immédiatement sa commission, ainsi que les registres et autres effets dont il aura été chargé, et, s'il est receveur, de rendre ses comptes.

Art. 65. — Les préposés de l'octroi sont placés sous la protection de l'autorité publique. Il est défendu de les injurier, maltraiter, et même de les troubler dans l'exercice de leurs fonctions, sous les peines de droit. La force armée est tenue de leur prêter secours et assistance toutes les fois qu'elle en est requise (1).

TITRE VIII.—Des écritures et de la comptabilité des octrois.

Art. 66. — Tous les registres employés à la perception ou au service de l'octroi seront à souche. Les perceptions ou déclarations y seront inscrites sans interruption ni lacune. Les quittances ou expéditions qui en seront détachées continueront à n'être marquées que du timbre de la régie des *impositions* indirectes, dont le prix, fixé par la loi à *cinq centimes* (2), sera acquitté par les redevables, et son produit versé dans les caisses de la régie.

Art. 67. — Les recettes de l'octroi seront versées à la caisse municipale tous les cinq jours au moins (3), et plus souvent même dans les villes où les perceptions seront importantes.

Art. 68. — La régie des *impositions* indirectes déterminera le mode de comptabilité des octrois, ainsi que la forme et le modèle des registres, expéditions, bordereaux, comptes et autres écritures relatives au service des octrois : elle fera faire la fourniture de toutes les impressions nécessaires, sur la demande des maires.

Art. 69. — Tous les registres servant à la perception des droits d'entrée sur les vins, cidres, poirés, esprits et liqueurs, aux déclarations de passe-debout, de transit, d'entrepôt et de sortie pour les mêmes boissons ; ceux employés pour recevoir les déclarations de mise de feu de la part des brasseurs et distillateurs ; enfin les registres portatifs tenus pour l'exercice des redevables soumis en même temps aux droits d'octroi et à ceux dus au Trésor, seront communs aux deux services. La moitié des dépenses relatives à ces registres sera supportée par l'octroi et payée sur les mémoires dressés par la régie des *impositions* indirectes, approuvés par notre ministre des finances.

---

des promesses agréées ou des choses reçues, sans que ladite amende puisse être inférieure à 200 francs. (*Art.* 177 *du Code pénal.*)

(1) Tout commandant, tout officier ou sous-officier de la force publique qui, après en avoir été légalement requis par l'autorité civile, aura refusé de faire agir la force à ses ordres, sera puni d'un emprisonnement d'un mois à trois mois, sans préjudice des réparations civiles qui pourraient être dues aux termes de l'article 10 du présent code. (*Art.* 234 *du Code pénal.*)

(2) 10 centimes. (*Art.* 243 *de la loi du* 28 *avril* 1816.)

(3) Sauf le cas d'affermement, en conséquence de l'article 147 de la loi du 28 avril 1816.

Art. 70. — Les registres autres que ceux dont l'usage est commun aux octrois et aux droits d'entrée seront cotés et paraphés par le maire : ils seront arrêtés par lui le dernier jour de chaque année, déposés à l'administration municipale, et renouvelés tous les ans. A l'égard des autres registres, les maires pourront en prendre communication sans déplacement, et en faire faire des extraits pour ce qui concerne les recettes des octrois.

Art. 71. — Les états et bordereaux de recettes et de dépenses des octrois seront dressés aux époques qui auront été déterminées par la régie des *impositions* indirectes. Un *double* (1) de ces états et bordereaux, signé du maire, sera adressé au préposé supérieur de cette régie, pour être transmis au directeur du département, et par celui-ci à son administration.

Art. 72 et 73. — (Abrogés ou remplacés.)

Voir l'article 153 de la loi du 28 août 1816 et l'ordonnance du 23 juillet 1826.

Art. 74. — *Le recouvrement des* 10 *p.* 0/0 *se poursuivra par la saisie des deniers de l'octroi, et même par voie de contrainte à l'égard du receveur municipal.*

Le prélèvement du 10e au profit du Trésor a été supprimé par l'article 25 du décret du 17 mars 1852.

TITRE IX. — Du Contentieux.

Art. 75. — Toutes contraventions aux droits d'octroi seront constatées par des procès-verbaux, lesquels pourront être rédigés par un seul préposé et auront foi en justice (2). Ils énonceront la date du jour où ils sont rédigés, la nature de la contravention, et, en cas de saisie, la déclaration qui en aura été faite au prévenu ; les noms, qualités et résidence de l'employé verbalisant et de la personne chargée des poursuites ; l'espèce, poids ou mesure des objets saisis ; leur évaluation approximative ; la présence de la partie à la description, ou la sommation qui lui aura été faite d'y assister ; le nom, la qualité et l'acceptation du gardien ; le lieu de la rédaction du procès-verbal et l'heure de la clôture.

Voir art. 53 du décret du 1er germinal an XIII et 164 du décret du 17 mai 1809.

Art. 76. — Dans le cas où le motif de la saisie portera sur le faux ou l'altération des expéditions, le procès-verbal énoncera le genre de faux, les altérations ou surcharges : lesdites expéditions, signées et paraphées du saisissant, NE VARIETUR, seront annexées au procès-verbal, qui contiendra la sommation faite à la partie de les parapher, et sa réponse.

Art. 77. — Si le prévenu est présent à la rédaction du procès-verbal, cet acte énoncera qu'il lui en a été donné lecture et copie : en cas d'absence du prévenu, si celui-ci a domicile ou

---

(1) Modifié par les instructions subséquentes, et notamment par le cahier des charges, en cas de ferme ou de régie intéressée.

(2) Jusqu'à inscription de faux. (Voyez l'article 8 de la loi du 27 frimaire an VIII.)

residence connue dans le lieu de la saisie, le procès-verbal lui sera signifié dans les vingt-quatre heures de la clôture. Dans le cas contraire, le procès-verbal sera affiché, dans le même délai, à la porte de la maison commune.

Ces procès-verbaux, significations et affiches, pourront être faits tous les jours indistinctement.

Art. 78. — L'action résultant des procès-verbaux en matière d'octroi, et les questions qui pourront naître de la défense du prévenu, seront de la compétence exclusive, *soit du tribunal de simple police, soit* du tribunal correctionnel du lieu de la rédaction du procès-verbal, *suivant la quotité de l'amende encourue* (1).

Art. 79. — Les objets saisis par suite des contraventions aux règlements d'octrois seront déposés au bureau le plus voisin ; et si la partie saisie ne s'est pas présentée dans les dix jours, à l'effet de payer la quotité de l'amende par elle encourue, ou si elle n'a pas formé, dans le même délai, opposition à la vente, la vente desdits objets sera faite par le receveur, cinq jours après l'apposition à la porte de la maison commune et autres lieux accoutumés, d'une affiche signée de lui, et sans aucune autre formalité.

Art. 80. — Néanmoins, si la vente des objets saisis est retardée, l'opposition pourra être formée jusqu'au jour indiqué pour ladite vente. L'opposition sera motivée et contiendra assignation à jour fixe devant le tribunal *désigné en l'article* 78, *suivant la quotité de l'amende encourue;* avec élection de domicile dans le lieu où siége le tribunal. Le délai de l'échéance de l'assignation ne pourra excéder trois jours.

L'opposition doit être formée devant le tribunal correctionnel. (Note 1 de l'art. 78).

Art. 81. — S'il s'élève une contestation sur l'application du tarif ou sur la quotité du droit réclamé, le porteur ou conducteur sera tenu de consigner, avant tout, le droit exigé, entre les mains du receveur, faute de quoi, il ne pourra passer outre, ni introduire dans le lieu sujet l'objet qui aura donné lieu à la contravention, sauf à lui à se pourvoir devant le juge de paix du canton. Il ne pourra être entendu qu'en représentant la quittance de ladite consignation au juge de paix, lequel prononcera sommairement et sans frais, soit en dernier ressort, soit à la charge d'appel, suivant la quotité du droit réclamé (2).

Art. 82. — Dans le cas où les objets saisis seraient sujets à dépérissement, la vente pourra en être autorisée, avant l'échéance des délais ci-dessus fixés, par une simple ordonnance du juge de paix sur requête.

---

(1) Depuis que l'amende est de 100 à 200 francs, non compris la confiscation (*art. 9 de la loi du 24 mai* 1834), toute fraude ou contravention en matière d'octroi est du ressort des tribunaux correctionnels.

(2) Texte de la loi du 25 mai 1838 :

« Les juges de paix connaissent de toutes actions purement personnelles ou mobilières, en dernier ressort, jusqu'à la valeur de 100 francs, et, à charge d'appel, jusqu'à la valeur de 200 francs.

Art. 83. — Les maires seront autorisés, sauf l'approbation des préfets, à faire remise, par voie de transaction, de la totalité ou de partie des condamnations encourues, même après le jugement rendu. Ce droit appartient exclusivement à la régie des *impositions* indirectes, et d'après les règles qui lui sont propres, toutes les fois que la saisie a été opérée dans l'intérêt commun des droits d'octroi, et des droits imposés au profit du Trésor.

Art. 84. — Le produit des amendes et confiscations pour contraventions aux règlements de l'octroi, déduction faite des droits et prélèvements autorisés, sera attribué, moitié aux employés de l'octroi pour être répartie d'après le mode qui sera arrêté, et moitié à la commune.

Voir art. 126 et 147 du décret du 17 mai 1809 et l'art. 240 et la loi du 28 avril 1816.

TITRE X. — Des demandes en suppression ou en remplacement d'octroi.

Art. 85. — Les communes qui voudront supprimer leur octroi ou le remplacer par une autre perception, en feront parvenir la demande, par le maire, au préfet, qui, après en avoir reçu l'autorisation de notre ministre de l'intérieur, autorisera, s'il y a lieu, e conseil municipal à délibérer sur cette demande.

Art. 86. — La délibération du conseil municipal, accompagnée de l'avis du sous-préfet et du maire, sera adressée par le préfet, avec ses observations et l'état des recettes et des besoins des communes, à notre ministre de l'intérieur, qui statuera provisoirement(1) sur lesdites propositions. Il fera connaître immédiatement sa décision à notre ministre des finances, pour que celui-ci, après avoir soumis le tout à notre approbation, prescrive, tant dans l'intérêt des communes que dans celui du Trésor, les mesures convenables d'exécution.

Art. 87. — Les droits d'octroi continueront à être perçus jusqu'à ce que la suppression de l'octroi ait été autorisée, ou jusqu'à la mise à exécution du mode de remplacement.

TITRE XI. — De la surveillance attribuée à la régie des impositions indirectes, et des obligations des employés de l'octroi, relativement aux droits du Trésor.

Art. 88. — La surveillance générale de la perception et de l'administration de tous les octrois du royaume est formellement attribuée à la régie des *impositions* indirectes : elle l'exercera sous l'autorité du ministre des finances, qui donnera les instructions nécessaires pour assurer l'uniformité et la régularité du service et régler l'ordre de la comptabilité particulière à ces établissements.

1) Sauf la restriction prononcée par l'article 87.

Art. 89. — (Remplacé par l'article 155 de la loi du 28 avril 1816.)

Art. 90. — Les receveurs d'octroi dans les communes sujettes au droit d'entrée seront tenus de faire en même temps la recette de ce droit (1). Le produit des remises qui seront accordées par la régie des *impositions* indirectes pour cette perception sera réparti entre tous les préposés d'octroi d'une même commune et dans la proportion qui sera déterminée par le maire.

Art. 91. — Les employés des *impositions* indirectes suivront, dans l'intérêt des communes comme dans celui du Trésor, les exercices, dans l'intérieur du lieu sujet (2), chez les entrepositaires de boissons et chez les brasseurs et distillateurs. Il sera tenu compte par l'octroi, à la régie des *impositions* indirectes, de partie des dépenses occasionnées par ces exercices (3).

Art. 92. — Les préposés des octrois sont tenus, sous peine de destitution, d'exiger de tout conducteur d'objets soumis aux impôts indirects, comme boissons, tabacs, sels et cartes, la représentation des congés, passavants, acquits-à-caution, lettres de voiture et autres expéditions ; de vérifier le chargement, de rapporter procès-verbal des fraudes ou contraventions qu'ils découvriront ; de concourir au service des *impositions* indirectes, toutes les fois qu'ils en seront requis, sans toutefois pouvoir être déplacés de leur poste ordinaire ; enfin, de remettre chaque jour à l'employé en chef des *impositions* indirectes un relevé des objets frappés du droit au profit du Trésor, qui auront été introduits.

Les employés des *impositions* indirectes concourront également au service des octrois, et rapporteront procès-verbal pour les fraudes et contraventions relatives aux droits d'octroi qu'ils découvriront (4).

Art. 93. — Les préposés des octrois se serviront, pour l'exercice de leurs fonctions, de jauges, sondes, rouanes et autres ustensiles dont les employés des *impositions* indirectes font usage.

La régie leur fournira ces ustensiles, dont le prix sera payé par les communes.

TITRE XII. — De la perception des octrois pour lesquels les communes auront à traiter avec la régie des impositions indirectes.

Art. 94. — Les maires qui jugeront de l'intérêt de leur commune de traiter avec la régie des *impositions* indirectes, pour la perception et la surveillance de leur octroi (5), adresseront, par

---

(1) Voir la loi du 28 avril 1816, art. 153, 154 et 157.
(2) Aux droits d'entrée. Voyez *Annales*, tome II (*Code des octrois*), page 37
(3) Sur le pied de 5 p. 0/0 des produits constatés par ces exercices pour le compte de l'octroi. (*Décision du ministre des finances du 20 décembre 1816.*)
(4) Voyez art. 53 de la loi du 1er germinal an XIII.
(5) Voyez art. 158 de la loi du 28 avril 1816.

l'intermédiaire du sous-préfet, leurs propositions au préfet : celui-ci les communiquera au directeur des *impositions* indirectes pour donner ses observations, et les soumettra ensuite, avec son avis, à notre directeur général des *impositions* indirectes, qui proposera, s'il y a lieu, à notre ministre des finances, d'y donner son approbation (1).

Art. 95. — Les conventions à faire entre la régie et les communes ne porteront que sur les traitements fixes ou éventuels des préposés : tous les autres frais généralement quelconques seront intégralement acquittés par les communes sur les produits bruts des octrois.

La conséquence de ces conventions sera de remettre la perception et le service de l'octroi entre les mains des employés ordinaires des *impositions* indirectes. Cependant, dans les villes où il sera nécessaire de conserver des préposés affectés spécialement au service de l'octroi, ces préposés continueront à être nommés par les préfets, sur la proposition des maires, et après avoir pris l'avis des directeurs des *impositions* indirectes. Leur nombre et leur traitement seront fixés par cette régie : ils seront révocables, soit sur la demande du maire, soit sur celle du directeur. Lorsque le préfet ne jugera pas convenable de déférer à la demande de ce dernier, il fera connaître ses motifs à notre directeur général desdites *impositions*, qui prononcera définitivement.

Les maires conserveront le droit de surveillance sur les préposés, et celui de transiger sur les contraventions, dans les cas déterminés par la présente ordonnance (2).

Art. 96. — Les traités conclus avec les communes subsisteront de plein droit, jusqu'à ce que la commune ou la régie en ait notifié la cessation : cette notification aura toujours lieu, de part ou d'autre, six mois au moins à l'avance.

Art. 97. — Les receveurs verseront le montant de leurs recettes, pour le compte de l'octroi, dans la caisse municipale, aux époques déterminées par l'article 67, sous la déduction des frais de perception convenus par le traité, et dont ils compteront comme de leurs autres recettes pour le Trésor.

Art. 98. — La remise du service des octrois pour la perception desquels il aura été conclu un traité avec la régie des *impositions* indirectes, lui sera faite de la manière prescrite par l'article 1ᵉʳ.

TITRE XIII. — Dispositions générales.

Art. 99. — Les règlements et tarifs d'octroi, en ce qui concerne les boissons, ne pourront contenir aucune disposition contraire à

_____

(1) Voir l'article 158 de la loi du 28 avril 1816.
(2) Voyez l'article 83.

celles prescrites par les lois et ordonnances pour la perception des *impositions* indirectes (1).

Art. 100. — Les préfets veilleront à ce que les objets portés aux tarifs des octrois de leur département soient, autant que possible, taxés au même droit dans les communes d'une même population.

Art. 101. — Tous les tarifs et règlements d'octroi seront successivement révisés et régularisés conformément aux dispositions de la présente ordonnance, et soumis à notre approbation par notre ministre des finances.

Art. 102. — Il sera présenté à notre approbation, par notre ministre des finances, avant le 1er janvier prochain, un règlement particulier d'organisation pour l'octroi et l'entrepôt de Paris.

Art. 103. — Les approvisionnements en vivres, destinés pour le service de la marine, ne seront soumis dans les ports à aucun droit d'octroi. Ces approvisionnements seront introduits dans les magasins de la marine de la manière prescrite pour les objets admis en entrepôt : le compte en sera suivi par les employés d'octroi, et les droits exigés sur les quantités qui seraient enlevées pour l'intérieur du lieu sujet et à toute autre destination que les bâtiments de l'État.

Art. 104. — Les matières servant à la confection des poudres ne seront également frappées d'aucun droit d'octroi.

Art. 105. — Nulle personne, quels que soient ses fonctions, ses dignités ou son emploi, ne pourra prétendre, sous aucun prétexte, à la franchise des droits d'octroi.

EXTRAIT DE LA LOI DU 17 DÉCEMBRE 1814.

TITRE IV. — Sels.

Art. 29. — Les juges de paix de l'arrondissement seront seuls compétents, sauf appel, s'il y a lieu, pour connaître des contraventions à la loi du 24 avril 1806, et à tous les règlements relatifs à la perception de la taxe établie sur les sels, excepté dans les cas prévus par les articles suivants.

L'amende de 100 francs prononcée par l'article 57 de ladite loi du 24 avril 1806 est individuelle.

Art. 30. — Si la fraude est commise par une réunion de trois individus et plus, il y aura lieu à l'arrestation des contrevenants, et à leur traduction devant le tribunal correctionnel ; et, indépendamment de la confiscation des sels et moyens de transport, et d'une amende individuelle qui ne pourra être moindre de 200 francs ni excéder 500 francs, ils seront condamnés à un emprisonnement de quinze jours au moins et de deux mois au plus.

---

(1) Reproduit dans la loi du 28 avril 1816, art. 150.

Art. 31. — Les peines portées en l'article précédent seront prononcées contre tout individu qui, traduit devant le juge de paix, en conformité de l'article 29, et reconnu, soit par le rapport dûment rédigé et non argué de faux, soit par l'instruction, être coupable de récidive, devra être renvoyé par ledit juge de paix devant le tribunal correctionnel.

Art. 32. — Les préposés des douanes pourront, conformément à l'article 8 du règlement du 11 juin 1806, rechercher les dépôts formés dans le rayon où s'exerce leur surveillance; mais ces dépôts ne pourront être saisis qu'autant qu'il s'y trouvera une quantité de cinquante kilogrammes de sel au moins, pour laquelle il ne sera point justifié du payement des droits. Ces recherches et visites ne pourront, d'ailleurs, être faites, dans les maisons habitées, qu'après le lever et avant le coucher du soleil, et avec l'assistance d'un officier municipal. Elles sont, dans tous les cas, interdites dans les communes au-dessus de deux mille âmes.

Art. 33. — Les dispositions des lois du 24 avril 1806 et de tous les actes du gouvernement en matière de sels, continueront à être exécutées en tout ce qui n'est pas contraire au présent titre.

ORDONNANCE DU 17 FÉVRIER 1815.

Article unique. — *Les droits de circulation et de consommation ne seront point perçus sur les boissons destinées pour les colonies françaises ; l'expéditeur sera seulement tenu, comme dans le cas d'exportation à l'étranger, de prendre un acquit-à-caution sur lequel sera désigné le lieu de sortie. Ce lieu ne pourra être changé sans donner ouverture au droit de circulation.*

L'acquit-à-caution, revêtu du certificat de décharge, sera déposé au bureau de sortie, et renvoyé par le préposé de la régie au receveur du lieu d'enlèvement.

Modifié par la loi du 28 avril 1816, art. 5 et 8.

DÉCRET DU 25 MARS 1815.

Qui sépare la direction générale des douanes de celle des contributions indirectes, etc. (1).

. . . .

---

(1) Voyez l'ordonnance du 17 mai 1814. Voir aussi décrets du 27 décembre 1851 et du 19 mars 1869.

DÉCRET DU 27 AVRIL 1815.

Art. 1er. — Toute disposition et emploi de deniers publics contraires aux règles de la comptabilité, sont et resteront à la charge de la responsabilité de ceux qui les ont provoqués, et des comptables qui y ont concouru, jusqu'à ce que le ministre qui devait ordonner ces dépenses ait été autorisé par nous, d'après le compte qu'il nous en aura rendu, à les imputer sur les fonds de son budget et à les régulariser par ses ordonnances.

Art. 2. — Tout prélèvement de fonds publics, à quelque titre qu'il ait lieu, lorsqu'il n'est pas autorisé par une ordonnance ou autorisation préalable du ministre compétent, est réputé violation de caisse : ceux qui y prennent part en sont responsables et demeurent passibles des poursuites encourues pour l'emploi irrégulier et le détournement des deniers de l'État.

ORDONNANCE DU 29 JUILLET 1815.

Art. 1er. — *Les changements apportés par l'article du 8 avril dernier, à la perception des droits sur les boissons, sont provisoirement maintenus.*

Art. 2. — *Néanmoins, et en vertu de l'article 73 de la loi du 8 décembre 1814, la régie est autorisée, pour le quatrième trimestre de 1815, à réduire, en faveur des redevables d'une commune, la somme à répartir d'après l'article 7 du susdit acte, toutes les fois qu'il sera reconnu que ces redevables seraient imposés au delà de l'importance de leur commerce, si l'on prenait pour base unique les produits de 1812.*

ORDONNANCE DU 20 SEPTEMBRE 1815.

Cette ordonnance n'est que la reproduction textuelle du décret du 19 mai 1815. — Elle a été remplacée par l'article 1er de l'ordonnance du 31 décembre 1817. Toutefois, la disposition suivante non reproduite dans cette dernière ordonnance et non abrogée se trouve maintenue en vigueur... Art. 1er. Les procès-verbaux seront rédigés dans les formes propres à l'administration à laquelle appartient chaque préposé.

LOI DU 28 AVRIL 1816.

Contributions indirectes.

TITRE Iᵉʳ. — Droits sur les boissons (1).

CHAPITRE Iᵉʳ. — *Droits de circulation* (2).

Art. 1ᵉʳ. — A chaque enlèvement ou déplacement de vins, cidres, poirés (3), *eaux-de-vie, esprits et liqueurs composées d'eau-de-vie ou d'esprits,* sauf les exceptions qui seront énoncées par les articles 3, 4 et 5, il sera perçu un droit de circulation, *conformément au tarif annexé à la présente loi sous le n° 1 (4).*

Modifié, d'abord par l'article 80 de la loi du 25 mars 1817 et l'article 2 de la loi du 24 juin 1824, n° 1ᵉʳ, ensuite par l'article 3 de la loi du 12 décembre 1830, et enfin par l'article 1ᵉʳ de la loi du 1ᵉʳ septembre 1871.

Art. 2. — Il ne sera dû qu'un seul droit pour le transport à la destination déclarée, quelles que soient la longueur et la durée du trajet, et nonobstant toute *interception* ou changement de voie et de moyens de transport.

Le mot *interception* employé à cet article est le mot légal. La rédaction des *Annales* s'est aperçue que, par inadvertance, sans doute, on l'a remplacé dans les instructions administratives par le mot *interruption* qui n'a pas, à beaucoup près, la même portée.

Art. 3. — (Exemptions. — Remplacé par l'article 15 de la loi du 25 juin 1841.)
Art. 4. — (Exemptions. — Remplacé par l'article 82 de la loi du 25 mars 1817.)

Art. 5. — Le transport des boissons qui seront enlevées pour l'étranger ou pour les colonies françaises sera également affranchi du droit de circulation (5).

Art. 6. — Aucun enlèvement ni transport de boissons ne pourra être fait sans déclaration préalable de l'expéditeur ou de l'acheteur, et sans que le conducteur soit muni d'un congé, d'un acquit-à-caution ou d'un passavant pris au bureau de la régie. Il suffira d'une seule de ces expéditions pour plusieurs voitures ayant la même destination et marchant ensemble.

Art. 7. — Les propriétaires, fermiers ou négociants qui feront transporter des vins, des cidres ou des poirés, dans un des cas prévus par *les articles* 3 *et* 4, ne seront tenus de se munir que d'un passavant (6) dont le coût sera de 25 centimes, le droit de timbre compris.

Art. 8. — Lorsque la déclaration aura pour objet des boissons

---

(1) Vins, cidres, poirés et hydromels.
(2) Le droit de circulation ayant été traité d'une manière complète, dans le *Code du droit de circulation* (ANNALES, 1ᵉʳ volume, p. 1 à 149), nous invitons nos lecteurs à s'y reporter pour le développement des dispositions qui se rattachent au présent chapitre.
(3) Et hydromels. (*Loi du 25 mars 1817, art.* 85.)
(4) Voir le nota page 167.
(5) Voir les exemptions prononcées par les articles 84 et 85 de la loi du 15 mai 1818.
(6) Ou d'un acquit-à-caution. — Voir la note suivante. Les cas d'exemptions sont actuellement déterminés par l'article 15 de la loi du 25 juin 1841 et l'article 82 de la loi du 25 mars 1817.

expédiées à l'étranger ou aux colonies françaises (1), l'expéditeur, pour jouir de l'exemption prononcée par l'article 5, sera obligé de se munir d'un acquit-à-caution, sur lequel sera désigné le lieu de sortie (2). *Ce lieu ne pourra être changé sans qu'il y ait ouverture à la perception du droit (3), si ce n'est du consentement de la régie, qui ne pourra le refuser en cas de force majeure.*

Le coût de l'acquit-à-caution sera également de 25 *centimes*, y compris le timbre.

Le coût de l'acquit-à-caution est fixé, aujourd'hui, à 50 centimes. (Loi du 31 décembre 1873.)

Art. 9. — (Abrogé par les articles 82 et 83 de la loi du 25 mars 1817 et par les articles 84 et 85 de la loi du 15 mai 1818.)

Art. 10. — Il ne sera délivré de passavant, congé ou acquit-à-caution, que sur des déclarations énonçant les quantités, espèces et qualités de boissons, les lieux d'enlèvement et de destination; les noms, prénoms, demeures et professions des expéditeurs, voituriers et acheteurs ou destinataires (4). Dans les cas d'exception posés par *l'article 3* (5), les déclarations contiendront, en outre, la mention que l'expéditeur est réellement propriétaire, fermier ou colon partiaire récoltant, et non marchand en gros ni débitant, et que les boissons expédiées proviennent de sa récolte.

Indépendamment des énonciations prescrites par cet article d'autres indications sont exigées actuellement. Voir article 1er de la loi du 28 février 1872, article 8 de la loi du 2 août 1872 et article 6 de la loi du 21 juin 1873.

Art. 11. — L'obligation de déclarer l'enlèvement et de prendre des expéditions n'est point applicable aux transports de vendanges ou de fruits.

Art. 12. — (Les deux premiers paragraphes de cet article ont été remplacés par l'article 43 de la la loi du 21 avril 1832.)

Toutes boissons circulant avec un laissez-passer au delà du bureau où il aurait dû être échangé seront considérées comme n'étant accompagnées d'aucune expédition, et passibles de la saisie.

Art. 13. — Les boissons devront être conduites à la destination déclarée dans le délai porté sur l'expédition. Ce délai sera fixé en raison des distances à parcourir et des moyens de transport. Il sera prolongé, en cas de séjour en route, de tout le temps pendant lequel le transport aura été interrompu. *Il n'y aura lieu à la perception d'un nouveau droit de circulation que dans le cas*

---

(1) A toute personne munie d'une licence (*loi du 25 mars* 1817, *art.* 82), ou à Paris (*loi du 15 mai* 1818, *art.* 85). — Voyez aussi l'article 83 de la loi du 25 mars 1817.

(2) Voyez le tableau des points de sortie.

(3) Les mots en italique sont abrogés implicitement par l'article 80 de la loi du 25 mars 1817. Dans le cas indiqué, comme dans celui d'un changement quelconque de destination, il n'y a d'autre formalité à remplir que de changer l'acquit-à-caution ou le congé. — Voir *Code du droit de circulation* (ANNALES, 1er volume, page 31).

(4) Les *noms des destinataires* peuvent n'être déclarés qu'aux lieux d'arrivée. (*Loi du 21 avril* 1832, *art.* 43.)

(5) L'article 82 de la loi du 25 mars 1817.

(6) D'après l'article 80 de la loi du 25 mars 1817, le droit de circulation ne doit être perçu qu'une fois. — Voir la note 3 ci-dessus.

où l'interruption serait suivie d'un changement de destination (6).

Art. 14. — Le conducteur d'un chargement dont le transport sera suspendu sera tenu d'en faire la déclaration au bureau de la régie dans les vingt-quatre heures, et avant le déchargement des boissons. Les congés, acquits-à-caution ou passavants, seront conservés par les employés jusqu'à la reprise du transport. Ils seront visés et remis au départ, après vérification des boissons, lesquelles devront être représentées aux employés à toute réquisition.

Art. 15. — Toute opération nécessaire à la conservation des boissons, telles que transvasion, ouillage ou rabattage, sera permise en cours de transport, mais seulement en présence des employés, qui en feront mention au dos des expéditions. Dans le cas où un accident de force majeure nécessiterait le prompt déchargement d'une voiture ou d'un bateau, ou la transvasion immédiate des boissons, ces opérations pourront avoir lieu sans déclaration préalable, à charge par le conducteur de faire constater l'accident par les employés, ou, à leur défaut, par le maire ou l'adjoint de la commune la plus voisine.

Art. 16. — Les déductions réclamées pour coulage de route seront réglées d'après les distances parcourues, l'espèce de boissons, les moyens employés pour le transport, sa durée, la saison dans laquelle il aura été effectué et les accidents légalement constatés. La régie se conformera à cet égard aux usages du commerce.

Art. 17. — Les voituriers, bateliers et tous autres qui transporteront ou conduiront des boissons, seront tenus d'exhiber, à toute réquisition des employés des contributions indirectes, des douanes et des octrois (1), les congés, passavants ou acquits-à-caution, ou laissez-passer dont ils devront être porteurs ; faute de représentation desdites expéditions, ou en cas de fraude ou de contravention, les employés saisiront le chargement ; ils saisiront aussi les voitures, chevaux et autres objets servant au transport, mais seulement comme garantie de l'amende, à défaut de caution solvable. Les marchandises faisant partie du chargement, qui ne seront pas en fraude, seront rendues au propriétaire.

Art. 18. — Les voyageurs ne seront pas tenus de se munir d'expéditions pour les vins destinés à leur usage pendant le voyage, pourvu qu'ils n'en transportent pas au delà de trois bouteilles par personne.

Art. 19. — Les contraventions au présent chapitre seront punies de la confiscation des boissons saisies et d'une amende *de* 100 *francs à* 600 *francs,* suivant la gravité des cas.

L'amende est aujourd'hui de 500 à 5,000 francs pour les spiritueux (art. 1er de la loi du 28 février 1872) et de 200 à 1.000 francs pour les vins, cidres, poirés et hydromels (art. 7 de la loi eu 21 juin 1873).

(1) Et à l'instant même de cette réquisition. (*Loi du* 23 *avril* 1836.)

CHAPITRE II. — *Droits d'entrée sur les boissons* (1).

§ 1er. — De la perception.

Art. 20. — Il sera perçu au profit du Trésor, dans les villes et communes ayant une population agglomérée de *deux mille âmes* (2) et au-dessus, conformément au tarif *annexé à la présente loi sous le n° 2,* un droit d'entrée sur les boissons introduites ou fabriquées dans l'intérieur, et destinées à la consommation du lieu.

Le classement des départements, établi par le tableau n° 3 (3), pourra, s'il s'élève des réclamations, être rectifié par le ministre secrétaire d'État des finances, sur l'avis du directeur général des contributions indirectes lorsqu'il sera reconnu qu'il y a eu erreur dans les calculs ou les bases qui ont déterminé la classification.

Le tarif des droits d'entrée a été modifié par la loi du 26 mars 1872, art. 5, et par l'article 2 de la loi du 31 décembre 1873.

Art. 21. — Ce droit sera perçu dans les faubourgs des lieux sujets, et sur toutes les boissons reçues par les débitants établis sur le territoire de la commune; mais les habitations éparses et les dépendances rurales entièrement détachées du lieu principal en seront affranchies.

Art. 22. — Les communes assujetties aux droits d'entrée seront rangées dans les différentes classes du tarif, en raison de leur population agglomérée. S'il s'élève des difficultés relativement à l'assujettissement d'une commune ou à la classe dans laquelle elle devra être rangée par sa population, la réclamation de la commune sera soumise au préfet, qui, après avoir pris l'opinion du sous-préfet et celle du directeur, la transmettra, avec son avis, au directeur général des contributions indirectes, sur le rapport duquel il sera statué par le ministre des finances, sauf le recours de droit; et la décision du préfet sera provisoirement exécutée.

Art. 23. Les vendanges et les fruits à cidre ou à poiré seront soumis au même droit, à raison de trois hectolitres de vendanges pour deux hectolitres de vin, et de cinq hectolitres de pommes ou poires pour deux hectolitres de cidre ou de poiré.

Les fruits secs, destinés à la fabrication du cidre et du poiré (4), seront imposés à raison de vingt-cinq kilogrammes de fruits pour un hectolitre de cidre ou de poiré. Les eaux-de-vie ou esprits altérés par un mélange quelconque seront soumis au même droit que les eaux-de-vie ou esprits purs.

Art. 24. — Tout conducteur de boissons sera tenu, avant de les introduire dans un lieu sujet aux droits d'entrée, d'en faire la dé-

---

(1) Voir pour l'exécution des dispositions contenues dans ce chapitre, le *Code du droit d'entrée* (ANNALES, 1er volume, pages 153 à 438).
(2) Quatre mille âmes. (*Loi du 12 décembre* 1830, *art.* 3.)
(3) Page 196.
(4) La fabrication ou préparation des vins, cidres, poirés, hydromels, alcools ou liqueurs, doit être préalablement déclarée. (*Loi du 2* juin 1841 *art.* 17.)

9

claration au bureau, de produire les congés, acquits-à-caution ou passavants dont il sera porteur, et d'acquitter les droits, si les boissons sont destinées à la consommation du lieu.

Art. 25. — Dans les lieux où il n'existera qu'un bureau central de perception, les conducteurs ne pourront décharger les voitures, ni introduire les boissons au domicile du destinataire, avant d'avoir rempli les obligations qui leur sont imposées par l'article précédent.

Art. 26. — Les boissons ne pourront être introduites dans un lieu sujet aux droits d'entrée que dans les intervalles de temps ci-après déterminés, savoir :

Pendant les mois de janvier, février, novembre et décembre, depuis sept heures du matin jusqu'à six heures du soir ;

Pendant les mois de mars, avril, septembre et octobre, depuis six heures du matin jusqu'à sept heures du soir ;

Pendant les mois de mai, juin, juillet et août, depuis cinq heures du matin jusqu'à huit heures du soir.

Art. 27. Toute boisson introduite sans déclaration dans un lieu sujet aux droits d'entrée (1) sera saisie par les employés ; il en sera de même des voitures, chevaux et autres objets servant au transport, à défaut par le contrevenant de consigner le MAXIMUM de l'amende (2), ou de donner caution solvable.

§ 2. — Du passe-debout.

Art. 28. — Les boissons introduites dans un lieu sujet aux droits d'entrée, pour le traverser seulement ou y séjourner moins de vingt-quatre heures, ne seront pas soumises à ces droits ; mais le conducteur sera tenu d'en consigner ou d'en faire cautionner le montant à l'entrée, et de se munir d'un permis de passe-debout.

La somme consignée ne sera restituée, ou la caution libérée, qu'au départ des boissons, et après que la sortie du lieu en aura été justifiée.

Lorsqu'il sera possible de faire escorter les chargements, le conducteur sera dispensé de consigner ou de faire cautionner les droits.

Art. 29. — Les boissons conduites à un marché dans un lieu sujet aux droits d'entrée seront soumises aux formalités prescrites par l'article précédent.

§ 3. — Du transit.

Art. 30. — En cas de séjour des boissons au delà de vingt-quatre heures, le transit sera déclaré conformément aux dispositions de l'article 14, et la consignation ou le cautionnement du droit d'entrée subsisteront pendant toute la durée du séjour.

---

(1) Ou aux droits d'octroi. (*Loi du 24 mai* 1834, *art.* 9.)
(2) Voir l'article 16.

§ 4. — De l'entrepôt.

Art. 31. — Tout négociant ou propriétaire qui fera conduire dans un lieu sujet aux droits d'entrée (1) au moins neuf hectolitres de vin, dix-huit hectolitres de cidre ou poiré (2), ou quatre hectolitres d'eau-de-vie ou esprit, pourra (3) réclamer l'admission de ces boissons en entrepôt, et ne sera tenu d'acquitter les droits que sur les quantités non représentées, et qu'il ne justifiera pas avoir fait sortir de la commune (4).

La durée de l'entrepôt sera illimitée.

Ne seront pas tenus de faire entrer la quantité de boissons ci-dessus fixée, les négociants ou propriétaires jouissant déjà de l'entrepôt lors de l'introduction desdites boissons, en sorte qu'ils pourront n'en faire entrer qu'un hectolitre (5), s'ils le jugent à propos, sans qu'ils puissent être tenus d'en acquitter de suite les droits.

Art. 32. — Tout bouilleur ou distillateur qui introduira dans un lieu sujet des vins, cidres ou poirés pour être convertis en eau-de-vie ou esprit (6), pourra aussi réclamer l'entrepôt. Le produit de la distillation, constaté par l'exercice des employés, ne sera soumis aux droits d'entrée que dans le cas déterminé par l'article précédent.

Art. 33. La faculté d'entrepôt sera aussi accordée aux personnes qui introduiront dans les lieux sujets aux droits d'entrée des vendanges et fruits, et qui destineront les boissons en provenant à être transportées hors de la commune.

Art. 34. — Cette même faculté pourra également être accordée à des particuliers qui recevraient des boissons pour être conduites, peu de temps après leur arrivée, soit à la campagne, soit dans une autre résidence. La déclaration devra en être faite au moment de l'arrivée des boissons.

Art. 35. — Les déclarations d'entrepôt seront faites avant l'introduction des chargements, et signées par les entrepositaires ou leurs fondés de pouvoirs. Elles indiqueront les magasins, caves ou celliers (7) où les boissons devront être déposées, et serviront de titre pour la prise en charge.

---

(1) Où il n'existe pas d'entrepôt public exclusif des entrepôts particuliers. (*Loi du 28 juin 1833, art. 9.*)

(2) Ces limitations sont abrogées pour les propriétaires récoltants. (*Loi du 21 avril 1832, art. 39.*)

(3) En fournissant une caution solvable. (*Loi du 21 avril 1832, art. 38.*)

(4) Dans la forme indiquée par l'article 37 ci-après.

(5) Voir, à ce sujet, *Code du droit d'entrée* (ANNALES, 1er volume, page 187, note 2.)

(6) La distillation des eaux-de-vie peut être prohibée sur la demande des conseils municipaux *dans les villes sujettes à octroi*. (*Loi du 24 mai 1834, art. 10.*)

(7) Pour lesquels la faculté d'entrepôt aura été accordée. (*Loi du 21 avril 1832, art. 38.*)

Art. 36. — Tout bouilleur (1) ou distillateur de grains, marcs, lies, fruits et autres substances, établi dans un lieu sujet au droit d'entrée (2), sera tenu, s'il ne réclame la faculté de l'entrepôt (3), d'acquitter ce droit sur l'eau-de-vie provenant de sa distillation, et dont la quantité sera constatée par l'exercice des commis.

Art. 37. — Les entrepositaires, négociants ou distillateurs seront soumis à toutes les obligations imposées aux marchands en gros de boissons. Ils seront tenus, en outre, de produire aux commis, lors de leurs exercices, des certificats de sortie pour les boissons qu'ils auront expédiées pour l'extérieur, et des quittances du droit d'entrée pour celles qu'ils auront livrées à l'intérieur. A la fin de chaque trimestre, ils seront soumis au payement (4) de ce même droit sur les quantités manquantes à leurs charges, sauf les déductions pour coulage et ouillage autorisées par l'article 103 de la présente loi.

Voir l'article 16 de la loi du 21 juin 1873 concernant les envois d'entrepôt à entrepôt dans l'intérieur des lieux sujets.

Art. 38. — Lorsque les boissons auront été emmagasinées dans un entrepôt public, sous la clef de la régie, il ne sera exigé aucun droit de l'entrepositaire pour les manquants à ses charges.

Art. 39. — Les personnes qui auront droit à l'entrepôt pourront l'obtenir à domicile, *lors même qu'il existerait dans le lieu un entrepôt public* (5) (Paris excepté).

Art. 40. — Dans celles des villes ouvertes où la perception des droits d'entrée sur les vendanges, pommes ou poires ne peut être opérée au moment de l'introduction (6), la régie sera autorisée à faire faire, après la récolte, chez tous les propriétaires récoltants, l'inventaire des vins ou cidres fabriqués. Il en sera de même à l'égard des vendanges et fruits récoltés dans l'intérieur d'un lieu sujet aux droits d'entrée. Tout propriétaire qui ne réclamera pas l'entrepôt, *ou qui n'aura pas récolté une quantité de boisson suffisante pour l'obtenir* (7), sera tenu de payer immédiatement (8) les droits d'entrée sur les vins ou cidres inventoriés.

Art. 41. — Les propriétaires qui jouiront de l'entrepôt pour les produits de leur récolte seulement, en vertu de l'article précédent, ne seront soumis, outre l'inventaire, qu'à un recense-

---

(1) Pour la définition de la profession de bouilleur de cru, voyez l'article 8 de la loi du 20 juillet 1837.

(2) Où la distillation n'aura pas été interdite. (*Loi du 24 mai 1834, art.* 10.)

(3) Voir la note 1 de la page précédente et la note 2 ci-dessus.

(4) Consignation ou cautionnement trimestriel et payement annuel pour les manquants ordinaires (*loi du 24 juin 1824, n° II, art.* 2, et *loi du même jour, n° III, art.* 5); — payement immédiat pour les manquants extraordinaires (*loi du 20 juillet 1837, art.* 7).

(5) Cette disposition est modifiée par l'article 9 de la loi du 28 juin 1833, page 118). — Voyez aussi ANNALES, 1834, page 84, note 1re.

(6) Et où il n'a pas été consenti d'abonnement général. (*Loi du 21 avril 1832, art.* 40.)

(7) Il n'y a plus de limitation. (*Loi du 21 avril 1832, art.* 36.)

(8) Ou par douzième. (*Même loi, même article.*)

ment avant la récolte suivante. Toutefois, ils seront obligés de payer le droit d'entrée au fur et à mesure de leurs ventes à l'intérieur. Lors du recensement, ils acquitteront le même droit sur les manquants non justifiés, déduction faite de la quantitée allouée pour coulage et ouillage.

Art. 42. — Les boissons dites PIQUETTES, faites par les propriétaires récoltants avec de l'eau jetée sur de simples marcs, sans pression, ne seront pas inventoriées chez eux, et seront conséquemment exemptes du droit, à moins qu'elles ne soient déplacées pour être vendues en gros ou en détail.

Art. 43. — Dans celles des villes sujettes aux droits d'entrée, où la perception du droit de détail sera remplacée par un abonnement avec la commune, conformément à l'article 73, le compte d'entrée et de sortie des boissons reçues par les entrepositaires sera tenu au bureau de la régie. Les employés feront seulement, chaque trimestre, en présence de l'entrepositaire, les vérifications nécessaires pour constater les quantités de boissons qui resteront en magasin, et établir le décompte des droits dus sur celles qui auront été livrées à la consommation du lieu.

§ 5. — Dispositions particulières.

Art. 44. — Les personnes voyageant à pied, à cheval, *ou en voitures particulières et suspendues,* ne seront pas assujetties aux visites des commis, à l'entrée des villes sujettes aux droits d'entrée (1).

Art. 45. — Les courriers ne pourront être arrêtés à leur passage, sous prétexte de la perception; mais ils seront obligés d'acquitter les droits sur les objets qui y seront sujets. A cet effet, les employés pourront accompagner les malles, et assister à leur déchargement.

Tout courrier, tout employé des postes, qui serait convaincu d'avoir fait ou favorisé la fraude, outre les peines résultant de la contravention, serait destitué par l'autorité compétente.

Art. 46. — Les contraventions aux dispositions du présent chapitre seront punies de la confiscation des boissons saisies, et d'une amende de 100 à 200 francs (2), suivant la gravité des cas, et sauf celui de fraude en voitures suspendues, lequel entraînera toujours la condamnation à une amende de 1,000 francs (3).

Dans le cas de fraude par escalade (4), par souterrain ou à

---

(1) Modifié pour Paris et les villes ayant un octroi. La visite des voitures particulières y est autorisée. (*Loi du 29 mars* 1832, *art.* 7, et *loi du 24 mai* 1834, *art.* 9.)

(2) Pour les eaux-de-vie et esprits dont la densité aurait été altérée, l'amende est de 100 à 600 francs. (*Loi du 24 juin* 1824, *n°* III, *art.* 4.)

(3) Cette amende, réduite à 200 francs pour la ville de Paris par la loi du 29 mars 1832, article 8, l'a été aussi pour les villes soumises simultanément aux taxes d'entrée et d'octroi par l'article 9 de la loi du 24 mai 1834.

(4) Est qualifiée escalade toute entrée dans les enclos exécutée par-dessus les murs, portes, toitures ou toute autre clôture. (*Code pénal, art.* 397.)

main armée, il sera infligé aux contrevenants une peine correctionnelle de six mois de prison, outre l'amende et la confiscation.

Voir l'article 11 de la loi du 21 juin 1873 relatif aux pénalités pour contraventions à l'entrée de Paris et de Lyon, et les articles 12, 13 et 15 concernant la fraude dissimulée sous vêtements au moyen d'engins.

CHAPITRE III. — *Droits à la vente en détail des boissons* (1).

§ 1er. — De la perception.

Art. 47. — Il sera perçu, lors de la vente en détail des vins, cidres, poirés (2), *eaux-de-vie, esprit ou liqueurs composées d'eau-de-vie ou d'esprit* (3) un droit de *quinze* p. 0/0 du prix de ladite vente (4).

Art. 48. — Les vendants en détail seront tenus de déclarer aux commis le prix de vente de leurs boissons chaque fois qu'ils en seront requis ; lesdits prix seront inscrits tant sur les portatifs et registres que sur une affiche apposée par le débitant dans le lieu le plus apparent de son domicile (5).

Art. 49. — En cas de contestation entre les employés et les débitants, relativement à l'exactitude de la déclaration des prix de vente, il en sera référé au maire de la commune, lequel prononcera sur le différend, sauf le recours, de part et d'autre, au préfet en conseil de préfecture, qui statuera définitivement dans la huitaine, après avoir pris l'avis du sous-préfet et du directeur des contributions indirectes.

Le droit sera provisoirement perçu d'après la décision du maire, sauf rappel ou restitution. La décision ne pourra s'appliquer aux boissons débitées antérieurement à la contestation.

§ 2. — Des débitants.

Art. 50. — Les cabaretiers, aubergistes, traiteurs, restaurateurs, maîtres d'hôtels garnis, cafetiers, liquoristes, buvetiers, débitants d'eau-de-vie, concierges, et autres donnant à manger au jour, au mois ou à l'année, ainsi que tous autres qui voudront se livrer à la vente en détail des boissons spécifiées en l'article 47 (6), seront tenus (7) de faire leur déclaration au bureau de la régie, dans les

---

(1) Voir, pour l'exécution des dispositions contenues dans ce chapitre, et pour le mécanisme de la perception, le *Code du droit de détail et de consommation* (ANNALES, 3e volume, pages 183 et suiv.)

(2) Et hydromels. (*Loi du 25 mars* 1817, *art.* 85.)

(3) Les eaux-de-vie et liqueurs sont maintenant frappées d'un droit général de consommation. (*Loi du 24 juin* 1824, no III.)

(4) L'article 3 de la loi du 12 décembre 1830 avait réduit le droit à 10 p. 0/0. L'ancien droit de 15 p. 0/0 a été rétabli par le décret du 17 mars 1852, art. 18.

(5) Voyez l'ordonnance du 19 juin 1816, sur cet objet.

(6) Plus la bière et l'hydromel.

(7) Par le fait même de leur profession et sans qu'il soit besoin d'établir qu'ils se livrent au débit des boissons. (*Loi du 23 avril* 1836.)

trois jours de la mise à exécution de la présente loi, et, à l'avenir, avant de commencer leur débit, et de désigner les espèces et quantités de boissons qu'ils auront en leur possession, dans les caves ou celliers de leur demeure, ou ailleurs, ainsi que le lieu de la vente ; comme aussi d'indiquer par une enseigne ou bouchon leur qualité de débitant.

Art. 51. — Les cantiniers des troupes seront tenus de se conformer aux dispositions de l'article précédent, à l'exception de ceux établis dans les camps, forts et citadelles, pourvu qu'ils ne reçoivent que des militaires et qu'ils aient une commission du ministre de la guerre.

Art. 52. — Toute personne qui vend en détail des boissons, de quelque espèce que ce soit, est sujette aux visites et exercices des employés de la régie (1).

Art. 53. — Les boissons déclarées par les dénommés en l'article 50 seront comptées et prises en charges aux registres portatifs des commis. A cet effet, les futailles seront jaugées et marquées par les employés, les boissons dégustées, et le degré des eaux-de-vie et esprits vérifié : il en sera de même de toutes les boissons qui arriveront chez les vendants en détail pendant le cours du débit, et qui ne pourront être introduites dans leur domicile, leurs caves ou celliers, qu'en vertu de congés, acquits-à-caution ou passavants, lesquels seront produits lors des visites et exercices, et seront relatés dans les actes de charge.

Les débitants domiciliés dans les lieux sujets aux droits d'entrée (2) seront tenus en outre de produire aux employés, lors de leurs exercices, les quittances de ces droits pour les boissons qu'ils auront reçues, ainsi que celles des droits d'octroi ou de banlieue, lorsqu'ils auront dû être acquittés.

Art. 54. Le débit de chaque pièce sera suivi séparément, et le vide marqué sur la futaille à chaque exercice des employés. Les manquants seront constatés, comme les charges, par des actes réguliers, lesquels *devront être signés de deux commis* et inscrits à leurs registres portatifs.

Les actes dressés aux portatifs sont aujourd'hui valables, même lorsqu'ils ne son signés que par un seul employé. (Art. 28 de la loi du 1er septembre 1871.)

Art. 55. — Les débitants pourront avoir un registre sur papier libre, coté et paraphé par un juge de paix, et les commis seront tenus d'y consigner le résultat de leurs exercices et les payements qui auront été faits, ou de mentionner dans leurs actes, au portatif, le refus qu'aura fait le débitant de se munir dudit registre ou de le représenter.

---

(1) Sauf les cas d'affranchissements absolus ou conditionnels déterminés par les articles 70 à 84 et 92 de la présente loi ; l'article 4 de la loi du 12 décembre 1830 ; les articles 35 et 41 de la loi du 21 avril 1832, ainsi que l'article 18 de la loi du 25 juin 1841.

(2) Et les débitants établis sur le territoire des communes sujettes au droit d'entrée. (*Art. 21 de la présente loi.*)

Art. 56. — Les débitants seront tenus d'ouvrir leurs caves, celliers et autres parties de leurs maisons aux employés pour y faire leurs visites, même les jours de fêtes et dimanches, hors les heures où, à raison du service divin, lesdits lieux seront fermés en exécution des lois et ordonnances.

Art. 57. — Les débitants ne pourront vendre les boissons en gros qu'en futailles contenant au moins un hectolitre (1) ; et il ne pourra en être fait décharge à leur compte qu'autant que vaisseaux auront été démarqués par les commis. En cas d'enlèvement sans démarque, le droit de détail sera constaté sur la contenance des futailles, sans préjudice des effets de la contravention.

Le compte des débitants sera également déchargé des quantités de boissons gâtées ou perdues, lorsque la perte sera dûment justifiée.

Art. 58. — Les vendants en détail ne pourront recevoir ni avoir chez eux, à moins d'une autorisation spéciale, de boissons en vaisseaux d'une contenance moindre qu'un hectolitre ; ils ne pourront établir le débit des vins et eaux-de-vie sur des vaisseaux d'une contenance supérieure à cinq hectolitres, ni mettre en vente ou avoir en perce à la fois plus de trois pièces de chaque espèce de boissons. L'usage de mettre les vins en bouteilles sera néanmoins permis, pourvu que la transvasion ait lieu en présence des commis (2). Les bouteilles seront cachetées du cachet de la régie ; le débitant fournira la cire et le feu (3).

Art. 59. — Il est défendu aux débitants de faire aucun remplissage sur les tonneaux, soit marqués, soit démarqués, si ce n'est en présence des commis; d'enlever de leur cave les pièces vides, sans qu'elles aient été préalablement démarquées, et de substituer de l'eau, ou tout autre liquide, aux boissons qui auront été reconnues dans les futailles lors de la prise en charge.

Art. 60. — Les débitants ne pourront avoir qu'un seul râpé de raisin de trois hectolitres au plus, et pourvu qu'ils aient en cave au moins trente hectolitres de vin. Ils ne pourront verser de vin sur ce râpé hors la présence des commis.

Art. 61. — Il est fait défense aux vendants en détail de recéler des boissons dans leurs maisons ou ailleurs, et à tous propriétaires ou principaux locataires de laisser entrer chez eux des boissons appartenant aux débitants, sans qu'il y ait bail par acte authentique pour les caves, celliers, magasins et autres lieux où seront placées lesdites boissons. Toute communication intérieure

---

(1) Ils peuvent expédier en toute quantité par acquit-à-caution à d'autres débitants des eaux-de-vie et liqueurs *en bouteilles cachetées*. (*Loi du 24 juin* 1824, n° III, *art.* 6.)

(2) Les transvasions peuvent, sous certaines conditions, être faites en l'absence des employés. — Voir le *Code du droit de détail* (Annales, 3e volume page 260).

(3) L'administration tolère maintenant que la vente en détail soit établie sur plus de trois pièces à la fois et que les bouteilles ne soient pas empreintes du cachet de la régie. (Annales, 1848-49, pages 91 et 362.)

entre les maisons des débitants et les maisons voisines est interdite, et les commis sont autorisés à exiger qu'elle soit scellée.

Complices. Voir art. 9 de la loi du 21 juin 1873.

Art. 62. Lorsqu'il y aura impossibilité d'interdire les communications, le voisin du débitant pourra être soumis aux exercices des commis et au payement du droit à la vente en détail, lorsque sa consommation apparente sera évidemment supérieure à ses facultés et à la consommation réelle de sa famille, d'après les habitudes du pays.

Art. 63. — Dans le cas prévu par l'article précédent, et avant de procéder à aucune opération, les employés feront par écrit un rapport à leur directeur. Le directeur le transmettra au préfet, qui prononcera définitivement sur l'avis du maire, et autorisera, s'il y a lieu, l'exercice chez le voisin du débitant. Les employés ne pourront procéder à cet exercice sans exhiber l'arrêté du préfet qui l'aura autorisé.

Art. 64. — Si le résultat de cet exercice fait reconnaître une consommation apparente évidemment supérieure à la consommation réelle de l'individu exercé, le directeur en référera au préfet, qui, sur son rapport, et après avoir pris l'avis du sous-préfet et du maire, déterminera, chaque trimestre, la quantité qui sera allouée pour consommation et celle qui sera assujettie au payement du droit.

Art. 65. — Le décompte des droits à percevoir en raison des boissons trouvées manquantes chez chaque débitant sera arrêté tous les trois mois, et les quantités de boissons restantes seront portées à compte nouveau. Le payement desdits droits sera exigé à la fin de chaque trimestre, ou à la cessation du commerce d'un débitant. Il pourra même l'être au fur et à mesure de la vente, pourvu qu'il y ait une pièce entière débitée, ou lorsque les boissons auront été mises en vente dans les foires, marchés ou assemblées.

Art. 66. — Il sera accordé aux débitants, pour tous déchets et pour consommation de famille, 3 p. 0/0 sur le montant des droits de détail (1) qu'ils auront à payer.

Art. 67. — Les débitants de boissons qui auront déclaré cesser leur débit seront tenus de retirer leur enseigne ou bouchon, et resteront soumis, pendant les trois mois suivants, aux visites et exercices des commis. En cas de continuation de vente, il sera dressé procès-verbal de cette contravention, et, en outre, ils seront contraints, pour tout le temps écoulé depuis la déclaration, de cesser, au payement des droits, proportionnellement aux sommes constatées à leur charge pendant le trimestre précédent (2).

_____

(1) Ou de consommation. (*Loi du 24 juin* 1824, n° III, *art.* 6.)
Nota. Les débitants peuvent s'affranchir des exercices pour les spiritueux en payant le droit de consommation à l'arrivée (*art.* 41 *de la loi du* 21 *avril* 1832); mais dans ce cas, ils n'ont pas droit à la déduction de 3 p. 0/0.
(2) Voir l'article 89 de la présente loi.

Art. 68. — Les débitants qui auront refusé de souffrir les exercices des employés seront contraints, nonobstant les suites à donner aux procès-verbaux, au payement du droit de détail sur toutes les boissons restant en charge lors du dernier exercice. Ils seront tenus en outre d'acquitter le même droit, pour tout le temps que les exercices demeureront suspendus, au prorata de la somme la plus élevée qu'ils auront payée pour un trimestre pendant les deux années précédentes.

A l'égard des débitants qui n'auraient pas été soumis précédemment aux exercices, ils seront obligés d'acquitter une somme égale à celle payée par le débitant le plus imposé du même canton de justice de paix.

Les procès-verbaux rapportés pour refus d'exercice seront présentés dans les vingt-quatre heures au maire de la commune, qui sera tenu de viser l'original.

Art. 69. — La vente en détail des boissons ne pourra être faite par les bouilleurs ou distillateurs pendant le temps que durera leur fabrication. Cette vente pourra toutefois être autorisée, si le lieu du débit est totalement séparé de l'atelier de distillation.

§ 3. — Des abonnements pour le droit de vente en détail.

Art. 70. — Toutes les fois qu'un débitant se soumettra à payer par abonnement l'équivalent du droit de détail dont il sera estimé passible, il devra y être admis par la régie. Lorsque la régie ne sera pas d'accord avec ledit débitant pour fixer l'équivalent du droit, *le préfet, en conseil de préfecture, prononcera, sauf le recours au conseil d'Etat,* en prenant en considération les consommations des années précédentes et les circonstances particulières qui peuvent influer sur le débit de l'année pour laquelle l'abonnement est requis. Les abonnements seront faits par écrit, et ne seront définitifs qu'après l'approbation de la régie. Leur durée ne pourra excéder un an. Ils ne pourront avoir pour effet d'attribuer à l'abonné le privilége de vendre à l'exclusion de tous autres débitants qui voudraient s'établir dans la même commune (1).

Voir art. 11 de la loi du 21 juin 1865.

Art. 71. — Il pourra encore être consenti par la régie, de gré à gré avec les débitants, des abonnements à l'hectolitre pour les différentes espèces de boissons qu'ils auront déclaré vouloir vendre. Ces abonnements auront pour effet d'affranchir les débitants des obligations qui leur sont imposées relativement aux déclarations de prix de vente. Ils seront faits par écrit et approuvés par les directeurs, et ne pourront avoir plus de durée que deux trimestres.

Art. 72. — Les abonnements consentis en vertu des deux arti-

(1) Le montant de ces abonnements est payable par mois et d'avance (*loi du 25 juin* 1841, *art.* 21). L'abonnement a pour effet d'affranchir les débitants des exercices. (*Art.* 4 *de la loi du* 12 *décembre* 1830.)

cles précédents seront révoqués de plein droit en cas de fraude ou contravention dûment constatée.

Art. 73. — La régie devra également consentir dans les villes, avec les conseils municipaux, lorsqu'ils en feront la demande, un abonnement général pour le montant des droits de détail et de circulation dans l'intérieur, moyennant que la commune s'engage à verser dans les caisses de la régie, par vingt-quatrième, de quinzaine en quinzaine, la somme convenue pour l'abonnement, sauf à elle à s'imposer sur elle-même pour le recouvrement de cette somme, comme elle est autorisée à le faire pour les dépenses communales.

Art. 74. — Ces abonnements, discutés entre les directeurs de la régie ou leurs délégués et les conseils municipaux, n'auront d'exécution qu'après qu'ils auront été approuvés par le ministre des finances, sur l'avis du préfet et le rapport du directeur général des contributions indirectes. Ils ne seront conclus que pour une année, et seront révocables de plein droit, en cas de non-payement d'un des termes à l'époque fixée.

Art. 75. — La régie poursuivra le recouvrement des sommes dues au Trésor en raison desdits abonnements, par voie de contrainte sur le receveur municipal, et par la saisie des deniers et revenus de la commune.

Art. 76. — Dans les villes où ces abonnements seront accordés, tout exercice chez les débitants sera supprimé, et la circulation des boissons dans l'intérieur affranchie de toute formalité.

Art. 77. — Sur la demande des deux tiers au moins des débitants d'une commune, approuvée en conseil municipal, et notifiée par le maire, la régie devra consentir pour une année, et sauf renouvellement, à remplacer la perception du droit de détail par exercice, au moyen d'une répartition sur la totalité des redevables de l'équivalent dudit droit.

Art. 78. — Ce mode de remplacement ne pourra être admis qu'autant qu'il offrira un produit égal à celui d'une année moyenne, calculée d'après trois années consécutives d'exercices. Il sera discuté entre les débitants ou leurs délégués et l'employé supérieur de la régie, en présence du maire ou d'un membre du conseil municipal, et pourra être exécuté provisoirement en vertu de l'autorisation du préfet, donnée sur la proposition du directeur de la régie. Il devra néanmoins être approuvé par le ministre des finances, sur le rapport du directeur général des contributions indirectes.

Lorsque la régie ne sera pas d'accord avec lesdits débitants pour fixer l'équivalent du droit, le préfet, en conseil de préfecture, prononcera, sauf le recours au conseil d'Etat, en prenant en considération les consommations des années précédentes et les circonstances particulières qui peuvent influer sur le débit de l'année pour laquelle l'abonnement est requis.

Art. 79. — Lorsque ce remplacement sera adopté, les syndics

nommés par les débitants, sous la présidence du maire ou de son délégué, procéderont, en présence de ce magistrat, à la répartition de la somme à imposer entre tous les débitants alors existants dans la commune. Les rôles arrêtés par les syndics, et rendus exécutoires par le maire, seront remis au receveur de la régie pour en poursuivre le recouvrement.

Art. 80. — Les débitants ainsi abonnés seront solidaires pour le payement des sommes portées aux rôles. En conséquence, aucun nouveau débitant ne pourra s'établir dans la commune, pendant la durée de l'abonnement, s'il ne remplace un autre débitant compris dans la répartition.

Art. 81. — Les sommes portées aux rôles seront exigibles par douzième, de mois en mois, d'avance et par voie de contrainte. A défaut du payement d'un terme échu, les redevables dûment mis en demeure, le directeur de la régie sera autorisé à faire prononcer, par le préfet, la révocation de l'abonnement, et à faire rétablir immédiatement la perception par exercices, sans préjudice des poursuites à exercer pour raison des sommes exigibles.

Art. 82. — Les employés de la régie constateront par procès-verbal, à la requête des débitants ou de leurs syndics, toute vente en détail de boissons opérée dans la commune abonnée par des personnes non comprises dans la répartition. Les poursuites seront exercées par les syndics, et les condamnations prononcées au profit de la masse des débitants.

Art. 83. — Les débitants ainsi abonnés ou leurs syndics pourront concéder à des personnes non comprises aux rôles de répartition le droit de vendre en détail des boissons lors des foires et assemblées.

Art. 84. — Les sommes à recouvrer en exécution des deux articles précédents seront perçues par le receveur de la régie, et imputées à tous les débitants de la commune, au marc le franc de leur cote.

§ 4. — Des propriétaires vendant en détail les boissons de leur cru.

Art. 85. — Les propriétaires qui voudront vendre des boissons de leur cru en détail *jouiront d'une remise de 25 p. 0/0 (1) sur les droits qu'ils auront à payer.* Ils devront, dans la déclaration préalable à laquelle ils seront tenus comme tous les autres débitants, indiquer la quantité de boissons de leur cru qu'ils auront en leur possession, et celle dont ils entendront faire la vente en détail, et se soumettre en outre à ne vendre aucune boisson autre que celles de leur cru. Ils devront faire cette vente par eux-mêmes ou par des domestiques à leurs gages, dans des maisons à eux appartenant, ou qu'ils auront louées par bail authentique.

Art. 86. — Ils ne pourront fournir aux buveurs que les boissons déclarées, avec des bancs et tables, et seront libres d'établir leur vente en détail sur des vaisseaux d'une contenance supérieure

---

(1) Cette remise est supprimée. (*Loi du 25 juin 1841, art. 24.*)

à cinq hectolitres. Ils seront d'ailleurs assujettis à toutes les obligations imposées aux débitants de profession : néanmoins les visites et exercices des commis n'auront pas lieu dans l'intérieur de leur domicile, pourvu que le local où leurs boissons seront vendues en détail en soit séparé.

§ 5. — Du droit général de consommation sur l'eau-de-vie.

Art. 87. — Un droit général de consommation, *égal à celui fixé pour la vente en détail par l'article* 47 (1), sera perçu sur toute quantité d'eau-de-vie, d'esprit ou de liqueur composée d'eau-de-vie ou d'esprit, qui sera adressée à une personne autre que celles assujetties aux exercices des employés de la régie.

Ce droit ne sera pas dû sur les eaux-de-vie, esprits et liqueurs qui seront exportés à l'étranger

Art. 88. — Le droit général de consommation sera perçu *d'après le prix courant de la vente en détail au lieu de destination* (2). Il sera payé à l'arrivée des boissons, et avant la décharge de l'acquit-à-caution ; il pourra néanmoins être acquitté au lieu de l'enlèvement par les expéditeurs, lesquels, dans ce cas, seront tenus seulement, pour opérer le transport, de se munir d'un congé, au lieu d'un acquit-à-caution.

Dans les villes à taxe unique, le droit de consommation est perçu à l'entrée lorsque le destinataire ne jouit pas de l'entrepôt. Il en est de même pour les spiritueux expédiés à Paris. (Lois du 24 juin 1824 (n° III), et du 21 avril 1832, art. 41.

Art. 89. — Tout marchand en gros d'eau-de-vie, esprit et liqueur acquittera le droit de consommation sur les quantités de ces boissons qui manqueront à ses charges après la déduction fixée par *l'article* 103. La même obligation est imposée à tout débitant qui cessera son commerce, pour les quantités d'eaux-de-vie, esprits et liqueurs qu'il conservera.

Les déductions sont aujourd'hui fixées par les articles 1er de la loi du 24 juin 1824, n° II, 5 de la loi du même jour n° III, modifiés par l'article 6 de la loi du 20 juillet 1837, par l'ordonnance du 21 décembre 1838 et enfin par le décret du 4 décembre 1872.

Art. 90. — Le droit de consommation ne sera point exigé des personnes non soumises aux exercices, en cas de transport d'eaux-de-vie, d'esprits ou de liqueurs de l'une de leurs maisons dans une autre, ou dans un nouveau domicile, en justifiant toutefois, aux employés appelés à décharger les acquits-à-caution, de leur droit à cette exemption.

Les bouilleurs de cru (3) qui feront transporter les produits de leur distillation dans des caves ou magasins séparés de la brûlerie

---

(1) Modifié par l'article 1er de la loi du 24 juin 1824, n° III.
(2) La quotité du droit général et uniforme de consommation, fixée par le tarif annexé à la loi du 12 décembre 1830, a été modifiée par les lois des 14 juillet 1855, 26 juillet 1860, 1er septembre 1871 et 26 mars 1872.
(3) Voyez, pour la définition de cette profession, l'article 8 de la loi du 20 juillet 1837.

n'auront droit à la même exemption qu'en soumettant ces caves ou magasins aux exercices des préposés de la régie.

Art. 91. (Franchise du droit pour les eaux-de-vie versées sur les vins). — Cet article, remplacé par le 1er paragraphe de l'article 21 du décret du 17 mars 1852, se trouve définitivement abrogé par l'article 5 de la loi du 8 juin 1864.
Les vins destinés pour l'exportation peuvent seuls recevoir une addition d'alcool en franchise de l'impôt. (4e paragraphe de l'article 16 du même décret.)

§ 6. — Remplacement du droit de détail à Paris.

Art. 92. — Il n'y aura pas, dans l'intérieur de la ville de Paris, d'exercice sur les boissons autres que les bières. Le droit de détail et celui d'entrée y seront remplacés au moyen d'une taxe unique aux entrées, *fixée ainsi qu'il suit :*

Le tarif a été remplacé par celui annexé à la loi du 12 décembre 1830, lequel a été modifié lui-même par les articles 1er de la loi du 1er septembre 1871, 5 de la loi du 26 mars 1872 et 2 de la loi du 31 décembre 1873.

Art. 93. — Les dispositions du chapitre 2, et les peines y prononcées en cas de contravention, sont applicables à la taxe établie par l'article précédent (1).

Voir art. 11 de la loi du 21 juin 1873.

§ 7. — Dispositions générales applicables au présent chapitre.

Art. 94. — Les boissons trouvées en la possession de personnes vendant en détail, sans déclaration, ainsi que celles à l'égard desquelles des contraventions seront constatées chez les débitants, seront saisies par les employés de la régie.

Art. 95. — Les personnes convaincues de faire le commerce des boissons en détail, sans déclaration préalable ou après déclaration de cesser, seront punies d'une amende de 300 francs à 1,000 francs, et de la confiscation des boissons saisies. Les contrevenants pourront néanmoins obtenir la restitution desdites boissons, en payant une somme de 1,000 francs, indépendamment de l'amende prononcée par le tribunal.

Art. 96. — Les autres contraventions aux dispositions du présent chapitre seront punies de la confiscation des objets saisis, et d'une amende qui, pour la première fois, ne pourra être moindre *de* 50 *francs, ni supérieure à* 300 *francs* (2), *et qui sera toujours de* 500 *francs en cas de récidive* (3).

Les contraventions se rapportant à la vente en détail des *spiritueux* sont actuellement punies d'une amende de 500 à 5,000 francs (art. 1er de la loi du 28 février 1872, et article 7 de la loi du 2 août 1872). Celles ayant pour objet les vins, cidres, poirés ou hydromels entraînent une amende de 200 à 1,000 francs. (Art. 7 de la loi du 21 juin 1873).

---

(1) Mais, ainsi qu'il a été dit pour l'article 46 (page 133, note 3), l'amende de 1,000 francs est reduite à 200 francs pour le cas de fraude en voiture particulière suspendue.
(2) Voir l'article 4 de la loi du 24 juin 1824, n° III.
(3) Voir *Code du droit d'entrée* (ANNALES, 1er volume, page 224, note 1).

CHAPITRE IV. — *Des marchands en gros* (1).

Art. 97. — Les négociants, les marchands en gros, courtiers, facteurs, commissionnaires, commissionnaires de roulage, dépositaires, distillateurs, bouilleurs de profession et autres, qui voudront faire le commerce des boissons en gros (qu'ils soient ou non entrepositaires, s'ils habitent un lieu sujet aux entrées), seront tenus de déclarer les quantités, espèces et qualités des boissons qu'ils possèdent, tant dans le lieu de leur domicile qu'ailleurs.

Art. 98. — Sera considéré comme marchand en gros tout particulier qui recevra ou expédiera, soit pour son compte, soit pour le compte d'autrui, des boissons, *soit en futailles d'un hectolitre au moins, ou en plusieurs futailles qui, réunies, contiendraient plus d'un hectolitre, soit en caisses et paniers de vingt-cinq bouteilles et au-dessus.*

Cet article a été modifié par l'article 16 du décret du 17 mars 1852 qui fixe à 25 litres, tant en cercles qu'en bouteilles, la limite de la vente en gros.

Art. 99. — Ne seront pas considérés comme marchands en gros les particuliers recevant accidentellement une pièce, une caisse ou un panier de vin pour le partager avec d'autres personnes, pourvu que, dans sa déclaration, l'expéditeur ait énoncé, outre le nom et le domicile du destinatiare, ceux des copartageants et la quantité destinée à chacun deux.

La même exception sera applicable aux personnes qui, dans le cas de changement de domicile, vendront les boissons qu'elles auront reçues pour leur consommation.

Elle le sera également aux personnes qui vendraient, immédiatement après le décès de celle à qui elles auraient succédé, les boissons dépendant de sa succession et provenant de sa récolte ou de ses provisions, pourvu qu'elle ne fût ni marchand en gros, ni débitant, ni fabricant de boissons.

Art. 100. — Les dénommés en l'article 97 pourront transvaser, mélanger et couper leurs boissons hors la présence des employés : les pièces ne seront pas marquées à l'arrivée ; seulement il sera tenu, pour les boissons en leur possession, un compte d'entrée et de sortie dont les charges seront établies d'après les congés, acquits-à-caution ou passavants qu'ils seront tenus de représenter, sous peine de saisie, et les décharges d'après les quittances du droit de circulation.

Les eaux-de-vie et esprits (2) seront suivis par degrés. Les charges seront accrues, lors du règlement de compte, en proportion de l'affaiblissement du degré des quantités expédiés ou restant en magasin.

(1) Le code spécial à ce chapitre se trouve dans le 4e volume des ANNALES.
(2) En cercles. (Art. 1er de la loi du 24 juin 1824, n° III.)

Les marchands en gros ne peuvent user de la faculté de transvaser, mélanger et couper leurs boissons hors la présence des employés, qu'après que les boissons reçues ont été vérifiées par le service de la Régie. (Art. 3 de la loi du 28 février 1872.)

Les liqueurs, les fruits à l'eau-de-vie et les eaux-de-vie en bouteilles, seront suivies par degrés comme les eaux-de-vie et esprits en cercles. (Art. 1er et 7 de la loi du 26 mars 1872.)

Art. 101. — Les employés pourront faire, à la fin de chaque trimestre, les vérifications nécessaires (1), à l'effet de constater les quantités de boissons restant en magasin, et le degré des eaux-de-vie et esprits.

Indépendamment de ces vérifications, ils pourront également faire, dans le cours du trimestre, toutes celles qui seront nécessaires pour connaître si les boissons reçues ou expédiées ont été soumises au droit à la circulation ou aux autres droits dont elles pourraient être passibles.

Ces vérifications n'auront lieu que dans les magasins, caves et celliers, et seulement depuis le lever jusqu'au coucher du soleil.

Art. 102. — Les dénommés en l'article 97 pourront faire accidentellement des ventes de boissons en quantités inférieures à celles fixées par l'article 98 : ils seront tenus de payer le droit de détail pour ces ventes, lorsque la quantité expédiée ne formera pas *un hectolitre si elle est en une ou plusieurs futailles, ou vingt-cinq litres si elle est en bouteilles.* Les vins, eaux-de-vie et liqueurs en bouteilles, expédiés en quantité de vingt-cinq litres et au-dessus, devront être contenus dans des caisses ou paniers fermés et emballés, suivant les usages du commerce.

D'après l'article 16 du décret du 17 mars 1852, les quantités de vins, cidres, poirés ou hydromels, au-dessous de 25 litres, tant en cercles qu'en bouteilles, étaient seules passibles du droit de détail. — En ce qui concerne exclusivement les vins en bouteilles, les dispositions de cet article et celles de l'article 102 ci-dessus ont été abrogées par le dernier paragraphe de l'article 17 de la loi du 21 juin 1873, aux termes duquel le droit de circulation est applicable à toute quantité quelconque de vins expédiés en bouteilles.

Art. 103. — Déductions. — (Remplacé d'abord par les articles 87 de la loi du 25 mars 1817, 5 de la loi du 31 juillet 1821, 1er de la loi du 24 juin 1824, n° II, 5 de la loi du même jour, n° III, et enfin par l'ordonnance royale du 21 décembre 1838, rendue pour l'exécution de l'article 6 de la loi du 20 juillet 1837. En ce qui concerne les spiritueux, cette ordonnance a été modifiée par l'article 1er du décret du 4 décembre 1872.)

Art. 104. — Les marchands en gros seront tenus de payer (2) un droit égal à celui de détail, d'après le prix courant du lieu de leur résidence (3), sur les quantités de boissons qui seront reconnues manquer à leur charges, après la déduction accordée pour coulage et ouillage.

Art. 105. — Nul ne pourra faire une déclaration de cesser le commerce en gros de boissons, tant qu'il conservera en sa possession des boissons qu'il aura reçues en raison de ce commerce,

_____

(1) Elles ne peuvent être empêchées par aucun obstacle. (*Loi du 24 avril 1836.*)

(2) Pour les vins, cidres, poirés et hydromels. (*Loi du 24 juin 1824, n° II.*)

(3) Voir loi du 24 juin 1824, n° III.

excepté, toutefois, lorsque la quantité n'excédera pas celle reconnue pour sa propre consommation.

Art. 106. — Toute personne qui fera le commerce des boissons en gros sans déclaration préalable, ou après une déclaration de cesser, ou qui, ayant fait une déclaration de marchand en gros, exercera réellement le commerce des boissons en détail, sera punie d'une amende de 500 francs à 2,000 *francs*, sans préjudice de la saisie et de la confiscation des boissons en sa possession. Elle pourra en obtenir la mainlevée en payant une somme de 2,000 *francs*, indépendamment de l'amende prononcée par le tribunal.

Toute autre contravention aux dispositions du présent chapitre sera punie de la confiscation des objets saisis, et d'une amende qui ne pourra être moindre de 50 *francs*, ni *supérieure à* 300 *francs*. En cas de récidive, cette amende sera toujours de 500 francs.

Les contraventions se rapportant à la vente en gros des spiritueux sont punies d'une amende de 500 à 5,000 francs et de la confiscation des boissons saisies (art. 7 de la loi du 2 août 1872). Celles ayant pour objet les vins, cidres, poirés ou hydromels donnent lieu à l'application d'une amende de 200 à 1,000 francs, indépendamment de la confiscation des boissons saisies. (Art. 7 de la loi du 21 juin 1873.)

CHAPITRE V. — *Des brasseries.*

Art. 107. — Il sera perçu, à la fabrication des bières, un droit de *deux francs* par hectolitre de bière forte, et de *cinquante centimes* par hectolitre de petite bière.

Remplacé d'abord par l'article 3 de la loi du 12 décembre 1830, puis par l'article 4 de la loi du 1er septembre 1871, qui a fixé le tarif à 3 fr. 60, décimes compris, pour la bière forte, et à 1 fr. 20 pour la petite bière.

Art. 108. — (*Cet article, relatif à la fabrication de la petite bière a été remplacé par l'article 8 de la loi du 1er mai 1822.*)

Art. 109. — (*Cet article, qui fixait la limite du produit des trempes, a été remplacé par l'article 23 du décret du 17 mars 1852.*)

Art. 110. — La quantité de bière passible du droit sera évaluée, quelles qu'en soient l'espèce et la qualité, en comptant pour chaque brassin la contenance de la chaudière, lors même qu'elle ne serait pas entièrement pleine. Il sera seulement déduit sur cette contenance 20 0/0, pour tenir lieu de tous déchets de fabrication d'ouillage, de coulage et autres accidents.

Art. 111. — Les employés de la régie sont autorisés à vérifier dans les bacs et cuves, ou à l'entonnement, le produit de la fabrication de chaque brassin.

Tout excédant à la contenance brute de la chaudière sera saisi. Un excédant de plus du dixième supposera en outre la fabrication d'un brassin non déclaré, et le droit sera perçu en conséquence, indépendamment de l'amende encourue.

Tout excédant à la quantité déclarée imposable par l'article 110 sera soumis au droit, quand il sera de plus du dixième de cette quantité, soit qu'on le constate sur les bacs ou à l'entonnement.

Art. 112. — L'entonnement de la bière ne pourra avoir lieu que de jour.

Art. 113. — Il ne pourra être fait d'un même brassin qu'une seule espèce de bière. Elle sera retirée de la chaudière et mise aux bacs refroidissoirs sans interruption ; les décharges partielles sont par conséquent défendues.

Art. 114. — La petite bière fabriquée sans ébullition, sur des marcs qui auront déjà servi à la fabrication de tous les brassins déclarés, sera exempte de tout droit, pourvu qu'elle ne soit que le produit d'eau froide versée dans la cuve-matière sur ces marcs, qu'elle ne soit fabriquée que de jour, n'excède pas en quantité le huitième des bières assujetties au droit pour un des brassins précédents, et qu'en sortant de la cuve-matière elle soit livrée de suite à la consommation, sans être mélangée d'aucune autre espèce de bière.

A défaut d'une de ces conditions, toute la petite bière fabriquée sera soumise au droit, indépendamment des peines encourues pour fausse déclaration, s'il y a lieu.

Art. 115. — Les bières destinées à être converties en vinaigre sont assujetties aux mêmes droits de fabrication que les autres bières.

Les quantités passibles du droit seront évaluées lorsque ces bières auront été fabriquées par infusion, en comptant pour chaque brassin la contenance de la cuve dans laquelle le produit des trempes aura dû être réuni pour fermenter, lors même qu'elle ne serait pas entièrement pleine.

Il sera déduit sur la contenance de la chaudière ou de la cuve, quelles que soient les quantités fabriquées, pourvu qu'elles n'excèdent point la contenance des vaisseaux, 20 p. 0/0 pour tous déchets de fabrication, d'ouillage, de coulage, d'évaporation, et autres accidents.

En cas d'excédant à la contenance de la chaudière ou de la cuve, il sera fait application des peines établies par l'article 111 pour les autres bières.

Art. 116. — Il ne pourra être fait usage, pour la fabrication de la bière, que de chaudières de six hectolitres et au-dessus.

Il est défendu de se servir de chaudières qui ne seraient pas fixées à demeure et maçonnées.

Les brasseries ambulantes sont interdites, et néanmoins la régie pourra les permettre suivant les localités.

Art. 117. — Les brasseurs seront tenus de faire au bureau de la régie la déclaration de leur profession et du lieu où seront situés leurs établissements; ils seront, en outre, obligés à déclarer par écrit la contenance de leurs chaudières, cuves et bacs avant de s'en servir; ils fourniront l'eau et les ouvriers nécessaires pour vérifier par l'empotement de ces vaisseaux les contenances déclarées (1) : cette opération sera dirigée en leur présence par des employés de la régie, et il en sera dressé procès-verbal.

_____

(1) Cette vérification ne pourra être empêchée par aucun obstacle du fait des brasseurs. (*Loi du* 23 *avril* 1836.)

Chaque vaisseau portera un numéro et l'indication de sa contenance en hectolitres.

Art. 118. — Il est défendu de changer, modifier ou altérer la contenance des chaudières, cuves et bacs, ou d'en établir de nouveaux, sans en avoir fait la déclaration par écrit, vingt-quatre heures d'avance. Cette déclaration contiendra la soumission du brasseur de ne faire usage desdits ustensiles qu'après que leur contenance aura été vérifiée, conformément à l'article précédent.

Art. 119. — Le feu ne pourra être allumé sous les chaudières, dans les brasseries, que pour la fabrication de la bière.

Art. 120. — Tout brasseur sera tenu, chaque fois qu'il voudra mettre le feu sous ses chaudières, de déclarer, au moins quatre heures d'avance dans les villes, et douze heures dans les campagnes :

1° Le numéro et la contenance des chaudières qu'il voudra employer, et l'heure de la mise de feu sous chacune;

2° Le nombre et la qualité des brassins qu'il devra fabriquer avec la même drêche ;

3° L'heure de l'entonnement de chaque brassin. (1) ;

4° Le moment où l'eau sera versée sur les marcs, pour fabriquer la petite bière sans ébullition, exempte du droit, et celui où elle devra sortir de la brasserie (2).

Les brasseurs qui voudront faire, pour la fabrication du vinaigre, un ou plusieurs brassins par infusion, déclareront, en outre, la contenance de la cuve dans laquelle toutes les trempes devront être réunies pour fermenter.

Le préposé qui aura reçu une déclaration en remettra une ampliation, signée de lui, au brasseur, lequel sera tenu de la représenter à toute réquisition des employés pendant la durée de la fabrication.

Art. 121. — La mise de feu sous une chaudière supplémentaire pourra être autorisée, sans donner ouverture au payement du droit de fabrication, pourvu qu'elle ne serve qu'à chauffer les eaux nécessaires à la confection de la bière et au lavage des ustensiles de la brasserie. Le feu sera éteint sous la chaudière supplémentaire, et elle sera vidée aussitôt que l'eau destinée à la dernière trempe en aura été retirée.

Art. 122. — Les brasseurs sont autorisés à se servir de hausses mobiles, qui ne seront point comprises dans l'épalement, pourvu qu'elles n'aient pas plus d'un décimètre (environ quatre pouces) de hauteur, qu'elles ne soient placées sur les chaudières qu'au moment de l'ébullition de la bière, et qu'on ne se serve point de mastic, ou autres matières, pour les soutenir ou pour les élever.

Art. 123. — Toutes constructions en charpente, maçonnerie ou autrement, qui seront fixées à demeure sur les chaudières, et

_____

(1) L'entonnement ne peut avoir lieu que de jour. (*Art.* 112, *p.* 145.)
(2) Et de plus l'heure des trempes. (*Loi du* 1er *mai* 1822, *art.* 8.)

qui s'étendront de plus de moitié de leur contour, seront comprises dans l'épalement: les brasseurs devront en conséquence les détruire, ou faire les dispositions convenables pour qu'elles puissent être épalées.

Art. 124. — Toute brasserie en activité portera une enseigne sur laquelle sera inscrit le mot BRASSERIE.

Les brasseurs de profession apposeront sur leurs tonneaux une marque particulière, dont une empreinte sera par eux déposée au bureau de la régie, au moment où ils feront la déclaration prescrite par l'article 117.

Art. 125. — Les brasseurs seront soumis aux visites et vérifications des employés, et tenus de leur ouvrir à toute réquisition leurs maisons, brasseries, ateliers, magasins, caves et celliers, ainsi que de leur représenter les bières qu'ils auront en leur possession. Ces visites ne pourront avoir lieu dans les maisons non contiguës aux brasseries ou non enclavées dans la même enceinte (1).

Ils seront également tenus de faire sceller toute communication des brasseries avec les maisons voisines, autres que leur maison d'habitation.

Art. 126. — Les brasseurs pourront avoir un registre coté et paraphé par le juge de paix, sur lequel les employés consigneront le résultat des actes inscrits à leurs portatifs.

Art. 127. — Les brasseurs auront avec la régie des contributions indirectes, pour les droits constatés à leur charge, un compte ouvert qui sera réglé et soldé à la fin de chaque mois.

Les sommes dues pourront être payées en obligations dûment cautionnées, à trois, six ou neuf mois de terme, pourvu que chaque obligation soit au moins de 300 francs.

Art. 128. — Les particuliers qui ne brassent que pour leur consommation, les collèges, maisons d'instruction et autres établissements publics, sont assujettis aux mêmes taxes que les brasseurs de profession, et tenus aux mêmes obligations, excepté au payement du prix de la licence (2).

Néanmoins les hôpitaux ne seront assujettis qu'à un droit proportionnel à la qualité de la bière qu'ils font fabriquer pour leur consommation intérieure : ce droit sera réglé par deux experts, dont l'un sera nommé par la régie et l'autre par les administrateurs des hôpitaux. En cas de discord, le tiers-arbitre sera nommé par le préfet.

Art. 129. — Toute contravention aux dispositions du présent chapitre sera punie d'une amende de 200 à 600 francs.

Les bières trouvées en fraude et les chaudières qui ne seraient pas fixées à demeure et maçonnées seront en outre saisies et confisquées.

_____

(1) Voyez art. 235 de la présente loi.
(2) Toutefois l'apposition d'une enseigne n'est exigée que du brasseur de profession.

Art. 130. — La régie pourra consentir, de gré à gré, avec les brasseurs de la ville de Paris et des villes au-dessus de 30,000 âmes, un abonnement général pour le montant du droit de fabrication dont ils seront présumés passibles (1). Cet abonnement sera discuté entre le directeur de la régie et les syndics qui seront nommés par les brasseurs ; il ne pourra être accordé pour 1816 qu'autant qu'il offrira un produit égal à celui d'une année moyenne, calculée d'après la quantité de bière fabriquée dans Paris durant dix années consécutives. Il ne sera définitif qu'après qu'il aura été approuvé par le ministre des finances, sur le rapport du directeur général des contributions indirectes.

Art. 131. — Dans le cas de l'abonnement autorisé par l'article précédent, les syndics des brasseurs procéderont, chaque trimestre, en présence du préfet ou d'un membre du conseil municipal délégué par lui, à la répartition entre les brasseurs, en proportion de l'importance du commerce de chacun, de la somme à imposer sur tous. Les rôles arrêtés par les syndics, et rendus exécutoires par le préfet ou son délégué, seront remis au directeur de la régie, pour qu'il en fasse poursuivre le recouvrement.

Art. 132. — Les brasseurs de Paris et des villes au-dessus de 30,000 âmes seront solidaires pour le payement des sommes portées aux rôles. En conséquence, aucun nouveau brasseur ne pourra s'établir, s'il ne remplace un autre brasseur compris dans la répartition.

Art. 133. — Pendant toute la durée de l'abonnement, nul brasseur ne pourra accroître ses moyens de fabrication, soit en augmentant le nombre et la capacité des chaudières, soit de toute autre manière.

Art. 134. — Les sommes portées aux rôles de répartition seront exigibles par douzième, de mois en mois, d'avance et par voie de contrainte. A défaut de payement d'un terme échu, les redevables dûment mis en demeure, ou en cas de contravention à l'article précédent, le ministre des finances, sur le rapport du directeur général des contributions indirectes, sera autorisé à prononcer la révocation de l'abonnement, et à faire remettre immédiatement en vigueur le mode de perception établi par la présente loi, sans préjudice des poursuites à exercer pour raison des sommes exigibles.

Art. 135. — Au moyen de l'abonnement autorisé par l'article 130, les brasseurs seront dispensés de la déclaration qu'ils sont tenus, par l'article 120 de la présente loi, de faire au bureau de la régie, avant chaque mise de feu : mais, afin de fournir aux syndics les éléments de la répartition, et à la régie les moyens de discuter l'abonnement pour l'année suivante, les brasseurs inscriront sur leur registre coté et paraphé, chaque mise de feu, au mo-

(1) La ville de Paris est la seule qui ait usé temporairement de cette faculté.

ment même où elle aura lieu. Les commis, lors de leurs visites, établiront sur leur registre portatif les produits de la fabrication, d'après la contenance des chaudières, et sous la déduction réglée par l'article 110, et s'assureront, seulement par la vérification des quantités de bière existant dans les brasseries, qu'il n'a point été fait de brassin qui n'ait été inscrit sur le registre des fabricants.

Art. 136. — L'abonnement ne pourra être consenti que pour une année. En cas de renouvellement, les brasseurs procéderont, au préalable, à la nomination d'un tiers des membres du syndicat. Les syndics qui devront être remplacés la première et la deuxième année seront désignés par le sort. Ils ne pourront, dans aucun cas, être réélus qu'après une année au moins d'intervalle.

Art. 137. — Les bières fabriquées dans Paris, qui seraient expédiées hors du département de la Seine, seront soumises, à la sortie dudit département, au droit de fabrication établi par *l'article* 107 *de la présente loi* (1), et auquel sont assujettis les brasseurs des départements circonvoisins. Il en sera de même des bières fabriquées dans des villes où l'abonnement avec les brasseurs aura été consenti, lorsqu'elles seront expédiées hors desdites villes.

CHAPITRE VI. — *Des distilleries* (2).

Art. 138. — Les distillateurs et bouilleurs de profession seront tenus de faire, par écrit, avant de commencer à distiller, toutes les déclarations nécessaires pour que les employés puissent surveiller leur fabrication, en constater les résultats et les prendre en charge sur leurs portatifs.

Il leur sera délivré des ampliations de leurs déclarations, qu'ils devront représenter à toute réquisition des employés pendant la durée de la fabrication.

§ 1er. — Des distilleries de grains, pommes de terre et autres substances farineuses.

Art. 139. — La déclaration à faire par les distillateurs de profession, en conformité de l'article précédent, aura lieu au moins quatre heures d'avance dans les villes, et douze heures dans les campagnes; elle énoncera :

1° Le numéro et la contenance des chaudières et cuves de macération qui devront être mises en activité;

2° Le nombre des jours de travail;

3° Le moment où le feu sera allumé et éteint, chaque jour, sous les chaudières;

4° L'heure du chargement des cuves de macération;

5° La quantité de farine qui sera employée;

---

(1) Par l'article 4 de la loi du 4 septembre 1871.
(2) Voyez art. 32, 36, 37, 69, 90, 97 de la présente loi certaines dispositions applicables aux bouilleurs et distillateurs.

6° Enfin, et par approximation, la quantité et le degré de l'eau-de-vie qui devra être fabriquée (1).

Art. 140. — Les dispositions des articles 117, 118 et 125, relatives à la déclaration des vaisseaux en usage dans les brasseries, et aux vérifications que les brasseurs sont obligés de souffrir dans leurs ateliers et dépendances, sont applicables aux distillateurs de profession (2).

§ 2. — Des distilleries de vins, cidres, poirés, marcs, lies et fruits.

Art. 141. — La déclaration à faire par les bouilleurs de profession, en conformité de l'article 138, aura lieu au moins quatre heures d'avance dans les villes, et douze heures dans les campagnes; elle énoncera :

1° Le nombre des jours de travail ;

2° La quantité des vins, cidres, poirés, marcs, lies, fruits, mélasses qui seront mis en distillation (3) ;

3° Par approximation, la quantité et le degré de l'eau-de-vie qui devra être fabriquée.

Art. 142. — Les directeurs de la régie sont autorisés à convenir, de gré à gré, avec les bouilleurs de profession, d'une base d'évaluation pour la conversion des vins, cidres, poirés, lies, marcs ou fruits, en eaux-de-vie ou esprits.

Art. 143. — Toute contravention aux dispositions du présent chapitre sera punie conformément à ce qui est prescrit par *l'article 129 ci-dessus.*

Voir l'art. 7 de la loi du 2 août 1872 qui a rendu applicables aux contraventions se rapportant à la distillation, le peines édictées par l'article premier de la loi du 28 février 1872.

CHAPITRE VII. — *Dispositions générales applicables au présent titre.*

Art. 144. — Toute personne assujettie par le présent titre à une déclaration préalable, en raison d'un commerce quelconque de boissons, sera tenue, en faisant ladite déclaration, et sous les mêmes peines, de se munir d'une licence, dont le prix annuel (4) est fixé par le tarif *ci-annexé* (5).

Art. 145. — Dans toutes les opérations relatives aux taxes établies par le présent titre, les bouteilles seront comptées *chacune pour un litre, les demi-bouteilles chacune pour un demi-litre,* et les droits perçus en raison de ces contenances.

Les spiritueux en bouteilles ne sont imposés que d'après la capacité réelle des bouteilles. (Art. 9 de la loi du 27 juillet 1870.)

Art. 146. — Toute personne qui contestera le résultat d'un

_____

(1) La déclaration énoncera en outre la quantité de matière macérée et la quantité d'alcool qui devra en provenir. (*Loi du 20 juillet 1837, art. 9.*)

(2) Et sans distinction des matières qu'ils distillent. (*Loi du 20 juillet 1837, art. 8.*)

(3) Ainsi que la force alcoolique de ces liquides. (*Même loi, art. 10.*)

(4) Mais payable par trimestre. (*Loi du 21 avril 1832, art. 44.*)

(5) Voyez art. 6 de la loi du 1er septembre 1871.

jaugeage fait par les employés de la régie pourra requérir qu'il soit fait un nouveau jaugeage, en présence d'un officier public, par un expert que nommera le juge de paix, et dont il recevra le serment. La régie pourra faire vérifier l'opération par un contre-expert, qui sera nommé par le président du tribunal d'arrondissement. Les frais de l'une et de l'autre vérification seront à la charge de la partie qui aura élevé mal à propos la contestation.

TITRE II. — Des octrois (1).

Art. 147. — Lorsque les revenus d'une commune seront insuffisants pour ses dépenses, il pourra y être établi, sur la demande du conseil municipal, un droit d'octroi sur les consommations. La désignation des objets imposés, le tarif, le mode et les limites de la perception, seront délibérés par le conseil municipal et réglés de la même manière que les dépenses et les revenus communaux. Le conseil municipal décidera si le mode de perception sera la régie simple, la régie intéressée, le bail à ferme ou l'abonnement avec la régie des contributions indirectes : dans tous les cas, la perception du droit se fera sous la surveillance du maire, du sous-préfet et du préfet.

Art. 148. — Les droits d'octroi continueront à n'être imposés que sur les objets destinés à la consommation locale. Il ne pourra être fait d'exception à cette règle que dans des cas extraordinaires, et en vertu d'une loi spéciale.

Voir article 8 du décret du 12 février 1870.

Art. 149. — (Abrogé et remplacé par l'article 9 de la loi du 11 juin 1842, lequel a été modifié par l'article 18 de la loi du 22 juin 1854.)

Art. 150. — Les règlements d'octroi ne pourront contenir aucune disposition contraire à celles des lois et règlements relatifs aux différents droits imposés au profit du Trésor.

Art. 151. — En cas de quelque infraction de la part des conseils municipaux aux règles posées par les articles précédents, le ministre des finances, sur le rapport du directeur général des contributions indirectes, en référera au conseil du roi (2), lequel statuera ce qu'il appartiendra.

Art. 152. — Des perceptions pourront être établies dans les banlieues autour des grandes villes, afin de restreindre la fraude ; mais les recettes faites dans ces banlieues appartiendront toujours aux communes dont elles seront composées.

Art. 153 — (relatif au prélèvement de 10 0/0 au profit du Trésor). — Abrogé par l'article 25 du décret du 17 mars 1852.

Art. 154. — Les préposés des octrois seront tenus, sous peine de destitution, d'opérer la perception des droits établis aux entrées des villes, au profit du Trésor, lorsque la régie le jugera conve-

---

(1) Voir le Code des Octrois municipaux et des Frais de casernement qui forme le 2e volume des ANNALES.

(2) Conseil d'État.

nable ; elle fera exercer, relativement à ces perceptions, tel genre de contrôle ou de surveillance qu'elle croira nécessaire d'établir.

Lorsque la régie chargera de la perception des droits d'entrée des préposés commissionnés par elle, les communes seront tenues de les placer avec leurs propres receveurs dans les bureaux établis aux portes des villes.

Art. 155. — Dans toutes les communes où les produits annuels du droit d'octroi s'élèveront à 20,000 francs et au-dessus, il pourra être établi un préposé en chef de l'octroi. Ce préposé sera nommé *par le ministre des finances, sur la présentation du maire approuvée par le préfet, et sur le rapport du directeur général des contributions indirectes.*

Le traitement du préposé *surveillant* (1) sera fixé par le ministre des finances, sur la proposition du conseil municipal, et fera partie des frais de perception de l'octroi.

Les dispositions de cet article ne sont pas applicables à l'octroi de Paris, dont l'administration reste soumise à des règlements particuliers.

La nomination des préposés en chef des octrois des villes appartient aux préfets. (Art. 5 du décret du 25 mars 1852.)

Art. 156. — Les préposés de tout grade des octrois seront nommés par les préfets (2), sur la proposition des maires. Le directeur général des contributions indirectes pourra, dans l'intérêt du trésor, faire révoquer ceux de ces préposés qui ne rempliraient pas convenablement leurs fonctions (3).

Art. 157 (Mode de versement du prélèvement de 10 0/0 au profit du Trésor). — Abrogé par le décret du 17 mars 1852.

Art. 158. — La régie des contributions indirectes sera autorisée à traiter de gré à gré avec les communes pour la perception de leurs octrois ; les traités ne seront définitifs qu'après avoir été approuvés par le ministre des finances.

Art. 159. — Tous les préposés comptables des octrois sont tenus de fournir un cautionnement en numéraire, qui sera fixé par le ministre secrétaire d'Etat des finances, à raison du vingt-cinquième brut de la recette présumée.

Le MINIMUM ne pourra être au-dessous de 200 francs.

Pour les octrois des grandes villes, il sera présenté des fixations particulières.

Ces cautionnements seront versés au Trésor, qui en payera l'intérêt au taux fixé pour ceux des employés des contributions indirectes.

_____

(1) Ou, plus exactement, du préposé en chef. (Voir l'ordonnance du 9 décembre 1814, art. 56, et le *Code des octrois municipaux* (ANNALES, 2e volume, page 113, note 1.)
(2) Et par les sous-préfets. (Art. 6 du décret du 13 avril 1861.)
(3) Lorsque l'octroi est en ferme ou en régie intéressée, le choix des préposés appartient à l'adjudicataire (art. 119 du décret du 17 mai 1809), mais leur nomination définitive reste dévolue aux préfets et aux sous-préfets.

TITRE III. — Droit sur les cartes

Art. 160. — *Le droit de 15 centimes actuellement perçu par chaque jeu de cartes est réduit à 15 centimes par jeu, de quelque nombre de cartes qu'il soit composé.*

Rétabli par l'article 11 de la loi du 7 août 1850, le droit de 25 centimes a été porté à 50 centimes en principal par la loi du 1er septembre 1871 et l'article 19 de la loi du 21 juin 1873. Ce dernier article fixe à 70 centimes, décimes non compris, le droit à percevoir sur les cartes à portrait étranger.

Art. 161. — (Remplacé par le deuxième alinéa de l'article 11 de la loi du 7 août 1850.)

Art. 162. — La régie des contributions indirectes continuera de fournir aux fabricants de cartes les feuilles de moulage, ainsi que le papier filigrané qu'ils sont tenus d'employer à leur fabrication. Le prix de chaque espèce sera déterminé, chaque année, par le ministre des finances, et devra être payé par ces fabricants à l'instant de la livraison (1).

Art. 163. — Les fabricants qui ne pourront justifier de l'emploi ou de l'existence du papier qui leur aura été délivré seront censés avoir employé à des jeux de trente-deux cartes toutes les feuilles manquantes. Le décompte en sera fait d'après cette base, et ils acquitteront, par chaque jeu, le double du droit établi.

Art. 164. — Les fabricants de cartes seront soumis au payement annuel (2) d'un droit de licence, conformément au tarif *annexé à la présente loi* (3).

Art. 165. — Les fabricants pourront faire usage de papiers tarotés ou de couleur pour le dessus de leurs cartes.

Art. 166. — Tout individu qui fabriquera des cartes à jouer, ou qui en distribuera, vendra ou colportera sans y être autorisé par la régie, sera puni de la confiscation des objets de fraude, d'une amende de 1,000 à 3,000 francs, et d'un mois d'emprisonnement. En cas de récidive, l'amende sera toujours de 3,000 francs.

Art. 167. — Les mêmes peines seront appliquées à ceux qui tiennent des cafés, des auberges, des débits de boissons, et en général des établissements où le public est admis, s'ils permettent que l'on se serve chez eux de cartes prohibées, lors mêmes qu'elles auraient été apportées par les joueurs. Les personnes désignées au présent article seront tenues de souffrir les visites des préposés de la régie.

Art. 168. — Ceux qui auront contrefait ou imité les moules, timbres et marques employés par la régie pour distinguer les cartes légalement fabriqués, et ceux qui se serviront des véritables moules, timbres ou marques, en les employant d'une manière nuisible aux intérêts de l'Etat, seront punis, indépendamment de

---

(1) Voir, pour la dernière fixation de prix, la décision du ministre des finances du 3 juin 1831. (ANNALES 1833, page 83.)
(2) Payable par trimestre toutefois. (*Loi du 21 avril 1832, art. 44.*)
(3) Voir art. 6 de la loi du 1er septembre 1871.

l'amende fixée par l'article 166, des peines portées par les articles 142 et 143 du Code pénal (1).

Art. 169. — Les dispositions des articles 223, 224, 225 et 226 de la présente loi sont applicables à la fraude et à la contrebande sur les cartes à jouer.

Art. 170. — Les dispositions des lois, arrêtés et règlements auxquelles il n'est pas dérogé par le présent titre continueront de recevoir leur exécution.

TITRE IV. — Droit de licence (2).

Art. 171. — Toutes les personnes dénommées au tarif *ci-annexé* ne pourront commencer la fabrication ou le débit qu'après avoir obtenu une licence qui ne sera valable que pour un seul établissement et pour l'année où elle aura été délivrée.

Il sera payé comptant pour droit de licence, la somme fixée audit tarif, *à quelque époque de l'année que soit faite la déclaration.*

Toute contravention relative au droit de licence sera punie d'une amende de 300 francs, laquelle, en cas de fraude, sera augmentée du quadruple des droits fraudés (3).

La licence est payable par trimestre (art. 44 de la loi du 21 août 1832). Pour le tarif, voir lois des 1er septembre 1871, 30 décembre 1873 (art. 7 et 11), 31 décembre 1873, art. 5.)

TITRE V. — Tabacs (4).

Chapitre Ier. — *De la fabrication et de la vente du tabac.*

Art. 172. — *L'achat, la fabrication* et la vente des tabacs continueront à avoir lieu par la régie des contributions indirectes (5) dans toute l'étendue du royaume, exclusivement au profit de l'Etat.

Voir le décret du 12 mars 1860 qui a détaché de l'administration des contributions indirectes, pour en former une administration à part, l'achat et la fabrication des tabacs.

Art. 173. — Les tabacs fabriqués à l'étranger, de quelques pays qu'ils proviennent, sont prohibés à l'entrée du royaume, à moins qu'ils ne soient achetés pour le compte de la régie (5).

(1) Réclusion (art. 142).
(2) Voyez le *Code du droit de licence* (ANNALES, 3e volume, pages 1 à 179.
(3) Voir sur ce troisième paragraphe le *Code du droit de licence* (ANNALES, 3e volume, page 50, note 3).
(4) Les dispositions des articles 172, 215, 216, 217, 218, 219, 220, 221, 222, 223, 224, 225 et 226 ont été rendues applicables à la fabrication, à la circulation et à la vente du tabac factice ou de toute autre matière préparée pour être vendue comme tabac (*loi du 12 février 1835, art.* 5). De même les dispositions des articles 222, 223, 224 et 225 ont été rendues applicables, par l'article 25 de la loi du 25 juin 1841, à la fabrication illicite, au colportage et à la vente des poudres à feu sans permission.
(5) Modifié par une loi sur les douanes du 7 juin 1820, qui permet d'introduire en France, comme *provisions de santé ou d'habitude,* des tabacs de fabrication étrangère, moyennant le payement d'un droit *d'importation.*

Art. 174. — *Le prix des tabacs fabriqués que la régie vendra aux consommateurs ne pourra excéder la fixation ci-après, savoir* (1) :

Par kilogramme de première qualité de toute espèce. 11 fr. 20 c.
Par kilogramme de seconde qualité de toute espèce. 7 20
Par cigare. . . . . » 50

Art. 175. — *Il sera fabriqué une espèce de tabac dit* DE CANTINE (2), *dont le prix ne pourra excéder 4 francs par kilogramme* (3).

Les articles 174 et 175 ont été abrogés par l'article 4 de la loi du 29 février 1872.

Art. 176. — Les prix fixés par les articles 174 et 175 pourront être réduits en vertu d'ordonnances du roi, et il ne pourra être établi des qualités intermédiaires de tabac, dont les prix seront proportionnés à ceux fixés par ces articles.

Voir décret du 8 mai 1861.

Art. 177. — La régie est autorisée à vendre aux consommateurs des tabacs étrangers de toute espèce; le prix en sera déterminé par des ordonnances du roi.

Art. 178. — La régie est également autorisée à vendre aux pharmaciens, aux propriétaires de bestiaux et aux artistes vétérinaires, des feuilles indigènes, au prix du tabac de cantine.

Art. 179. — La régie pourra vendre des tabacs en feuilles exotiques, et les caboches et les côtes des feuilles indigènes, à la charge de les exporter. Elle pourra vendre également des tabacs fabriqués à la même condition, et à des prix inférieurs à ceux qui sont déterminés ci-dessus.

Dans l'un et l'autre cas, les prix seront fixés par le ministre des finances.

Voir le décret du 31 mai 1854 qui autorise la régie à mettre en vente en Algérie des tabacs fabriqués dans les manufactures de France.

CHAPITRE II. — *De la culture du tabac en général.*

Art. 180. — La culture du tabac est maintenue dans les départements où elle est autorisée aujourd'hui (4), si, d'ailleurs, elle s'élève à cent mille kilogrammes en tabacs secs.

Nul ne pourra se livrer à la culture du tabac sans en avoir fait préalablement la déclaration et sans en avoir obtenu la permission (5). Il ne sera pas admis de déclaration *pour moins de vingt ares en une seule pièce.*

Par dérogation aux dispositions de cet article, la déclaration de culture est admise pour des pièces de terre d'une contenance de 5 ares, pourvu que l'ensemble de la déclaration représente au moins 10 ares. (Art. 3 de la loi du 21 décembre 1872.)

(1) Voir les tarifs actuels.
(2) Voir l'article 219 et la note 3 de la page 162.
(3) Voir les tarifs actuels.
(4) Voir ANNALES 1863-65, page 109, la liste des départements où la culture est autorisée.
(5) Cette permission est donnée par une commission spéciale instituée à cet effet dans chaque arrondissement (*loi du 12 février 1835. art.* 2). Voir l'article 2 de la loi du 21 décembre 1872.)

Art. 181. — Les tabacs qui seront plantés en contravention au précédent article seront détruits aux frais des cultivateurs, sur l'ordre que le sous-préfet en donnera, à la réquisition du *contrôleur principal* (1) des contributions indirectes. Les contrevenants seront, en outre, condamnés à une amende de 50 francs par cent pieds de tabac, si la plantation est faite sur un terrain ouvert, et de 150 francs si le terrain est clos de murs, sans que cette amende puisse, en aucun cas, excéder 3,000 francs (2).

Art. 182. — Les cultivateurs seront tenus de représenter, en totalité, le produit de leur récolte calculé sur les bases qui seront déterminées ci-après, à peine de payer, pour les quantités manquantes, le prix du tabac fabriqué de cantine.

Art. 183. — A l'avenir, les cultivateurs auront la faculté de destiner leur récolte soit à l'approvisionnement des manufactures royales, soit à l'exportation, en se conformant aux dispositions prescrites dans l'un et l'autre cas.

CHAPITRE III. — *De la culture pour l'approvisionnement des manufactures royales* (3).

Art. 184. — *Le directeur général des contributions indirectes* (4) fera connaître, dans le mois d'octobre de chaque année, dans chacun des départements où la culture est autorisée, le nombre de quintaux métriques de tabacs qui sont nécessaires à la régie, et qui devront lui être fournis sur la récolte de l'année suivante.

Art. 185. — *Le directeur général* (5) répartira ces quantités de tabacs de manière à assurer au moins les *cinq sixièmes* (6) des approvisionnements des manufactures royales en tabacs indigènes.

Art. 186. — *Le préfet, en conseil de préfecture, après avoir entendu deux des principaux planteurs de tabacs de chaque arrondissement, et après l'avis du directeur des contributions indirectes du département* (7), réglera par approximation le nombre d'hectares de terre qu'il sera permis de planter en tabac, pour produire les quantités ci-dessus mentionnées.

Art. 187. — Le préfet, en la forme prescrite par l'article précédent, décidera si cette fourniture se fera par voie d'adjudication, ou soumission, ou traité avec les planteurs de tabac, ou si l'on se conformera aux usages adoptés les années précédents (8).

Art. 188. — *Le préfet déterminera alors, et toujours après avoir entendu deux des principaux planteurs, et d'après l'avis du directeur des contributions indirectes du département* (9), le mode

---

(1) Du directeur d'arrondissement ou de département.
(2) Voyez l'art. 195 ci-après qui prive en outre les cultivateurs du droit de planter. L'amende doit être réglée en proportion du nombre de pieds au-dessous de *cent* comme au-dessus. (Loi du 23 avril 1836.)
(3) Pour tout ce qui concerne le chapitre III, les chefs de service des Tabacs prennent la position attribuée aux directeurs des contributions indirectes. (Voyez ANNALES 1860-61-62, p. 143.)
(4 et 5) Le ministre des finances. (*Loi du 12 février 1835, art. 3.*)
(6) Quatre cinquièmes au plus. (*Même loi, même article.*)
(7) Modifié par les articles 2 et 3 de la loi du 12 février 1835.
8 *et* 9) Modifié par les articles 2 et 3 de la loi du 12 février 1835.

de déclaration, permission, surveillance, contrôle, décharge, classification, expertise et livraison de la récolte.

Art. 189. — Dans les arrondissements où les adjudications, soumissions ou traités seraient adoptés, il sera dressé un cahier de charges, qui sera approuvé par le directeur des contributions indirectes du département.

Ce cahier de charges contiendra toutes les obligations que les adjudicataires ou soumissionnaires auront à remplir, et déterminera notamment le mode de surveillance et de contrôle de la culture, ainsi que le mode de livraison des tabacs. Les conditions en seront obligatoires pour l'administration et les contractants, comme toute convention faite par acte authentique entre particuliers, et aucun règlement ou circulaire d'administration publique ne pourra changer ou modifier ces conventions ou traités ainsi consentis.

Art. 190. — Ne seront admis à concourir aux adjudications, soumissions ou traités, que les planteurs de tabac reconnus solvables par le préfet et le directeur des contributions indirectes, ou qui pourront fournir caution pour sûreté de leurs engagements.

Art. 191. — Lorsque le préfet aura réglé que la fourniture se fera par traité particulier, ou conformément à ce qui était précédemment en usage, il déterminera alors le mode de surveillance, contrôle et livraison.

Art. 192. — Le *préfet* (1) fixera, en la forme prescrite par l'article 186, les prix des diverses qualités de tabac qui, dans aucun cas, ne pourront être au-dessous de ceux accordés en 1815 pour la récolte de 1814.

Ces prix pourront servir de base aux traités particuliers, et, d'accord avec les principaux planteurs de tabac, être fixés pour toute la durée de la présente loi.

Il pourra être accordé en outre des prix fixés, à titre d'encouragement de culture, 10 centimes par kilogramme de tabac, pour les qualités dites SURCHOIX.

Art. 193. — Lorsque la vérification de culture fera connaître qu'il y a excédant de plus d'un cinquième, soit sur la quantité de terre déclarée, soit sur le nombre des pieds de tabac, suivant le mode déterminé par le préfet, il en sera dressé procès-verbal, et le contrevenant sera condamné à une amende de 25 francs, par cent pieds de tabac, plantés sur les terres excédant la déclaration, sans que cette amende puisse s'élever au-dessus de 1,500 francs, et sans préjudice de l'augmentation de charge qui en résultera au compte du cultivateur (2).

Art. 194. — En cas de contestation sur le mesurage des terres plantées en tabac ou sur le nombre des pieds de tabac excédant, la vérification en sera ordonnée d'office par le préfet, et les frais

---

(1) Le ministre des finances. (*Loi du* 12 *février* 1835, *art.* 4.)
Voyez l'art. 195 de la présente loi.

en resteront à la charge de celle des parties dont l'estimation aura présenté la différence la plus forte, comparativement avec la contenance réelle.

Art. 195. — Dans le cas prévu par les articles 181 et 193, les cultivateurs seront privés du droit de planter à l'avenir du tabac. Il en sera de même à l'égard de ceux qui auront soustrait, en tout ou en partie, leur récolte à l'exportation.

Art. 196. — Les cultivateurs seront tenus d'arracher et de détruire, immédiatement après la récolte, les tiges et souches de leurs plantations ; sur leur refus, l'opération sera exécutée de la manière prescrite en l'article 181.

Art. 197. — Les planteurs de tabac seront admis à faire constater par les employés de la régie, en présence du maire et de concert avec lui, les accidents que leur récolte encore sur pied aurait éprouvés par suite de l'intempérie des saisons. La réduction à laquelle ils pourront prétendre sur la quantité ou le nombre qu'ils seraient tenus de représenter, en exécution de l'article 182, sera estimée de gré à gré au même instant ; et, en cas de discussion, il sera prononcé par des experts nommés par le préfet.

Ils seront de même admis à présenter au magasin de réception les tabacs avariés depuis la récolte, à en requérir la destruction en leur présence, et la faire constater par les employés.

Art. 198. — Le compte du cultivateur de tabac sera déchargé des quantités ou nombre dont la détérioration ou la destruction sur pied aura été constatée, et de ceux du tabac avarié depuis la récolte qu'il aura présenté au bureau, et qui aura été détruit conformément à l'article précédent.

Art. 199. — Lors de la livraison, le compte du cultivateur de tabac sera balancé. En cas de déficit, il sera tenu de payer la valeur des quantités manquantes, d'après le mode arrêté par le préfet, au taux du tabac de cantine.

Art. 200. — Les sommes dues par les cultivateurs, en vertu de l'article précédent, seront recouvrées dans la forme des impositions directes, sur un état dressé par le directeur des contributions indirectes, et rendu exécutoire par le préfet.

Art. 201. — Les cultivateurs seront recevables, pendant un mois, à porter devant le conseil de préfecture leurs réclamations contre le résultat de leur décompte. Le conseil de préfecture devra prononcer dans les deux mois.

CHAPITRE IV. — *De la culture du tabac pour l'exportation.*

Art. 202. — La culture du tabac pour l'exportation est autorisée dans les départements où la culture est maintenue.

Tous propriétaires et fermiers pourront être admis à cultiver du tabac pour l'exportation, s'ils sont reconnus solvables par le préfet et le directeur des contributions indirectes du département (1), ou s'ils fournissent caution pour sûreté de l'exportation de leur tabac.

Les articles 180, 181 et 182 de la présente loi sont applicables à ceux qui voudraient cultiver pour l'exportation.

Art. 203. — Le préfet, dans la forme prescrite à l'article 186, déterminera le mode de déclaration, vérification, contrôle et charges des cultivateurs pour l'exportation.

Art. 204. — Dans le cas où le planteur de tabac pour l'exportation cultiverait aussi pour l'approvisionnement des manufactures royales, le préfet, en conseil de préfecture, après avoir entendu deux des principaux cultivateurs de tabac, et après l'avis du directeur des contributions indirectes du département, déterminera le mode de livraison à faire à la régie, et celui de surveillance à exercer pour les tabacs restant à exporter.

Art. 205. — Les charges des planteurs de tabac, établies conformément au mode déterminé par le préfet, seront portées sur des registres qui seront ensuite déposés dans le bureau où les tabacs devront être présentés avant l'exportation.

Art. 206. — L'exportation sera effectuée avant le 1er août de l'année qui suivra la récolte, à moins que le cultivateur n'ait obtenu du préfet, sur l'avis du directeur du département, une prolongation de délai, qui, en aucun cas, ne pourra passer le 1er septembre, et qui ne pourra lui être accordée qu'autant qu'il justifiera que sa récolte est intacte.

Néanmoins, si le cultivateur, au lieu d'exporter ses tabacs, conformément au présent article, préfère les déposer dans les magasins de la régie, ils y seront admis en entrepôt, et y resteront jusqu'à l'exportation. Les frais de magasinage et autres seront payés par lui, d'après un tarif dressé par le préfet.

Art. 207. — Après les délais qui auront été accordés pour l'exportation, les tabacs qui n'auront été ni exportés ni mis en entrepôt, seront saisis et confisqués, sans préjudice des répétitions de la régie contre le cultivateur et sa caution, pour raison des quantités manquantes.

Art. 208. — Les tabacs ne pourront être enlevés de chez le cultivateur qu'en vertu d'un laissez-passer des employés des contributions indirectes, qui ne sera délivré que pour le bureau établi près le magasin le plus voisin.

Art. 209. — A ce bureau, les tabacs seront reconnus, pesés, cordés et plombés ; et il sera délivré au cultivateur, sans autre caution que celle qu'il aura fournie en exécution de l'article 202, et sans qu'il soit besoin qu'elle intervienne de nouveau, un acquit pour les accompagner jusqu'à l'étranger.

---

(1) Bien que les directeurs des contributions indirectes ne soient plus chefs de service des tabacs, ils demeurent chargés d'apprécier la solvabilité des planteurs. (Voyez *Annales* 1860-61-62. p. 143.)

Si les tabacs n'étaient pas encore parvenus à un état de dessiccation complet, ou s'il était reconnu qu'ils eussent été mouillés, il serait fait, de gré à gré, sur le poids, une réduction qui serait mentionnée sur l'acquit-à-caution.

Dans le cas où l'on ne s'accorderait pas sur cette réduction, les tabacs resteraient déposés au bureau jusqu'à parfaite dessiccation.

Art. 210. — Les tabacs admis en entrepôt seront enregistrés après reconnaissance du poids et de la qualité, et il sera délivré acte du dépôt au cultivateur.

Art. 211. — Le compte du cultivateur de tabac pour l'exportation sera déchargé des quantités détériorées et avariées, conformément aux articles 181 et 203 (1).

Art. 212. — A l'expiration du délai fixé pour l'exportation, le compte sera balancé, et les articles 214, 215 et 216 (2) de la présente loi seront applicables au planteur pour l'exportation.

Art. 213. — Les sommes dues par les cultivateurs, en vertu de l'article précédent, seront recouvrées dans la forme des impositions directes, sur un état dressé par le directeur des contributions indirectes, et rendu exécutoire par le préfet.

Art. 214. — Les cultivateurs seront recevables, pendant un mois, à porter devant le conseil de préfecture leurs réclamations contre le résultat de leur décompte. Le conseil de préfecture devra prononcer dans les deux mois.

CHAPITRE V. — *Dispositions générales applicables au présent titre.*

Art. 215. — Les tabacs en feuilles ne pourront circuler sans acquit-à-caution, si ce n'est dans le cas prévu par l'article 208, ou lorsqu'ils auront été cultivés pour l'approvisionnement de la régie, et qu'ils seront transportés du domicile du cultivateur au magasin de réception : ils devront, dans ce dernier cas, comme dans le premier, être accompagnés d'un laissez-passer.

Les tabacs fabriqués ne pourront circuler sans acquit-à-caution toutes les fois que la quantité excédera dix kilogrammes ; les quantités d'un kilogramme à dix devront être accompagnées d'un laissez-passer, à moins qu'elles ne soient revêtues des marques et vignettes de la régie (3).

Art. 216. — Les tabacs circulant en contravention à l'article précédent seront saisis et confisqués, ainsi que les chevaux, voitures, bateaux et autres objets servant au transport : le contrevenant sera puni, en outre, d'une amende de 100 francs à 1,000 francs.

_____

(1) Il y a évidemment erreur de citation dans la loi. C'est aux articles 197 et 198 qu'il faut se reporter.

(2) Il y a erreur : lisez 199, 200 et 201.

(3) Les tabacs dits *de cantine* ne peuvent, même sous marques et vignettes, circuler en quantités supérieures à un kilogramme qu'accompagnés d'un acquit-à-caution ou d'une facture. (*Loi du 23 avril* 1840, *art.* 2.)

Toute personne convaincue d'avoir fourni le tabac saisi en fraude sera passible de cette dernière amende.

Art. 217. — Nul ne peut avoir en sa possession des tabacs en feuilles, s'il n'est dûment autorisé.

Nul ne peut avoir en provision des tabacs fabriqués, autres que ceux des manufactures royales ; et cette provision ne peut excéder dix kilogrammes, à moins que les tabacs ne soient revêtus des marques et vignettes de la régie.

Art. 218. — Les contraventions à l'article précédent seront punies de la confiscation, et, en outre, d'une amende de 10 francs par kilogramme de tabac saisi. Cette amende ne pourra excéder la somme de 3,000 francs, ni être au-dessous de 100 francs.

Art. 219. — Les tabacs vendus par la régie comme tabacs de CANTINE seront saisis comme étant en fraude, lorsqu'ils seront trouvés dans les lieux où la vente n'en sera pas autorisée ; et les détenteurs seront passibles de l'amende portée en l'article précédent.

Voir l'art. 2 de la loi du 23 avril 1840 et la loi du 24 juillet 1843, art. 5.

Art. 220. — Les ustensiles de fabrication, tels que moulins, râpes, hache-tabacs, rouets, mécaniques à scaferlati, presses à carotte et autres, de quelque forme qu'ils puissent être, qui, quinze jours après la promulgation de la présente loi, ne seraient point rétablis sous le scellé ordonné par l'article 44 de la loi du 24 décembre 1814 (1), seront saisis et confisqués.

Art. 221. — Seront considérés et punis comme fabricants frauduleux : les particuliers chez lesquels il sera trouvé des ustensiles, machines ou mécaniques propres à la fabrication ou à la pulvérisation, et en même temps des tabacs en feuilles ou en préparation, quelle qu'en soit la quantité, ou plus de dix kilogrammes de tabac fabriqué, non revêtus des marques de la régie.

Les tabacs et ustensiles, machines ou mécaniques, seront saisis et confisqués, et les contrevenants condamnés, en outre, à une amende de 1,000 à 3,000 francs.

En cas de récidive l'amende sera double.

Art. 222. — Ceux qui seront trouvés vendant en fraude du tabac à leur domicile, ou ceux qui en colporteront, qu'ils soient ou non surpris à le vendre, seront arrêtés et constitués prisonniers, et condamnés à une amende de 300 francs à 1,000 francs, indépendamment de la confiscation des tabacs saisis, de celle des ustensiles servant à la vente, et, en cas de colportage, de celle des moyens de transport, conformément à l'article 216.

Art. 223. — Les employés des contributions indirectes, des douanes ou des octrois, les gendarmes, les préposés forestiers,

---

(1) Cet article prescrivait à tout particulier ayant en sa possession des ustensiles de fabrication, d'en faire la déclaration au bureau de la régie le plus voisin de son domicile, « pour être lesdits ustensiles mis sous le scellé. »

les gardes champêtres, et généralement tout employé assermenté, pourront constater la vente des tabacs en contravention à l'article 172, le colportage, les circulations illégales, et généralement les fraudes sur les tabacs ; procéder à la saisie des tabacs, ustensiles et mécaniques prohibés par la présente loi ; à celle des chevaux, voitures, bateaux et autres objets servant au transport, et constituer prisonniers les fraudeurs et colporteurs (1), dans le cas prévu par l'article précédent.

Voir art. 3 de la loi du 29 février 1872 d'après lequel les procès-verbaux concernant les tabacs peuvent être établis par un seul employé.

Art. 224. — Lorsque, conformément aux articles 222 et 223, les employés auront arrêté un colporteur ou fraudeur de tabac, ils seront tenus de le conduire sur-le-champ devant un officier de police judiciaire, ou de le remettre à la force armée, qui le conduira devant le juge compétent, lequel statuera de suite par une décision motivée, sur son emprisonnement où sa mise en liberté.

Néanmoins, si le prévenu offre bonne et suffisante caution de se présenter en justice et d'acquitter l'amende encourue, ou s'il consigne lui-même le montant de ladite amende, il sera mis en liberté, s'il n'existe aucune charge contre lui.

Art. 225. — Tout individu condamné pour fait de contrebande en tabac sera détenu jusqu'à ce qu'il ait acquitté le montant des condamnations prononcées contre lui : *cependant le temps de la détention ne pourra excéder six mois, sauf le cas de récidive, où le terme pourra être d'un an* (2).

Art. 226. — La contrebande de tabac avec attroupement et à main armée sera poursuivie et punie comme en matière de douanes.

Art. 227. — Les préposés aux entrepôts et à la vente des tabacs, qui seraient convaincus d'avoir falsifié des tabacs des manufactures royales, par l'addition ou le mélange de matières hétérogènes, seront destitués, sans préjudice des peines portées par *l'article 318 du Code pénal* (3).

Art. 228. — Les droits et actions acquis à la régie en vertu de la loi du 24 décembre 1814 lui sont réservés.

Les articles 172 à 176 de la présente loi ont reproduit textuellement les cinq premiers articles de la loi de 1814, dont toutes les autres dispositions ont été renouvelées ou modifiées.

Art. 229. — Le ministre des finances rendra à la prochaine session des Chambres un compte détaillé de la régie des tabacs, comprenant le montant total de ses recettes et dépenses effectives depuis son établissement.

(1) Une prime d'arrestation est allouée dans ce cas. Voyez art. 1er de l'ordonnance du 31 décembre 1817 (Tabacs), et art. 1er de l'ordonnance du 5 octobre 1842 (Poudres à feu).

(2) Modifié par les lois du 17 avril 1832 et 22 juillet 1867 sur la contrainte par corps.

(3) Les mots en italique sont devenus sans application. (*Loi du 25 mars 1817, art.* 125.)

Ledit compte fera connaître la quantité des tabacs indigènes et exotiques restant en magasin, et leur valeur calculée d'après le prix d'achat des feuilles, en y ajoutant, quant aux tabacs fabriqués, les frais de fabrication (1).

Le présent titre, relatif au tabac, n'aura d'effet que *jusqu'au 1er janvier* 1821 (2).

TITRE VI. — Des acquits-à-caution.

Art. 230. — Tout ce qui concerne les acquits-à-caution délivrés par la régie sera réglé suivant les dispositions de la loi du 22 août 1791.

TITRE VII. — Dispositions générales.

Art. 231. — Les dispositions des lois, décrets et règlements, auxquels il n'est pas dérogé par la présente, et qui autorisent et régissent actuellement la perception des droits sur la navigation, les bacs, les bateaux, les péages, les passages de ponts et écluses, les canaux, la pêche, les francs-bords, les matières d'or et d'argent, les voitures publiques, la régie des poudres et salpêtres, sont et demeurent maintenues.

Art. 232. — Le décime par franc pour contribution de guerre est maintenu sur ceux des droits désignés, établis ou conservés par la présente loi, qui en sont passibles. Il sera également perçu en sus des droits établis par les titres Ier III et IV de la présente loi.

Voir art. 123 de la loi du 25 mars 1817. — Le décime a été augmenté d'un nouveau décime (loi du 14 juillet 1855). Certaines taxes sont passibles d'un demi-décime en plus. (Voir loi du 30 décembre 1873.)

Art. 233. — La régie des contributions indirectes établira un bureau dans toutes les communes où il sera présenté un habitant solvable qui puisse remplir les fonctions de buraliste.

Art. 234. — Les buralistes tiendront leur bureau ouvert au public depuis le lever jusqu'au coucher du soleil, les jours ouvrables seulement.

Art. 235. — Les visites et exercices que les employés sont autorisés à faire chez les redevables ne pourront avoir lieu que pendant le jour; cependant ils pourront aussi être faits la nuit dans les brasseries, distilleries, lorsqu'il résultera des déclarations que ces établissements sont en activité, et chez les débitants de boissons, pendant tout le temps que les lieux de débit seront ouverts au public.

---

1) Un compte semblable est rendu à chaque session annuelle.
(2) Il a été prorogé successivement jusqu'au 1er janvier 1883. (*Lois des 28 avril* 1819, *17 juin* 1824, *29 avril* 1829, *février* 1835 *et 23 avril* 1840. — *Décret du* 11 *décembre* 1851, — *Lois des 3 juillet* 1852, 22 *juin* 1862, 21 *décembre* 1872.)

Art. 236. — Les visites et vérifications que les employés sont autorisés à faire pendant le jour seulement, ne pourront avoir lieu que dans les intervalles de temps déterminés par l'article 26 de la présente loi.

Art. 237. — En cas de soupçon de fraude à l'égard des particuliers non sujets à l'exercice, les employés pourront faire des visites dans l'intérieur des habitations, en se faisant assister du juge de paix, du maire, de son adjoint ou du commissaire de police, lesquels seront tenus de déférer à la réquisition qui leur en sera faite et qui sera transcrite en tête du procès-verbal. Ces visites ne pourront avoir lieu que d'après l'ordre d'un employé supérieur du grade de contrôleur au moins, qui rendra compte des motifs au directeur du département.

Les marchandises transportées en fraude, qui, au moment d'être saisies, seraient introduites dans une habitation pour les soustraire aux employés, pourront y être suivies par eux, sans qu'ils soient tenus, dans ce cas, d'observer les formalités ci-dessus prescrites.

Art. 238. — Les rébellions ou voies de fait contre les employés seront poursuivies devant les tribunaux qui ordonneront l'application des peines prononcées par le Code pénal (1), indépendamment des amendes et confiscations qui pourraient être encourues par les contrevenants. Quand les rébellions ou voies de fait auront été commises par un débitant de boissons, le tribunal ordonnera, en outre, la clôture du débit pendant un délai de trois mois au moins et de six mois au plus (2).

Art 239. — A défaut de payement des droits, il sera décerné contre les redevables des contraintes qui seront exécutoires nonobstant opposition, et sans y préjudicier.

Art. 240. — Les employés n'auront aucun droit au partage du produit net des amendes et confiscations; un tiers de ce produit appartiendra à la caisse des retraites, les deux autres tiers feront partie des recettes ordinaires de la régie ; le tout conformément aux dispositions de l'article 137 de la loi du 8 décembre 1814 sur les boissons.

Néanmoins, les employés saisissants auront droit au partage du produit net des amendes et confiscations prononcées par suite de fraudes et contraventions relatives aux octrois, aux tabacs et cartes (3).

A Paris et dans les villes où l'abonnement général autorisé par

---

(1) Articles 209 à 218, 230 à 233.
(2) Une loi du 17 mai 1819 contient les dispositions suivantes :
« Art. 3. Toute expression outrageante, terme de mépris ou invective, qui ne renferme l'imputation d'aucun fait, est une injure.
« Art. 16 et 19 (combinés) : L'injure contre tout dépositaire ou agent de l'autorité publique, pour des faits relatifs à ses fonctions, sera punie d'un emprisonnement de cinq jours à un an, et d'une amende de 25 à 2,000 francs, ou de l'une de ces deux peines, selon les circonstances. »
(3) Voir l'article 126 de la loi du 25 mars 1817.

l'article 73 sera consenti, les communes disposeront, relativement aux saisies faites aux entrées par les préposés de l'octroi, du tiers affecté ci-dessus à la caisse des retraites de la régie.

Art. 241. — Les registres portatifs tenus par les employés de la régie seront cotés et paraphés par les juges de paix : les registres de perception ou de déclaration, et tous autres pouvant servir à établir les droits du Trésor et ceux des redevables, seront cotés et paraphés dans chaque arrondissement de sous-préfecture par un des fonctionnaires publics que les sous-préfets désigneront à cet effet.

Voir art. 8 de la loi du 2 août 1872 qui autorise, sous certaines conditions, les propriétaires, fermiers etc., à prendre connaissance sur place des registres portatifs.

Art. 242. — Les actes inscrits par les employés, dans le cours de leurs exercices, sur leurs registres portatifs, auront foi en justice jusqu'à inscription de faux.

Voir page 135 l'annotation de l'article 54 de la présente loi.

Art. 243. — Les expéditions et quittances délivrées par les employés seront marquées d'un timbre spécial dont le prix est fixé à 10 centimes.

Art. 244. — Les préposés ou employés de la régie prévenus de crimes ou délits dans l'exercice de leurs fonctions seront poursuivis et traduits, dans les formes communes à tous les citoyens, devant les tribunaux compétents, sans autorisation préalable de la régie ; seulement le juge instructeur, lorsqu'il aura décerné un mandat d'arrêt, sera tenu d'en informer le directeur des impositions indirectes du département de l'employé poursuivi ; le tout conformément aux dispositions de la loi du 8 décembre 1814, article 144 (1).

Art. 245. — Les autorités civiles et militaires, et la force publique, prêteront aide et assistance aux employés pour l'exercice de leurs fonctions, toutes les fois qu'elles en seront requises.

Art. 246. — Une loi spéciale déterminera le mode de procéder relativement aux instances qui concernent la perception des contributions indirectes.

Art. 247. — Aucunes instructions, soit du ministre, soit du directeur général, ou de la régie des impositions indirectes, soit d'aucuns des préposés, ne pourront, sous quelque prétexte que ce soit, annuler, étendre, modifier ou forcer le vrai sens des dispositions de la présente loi.

Les tribunaux ne pourront prononcer de condamnation qui seraient fondées sur lesdites instructions, et qui ne résulteraient pas formellement de la présente loi,

Les contribuables de qui il aurait été exigé ou perçu quelques

(1) Cet article est exactement conçu dans les mêmes termes que l'article 244 ci-dessus.

sommes au delà du tarif, ou d'après les seules dispositions d'instructions ministérielles, pourront en réclamer la restitution.

Leur demande devra être formée dans les six mois ; elle sera instruite et jugée dans les formes qui sont observées en matière de domaine (1).

Art. 248. — La présente loi sera mise à exécution à dater du jour de sa promulgation, et n'aura d'effet que *jusqu'au* 1er *février* 1817 (2), excepté en ce qui concerne les tabacs.

NOTA. — Les deux tarifs qui, sous les nos I et II, étaient annexés à la loi du 28 avril 1816, ont été remplacés par le tarif général annexé à la loi du 12 décembre 1830, lequel a été modifié lui-même par l'article 18 du décret du 17 mars 1852, les lois des 14 juillet 1855, 26 juillet 1860, 1er septembre 1871, 26 mars 1872 et 31 décembre 1873.

Tarif des droits de licence à percevoir en exécution de l'article 171 de la présente loi.

(Remplacé par l'article 6 de la loi du 1er septembre 1871.)

ORDONNANCE DU 22 MAI 1816.

. . . .

Art. 4. — La régie des contributions indirectes continuera de faire l'avance des frais de poursuites et des droits de timbre et d'enregistrement dans les affaires poursuivies à sa requête et dans son intérêt.

ORDONNANCE DU 11 JUIN 1816.

Art. 1er. — Dans tous les cas où, en vertu des lois et règlements en vigueur, la régie des contributions indirectes délivrera un acquit-à-caution, l'expéditeur des marchandises que cet acquit-à-caution devra accompagner s'engagera à rapporter, dans un délai déterminé, un certificat de l'arrivée desdites marchandises à leur destination déclarée, ou de leur sortie du royaume, et se soumettra à payer, à défaut de cette justification, le *double* des droits que l'acquit-à-caution aura eu pour objet de garantir ; ledit expéditeur donnera, en outre, caution solvable qui s'obligera solidai-

---

(1) Il est d'usage de reproduire les dispositions de cet article à la fin de la loi annuelle sur le budget des recettes ; mais nous nous bornons à le conserver ici.

(2) Elle est en vigueur aujourd'hui en vertu de l'article 11 de la loi du 11 juin 1842 et des lois subséquentes.

rement avec lui à rapporter le certificat de décharge, si mieux il n'aime consigner le montant du *double* droit.

NOTA. — Pour les vins, cidres, poirés et hydromels, les soumissionnaires s'engagent à payer le sextuple droit de circulation. (Décret du 17 mars 1852.) — Voir art. 8 et 10 de la loi du 21 juin 1873.

Art. 2. — Les acquits-à-caution délivrés pour des marchandises à la destination de l'étranger seront déchargés après la sortie du territoire ou l'embarquement. Ceux qui auront accompagné des marchandises enlevées pour l'intérieur ne seront déchargés qu'après la prise en charge des quantités y énoncées, si le destinataire est assujetti aux exercices des employés de la régie, ou le payement du droit dans le cas où il sera dû à l'arrivée.

Art. 3. — Les certificats de décharge seront signés par deux employés au moins et enregistrés au lieu de la destination. — Les employés qui auront signé un certificat de décharge seront tenus d'en délivrer un *duplicata* toutes les fois qu'ils en seront requis.

Art. 4. — Les préposés de la régie ne pourront délivrer de certificats de décharge pour les marchandises qui leur seront représentées après le terme fixé par l'acquit-à-caution, ni pour celles qui ne seraient pas de l'espèce énoncée dans l'acquit-à-caution. Dans ces deux cas, les marchandises seront saisies comme n'étant pas accompagnées d'une expédition valable, et il sera dressé procès-verbal de cette contravention, conformément à la loi.

Art. 5. — Lorsqu'il y aura seulement différence dans la quantité, et qu'il sera reconnu que cette différence provient de substitution, d'addition ou de soustraction, l'acquit-à-caution sera déchargé pour la quantité représentée, indépendamment du procès-verbal qui sera rapporté, dans ce cas, pour contravention aux articles 6 et 10 de la loi du 28 avril 1816. — Si la différence est en moins, l'expéditeur sera tenu, aux termes de la soumission, de payer le *double* droit pour la quantité manquante. Si la différence est en plus, le distinataire sera tenu d'acquitter sur l'excédant le *double* des mêmes droits.

Art. 6. — Lorsque les acquits-à-caution seront rapportés au bureau d'enlèvement, revêtus de certificats de décharge en bonne forme, ou, en cas de perte de ces expéditions, lorsqu'il sera produit des *duplicata* réguliers desdits certificats de décharge, les engagements des soumissionnaires et de leurs cautions seront annulés, ou les sommes consignées restituées, sauf la retenue, s'il y a lieu, pour *doubles* droits sur les manquants reconnus à l'arrivée, et moyennant que les soumissionnaires certifient, au dos desdites expéditions, la remise qu'ils en feront, et qu'ils déclarent le nom, la demeure et la profession de celui qui leur aura renvoyé le certificat de décharge.

Art. 7. — Dans le cas où les certificats de décharge, après vérification seraient reconnus faux, les soumissionnaires et leurs cautions ne seront tenus que des condamnations purement civiles, conformément à leur soumission, sans préjudice des poursuites à exercer contre qui de droit, comme à l'égard des falsifications ou altération d'écritures publiques. La régie aura quatre mois pour s'assurer de la validité des certificats de décharge et intenter l'action ; après ce délai, elle ne sera plus recevable à former aucune demande.

Art. 8. — Si les certificats de décharge ne sont pas rapportés dans les délais fixés par la soumission, et s'il n'y a pas eu de consignation au départ, les préposés à la perception décerneront contrainte contre les soumissionnaires et leurs cautions, pour le payement des *doubles* droits; néanmoins, si les soumissionnaires rapportent, dans le terme de six mois après l'expiration dudit délai, le certificat de décharge en bonne forme, délivré en temps utile, les sommes qu'ils auront payées leur seront remboursées.

Art. 9. — Après le délai de six mois, aucune réclamation ne sera admise, et les doubles (*ou sextuples*) droits seront acquis, l'un comme perception ordinaire, l'autre à titre d'amende.

ORDONNANCE DU 19 JUIN 1816,

Relative aux affiches à apposer dans les débits de boissons.

Art. 1er. — Les affiches dont les débitants de boissons sont tenus de se pourvoir, en exécution de l'article 48 de la loi du 28 août 1816, leur seront fournies par la régie des contributions indirectes.

Art. 2. — Le prix de cette affiche est fixé à 10 centimes.

ORDONNANCE DU 27 NOVEMBRE 1816,

Qui fixe le délai dans lequel les lois et ordonnances sont exécutoires.

Art. 1er. — A l'avenir la promulgation des lois et de nos ordonnances résultera de leur insertion au *Bulletin officiel*.

Art. 2. — Elle sera réputée connue, conformément à l'article 1er du Code civil, un jour après que le *Bulletin des lois* aura été reçu de l'imprimerie *royale* par notre *chancelier*, ministre de la justice, lequel constatera sur un registre l'époque de la réception.

Art. 3. — Les lois et ordonnances seront exécutoires dans chacun des autres départements *du royaume*, après l'expiration du même délai augmenté d'autant de jours qu'il y aura de fois dix myriamètres (environ vingt lieues anciennes) entre la ville où la promulgation aura été faite et le chef-lieu de chaque département, suivant le tableau annexé à l'arrêté du 25 thermidor an xi (13 août 1803).

Art. 4. — Néanmoins, dans les cas et les lieux où nous jugerons convenable de hâter l'exécution, les lois et ordonnances seront censées publiées et seront exécutoires du jour qu'elles seront parvenues au préfet, qui en constatera la réception sur un registre (1).

ORDONNANCE DU 18 JANVIER 1817

Relative à la promulgation des lois et ordonnances.

Art. 1er. — Dans les cas prévus par l'article 4 de notre ordonnance du 27 novembre 1816, où nous jugerons convenable de hâter l'exécution des lois et de nos ordonnances en les faisant parvenir extraordinairement sur les lieux, les préfets prendront incontinent un arrêté par lequel ils ordonneront que lesdites lois et ordonnances seront imprimées et affichées partout où besoin sera.

Art. 2. — Lesdites lois et ordonnances seront exécutoires à compter du jour de la publication faite dans la forme prescrite par l'article ci-dessus (2).

LOI DU 25 MARS 1817.

TITRE V. — Contributions directes de 1817.

Art. 47. — Dans aucun cas et sous aucun prétexte de dépenses générales ou locales, ordinaires ou extraordinaires, il ne pourra être fait, au profit du Trésor, aucun prélèvement sur les centimes ordinaires ou facultatifs des communes, ni sur leurs autres revenus, *à l'exception du dixième du produit net des octrois, ordonné par l'article 153 de la loi du 28 avril* (3).

Art. 48. — (Remplacé par l'article 20 de la loi du 28 avril 1832.)

TITRE VII. — Contributions indirectes.

§ 1er.

Art. 79. — La loi du 28 avril 1816 sur les contributions indirectes continuera d'être exécutée avec les modifications ci-après, *jusqu'au 1er mars 1818* (4).

§ 2. — Des boissons.

Art. 80. — Le droit de circulation sur les boissons sera perçu

---

(1) Voir l'ordonnance du 18 janvier 1817 et le décret du 5 novembre 1870.
(2) Voir le décret du 5 novembre 1870.
(3) Voir annotation de l'article 153 de la loi du 28 avril 1816.
(4) Elle est en vigueur aujourd'hui, en vertu de la loi du 11 juin 1842.

conformément au tarif . . . .

Le tarif du droit de circulation est fixé par l'article 1er de la loi du 1er septembre 1871.

Art. 81. — (Abrogé par l'article 3 de la loi du 17 juillet 1819.)

Art. 82. — Seront également affranchis à l'avenir du droit de circulation, quels que soient les lieux d'enlèvement et l'expéditeur, et pourvu que, dans le lieu de destination, le commerce des boissons ne soit pas affranchi des exercices des employés de la régie :

1° Les boissons qui seront enlevées à destination de négociants, marchands en gros, courtiers, facteurs, commissionnaires, distillateurs et tous autres munis d'une licence de marchand en gros ou de distillateur ;

2° Les vins, cidres et poirés qui seront enlevés à destination de toute personne qui vend en détail lesdites boissons, pourvu qu'elle soit munie d'une licence de débitant (1).

Art. 83. — Pour jouir de l'exemption prononcée par l'article précédent, l'expéditeur sera tenu de se munir d'un acquit-à-caution dont le coût demeure fixé à 25 *centimes*, timbre compris (2).

. . . .

Le second alinéa de cet article contient une disposition transitoire.

Art. 84. — (Remplacé par l'article 2 de la loi du 12 décembre 1830.)

Art. 85. — L'hydromel sera compris au nombre des boissons soumises aux droits de circulation, d'entrée, de détail et de licence. Il sera imposé, dans tous les cas, comme le cidre.

Art. 86. — (Remplacé par l'article 3 de la loi du 12 décembre 1830.)

Art. 87. — Déductions. — Remplacé par l'article 5 de la loi du 31 juillet 1821, ensuite par les lois du 24 juin 1824, n° II et n° III, et enfin par l'ordonnance du 24 décembre 1838, rendue pour l'exécution de la loi du 20 juillet 1837. En ce qui concerne les spiritueux, cette ordonnance a été modifiée par la loi du 4 décembre 1872.)

§ 3. — Des huiles.

Supprimé par la loi du 17 août 1822, le paragraphe 3 concernant le droit d'entrée sur les huiles a été remis en vigueur, avec quelques modifications, par la loi du 31 décembre 1873. Voir cette loi.

§ 4. — Des voitures publiques.

Art. 112. — Le droit du dixième du prix des places et du prix reçu pour le transport des marchandises, auquel sont assujettis les entrepreneurs de voitures publiques, de terre et d'eau à service régulier, continuera d'être perçu conformément aux lois en vi-

---

(1) Voyez les articles 84 et 85 de la loi du 15 mai 1818, qui prononcent deux autres exceptions.

(2) Le coût des acquits-à-caution est aujourd'hui fixé à 50 centimes, timbre compris. (Art. 1er de la loi du 31 décembre 1873.)

gueur (1), sous la déduction, pour les places vides, d'un *quart* (2) du prix total des places. Seront considérées comme voitures à service régulier toutes les voitures qui feront le service d'une même route ou d'une ville à une autre (3), lors même que les jours et heures des départs varieraient (4).

L'article 75 de la loi du 5 ventôse an XII qui a établi le droit de 10 centimes sur le transport des marchandises, ne concerne que les voitures de terre. — Les voitures d'eau ne doivent donc être assujetties qu'à l'impôt du dixième du prix des places. — Voir la loi du 16 septembre 1871 qui a établi une taxe additionnelle de 10 0/0 sur les voitures de fer, de terre et d'eau, et la loi du 21 mars 1874, qui frappe d'une taxe de 5 0/0 le prix de transport des marchandises en petite vitesse. Cette taxe n'est pas sujette aux décimes.

Art. 113. — Tout entrepreneur de voitures publiques suspendues ou non suspendues, partant d'occasion ou à volonté, sera tenu de payer chaque année, pour tenir lieu du dixième imposé sur les voitures à service régulier, savoir. . . . .

Le tarif a été abrogé par l'article 8 de la loi du 28 juin 1833.

Art. 114. — (Remplacé par l'article 4 de la loi du 17 juillet 1819.)

Art. 115. — Toute entreprise de voitures publiques de terre ou d'eau, à service régulier, pourra désormais être formée ou continuée, moyennant que l'entrepreneur fasse une déclaration préalable et annuelle, et qu'il se munisse d'une licence dont le prix est fixé (5) à 5 francs par voiture à quatre roues et par voiture d'eau, et à 2 francs par voiture à deux roues. Les entrepreneurs de voitures partant d'occasion ou à volonté feront la même déclaration, mais sans être tenus au payement de la licence.

Art. 116. — La déclaration énoncera l'espèce et le nombre des voitures, le nombre des places dans chaque voiture, dans l'intérieur et à l'extérieur, et, de plus, si l'entreprise est à service régulier, le prix de chaque place, la route que chaque voiture doit parcourir et les jours et heures des départs.

En cas de variation dans les jours et heures des départs, les entrepreneurs seront admis à rectifier leur déclaration toutes les fois qu'il sera nécessaire.

Si les voitures doivent faire un service d'occasion, les dernières indications ci-dessus seront remplacées par celles du genre de service auquel elles seront destinées.

Art. 117. — Avant que les voitures, ainsi déclarées, puissent être mises en circulation, il sera apposé sur chacune d'elles, par les préposés de la régie, et après vérification, une estampille (6)

---

(1) Loi du 5 ventôse an XII, article 74 et 75, et décret du 14 fructidor de la même année.
(2) D'un tiers. (*Loi du 17 juillet* 1819, *art.* 4.)
(3) Sauf l'exception prononcée par le second paragraphe de l'article 8 de la loi du 28 juin 1833.
(4) Chemins de fer. Voir loi des 2 juillet 1838 et 14 juillet 1855.
(5) Décime non compris. (*Art.* 123 *de la présente loi.*)
(6) L'estampille ne doit être délivrée que sur le vu de l'autorisation exigée par l'article 3 de l'ordonnance du 16 juillet 1828. Voyez ANNALES 1834, page 333.

dont le coût, fixé à 2 francs, sera remboursé par les entrepreneurs. Il sera également délivré, pour chaque voiture, un laissez-passer conforme à la déclaration dont les conducteurs devront toujours être porteurs.

Les voitures déclarées ne pourront être changées, ni les estampilles placées sur de nouvelles voitures, sans une déclaration préalable, auquel cas il ne sera point dû de nouvelle licence.

Voir l'article 9 de la loi du 14 fructidor an XII.

Art. 118. — Le montant des droits dus par les entrepreneurs pour les voitures à service régulier sera établi, pour le dixième du prix des places, d'après la déclaration, et pour le dixième du prix du transport, sur le vu des registres que doivent tenir les entrepreneurs et des feuilles remises aux conducteurs. Le payement pourra en être exigé tous les dix jours. A l'égard des voitures partant d'occasion ou à volonté, le droit fixe établi par l'article 113 sera exigible par trimestre et d'avance. Il sera toujours dû pour un trimestre entier au moins, à quelque époque que commence ou cesse le service (1).

Art. 119. — Il pourra être consenti des abonnements pour les voitures de terre ou d'eau à service régulier. Ces abonnements auront pour unique base les recettes présumées de l'entreprise pour le prix des places et le transport des marchandises.

Art. 120. — Toute voiture publique qui circulerait sans estampille ou sans laissez-passer, ou avec un laissez-passer qui ne serait pas applicable, sera saisie, ainsi que les chevaux et harnais. En cas de saisie de voitures en route, elles pourront continuer leur voyage, au moyen d'une mainlevée qui en sera donnée sous suffisante caution, ou même sous la caution juratoire de l'entrepreneur ou du conducteur.

Dans aucun cas, les employés ne pourront arrêter les voitures sur les grandes routes, ailleurs qu'aux entrées et sorties des villes ou aux relais. En cas de soupçon de fraude, ils ne pourront faire leur vérification qu'à la première halte.

Art. 121. — Les lois et règlements actuellement en vigueur, relatifs aux droits sur les voitures publiques, continueront d'être exécutés en ce qui n'est pas contraire aux dispositions de la présente.

Art. 122. — Toute contravention aux dispositions du présent paragraphe, ou à celles des lois et règlements confirmés par l'article précédent, sera punie de la confiscation des objets saisis et d'une amende de 100 à 1,000 francs; en cas de récidive, l'amende sera toujours de 500 francs au moins.

On ne doit saisir les voitures, chevaux et harnais qu'à défaut d'estampille ou de laissez-passer ou quand celui-ci est inapplicable. (Art. 120 ci-dessus.)

---

(1) Pour les voitures qui peuvent être mises accidentellement en circulation dans les lieux où il existe déjà des voitures publiques, voyez l'article 11 de la loi de 20 juillet 1837.

§ 5. — Dispositions diverses.

Art. 123. — Les droits créés ou maintenus par la loi du 28 avril 1816 et par la présente seront passibles du décime par franc établi par l'article 232 de ladite loi.

Continueront seulement à être exemptes du décime, les perceptions qui sont faites sur les canaux affermés, la pêche, les francs-bords, les ponts, les bacs et passages d'eau.

Voir les lois des 14 juillet 1855 et 8 juin 1864 qui autorisent la perception d'un second décime, et la loi du 30 décembre 1873, d'après laquelle certaines taxes sont assujetties temporairement à un supplément de 5 0/0.

Art. 124. — Le gouvernement continuera, *pendant une année*(1), d'être autorisé, conformément à la loi du 14 floréal an x, à établir des droits de péage dans les cas où ils seront reconnus nécessaires pour concourir à la construction où à la restauration des ponts, écluses et ouvrages d'art à la charge de l'État, des départements et des communes; il en fixera les tarifs et le mode de perception, et en déterminera la durée, dans la forme usitée pour les règlements d'administration publique.

Art. 125. — Les préposés qui seront reconnus coupables des prévarications prévues par l'article 227 de la loi du 28 avril 1816, seront punis d'une amende de 300 à 3,000 francs, et d'un emprisonnement de trois mois au moins et d'un an au plus.

Art. 126. — Il sera procédé, à l'égard du produit des amendes et confiscations relatives aux droits établis ou maintenus par les paragraphes 2, 3 (2) et 4 du présent titre, comme à l'égard des saisies en matière d'octroi (3).

ORDONNANCE DU 11 JUIN 1817

Portant établissement de droits d'octroi dans la banlieue de Paris.

Art. 1er. — Il sera établi autour de notre bonne ville de Paris une perception de banlieue sur les eaux-de-vie, esprits et liqueurs.

Elle s'étendra à toutes les communes des arrondissements de Sceaux et de Saint-Denis.

. . . .

---

(1) La même disposition est reproduite, chaque année, dans la loi du budget des recettes. Voir la note 1 de la page 167.

(2) Le paragraphe 3 soumettait les huiles à l'acquittement d'un droit d'entrée. Cette perception, qui avait cessé, en vertu de la loi du 17 août 1822, a été rétablie par la loi du 31 décembre 1873.

(3) Voir le deuxième alinéa de l'article 240 de la loi du 28 avril 1816, la circulaire n° 33 du 28 décembre 1871 (années 1869-70-71, page 581), et les dispositions spéciales qui ont rendu l'article 126 ci-dessus applicable aux nouveaux impôts.

Art. 16. — Il ne pourra être établi de distillerie dans la banlieue qu'en vertu d'une autorisation donnée par le Préfet de la Seine.

Art. 17. — Il sera fait mention sur les congés ou acquits-à-caution délivrés par les préposés des contributions indirectes, pour les eaux-de-vie, esprits ou liqueurs qui seront enlevés de l'intérieur de la banlieue, que l'expéditeur a justifié de l'acquittement du droit de banlieue.

Art. 18. — Les eaux-de-vie, esprits et liqueurs circulant dans la banlieue sans acquits-à-caution de l'octroi, ou sans quittance du droit de banlieue, ou sans que les expéditions dont ils seront accompagnés, pour les contributions indirectes, présentent la mention voulue par l'article précédent, seront saisis par les préposés de l'octroi ou des contributions indirectes.

Art. 19. — Conformément à l'article 53 de la loi du 28 avril 1816, les débitants de boissons seront tenus de représenter aux employés des contributions indirectes les quittances du droit de banlieue pour les eaux-de-vie, esprits et liqueurs qu'ils auront introduits dans leur débit ; celles de ces boissons pour lesquelles ils ne pourront justifier de l'acquit de ce droit seront saisies et confisquées.

NOTA. — Voir, pour le droit de banlieue, l'ordonnance du 9 décembre 1814, article 102.

ORDONNANCE DU 18 JUIN 1817.

Art. 1er. — L'as de trèfle, ou tout autre au besoin, sera désormais assujetti à une marque particulière et distinctive, que la régie des contributions indirectes est autorisée à faire imprimer sur le papier qu'elle fournit aux cartiers.

Art. 2. — Il est défendu aux fabricants de cartes à jouer d'employer pour les as de trèfle, dans la composition des jeux français, d'autre papier que celui qui leur aura été livré pour cet objet. — Toute contravention à cet égard sera punie conformément aux dispositions de la loi du 28 avril 1816.

ORDONNANCE DU 31 DÉCEMBRE 1817.

Art. 1er. — Les préposés dénommés en l'article 223 de la loi du 28 avril 1816, ou tous autres individus qui arrêteront ou concourront à arrêter des colporteurs ou vendeurs de tabac de fraude, recevront une prime de quinze francs par chaque personne arrêtée, quel que soit le nombre des saisissants. — Cette prime ne sera acquittée qu'autant que les contrevenants auront été constitués prisonniers, ou qu'amenés devant le directeur des contributions indirectes, ils auront fourni caution, ou auront été admis à transaction.

Art. 2. — *Les tabacs saisis, dans les vingt-quatre heures de leur dépôt entre les mains de la régie, seront expertisés par un conseil composé du directeur de l'arrondissement, de l'entreposeur et d'un troisième employé désigné par le directeur du département, en présence des saisissants, s'il est possible, et, lorsqu'il s'agira de saisies faites par les préposés des douanes, en présence d'un délégué de leur directeur.*

Article remplacé par l'article 2 du décret du 1er octobre 1872.

Art. 3. — *Le conseil jugera si les tabacs saisis sont ou non susceptibles d'être employés dans la fabrication. — Dans le premier cas, ils seront classés ou comme étant propres à la fabrication ordinaire, et payés à raison de 150 francs par 100 kilogrammes, ou seulement comme étant susceptibles d'être employés dans la cantine, et payés à 90 francs les 100 kilogrammes. — Quant aux tabacs qui ne seront pas jugés propres à la fabrication, ils seront détruits en présence des saisissants, et il sera accordé à ceux-ci, à titre de prime, 30 francs par 100 kilogrammes.*

Remplacé par l'article 3 du décret du 1er octobre 1872.

Art. 4. — En cas de saisie de tabac de qualité supérieure, et jugé susceptible d'être vendu par la régie comme tabac de choix, les saisissants recevront, en sus du prix le plus élevé, fixé par l'article précédent, une indemnité qui sera réglée par le conseil d'administration de la régie.

ORDONNANCE DU 25 MARS 1818.

Art. 1er. — A dater du 1er juin prochain, la vente des poudres de chasse, de mine et de commerce sera exclusivement exploitée par la direction générale des contributions indirectes.

Il en sera de même de la vente des poudres de guerre destinées aux armements du commerce maritime et à la consommation des artificiers patentés.

La direction générale des contributions indirectes comptera du produit de cette vente dans la même forme que du produit de la vente des tabacs.

Art. 2. — Une ordonnance spéciale déterminera, chaque année, sur la proposition de nos ministres secrétaires d'État aux départements de la guerre, de la marine et des finances, le taux auquel chacun de ces deux derniers départements remboursera, à la direction générale des poudres, le prix de fabrication des poudres qui lui seront livrées par cette direction dans le cours de l'année. — Les poudres seront vendues au commerce et aux particuliers par la direction générale des contributions indirectes, aux prix déterminés par la loi.

Art. 3. — La vente des poudres au public continuera d'être

soumise, sous l'exploitation de la direction générale des contributions indirectes, aux lois, ordonnances et règlements actuellement en vigueur sur la matière.

Art. 4. — La direction générale des contributions indirectes demeure spécialement chargée de l'exécution des décrets des 24 août 1812 et 16 mars 1813, relatifs à la recherche et saisie des poudres, soit étrangères, soit fabriquées hors des poudreries du gouvernement, qui pourraient circuler ou être vendues en fraude dans notre royaume.

Art. 5. — A dater du 1ᵉʳ octobre prochain, les poudres de chasse de toute espèce ne seront vendues qu'en rouleaux ou paquets d'un demi, d'un quart et d'un huitième de kilogramme. — Chaque rouleau sera formé d'une enveloppe de plomb et revêtu d'une vignette indiquant l'espèce, le poids et le prix de la poudre, et sera fourni, ainsi confectionné, par la direction générale des poudres. — Dans aucun cas, le poids de l'enveloppe ne sera compté dans le poids de la poudre.

Nota. — *La poudre extra-fine se vend en boîtes de un ou de un demi-kilogramme. — La poudre superfine en rouleaux d'un demi-kilogramme. — La poudre fine en cartouches de deux hectogrammes, ou un demi-hectogramme.* — (*Circulaire* 213, 20 *septembre* 1839.)

Art. 6. — Les poudres de mine, de commerce extérieur et de guerre, pour les armateurs et artificiers patentés, ne seront point pliées, et continueront d'être vendues en barils, comme par le passé, dans les principaux établissements de vente; les barils qui les renfermeront porteront la marque et le plomb de la direction générale des poudres.

LOI DU 15 MAI 1818.

Art. 46. — Dans aucun cas et sous aucun prétexte, il ne pourra être fait, au profit du Trésor, aucun prélèvement sur les centimes ordinaires, extraordinaires ou facultatifs des communes, ni sur leurs autres revenus, à l'exception :

1° *Du dixième du produit net des octrois, ordonné par l'article* 153 *de la loi du* 28 *avril* 1816 ;

2° Des dépenses du casernement et des lits militaires, qui ne pourront, dans aucun cas, s'élever, par chaque année, au-dessus de 7 francs par homme et 3 francs par cheval, pendant la durée de l'occupation : au moyen de quoi les réparations et loyers des casernes et de tous autres bâtiments ou établissements militaires, ainsi que l'entretien de la literie et l'occupation des lits militaires, seront à la charge du gouvernement (1).

Le prélèvement de 10 0/0 sur le produit des octrois est supprimé. (Décret du 25 mars 1852.)

(1) Voir le *Code des frais de casernement* à la suite du *Code des octrois municipaux* (ANNALES, 2ᵉ volume).

Art. 47. — Relatif aux déductions à faire sur le prélèvement des octrois préalablement au prélèvement de 10 p. 0/0.

Voir l'annotation à l'article 153 de la loi du 28 avril 1816.

Art. 48. — Remplacé par l'article 20 de la loi du 21 avril 1832.

Art. 84. — Les lois des 28 avril 1816 et 25 mars 1817 continueront d'être exécutées, en ce qui concerne les contributions indirectes, *jusqu'au 1er avril 1819* (1).

Néanmoins, les boissons expédiées par un détenteur non entrepositaire d'une de ses caves dans des lieux sujets aux droits d'entrée dans un autre domicile seront accompagnées d'un acquit-à-caution en franchise de droit.

Art. 85. — Ne seront point assujettis aux droits de circulation établis par l'article 80 de la loi du 25 mars 1817 les vins et cidres expédiés pour la ville de Paris.

———

ORDONNANCE DU 5 AOUT 1818.

Art. 1er. — Dans les villes qui perçoivent des octrois les fonds nécessaires au payement de l'abonnement stipulé par l'article 46 de la loi du 15 mai dernier, pour le *caserment* et *l'occupation des lits militaires*, seront compris chaque année au budget des communes sur le pied des fonds alloués pour cet objet dans le budget de l'exercice précédent. Si la dépense réelle de l'abonnement excédait la dépense allouée, il y serait pourvu par voie de rappel de cet excédant dans le budget de l'année suivante.

Art. 2. — La régie des contributions indirectes est chargée d'opérer le prélèvement des fonds d'abonnement d'après le mode suivi pour le prélèvement *du dixième de l'octroi*.

NOTA. — *Le prélèvement du dixième, au profit du Trésor, sur le produit net des octrois, a été supprimé par le décret du 17 mars 1852.*

Le prélèvement ne se fera, néanmoins, qu'à raison d'un quinzième par mois de la somme allouée au budget pour l'abonnement annuel, sauf la restriction prévue par l'article 7 ci-après et les moyens additionnels de recouvrement qu'il comporte.

Art. 3. — (*Décompte à dresser par les sous-intendants militaires du nombre effectif des journées d'occupation d'hommes et de chevaux.*)

Art. 4..... — L'intendant dressera, à la suite du décompte des journées d'occupation, le décompte trimestriel de l'abonnement.....
Il transmettra ces décomptes aux préfets....., lesquels les communiqueront aux maires des communes débitrices pour être admis

———

(1) Elles ont été successivement maintenues. La loi de prorogation actuelle est celle du 11 juin 1842.

ou contestés. Dans le premier cas, la feuille de décompte, dûment visée par le préfet, sera remise par ses soins au directeur des contributions indirectes, pour servir aux mêmes fins qu'un rôle exécutoire.

Art. 5. — (*Envoi au directeur général des contributions indirectes, par le ministre de la guerre, d'une autre expédition de la feuille de décomptes.*)

Art. 6. — (*Contestation élevée par le maire.*).... Le point de contestation une fois jugé par décision ministérielle, le payement des décomptes, si la ville est en débet, sera poursuivi par la régie, sauf le recours de droit à nous, en notre conseil, selon les règlements.

Art. 7. — Si, par le résultat du décompte, le quinzième du fonds alloué par le budget et prélevé, suivant l'article 2, par la régie, sur chaque mois du trimestre précédent auquel le décompte appartient, est inférieur à la *dépense effective* du même trimestre, la somme qui restera due sera prélevée par la régie à raison d'un tiers à la fin de chacun des mois du trimestre suivant.

Lorsque le montant total des décomptes des trois premiers trimestres démontrera l'insuffisance du fonds alloué pour l'abonnement, la somme qui restera disponible sur ce même fonds sera prélevée par tiers sur chaque mois du dernier trimestre de l'année.

Art. 10. — Nous nous réservons de statuer, d'après le rapport de notre ministre de l'intérieur et les avis respectifs de nos ministres de la guerre et des finances, s'il y a lieu, sur les projets de loi et d'ordonnances qui seront à proposer pour l'homologation des votes ou pour l'admission des demandes des conseils municipaux tendant :

1° A convertir en *abonnement fixe* et d'une fraction constante de l'octroi le produit moyen de l'abonnement déterminé par le présent titre ;

2° A obtenir des dégrèvements fondés sur des exceptions qui résulteraient soit d'événements de force majeure légalement constatés, soit de l'excédant du montant annuel des décomptes de l'abonnement sur les charges que les communes sont en état de supporter sans lésion, d'après leurs revenus ou leurs ressources.

LOI DU 10 MARS 1819.

Art. 1er. — Le salpêtre exotique payera, à son entrée dans le royaume, sur chaque quintal de matière brute, quel que soit son degré de pur, un droit de 72 francs 50 centimes par navire français, et de 78 francs 50 centimes par navire étranger. Il ne sera perçu aucun droit particulier à raison du sel marin qui pourra s'y trouver contenu.

Au moyen de ce droit, l'importation dudit salpêtre sera libre et permise par tous les ports ouverts aux marchandises qui payent 20 francs et plus par quintal métrique.

Art. 2. — La fouille provisoirement maintenue par l'article 4 de la loi du 18 fructidor an v cessera d'avoir lieu, si ce n'est en traitant de gré à gré avec les propriétaires.

Art. 3. — La fabrication du salpêtre indigène, par tous les procédés qui n'exigeront point l'emploi des matériaux de démolition réservés à l'État par la loi, sera libre, et les salpêtres provenant de ladite fabrication pourront être librement versés dans le commerce.

- Art. 4. — La fabrication du salpêtre, même avec les matériaux de démolition que la loi réserve à l'État, sera permise en traitant de gré à gré avec les propriétaires, dans tous les lieux situés hors de la circonscription des salpêtrières royales, telle qu'elle sera déterminée par une ordonnance du roi, insérée au *Bulletin des lois* (1).

Seulement, les fabricants qui voudront user de ladite faculté seront tenus de se munir d'une licence, qui leur sera délivrée moyennant un droit fixe de 20 francs, qui dispensera de la patente.

Art. 5. — La fabrication du salpêtre avec les matériaux de démolition continuera d'avoir lieu dans les circonscriptions de salpêtrières royales, soit au compte de l'État, soit par entreprise, en vertu d'une commission de salpêtrier donnée par le roi, et sous la condition de livrer à la direction générale des poudres le produit brut et intégral de ladite fabrication, jusqu'à ce que chaque salpêtrier commissionné ait entièrement rempli les demandes qui lui auront été faites par le gouvernement.

La commission royale déterminera, en outre, l'arrondissement dans lequel le salpêtrier qui en sera porteur pourra exercer le privilége de l'État, le temps de ladite concession, les limites dans lesquelles il sera tenu de tenir la fabrication, le prix du salpêtre, ou le mode suivant lequel ce prix sera établi.

Art. 6. — Dans tout ce qui n'est pas contraire à la présente loi, l'exercice dudit privilége continuera d'avoir lieu, sous les restrictions et de la manière déterminées par les lois antérieures.

Néanmoins, et lorsque les propriétaires auront, conformément à l'article 2 de la loi du 13 fructidor an v, fait à leur municipalité la déclaration de leur intention de démolir, ils pourront disposer de leurs matériaux de démolition, si, dans les dix jours de la démolition commencée, les salpêtriers commissionnés ne se sont pas présentés pour en faire l'enlèvement et user du droit qui leur est réservé.

Art. 7. — Les fabricants libres ou par licence, et les salpêtriers commissionnés, seront tenus, sous les peines de droit, d'acquitter

_____

(1) Voyez cette ordonnance, qui porte la date du 11 août 1819.

l'impôt établi sur le sel marin, jusqu'à concurrence des quantités
dudit sel contenues dans le salpêtre de leur fabrication, et de
souffrir les exercices prescrits par les lois pour assurer la perception dudit impôt (1).

Le second paragraphe de cet article, relatif aux quantités passibles de l'impôt, a été
remplacé par l'article 9 du décret du 12 août 1852.—Aux termes de l'article 10 du
même décret les produits obtenus dans les fabriques de salpêtre ne peuvent être
livrés à la consommation que sous certaines conditions.

Art. 8. — Les fabriques au compte de l'État acquitteront
l'impôt du sel dans les proportions ci-dessus déterminées et pourront s'en libérer moyennant remise à la régie des contributions
indirectes du sel marin provenant de leur fabrication, ou sub-
mersion dudit sel en présence des agents de la régie.

Art. 9. — Il sera accordé, à la sortie des acides sulfuriques et
nitriques, une prime d'exportation équivalente à l'augmentation
que produit, sur les prix de fabrication de ces acides, le droit dont
l'importation du salpêtre étranger est frappé en vertu de la présente loi.

Les droits imposés à l'entrée sur les produits étrangers seront
augmentés dans la proportion dans laquelle le salpêtre est employé
dans ces produits, et dans celle de l'augmentation des droits sur
les salpêtres exotiques résultant de la présente loi.

LOI DU 16 MARS 1819.

Article unique. — Le prix des poudres fabriquées par la régie
des poudres, et que la régie des contributions indirectes vendra
aux consommateurs, est fixé comme il suit jusqu'au 1er avril 1820,
savoir :

Poudre de chasse. . { superfine, le kilogramme. . . .	8 fr.	»
fine, *idem*	6	50
Poudre de guerre. . *idem*.	3	40

Les poudres de mine et de commerce extérieur seront livrées à
cette destination, aux prix auxquels elles reviendront à la régie
des poudres, rendues sur les lieux de la livraison, sans que ce
prix puisse excéder 3 francs 40 centimes le kilogramme de poudre de mine, et 3 francs 20 centimes le kilogramme de la poudre
de commerce extérieur.

Voir, pour le prix des poudres de chasse, lois des 7 août 1850, 4 septembre 1871
et 25 juillet 1873; pour le prix des poudres de mine et de commerce extérieur,
voir décrets des 29 septembre 1850, 8 octobre 1864 et 20 avril 1859. — Poudre dynamite, voir décrets des 25 décembre 1872, 31 mai et 27 septembre 1873.

---

(1) Dans les fabriques de salpêtre qui n'opèrent pas exclusivement sur les
matériaux de démolition, la quantité de sel marin résultant des préparations
sera constatée par l'exercice des employés des contributions indirectes. (*Loi
du 17 juin* 1840, *art.* 11.)

ORDONNANCE DU 5 MAI 1819.

.   .   .   .

Art. 2. — Le poinçon dit *de vieux*, destiné à marquer les ouvrages dits *de hasard* remis dans le commerce, est et demeure supprimé.

LOI DU 17 JUILLET 1819.

.   .   .   .

Art. 3. — (Abrogé et remplacé par l'article 15 de la loi du 25 juin 1841.)

Art. 4. — Le droit du dixième du prix des places, auquel sont assujetties les voitures publiques de terre et d'eau à service régulier, sera indistinctement perçu à l'avenir, sous la déduction, pour les places vides, d'un tiers du prix total des places, nonobstant les dispositions contraires des articles 112 et 114 de la loi sur les finances du 25 mars 1817, qui sont abrogées.

ORDONNANCE DU 11 AOUT 1819.

Art. 1er. — Seront compris dans la circonscription des salpêtreries *royales*, et comme tels soumis aux dispositions de l'article 5 de la loi du 10 mars 1819, les départements portés au tableau A annexé à la présente ordonnance.

Art. 2. — Les départements portés au tableau B (1), également annexé à la présente ordonnance sont et demeurent définitivement hors des salpêtrières royales : en conséquence, conformément à l'article 4 de la loi précitée, l'exploitation du salpêtre y sera entièrement et exclusivement livrée à l'industrie privée.

.   .   .   .

Art. 5. — Le service de l'administration des poudres se bornera exclusivement à la fabrication des poudres et des salpêtres nécessaires à l'État pour les départements de la guerre et de la marine, ainsi que pour le département des finances, chargé de la vente des poudres au commerce et aux particuliers.

.   .   .   .

---

(1) Seine-Inférieure, Manche, Orne, Sarthe, Mayenne, Ille-et-Vilaine, Côtes-du-Nord, Finistère, Morbihan, Loire-Inférieure, Vendée, Deux-Sèvres, Charente-Inférieure, Landes, Gers, Basses-Pyrénées, Hautes-Pyrénées, Ariége, Tarn, Aveyron, Lot, Corrèze, Haute-Vienne, Creuse, Cantal, Ardèche Drôme, Hautes-Alpes, Corse.

ORDONNANCE DU 17 NOVEMBRE 1819.

Art. 1ᵉʳ. — *Les préposés dénommés dans l'article 223 de la loi du 28 avril 1816 ou toutes autres personnes qui, dans les cas déterminés par les articles 27 et 29 de la loi du 13 fructidor an v, arrêteront ou concourront à faire arrêter des contrevenants en matière de poudre à feu, recevront, quel que soit le nombre des saisissants, une prime de 15 francs par chaque individu arrêté.*

Remplacé par l'ordonnance du 5 octobre 1842.

Art. 2. — La prime accordée par l'article précédent sera toujours partagée par tête, sans acception de grade, et sans que, sur son montant, il puisse être fait déduction d'aucun frais.

Art. 3. — Les poudres saisies seront, dans les vingt-quatre heures de la saisie, déposées dans les magasins de l'administration des contributions indirectes, et payées aux saisissants à raison de 3 francs par kilogramme, sans distinction de qualité.

Art. 4. — Immédiatement après la mise des poudres saisies dans les magasins de la régie des contributions indirectes, les saisissants recevront, selon qu'il y aura lieu, la totalité de la prime et la part qui leur est attribuée par les règlements dans la valeur des poudres, sauf règlement de celles qu'ils auront à prétendre sur le produit de la vente des autres objets confisqués et sur celui de l'amende.

Art. 5. — Les frais relatifs à des saisies de poudres ne seront, quels qu'ils puissent être, imputés que sur le produit de l'amende ou de la vente des autres objets confisqués. En cas d'insuffisance, ils demeureront à la charge de la régie.[

Art. 6 (Dispositions transitoires).

ORDONNANCE DU 3 MARS 1820.

Art. 1ᵉʳ. — La régie des contributions indirectes est autorisée à vendre, dans les départements ou arrondissements qui sont le plus exposés à la fraude, du tabac à fumer dit scaferlati ou haché, aux prix de 1 fr. 30 c. pour le débitant et 1 fr. 60 pour le consommateur.

Pour le prix de vente des tabacs de cantine, voir le décret du 17 août 1872.

ORDONNANCE DU 5 MAI 1820

Art. 1ᵉʳ. — L'essayeur de chaque bureau de garantie sera nommé par le préfet du département où ce bureau est placé; mais il ne pourra en exercer les fonctions qu'après avoir obtenu de l'administration des monnaies un certificat de capacité, conformément à l'article 39 de la loi du 19 brumaire an VI et à l'article 2 de la loi du 13 germinal suivant.

Art. 2. — L'administration des contributions indirectes continuera de nommer le receveur de chaque bureau.

Art. 3. — Les contrôleurs et autres employés seront nommés par notre ministre secrétaire d'État des finances, sur une présentation concertée entre le directeur général des contributions indirectes et l'administration des monnaies.

Art. 4. — Les receveurs, les contrôleurs et les employés des bureaux de garantie autres que les essayeurs font partie des employés des contributions indirectes. Ils pourront être chargés d'autres parties du service de cette administration, lorsqu'il sera reconnu par celle des monnaies que cette cumulation ne sera pas nuisible au service de la garantie. Dans tous les cas, les règlements de la régie des contributions indirectes, en ce qui touche la retenue sur les apppointements et les droits à la pension sur la caisse des retraites, sont applicables à ces employés......

NOTA. — *Le deuxième paragraphe de cet article est relatif aux pensions de retraite. — En ce qui touche la cumulation du service de la garantie et du service général, voyez art. 40 de la loi du 19 brumaire an VI.*

Art. 5. — Les essayeurs sont révocables par le préfet, sauf l'approbation de notre ministre secrétaire d'État des finances ; les receveurs, par la régie des contributions indirectes ; les contrôleurs et autres employés de la garantie, par notre ministre secrétaire d'État des finances, sur la proposition de celle de ces deux administrations qui aurait reconnu que cette mesure serait utile au bien du service. — L'autre administration sera consultée.

Art. 6. — Les essayeurs et contrôleurs des bureaux de garantie continueront à être sous les ordres de l'administration des monnaies et à correspondre directement avec elle pour les objets qui la concernent. Cette administration demeure chargée de donner toutes les instructions relatives à l'exactitude des essais et de diriger la confection, l'envoi, l'application et la vérification des poinçons.

Art. 7 et 8. — (*Ces articles créaient des inspecteurs spéciaux de garantie, faisant partie du personnel de la commission des monnaies. En fait, ces emplois ont été supprimés.*)

Art. 9. — Tout ce qui concerne le régime administratif, la proposition et le règlement des dépenses, la perception du droit, l'ordre des bureaux, la surveillance des redevables, est dans les attributions de la régie des contributions indirectes, sauf ce qui a rapport au service spécial réservé à l'administration des monnaies.

Voir article 80 de la loi du 5 ventôse an XII et le décret du 28 floréal an XIII.

LOI DU 23 JUILLET 1820.

Art. 3. — Dans les communes qui, en vertu de l'article 152 de la loi du 28 avril 1816, ont été ou seront soumises à un octroi de banlieue, les boissons seront admises à entrepôt aux mêmes conditions que dans l'intérieur de la ville.

Dans la banlieue de Paris, les entrepositaires et marchands en gros d'eau-de-vie, esprits et liqueurs seront soumis à l'exercice du détail ; mais ils jouiront des déductions portées en l'*article* 87 *de la loi du* 25 *mars* 1817.

Art. 4. — Le droit de fabrication sera restitué sur les bières qui seront expédiées à l'étranger ou pour les colonies françaises.

Art. 26. — La loi du 5 floréal an xi pour la contribution foncière des canaux navigables sera, désormais, applicable à tous les canaux de navigation existants, comme à ceux qui seraient construits par la suite.

Les communes, arrondissements et départements que traversent les canaux existants, seront dégrevés de la contribution foncière jusqu'à concurrence de la somme dont cette opération diminuerait le contingent actuellement attribué à ces canaux.

ORDONNANCE DU 4 JUILLET 1821.

Art. 1er. — L'administration des contributions indirectes fera frapper d'un nouveau timbre, dont l'empreinte sera déposée au greffe de la cour *royale* de Paris, les bandes de contrôle qui doivent être appliquées sur les jeux de cartes, en vertu de l'article 8 du décret du 13 fructidor an xiii.

Art. 2. — Il est accordé aux fabricants et débitants de cartes, ainsi qu'à tous les dénommés en l'article 167 de la loi du 28 avril 1816, un délai de deux mois, à partir de la promulgation de la présente ordonnance, pour déclarer à la régie et faire revêtir des nouvelles bandes de contrôle les jeux de cartes qu'ils ont en leur possession ; l'apposition desdites bandes aura lieu sans payement d'aucun droit. Ce délai expiré, tous les jeux de cartes, revêtus des bandes frappées de l'un des timbres supprimés par la présente ordonnance, qui seraient trouvés en la possession des fabricants, débitants et autres dénommés en l'article 167 précité, seront réputés être composés de cartes de fraude, et les détenteurs seront passibles des peines prononcées par le décret du 4 prairial an xiii.

ORDONNANCE DU 19 SEPTEMBRE 1821.

(Création d'un poinçon spécial pour les ouvrages d'horlogerie en or ou en argent. Ordre de procéder à une recense de ces objets.)

Le poinçon dont il s'agit a été supprimé par l'article 8 de l'ordonnance du 7 août 1832.

LOI DU 1er MAI 1822.

•   •   •   •   •   •   •   •   •   •   •   •   •   •   •   •   •

Art. 8. — Le premier paragraphe de cet article, relatif à la perception du droit de fabrication des bières, a été abrogé par l'article 3 de la loi du 12 décembre 1830

Il ne pourra être fait application de la taxe sur la petite bière que lorsqu'il aura été préalablement fabriqué un brassin de bière forte avec la même drêche, et pourvu, d'ailleurs, que cette drêche ait subi, pour le premier brassin, au moins deux trempes; qu'il ne soit entré dans le second brassin aucune portion des métiers résultant des trempes données pour le premier ; qu'il n'ait été fait aucune addition ni aucun remplacement de drêche, et que le second brassin n'excède point, en contenance, le brassin de bière forte.

S'il était fabriqué plus de deux brassins avec la même drêche, le dernier seulement sera considéré comme petite bière.

Indépendamment des obligations imposées par l'article 120 de la loi du 28 avril 1816, les brasseurs indiqueront, dans leurs déclarations, l'heure à laquelle les trempes de chaque brassin devront être données.

A défaut d'accomplissement des conditions ci-dessus, tout brassin sera réputé de bière forte et imposé comme tel.

D'après les dispositions qui précèdent, les articles 107 et 108 de la loi du 28 avril 1816 et 86 de la loi du 25 mars 1817 sont abrogés.

Art. 10. — La fabrication et la distillation des eaux-de-vie et esprits sont prohibées dans la ville de Paris.

Toute contravention à cette disposition sera punie d'une amende *de 1,000 à 3,000 francs*, indépendamment des autres peines portées par l'article 129 de la loi du 28 avril 1816.

. . . .

Voir art. 12 et 14 de la loi du 21 juin 1873, relatifs aux pénalités nouvelles.

ORDONNANCE DU 5 MAI 1824.

Art. 1er. — Les tireurs d'or et d'argent qui voudront convertir en traits filés ou non filés en or et en argent fins, les lingots d'argent et d'argent doré, continueront à être tenus de les porter aux argues *royales* pour y être forgés, tirés et dégrossis, conformément à l'article 137 de la loi du 9 novembre 1797 (19 brumaire an vi).

Voir les articles 136 à 139 de la loi du 19 brumaire an vi, et l'ordonnance du 29 septembre 1829.

Art. 2. — Les fabricants qui voudront convertir du cuivre affiné en traits de laiton, de cuivre doré ou argenté, ou simplement mis en couleur jaune ou blanche, pourront établir chez eux des argues particulières et avoir des filières de calibre semblables à celles dont on fait usage dans les argues *royales*, ou des instruments et des machines propres à y suppléer; mais ils seront préalablement, et avant de commencer leur travail, tenus de faire, tant à la préfecture du département où sont établis leurs ateliers qu'à l'administration des monnaies et à celle des contributions indirectes, une déclaration énonçant leurs noms et prénoms, leur profession, le lieu de leur domicile et celui de leurs ateliers ; ils joindront à leur déclaration un plan indiquant la description et l'élévation des machines dont ils entendent se servir.

Voir art. 5 de l'ordonnance du 29 septembre 1829.

Art. 3. — Les tireurs de cuivre et traits d'or et d'argent faux seront tenus de filer leurs traits faux sur fil, et ne pourront les filer sur soie, sous les peines portées par les règlements qui prescrivent ces moyens de garantie.

Mais voir les articles 1er et 4 de l'ordonnance du 29 septembre 1829.

Art. 4. — Ils ne pourront aussi, sous les peines portées par les mêmes règlements et l'article 423 du Code pénal, mélanger des traits faux avec des traits fins dans leurs ouvrages et sur les bobines sur lesquelles ils seront dévidés.

Voir ordonnance du 29 septembre 1829.

Art. 5. — Les tireurs de cuivre ou traits d'or et d'argent faux seront soumis aux visites des préposés des administrations des monnaies et des contributions indirectes. Les contraventions seront constatées dans la forme prescrite par la loi du 9 novembre 1797 ci-dessus relatée.

Voir ordonnance du 29 septembre 1829.

Art. 6. — Dans les ateliers particuliers et fabriques de traits de cuivre pur ou doré, argenté ou mis en couleur, il ne sera procédé au tirage des bâtons de cuivre que du lever du soleil à son coucher.

Voir ordonnance du 29 septembre 1829.

LOI DU 16 JUIN 1824

Sur l'enregistrement et le timbre des actes de poursuites et autres ayant pour objet le recouvrement des droits.

Art. 6. — Seront enregistrés *gratis* les actes de poursuites et tous autres, tant en action qu'en défense, ayant pour objet le recouvrement des contributions publiques et de toutes autres sommes dues à l'État..... Le tout, lorsqu'il s'agira de cotes, droits et créances non excédant en total la somme de cent francs.

Art. 10. — Les amendes progressives prononcées dans certains cas contre les fonctionnaires publics et les officiers ministériels par les lois sur l'enregistrement et le dépôt des répertoires seront réduites à une amende de dix francs, quelle que soit la durée du retard.

LOI DU 24 JUIN 1824, N° II,

Concernant les déductions à allouer aux marchands en gros, pour déchets sur les vins.

Art. 1ᵉʳ. — A partir du 1ᵉʳ janvier 1825, il sera accordé aux marchands en gros une déduction de *huit pour cent par an sur les vins pris en charge à leur compte, sans distinction d'année de récolte.*

Cette déduction, destinée à couvrir tous les déchets résultant des ouillages, coupages et soutirages, continuera d'être calculée en raison du séjour des vins en magasin.

La faculté précédemment accordée à la régie (1) d'allouer une plus forte déduction pour les vins qui en seraient susceptibles est maintenue.

Le taux de la déduction a été modifié par l'ordonnance du 21 décembre 1838, rendue pour l'exécution de l'article 6 de la loi du 20 juillet 1837. — Cette ordonnance a été modifiée elle-même en ce qui concerne les spiritueux, par le décret du 4 décembre 1872.

Art. 2. — Toutes les quantités de vins manquantes après les déductions allouées, conformément à l'article précédent, seront soumises aux droits imposés par l'article 104 de la loi du 28 avril 1816; mais ces droits ne seront définitivement acquis à la régie qu'au mois de décembre de chaque année (2), époque à laquelle sera arrêté le compte définitif du mouvement annuel de chaque entrepositaire.

Cependant, si du décompte qui sera provisoirement établi à la fin de chaque trimestre il résultait un manquant supérieur à la déduction proportionnelle allouée pour trois mois, l'entrepositaire sera tenu de consigner (3) ou de cautionner le montant des droits dus sur cet excédant, sauf compensation à établir lors de la clôture définitive du décompte.

Il en sera de même pour le payement des droits sur les manquants de cidres, poirés et hydromels.

Art. 3 (relatif aux déductions accordées aux propriétaires récoltants). — Remplacé par l'article 17 du décret du 17 mars 1852.

LOI DU 24 JUIN 1824, N° III,

Relative à la perception des droits sur l'eau-de-vie.

Art. 1ᵉʳ. — A partir du 1ᵉʳ janvier 1825, les droits sur les eaux-de-vie et les esprits en cercles seront perçus en raison de

---

(1) Par l'article 103 de la loi du 28 avril 1816, pour les vins qui éprouvent un déchet supérieur à la remise légale.

(2) Modifié par l'article 7 de la loi du 20 juillet 1837, qui dispose que tout manquant extraordinaire supérieur au déchet légal accordé pour l'année entière sera immédiatement soumis au droit.

(3) Modifié par l'article 38 de la loi du 21 avril 1832, pour les lieux sujets au droit d'entrée.

l'alcool pur contenu dans ces liquides, *conformément à la table annexée à la présente loi.*

Art. 2. — Les droits à payer par hectolitre d'alcool pur contenu dans les eaux-de-vie et esprits en cercles, par hectolitre d'eaux-de-vie et d'esprits en bouteilles, de liqueurs en cercles et en bouteilles, et de fruits à l'eau-de-vie, sont fixés *ainsi qu'il suit :*

Modifié par les lois des 14 juillet 1855, 26 juillet 1860, 1er septembre 1871 et 26 mars 1872.

Art. 3. — Il sera perçu aux entrées de Paris, pour l'équivalent et en remplacement des droits mentionnés en l'article précédent, un droit unique de *soixante-quinze francs* par hectolitre.

Le tarif est actuellement fixé par la loi du 26 mars 1872, art. 3 et 6.

Art. 4. — Les eaux-de-vie ou esprits dont la densité aurait été altérée par un mélange opéré dans le but de frauder les droits, seront saisis et confisqués, et les contrevenants passibles d'une amende de 100 francs à 600 francs, suivant la gravité du cas.

Art. 5. — La déduction accordée par l'article 87 de la loi du 25 mars 1817 aux marchands en gros, pour ouillage, coulage et affaiblissement de degrés, est fixée à *huit pour cent par an* des quantités d'alcool représentant les charges en eaux-de-vie et esprits.

Toutes les quantités d'alcool manquantes après la déduction *ci-dessus fixée* seront soumises aux droits imposés par l'article 2 de la présente loi; mais ce droit ne sera définitivement acquis à l'administration qu'après la clôture du trimestre d'octobre de chaque année, époque à laquelle sera définitivement arrêté le décompte du mouvement annuel de chaque entrepositaire.

Cependant, si du décompte qui sera provisoirement établi à la fin de chaque trimestre, il résultait un manquant reconnu excéder la proportion des *deux pour cent* accordés pour trois mois, la régie pourra exiger le payement de ce manquant, sauf la compensation à établir lors de la clôture du décompte annuel.

Voir page 188 l'annotation de l'article 1er de la loi n° II du même jour.

Art. 6. — Le droit général de consommation fixé par l'article 2 sera acquitté par les débitants sur les manquants reconnus à leurs charges, sous la déduction de 3 0/0 (1). Les débitants obtiendront décharge de toute quantité d'eaux-de-vie et de liqueurs en bouteilles expédiée par acquit-à-caution à d'autres débitants; ils seront tenus de se conformer aux dispositions de l'article 58 de la loi du 28 avril 1816, en ce qui concerne les transvasions et le cachetage des bouteilles.

Art. 7. — (relatif à la franchise pour les eaux-de-vie versées sur les vins.)

Voir l'annotation de l'art. 91 de la loi du 28 avril 1816.

—————

) Conformément à l'article 66 de la loi du 28 avril 1816.

Art. 8 (Dispositions transitoires).

Art. 9. — Les droits d'octroi sur les eaux-de-vie et esprits seront également perçus par hectolitre d'alcool pur, et, à cet effet, les tarifs seront révisés à la diligence des préfets, pour être mis en harmonie avec les dispositions de la présente loi.

Art. 10. — Les dispositions légales auxquelles il n'est pas dérogé par la présente sont et demeurent maintenues.

LOI DU 24 JUIN 1824, Nᵒ IV,

Sur l'exercice des fabriques de liqueurs.

Art. 1ᵉʳ. — Nul ne peut exercer la profession de fabricant de liqueurs, sans en avoir fait préalablement la déclaration au bureau de la régie.

Les liquoristes prendront la licence de débitant ou celle de marchand en gros, suivant qu'ils préféreront se soumettre aux obligations imposées à l'une ou à l'autre de ces professions.

Art. 2. — Les liquoristes débitants resteront assujettis aux dispositions du chapitre III du titre Iᵉʳ de la loi du 28 avril 1816, sous les modifications prononcées par la loi relative à la perception des droits sur l'eau-de-vie.

Voir l'article 11 de la loi du 26 mars 1872.

Art. 3. — Les dispositions du chapitre IV du titre Iᵉʳ de la loi du 28 avril 1816 seront appliquées aux liquoristes marchands en gros, sauf les modifications ci-après.

Art. 4. — Les liquoristes marchands en gros, domiciliés dans les lieux sujets aux droits d'entrée ou d'octroi, seront considérés comme entrepositaires.

Art. 5. — Ils ne pourront vendre de liqueurs en détail, ni exercer le commerce en gros des vins, cidres et poirés, que dans des magasins séparés de leurs ateliers de fabrication, et qui n'auront avec ceux-ci et avec les habitations voisines aucune communication que par la voie publique; mais ils pourront faire des envois de liqueurs en toute quantité et à toute destination, au moyen d'expéditions prises au bureau de la régie.

Il leur est interdit de placer dans les ateliers de leurs fabriques, des vins, cidres ou poirés, et de s'y livrer à la fabrication des eaux-de-vie; ils pourront seulement rectifier les eaux-de-vie prises en charge à leur compte.

Les magasins destinés à la vente des liqueurs en détail et au commerce en gros des vins, cidres et poirés, seront séparés des ateliers de fabrication dans les six mois de la promulgation de la présente loi.

Art. 6. — La contenance des vaisseaux servant à la fabrication des liqueurs sera reconnue par l'empotement, et marquée sur chacun, en présence des employés de la régie : les fabricants fourniront l'eau et les ouvriers nécessaires pour cette opération.

Dans tous les cas, il sera tenu compte des vidanges pour le règlement des droits.

Art. 7 (relatif à la conversion des eaux-de-vie et liqueurs). — Abrogé implicitement par l'article 9 de la loi du 26 mars 1872.

Art. 8. — Les quantités de liqueurs non représentées et pour lesquelles il ne sera point produit d'expéditions légales seront passibles du droit général de consommation, indépendamment des droits d'entrée et d'octroi dans les lieux sujets.

Les excédants en liqueurs, provenant de la différence entre le résultat éventuel de la fabrication et les bases de conversion, seront simplement pris en charge.

Art. 9. — Les liquoristes marchands en gros ne pourront faire sortir de leurs fabriques des eaux-de-vie ou esprits en nature, qu'en futailles contenant au moins un hectolitre.

Ce minimum a été abaissé à 25 litres. (Art. 8 de la loi du 26 mars 1872.)

Art. 10.—Les contraventions aux dispositions de la présente loi, autres que celles prévues par les lois antérieures, seront punies d'une amende de 500 à 2,000 francs.

Ces pénalités ont été modifiées. Voir l'art. 10 de la loi du 26 mars 1872.

ORDONNANCE DU 2 FÉVRIER 1826.

Art. 1er. — L'administration des contributions indirectes est autorisée à fabriquer une qualité intermédiaire de tabac en poudre et à fumer, pour être livrée au consommateur au prix de. . . .

Art. 2 et 3. — (*Ces articles sont relatifs à la délimitation des lignes dans lesquelles est vendu le tabac de cantine et au prix de ce même tabac.*)

Voir le décret du 17 août 1872 qui a modifié l'étendue et la délimitation des zones.

Art. 4. — La qualité intermédiaire de tabac dont l'article 1er autorise la fabrication, ne pourra être vendue que dans les localités où la vente du tabac de cantine est autorisée.

ORDONNANCE DU 23 JUILLET 1826.

Art. 1er.—Les receveurs municipaux seront, désormais, comptables de la totalité des recettes et des dépenses des octrois et en rendront compte aux mêmes époques et dans les mêmes formes que pour les autres recettes et dépenses communales.

Art. 2. — En conséquence, il ne sera plus établi de comptes particuliers pour cette branche de revenus, et les comptes rendus, en vertu de l'article précédent, après avoir été examinés et discutés par les conseils municipaux, seront jugés par notre cour des comptes pour les communes dont les revenus ordinaires, y compris l'octroi, s'élèvent à...... (30,000 francs, *art.* 66 *de la loi du* 18 *juillet* 1837 *sur l'administration municipale*), et par les conseils de préfecture pour les autres communes.

Art. 3. — Lorsque l'octroi ne sera ni affermé ni en régie intéressée, les receveurs municipaux produiront à l'appui de leur gestion les pièces justificatives du produit brut et des frais de perception.

Lorsqu'il sera en régie intéressée, ils devront, outre les justifications ordinaires de la recette et des frais, produire, selon les cas, le compte provisoire de fin d'année ou le compte définitif de fin de bail, des bénéfices partagés avec le régisseur, conformément au décret du 17 mai 1809.

Lorsque l'octroi sera affermé, ces comptables n'auront à justifier que des versements dus et effectués par le fermier. suivant les conditions du bail.

Art. 4. — (*Dispositions transitoires.*)

Art. 5. — D'après ces dispositions, notre ordonnance du 15 juillet est abrogée, et l'article 72 de notre ordonnance du 9 décembre 1814 se trouve rapporté.

ORDONNANCE DU 26 DÉCEMBRE 1827.

Art. 8. — Les attributions de la commission des monnaies sont :..... ; 2° de délivrer, conformément aux lois des 22 vendémiaire an IV et 19 brumaire an VI, aux essayeurs de commerce et aux essayeurs de bureaux de garantie, les certificats de capacité dont ils doivent être pourvus avant d'entrer en fonctions ; 3° et enfin de statuer sur les difficultés relatives au titre et à la marque des lingots et ouvrages d'or et d'argent qui sont maintenant déférées à l'administration des monnaies par les lois ci-dessus relatées et notamment par les articles 58 et 61 de la loi du 19 brumaire an VI.

NOTA. — *Voir les articles* 37 *et* 59 *de la loi du* 19 *brumaire an* VI. *Voir aussi l'arrêté du* 10 *prairial an* XI.

Art. 9. — Les argues *royales*, ainsi que toutes les autres parties du service de la garantie des ouvrages d'or et d'argent dont l'administration des monnaies est maintenant chargée, et qui ne concernent pas l'exécution des lois et règlements sur le titre et la marque des matières et *espèces* d'or et d'argent, sont exclusivement attribuées à l'administration des contributions indirectes.

NOTA. — *Voir article* 80 *de la loi du* 5 *ventôse an* XII, 9 *de l'ordonnance du* 5 *mai* 1820, 136 *et suiv. de la loi du* 19 *brumaire an* VI *et l'ordonnance du* 5 *mai* 1824.

Art. 11. — ....Les commissaires généraux seront chargés.....

de surveiller, sous la direction du président...., toutes les opérations du bureau des essais relatives..... aux contestations qui s'élèveraient sur le titre des lingots et bijoux et à la délivrance des certificats tant aux essayeurs des bureaux de garantie qu'aux essayeurs du commerce.

Les commissaires généraux seront aussi chargés, sous la direction du président, de la surveillance de tout ce qui est relatif à la fabrication des poinçons de la garantie.....

Art. 12. — Le graveur général sera chargé de fabriquer et de fournir tous..... les poinçons de la garantie.

ORDONNANCE DU 19 JUILLET 1829.

Art. 1er. — L'administration des contributions indirectes fournira exclusivement aux armateurs et négociants les poudres de chasse et autres qui pourront être demandées par eux, soit pour l'armement et le commerce maritime, soit pour l'exportation par la voie de terre. Sont exceptées momentanément de la disposition ci-dessus les poudres de guerre. Toutefois, cette exception n'est pas applicable aux quantités de poudre de guerre délivrées aux armateurs en raison des armes à feu qu'exige le service de leurs bâtiments, et sur des états certifiés par le commissaire de marine du port de l'embarquement. L'exportation par la voie de terre ne pourra avoir lieu pour la poudre dite de commerce extérieur.

Art. 2. — Les demandes de poudre que feront les armateurs et négociants seront appuyées de leur déclaration, laquelle énoncera, lorsqu'il s'agira de l'armement d'un navire, le nombre des bouches à feu et autres armes du bâtiment, et, lorsqu'il s'agira d'opérations commerciales, les contrées pour lesquelles les poudres seront destinées. Pour les exportations maritimes, la déclaration sera visée par le commissaire de la marine au lieu de l'armement ou de l'embarquement. En cas d'exportation par la voie de terre, elle le sera par le préfet du département où réside le négociant pour le compte duquel se fait l'exportation.

Art. 3. — Les poudres destinées aux armateurs et négociants leur seront délivrées des entrepôts les plus voisins des ports ou des bureaux des douanes par lesquels les exportations devront s'opérer.

Art. 4. — Les délivrances de poudre seront certifiées par des acquits-à-caution, sur lesquels les préposés de l'administration des contributions indirectes constateront les quantités et les espèces de poudres fournies.

Art. 5. — *(Certificats de sortie à délivrer.)*

Art. 6. — *(Droits de balance. — Les poudres destinées à l'armement des navires ou expédiées aux colonies françaises sont affranchies de ce droit.)*

Art. 7. — Pendant l'intervalle qui s'écoulera entre la délivrance des poudres et leur exportation par mer, les armateurs et négociants seront tenus, sous peine de 500 francs d'amende, conformément à l'art. 31 de la loi du 13 fructidor an v, de les déposer dans les magasins de l'Etat à ce destinés : elles y resteront jusqu'au jour de la sortie des bâtiments sur lesquels elles devront être embarquées. Il en sera de même pour les poudres qui rentreraient dans les ports de France après les expéditions maritimes.

Art. 8. — Les poudres destinées à être exportées par la voie de terre ne pourront sortir que par les bureaux principaux de douane placés en première ligne. Elles resteront dans les magasins des entrepôts jusqu'à leur expédition au bureau de la frontière. Le délai et la route à suivre pour leur sortie du royaume seront fixés par les acquits-à-caution. Elles ne pourront plus rentrer en France.

Art. 9. — (*Précautions à prendre pour le transport des poudres.*)

Art. 10. — Les poudres livrées pour le service des armements maritimes, ou pour l'exportation par la voie de terre, devront être consommées ou vendues hors du territoire français.

Toute vente, consommation ou introduction à l'intérieur en seront défendues. Conformément à l'article 21 de la loi du 30 août 1797 (*loi* 13 *fructidor an* v, la réintroduction sera punie de la confiscation de la poudre, des chevaux et des voitures, et en outre d'une amende de 20 fr. 40 c. par kilogramme de poudre. Si la réintroduction est faite par la voie de mer, l'amende sera double, en outre de la confiscation de la poudre.

Art. 11. — Les négociants, armateurs et tous autres qui conserveront dans leurs magasins, à l'intérieur, plus de cinq kilogrammes des poudres qui leur auraient été délivrées pour l'exportation, seront condamnés à une amende de 500 francs. — Dans l'un et l'autre cas, les poudres seront confisquées et déposées dans les magasins de l'État; le tout conformément à l'article 28 de la loi du 30 août 1797 (13 *fructidor an* v).

Art. 12. — (*Prix des poudres de chasse destinées à l'exportation.*)

Art. 13. — Les négociants qui obtiendront des poudres de chasse..... à des prix inférieurs à ceux du tarif des ventes à l'intérieur, à la charge d'exportation, contracteront, dans l'acquit-à-caution qui leur sera délivré, l'obligation de payer, s'ils ne justifient pas de la sortie des poudres, le double de la différence entre le prix auquel la poudre leur aura été vendue et celui qui est réglé par le tarif pour la poudre de même espèce vendue aux consommateurs de l'intérieur; et, quant à la poudre de commerce extérieur et à la poudre de mine, les négociants contracteront, par l'acquit-à-caution, l'obligation de payer, pour les quantités de ces deux espèces de poudre dont la sortie ne serait pas justifiée, une somme égale à celle qu'ils auraient eu à payer dans le même cas pour une pareille quantité de poudre de chasse ordinaire.

ORDONNANCE DU 29 SEPTEMBRE 1829.

Art. 1er. — Les tireurs d'or et d'argent sont autorisés à filer et à monter sur soie les traits de cuivre doré ou argenté connus sous le nom de *mi-fin*.

Art. 3. — Les fabricants et marchands remettront aux acheteurs des bordereaux énonciatifs de l'espèce et de la nature des ouvrages fabriqués avec des traits de cuivre doré ou argenté, sous les peines portées par les règlements qui prescrivent ce moyen de garantie.

Art. 4. — Les dispositions de l'article 3 de l'ordonnance du 5 mai 1824 sont et demeurent abrogées relativement aux fils et traits de cuivre doré ou argenté.

Art. 5. — Les dispositions des articles 1, 2, 4, 5 et 6 de l'ordonnance précitée sont maintenues.

ORDONNANCE DU 6 JUIN 1830.

Art. 1er. — Quel que soit le mode d'essai suivi par un essayeur pour titrer les matières d'or et d'argent, il sera tenu, sous sa responsabilité, d'en accuser le véritable titre. Il lui sera transmis, par la commission des monnaies, une instruction, approuvée par notre ministre secrétaire d'État des finances, sur la manière d'opérer du laboratoire des essais. — *Voir les art. 48 et suivants de la loi du 19 brumaire an VI.*

Art. 2. — Les contre-essais des lingots et matières d'or et d'argent du commerce, faits, aux termes de la loi du 19 brumaire an VI, à l'hôtel des monnaies de Paris, auront toujours lieu, à l'avenir, par le procédé de la voie humide.

LOI DU 12 DÉCEMBRE 1830.

. . . .

Art. 3. — A partir du 1er janvier prochain, le droit d'entrée sur les boissons sera supprimé dans les villes au-dessous de 4,000 âmes; *le droit à la vente en détail ne sera plus perçu qu'à raison de 10 0/0 du prix de vente; les droits de circulation, de consommation, d'entrée, de remplacement aux entrées de Paris et de fabrication des bières, seront réduits, conformément au tarif annexé à la présente loi.*

Tarif des droits à percevoir sur les boissons.

Modifié par les lois ultérieures. Voyez *Circulation*, art. 1er de la loi du 1er septembre 1871. — *Entrée*, art. 5 de la loi du 26 mars 1872 (spiritueux), et art. 2 de la loi du 31 décembre 1873 (vins). — *Détail*, art. 18 du décret du 17 mars 1852. — *Consommation*. Lois du 14 juillet 1855, du 25 juillet 1860, du 1er septembre 1871 (art. 2), et du 26 mars 1872. — *Bières*, art. 4 de la loi du 1er septembre 1871.

TABLEAU

Des départements du royaume divisés en quatre classes, pour la perception des droits de circulation et d'entrée sur les boissons.

Ce tableau a été remplacé par le tableau final de la loi du 12 décembre 1830.)

1re CLASSE.	2e CLASSE.	3e CLASSE.	4e CLASSE.
Alpes (Basses-).	Ain.	Aisne.	Calvados.
Alpes-Maritimes.	Allier.	Ardennes.	Côtes-du-Nord.
Ariége.	Alpes (Hautes-).	Cantal.	Finistère.
Aube.	Ardèche.	Creuse.	Ille-et-Vilaine.
Aude.	Cher.	Doubs.	Manche.
Aveyron.	Corrèze.	Eure.	Mayenne.
Bouches-du-Rhône.	Côte-d'Or.	Eure-et-Loir.	Nord.
Charente.	Drôme.	Loire.	Orne.
Charente-Inférieure.	Indre.	Lozère.	Pas-de-Calais.
Dordogne.	Indre-et-Loire.	Morbihan.	Seine-Inférieure.
Gard.	Isère.	Oise.	Somme.
Garonne (Haute-).	Jura.	Rhin (Haut-).	
Gers.	Loir-et-Cher.	Rhône.	
Gironde.	Loire (Haute-).	Saône-et-Loire.	
Hérault.	Loire-Inférieure.	Sarthe.	
Landes.	Loiret.	Seine.	
Lot.	Maine-et-Loire.	Seine-et-Marne.	
Lot-et-Garonne.	Marne.	Seine-et-Oise.	
Pyrénées (Basses-).	Marne (Haute-).	Vienne (Haute-).	
Pyrénées (Hautes-).	Meurthe-et-Moselle.	Vosges.	
Pyrénées-Orientales.	Meuse.		
Savoie.	Nièvre.		
Savoie (Haute-).	Puy-de-Dôme.		
Tarn.	Saône (Haute-).		
Tarn-et-Garonne.	Sèvres (Deux-).		
Var.	Vendée.		
Vaucluse.	Vienne.		
	Yonne.		

NOTA. — On a porté à ce tableau qui était annexé à la loi du 12 décembre 1830 et qui a remplacé le tableau n° 3 de la loi du 28 avril 1816, les départements de la Savoie, de la Haute-Savoie et des Alpes-Maritimes (décret du 8 septembre 1860), et on en a retranché les départements cédés à l'Allemagne par le traité de Francfort.

LOI DU 29 MARS 1832.

Art. 7. — Les voitures particulières suspendues seront, à l'avenir, soumises, aux entrées de Paris, aux mêmes visites que les voitures publiques.

Art. 8. — Les dispositions des articles 27 et 46 de la loi du 28 avril 1816 seront applicables à la fraude sur toutes les denrées sujettes aux droits d'octroi à l'entrée dans Paris : toutefois, l'amende ne sera plus que de 100 à 200 francs pour la fraude dans les voitures particulières suspendues.

Art. 9. — L'introduction ou la tentative d'introduction dans Paris d'objets soumis aux droits d'octroi, à l'aide d'ustensiles préparés ou de moyens disposés pour la fraude, donnera lieu à l'application des articles 223, 224 et 225 de la même loi (1).

LOI DU 17 AVRIL 1832.

. . . .

Les titres I, II, III et IV de cette loi ont été abrogés par l'article 1er de la loi du 22 juillet 1867 qui supprime la contrainte par corps en matière commerciale, civile, et contre les étrangers.

TITRE V. — Dispositions relatives à la contrainte par corps en matière criminelle, correctionnelle et de police.

Art. 33. — (Remplacé par l'art. 9 de la loi du 22 juillet 1867.)
Art. 34. — (Remplacé par l'art. 11 de la loi du 22 juillet 1867.)

Art. 35. — Néanmoins les condamnés qui justifieront de leur insolvabilité, suivant le mode prescrit par l'article 420 du Code d'instruction criminelle, seront mis en liberté, *après avoir subi quinze jours de contrainte, lorsque l'amende et les autres condamnations pécuniaires n'excéderont pas 15 francs ; un mois, lorsqu'elles s'élèveront de 15 francs à 50 ; deux mois, lorsque l'amende et les autres condamnations s'élèveront de 50 à 100 francs ; et quatre mois, lorsqu'elles excèderont 100 francs.*

Modifié par l'article 10 de la loi du 22 juillet 1867.

Art. 36. — *Lorsque la contrainte par corps aura cessé en vertu de l'article précédent, elle pourra être reprise, mais une seule fois, et quant aux restitutions, dommages et intérêts et frais seulement, s'il est jugé contradictoirement avec le débiteur qu'il lui est survenu des moyens de solvabilité.*

Cet article se trouve implicitement abrogé par le 2e paragraphe de l'article 18 de la loi du 27 juillet 1867.

Art. 37. — Dans tous les cas, la contrainte par corps exercée en vertu de l'article 33 est indépendante des peines prononcées contre les condamnés.

Art. 38. — *Les arrêts et jugements contenant des condamnations en faveur des particuliers pour réparations des crimes, délits ou contraventions commis à leur préjudice, seront, à leur diligence, signifiés et exécutés suivant les mêmes formes et voies de contrainte que les jugements portant condamnation au profit de l'État.*

(1) Les dispositions des articles 7, 8 et 9 ont été rendues applicables à toutes les communes du royaume ayant un octroi. (*Loi du 24 mai 1834, art. 9.*)

Toutefois, les parties poursuivantes seront tenues de pourvoir à la consignation d'aliments, aux termes de la présente loi, lorsque la contrainte aura lieu à leur requête et dans leur intérêt.

Le premier paragraphe de cet article a été remplacé par l'article 4 de la loi du 22 juillet 1867 qui en est la reproduction littérale. Le second alinéa est remplacé par l'article 6.

Art. 39. — *Lorsque la condamnation prononcée n'excédera pas 300 francs, la mise en liberté des condamnés, arrêtés ou détenus, à la requête et dans l'intérêt des particuliers, ne pourra avoir lieu, en vertu des articles 34, 35 et 36, qu'autant que la validité des cautions ou l'insolvabilité des condamnés auront été, en cas de contestation, jugées contradictoirement avec le créancier.*

La durée de la contrainte sera déterminée par le jugement de condamnation dans les limites de six mois à cinq ans.

La disposition du 1er paragraphe de cet article est implicitement abrogée, comme contraire à l'article 11 de la loi du 22 juillet 1867 (art. 18). — La durée de la contrainte par corps est réglée par l'article 9 de ladite loi. Voir, toutefois, une nouvelle loi du 19 décembre 1871 (art. 1 et 2). Il résulte de cette loi que la durée de la contrainte par corps doit être déterminée d'après le total des condamnations pécuniaires, y compris les frais liquidés par le jugement. (*Note de la Rédaction des Annales.*) — Art. 40. Voir articles 9 et 14 de la loi du 22 juillet 1867. — Art. 41, (abrogé).

TITRE VI. — (Dispositions transitoires.)
Dispositions générales.

Art. 46. — (Remplacé par l'art. 18 de la loi du 22 juillet 1867.)

LOI DU 21 AVRIL 1832.

. . . .

TITRE II.— De la contribution personnelle et mobilière.

Art. 20.— Dans les villes ayant un octroi, le contingent personnel et mobilier pourra être payé en totalité ou en partie par les caisses municipales, sur la demande qui en sera faite aux préfets par les conseils municipaux. Ces conseils détermineront la portion du contingent qui devra être prélevé sur les produits de l'octroi. La portion à percevoir au moyen d'un rôle sera répartie en cote mobilière seulement...

Les délibérations prises par les conseils municipaux ne recevront leur exécution qu'après avoir été approuvées par ordonnance royale. (1)

Art. 27. . . . .

Les fonctionnaires, les ecclésiastiques et les employés civils et militaires logés gratuitement dans des bâtiments appartenant à l'Etat, aux départements, aux arrondissements, aux communes ou aux hospices, seront imposés nominativement pour les portes et fenêtres des parties de ces bâtiments servant à leur habitation personnelle.

---

(1) Cette disposition est reproduite chaque année dans la loi de finances.

TITRE IV. — Boissons.

Art. 35. — Dans les villes ayant une population agglomérée de 4,000 âmes et au-dessus, et sur le vœu émis par le conseil municipal, les exercices seront supprimés, moyennant que les droits *de circulation*, d'entrée et de détail sur les vins, cidres, poirés et hydromels, ainsi que celui de *licence des débitants,* soient convertis en une taxe unique aux entrées...

La taxe unique ne remplace plus que les droits d'entrée et de détail.

Art. 36. — Cette taxe unique sera fixée pour chaque ville et par hectolitre, en divisant la somme des produits annuels de tous les droits à remplacer, par la somme des quantités annuellement introduites. Ce calcul sera établi sur la moyenne des consommations des trois dernières années.

Art. 37. — Les conseils municipaux seront convoqués un mois au moins avant la mise à exécution de la présente loi, à l'effet de déclarer s'ils veulent jouir du bénéfice de l'article 1er (1).

Pour délibérer sur cette question, le conseil municipal devra s'adjoindre un nombre de marchands en gros et de débitants de boissons les plus imposés à la patente, égal à la moitié des membres (2) du conseil. Les femmes se feront représenter par des fondés de pouvoir.

Art. 38. — Dans les villes assujetties à la taxe unique, ou au droit d'entrée, la faculté d'entrepôt sera accordée aux distillateurs et aux marchands en gros, aux conditions prescrites par les articles 32, 35, 36 et 37 de la loi du 28 avril 1816; ils devront, en outre, présenter une caution solvable, qui s'engagera solidairement avec eux au payement des droits sur les boissons qu'ils ne justifieront pas avoir fait sortir du lieu.

L'entrepositaire sera tenu de déclarer le magasin dans lequel il entendra placer les boissons pour lesquelles il réclamera l'entrepôt. Il ne pourra jouir de la même faculté dans d'autres magasins, s'il n'y est autorisé par la régie.

La disposition de cet article est étendue à tous les marchands en gros indistinctement, aux bouilleurs et distillateurs et certains débitants de boissons. (Voir art. 6 de la loi du 2 août 1872.)

Art. 39. — Les récoltants de vins, de cidres ou de poirés, domiciliés dans les villes, pourront obtenir l'entrepôt pour les produits de leur récolte, quelle qu'en soit la quantité. La limite posée par l'article 31 de la loi du 28 avril 1816 est abrogée en ce qui les concerne.

Les propriétaires récoltants qui ne voudront pas jouir de l'en-

------

(1) Il faut entendre l'article 1er de ce titre, c'est-à-dire l'article 35 de la loi. Les taxes uniques ne peuvent être établies que le 1er janvier. (*Loi du 25 juin 1841, art. 19.*)

(2) *Présents;* et sans qu'au moyen de cette adjonction plus du tiers des ants ne puisse être formé de marchands ou débitants. (*Loi du 25 juin 1841, art. 20.*)

trepôt pour les vins, cidres ou poirés fabriqués dans l'intérieur du lieu sujet, seront admis à se libérer par douzième, de mois en mois, du montant des droits sur les vendanges qu'ils auront introduites, ou sur les quantités de vin qui auront été inventoriées chez eux après la récolte.

Art. 40. — Dans les communes vignobles où les conseils municipaux voudront remplacer soit l'inventaire des vins nouveaux, soit le payement immédiat ou par douzième du droit sur les vendanges, il devra, sur leur demande, être consenti un abonnement général pour l'équivalent des sommes qui seraient dues pour l'année entière sur la consommation des vins fabriqués dans l'intérieur, moyennant que la commune s'engage à verser dans les caisses de la régie, par vingt-quatrième, de quinzaine en quinzaine, la somme convenue pour l'abonnement, sauf à elle à s'imposer pour le recouvrement de cette somme comme elle est autorisée à le faire pour les dépenses communales.

Ces abonnements seront discutés dans le mois qui précédera la récolte, entre le conseil municipal et le directeur des contributions indirectes ou son délégué. Ils auront pour base la quantité sur laquelle les récoltants auront payé le droit d'entrée dans une année de récolte complète, avec réduction, s'il y a lieu, dans la proportion des produits apparents de la récolte de l'année.

Seront observées, relativement au recouvrement des sommes dues et à la fixation des abonnements, en cas de discussion avec la commune, les dispositions des articles 75 et 78 de la loi du 28 avril 1816.

Art. 41. — Dans les villes qui seront soumises à une taxe unique sur les vins, cidres, poirés et hydromels, le droit général de consommation imposé sur les eaux-de-vie, esprit, liqueurs et fruits à l'eau-de-vie, sera perçu (1) à l'entrée lorsque le destinataire ne jouira pas de l'entrepôt.

Les débitants qui voudront s'affranchir des exercices pour les eaux-de-vie, esprits ou liqueurs, soit dans les villes où la taxe unique ne sera pas adoptée, soit hors des (2) villes, seront admis, comme les consommateurs, à payer ce même droit à l'arrivée, sur la représentation de ces boissons aux employés, avant que l'acquit-à-caution puisse être déchargé.

Art. 42. — Dans les villes où la conversion des différents droits (3) sera prononcée, les débitants seront tenus d'acquitter la taxe unique sur les boissons qu'ils auront en leur possession au moment de la mise en vigueur de cette nouvelle taxe.

Dans le cas du rétablissement de la perception par exercices, il sera tenu compte aux débitants du droit unique qu'ils auront payé sur les boissons en leur possession.

---

(1) En même temps que le droit d'entrée. (*Loi du 25 juin* 1841, *art.* 18.)
(2) Évidemment la loi a voulu dire hors desdites villes.
(3) Ceux d'entrée et de détail seulement. Voyez, art. 18 de la loi du 25 juin 1841.

Art. 43. — A défaut du bureau de la régie dans le lieu même de leur résidence, les propriétaires, les récoltants et les marchands en gros de boissons qui auront à en expédier, à quelque destination que ce soit, seront autorisés à se délivrer des laissez-passer jusqu'au premier bureau de passage. A cet effet, la régie leur remettra des formules imprimées, dont ils seront tenus de justifier l'emploi.

Lorsque les expéditeurs de boissons voudront se dispenser de déclarer le nom des destinataires, ils seront admis à ne faire désigner, sur les expéditions, que le lieu de destination, à charge d'y faire compléter la déclaration au bureau de la régie, avant que les conducteurs puissent décharger les voitures ou introduire les boissons chez le destinataire.

Art. 44. — Les licences autres que celles des voitures publiques ne seront plus payées que par trimestre. Le droit sera toujours dû pour le trimestre entier, à quelque époque que commence ou cesse le commerce.

Art. 45. — Les dispositions des lois actuellement en vigueur qui sont contraires à la présente loi sont abrogées.

Art. 46. — Les dispositions du présent titre seront mises à exécution à partir du 1er juillet prochain.

ORDONNANCE DU 8 DÉCEMBRE 1832

Concernant la responsabilité des comptables.

Art. 1er. — Tous les comptables ressortissant au ministère des finances sont responsables du recouvrement des droits..... dont la perception leur est confiée; en conséquence, ils sont et demeurent chargés dans leurs écritures et comptes annuels, de la totalité des rôles et des états de produits qui constatent le montant de ces droits, et ils doivent justifier de leur entière réalisation, avant l'expiration de l'année qui suit celle à laquelle les droits se rapportent.

Art. 2. — Les comptables peuvent obtenir la décharge de leur responsabilité, en justifiant qu'ils ont pris toutes les mesures, et fait en temps utile toutes les poursuites et diligences nécessaires contre les redevables.

Art. 3. — (Receveurs généraux.)

Art. 4. — A l'égard des autres receveurs de deniers publics il sera dressé, à l'expiration de la seconde année de chaque exercice, des états par branche de revenus et par comptable, présentant les droits et produits restant à recouvrer, avec la distinction des créances qui devront demeurer à la charge des comptables, de celles qu'il y aura lieu d'admettre en reprise à l'exercice suivant et de celles dont les receveurs seraient dans le cas d'obtenir la décharge

Le montant des droits et produits trouvés en non-valeurs, ou à porter en reprise, figurera distinctement dans les comptes des receveurs, et il en sera justifié à la Cour des comptes.

Notre ministre secrétaire d'État des finances statuera sur les questions de responsabilité, sauf l'appel en notre conseil d'État.

Art. 5. — Les comptables en exercice verseront immédiatement dans leurs caisses le montant des droits dont ils auront été déclarés responsables, s'ils sont hors fonctions; le recouvrement en sera poursuivi contre eux à la diligence de l'agent judiciaire du Trésor public.

Art. 6. — Lorsque les comptables auront soldé, de leurs deniers personnels, les droits dus par les redevables ou débiteurs, ils demeureront subrogés dans tous les droits du Trésor public conformément aux prescriptions du Code civil.

LOI DU 23 AVRIL 1833

Art. 11. — L'escompte des droits sur le sel, accordé en vertu de l'article 53 de la loi du 24 avril 1806, sera alloué à l'avenir, pour les perceptions s'élevant au moins à 300 francs.

Néanmoins, les obligations cautionnées continueront à ne pouvoir être admises que pour des perceptions excédant 600 francs.

LOI DU 28 JUIN 1833.

TITRE II. — Des contributions indirectes.

Art. 8. — Le droit fixe imposé sur les voitures publiques partant d'occasion ou à volonté, par l'article 113 de la loi du 25 mars 1817, pour tenir lieu du droit de dixième imposé sur les voitures à service régulier, sera perçu ainsi qu'il suit :

	à 1 et 2 places......................	40 fr.
Par voiture, quel que soit le nombre des roues....	à 3	60
	à 4	80
	à 5	96
	à 6	110
Pour chaque place au-dessus de ce nombre...................		10

Sont exceptées des dispositions de l'article 112 de la même loi, et considérées comme partant d'occasion ou à volonté, les voitures qui, dans un service habituel d'un point fixé à un autre, ne sortent pas d'une même ville ou d'un rayon de quinze kilomètres de ses limites, pourvu qu'il n'y ait pas continuité immédiate de service pour un point plus éloigné, même après changement de voiture.

Art. 9. — A compter du 1ᵉʳ janvier 1834, et lorsque les conseils municipaux en auront fait la demande, les entrepôts à domicile, pour les boissons, seront supprimés dans les communes sujettes aux droits d'entrée ou d'octroi, lorsqu'un entrepôt public y aura été régulièrement établi (1).

ORDONNANCE DU 17 JANVIER 1834.

Art. 3. — La régie des contributions indirectes est autorisée à limiter, en raison de la population de chaque localité, les quantités de ces tabacs (*tabacs de cantine*) qui seront livrées aux débitants.

Voir art. 3 du décret du 8 mai 1861.

LOI DU 24 MAI 1834.

Art. 2. — Tout individu qui, sans y être légalement autorisé, aura fabriqué, débité ou distribué de la poudre, ou sera détenteur d'une quantité quelconque de poudre de guerre ou de plus de deux kilogrammes de toute autre poudre, sera puni d'un emprisonnement d'un mois à deux ans, sans préjudice des autres peines portées par les lois.

Art. 3. — Tout individu qui, sans y être légalement autorisé, aura fabriqué, débité ou distribué . . . . des cartouches ou autres munitions de guerre ou sera détenteur de cartouches ou munitions de guerre... sera puni d'un emprisonnement d'un mois à 2 ans et d'une amende de 16 francs à 1,000 francs.

Art. 4. — Les infractions prévues par les articles précédents seront jugées par les tribunaux de police correctionnelle.

Les armes et munitions fabriquées, débitées, distribuées ou possédées sans autorisation, seront confisquées.

Les condamnés pourront en outre être placés sous la surveillance de la haute police pendant un temps qui ne pourra excéder deux ans.

En cas de récidive, les peines pourront être élevées jusqu'au double.

LOI DU 24 MAI 1834.

TITRE 1ᵉʳ.

Art. 9. — Les dispositions des articles 7, 8 et 9 de la loi du

---

(1) Ces dispositions abrogent celles de l'article 39 de la loi du 28 avril 1816 en vertu desquelles l'entrepôt à domicile pouvait être réclamé lors même qu'il savait, dans la commune, un entrepôt public (Paris excepté).

29 mars 1832, relative aux octrois de Paris, sont rendues applicables à toutes les communes du royaume ayant un octroi.

Art. 10. — Sur la demande des conseils municipaux, il pourra être fait application, dans les villes sujettes à l'octroi, des dispositions de l'article 10 de la loi du 1ᵉʳ mars 1822, qui prohibe la fabrication et la distillation des eaux-de-vie dans la ville de Paris.

TITRE II.

. . . .

Art. 26. — A dater du 1ᵉʳ janvier 1835, les prix de la poudre de chasse superfine et fine, fixés par la loi du 16 mars 1819, seront modifiés comme il suit :

Poudre de chasse superfine, le kilogramme, 10 francs ;
Poudre de chasse fine, le kilogramme, 8 francs (1).

LOI DU 12 FÉVRIER 1835.

Art. 1ᵉʳ. — Le titre V de la loi du 28 avril 1816, qui attribue exclusivement à l'Etat l'achat, la fabrication et la vente du tabac dans toute l'étendue du royaume, et dont l'effet avait été continué par la loi du 19 avril 1829 jusqu'au 1ᵉʳ janvier 1837, est de nouveau prorogé *jusqu'au 1ᵉʳ janvier* 1842 (2), sauf les modifications suivantes.

Art. 2. — Les permissions de culture seront données, dans chaque arrondissement, par une commission de cinq membres, composée du préfet ou d'un de ses délégués, président ; du directeur des contributions indirectes ; d'un agent supérieur du service de culture ; d'un membre du conseil général et d'un membre du conseil d'arrondissement, résidant dans l'arrondissement et non planteurs.

Les membres du conseil général et des conseils d'arrondissement seront désignés par leurs conseils respectifs, et, à défaut, par le préfet du département.

Les Directeurs des tabacs sont aussi appelés à faire partie de la Commission instituée par cet article. — (Ann. 1860-62 p. 143).

Art. 3. — Le ministre des finances répartira annuellement le nombre d'hectares à cultiver, ainsi que les quantités de tabacs demandées aux départements où la culture est autorisée, de manière à assurer au plus les quatre cinquièmes des approvisionnements des manufactures royales aux tabacs indigènes.

Art. 4. — Les prix seront fixés chaque année par le ministre

---

(1) Ces prix ont été modifiés par la loi du 25 juillet 1873. — Le prix de la poudre superfine est aujourd'hui de 12 francs le kilogramme, et de la poudre fine de 9 fr. 50 c. le kilogramme.

(2) Voyez renvoi 2 de la page 164.

des finances, pour les diverses qualités des tabacs de la récolte suivante, par chaque arrondissement où la culture sera autorisée. L'avis en sera donné par voie d'affiches et de publication.

Art. 5 (1). — Les dispositions des articles 172, 215, 216, 217 218, 219, 220, 221, 222, 223, 224, 225 et 226 de la loi du 28 avril 1816 sont applicables à la fabrication, à la circulation et à la vente du tabac factice ou de toute autre matière préparée pour être vendue comme tabac, sans qu'il soit dérogé aux dispositions contenues dans la loi du 17 avril 1832, concernant la durée de la contrainte par corps.

LOI DU 15 JUIN 1835.

Article unique. — Dans le cas prévu par l'article 28 du décret du 1er germinal an XIII (2), l'assignation à fin de condamnation sera donnée dans les trois mois au plus tard de la date du procès-verbal, à peine de déchéance. Elle pourra être donnée par les commis.

Lorsque les prévenus de contravention seront en état d'arrestation, l'assignation devra être donnée dans le délai d'un mois, à partir de l'arrestation, à peine de déchéance.

ORDONNANCE DU 25 JUIN 1835.

Art. 1er. — A l'avenir les cautionnements fournis par les préposés des administrations ou régies ressortissant au ministère des finances serviront de garantie pour tous les faits résultant des diverses gestions dont ils seront chargés par la même administration, quel que soit le lieu où ils exerceront ou auront exercé leurs fonctions.

LOI DU 23 AVRIL 1836 (CIRCULATION).

Article unique. — Les voituriers, bateliers et tous autres qui transportent ou conduisent des boissons, sont tenus d'exhiber aux employés dénommés dans l'article 17 de la loi du 28 avril 1816, les congés, passavants, acquits-à-caution et laissez-passer dont ils doivent être porteurs, à l'instant même de la réquisition desdits employés, sans que les conducteurs puissent exiger, sous

---

(1) Voir, pour l'exécution de cet article, l'ordonnance du 13 février 1835. (ANNALES 1835, page 68.)

(2) Ainsi conçu : « L'assignation à fin de condamnation sera donnée dans la huitaine au plus tard de la date du procès-verbal; elle pourra être donnée par les commis. »

quelque prétexte que ce soit, aucun délai pour faire cette exhibition; et faute de cette représentation immédiate, les employés doivent saisir le chargement.

LOI DU 23 AVRIL 1836 (DROIT DE DÉTAIL).

Article unique. — Les personnes qui exercent une des professions désignées dans l'article 50 de la loi du 28 avril 1816 sont assujetties à la déclaration et autres obligations imposées aux débitants de boissons, par le fait même de leur profession, et sans qu'il soit besoin d'établir qu'elles se livrent au débit des boissons.

LOI DU 23 AVRIL 1836 (MARCHANDS EN GROS).

Article unique. — Les vérifications que les employés des contributions indirectes sont autorisés, par l'article 101 de la loi du 28 avril 1816, à faire dans les caves, celliers et magasins des marchands de boissons en gros, pour connaître si les boissons reçues ou expédiées ont été soumises aux droits, ne peuvent être empêchées par aucun obstacle du fait de ces marchands, et ceux-ci doivent toujours être en mesure, soit par eux-mêmes, soit par leurs préposés, s'ils sont absents, de déférer immédiatement aux réquisitions des employés.

LOI DU 23 AVRIL 1836 (BRASSERIES.)

Article unique. — L'exercice du droit attribué par l'article 117 de la loi du 28 avril 1816 aux employés de la régie des contributions indirectes, de vérifier par l'empotement la contenance des chaudières, cuves et bacs, déclarée par les brasseurs, ne peut être empêché par aucun obstacle du fait de ces brasseurs ; ceux-ci doivent toujours être prêts, par eux-mêmes ou par leurs préposés, à fournir l'eau et les ouvriers nécessaires, et à déférer aux réquisitions des employés.

LOI DU 23 AVRIL 1836 (TABACS).

Article unique. — L'amende de 50 francs par cent pieds de tabacs plantés sans autorisation sur un terrain ouvert, et de 150 francs si le terrain est clos de murs, prononcée par l'article 181 de la loi du 28 avril 1816, doit être réglée en proportion du nombre de pieds au-dessous de cent comme au-dessus.

LOI DU 4 JUIN 1836 (CARTES).

Art. 1ᵉʳ. — Le droit de 5 centimes (1) par jeu sur les cartes à portrait français et à portrait étranger, destinées pour l'exportation, est supprimé.

Art. 2. — Ces cartes sont affranchies de l'application des bandes de contrôle, mais elles ne pourront circuler dans l'intérieur du royaume, jusqu'au point de sortie, que renfermées dans des caisses ficelées, qui seront plombées par les employés des contributions indirectes (2).

Les autres formalités prescrites par les lois et règlements en vigueur (3) pour justifier l'exportation continueront à être observées.

Art. 3. — La réintroduction des cartes ainsi exportées ne pourra être autorisée que sous la condition du payement des droits imposés à la fabrication, auquel cas les jeux seront revêtus de la bande de contrôle. Les cartes qui seraient réimprimées en fraude, ou trouvées dans l'intérieur, sans bande de contrôle, seront saisissables, et les contrevenants seront passibles des peines portées en l'article 166 de la loi du 28 avril 1816.

Art. 4. — Il n'y aura pas lieu d'effectuer la perception du droit de 5 centimes par jeu, constaté sur les cartes à portrait français ou à portrait étranger, dont l'exportation a été déclarée depuis la publication de l'ordonnance du 7 juillet 1831, en vertu de laquelle cette perception a été provisoirement suspendue.

LOI DU 2 JUILLET 1836.

L'importation (*des ouvrages d'horlogerie*) ne pourra s'effectuer que par les bureaux ouverts au transit des marchandises prohibées.

Les montres ainsi introduites seront dirigées par acquit-à-caution, et sous le plomb des douanes, sur l'un des cinq bureaux de garantie de Paris, Lyon, Besançon, Montbéliard et Lons-le-Saulnier, pour y être essayées et marquées, et y acquitter le droit de garantie.

Voir la liste des bureaux ouverts pour l'essai et la marque des montres étrangères.

---

(1) Établi par l'article 5 du décret du 16 juin 1808.

(2) Pour la manière dont ce plombage doit être exécuté, voyez ANNALE 1833, page 87.

(3) Notamment l'arrêté du 19 floréal an VI, le décret du 16 juin 1808 et une décision réglementaire du ministre des finances du 29 août 1815.

LOI DU 9 JUILLET 1836 (NAVIGATION) (1).

Art. 1er. — (Tarif.) Remplacé par l'article 1er du 9 février 1867.

Art. 2. — Le nombre des tonneaux imposables sera déterminé, au moment du jaugeage des bateaux, et pour chaque degré d'enfoncement, par la différence entre le poids de l'eau que déplacera le bateau chargé et celui de l'eau que déplacera le bateau vide, y compris les agrès.

Le degré d'enfoncement sera indiqué au moyen d'échelles métriques incrustées dans le bordage extérieur du bateau.

Les espaces laissés vides entre les coupons des trains et ceux dans lesquels seraient placés des tonneaux pour maintenir les trains à flot ne seront point compris dans le cubage.

Art. 3. (Classification des marchandises). — Remplacé par l'article 2 du décret du 9 février 1867.

Art. 4. (*relatif aux bateaux chargés de marchandises appartenant à des classes différentes*). — *Remplacé par l'article 5 du décret du 9 février 1867.*

Art. 5. — Tout bateau sur lequel il y aura des voyageurs payera le droit imposé à la première classe du tarif, quelle que soit la nature du chargement.

Il sera ajouté au poids reconnu un dixième de tonneau pour chaque voyageur qui serait descendu du bateau avant la vérification.

Art. 6. — La régie des contributions indirectes pourra consentir des abonnements payables par mois, d'avance ou par voyage :

1° Pour les bateaux qui servent habituellement au transport des voyageurs ou des marchandises d'un port à un autre ;

2° Pour ceux de petite capacité, lorsqu'ils n'iront pas au delà de trois distances du port auquel ils appartiennent.

Art. 7. (*concernant les trains chargés de marchandises*). — *Remplacé par l'article 4 du décret du 9 février 1867.*

Art. 8. (*bascules à poisson*). — *Abrogé.* — *Voir article 8 du même décret.*

Art. 9. — Seront exempts des droits :

1° Les bateaux entièrement vides ;

2° Les bâtiments et bateaux de la marine *royale* affectés au service militaire de ce département ou du département de la guerre sans intervention de fournisseurs ou d'entrepreneurs ;

3° Les bateaux employés exclusivement au service ou aux travaux de la navigation par les agents des ponts et chaussées ;

4° Les bateaux pêcheurs, lorsqu'ils porteront uniquement des objets relatifs à la pêche ;

5° Les bacs, batelets et canots servant à traverser d'une rive à l'autre ;

---

(1) Voyez l'analyse de la discussion de cette loi (ANNALES 1836-37, p. 217 à 227).

6° Les bateaux appartenant aux propriétaires ou fermiers, et chargés d'engrais, de denrées, de récoltes et de *grains* en gerbes pour le compte desdits propriétaires ou fermiers, lorsqu'ils auront obtenu l'autorisation de se servir de bateaux particuliers dans l'étendue de leur exploitation.

Aux exemptions prévues par cet article, le décret du 9 février 1867 (art. 8) a ajouté les bascules à poisson vides ou ne renfermant que du poisson.

Art. 10. — Aucun bateau ne pourra naviguer sur les fleuves rivières ou cours d'eau, qu'après avoir été préalablement jaugé à l'un des bureaux qui seront désignés, pour chaque cours de navigation, par une ordonnance royale.

Dans les six mois qui précèderont la mise à exécution de la présente loi, tout propriétaire ou conducteur de bateaux sera tenu de les conduire, à vide, à l'un desdits bureaux, à l'effet de faire procéder au jaugeage par les employés des contributions indirectes.

Le procès-verbal de jaugeage déterminera le tirant d'eau à vide, et la dernière ligne de flottaison à charge complète sera fixée de manière que le bateau, dans son plus fort chargement, présente toujours un décimètre en dehors de l'eau. Toute charge qui produirait un enfoncement supérieur à la ligne de flottaison ainsi fixée est interdite.

Art. 11. — Toute personne mettant à flot un nouveau bateau sera tenue de le présenter, avant son premier voyage ou après son premier déchargement, à l'un des bureaux de jaugeage.

Toutefois, les bateaux qui ne font qu'un voyage pourront être jaugés à l'un des bureaux de navigation ou au lieu de déchargement; mais il ne sera pas permis de les dépecer avant que les droits aient été acquittés.

Art. 12. — *La perception sera faite à chaque bureau de navigation :*

1° *Pour les distances déjà parcourues, si le droit n'a pas été acquitté à un bureau précédent;*

2° *Pour les distances à parcourir jusqu'au prochain bureau, ou seulement jusqu'au lieu de destination, si le déchargement doit être effectué avant le prochain bureau;*

3° *Enfin, pour les distances parcourues ou à parcourir entre deux bureaux.*

Néanmoins, quelque éloigné que soit le point de destination, le batelier aura la faculté de payer, au départ ou à l'arrivée, pour toutes les distances à parcourir ou qui auront été parcourues sur la partie d'une rivière ou d'un canal imposée au même tarif, à la charge par lui de faire reconnaître, à chaque lieu de station, la conformité du tirant d'eau avec les laissez-passer dont il devra être muni.

Modifié. Voir art. 7 du décret du 9 février 1867.

Art. 13. — Toutes les fois qu'un batelier aura payé au départ, jusqu'au lieu de destination, pour la totalité du chargement possible de son bateau en marchandises de première classe, il ne sera tenu, aux bureaux intermédiaires de navigation, que d'y représenter, sur réquisition, son laissez-passer.

Art. 14. — Lorsque le conducteur voudra payer le droit à l'arrivée, il devra se munir, au premier bureau de navigation, d'un acquit-à-caution qui sera représenté aux employés du lieu de destination et déchargé par eux après justification de l'acquittement des droits.

A défaut de cette justification, le conducteur et sa caution seront tenus de payer les droits pour tout le trajet parcouru, comme si le bateau avait été entièrement chargé de marchandises de première classe.

Art. 15. — Tout conducteur de bateaux, de trains ou de bascules à poisson devra, à défaut de bureau de navigation, se munir à la recette buraliste des contributions indirectes du lieu de départ ou de chargement, d'un laissez-passer qui indiquera, d'après sa déclaration, le poids et la nature du chargement, ainsi que le point de départ.

Ce laissez-passer ne pourra être délivré, pour les bateaux chargés, qu'autant que le déclarant s'engagera, par écrit et sous caution, à acquitter les droits au bureau de navigation le plus voisin du lieu de destination, ou à celui devant lequel il aurait à passer pour s'y rendre.

Tout chargement supplémentaire fait en cours de transport sera déclaré de la même manière.

Art. 16. — Les laissez-passer, acquits-à-caution, connaissements et lettres de voiture seront représentés, à toutes réquisitions, aux employés des contributions indirectes, des douanes, des octrois, de la navigation, ainsi qu'aux éclusiers, maîtres de ponts et de pertuis. Ils devront toujours être en rapport avec le chargement.

Cette exhibition devra être faite au moment même de la réquisition des employés.

Art. 17. — Les dispositions qui précèdent sont toutes applicable aux bateaux à vapeur; mais, lors du jaugeage, la machine, le combustible pour un voyage et les agrès, seront compris dans le tirant d'eau à vide.

Art. 18. — La perception des droits de navigation sur les trains continuera à être faite, pour chaque rivière, suivant les usages établis.

Art. 19. — Le mode de vérification de la charge réelle passible des droits et les obligations des bateliers à cet égard, l'application des droits nouveaux à la forme et à la dimension des trains seront déterminés par ordonnance royale, rendue dans la forme des règlements d'administration publique (1).

Il sera apposé dans tous les bureaux de perception, dont le placement sera déterminé par le ministre des finances, un placard in-

---

(1) Voir cette ordonnance qui a été rendue le 15 octobre 1836.

diquant lenombre des dist ances d'un bureau à l'autre et entre les principaux points intermédiaires.

Art. 20. — Toute contravention aux dispositions de la présente loi et à celles des ordonnances qui en règleront l'application sera punie d'une amende de 50 à 200 francs, sans préjudice des peines établies par les lois en cas d'insultes, violences ou voies de fait.

Les propriétaires de bâtiments, bateaux et trains seront resonsables des amendes résultant des contraventions commises par pes bateliers et les conducteurs.

Art. 21. — Les contestations sur le fond du droit de navigation seront jugées, et les contraventions seront constatées et poursuivies dans les formes propres à l'administration des contributions indirectes.

Le produit net des amendes sera réparti comme en matière de voitures publiques.

Art. 22. — Les dispositions des articles 10, 11, 12, 13, 15, 16 et 21 de la présente loi sont applicables au droit de navigation intérieure perçu par la régie des contributions indirectes, tant sur les canaux concédés qu'à l'embouchure des fleuves.

Art. 23. — La perception du droit de navigation sur les navires, bâtiments et bateaux allant des ports situés à l'embouchure des fleuves à la mer, ou venant de la mer à destination desdits ports, continuera d'être faite d'après les tarifs et le mode actuellement en vigueur.

Sont également maintenues les dispositions des articles 15 à 28 du décret du 4 mars 1808, concernant la perception d'une taxe proportionnelle et annuelle sur les bâtiments à quille, pontés ou non pontés, servant au cabotage et transport sur la Gironde, la Garonne et la Dordogne, jusqu'au point où s'étend l'action de l'inscription maritime, d'après l'ordonnance du 10 juillet 1835.

Art. 24. — Le gouvernement pourra, dans l'intervalle de deux sessions législatives, opérer, par ordonnances royales, des réductions aux tarifs annexés à la présente loi.

Les changements résultant desdites ordonnances seront présentés aux Chambres dans le premier mois de la plus prochaine session pour être convertis en lois.

Art. 25. — Les dispositions des lois, décrets, arrêtés et tarifs contraires à celles de la présente loi sont abrogées.

LOI DU 9 JUILLET 1836 (SAISIES-ARRÊTS).

TITRE IV. — Dispositions particulières.

Art. 13. — Toutes saisies-arrêts ou oppositions sur des sommes dues par l'Etat, toutes significations de cession ou transport desdites sommes, et toutes autres ayant pour objet d'en arrêter le payement, devront être faites entre les mains des payeurs, agents ou préposés, sur la caisse desquels les ordonnances ou mandats seront délivrés.

Néanmoins, à Paris, et pour tous les payements à effectuer à la caisse du payeur central au Trésor public, elles devront être exclusivement faites entre les mains du conservateur des oppositions au ministère des finances ; toutes dispositions contraires sont abrogées.

Seront considérées comme nulles et non avenues toutes oppositions ou significations faites à toutes autres personnes que celles ci-dessus indiquées.

Il n'est pas dérogé aux lois relatives aux oppositions à faire sur les capitaux et intérêts des cautionnements (1).

Art. 14. — Lesdites saisies-arrêts, oppositions et significations n'auront d'effet que pendant cinq années à compter de leur date, si elles n'ont pas été renouvelées dans ledit délai, quels que soient, d'ailleurs, les actes, traités ou jugements intervenus sur lesdites oppositions et significations.

En conséquence, elles seront rayées d'office des registres dans lesquels elles auraient été inscrites, et ne seront pas comprises dans les certificats prescrits par l'article 14 de la loi du 19 février 1792 (2) et par les articles 7 et 8 du décret du 18 mars 1807 (3).

Art. 15. — Les saisies-arrêts, oppositions et significations de cession ou transport et toutes autres faites jusqu'à ce jour, ayant pour objet d'arrêter le payement des sommes dues par l'Etat, devront être renouvelées dans le délai d'un an, à partir de la publication de la présente loi, et conformément aux dispositions ci-dessus prescrites, faute de quoi elles resteront sans effet et seront rayées des registres dans lesquels elles auront été inscrites.

LOI DU 18 JUILLET 1836.

TITRE Ier. — Impôts autorisés pour l'exercice 1837.

Art. 2. — Les lois qui régissent la contribution foncière.... sont applicables..... aux bacs (4).....

Art. 5. — (*Maintien de la perception pour* 1837.)

---

(1) Voyez les lois des 25 nivôse et 6 ventôse an XIII ; voyez aussi l'avis du conseil d'État, du 18 août 1807, relatif à l'effet des oppositions sur les cautionnements des fonctionnaires publics.

(2) Voyez ANNALES 1836-37, page 523.

(3) Voyez ANNALES 1836-37, page 526.

(4) Les bacs n'avaient été jusqu'alors assujettis à la contribution foncière que par assimilation aux usines. Cette assimilation ayant été repoussée par la jurisprudence du conseil d'Etat, le gouvernement a proposé aux Chambres de la sanctionner.

ORDONNANCE DU 15 OCTOBRE 1836.

Art. 1er.—Les bureaux désignés au tableau ci-annexé (1) seront oùverts le 1er novembre 1836 pour le jaugeage des bateaux naviguant sur les fleuves, rivières et canaux.

Art. 2. — Le jaugeage sera fait par les employés des contributions indirectes, en présence du propriétaire ou du conducteur du bateau, conformément aux instructions données par notre ministre des finances. Les employés dresseront de cette opération un procès-verbal, dont copie sera remise au conducteur ou propriéiaire, et qui énoncera :

1° Le nom ou la devise du bateau ;

2° Les noms et domiciles du propriétaire et du conducteur;

3° Les dimensions extérieures du bateau, mesurées en centimètres ;

4° Le tirant d'eau à charge complète ;

5° Le tirant d'eau à vide, avec les agrès;

6° Enfin, le tonnage du bateau à charge complète et le tonnage par centimètre d'enfoncement.

La progression croissante et décroissante du tonnage sera réglée par tranche de vingt en vingt centimètres de l'échelle mise en place.

Les millimètres ne seront pas comptés.

Art. 3. — Toutes les fois que le conducteur d'un bateau en formera la demande, il sera procédé à un nouveau jaugeage ; les résultats de cette opération seront également constatés par un procès-verbal, dont il lui sera délivré une ampliation en remplacement de la précédente.

Les employés pourront aussi procéder d'office à la contre-vérification des jaugeages, et, s'il n'y a point de différence, ils se borneront à viser l'ancien procès-verbal.

Ces vérifications n'auront lieu qu'en cas de stationnement, et qu'après le déchargement des bateaux.

Art. 4. — De chaque côté du bateau sera incrustée une échelle en cuivre, graduée en centimètres, dont notre ministre des finances déterminera la forme, la dimension et le placement. Le zéro de l'échelle répondra au tirant d'eau à vide, et une marque opposée dans la partie supérieure indiquera la ligne de flottaison à charge complète à la limite déterminée par l'article 10 de la loi du 9 juillet 1836.

Les propriétaires ou conducteurs de bateaux pourront fournir et placer les échelles en présence des employés, et en se conformant aux indications de l'administration des contributions indirectes. A leur défaut, cette administration y pourvoira; dans ce cas, le prix des échelles lui sera remboursé, au moment du jaugeage, à raison de 50 centimes par décimètre, y compris la mise en place.

Art. 5. — Il est défendu aux bateliers d'enlever ou de déplacer les échelles.

---

(1) Voir la liste des bureaux de jaugeage existant actuellement.

Art. 6. — Toutes les fois que, par un accident quelconque, les échelles auront été perdues ou qu'elles se trouveront détériorées, le batelier sera tenu de les faire immédiatement remplacer, conformément aux dispositions de l'article 4 ci-dessus, qui détermine le mode d'après lequel les échelles seront placées.

Art. 7. — Le nombre de stères imposable pour les trains de bois sera déterminé en cubant le volume de chaque train dans la rivière, déduction faite des espaces laissés vides entre les coupons et ceux dans lesquels seraient placés les tonneaux pour maintenir les trains à flot.

Ne seront point considérés comme trains chargés ceux qui ne porteront que des perches et rouettes de rechange.

NOTA. — *V. articles 7 et 18 de la loi du 9 juillet 1836.*

Art. 8. — La perception du droit sur tout bateau chargé et non jaugé qui naviguera pour la première fois sera garantie par un acquit-à-caution délivré, conformément aux dispositions de l'article 14 de la loi du 9 juillet 1836, et qui énoncera, indépendamment du tonnage par évaluation, la distance entre le plat-bord et la ligne de flottaison du chargement.

Le batelier sera tenu, aussitôt après le déchargement du bateau, de le faire jauger et d'acquitter le droit.

Il ne sera pas apposé d'échelle sur tout bateau qui sera dépecé après le premier voyage, et, dans ce cas, le jaugeage sera fait au lieu même du déchargement.

Art. 9. — *Toute fraction d'une demi-distance (2,500 mètres) ou au-dessus sera comptée, pour la perception, comme une distance; toute fraction inférieure sera négligée.*

Il sera opéré de la même manière à l'égard des fractions du tonneau, du stère et du mètre cube.

NOTA. — *Le premier paragraphe de cet article a été remplacé par l'ordonnance du 30 novembre 1839; on ne la reproduit ici que parce que cela était nécessaire pour l'intelligence du deuxième paragraphe, qui subsiste, et d'après lequel les fractions de tonneau, de stère et de mètre cube inférieures à une* DEMIE *doivent être négligées : on les compte pour un entier lorsqu'elles sont d'une demie et au-dessus. (Circulaire 133, 1re partie, 5 novembre 1836.)*

Art. 10. — Aucun bateau, lors même qu'il serait exempt de droits, en conformité de l'article 9 de la loi, aucune bascule vide, aucun train, ne pourra être mis en route avant que le conducteur ait fait sa déclaration et obtenu un laissez-passer.

Les dimensions des trains seront indiquées dans la déclaration.

Art. 11. — Tout conducteur de bateaux chargés ou de trains ... passant devant un bureau de navigation devra s'y arrêter pour acquitter le droit.

Néanmoins, les conducteurs de trains.... pourront, comme les conducteurs de bateaux, et en se conformant aux dispositions des articles 13 et 14 de la loi, payer le droit au départ ou à l'arrivée.

Lorsqu'il n'y aura pas de bureau de navigation au lieu de destination, le droit sera acquitté au dernier bureau placé sur la route, lequel sera désigné en l'acquit-à-caution.

Les bateliers fourniront aux employés les moyens de se rendre à bord toutes les fois que, pour reconnaître les marchandises transportées ou pour vérifier l'échelle, ils seront obligés de s'en approcher.

Art. 12. — Lorsque la navigation n'a lieu qu'à l'aide du flot naturel ou artificiel, qui ne permet pas la station devant le bureau de navigation, les acquits-à-caution devront être délivrés au lieu même du départ des trains et bateaux pour tout le trajet à parcourir, et lors même qu'il s'étendrait à deux rivières différentes.

Art. 13. — Tout conducteur qui sera muni d'un acquit-à-caution aura la faculté, en passant devant un bureau de navigation, de changer la destination primitivement déclarée, à la charge par lui d'acquitter immédiatement le droit pour les distances déjà parcourues.

Art. 14. — Indépendamment des formalités prescrites par l'article 16 de la loi du 9 juillet 1836, les bateliers et conducteurs seront tenus de représenter, à toute réquisition des employés des contributions indirectes, des octrois et des douanes, les procès-verbaux de jaugeage relatifs aux bateaux.

Art. 15. — L'exemption de droits portée au nombre 6 de l'article 9 de la loi du 9 juillet 1836 (1) sera appliquée à tous les bateaux dont les propriétaires auront été autorisés à se servir suivant la forme établie par l'article 8 de la loi du 6 frimaire an VII.

Art. 16. — Sont soumis à l'application de la loi du 9 juillet 1836, conformément aux dispositions de l'article 22 de ladite loi, les rivières des bassins de l'Escaut et de l'Aa, les canaux de Bourgogne, du Rhône et du Rhin, de la Somme, de Manicamp, d'Arles et Bouc, la rivière canalisée et le canal latéral de l'Oise, et tous les canaux sur lesquels la perception sera faite par les agents du gouvernement.

Le droit de navigation ne pourra être acquitté à l'arrivée sur ces canaux qu'à la charge par les déclarants de se munir d'un acquit-à-caution, conformément à l'article 14 de ladite loi.

Nota. — *Voyez l'article 14 de la loi du 9 juillet 1836 et le deuxième paragraphe des annotations de cet article.*

Art. 17. — Seront placardés dans chaque bureau de navigation :

1° La loi du 9 juillet 1836 ;

2° La présente ordonnance ;

3° L'instruction ministérielle sur le jaugeage,

4° Le tableau indiquant le nombre des distances d'un bureau à l'autre et entre les principaux points intermédiaires, ainsi que les lignes de navigation auxquelles s'appliquera la réduction à moitié du droit sur les trains.

---

(1) Et au paragraphe 7 de l'article 8 du décret du 9 février 1867.

Art. 18. — Notre ordonnance du 26 juillet 1834 cessera d'avoir son effet à partir de la mise à exécution de la loi du 9 juillet 1836.

LOI DU 4 JUILLET 1837.

Art. 1er. — Le décret du 12 février 1812, concernant les poids et mesures, est et demeure abrogé.

Art. 2. — Néanmoins, l'usage des instruments de pesage et de mesurage confectionnés en exécution des articles 2 et 3 du décret précité sera permis jusqu'au 1er janvier 1840.

Art. 3. — A partir du 1er janvier 1840, tous poids et mesures autres que les poids et mesures établis par les lois des 18 germinal an III et 19 frimaire an VIII, constitutives du système métrique décimal, seront interdits sous les peines portées par l'article 479 du Code pénal (1).

Art. 4. — Ceux qui auront des poids et mesures autres que les poids et mesures ci-dessus reconnus, dans leurs magasins, boutiques, ateliers ou maisons de commerce, ou dans les halles, foires ou marchés, seront punis comme ceux qui les emploieront, conformément à l'article 479 du Code pénal.

Art. 5. — A compter de la même époque, toutes dénominations de poids et mesures autres que celles portées dans le tableau annexé à la présente loi, et établies par la loi du 18 germinal an III, sont interdites dans les actes publics, ainsi que dans les affiches et les annonces.

Elles sont également interdites dans les actes sous seing privé, les registres de commerce et autres écritures privées produits en justice.

Les officiers publics contrevenants seront passibles d'une amende de 20 francs, qui sera recouvrée sur contrainte, comme en matière d'enregistrement.

L'amende sera de 10 francs pour les autres contrevenants : elle sera perçue pour chaque acte ou écriture sous signature privée; quant aux registres de commerce, ils ne donneront lieu qu'à une seule amende pour chaque contestation dans laquelle il seront produits.

Art. 6. — Il est défendu aux juges et arbitres de rendre aucun jugement ou décision en faveur des particuliers sur des actes, registres ou écrits dans lesquels les dénominations interdites par l'article précédent auraient été insérées, avant que les amendes encourues aux termes dudit article aient été payées.

Art. 7. — Les vérificateurs des poids et mesures constateront les contraventions prévues par les lois et règlements concernant le système métrique des poids et mesures.

Ils pourront procéder à la saisie des instruments de pesage et

---

(1) Ces dispositions ne seront applicables aux monnaies en circulation qu'en vertu d'une loi spéciale. (*Loi du 10 août 1839, art. 14.*)

de mesurage dont l'usage est interdit par lesdites lois et règlements.

Leurs procès-verbaux feront foi en justice jusqu'à preuve contraire.

Les vérificateurs prêteront serment devant le tribunal d'arrondissement.

Art. 8. — Une ordonnance royale réglera la manière dont s'effectuera la vérification des poids et mesures.

TABLEAU DES MESURES LÉGALES.

(Loi du 18 germinal an III.)

NOMS SYSTÉMATIQUES	VALEUR.	NOMS SYSTÉMATIQUES	VALEUR.
Mesures de longueur.		*Mesures de solidité.*	
Myriamètre....	Dix mille mètres.	Décastère......	Dix stères.
Kilomètre.....	Mille mètres.	STÈRE,........	Mètre cube.
Hectomètre....	Cent mètres.	Décistère......	Dixième de stère.
Décamètre.....	Dix mètres.		
MÈTRE	*Unité fondamentale des poids et mesures* (1) (dix-millio-nième partie du quart du méridien terrestre).	*Poids.*	
		....	Mille kilogrammes, poids du mètre cube d'eau et du tonneau de mer.
Décimètre.....	Dixième du mètre.	........,.....	Cent kilogrammes, quintal métrique.
Centimètre....	Centième du mètre.		
Millimètre.....	Millième du mètre.	KILOGRAMME ...	Mille grammes, poids dans le vide d'un décimètre cube d'eau distillée à la tempé-rature de quatre de-grès centigrades (2).
Mesures agraires.			
Hectare	Cent ares ou dix mille mètres carrés.	Hectogramme...	Cent grammes.
ARE..........	Cent mètres carrés, carré de dix mètres de côté.	Décagramme...	Dix grammes.
		GRAMME	Poids d'un centimè-tre cube d'eau à quatre degrés centi-grades.
Centiare.......	Centième de l'are, ou mètre carré.		
		Décigramme...	Dixième du gramme.
Mesures de ca-pacité pour les liquides et les matières sè-ches.		Centigramme..	Centième du gram-me.
		Milligramme...	Millième du gramme.
		Monnaie.	
Kilolitre.......	Mille litres.	FRANC........	Cinq grammes d'ar-gent au titre de neuf dixièmes de fin.
Hectolitre.....	Cent litres.		
Décalitre......	Dix litres.		
LITRE.........	Décimètre cube.	Décime.......	Dixième du franc.
Décilitre	Dixième du litre.	Centime.......	Centième du franc.

Conformément à la disposition de la loi du 18 germinal an III, concernant les poids et mesures de capacité, chacune des mesures décimales de
ces deux genres a son double et sa moitié.

(1) L'étalon prototype en platine, déposé aux Archives le 4 messidor an VII,
donne la longueur légale du mètre, quand il est à la température zéro.

(2) L'étalon prototype en platine, déposé aux Archives le 4 messidor en VII,
donne, dans le vide, le poids légal du kilogramme.

LOI DU 8 JUILLET 1837.

TITRE III. — Dispositions particulières.

Art. 10. — Le paragraphe 2 de l'article 9 de la loi du 29 janvier 1831 est rapporté.

Ce paragraphe prescrivait de verser à la caisse des dépôts et consignations le montant des créances frappées d'opposition.

Art. 11. — Les dispositions des articles 14 et 15 de la loi du 9 juillet 1836 sont déclarées applicables aux saisies-arrêts, oppositions et autres actes ayant pour objet d'arrêter le payement des sommes versées, à quelque titre que ce soit, à la caisse des dépôts et consignations et à celles de ses préposés.

Toutefois, le délai de cinq ans mentionné à l'article 14 ne courra, pour les oppositions et significations faites ailleurs qu'à la caisse ou à celle de ses proposés, que du jour du dépôt des sommes grevées desdites oppositions et significations.

Les dispositions du décret du 18 août 1807, sur les saisies-arrêts ou oppositions, sont également déclarées applicables à la caisse des dépôts et consignations.

LOI DU 18 JUILLET 1837 (1).

Art. 1er. — Il sera perçu par la régie des contributions indirectes, sur les sucres indigènes, savoir :

1° *Un droit de licence de 50 francs par chaque établissement de fabrication de sucre indigène ;*

Le 1er paragraphe de cet article est remplacé par l'article 4 de la loi du 31 mai 1846.

2° Un droit en principal *de 15 francs par cent kilogrammes de sucre brut.*

. . . .

Le tarif fixé par le 2e paragraphe a été modifié par les lois des 22 janvier et 20 décembre 1872, et 30 décembre 1873.

Art. 2. — (Dispositions transitoires.)

Art. 3. — La perception de cet impôt s'effectuera par la voie de l'exercice, au lieu même de la fabrication.

Des ordonnances royales, rendues dans la forme des règlements d'administration publique, détermineront le mode de cette perception.

Les contraventions aux dispositions de la présente loi et des ordonnances qui en régleront l'exécution seront punies d'une amende de 100 à 600 francs.

---

(1) Voyez l'analyse de la discussion de cette loi (*Annales* 1836-37, pages 458 à 441).

*Ces ordonnances devront être converties en loi dans la pro-
chaine session.*

Voir la loi du 31 mai 1846, l'ordonnance du 29 août 1846, et le décret du 1er septembre 1852.

Le 3e paragraphe de cet article a été remplacé par l'article 26 de la loi du
31 mai 1846. Voir aussi l'article 7 du décret du 27 mars 1852, et l'article 43 du dé
cret du 1er septembre 1852.

Art. 4. — La tare de 2 0/0, allouée par l'article 3 de la loi du
26 avril 1833, est supprimée.

LOI DU 20 JUILLET 1837.

TITRE Ier. — **Impôts autorisés pour l'exercice 1838.**

Art. 6. — La déduction accordée par les lois du 24 juin 1824,
pour ouillage, coulage, soutirage et affaiblissement de degrés sur
les vins et l'alcool, sera fixée, suivant les lieux et la nature des
boissons, par une ordonnance royale rendue sous forme de règlement d'administration publique, sans toutefois que cette déduction
puisse être inférieure à 4 0/0.

Voir l'ordonnance du 21 décembre 1838 et le décret du 4 décembre 1872.

Art. 7. — Tout manquant extraordinaire qui sera reconnu chez
les marchands en gros ou entrepositaires de boissons, en sus du
déchet légal accordé pour l'année entière, sur les quantités emmagasinées, sera immédiatement soumis au droit.

Art. 8. — Seront seuls considérés comme bouilleurs de cru, et
continueront à être exempts, à ce titre, du payement de la licence
ainsi que des obligations imposées par le chapitre 6 de la loi du
28 avril 1816, les propriétaires ou fermiers qui distilleront exclusivement les vins, cidres ou poirés, marcs et lies provenant de
leur récolte (1).

Les obligations résultant de l'article 140 de la loi du 28 avril
1816 sont applicables à tous les distillateurs de profession, et sans
distinction des matières qu'ils distillent.

Voir art. 1er et 2 de la loi du 2 août 1872.

Art. 9. — La déclaration que les distillateurs d'eaux-de-vie de
grains, de pommes de terre et autres substances farineuses, doivent
faire, en conformité de l'article 139 de la loi du 28 avril 1816,
énoncera la quantité de matière macérée qui devra être employée
pendant la durée de la fabrication, et la quantité d'alcool qui devra
en provenir.

La quantité de matière macérée sera évaluée en comptant, pour
chaque cuve, au moins les six septièmes de la capacité brute.

---

(1) Ainsi que les propriétaires qui distillent exclusivement les cerises et
prunes provenant de leur récolte. (*Loi du 10 août 1839, art. 15.*)

Le rendement en alcool ne pourra être déclaré au-dessous de deux litres et demi d'alcool par hectolitre de matière macérée.

Art. 10. — La déclaration à laquelle sont tenus les bouilleurs de profession, en vertu de l'article 141 de la loi du 28 avril 1816, énoncera la force alcoolique du liquide mis en distillation, laquelle sera vérifiée par les employés de la régie, et déterminera le minimum de la prise en charge des produits de la fabrication.

En cas de contestation, la force alcoolique sera constatée par des expériences faites contradictoirement.

Les dispositions du présent article sont également applicables, à la distillation des sirops de fécule, des mélasses et des autres résidus des fabriques ou raffineries de sucres.

Art. 11. — Dans les lieux où il existe des voitures publiques toute personne, autre qu'un entrepreneur de voitures publiques, qui voudra mettre accidentellement une voiture en circulation, à prix d'argent, sera admise à en faire, chaque fois, la déclaration au bureau de la régie, et tenue de se munir d'un laissez-passer, lequel énoncera l'espèce de voiture, le nombre de places et le nom du conducteur.

Il sera perçu, au moment de la déclaration, un droit de 15 centimes par place, pour un jour.

Art. 15. — (Maintien de la perception pour 1838.)

ORDONNANCE DU 16 SEPTEMBRE 1837.

(Saisies-arrêts sur les traitements.)

Art. 1er. — Les payeurs, agents ou préposés chargés d'effectuer des payements à la décharge de l'État, continueront à verser d'office à la caisse des consignations la portion saisissable des appointements ou traitements civils et militaires arrêtée entre leurs mains par des saisies-arrêts ou oppositions.

A l'égard de toutes les autres sommes ordonnancées ou mandatées sur la caisse desdits payeurs, agents ou préposés, et qui se trouveraient frappées de saisies-arrêts ou oppositions entre leurs mains, le dépôt ne pourra en être effectué à la caisse des dépôts et consignations qu'autant qu'il aura été autorisé par la loi, par justice ou par un acte passé entre l'administration et ses créanciers. (V. la loi du 21 ventôse an ix.)

Art. 2. — Les dépôts effectués en exécution des dispositions ci-dessus devront toujours être accompagnés d'un extrait certifié des oppositions et significations existantes, et contenant les noms, qualités et demeures du saisissant et du saisi, l'indication du domicile élu par le saisissant, le nom et la demeure de l'huissier, la date de l'exploit et le titre en vertu duquel la saisie a été faite, la désignation de l'objet saisi et la somme pour laquelle la saisie a été formée.

Art. 3. — Lesdites oppositions et significations passant à la caisse des dépôts et consignations avec les sommes saisies, le renouvellement prescrit par les articles 14 et 15 de la loi du 9 juillet 1836, et par l'article 11 de la loi du 8 juillet 1837, devra être fait entre les mains du préposé de la caisse chargé de recevoir et viser les oppositions et significations.

Ce renouvellement devra être également fait entre les mains des payeurs, agents ou préposés du Trésor public, lorsque lesdites oppositions ou significations continueront à subsister entre leurs mains, à raison des payements à effectuer ultérieurement pour le compte de l'État.

Art. 4. — A défaut du renouvellement des oppositions et significations dans les délais prescrits par les articles précités, lesdites oppositions ou significations seront rayées d'office des registres des payeurs, agents ou préposés du Trésor public et de la caisse des dépôts et consignations.

ORDONNANCE DU 27 OCTOBRE 1837.
Concernant la navigation intérieure.

(Modifications au tarif fixé par l'article 1er de la loi du 9 juillet 1836. — *Voyez le décret du 9 février 1867.*)

ORDONNANCE DU 7 AVRIL 1838.

Art. 1er. — A partir du 10 mai prochain, un poinçon de recense sera appliqué sur tous les ouvrages d'or et d'argent existant dans le commerce, et portant l'empreinte des marques légales.

Art. 2. — A partir de la même époque, les nouveaux poinçons de titre et de garantie, et les poinçons bigornes de contre-marque dont le tableau sera publié avec la présente, et dont les dessins resteront annexés à la minute, seront employés exclusivement dans tous les bureaux de garantie.

Art. 3. — Les poinçons spéciaux pour les boîtes de montres et autres ouvrages d'horlogerie, créés par l'article 2 de l'ordonnance du 19 septembre 1821, sont supprimés.

Les montres françaises seront marquées des poinçons ordinaires de titre et de garantie; celles venant de l'étranger seront marquées d'un poinçon particulier à l'horlogerie importée, lequel sera appliqué dans les bureaux désignés par la loi du 2 juillet 1836.

Art. 4. — Le poinçon de titre et celui du bureau de garantie ne formeront plus qu'un poinçon unique, qui portera un signe particulier pour chaque bureau.

Un poinçon, dit de *remarque*, sera apposé de décimètre en décimètre sur les chaînes, jaserons et autres ouvrages en or du même genre.

Art. 5. — Dans le délai de trois mois, à compter du jour où il sera fait usage des nouveaux poinçons, les marchands et fabricants orfèvres, bijoutiers, horlogers, couteliers, fourbisseurs, armuriers, tabletiers, et tous autres fabricants et marchands faisant commerce d'ouvrage d'or et d'argent, seront tenus de porter au bureau de

DÉSIGNATIONS.			TYPES.	FORMES.	CHIFFRE INDIQUANT LE TITRE et position de ce chiffre.	PLACE DU SIGNE DISTINCTIF des bureaux pour les départements (1).
Titre et garantie.	Or	Paris et les départements . .	Tête de médecin grec	Huit pans irréguliers. Ovale coupé	1er.—Devant le front. 2e. — Sous le menton.	Sous le menton. Derrière la nuque.
	Argent . . .	Paris et les départements . .	Tête de Minerve . .	Six pans irréguliers. Huit pans irréguliers. Ovale coupé	3e. — Vis-à-vis le nez 1er.—Devant le front. 2e — Sous le menton.	Derrière la nuque. Sous le menton. Devant le front.
Petite garantie.	Or	Paris (2)	Tête d'aigle. . . .	Découpée.	. . . .	»
		Départements	Tête de cheval . . .	Découpée.	. . . .	Dans la joue.
	Argent . .	Paris	Tête de sanglier . .	Découpée.	. . . .	»
		Départements	Crabe	Découpée.	. . . .	Entre les pattes.
Remarques pour les chaînes d'or.		Paris (3) et les départements .	Tête de rhinocéros .	Découpée.	. . . .	Entre la corne et le front.
Étranger (or et argent).		Paris et les départements	Gros. . . .	Charançon . . . . Charançon (réduit) .	Découpée. . . . . . Découpée.	Entre les pattes.
			Petit . . .			
Horlogerie importée . .		Paris et les bur. spéciaux	Or. . . .	Chimère	Découpée.	Entre l'aile et la croupe.
			Argent	Chimère (plus fort).	Découpée.	
Recense (or et argent).		Paris et les départements	Grosse . .	Tête de girafe . . .	Découpée.	Sous la mâchoire inférieure.
			Petite . .	Tête de dogue . . .	Découpée.	Sur le collier.
Bigornes de contremarqe.		Paris	Grosse . Moyenne (4) Petite . . (5)	Insectes enlacés vus de profil. Autres familles d'insectes. Autres familles d'insectes.		
		Départements . . .	Grosse . Moyenne. Petite . .	Les mêmes insectes que pour les bigornes de Paris, mais vus de face.		

garantie dans la circonscription duquel ils sont placés, les ouvrages d'or et d'argent en leur possession, pour y être marqués, sans frais, des poinçons de recense et de contre-marque.

Art. 6. — Après l'expiration du délai fixé pour la recense, les ouvrages d'or et d'argent marqués des anciens poinçons qui seraient trouvés dans le commerce sans être empreints du poinçon de recense seront réputés non marqués, et les détenteurs encourront les condamnations prononcées par la loi.

LOI DU 2 JUILLET 1838 (1),

Relative à la perception de l'impôt sur le prix des places des chemins de fer.

(Abrogée par l'article 4 de la loi du 14 juillet 1855.)

ORDONNANCE DU 21 DECEMBRE 1838.

Art. 1er. — Les déductions à allouer annuellement pour ouillage, coulage, soutirage, affaiblissement de degrés, et pour tous autres déchets sur les vins, cidres, poirés, hydromels, alcools et liqueurs, tant en cercles qu'en bouteilles, seront réglées par classe de départements, par nature de boissons et par classe d'entrepositaires, conformément au tableau n° 1er ci-annexé (2).

A cet effet, les départements du royaume seront divisés en trois classes pour les vins, et en deux classes pour les alcools et liqueurs, d'après le tableau n° 2 également ci-annexé (3).

En ce qui concerne les spiritueux les indications du tableau n° 1 ont été modifiées pour le décret du 4 décembre 1872.

Le déchet continuera à être calculé en raison du séjour des boissons en magasin, sauf compensation au mois de décembre de chaque année.

Les fixations portées au présent article seront appliquées sans préjudice de la faculté précédemment accordée à la régie (4) d'allouer une plus forte déduction pour les vins qui en seraient susceptibles, et notamment pour les vins mousseux.

Art. 2. — (Dispositions transitoires.)

Art. 3. — Notre ordonnance du 21 août 1838 est abrogée.

---

(1) Voyez l'analyse de la discussion de cette loi. (*Annales* 1838, pages 182 à 184.)
(2) Voir page 224.
(3) Voir page 225.
(4) Par l'article 103 de la loi du 28 avril 1816, puis par l'article 5 de la loi du 31 juillet 1821.

TABLEAU

Des déductions à allouer annuellement sur les vins, cidres, poirés, hydromels et alcools, tant en cercles qu'en bouteilles, pour ouillage, coulage, soutirage, affaiblissement de degrés et autres déchets.

CLASSE des DÉPARTEMENTS conformément au tableau ci-joint.	QUOTITÉS POUR 0/0 DES DÉDUCTIONS ANNUELLES.					
	VINS.			CIDRES et POIRÉS.		HYDROMELS.
	Propriétaires récoltants qui n'entreposent que les produits de leurs récoltes.	Marchands en gros et autres entrepositaires.	ALCOOLS ET LIQUEURS.	Propriétaires récoltants qui n'entreposent que les produits de leurs récoltes.	Marchands en gros et autres entrepositaires.	Marchands en gros et autres entrepositaires.
Pour les vins (1) — 1re classe.	9	8	»	»	»	»
2e classe.	8	7	»	»	»	»
3e classe.	7	6	»	»	»	»
Pour les alcools — 1re classe.	»	»	7	»	»	»
et liqueurs (2) — 2e classe.	»	»	6 (1)	»	»	»
Pour les cidres, poirés et hydromels — Classe unique.	»	»	»	10	7	7

(1) En ce qui concerne les propriétaires récoltants, le taux des déductions a été modifié. (*Art. 17 du décret du 17 mars 1852.*)

(2) 7 0/0 dans toute la France. (*Décret du 4 décembre 1872.*)

TABLEAU

DES DÉPARTEMENTS DIVISÉS PAR CLASSES, POUR LE CALCUL DES DÉDUCTIONS
A ALLOUER ANNUELLEMENT SUR LES VINS, ALCOOLS ET LIQUEURS (1)

DÉPARTEMENTS.	CLASSE des départements pour le calcul des déductions sur les		DÉPARTEMENTS.	CLASSE des départements pour le calcul des déductions sur les	
	Vins.	Alcools et liqueurs		Vins.	Alcools et liqueurs
Ain	2	1	Lot	1	1
Aisne	3	2	Lot-et-Garonne	1	1
Allier	2	1	Lozère	3	1
Alpes (Basses-)	2	1	Maine-et-Loire	2	1
Alpes (Hautes-)	2	1	Manche	3	2
Ardèche	1	1	Marne	2	2
Ardennes	3	2	Marne (Haute-)	2	2
Ariége	1	1	Mayenne	3	2
Aube	2	2	Meurthe-et-Moselle	2	2
Aude	1	1	Meuse	2	2
Aveyron	3	1	Morbihan	3	2
Bouches-du-Rhône	1	1	Moselle	2	2
Calvados	3	2	Nièvre	2	1
Cantal	3	1	Nord	3	2
Charente	2	1	Oise	3	2
Charente-Inférieure	2	1	Orne	3	2
Cher	2	1	Pas-de-Calais	3	2
Corrèze	3	1	Puy-de-Dôme	2	1
Côte-d'Or	2	2	Pyrénées (Basses-)	1	1
Côtes-du-Nord	3	2	Pyrénées (Hautes-)	1	1
Creuse	3	1	Pyrénées-Orientales	1	1
Dordogne	1	1	Rhin (Bas-)	2	2
Doubs	2	2	Rhin (Haut-)	2	2
Drôme	1	1	Rhône	1	1
Eure	3	2	Saône (Haute-)	2	2
Eure-et-Loir	2	2	Saône-et-Loire	2	1
Finistère	3	2	Sarthe	2	2
Gard	1	1	Seine	1	2
Garonne (Haute-)	1	1	Seine-Inférieure	3	2
Gers	1	1	Seine-et-Marne	2	2
Gironde	1	1	Seine-et-Oise	2	2
Hérault	1	1	Sèvres (Deux-)	2	1
Ille-et-Vilaine	3	2	Somme	3	2
Indre	2	1	Tarn	1	1
Indre-et-Loire	2	1	Tarn-et-Garonne	1	1
Isère	1	1	Var	1	1
Jura	2	2	Vaucluse	1	1
Landes	1	1	Vendée	2	1
Loir-et-Cher	2	1	Vienne	2	1
Loire	2	1	Vienne (Haute-)	2	1
Loire (Haute-)	3	1	Vosges	2	2
Loire-Inférieure	2	1	Yonne	2	2
Loiret	2	1			

(1) A ces départements le décret du 8 septembre 1860 a ajouté les départements de la Savoie, de la Haute-Savoie et des Alpes-Maritimes, qui sont rangés dans ... pour les vins comme pour les alcools et liqueurs.

LOI DU 10 AOUT 1839

· · · · · · · · · · · · · · · · · · · ·

Art. 15. — A partir de la promulgation de la présente loi, les propriétaires qui distillent exclusivement les cerises et prunes provenant de leur récolte seront ajoutés à la nomenclature des bouilleurs de cru de l'article 8 de la loi du 20 juillet 1837, et, comme tels, dispensés de la licence et de l'exercice.

Art. 16. — Les ouvrages d'or et d'argent pourront être exportés sans marques des poinçons français et sans payement du droit de garantie, pourvu qu'après avoir été soumis à l'essai et reconnus au titre légal ils restent déposés au bureau de la régie, ou placés sous la surveillance de ses préposés jusqu'au moment où l'exportation en sera constatée.

Le gouvernement déterminera par un règlement d'administration publique le mode d'exécution de la présente disposition (1).

La restitution *des deux tiers* (2) du droit de garantie continuera d'être accordée pour les ouvrages d'or et d'argent qui ne seront exportés qu'après avoir été marqués des poinçons français.

ORDONNANCE DU 30 NOVEMRBE 1839.

Relative à la perception des droits de navigation,

Article 1er. — La perception des droits de navigation faite par l'Etat, tant sur les rivières que sur les canaux, par distance de cinq kilomètres, aura lieu à partir du 1er janvier 1840, par distance d'un myriamètre d'après des taxes doubles de celles portées aux tarifs actuels.

Art. 2. — Le droit sera appliqué proportionnellement aux dixièmes de myriamètre. Toute fraction de cinq cents mètres et au-dessus sera comptée pour un kilomètre, toute fraction inférieure sera négligée.

Art. 3. — Sont abrogées toutes dispositions contraires à celles qui précèdent, et notamment le premier paragraphe de l'article 9 de notre ordonnance du 15 octobre 1836.

ORDONNANCE DU 30 DÉCEMBRE 1839.

Article 1er. — Tout fabricant qui voudra exporter des ouvrages d'or et d'argent en franchise du droit de garantie et sans application de la marque des poinçons français, pourra les présenter à l'essai sans marque de poinçon du fabricant, et après que

---

(1) Ce règlement est l'objet d'une ordonnance du roi en date du 30 décembre 1839. (Voyez ANNALES 1839-40, page 291.)

(2) De la totalité. Voyez l'article 2 de la loi du 30 mars 1872.

la fabrication en aura été achevée, pourvu qu'il ait fait au bureau de garantie une déclaration préalable du nombre, de l'espèce et du poids desdits ouvrages, et qu'il se soit engagé à les y apporter achevés dans un délai qui ne devra pas excéder dix jours.

Art. 2. — Néanmoins, les ouvrages d'orfévrerie qui ne pourraient être essayés à la coupelle ou par la voie humide sans détérioration, s'ils étaient achevés, seront apportés bruts au bureau et remis au fabricant après essai, pour en terminer la fabrication, moyennant qu'il souscrive également l'engagement de les rapporter achevés dans le délai de dix jours.

Art. 3. — Les ouvrages ainsi rapportés après achèvement, et dont l'identité sera reconnue, sans toutefois qu'il puisse être exigé un nouveau droit d'essai, et ceux qui, en vertu de la dispense prononcée par l'article premier, ne seront présentés à l'essai qu'entièrement finis, seront, aussitôt après, renfermés dans une boîte scellée et plombée, et remis au fabricant, sur sa soumission de les exporter dans les délais prescrits par la loi.

Voir art. 6 de la loi du 19 brumaire an vii.

Art. 4. — Les fabricants qui voudront conserver à leur domicile les ouvrages qu'ils destinent à l'exportation seront admis, sur déclaration, à les faire marquer d'un poinçon spécial dit d'*exportation*, en suivant, quant à ces ouvrages, les règles ordinaires d'essai et de contrôle. Ils seront dispensés de payer les droits de garantie, à charge par eux de justifier ultérieurement de la sortie desdits ouvrages.

Art. 5. — Les fabricants qui voudront conserver à domicile les ouvrages qu'ils auront l'intention d'exporter, sans aucune marque des poinçons français, seront admis, après essai, à faire appliquer le poinçon sur une perle métallique fabriquée suivant un modèle qui sera fourni par l'administration et attachée à l'ouvrage par un fil de soie, et pourvu que l'ouvrage soit disposé de manière que cette marque volante n'en puisse être enlevée. Les ouvrages ainsi marqués seront remis à la disposition du fabricant, à charge par lui de justifier ultérieurement de leur exportation dans les formes prescrites.

Art. 6. — Au moment de la remise aux fabricants, leur compte sera chargé des ouvrages marqués du poinçon d'exportation ou des marques volantes. La décharge s'opérera soit par la justification de l'exportation dans les formes prescrites, soit par la prise en charge au compte d'un commissionnaire ou d'un marchand en gros, ainsi qu'il sera expliqué ci-après (art. 8).

Art. 7. — Les manquants reconnus au compte des fabricants, lors des recensements et inventaires, seront soumis au payement intégral des droits de garantie. Il sera procédé, pour le décompte et le recouvrement des droits, conformément aux règles prescrites pour les contributions indirectes.

Art. 8. — Les ouvrages déclarés pour l'exportation et pris en compte chez les fabricants pourront être achetés par des négociants, lesquels seront tenus, avant d'en prendre livraison, de faire une déclaration descriptive desdits objets au bureau de garantie, et de se soumettre à la prise en charge aux mêmes conditions que le fabricant.

— Il est interdit, sous les peines de droit, à toutes autres personnes faisant commerce d'or et d'argent, d'avoir en leur possession des ouvrages marqués du poinçon d'exportation ou de marques volantes. Elles ne pourront avoir, comme par le passé, que des ouvrages empreints des poinçons ordinaires de titre et de garantie.

Art. 9. — Lorsque les ouvrages d'or et d'argent ne seront exportés qu'après avoir été marqués des poinçons de titre et de garantie, la restitution *des deux tiers* du droit continuera d'être accordée conformément aux dispositions de l'article 25 de la loi du 19 brumaire an VI.

Art. 10. — Tout fabricant, négociant, commissionnaire ou marchand en gros qui exportera des ouvrages d'or ou d'argent marqués et non marqués, pour lesquels les formalités prescrites par la présente ordonnance auront été remplies, ne les emballera qu'en présence des employés de la régie, lesquels escorteront les colis et assisteront au plombage en douane. Le compte de l'expéditeur ou la soumission d'exportation, seront déchargés sur la justification, dans le délai de trois mois, de la sortie du colis qu'ils auront vu marquer, ficeler et plomber.

ORDONNANCE DU 31 JANVIER 1840

Concernant les boissons expédiées à destination du pays de Gex.

Article 1er. — Tout conducteur de boissons expédiées à destination du pays de Gex, département de l'Ain, et enlevées de l'intérieur du royaume, sera tenu de représenter son chargement, et de faire viser l'acquit-à-caution, dont il doit être porteur, à l'un des bureaux de douanes établis à Bellegarde, aux Rousses, à Mijoux ou à Forens.

A défaut de ce visa, la décharge de l'acquit-à-caution sera refusée par les employés des contributions indirectes.

LOI DU 23 AVRIL 1840 (1).

Article 1er. — La loi du 12 février 1835, portant proroga-

---

(1) Voyez l'analyse de l'exposé des motifs et de la discussion de cette loi ANNALES 1839-40, pages 251 à 254).

tion du titre V de la loi du 28 avril 1816, qui attribue exclusivement à l'Etat l'achat, la fabrication et la vente du tabac dans toute l'étendue du royaume, continuera d'avoir son effet jusqu'au 1er janvier 1852.

Art. 2. — A l'avenir, les tabacs dits de CANTINE (1) ne pourront, même sous marques et vignettes, circuler en quantités supérieures à un kilogramme, à moins qu'ils ne soient enlevés des manufactures royales ou des entrepôts de la régie, et accompagnés d'un acquit-à-caution ou d'une facture délivrée par l'entreposeur.

Toute contravention à cette disposition sera punie conformémen à l'article 216 de la loi du 28 avril 1816.

LOI DU 17 JUIN 1840 (2).

Art. 1er. — Nulle exploitation de mines de sel, de sources ou de puits d'eau salée naturellement ou artificiellement, ne peut avoir lieu qu'en vertu d'une concession consentie par ordonnance royale délibérée en conseil d'Etat.

Art. 2. — Les lois et règlements généraux sur les mines sont applicables aux exploitations des mines de sel.

Un règlement d'administration publique (3) déterminera, selon la nature de la concession, les conditions auxquelles l'exploitation sera soumise.

Le même règlement déterminera aussi les formes des enquêtes qui devront précéder les concessions de sources ou de puits d'eau salée.

Seront applicables à ces concessions les dispositions des titres V et X de la loi du 21 avril 1810 (4).

Art. 3. — Les concessions seront faites de préférence aux propriétaires des établissements légalement existants.

Art. 4. — Les concessions ne pourront excéder vingt kilomètres carrés s'il s'agit d'une mine de sel, et un kilomètre carré pour l'exploitation d'une source ou d'un puits d'eau salée.

Dans l'un et l'autre cas, les actes de concession régleront les droits du propriétaire de la surface, conformément aux articles 6 et 42 de la loi du 21 avril 1810 (5).

Aucune redevance proportionnelle ne sera exigée au profit de l'Etat.

---

(1) Ce sont ceux que la régie livre à des prix inférieurs, pour la consommation, dans quelques départements exposés à l'infiltration des tabacs étrangers par les frontières du nord et de l'est de la France.

(2) Voyez l'analyse de la discussion de cette loi, précédée d'un historique de l'administration des salines de l'Est (*Annales* 1841-42, pages 100 à 113).

(3) Ce règlement porte la date du 7 mars 1841. (Voir *Annales* 1841-42, pages 113 à 118).

(4) Voir les titres V et X précités (*Annales* 1841-42, page 103).

(5) Voyez le texte de ces deux articles (*Annales* 1841-42, page 107).

Art. 5. — Les concessionnaires de mines de sel, de sources ou de puits d'eau salée seront tenus :

1° De faire, avant toute exploitation ou fabrication, la déclaration prescrite par l'article 51 de la loi du 24 avril 1806 (1);

2° D'extraire ou de fabriquer au minimum et annuellement une quantité de cinq cent mille kilogrammes de sel, pour être livrés à la consommation intérieure et assujettis à l'impôt.

Toutefois une ordonnance royale pourra, dans des circonstances particulières, autoriser la fabrication au-dessous du minimum. Cette autorisation pourra toujours être retirée.

Des règlements d'administration publique détermineront, dans l'intérêt de l'impôt, les conditions auxquelles l'exploitation et la fabrication seront soumises, ainsi que le mode de surveillance à exercer, de manière à ce que le droit soit perçu sur les quantités de sel réellement fabriquées (2).

Les dispositions du présent article sont applicables aux exploitations ou fabriques actuellement existantes.

Art. 6. — Tout concessionnaire ou fabricant qui voudra cesser d'exploiter ou de fabriquer est tenu d'en faire la déclaration au moins un mois d'avance.

Le droit de consommation sur les sels extraits ou fabriqués qui seraient encore en la possession du concessionnaire ou du fabricant un mois après la cessation de l'exploitation ou de la fabrication sera exigible immédiatement.

L'exploitation ou la fabrication ne pourront être reprises qu'après un nouvel accomplissement des obligations mentionnées en l'article 5.

Art. 7. — Toute exploitation ou fabrication de sel entreprise avant l'accomplissement des formalités prescrites par l'article 5 sera frappée d'interdiction par voie administrative; le tout sans préjudice, s'il y a lieu, des peines portées en l'article 10.

Les arrêtés d'interdiction rendus par les préfets seront exécutoires par provision, nonobstant tout recours de droit.

Art. 8. — Tout exploitant ou fabricant de sel dont les produits n'auront pas atteint le minimum déterminé par l'article 5 sera passible d'une amende égale au droit qui aurait été perçu sur les quantités de sel manquant pour atteindre le minimum (3).

Art. 9. — L'enlèvement et le transport des eaux salées et des matières salifères sont interdits pour toute destination autre que celle d'une fabrique régulièrement autorisée, sauf l'exception portée en l'article 12.

Des règlements d'administration publique détermineront les formalités à observer pour l'enlèvement et la circulation.

---

(1) Voyez le texte de l'article 51 (*Annales* 1841-42, page 107).
(2) Voyez l'ordonnance réglementaire du 26 juin 1841, rendue pour cet objet.
(3) L'obligation du minimum de fabrication n'est pas applicable aux établissements de produits chimiques (art. 11).

Art. 10. — Toute contravention aux dispositions des articles 5, 6, 7 et 9, et des ordonnances qui en régleront l'application, sera punie de la confiscation des eaux salées, matières salifères, sels fabriqués, ustensiles de fabrication, moyens de transport, d'une amende de 500 francs à 5,000 francs, et, dans tous les cas, du payement du double droit sur le sel pur, mélangé ou dissous dans l'eau, fabriqué, transporté ou soustrait à la surveillance.

En cas de récidive, le maximum de l'amende sera prononcé. L'amende pourra même être portée jusqu'au double.

Art. 11. — Les dispositions des articles 5, 6, 7, 9 et 10, SAUF L'OBLIGATION DU MINIMUM DE FABRICATION, sont applicables aux établissements de produits chimiques dans lesquels il se produit en même temps du sel marin.

Dans les fabriques de salpêtre qui n'opèrent pas exclusivement sur les matériaux de démolition, et dans les fabriques de produits chimiques, la quantité de sel marin résultant des préparations sera constatée par les exercices des employés des contributions indirectes.

Art. 12. — Des règlements d'administration publique détermineront les conditions auxquelles pourront être autorisés l'enlèvement, le transport et l'emploi en franchise ou avec modération de droits, du sel de toute origine, des eaux salées ou de matières salifères, à destination des exploitations agricoles ou manufacturières, et de la salaison, soit en mer, soit à terre, des poissons de toute sorte.

Voir l'ordonnance du 26 février 1846 et le décret du 8 novembre 1869.

Art. 13. — Toute infraction aux conditions sous lesquelles la franchise ou la modération de droits aura été accordée, en vertu de l'article précédent, sera punie de l'amende prononcée par l'article 10, et, en outre, du payement du double droit sur toute quantité de sel pur, ou contenu dans les eaux salées et les matières salifères, qui aura été détournée en fraude.

La disposition précédente est applicable aux quantités de sel que représenteront, d'après les allocations qui auront été déterminées, les salaisons à l'égard desquelles il aura été contrevenu aux règlements.

Quant aux salaisons qui jouissent du droit d'employer le sel étranger, le double droit à payer pour amende sera calculé à raison de 60 francs pour cent kilogrammes, sans remise.

Les fabriques ou établissements, ainsi que les salaisons en mer ou à terre, jouissant déjà de la franchise, sont également soumis aux dispositions du présent article.

Art. 14. — Les contraventions prévues par la présente loi seront poursuivies devant les tribunaux de police correctionnelle, à la requête de l'administration des douanes ou de celle des contributions indirectes.

Art. 15. — Avant le 1ᵉʳ juillet 1841, une ordonnance royale réglera la remise accordée à titre de déchet, en raison des lieux de production, et après les expériences qui auront constaté la déperdition réelle des sels, sans que, dans aucun cas, cette remise puisse excéder 5 0/0 (1).

Il n'est rien changé aux autres dispositions des lois et règlements relatifs à l'exploitation des marais salants.

Art. 16. — Jusqu'au 1ᵉʳ janvier 1851, des ordonnances royales régleront :

1° L'exploitation des petites salines des côtes de la Manche.

2° Les allocations et franchises sur le sel dit de TROQUE, dans es départements du Morbihan et de la Loire-Inférieure.

À cette époque, toutes les ordonnances rendues en vertu du présent article cesseront d'être exécutoires, et toutes les salines seront soumises aux prescriptions de la présente loi.

Art. 17. — Les salines, salins et marais salants seront cotisés à la contribution foncière, conformément au décret du 15 octobre 1810, savoir : les bâtiments qui en dépendent, d'après leur valeur locative, et les terrains et emplacements, sur le pied des meilleures terres labourables.

La somme dont les salines, salins et marais salants auront été dégrevés par suite de cette cotisation sera reportée sur l'ensemble de chacun des départements où ces propriétés sont situées.

Art. 18 et 19. — (Dispositions transitoires.)

ORDONNANCE DU 28 JUILLET 1840.

Art. 1ᵉʳ. — Les ouvrages d'or et d'argent importés en France, à l'exception de l'horlogerie étrangère, pourront être marqués du poinçon étranger dans les bureaux de garantie indistinctement, et ils y seront dirigés sous le plomb des douanes, conformément à l'article 23 de la loi du 19 brumaire an VI.

Art. 2. — L'article 2 de l'ordonnance du 3 mars 1815 est abrogé.

Voyez Décrets des 6 août 1859 et 13 janvier 1864.

LOI DU 25 JUIN 1841.

TITRE 1ᵉʳ. — Impôts autorisés pour l'exercice 1842.

Art. 15. — L'exemption du droit de circulation sur les boissons ne sera accordée que dans les cas ci-après :

1° Pour les vins, cidres et poirés qu'un récoltant fera transporter de son pressoir ou d'un pressoir public à ses caves et celliers, ou de l'une à l'autre de ses caves, dans l'étendue d'un *même arrondissement ou des cantons limitrophes de l'arrondisse-*

---

(1) Pour la quotité de la remise, voir l'ordonnance du 8 décembre 1843.

ment où la récolte aura été faite, qu'ils soient ou non dans le même département;

2° Pour les boissons de même espèce qu'un colon partiaire, fermier ou preneur à bail emphytéotique à rente, remettra au propriétaire ou recevra de lui, dans les mêmes limites, en vertu de baux authentiques ou d'usages notoires(1).

Dans les cas prévus par le précédent article, les propriétaires, colons ou fermiers ne seront tenus de se munir que d'un passavant.

Les articles 3 de la loi du 28 avril 1816 et 3 de la loi du 17 juillet 1819 sont abrogés.

Voir art. 20 du décret du 17 mars 1852.

Art. 16. — Seront affranchies du droit de circulation les boissons de leur récolte que les propriétaires feront transporter de chez eux hors des limites posées par l'article précédent (2), pourvu qu'ils se munissent d'un acquit-à-caution, et qu'ils se soumettent, au lieu de destination, à toutes les obligations imposées aux marchands en gros, le payement de la licence excepté.

Art 17. — Toute personne qui récolte, fabrique ou prépare, dans l'intérieur d'une ville sujette aux droits d'entrée, des vins, cidres, poirés, hydromels, alcools ou liqueurs, sera tenue, sous les peines portées par l'article 46 de la loi du 28 avril 1816, d'en faire la déclaration au bureau de la régie, et d'acquitter immédiatement le droit, si elle ne réclame la faculté de l'entrepôt.

Cette déclaration devra précéder de douze heures au moins la première fabrication de l'année.

Les employés sont autorisés à faire toutes les vérifications nécessaires pour reconnaître à domicile les quantités préparées ou fabriquées, et pour les soumettre au droit, sans préjudice des obligations spéciales imposées aux fabricants de liqueurs par la loi du 24 juin 1824.

Les dispositions du présent article ne sont point applicables aux personnes qui auront acquitté le droit à l'entrée sur leurs vendanges, fruits à cidre ou à poiré, servant à la fabrication.

Art. 18. — A partir de 1842, la taxe unique à l'entrée des villes, dont les conseils municipaux sont autorisés à voter l'établissement par l'article 35 de la loi du 21 avril 1832, ne remplacera plus que les droits d'entrée et de détail sur les vins, cidres, poirés et hydromels.

La perception du droit de licence des débitants et celle du droit de circulation, ainsi que les formalités à la circulation des boissons de toute espèce, seront maintenues dans lesdites villes comme dans les autres parties du royaume.

Le droit général de consommation sur les eaux-de-vie, esprits, liqueurs et fruits à l'eau-de-vie introduits dans lesdites villes ou

(1) Les exemptions prononcées par les article 84 et 85 de la loi du 15 mai 1818 subsistent, indépendamment de celles qui précèdent.
(2) Par l'article 20 du décret du 17 mars 1852.

fabriqués dans l'intérieur, continuera d'être perçu en même temps que le droit d'entrée, sans préjudice de la faculté d'entrepôt.

Art. 19. — Toute délibération du conseil municipal qui aura pour objet d'établir une taxe unique ne pourra être mise à exécution qu'au 1er janvier, et pourvu qu'elle ait été notifiée à la régie un mois au moins avant cette époque.

Art. 20. — Le nombre des marchands en gros et des débitants de boissons que les conseils municipaux sont tenus de s'adjoindre, en vertu de l'article 37 de la loi du 21 avril 1832, pour délibérer sur l'établissement ou le maintien d'une taxe unique, devra être égal à la moitié des membres présents du conseil, sans toutefois qu'au moyen de cette adjonction plus du tiers des votants puisse être formé de marchands ou débitants.

Art. 21. — Le montant des abonnements individuels des débitants de boissons sera payable par mois et d'avance.

Art. 22 et 23 (relatifs à la conversion des esprits et eaux-de-vie en liqueurs). — Voyez l'article 9 de la loi du 26 mai 1872.

Art. 24. — La disposition de l'article 85 de la loi du 28 avril 1816, qui accorde aux propriétaires vendant en détail les boissons de leur cru une remise exceptionnelle de 25 p. 0/0 sur les droits de détail qu'ils ont à payer, est abrogée.

Art. 25. — Les dispositions des articles 222, 223, 224 et 225 de la loi du 28 avril 1816 sont applicables à la fabrication illicite, au colportage et à la vente des poudres à feu sans permission.

ORDONNANCE RÉGLEMENTAIRE DU 26 JUIN 1841.

TITRE Ier. — Obligations des fabricants de sel et des concession-naires de mines, de sources ou de puits d'eau salée.

Art. 1er. — Un mois au moins avant toute exploitation ou fabrication, les concessionnaires de mines de sel, de sources ou de puits d'eau salée, autorisés en vertu de la loi du 17 juin 1840, devront faire une déclaration au plus prochain bureau de douanes, pour les mines, sources ou puits situés dans les quinze kilomètres des côtes et dans les vingt kilomètres des frontières de terre, et au bureau le plus prochain des contributions indirectes, pour les mines, sources ou puits situés dans l'intérieur du royaume.

La déclaration des fabricants ne sera admise qu'autant qu'ils justifieront que la construction de l'usine a été autorisée conformément à l'ordonnance réglementaire du 7 mars 1841, rendue pour l'exécution de l'article 2 de la loi du 17 juin 1840.

Sera faite au même bureau la déclaration à laquelle sont tenus, aux termes de l'article 6 de la loi précitée, les concessionnaires qui voudront cesser d'exploiter ou de fabriquer.

NOTA. — *Les limites fixées par l'article ci-dessus déterminent*

le territoire sur lequel s'exerce l'action de chacun des deux ser-
vices chargés du recouvrement de l'impôt.

Art. 2. — Tout fabricant exploitant des mines de sel ou des
eaux salées devra entourer les puits, galeries, trous de sonde et
les sources, ainsi que les bâtiments de son usine, d'une enceinte
en bois ou en maçonnerie de 3 mètres d'élévation, ayant à l'intérieur et à l'extérieur un chemin de ronde de 2 mètres au moins
de largeur, avec accès sur la voie publique par une seule porte ou
entrée.

L'administration pourra exiger que l'enceinte en bois soit remplacée par une clôture en maçonnerie dans tout établissement,
usine ou exploitation, où il aura été commis une contravention
aux dispositions de la loi du 17 juin 1840, ou à celles des ordonnances royales qui en régleront l'application.

Art. 3. — Il y aura dans l'intérieur de chaque fabrique :

1° Un ou plusieurs magasins destinés au dépôt des sels fabriqués ; ces magasins seront sous la double clef de l'exploitant et des
agents de la perception ;

2° Un local convenable, près de l'entrée de l'établissement,
pour le logement et le bureau de deux employés au moins ; le
loyer de ce logement sera supporté par l'administration et fixé de
gré à gré, ou, à défaut de fixation amiable, réglé par le préfet du
département ;

3° Des poids et balances pour la pesée des sels, ainsi que des
mesures de capacité pour la vérification du volume des eaux
salées.

Nota. — *Pour obtenir l'autorisation de mettre son usine en*
activité, le fabricant doit justifier qu'il a rempli toutes les condi-
tions qui lui sont imposées par l'article ci-dessus. (circulaire
258, 25 septembre 1841) (1).

Art. 4. — Si, à cause de l'éloignement, quelques puits ou galeries servant à l'exploitation du sel en roche ne peuvent pas être
compris dans l'enceinte d'une usine, ils seront entourés d'une
clôture particulière, établie comme il est dit article 2, et de manière à enfermer les appareils d'extraction et les haldes.

Le sel devra être déposé dans un magasin exclusivement destiné
à cet usage et disposé conformément au premier paragraphe de
l'article précédent.

Art. 5. — Devront être entourés d'une semblable clôture les
trous de sonde servant à l'exploitation par dissolution, ainsi que
les sources ou puits d'eau salée qui ne pourront pas, à cause de
l'éloignement, être compris dans l'enceinte de l'usine.

TITRE II. — Exercice des fabriques et surveillance des usines,
sources ou puits.

Art. 6. — Toute exploitation ou fabrique de sel sera tenue en

---

(1) ANNALES 1841-42, p. 174.

exercice par les employés des Contributions indirectes ou des Douanes, suivant le lieu où elle sera située. — *Voir article 1er, nota.*

Art. 7. — Les exploitants et fabricants seront soumis aux visites et vérifications des employés, et tenus de leur ouvrir, à toute réquisition, leurs fabriques, ateliers, magasins, logements d'habitation, caves et celliers, et tous autres bâtiments enclavés dans l'enceinte des fabriques, ainsi que de leur représenter les sels, eaux salées et résidus qu'ils auront en leur possession.

Ces visites et vérifications pourront avoir lieu même de nuit, dans les ateliers et magasins, si le travail se prolonge après le coucher du soleil.

Art. 8. — Les employés sont autorisés à faire toutes les recherches nécessaires pour s'assurer si les puits, les trous de sonde, les sources d'eau salée et les galeries situées soit dans l'intérieur, soit à l'extérieur des fabriques, n'ont pas de conduits clandestins.

Art. 9. — Les sels, après qu'ils seront parvenus à l'état solide ou concret, ne pourront être retirés des poêles ou chaudières que pour être déposés immédiatement, soit sur les bancs d'épuration, les égouttoirs ou les séchoirs, soit dans des étuves, soit enfin dans des vases quelconques désignés d'avance aux employés. Ils ne pourront recevoir aucune manipulation subséquente ayant pour objet d'en compléter la fabrication, que sous la surveillance des employés, qui sont autorisés à prendre toutes les mesures nécessaires pour qu'il ne puisse en être soustrait.

Art. 10. — Les eaux-mères, scholts, crasses de sel et autres déchets de fabrication, les cendres, curins et débris de fourneaux des fabriques de sel seront détruits, à moins que l'enlèvement et le transport n'en aient été préalablement autorisés, conformément à l'article 12 de la loi du 17 juin 1840.

NOTA. — *Voir l'ordonnance du 26 février 1846, rendue pour l'exécution de l'article 12 de la loi du 17 juin 1840.*

Art. 11. — Les sels fabriqués seront pris en charge au fur et à mesure que la fabrication en sera complétement achevée. Ceux qui ne seront pas expédiés immédiatement devront être placés dans les magasins désignés à l'article 3.

Il sera donné décharge des quantités enlevées, soit pour la consommation, soit pour l'exportation aux colonies ou à l'étranger, soit en exécution de l'article 12 de la loi du 17 juin 1840, soit enfin pour les salaisons en mer.

Les sels qui auront été déclarés pour la consommation ne pourront séjourner dans l'enceinte de la fabrique et devront en sortir immédiatement.

Art. 12. — Tous les trois mois, il sera fait un inventaire des sels en magasin, et le fabricant sera tenu de payer sur-le-champ le droit sur les quantités manquantes en sus de la déduction accordée pour déchets de magasin.

Cette déduction est fixée à huit pour cent sur les quantités entrées en magasin après fabrication.

TITRE III. — **Surveillance et formalités à l'enlèvement et à la circulation des sels, eaux salées et matières salifères.**

Art. 13. — La surveillance des préposés des douanes et des contributions indirectes s'exercera pour la perception de la taxe sur les sels, dans un rayon de quinze kilomètres des mines, des puits et sources salées et des usines qui en exploitent les produits.

Art. 14. — Les fabricants ne pourront laisser sortir les sels des fabriques ou des enceintes désignées à l'article 4, sans qu'il ait été fait une déclaration préalable au bureau le plus prochain du lieu d'extraction, et sans qu'il ait été pris soit un acquit-à-caution, un congé ou un passavant, soit un acquit de payement en tenant lieu. Les concessionnaires de puits ou de sources ne pourront non plus laisser enlever d'eau salée sans qu'il ait été pris un acquit-à-caution.

Les conducteurs de sels, d'eaux salées ou de matières salifères seront tenus d'exhiber, à toute réquisition des employés, dans le rayon de quinze kilomètres des mines, puits et sources salées, et des usines qui en exploitent les produits, les expéditions dont ils doivent être porteurs.

Art. 15. — Les déclarations à faire pour obtenir les expéditions mentionnées en l'article précédent contiendront le nom de l'expéditeur et celui du destinataire, la quantité de sel ou d'eau salée qui devra être enlevée, le degré de densité de l'eau, le nom du voiturier ou maître de l'embarcation qui effectuera le transport, le lieu de destination et la route à suivre.

Art. 16. — Les sels, eaux salées ou matières salifères ne pourront circuler dans les quinze kilomètres soumis à la surveillance des préposés sans être accompagnés d'un acquit-à-caution, d'un congé, d'un passavant ou d'un acquit de payement en tenant lieu.

Les transports de sels, d'eau salée ou de matières salifères ne pourront avoir lieu avant le lever ou après le coucher du soleil, lors même qu'ils seraient accompagnés d'une expédition régulière, qu'autant que cette expédition mentionnera expressément la permission de les faire circuler pendant la nuit. — *Voir l'article 26 de la loi du 28 avril 1816.*

Art. 17. — L'eau salée extraite des puits ou sources ne pourra être expédiée à destination d'une fabrique autorisée que lorsque le transport en aura lieu dans des vases qui pourront être jaugés.

L'extraction n'aura lieu que de jour, en présence des employés, lesquels vérifieront et mentionneront dans l'acquit-à-caution le degré que l'eau salée marquera au densimètre.

Les fabriques actuellement en exploitation, et à destination desquelles l'eau parvient par des conduits ou tuyaux, pourront être autorisées à jouir de cet avantage, sous les conditions qui seront déterminées par notre ministre secrétaire d'État des finances.

Art. 18. — Les sels expédiés à des destinations qui dispensent du payement du droit au départ seront renfermés dans des sacs d'un poids uniforme, ayant toutes les coutures à l'intérieur, et plombés par les employés aux frais du fabricant. Le prix du plomb et de la ficelle est fixé à..... (10 *centimes. — D. 11 août* 1851.) La ficelle devra passer par les plis du col du sac.

L'arrivée des sels à destination sera garantie par un acquit-à-caution, dont le prix sera payé à l'administration des contributions indirectes ou à l'administration des douanes, conformément à la loi du 28 avril 1816.

Art. 19. — Tout ce qui concerne les acquits-à-caution délivrés pour le transport des sels, eaux salées et matières salifères sera régi par les dispositions de la loi du 22 août 1791. Néanmoins la pénalité sera réglée conformément à l'article 10 de la loi du 17 juin 1840.

En cas de déficit, soustraction ou substitution, la confiscation sera établie et le droit sera calculé sur une quantité de sel égale à celle non représentée.

Si la différence porte sur le volume ou sur le degré de l'eau salée, la quantité de sel dissous dans l'eau sera évaluée, pour un hectolitre d'eau salée, à raison de 1,650 grammes de sel pour chaque degré du densimètre au-dessus de la densité de l'eau pure.

TITRE IV. — Payement du droit.

Art. 20. — (*Remplacé par l'article* 1er *de l'ordonnance du* 27 *novembre* 1843.)

TITRE V. — Des fabriques de produits chimiques.

Art. 21. — Les dispositions des articles 6, 7, 11, 12, 14, 15, 18, 19 et 20 sont applicables à toutes les fabriques de produits chimiques dans lesquelles il est obtenu du chlorure de sodium (sel marin), soit pur, soit mélangé d'autres sels.

Les fabricants de ces produits seront, en outre, tenus, chaque fois que leurs préparations devront produire ce sel :

1° De déclarer par écrit, au bureau le plus voisin, au moins vingt-quatre heures d'avance, le jour et l'heure où commencera et finira le travail dans leurs ateliers ;

2° D'avoir, dans l'intérieur de leur fabrique, un magasin destiné au dépôt du sel ; ce magasin sera sous la double clef de l'exploitant et des agents de la perception. — *Voir loi* 17 *juin* 1840, *art.* 11.

Art. 22. — Les chlorures de sodium obtenus dans les fabriques de produits chimiques, soit purs, soit mélangés d'autres sels ou d'autres matières, ne pourront être admis dans la consommation, même sous le payement de la taxe, que sur la représentation d'un certificat constatant que ces sels ne contiennent aucune substance nuisible à la santé publique.

Notre ministre secrétaire d'Etat au département de l'agriculture et du commerce déterminera le mode de délivrance des certificats dont il s'agit.

Nota. — *Le décret du 19 mars 1852 contient une disposition semblable en ce qui concerne les sels obtenus dans les fabriques de salpêtre.*

TITRE VI. — Dispositions générales.

Art. 23. — Toute infraction aux dispositions de la présente ordonnance sera punie des peines portées par l'article 6 de la loi du 17 juin 1840.

ORDONNANCE DU 21 AOUT 1841.

Conversion des esprits et eaux-de-vie chez les liquoristes marchands en gros, base de 35 litres.

. . . .

(Modifié par l'article 9 de la loi du 26 mars 1872 déjà rappelée.)

ORDONNANCE DU 24 AOUT 1841.

Art. 1er. — Les ordonnances d'intérêt de capitaux de cautionnement seront exclusivement délivrées sur la caisse du payeur (1) du département dans lequel les titulaires exerceront leurs fonctions.

Les remboursements des capitaux de cautionnement ne pourront être autorisés que dans le département où les titulaires auront exercé en dernier lieu.

Ces dispositions seront exécutées à partir du 1er janvier 1842.

LOI DU 11 JUIN 1842.

TITRE 1er. — Impôts autorisés pour l'exercice 1843.

Art. 6. — A partir de la promulgation de la présente loi, les lettres de voiture et les connaissements ne pourront être rédigés que sur du papier timbré fourni par l'administration, ou sur du papier timbré à l'extraordinaire et frappé d'un timbre noir et d'un timbre sec.

Les particuliers qui, dans les départements autres que celui de

---

(1) Aujourd'hui trésorier-payeur général.

la Seine, voudront faire timbrer à l'extraordinaire des papiers destinés aux lettres de voiture ou aux connaissements, seront admis à les remettre, en payant préalablement les droits, aux receveurs du timbre à l'extraordinaire établi au chef-lieu de chaque département. Ces papiers seront transmis par le directeur à l'administration, qui les fera timbrer et les renverra immédiatement.

Les frais de transport seront à la charge de l'administration.

Art. 7. — Pour toute lettre de voiture ou connaissement non timbré ou non frappé du timbre noir et du timbre sec, la contravention sera punie d'une amende de 30 francs, payable solidairement par l'expéditeur et par le voiturier, s'il s'agit d'une lettre de voiture, et par le chargeur et le capitaine, s'il s'agit de connaissement.

Art. 8. — A l'avenir, l'établissement des taxes d'octroi votées par les conseils municipaux, la modification de celles qui existent actuellement, ainsi que les règlements relatifs à leur perception, seront autorisés par ordonnances royales rendues dans la forme des règlements d'administration publique.

Voir art. 8, 9 et 10 de la loi du 24 juillet 1867, le décret du 12 février 1870, et la loi du 29 août 1871 (art. 46, 48, et 49).

Art. 9. — Les droits d'octroi qui seront établis sur les boissons, en vertu de ces ordonnances royales, ne pourront *excéder* ceux qui seront perçus aux entrées des villes au profit du Trésor (le décime non compris).

Dans les communes qui, à raison de leur population, ne sont pas soumises à un droit d'entrée sur les boissons, le droit d'octroi ne pourra dépasser le droit d'entrée déterminé par la loi (1) pour les villes d'une population de quatre mille âmes.

Il ne pourra être établi aucune taxe d'octroi supérieure au droit d'entrée qu'en vertu d'une loi.

Voir l'article 18 de la loi du 22 juin 1854.

ORDONNANCE DU 15 JUILLET 1842.

Art. 1er. — L'essayeur du bureau de garantie de Paris continuera, conformément à l'article 68 de la loi du 19 brumaire an VI, de choisir, sous sa responsabilité, les aides qui lui seront nécessaires.

Ces agents recevront, à partir de la publication de la présente ordonnance, une commission du préfet du département de la Seine et prêteront serment devant le Tribunal civil.

Art. 2. — Ils continueront d'être sous les ordres de l'essayeur et d'être rétribués par lui.

Ils pourront être révoqués sur sa proposition.

(1) Du 12 décembre 1830, modifiée par l'article 5 de la loi du 26 mars 1872, et l'article 2 de la loi du 31 décembre 1873.

ORDONNANCE DU 20 AOUT 1842.

TITRE 1ᵉʳ. — Application du droit et formation des types.

. . . .

(Voir la loi du 31 mai 1846, l'ordonnance du 29 août 1846 et le décret du 1ᵉʳ septembre 1852.)

ORDONNANCE DU 5 OCTOBRE 1842.

. . . .

Art. 1ᵉʳ. — Les préposés dénommés dans l'article 223 de la loi du 28 avril 1816 ou toutes autres personnes qui arrêteront ou concourront à faire arrêter les individus qui se livreront à la fabrication illicite des poudres à feu, qui en vendront en fraude à leur domicile ou qui en colporteront, qu'ils soient ou non surpris à vendre, recevront, comme dans les cas prévus par les articles 27 et 29 de la loi du 13 fructidor an v, une prime de 15 francs par chaque individu arrêté, quel que soit le nombre des saisissants.

EXTRAIT DE LA LOI DU 6 JUIN 1843

Portant règlement définitif du budget de l'exercice 1840.

Art. 14. — Les comptes-matières seront soumis au contrôle de la Cour des comptes.

Une ordonnance royale, rendue dans la forme des règlements d'administration publique, déterminera la nature et le mode de ce contrôle, et réglera les formes de comptabilité des matières appartenant à l'Etat dans toutes les parties du service public. Cette ordonnance sera exécutoire à partir du 1ᵉʳ janvier 1845.

LOI DU 2 JUILLET 1843

Sur les sucres.

. . . .

Art. 4. — Le droit sur les glucoses à l'état de sirop et à l'état concret est fixé *à deux francs par* cent kilogrammes.

Le droit sur les glucoses est aujourd'hui fixé à 11 francs 44. Voir lois des 8 juillet 1871, 22 janvier et 20 décembre 1872 et 30 décembre 1873.

Art. 5. — Les droits établis sur les sucres indigènes seront appliqués aux glucoses granulées présentant l'apparence des sucres cristallisables

Voir les articles 30 à 38 de l'ordonnance du 29 août 1846, les articles 22 et 23 de la loi du 31 mai 1846 et l'article 44 du règlement du 1ᵉʳ septembre 1852.

16

LOI DU 24 JUILLET 1843

Qui affranchit de tous droits les esprits et eaux-de-vie rendus impropres à la consommation.

(Insérée au *Bulletin des lois*, n° 1024, le 26 juillet 1843.)

Art. 1er — Sont affranchis de tous droits d'entrée, de consommation ou détail, les eaux-de-vie et esprits dénaturés de manière à ne pouvoir être consommés comme boissons.

Voir la loi du 2 août 1872, art. 4 et 5.

Art. 2. — Des règlements d'administration publique détermineront les conditions nécessaires pour opérer la dénaturation et les formalités qui devront la constater.

Voir article 5 de la loi du 2 août 1872.

Art. 3. — Les mêmes règlements pourront établir, au profit du Trésor public, un droit qui sera perçu comme droit de dénaturation. Ils fixeront une quotité du même droit, que les villes auront la faculté de percevoir à titre d'octroi, sans que cette quotité puisse excéder le tiers du droit du Trésor.

Le tarif du droit de dénaturation est fixé à 30 francs par hectolitre en principal dans tous les lieux. (Art. 4 de la loi du 2 août 1872.)

Le droit d'octroi ne pourra pas excéder le quart du droit du Trésor. (Même article.)

Art. 4. — (Dispositions transitoires.)

Art. 5. — Les alcools dénaturés suivant les procédés déterminés par les règlements, ainsi que ceux qui auront été soumis au droit de dénaturation, ne pourront, comme l'alcool pur, circuler qu'avec des expéditions de la régie.

Toute contravention aux dispositions des règlements dont il est question dans les articles 2 et 3 de la présente loi sera punie de la peine prononcée par *l'article 96 de la loi du 28 avril* 1816 (1).

Les dispositions de l'article 23 de la loi du 28 avril 1816 continueront de recevoir leur exécution en ce qui concerne les eaux-de-vie et esprits altérés par un mélange quelconque, ou dont la dénaturation n'aura pas eu lieu conformément aux prescriptions des règlements d'administration publique.

EXTRAIT DE LA LOI DU 24 JUILLET 1843

Portant fixation du budget des recettes de l'exercice 1844.

(Insérée au *Bulletin des lois*, n° 1028, le 2 août 1843.)

. . . .

Art. 5. — Dans les lieux où la vente des tabacs à prix réduits, dits *de cantine*, est autorisée, nul ne pourra, à l'avenir, avoir en provision plus de trois kilogrammes de tabac de cette espèce, lors même qu'ils seraient revêtus des marques et vignettes de la régie.

Les contraventions à cette disposition seront punies conformément à l'article 218 de la loi du 28 avril 1816.

---

(1) Par l'article 1er de la loi du 28 février 1872 (art. 7 de la loi du 2 août 1872).

ORDONNANCE DU 27 NOVEMBRE 1843

Relative au paiement de la taxe de consommation sur les sels.

Art. 1er. — L'article 20 de notre ordonnance du 26 juin 1841 est remplacé par les dispositions suivantes :

La taxe sera perçue sur les sels enlevés pour la consommation intérieure, sous la seule déduction de l'allocation qui sera fixée pour déchet, en exécution de l'article 15 de la loi du 17 juin 1840.

Le paiement en sera effectué, soit en traites ou obligations dûment cautionnées *à trois, six et neuf mois* (1), lorsque le droit s'élèvera à plus de 600 francs ; soit au comptant, sous un escompte dont le taux sera déterminé par notre ministre secrétaire d'Etat des finances lorsque le droit s'élèvera au moins à 300 francs

ORDONNANCE DU 8 DÉCEMBRE 1843

Qui règle la remise accordée, à titre de déchet, aux sels pris sur les lieux de production.

Art. 1er. — La remise accordée, à titre de déchet, aux sels pris sur les lieux de production, sera désormais réglée ainsi qu'il suit :

Sels bruts récoltés sur les marais salans de l'Océan et de la Manche . . . . 5 p. 0/0.

Sels bruts récoltés sur les marais salans de la Méditerranée . . . . } 3 p. 0/0.

Sels ignigènes et sels raffinés de toute origine . . }

EXTRAIT DE LA LOI SUR LES PATENTES

Du 25 avril 1844.

Art. 13. — Ne sont pas assujettis à la patente :

1° Les fonctionnaires et employés salariés soit par l'État, soit par les administrations départementales ou communales en ce qui concerne seulement l'exercice de leurs fonctions.

2° . . . .

EXTRAIT DE LA LOI DU 3 MAI 1844

Sur la police de la chasse.

Section 1re. — De l'exercice du droit de chasse.

Art. 3. — Les préfets détermineront, par des arrêtés publiés au moins dix jours à l'avance, l'époque de l'ouverture et celle de la clôture de la chasse dans chaque département.

---

(1) Moitié à trois mois, moitié à six mois. (Loi du 8 août 1847.)

Art. 4. — Dans chaque département, il est interdit de mettre en vente, de vendre, d'acheter, de transporter et de colporter du gibier pendant le temps où la chasse n'y est pas permise.

En cas d'infraction à cette disposition, le gibier sera saisi et immédiatement livré à l'établissement de bienfaisance le plus voisin, en vertu, soit d'une ordonnance du juge de paix, si la saisie a eu lieu au chef-lieu de canton, soit d'une autorisation du maire, si le juge de paix est absent, ou si la saisie a été faite dans une commune autre que celle du chef-lieu. Cette ordonnance ou cette autorisation sera délivrée sur la requête des agents ou gardes qui auront opéré la saisie et sur la présentation du procès-verbal régulièrement dressé.

La recherche du gibier ne pourra être faite à domicile que chez les aubergistes, chez les marchands de comestibles et dans les lieux ouverts au public.

Il est interdit de prendre ou de détruire, sur le terrain d'autrui, des œufs et des couvées de faisans, de perdrix et de cailles.

Art. 10. Des ordonnances royales détermineront la gratification qui sera accordée aux gardes et gendarmes rédacteurs des procès-verbaux ayant pour objet de constater les délits.

Section 2. — Des peines.

Art. 12. — Seront punis d'une amende de cinquante à deux cents francs (50 à 200 fr.), et pourront, en outre, l'être d'un emprisonnement de six jours à deux mois,

. . . .

4° Ceux qui, en temps où la chasse est prohibée, auront mis en vente, vendu, acheté, transporté ou colporté du gibier ;

. . . .

Les peines déterminées par l'article 11 et par le présent article seront toujours portées au maximum lorsque les délits auront été commis par les gardes champêtres et forestiers des communes, ainsi que par les gardes forestiers de l'État et des établissements publics.

Art. 14. — Les peines déterminées par les trois articles qui précèdent pourront être portées au double si le déliquant était en état de récidive, s'il était déguisé ou masqué, s'il a pris un faux nom, s'il a usé de violence envers les personnes ou s'il a fait des menaces, sans préjudice, s'il y a lieu, de plus fortes peines prononcées par la loi.

. . . .

Art. 15. — Il y a récidive lorsque, dans les douze mois qui ont précédé l'infraction, le déliquant a été condamné en vertu de la présente loi.

Art. 19. — La gratification mentionnée en l'article 10 sera prélevée sur le produit des amendes.

Le surplus desdites amendes sera attribué aux communes sur le territoire desquelles les infractions auront été commises.

Art. 20. — L'article 463 du Code pénal (1) ne sera pas applicable aux délits prévus par la présente loi.

Section 3. — De la poursuite et du jugement.

Art. 23. — Les procès-verbaux des employés des contributions indirectes et des octrois feront également foi jusqu'à preuve contraire, lorsque, dans la limite de leurs attributions respectives, ces agents rechercheront et constateront les délits prévus par le paragraphe 1er de l'article 4.

Art. 24. — Dans les vingt-quatre heures du délit, les procès-verbaux des gardes seront, à peine de nullité, affirmés par les rédacteurs devant le juge de paix ou l'un de ses suppléants, ou devant le maire ou l'adjoint, soit de la commune de leur résidence, soit de celle où le délit aura été commis.

Art. 26. — Tous les délits prévus par la présente loi seront poursuivis d'office par le ministère public, sans préjudice du droit conféré aux parties lésées par l'article 182 du Code d'instruction criminelle.

. . . .

Section 4. — Dispositions générales.

Art. 31. — Le décret du 4 mai 1812 et la loi du 30 avril 1790 sont abrogés.

Sont et demeurent également abrogés les lois, arrêtés, décrets et ordonnances intervenus sur les matières réglées par la présente loi, en tout ce qui est contraire à ses dispositions.

ORDONNANCE DU 14 JUIN 1844

Concernant les eaux-de-vie et esprits rendus impropres à la consommation comme boisson.

Art. 1er. — Sont considérés comme dénaturés, et, à ce titre, affranchis de tous droits d'entrée, de consommation et de détail, les alcools tenant en dissolution, dans la proportion d'au moins deux dixièmes du volume du mélange, des essences de goudron de bois, de goudron de houille ou de térébenthine, des huiles de schiste, de naphte, ou une huile essentielle quelconque.

L'affranchissement sera accordé quand même le liquide contiendrait, en outre, d'autres substances, et de quelque façon que la préparation ou dénaturation ait été effectuée, soit par simple mélange des huiles essentielles avec l'alcool rectifié ou absolu, ou avec des esprits du commerce, soit par distillation avant ou après le mélange, soit enfin par la combinaison des huiles et des matières premières destinées à produire l'alcool.

Modifié par l'article 5 de la loi du 2 août 1872.

---

(1) Relatif aux circonstances atténuantes.

Art. 2. — Les alcools dénaturés seront frappés d'un droit général de dénaturation. *A cet effet, ils seront divisés en quatre classes, suivant la quantité d'essence qu'ils contiendront. Le droit par hectolitre et par classe sera perçu à l'arrivée pour les villes assujetties au droit d'entrée, et au départ pour toutes les autres communes, conformément au tarif ci-annexé sous le n° 1er, indépendamment du décime par franc.*

Les alcools dénaturés sont actuellement frappés dans tous les lieux d'une taxe de 30 francs par hectolitre en principal. (Art. 4 de la loi du 2 août 1872.)

Art. 3. — La quantité d'essence tenue en dissolution dans les alcools dénaturés sera déterminée au moyen d'un tube gradué et divisé en trente parties égales. Dix de ces divisions seront remplies du liquide à essayer; il y sera ajouté le double d'eau ; ce mélange sera agité, et le nombre des divisions du tube qui, après cette opération, seront occupées par l'essence qui surnagera, indiquera en dixièmes la quantité d'essence contenue dans le liquide.

Art. 4. — *Les villes et communes ne pourront percevoir, à titre d'octroi, sur les alcools dénaturés, une taxe supérieure à celle du tarif maximum ci-annexé sous le n° 2.*

Le droit d'octroi sur les alcools dénaturés ne peut excéder le quart du droit du Trésor. (Art. 4 de la loi du 2 août 1872.)

Art. 5. — Nul ne pourra fabriquer ou préparer des alcools dénaturés sans en avoir fait la déclaration au bureau de la régie, et sans être pourvu d'une licence de distillateur, s'il opère par distillation, ou d'une licence de marchand en gros, s'il ne fait que de simples mélanges.

Art. 6. — Les fabricants ou préparateurs d'alcool dénaturé seront, suivant la nature de leurs opérations, assujettis à toutes les obligations imposées aux bouilleurs ou distillateurs de profession ou aux marchands en gros; ils seront, en outre, soumis aux exercices des employés de la régie, quelles que soient l'espèce et l'origine des matières premières qu'ils emploieront.

Art. 7. — L'entrepôt sera accordé aux fabricants et préparateurs d'alcool dénaturé, tant pour les eaux-de-vie et esprits purs qu'ils auront en magasin, que pour les alcools dénaturés provenant de leurs manipulations.

Toute fabrication, tout mélange ou préparation, devra être précédé d'une déclaration faite au bureau de la régie, quatre heures au moins à l'avance dans les villes, et huit heures dans les campagnes.

Il sera donné décharge, au compte de l'alcool pur, des quantités qui auront été dénaturées, et le volume du produit de ces préparations sera repris en charge au compte des alcools dénaturés.

Art. 8. — Les alcools dénaturés ne pourront circuler qu'avec un acquit-à-caution, un congé ou un passavant délivré au bureau de la régie des contributions indirectes dans les mêmes cas et de la même manière que pour les eaux-de-vie et esprits.

Art. 9. — Seront appliquées aux alcools dénaturés les dispositions des lois et règlements relatives à la fabrication des eaux-de-vie et esprits par les bouilleurs ou distillateurs de profession, à l'exercice des magasins des marchands en gros et entrepositaires de boissons, à la circulation des eaux-de-vie, esprits et liqueurs, et au paiement des droits, soit à l'arrivée, soit au départ, soit sur les manquants.

Art. 10. — Conformément à l'article 5 de la loi du 24 juillet 1843, toute contravention aux dispositions du présent règlement sera punie des peines portées par l'article 96 de la loi du 28 avril 1816.

Ces contraventions donnent lieu à l'application des peines édictées par l'article 1er de la loi du 1er février 1872. (Art. 7 de la loi du 2 août 1872.)

EXTRAIT DE L'ORDONNANCE DU 7 JUILLET 1844

Qui spécifie, à l'égard des personnes logées dans les bâtiments affectés au service public, les frais accessoires de l'habitation auxquels elles ont à subvenir.

Art. 4. — Tous les fonctionnaires, autres que ceux qui sont indiqués ci-dessus (1), et toutes les personnes logées, en raison de leurs emplois, dans un bâtiment affecté à un service public, supportent les frais, tant des réparations locatives que de l'entretien du local mis à leur disposition. L'administration peut, néanmoins, y faire exécuter aux frais de l'Etat la visite et le nettoiement des appareils de chauffage, aussi souvent qu'elle le juge convenable pour la sûreté des édifices.

Art. 5. — Il n'est point fourni d'ameublement aux frais du Trésor public aux fonctionnaires et agents désignés dans l'article précédent; toutefois, l'usage des meubles meublants existant actuellement dans les locaux dont ils ont la jouissance peut leur être conservé en vertu d'une décision ministérielle; dans ce cas, les frais d'entretien de toute nature sont à leur charge. Les dispositions de l'article 2 de la présente ordonnance leur sont d'ailleurs applicables, ainsi qu'aux fonctionnaires désignés en l'article 3.

Art. 6. — Un arrêté désignera, pour chaque département ministériel, les fonctionnaires et agents auxquels peuvent être accordés le chauffage et l'éclairage. Il déterminera dans quelle proportion la fourniture en sera faite à chacun d'eux.

Le même arrêté réglera les dispositions relatives aux gens de service, en ce qui concerne le logement, les meubles, le chauffage et l'éclairage.

---

(1) Les fonctionnaires désignés par les articles 1er et 3 sont les ministres, les sous-secrétaires d'Etat, les secrétaires généraux des ministères, le directeur garde des archives du département des affaires étrangères, le président de la Commission des monnaies, le directeur de l'administration des postes et les chefs de cabinet des ministères.

LOI DU 4 AOUT 1844

Portant fixation du budget des recettes de l'exercice 1845.

TITRE Ier. — Impôts autorisés pour l'exercice 1845.

. . . .

Art. 11. — Pour jouir de l'exemption des droits de circulation, dans les cas prévus par l'article 15 de la loi du 25 juin 1841, l'expéditeur des boissons sera tenu, lors du premier envoi qu'il fera après la récolte, de justifier de ses droits à cette exemption, et de déclarer la quantité totale par lui récoltée. Il ne pourra lui être délivré de passavant lorsque les expéditions par lui faites depuis la récolte auront épuisé cette quantité.

Art. 12. — Les déclarations exigées avant l'enlèvement des boissons par l'article 10 de la loi du 28 avril 1816, contiendront, outre les énonciations prescrites par ledit article, l'indication des principaux lieux de passage que devra traverser le chargement, et celle des divers modes de transport qui seront successivement employés, soit pour toute la route à parcourir, soit pour une partie seulement, à charge, dans ce dernier cas, de compléter la déclaration en cours de transport.

Le délai à accorder, pour conduire les boissons à la destination déclarée, sera réglé en raison de la distance qui pourra être parcourue chaque jour et selon le mode de transport.

Les règles à suivre pour la fixation du délai, les mesures et les formalités nécessaires pour assurer l'exécution des dispositions qui précèdent seront déterminées par un règlement d'administration publique.

Les contraventions aux dispositions du présent article et à celles dudit règlement seront punies des peines portées dans l'article 19 de la loi du 28 avril 1816.

Ce règlement devra être converti en loi dans la prochaine session.

Voir article 1er de la loi du 28 février 1872.

Art. 13. — Les droits d'argue fixés pour les lingots de doré, par l'article 138 de la loi du 19 brumaire an VI, sont réduits à 30 centimes par hectogramme, lorsque les propriétaires ont leurs filières, et à 45 centimes par hectogramme lorsqu'ils n'ont pas de filières.

———

EXTRAIT DE LA LOI DU 4 AOUT 1844

Portant fixation du budget des dépenses de l'exercice 1845.

. . . .

Art. 7. — L'intérêt des cautionnements en numéraire est fixé à 3 p. 0/0, à partir du 1er janvier 1845.

Art. 8. — La faculté d'ouvrir, par ordonnance du roi, des crédits supplémentaires, accordée par l'article 3 de la loi du 24 avril 1833, pour subvenir à l'insuffisance dûment justifiée d'un service porté au budget, n'est applicable qu'aux dépenses concernant un service voté et dont la nomenclature suit :

. . . .
Contributions des bâtiments et des domaines de l'Etat;. . .
Avances recouvrables et frais judiciaires;.....
Remises pour la perception des contributions indirectes dans les départements ;
Achat de papier filigrané pour les cartes à jouer;
Contribution foncière des bacs, canaux et francs-bords ;
Service des poudres à feu ;
Achat de tabacs et frais de transport ;
Primes pour saisies de tabacs et arrestations des colporteurs;...
Remboursements, restitutions, non-valeurs, primes et escomptes.

EXTRAIT DE L'ORDONNANCE DU 17 NOVEMBRE 1844

Concernant les franchises de la correspondance.

TITRE Ier. — Dispositions générales.

Art. 1er. — La correspondance des fonctionnaires publics, exclusivement relative au service de l'Etat, est admise à circuler en franchise par la poste.

Art. 2. — Les fonctionnaires et les personnes désignées dans les tableaux annexés à la présente ordonnance sont seuls autorisés à correspondre entre eux en franchise, sous les conditions exprimées auxdits tableaux.

Aucune autre concession de franchise ne pourra être accordée que par nous, lorsque le service l'exigera indispensablement, et sur le rapport de notre ministre secrétaire d'Etat des finances, après qu'il s'en sera entendu avec le ministre du département que cette concession pourra concerner.

Art. 3. — Il est défendu de comprendre, dans les dépêches expédiées en franchise, des lettres, papiers et objets quelconques étrangers au service de l'Etat.

Art. 4. — Dans le cas de suspicion, de fraude ou d'omission d'une seule des formalités prescrites par la présente ordonnance, les préposés des postes sont autorisés à taxer en totalité les dépêches, ou à exiger que le contenu de celles de ces dépêches qui seront revêtues d'un contre-seing quelconque soit vérifié en leur présence par les fonctionnaires auxquels elles seront adressées, ou, en cas d'empêchement de ces fonctionnaires, par leurs fondés de pouvoirs.

Art. 5. — Si, de la vérification prescrite par l'article précédent, il résulte qu'il y a fraude, les préposés des postes en dresseront, dans les formes qui seront indiquées au titre X ci-après, un procès-verbal, dont ils enverront un double au directeur de l'administration des postes, qui en rendra compte à notre ministre des finances.

Art. 6. — Les fonctionnaires qui recevront en franchise, sous leur couvert, des lettres ou paquets étrangers au service, devront les renvoyer au directeur des postes de leur résidence, en lui faisant connaître le lieu d'origine de ces lettres et paquets et le contre-seing sous lequel ils leur seront parvenus.

Art. 7. — Les lettres et paquets mentionnés dans les articles 5 et 6 seront immédiatement envoyés, frappés de la double taxe, aux destinataires; en cas de refus de payement de cette double taxe, ils seront transmis au directeur de l'administration des postes, qui les fera renvoyer au fonctionnaire contre-signataire, lequel sera tenu d'en acquitter le double port.

TITRE II. — Des objets qui sont assimilés à la correspondance de service.

Art. 9. — Sont également considérés comme correspondance de service les objets ci-après désignés, savoir :

. . . .

10° Les poinçons de garantie relatifs à la fabrication des monnaies;

. . . .

14° Les registres reliés ou cartonnés;

. . . .

15° Les portatifs des préposés de l'administration des contributions indirectes.

TITRE III. — Des objets qui ne peuvent être assimilés à la correspondance de service.

Art 10. — Sont exclus du bénéfice de la franchise attribuée à la correspondance de service des fonctionnaires publics, savoir :

. . . .

6° Et généralement tous objets non désignés dans les articles 8 (1) et 9 précédents, quel que soit le contre-seing sous lequel ils seraient présentés dans les bureaux de poste.

TITRE V. — Du contre-seing.

Art. 13. — Le contre-seing consiste dans la désignation des fonctions de l'envoyeur, suivie de sa signature.

La désignation des fonctions peut être imprimée sur l'adresse ou indiquée par un timbre; mais, sauf les exceptions qui seront établies dans l'article 14 ci-après, tous les fonctionnaires seront tenus d'apposer *de leur main*, sur l'adresse des lettres et paquets qu'ils expédient, leur signature au-dessous de la désignation de leurs fonctions.

---

(1) L'article 8, rappelé ci-dessus, ne concerne pas les agents de la Régie.

. . . .

Art. 14. — Notre contre-seing et celui du prince royal et des fonctionnaires désignés dans l'état annexé à la présente ordonnance, sous le n° 2, auront lieu au moyen d'une griffe fournie par le directeur de l'administration des postes ; l'emploi de cette griffe ne pourra être confié qu'à une seule personne, qui en demeurera responsable.

Art. 16. — Sauf l'exception qui sera établie dans l'article 17 (1) ci-après, aucun fonctionnaire n'a le droit de déléguer à d'autres personnes le contre-seing qui lui est attribué.

Toute dépêche contre-signée en contravention au paragraphe précédent sera assujettie à la taxe.

Lorsqu'un fonctionnaire sera hors d'état de remplir ses fonctions, par absence, maladie, ou pour toute autre cause légitime, le fonctionnaire qui le remplacera par intérim contre-signera les dépêches à sa place ; mais en contre-signant chaque dépêche, il énoncera qu'il remplit par intérim les fonctions auxquelles le contre-seing est attribué.

TITRE VI. — Du mode de fermeture des lettres et paquets relatifs au service.

Art. 21. — Les lettres et paquets relatifs au service de l'Etat s'expédient de deux manières :

1° Par lettres fermées ;

2° Sous bandes.

Les lettres cachetées peuvent être pliées et cachetées selon la forme ordinaire, ou être mises sous enveloppe.

Art. 22. — La faculté d'expédier la correspondance de service par lettres fermées est permanente ou éventuelle.

Elle est permanente pour la correspondance du roi, du prince royal et des fonctionnaires désignés dans l'état annexé à la présente ordonnance sous le n° 3.

. . . .

Art. 25. — Les lettres et paquets contre-signés qui devront être mis sous bandes, conformément aux indications des tableaux annexés à la présente ordonnance, ne pourront être reçus ni expédiés en franchise, lorsque la largeur des bandes excédera le tiers de la surface de ces lettres ou paquets.

Art. 26. — Sauf les exceptions mentionnées dans les articles 27 et 79 (2) ci-après, les lettres ou paquets quelconques expédiés sous pli cacheté, sous enveloppe ou sous bandes, ne devront être intérieurement fermés de quelque manière que ce soit.

Toutefois, afin de préserver un paquet volumineux des avaries auxquelles il pourrait être exposé dans le transport, le fonctionnaire expéditeur pourra lier ce paquet par une ficelle, à la condi-

---

(1) Cet article n'est applicable qu'aux agents directs du Trésor.

(2) L'article 79 est étranger au service de l'administration.

tion expresse que cette ficelle, placée extérieurement, soit nouée par une simple boucle, et puisse être facilement détachée, si les besoins de la vérification l'exigent.

Art. 27. — Les directeurs des contributions indirectes de département et d'arrondissement sont autorisés à s'expédier réciproquement des paquets d'acquits-à-caution subdivisés, sous les bandes extérieures, en d'autres paquets portant des bandes et des étiquettes particulières, à la condition :

1° Que sur l'adresse extérieure seront écrits les mots, *acquits-à-caution ;*

2° Que les paquets intérieurs porteront, pour seule et unique suscription, le nom de l'arrondissement ou du département que les acquits-à-caution concernent.

TITRE VII. — Du dépôt de la correspondance de service dans les bureaux de poste.

Section 1re. — Des lettres et paquets ordinaires.

Art. 28. — Les lettres et paquets relatifs au service devront être remis, savoir : dans les départements, aux directeurs des postes, et à Paris, au bureau de l'expédition des dépêches à l'hôtel des postes.

Lorsqu'ils auront été jetés à la boîte, ils seront assujettis à la taxe.

Seront toutefois dispensés des conditions ci-dessus, et expédiés en franchise :

1° Les lettres et paquets trouvés dans les boîtes des bureaux de poste, qui seront adressés à des fonctionnaires ou à des personnes jouissant de la franchise à raison de leur qualité et sans condition de contre-seing ;

2° Les lettres et paquets valablement contre-signés par des fonctionnaires résidant dans des communes dépourvues d'établissements de poste aux lettres, et qui seront déposés dans les boîtes rurales de ces communes.

Art. 29. — Le directeur des postes qui reconnaîtra qu'une des conditions ou formalités prescrites pour procurer la franchise manque sous le rapport soit de la formation, soit de la suscription d'une dépêche ou d'un paquet qui aura été déposé à son bureau, en avertira sur-le-champ le contre-signataire.

Art. 30. — Si les rectifications à faire dans les cas prévus par l'article précédent peuvent être opérées avant le départ du courrier, le directeur des postes insistera auprès du fonctionnaire expéditeur pour qu'elles soient immédiatement effectuées.

Si l'heure avancée, ou toute autre circonstance ne permet pas de réclamer ou d'obtenir du fonctionnaire expéditeur les rectifications nécessaires, le directeur des postes apposera sur la dépêche un timbre destiné à justifier la taxe qu'il appliquera, s'il est en correspondance avec le bureau de destination, ou à provoquer l'application de cette taxe, s'il doit diriger cette dépêche sur un bureau intermédiaire.

Art. 31. — Dans le cas où les irrégularités mentionnées dans l'article 29 n'auraient pas été aperçues et signalées par le bureau d'origine, les directeurs des bureaux intermédiaires ou de destination suppléeront à cette omission, en appliquant sur les lettres et paquets entachés de ces irrégularités le timbre indiqué dans l'article 30, et, s'il y a lieu, la taxe dont ils sont passibles.

Art. 32. — Les dispositions contenues dans le second alinéa de l'article 30 et dans l'article 31 précédents seront applicables aux lettres et paquets contre-signés qui auront été déposés dans les boîtes des communes rurales.

Les directeurs des postes dans l'arrondissement desquels sont comprises ces communes devront saisir toutes les occasions de signaler aux fonctionnaires desdites communes les infractions habituelles qui donneront lieu à la taxe de leur correspondance de service.

Art. 33. — Toute simulation sur l'adresse d'une dépêche contre-signée, soit de la résidence ou de la qualité du fonctionnaire contre-signataire, soit de la résidence ou de la qualité du fonctionnaire correspondant, donnera lieu d'appliquer à la dépêche entachée de cette fraude les dispositions de l'article 4 de la présente ordonnance.

Section IV. — Des lettres chargées ou recommandées.

Art. 47. — Les lettres et paquets contre-signés qui seront dans le cas d'être chargés ne pourront être reçus ni expédiés en franchise que lorsqu'ils seront accompagnés d'une réquisition signée des autorités ou fonctionnaires qui les adresseront. Cette réquisition sera annexée au registre du dépôt des lettres chargées.

Les lettres et paquets contre-signés qui devront être expédiés sous chargement seront présentés sous bande lorsque le fonctionnaire auxquel ils seront adressés ne jouira de la franchise, dans ses rapports de service avec le fonctionnaire expéditeur, qu'à la condition que les lettres et paquets ordinaires devront circuler sous bandes.

Ces bandes devront être fermées de deux cachets en cire avec empreinte, de même que les chargements expédiés sous enveloppe.

Les cachets ne devront porter que sur les bandes.

Section V. — Des chargements d'objets divers assimilés à la correspondance de service.

Art. 50. — Les objets désignés aux numéros 8, 9, 10, 11, 12 et 13 (1) de l'article 9 de la présente ordonnance devront toujours être expédiés sous chargement, et seront assujettis aux formalités de dépôt indiquées dans les articles 51 à 56 (2) ci-après.

---

(1) Ces numéros (à l'exception du nombre 10) ne concernent point les contributions indirectes.

(2) Le n° 53 est seul relatif à la Régie.

Art. 53. — Les poinçons de garantie envoyés par la commission des monnaies à ses bureaux dans les départements, et les poinçons hors de service qui lui seront renvoyés des départements seront renvoyés dans des boîtes exactement ficelées et cachetées du cachet des envoyeurs.

Art. 57. — Les registres reliés ou cartonnés............... devront former des paquets dont le poids ne pourra pas excéder le maximum d'un kilogramme. Il ne sera expédié qu'un seul paquet par chaque départ de courrier. Les paquets ne seront pas cachetés, mais seulement pliés ou ficelés, de manière que les préposés des postes puissent facilement en vérifier le contenu.

TITRE VIII. — Du transport des correspondances circulant en franchise.

Art. 60. — Sauf les exceptions établies dans l'article ci-après, le maximum du poids des paquets expédiés en franchise est fixé ainsi qu'il suit, savoir :

1° A cinq kilogrammes, lorsque le transport de ces paquets devra être opéré jusqu'à destination, soit par un service en malle-poste ou en bateau à vapeur, soit sur un chemin de fer ou par un service d'entreprise en voiture;

2° A deux kilogrammes, lorsqu'ils seront dirigés sur une route desservie, en quelque point que ce soit, par un service d'entreprise à cheval ;

3° A un kilogramme, lorsqu'ils devront être transportés, sur une portion quelconque du trajet à parcourir, par un service d'entreprise à pied.

Art. 61. — Seront acheminés sans limitation de poids :

1° Les paquets revêtus du contre-seing ou expédiés à l'adresse des personnes ou des fonctionnaires jouissant de la franchise illimitée ;

Art. 62. — Les directeurs des postes sont autorisés, en cas d'insuffisance des services établis, et sauf les exceptions prévues dans l'article précédent, à refuser à présentation tout paquet contre-signé dont le poids dépasserait le maximum fixé par l'article 60.

Art. 63. — Si plusieurs paquets à l'adresse d'un même fonctionnaire, revêtus d'un même contre-seing, et pesant ensemble plus que le maximum déterminé dans l'article 60 précédent, sont présentés simultanément à un bureau de poste, le directeur de ce bureau pourra en répartir l'expédition entre plusieurs courriers, et invitera, à cet effet, le contre-signataire à faire connaître l'ordre dans lequel ces paquets doivent être expédiés.

TITRE IX. — De la distribution des correspondances circulant en franchise.

Art. 64. — Tout paquet contre-signé dont la forme, le poids ou le volume rendrait impossible son introduction dans la boîte ou dans le portefeuille des facteurs de ville ou des facteurs ruraux, ou son transport par le moyen de ces agents, sera conservé au bureau de destination pour y être distribué au guichet.

Art. 65. — Seront également réservés, pour être distribués au guichet du bureau, les paquets contre-signés qui, bien qu'ils puissent être introduits isolément dans les boîtes ou portefeuilles des facteurs, ne pourraient cependant y trouver place, soit en raison de leur nombre, soit en raison du volume des correspondances ordinaires.

Art. 66. — Dans les cas prévus par les deux articles précédents, les directeurs donneront immédiatement avis aux fonctionnaires destinataires de l'arrivée des paquets que leur nombre ou leur forme, leur poids ou leur volume empêchera de faire porter à domicile par les facteurs, et inviteront ces fonctionnaires à les envoyer prendre au bureau.

Art. 68. — Les fonctionnaires ci-après désignés peuvent également faire retirer leur correspondance particulière et administrative avant la distribution générale, savoir :

. . . .

Lorsque ces fonctionnaires jugeront à propos d'user de cette faculté, ils devront faire connaître par écrit, au directeur des postes, la personne qu'ils entendent charger du soin de retirer leur correspondance.

Art. 69. — Les fonctionnaires non désignés dans les articles ci-dessus recevront leur correspondance particulière et administrative par la distribution ordinaire et sans aucune préférence ni distinction.

Art. 70. — Dans les villes où les directeurs sont autorisés à faire, au guichet de leur bureau, une distribution de lettres exceptionnelle en faveur des négociants, tous les fonctionnaires publics et chefs de service non désignés dans les articles 67 (1) et 68 précédents pourront réclamer le même avantage à titre gratuit, mais seulement pour leur correspondance administrative.

TITRE X. — De l'ouverture et de la vérification des dépêches refusées par les fonctionnaires (2).

Art. 71. — Lorsque les dépêches non contre-signées adressées, des lieux situés dans leur ressort, aux fonctionnaires qui jouissent de la franchise en raison de leur qualité seulement, auront été frappées de la taxe par application de l'article 4 de la présente ordonnance, les destinataires pourront en demander l'ouverture et la vérification. Dans ce cas, les faits résultant de la vérification seront constatés et suivis conformément aux règles prescrites par les articles 77 à 79 (3) ci-après pour l'ouverture et la vérification des dépêches contre-signées.

---

(1) Article étranger au service de l'Administration.
(2) Voir l'ordonnance du 27 novembre 1845.
(3) Articles étrangers au service de l'Administration.

Art. 72. — Si, dans les vingt-quatre heures qui suivront le refus d'acquitter la taxe d'une dépêche non contre-signée, le fonctionnaire désigné dans l'article précédent n'a pas fait connaître au directeur des postes l'intention de soumettre le contenu de cette dépêche à la vérification, elle sera envoyée à l'administration des postes, à Paris, pour y être ouverte immédiatement.

Art. 73. — Selon ce qui résultera de l'ouverture de la dépêche, les lettres ci-dessus mentionnées seront renvoyées sur-le-champ, soit aux particuliers qui les auront écrites, soit aux fonctionnaires qu'elles concernent.

Lorsque ces lettres devront être soumises à la taxe, elles ne supporteront que la taxe ordinaire.

À défaut de renseignements suffisants pour en procurer le renvoi aux parties intéressées, ces lettres seront conservées pendant les délais déterminés par les lois concernant les lettres tombées en rebut.

Art. 74. — Lorsqu'une dépêche revêtue d'un contre-seing quelconque, et ayant été taxée en vertu de l'article 4 de la présente ordonnance, aura été refusée par le fonctionnaire destinataire, le directeur des postes devra, dans les vingt-quatre heures qui suivront le refus d'acquitter la taxe, adresser à ce fonctionnaire un premier avertissement, à l'effet de provoquer l'ouverture et la vérification du contenu de la dépêche refusée.

Si, vingt-quatre heures après l'envoi du premier avertissement, le fonctionnaire ne s'est pas conformé aux dispositions de l'article précité, il lui sera adressé un second et dernier avertissement.

Si, après un nouveau délai de vingt-quatre heures, le second avertissement reste sans effet, le directeur des postes en informera le directeur de l'administration, qui prendra, à ce sujet, les ordres de notre ministre des finances.

Art. 75. — La durée des délais accordés, par les deux derniers alinéas de l'article précédent, aux destinataires des lettres et paquets soumis à la vérification, sera portée au double en faveur des fonctionnaires résidant dans les communes rurales.

Art. 76. — Jusqu'à ce qu'il ait été statué sur le sort des dépêches mentionnées dans l'article 74 précédent, elles resteront déposées au bureau de poste.

Art. 77. — Si, de la vérification prescrite par l'article 4 précité, il résulte que la dépêche soumise à l'ouverture ne contient que des papiers uniquement relatifs au service, le directeur des postes la délivrera sur-le-champ, franche de port, au fonctionnaire destinataire.

Il ne dressera pas de procès-verbal de cette opération, mais il devra conserver, pour la justification de la détaxe, les bandes, enveloppes ou portions d'adresses sur lesquelles le timbre d'origine de la dépêche, le contre-seing et la taxe étaient apposés.

Toutefois, s'il est impossible de détacher ou de produire ces éléments de justification, le directeur se fera délivrer, par le fonctionnaire auquel la dépêche est adressée, un certificat constatant les motifs qui s'opposent à ce que cette justification soit produite.

Ce certificat devra énoncer :

1° Le nom du lieu d'origine de la dépêche;

2° La qualité de l'envoyeur;

3° La taxe dont cette dépêche était frappée.

Art. 78. — Si la vérification donne lieu de reconnaître que la dépêche est, en tout ou en partie, étrangère au service de l'État, le procès-verbal dressé en exécution de l'article 5 de la présente ordonnance décrira sommairement, mais pièce par pièce, chaque objet contenu dans cette dépêche, tant ceux qui seront reconnus concerner le service du fonctionnaire destinataire, que ceux qui lui sont étrangers. Les premiers seront remis sur-le-champ, francs de port, au destinataire ou à son fondé de pouvoirs. Les autres seront frappés de la double taxe et immédiatement remis au destinataire, à moins que celui-ci refuse d'acquitter la double taxe ou qu'il ne réside pas dans le ressort du bureau de poste, dans lesquels cas ils seront transmis sans délai, avec un double du procès-verbal, au directeur de l'administration des postes.

TITRE XI. — Du renvoi de certaines correspondances relatives au service reconnues non distribuables.

Art. 80. — Les directeurs des postes renverront sans retard à l'administration, à Paris, les correspondances de service désignées ci-après, savoir :

. . . .

2° Les lettres et paquets qui porteront un contre-seing quelconque, ou seulement le cachet officiel d'un fonctionnaire d'une administration ou d'un établissement public dénommé dans les tableaux annexés à la présente ordonnance, lorsque ces lettres et paquets seront adressés à des personnes inconnues, ou même à des personnes connues, mais dont la résidence actuelle est ignorée;

3° Les lettres et paquets contre-signés adressés à un fonctionnaire dénommé dans lesdits tableaux, lorsque, le destinataire étant décédé, ils seront refusés par le nouveau titulaire ou par l'intérimaire, et aussi dans le cas d'une interruption de fonctions qui durerait depuis plus de dix jours.

. . . .

Art. 82. — Sont également exceptés des dispositions de l'article 80 précédent, les lettres et paquets frappés de la double taxe en vertu de l'article 7 de la présente ordonnance, et qui seraient refusés par les fonctionnaires pour qui le payement de cette double taxe est obligatoire.

. . . .

Art. 83. — Sont et demeurent abrogées toutes dispositions contenues dans les ordonnances antérieures concernant les franchises qui seraient contraires à la présente ordonnance.

17

EXTRAIT DE L'ORDONNANCE DU 17 DÉCEMBRE 1844

**Portant organisation de l'administration centrale
du Ministère des Finances.**

. . . .

TITRE II. — Administration financière.

Dispositions générales.

Art. 26. — Les administrations de l'enregistrement et des domaines, des douanes, des contributions directes, des contributions indirectes, des tabacs, des postes et des forêts, seront chacune dirigées et surveillées, sous l'autorité de notre ministre des finances, par un directeur général.

Des administrateurs, placés chacun à la tête d'une division, forment, avec le directeur général, et sous sa présidence, le conseil d'administration.

Art. 27. — Les directeurs généraux des administrations financières et le président de la commission des monnaies continueront de diriger leur personnel, en observant toutefois les règles tracées par les articles ci-après.

Art. 28. — A la fin de chaque année, il sera dressé, par les directeurs généraux de chacune des administrations financières, pour être remis à notre ministre des finances, un tableau présentant, en nombre triple des vacances présumées, les noms des agents de tous grades reconnus dignes d'obtenir de l'avancement.

Des arrêtés spéciaux de notre ministre des finances détermineront, pour chaque administration, les conditions d'aptitude et de durée de services que devront remplir les agents pour être portés sur ce tableau.

Art. 29. — Les directeurs généraux présenteront, à chaque vacance d'emploi réservé à notre nomination ou à celle de notre ministre des finances, une liste de trois candidats pris dans le tableau d'avancement dressé d'après l'article précédent, et parmi lesquels notre ministre des finances nous désignera ou nommera directement le nouveau titulaire.

Si, dans quelque circonstance extraordinaire, il y avait lieu de faire une exception en faveur d'un candidat qui n'aurait pas été porté sur les listes d'avancement, et dont cependant les services mériteraient une récompense immédiate, cette exception devra être l'objet d'une décision spéciale et motivée de notre ministre des finances.

Art. 30. — Les candidats au surnumérariat seront soumis à un examen préalable.

Des arrêtés de notre ministre des finances, rendus sur la proposition des directeurs généraux, régleront, selon les convenances de chaque service, le programme des connaissances exigées des candidats, les conditions d'âge et d'aptitude à remplir pour être admis auxdits examens, et désigneront les personnes devant lesquelles ils devront être subis.

Le résultat de ces examens sera transmis à l'administration centrale, qui, chaque année, dressera la liste des candidats reconnus admissibles. Cette liste sera soumise à notre ministre des finances, qui l'arrêtera et fixera le nombre des candidats appelés à remplir les vacances qui surviendraient pendant le cours de l'année.

Art. 31. — Les commissions délivrées par les directeurs généraux et par le président de la commission des monnaies le seront au nom du roi et en vertu de la délégation du ministre des finances.

. . . .

Administration des contributions indirectes.

Art. 53. — Le travail de l'administration des contributions indirectes est partagé entre un bureau central et du personnel et quatre divisions.

Le bureau du personnel reste sous les ordres immédiats du directeur général.

Un administrateur est placé à la tête de chaque division.

Les attributions de chaque division ont été plusieurs fois modifiées. (Vonuaire 1869-71, p. 28, l'arrêté ministériel du 11 mai 1869.)

Art. 54. — Les traitements sont réglés ainsi qu'il suit :

Directeur général.	20,000 fr.	
Administrateurs	12,000	
Chefs de bureau. . .	1re classe.	9,000
	2e classe.	8,000
	3e classe.	7,000
	4e classe.	6,000
Sous-chefs de. . . .	1re classe.	5,000
	2e classe.	4,500
	3e classe. . . .	4,000
Rédacteurs de. . . .	1re classe.	3,500
	2e classe.	3,000
	3e classe.	2,700
Vérificateurs de. . . .	1re classe.	2,400
	2e classe.	2,200
	3e classe.	2,000
Expéditionnaires de. .	1re classe.	1,800
	2e classe.	1,600
	3e classe.	1,400
	4e classe.	1,200

Art. 55. — L'assimilation des grades avec ceux des emplois du service actif dans les départements sera établie de la manière suivante :

1° Les chefs de bureau de 1re, de 2e et de 3e classe auront le rang de directeur de département;

2° Les chefs de bureau de 4e classe et tous les sous-chefs auront le rang de directeur d'arrondissement;

3° Les rédacteurs de 1ʳᵉ et de 2ᵉ classe seront assimilés aux contrôleurs de comptabilité et aux contrôleurs ambulants ;

4° Les rédacteurs de 3ᵉ classe et les vérificateurs de 1ʳᵉ classe auront le rang de contrôleur de ville ;

5° Les vérificateurs de 2ᵉ et de 3ᵉ classe seront placés sur la ligne des receveurs ambulants ;

6° Les expéditionnaires de 1ʳᵉ et de 2ᵉ classe seront assimilés aux commis adjoints ;

7° Enfin, les expéditionnaires de 3ᵉ et de 4ᵉ classe auront le rang de commis à pied.

Les traitements du personnel de l'administration centrale, de même que l'assimilation des grades avec ceux du service des départements, ont été modifiés par plusieurs arrêtés ministériels.

Art. 56. — Nul ne pourra être appelé à l'un des emplois désignés dans l'article 54, s'il n'a été titulaire d'un emploi du grade inférieur, et s'il n'a passé au moins un an dans chaque classe de ce grade.

Il ne pourra être dérogé à cette règle qu'en vertu d'une décision spéciale du ministre, et pour récompenser des services extraordinaires et importants.

Art. 57. — Seront nommés par nous, sur la proposition de notre ministre des finances :

Le directeur de l'administration,

Les administrateurs,

Les directeurs de département.

Art. 58. — Seront nommés par notre ministre des finances sur la proposition du directeur général :

Les chefs de bureau de toutes classes de l'administration centrale,

Les directeurs d'arrondissement,

Les inspecteurs du service de surveillance,

Les receveurs principaux entreposeurs,

Les receveurs particuliers entreposeurs,

Les receveurs principaux,

Les entreposeurs,

Les contrôleurs, marqueurs et présenteurs du service de la garantie,

Les préposés en chef d'octroi.

Art. 59. — Seront nommés par le directeur général, et en vertu de la délégation de notre ministre des finances, les titulaires de tous les emplois inférieurs à ceux qui viennent d'être désignés.

ORDONNANCE DU 2 MARS 1845

(Relative à la perception du droit de navigation sur certains canaux).

Voir décret du 9 février 1867.

ORDONNANCE DU 27 NOVEMBRE 1845

Relative à l'ouverture et à la vérification des dépêches non contre-signées qui auront été refusées par des fonctionnaires à cause de la taxe.

Art. 1er. — Toute dépêche non contre-signée adressée à un fonctionnaire dénommé dans les tableaux annexés à l'ordonnance du 17 novembre 1844 sur les franchises, et qui aura été refusée à cause de la taxe, pourra être ouverte et vérifiée au bureau de poste de destination, suivant les formes prescrites par l'article 4 de ladite ordonnance, lorsque le fonctionnaire destinataire requerra l'accomplissement de ces formalités par une déclaration signée de lui, et motivée sur la présomption que le contenu de cette dépêche est relatif au service de l'Etat.

Art. 2. — Lorsque le contenu d'une dépêche ouverte en vertu de l'article précédent aura été reconnu concerner directement le service de l'état, le directeur des postes délivrera immédiatement cette dépêche en franchise, en se conformant aux dispositions de l'article 77 de l'ordonnance du 17 novembre 1844. Si le contenu ne concerne pas directement le service de l'Etat, et si le fonctionnaire destinataire persiste à refuser d'acquitter la taxe de cette dépêche, elle sera classée dans les rebuts. Si, enfin, la vérification donne lieu de reconnaître que la dépêche est, en tout ou en partie, étrangère au service de l'Etat, les pièces relatives au service seront seules délivrées en franchise; les autres seront comprises dans les rebuts, à moins que le destinataire ne consente à en acquitter le port.

Dans tous les cas, le résultat des opérations d'ouverture et de vérification de la dépêche non contre-signée sera constaté par un procès-verbal dressé par le directeur des postes, et signé par ce préposé et le fonctionnaire destinataire ou son délégué.

Art. 3. — Les pièces et autres objets étrangers au service trouvés dans les dépêches ouvertes en vertu des articles précédents ne seront passibles que de la taxe ordinaire.

ORDONNANCE DU 19 JANVIER 1846

Concernant la taxe allouée aux gendarmes pour la capture des délinquants insolvables condamnés à des amendes, restitutions, dommages-intérêts et frais, en matière criminelle, correctionnelle et de police.

Art. 1er. — La capture des délinquants insolvables condamnés à des amendes, restitutions, dommages-intérêts et frais, en matière criminelle, correctionnelle et de police, ne donne droit, aux gendarmes qui l'ont opérée qu'à la taxe fixée par le n° 1 de l'article 6 du décret du 7 avril 1813 (1).

---

(1) 5 francs à Paris, 4 francs dans les villes de 40,000 âmes et au-dessus, 3 francs dans les autres villes ou communes.

ORDONNANCE DU 26 FÉVRIER 1846

Qui réduit à 5 centimes par kilogramme le droit sur les sels destinés à l'alimentation des bestiaux.

Abrogée par le décret du 8 novembre 1869.

ORDONNANCE DU 4 MAI 1846

Relative au dénombrement de la population du royaume.

Art. 1er. — Il sera procédé au dénombrement de la population du royaume, par le soin des maires, dans le cours de la présente année.

Art. 2. — Ne compteront pas dans le chiffre de la population servant de base à l'assiette des impôts ou à l'application des lois sur l'organisation municipale, les catégories suivantes :

Corps de troupes de terre et de mer;
Maisons centrales de force et de correction;
Maisons d'éducation correctionnelle et colonies agricoles pour les jeunes détenus;
Prisons départementales;
Bagnes;
Dépôts de mendicité;
Asiles d'aliénés;
Hospices;
Colléges royaux et communaux;
Ecoles spéciales;
Séminaires;
Maisons d'éducation et écoles avec pensionnats;
Communautés religieuses;
Réfugiés à la solde de l'État;
Marins du commerce absents pour les voyages de long cours.

LOI DU 10 MAI 1846

Relative à la perception des droits d'octroi sur les bestiaux.

Art. 1er. — A partir du 1er janvier 1847, les droits d'octroi sur les bestiaux de toute espèce seront établis à raison du poids des animaux et perçus au kilogramme.

Néanmoins, ces mêmes droits pourront continuer à être fixés par tête pour les octrois où la taxe sur les bœufs n'excédera pas 8 francs.

Art. 2. — La conversion du droit par tête en droit au poids ne devra donner lieu à aucune augmentation du produit actuellement perçu.

Cette disposition sera applicable aux communes qui auront opéré la transformation et augmenté leurs tarifs avant la promulgation de la présente loi.

Art. 3. — A l'égard des villes ou bourgs dont les octrois sont affermés, la conversion de la taxe par tête en taxe au poids ne pourra avoir lieu avant l'expiration des baux qu'avec le consentement du fermier de l'octroi.

Art. 4. — A dater de la promulgation de la présente loi, aucune adjudication d'octroi n'aura lieu, sauf l'exception établie par le deuxième paragraphe de l'article 1ᵉʳ, que sur un tarif par lequel les bestiaux seront imposés au poids.

Art. 5. — La viande dite *à la main* ou par quartiers ne pourra pas être soumise, à l'entrée dans les villes, à un droit supérieur aux droits d'abattoirs et d'octroi sur les bestiaux de toute espèce.

Art. 6. — Un tableau, présentant le produit total des octrois par chapitres de perception et par communes, sera annexé annuellement aux comptes généraux du ministère de l'intérieur.

Il comprendra : 1° le nombre et les quantités de chaque espèce de bestiaux ayant acquitté le droit d'octroi ; 2° le montant du produit des droits perçus sur chaque espèce de viande ; 3° le prix de vente aux consommateurs.

LOI DU 31 MAI 1846

Relative à la perception de l'impôt sur les sucres indigènes (1).

TITRE Iᵉʳ. — Des sucres cristallisables.

Articles 1 et 2. — Ces articles, qui prescrivaient pour la classification des sucres et la perception de la taxe, la formation de trois types ont été abrogés par le décret du 27 mars 1852 et le règlement du 1ᵉʳ septembre 1852.

Art. 3. — Nul ne pourra fabriquer du sucre, préparer ou concentrer des jus ou sirops cristallisables, qu'après avoir fait, au bureau de la régie des contributions indirectes, une déclaration présentant la description de la fabrique et indiquant le nombre et la capacité des vaisseaux de toute espèce destinés à contenir des jus, sucres, sirops, mélasses et autres matières saccharines.

Voir, quant aux autres énonciations que doit contenir la déclaration, l'article 4 du règlement de 1852.

Art. 4. — Tout fabricant de sucre sera tenu, avant de commencer ses travaux, de se munir d'une licence qui ne sera valable que pour un seul établissement, et pour l'année dans laquelle elle aura été délivrée.

Le prix de la licence, fixé à 50 francs en principal, sera exigible en entier, à quelque époque de l'année que soit faite la déclaration.

Art. 5. — Les principales opérations de la fabrication seront consignées sur des registres que devra remplir le fabricant, dans

---

(1) Voir Ann. 1846-1847, p. 136 et suivantes, l'analyse de la discussion de cette loi.

la forme qui sera déterminée par un règlement d'administration publique.

Art. 6. — Les fabricants sont soumis aux visites et vérifications des employés de la régie des contributions indirectes, conformément aux articles 235 et 236 de la loi du 28 avril 1816, et tenus de leur ouvrir, à toute réquisition, leurs fabriques, ateliers, magasins, greniers, maisons, caves et celliers, et tous autres bâtiments enclavés dans la même enceinte que la fabrique ou y attenant, ainsi que de leur représenter les sucres, sirops, mélasses et autres matières saccharifères qu'ils auront en leur possession.

Art. 7. — Les employés tiendront, pour chaque fabrique, un compte des produits de la fabrication, tant en jus et sirops qu'en sucres achevés ou imparfaits.

Les charges en seront calculées, au minimum, sur la quantité et la densité des jus soumis à la défécation, à raison de quatorze cents grammes de sucre au premier type pour cent litres de jus et par chaque degré du densimètre au-dessus de cent (densité de l'eau), reconnus avant la défécation à la température de quinze degrés centigrades : les fractions au-dessous d'un dixième de degré seront négligées.

Le volume du jus soumis à la défécation sera évalué d'après la contenance des chaudières, déduction faite de 10 p. 0/0.

Art. 8. — Il sera fait, avant la reprise et après la cessation des travaux de chaque campagne, ainsi qu'à la fin des défécations, un inventaire général des produits de la fabrication.

Les quantités de sucre excédant le résultat de la balance du compte seront ajoutées aux charges ; *le droit sera dû sur les quantités manquantes.*

Voir le décret du 7 janvier 1860 qui autorise le ministre des finances à faire remise des droits sur les manquants.

Art. 9. — Relatif au recensement des sucres achevés.—Remplacé par l'article 19 du règlement de 1852.

Art. 10. — Il ne pourra être introduit de sucres indigènes ou exotiques, de sucres imparfaits, sirops ou mélasses, dans les fabriques.

Les résidus des établissements, après cessation complète de l'exploitation, sont seuls exceptés.

Néanmoins, le fabricant raffineur pourra recevoir des sucres indigènes ou exotiques achevés et libérés d'impôt, quand sa fabrication de l'année sera terminée, et après l'enlèvement de tous les sucres et de tous les bas produits existant dans la fabrique.

La fabrication de l'année suivante ne pourra être reprise qu'après enlèvement de tous les produits de la raffinerie.

Des dérogations au 3e paragraphe de cet article ont été apportées par les articles 22 et 25 du règlement de 1852, et par l'article 2 du décret du 17 avril 1858.

Art. 11. — Les sucres imparfaits, sirops et mélasses, ne pourront être enlevés d'une fabrique que dans le cas prévu par le deuxième paragraphe de l'article précédent.

Néanmoins, l'enlèvement des mélasses épuisées à destination des distilleries continuera d'être autorisé, même lorsqu'il n'y aura pas cessation des travaux de la fabrique.

Voir art. 23 et 24 du règlement de 1852.

Art. 12. — (Contestations relatives à la qualité et à la richesse des matières sucres.) — Remplacé par l'article 4 du décret du 27 mars 1852.

Art. 13. — (Suspension du payement du droit sur les sucres achevés.) — Abrogé par l'article 44 du règlement de 1852.

Art. 14. — Seront saisis tous les sucres, sirops et mélasses recélés dans la fabrique ou ses dépendances, ainsi que ceux appartenant aux fabricants qui seraient trouvés dans des magasins ou dépôts non déclarés, soit dans la commune où est située la fabrique, soit dans les communes limitrophes.

Art. 15. — Les sucres indigènes ou exotiques, libérés ou non libérés d'impôt, les jus, les sirops et les mélasses, seront accompagnés, à la circulation, d'un acquit-à-caution dans l'étendue de tout arrondissement où il existera une fabrique de sucre, et dans les cantons limitrophes de cet arrondissement.

Les cantons composés de fractions d'une même ville seront, ainsi que les parties rurales qui en dépendent, considérés comme ne formant qu'un seul canton.

Toutefois, le transport des quantités de sucre de toute nature, de 20 à 50 kilogrammes, enlevé chez les marchands en détail, pourra être effectué avec un simple laissez-passer.

Au-dessous de 20 kilogrammes, les quantités qui ne seront enlevées ni des fabriques ni des magasins d'un fabricant pourront circuler sans expédition.

Le 3e paragraphe de cet article a été remplacé par le 2e paragraphe de l'article 37 du règlement de 1852.

Art. 16. — Abrogé par l'article 6 du décret du 27 mars 1852.

Art. 17. — La circulation des sucres de toute espèce, et quelle qu'en soit l'origine, demeurera affranchie de toute formalité dans l'intérieur des villes assujetties à un droit sur les boissons au profit du Trésor, perçu à l'effectif aux entrées, et dans lesquelles il n'y aura pas de fabrique de sucre, sans préjudice des obligations imposées à la circulation dans le rayon des douanes.

Art. 18. — Les voituriers, bateliers et tous autres qui conduiront des chargements de sucres seront tenus d'exhiber, sur tous les points soumis à la surveillance, conformément aux articles précédents, et à l'instant même de la réquisition des employés des contributions indirectes, des douanes ou des octrois, les expéditions de la régie dont ils devront être porteurs.

Art. 19. — Tout ce qui concerne les acquits-à-caution délivrés pour le transport des sucres, sirops et mélasses, sera réglé suivant les dispositions de la loi du 22 août 1791.

Toutefois, la peine encourue en cas de non rapport du certificat de décharge d'un acquit-à-caution ne sera que du simple droit, à titre d'amende, au lieu du double, lorsque déjà un droit aura été payé par l'expéditeur ou constaté à son compte.

Le coût de chaque acquit-à-caution sera de 25 *centimes* (1), timbre compris.

Art. 20. — Dans le cas où les colis de sucre devront être plombés, l'expéditeur remboursera les frais de cette opération, au taux qui sera déterminé par le ministre des finances.

Art. 21. — Il sera établi des entrepôts réels pour les sucres dans les villes de Paris et de Lille.

Les frais de perception et de surveillance de ces entrepôts sont à la charge de l'Etat, conformément à l'article 11 de la loi du 10 août 1839.

Il pourra en être établi dans toutes les villes qui en feront la demande, en prenant l'engagement de pourvoir à tous les frais, conformément à l'article 10 de la loi du 27 février 1832.

Voir article 42 du règlement du 1er septembre 1852.

TITRE II. — Des glucoses.

Art. 22. — Les fabricants de glucoses sont soumis aux obligations imposées aux fabricants de sucres de betteraves par les articles 3, 4, 5, 6, 13 et 14 de la présente loi.

Sont compris sous la dénomination de glucoses, et assujettis au droit *de 2 francs par* 100 *kilogrammes fixé par la loi du 2 juillet* 1843 (2), tous les produits saccharins non cristallisables, quelle que soit la matière première dont ils seront extraits, lorsque ces produits seront concentrés à 25 degrés, ou exportés hors de la fabrique où ils ont été confectionnés.

Voir ordonnance du 29 août 1846, art. 30 et suivants et l'article 44 du règlement de 1852.

Art. 23. — Les dispositions des articles 15, 17, 18, 19 et 20 de la présente loi, concernant la surveillance à la circulation des sucres cristallisables, sont applicables aux glucoses granulées.

Pour les glucoses à l'état de sirop ou à l'état concret, cette surveillance ne s'exercera que dans un rayon de mille mètres autour de la fabrique.

TITRE III. — Dispositions générales.

Art. 24. — Cet article, qui accordait une bonification de 2 0/0 du poids net des quantités enlevées ou reconnues manquantes, a été abrogé par l'article 44 du règlement de 1852, et remplacé par l'article 36 dudit règlement.

Art. 25. — Pour la pesée des sucres et des glucoses, lors des exercices, recensements et inventaires, ainsi que pour la vérification des chargements au départ ou à l'arrivée, les fabricants, les expéditeurs et les destinataires seront obligés de fournir les ouvriers, de même que les poids, balances et autres ustensiles nécessaires à l'effet d'opérer la pesée et de reconnaître la nuance des sucres.

Les fabricants seront tenus également de fournir, sur la demande

---

(1) 50 centimes (art. 1er de la loi du 31 décembre 1873).
(2) Voir, à cette loi, l'annotation de l'article 4.

des employés, les ouvriers, l'eau, les vases et ustensiles nécessaires pour vérifier, au moyen de l'empotement, la contenance des
vaisseaux par eux déclarés.

Art. 26. — Toute infraction aux dispositions de la présente loi
sera punie d'une amende de 100 *francs à* 1,000 *francs*, et de la
confiscation des sucres, glucoses, sirops et mélasses fabriqués, recelés, enlevés ou transportés en fraude.

En cas de récidive, l'amende *pourra être portée au double*.

Les infractions aux lois et règlements concernant la perception des droits sur
les sucres sont punies d'une amende de 1,000 à 5,000 francs.
En cas de récidive, l'amende peut être portée à 10,000 francs. — (Art. 3 de la
loi du 30 décembre 1873).

Art. 27. — Les contraventions aux lois et règlements concernant la perception des droits imposés sur le sucre et sur la glucose
seront constatées et poursuivies dans les formes propres à l'administration des contributions indirectes.

Le produit net des amendes et confiscations prononcées par suite
desdites contraventions sera réparti conformément à l'article 126
de la loi du 25 mars 1817.

Art. 28. — Il sera pourvu, par des règlements d'administration
publique, aux mesures nécessaires pour garantir l'uniformité et la
conservation des types, pour déterminer les obligations des fabricants, les conditions de l'exercice dans les fabriques, les formalités à l'enlèvement et à la circulation des sucres, le payement des
droits, enfin, pour assurer le recouvrement de l'impôt sur les sucres cristallisables et non cristallisables, et l'entière exécution de
la présente loi.

Les contraventions aux prescriptions des règlements à intervenir
sont punies conformément *à l'article 26 de la présente loi*.

Pendant les trois mois qui suivront la promulgation de la présente loi, les ordonnances des 16 août 1842, 7 août 1843 et 14 août
1845 demeureront en vigueur dans tout ce qui n'est pas contraire
aux dispositions précédentes.

Les contraventions aux prescriptions desdites ordonnances seront punies conformément à l'article 26 ci-dessus.

LOI DU 3 JUILLET 1846

Portant fixation du budget des recettes de l'exercice 1847.

Art. 11. — La fabrication des cidres et des poirées sera soumise
à l'exercice dans l'intérieur de Paris. Les droits dus pour le Trésor
et pour l'octroi seront perçus sur les quantités fabriquées.

À l'époque où la perception sera établie par exercice, les fruits
verts cesseront d'être soumis au payement des droits à l'introduction.

Les obligations des fabricants de cidres et de poirés seront fixées par une ordonnance royale rendue dans la forme des règlements d'administration publique (1).

Toute contravention aux prescriptions de ladite ordonnance sera punie conformément à l'article 129 de la loi du 28 avril 1816 pour ce qui concerne les droits du Trésor, et conformément à l'article 8 de la loi du 29 mars 1832, pour ce qui concerne les droits d'octroi.

. . . .

ORDONNANCE DU 29 AOUT 1846

Concernant la perception de l'impôt sur les sucres.

TITRE Ier. — Sucres cristallisables.

Voir le règlement du 1er septembre 1852.

TITRE II. — Glucoses et autres sucres non cristallisables.

Art. 30. — Trois jours au moins avant l'ouverture des travaux, les fabricants de glucose déclareront au bureau de la régie :

1° La nature des produits, tant en fécules qu'en glucoses, qu'ils voudront fabriquer ;

2° Le degré des sirops à l'aréomètre de Baumé ;

3° Les heures de travail pour chaque jour de la semaine.

Tout changement dans le régime de la fabrique, en ce qui concerne les jours et les heures de travail et la nature des produits sera précédé d'une nouvelle déclaration.

Lorsque le fabricant voudra suspendre ou cesser les travaux de sa fabrique, il devra également le déclarer. Il sera tenu de faire une nouvelle déclaration trois jours au moins avant la reprise des travaux.

Art. 31. — Aucune introduction de fécule sèche ou verte, ou de toute autre matière saccharifère, de glucose ou de sucre, ne pourra avoir lieu dans les fabriques de glucoses, qu'après que le fabricant en aura fait la déclaration au bureau de la régie, quatre heures au moins d'avance dans les villes, et huit heures dans les campagnes.

Cette déclaration énoncera le poids et l'espèce des matières à introduire, lesquelles seront, après vérification, prises en charge par les employés.

Les quantités introduites sans déclaration seront saisies.

Art. 32. — Les fabricants tiendront un registre à colonnes, imprimé sur papier libre, coté et paraphé par le directeur des contributions indirectes de l'arrondissement, et que leur fournira gratuitement l'administration. Ils y indiqueront chaque jour, au fur et à mesure que les opérations auront lieu, et sans interruption ni lacune :

(1) Voir cette ordonnance, qui porte la date du 18 juillet 1847.

1° Le numéro des cuves ou chaudières dans lesquelles se fera la décomposition ou saccharification, l'heure où l'on commencera et celle où l'on cessera d'y verser la fécule, enfin les quantités de fécules décomposées ;

2° L'heure à laquelle le sirop concentré sera mis dans les tonneaux ou autres vases destinés à le recevoir, le nombre de vaisseaux qui auront été remplis, et les quantités de sirop provenant de chaque cuite.

Art. 33. — Il sera tenu par les préposés, pour chaque fabrique, un compte des fécules introduites et fabriquées, ainsi qu'un compte général des sirops et glucoses à l'état concret ou granulé provenant de la fabrication ou de l'extérieur.

Art. 34. — Quels que soient les procédés et les produits de la fabrication, le compte général du fabricant sera chargé, *au minimum*, de cent kilogrammes de glucose, soit granulée, soit à l'état concret ou en sirop à 40 degrés, par cent kilogrammes de fécule de pommes de terre sèche, ou par cent cinquante kilogrammes de même fécule verte, employés ou manquants.

Art. 35. — Pour les fabriques de sucre non cristallisable qui n'emploient pas la fécule de pommes de terre comme matière première, le rendement, *au minimum*, sera déterminé par une évaluation faite de gré à gré entre la régie et le fabricant.

Art. 36. — Les employés vérifieront et prendront en compte, à chaque exercice, le volume et le poids des sirops qui auront été versés dans les tonneaux ou autres vaisseaux depuis l'exercice précédent ; ils marqueront lesdits vaisseaux au moment de la prise en charge.

Il sera accordé une tolérance de 5 p. 0/0 pour déchet de coulage ou d'évaporation.

En cas de soustraction de tout ou partie des sirops pris en compte, la contravention sera constatée par un procès-verbal.

Art. 37. — Tout fabricant qui voudra remettre en fabrication des sirops ou glucoses pris en charge sera tenu, pour éviter tout double emploi, de faire la veille, aux employés exerçants, une déclaration dans laquelle il indiquera, pour toute la journée du lendemain :

1° La quantité et le degré des sirops ou glucoses qu'il devra refondre.

2° Les vaisseaux dans lesquels ils seront contenus.

Il sera procédé à la refonte des sirops ou glucoses en présence des employés, qui en constateront le poids et en donneront décharge au compte.

Les produits de la refonte seront pris en charge conformément à l'article précédent.

Art. 38. — L'administration pourra accorder un dégrèvement sur la prise en charge, toutes les fois qu'il résultera d'accidents constatés dans la forme déterminée par l'article 18 ci-dessus qu'il y a eu perte matérielle de fécule, de sirop ou de glucose.

TITRE III. — Dispositions générales.

Art. 39. — Conformément aux articles 26 et 28 de la loi du 31 mai 1846, toute infraction aux dispositions du présent règlement sera punie d'une amende *de* 100 *à* 1,000 *francs* et de la confiscation des sucres, glucoses, sirops et mélasses fabriqués, recélés, enlevés ou transportés en fraude.

En cas de récidive, l'amende pourra être portée *au double*.

Voir l'annotation de l'art. 26 de la loi du 31 mai 1846.

Art. 40. — Les dispositions qui précèdent seront appliquées à partir du 1er septembre prochain, époque à laquelle doivent cesser d'être en vigueur, aux termes de l'article 28 de la loi du 31 mai 1846, les ordonnances des 16 août 1842, 7 août 1843 et 14 août 1845.

EXTRAIT DE L'ORDONNANCE DU 15 NOVEMBRE 1846

Portant règlement sur la police, la sûreté et l'exploitation des chemins de fer.

TITRE II. — Du matériel employé à l'exploitation.

Art. 13. — Aucune voiture pour les voyageurs ne sera mise en service sans une autorisation du préfet, donnée sur le rapport d'une commission constatant que la voiture satisfait aux conditions de l'article précédent (1).

L'autorisation de mise en service n'aura d'effet qu'après que l'estampille, prescrite pour les voitures publiques par l'article 117 de la loi du 25 mars 1817, aura été délivrée par le directeur des contributions indirectes.

Art. 15. — Les locomotives, tenders et voitures de toute espèce, devront porter : 1° le nom ou les initiales du nom du chemin de fer auquel ils appartiennent; 2° un numéro d'ordre. Les voitures de voyageurs porteront, en outre, l'estampille délivrée par l'administration des contributions indirectes. Ces diverses indications seront placées d'une manière apparente sur la caisse ou sur les côtés des châssis.

TITRE VII. — Des mesures concernant les voyageurs et les personnes étrangères au service du chemin de fer

Art. 61. — Il est défendu à toute personne étrangère au service du chemin de fer:

1° De s'introduire dans l'enceinte du chemin de fer, d'y circuler ou stationner;

---

(1) Pour les dimensions et la solidité des voitures, ainsi que pour les précautions nécessaires à la commodité des voyageurs.

2° D'y jeter ou déposer aucuns matériaux ni objets quelconques ;

3° D'y introduire des chevaux, bestiaux ou animaux d'aucune espèce ;

4° D'y faire circuler ou stationner aucunes voitures, wagons ou machines étrangères au service ;

Art. 62. — Sont exceptés de la défense portée au premier paragraphe de l'article précédent, les maires et adjoints, les commissaires de police, les officiers de gendarmerie, les gendarmes et autres agents de la force publique, les préposés aux douanes, aux contributions indirectes et aux octrois, les gardes champêtres et forestiers dans l'exercice de leurs fonctions, et revêtus de leurs uniformes ou de leurs insignes.

Dans tous les cas, les fonctionnaires et les agents désignés au paragraphe précédent seront tenus de se conformer aux mesures spéciales de précaution qui auront été déterminées par le ministre, la compagnie entendue.

ORDONNANCE DU 23 DÉCEMBRE 1846

Qui prescrit l'emploi, au bureau de garantie de Paris, pour la marque des ouvrages d'or, de nouveaux poinçons de petite garantie, de remarque et de contre-marque.

Art. 1er. — A dater du 1er janvier prochain, seront mis en usage, au bureau de garantie de Paris, pour la marque des ouvrages d'or, le poinçon de petite garantie, celui de remarque et les deux petites bigornes de contre-marque dont le tableau est publié avec la présente ordonnance, et dont les dessins resteront annexés à la minute.

Art. 2. — Les ouvrages d'or existant dans le commerce, et marqués des poinçons actuels, pourront être apportés au bureau pour y recevoir, sans frais, les nouvelles empreintes.

TABLEAU des poinçons de petite garantie d'or, de remarque et de contre-marque du bureau de Paris, qui ont été retouchés, et dont l'emploi est prescrit par l'ordonnance royale du 23 décembre 1846.

DÉSIGNATIONS.	TYPES.	FORMES.
Petite garantie, or, Paris..........	Tête d'aigle.	Découpée.
Remarque pour les chaînes d'or, Paris	Tête de rhinocéros. }	*Idem.*
Bigornes de contre-mar- { moyenne.	Insectes enlacés vus de profil.	
que, Paris.......... (petite....	Autres familles d'insectes.	

ORDONNANCE DU 18 JUILLET 1847

Relative à la fabrication des cidres et poirés dans l'intérieur de Paris (1).

Art. 1er. — A partir du 15 août prochain, les fabricants de cidre ou de poiré, établis dans l'intérieur de la ville de Paris, seront tenus de faire par écrit, au bureau de la régie des constributions indirectes, la déclaration de leur profession.

Cette déclaration comprendra la description des locaux, ateliers, magasins et autres dépendances de l'établissement, ainsi que le nombre des pressoirs et la capacité des cuves, des tonneaux et autres vaisseaux de toute espèce destinés à contenir des cidres ou des poirés.

A l'extérieur du bâtiment principal seront inscrits les mots : *Fabrique de cidre et de poiré.*

Art. 2. — Les contenances des vaisseaux déclarés seront vérifiées par le jaugeage métrique ; s'il y a constestation, elles le seront par empotement, et les fabricants fourniront les ouvriers, l'eau, et les vases nécessaires pour procéder à l'opération.

Chaque vaisseau portera un numéro d'ordre, et sa contenance sera indiquée à la rouanne.

Art. 3. — Il est défendu de changer, modifier ou altérer la contenance des vaisseaux jaugés ou épalés, ou d'en établir de nouveaux sans en avoir fait la déclaration, par écrit, au bureau de la régie, vingt-quatre heures à l'avance.

Le fabricant ne pourra faire usage desdits vaisseaux qu'après que leur contenance aura été vérifiée, conformément à l'article précédent.

Art. 4. — Tout fabricant de cidre ou de poiré sera tenu, dans les deux heures de l'introduction à domicile des fruits destinés à la fabrication, de faire au même bureau la déclaration des quantités et espèces reçues.

Art. 5. — Chaque fabrication sera précédée d'une déclaration faite au moins quatre heures d'avance, au bureau de la régie, et énonçant :

1° La nature et la quantité des fruits à employer;

2° Le numéro et la désignation des vaisseaux dont il sera fait usage ;

3° L'heure à laquelle commencera le pressurage ;

4° L'heure de l'entonnement du produit de la fabrication;

Jusqu'à ladite heure, cette partie de la déclaration pourra être modifiée ;

Dans aucun cas l'entonnement ne pourra avoir lieu que de jour;

L'ampliation de la déclaration sera représentée à toute réquisition des employés, pendant la durée de la fabrication.

Art. 6. — Les fabricants sont soumis aux visites et vérifications

---

(1) Voir l'article 11 de la loi du 3 juillet 1846.

des employés et tenus de leur ouvrir, à toute réquisition, leurs fabriques, magasins, maisons, caves et celliers, et tous autres bâtiments enclavés dans la même enceinte que la fabrique, ainsi que de leur représenter les fruits, cidres et poirés qu'ils auron en leur possession.

Art. 7.—Les fabricants seront tenus d'ouvrir leurs établissement aux employés, même la nuit, pendant toute la durée de la fabrication.

Art. 8.—Deux comptes seront ouverts au registre-portatif des employés, l'un pour les fruits, l'autre pour les cidres ou les poirés.

Le produit de chaque fabrication sera constaté et pris en charge à l'entonnement; mais dans aucun cas, les quantités à soumettre au droit ne pourront être inférieures à deux hectolitres de cidre ou de poiré pour cinq hectolitres de fruits.

Art. 9.—Le compte de la fabrication sera arrêté chaque mois, et les quantités fabriquées seront immédiatement soumises aux droits d'entrée et d'octroi, dont le payement sera poursuivi par voie d'avertissement et de contrainte, s'il y a lieu.

Art. 10.—Tout manquant dans les quantités de fruits déclarées et prises en charge donnera ouverture au payement des droits dans la proportion déterminée par l'article 8, sauf le cas de perte dûment constatée.

Art. 11.—Conformément à l'article 11 de la loi du 3 juillet 1846, toute contravention aux dispositions du présent règlement sera punie d'une amende de 200 à 600 francs pour ce qui concerne les droits du Trésor, et d'une amende de 100 à 200 francs pour ce qui concerne les droits d'octroi.

Seront saisis et confisqués les fruits, cidres et poirés trouvés en fraude, ainsi que les pressoirs et ustensiles non déclarés, et servant à la fabrication.

Art. 12.—Dans les trois jours qui précéderont la mise à exécution de la présente ordonnance, les fabricants déclareront les quantités de fruits, de cidre ou de poiré qu'ils auront en leur possession. L'inventaire en sera fait par les employés des contributions indirectes, et les quantités reconnues seront suivies en compte pour mémoire.

Art. 13.—Tout individu qui ne fabrique du cidre ou du poiré que pour sa consommation particulière, ou tout chef de maison d'éducation ou d'un établissement public quelconque, qui ne se livre à cette fabrication que pour la consommation de son établissement, est tenu, dans les deux heures de l'introduction des fruits destinés à la fabrication, de faire au bureau de la régie la déclaration par écrit des quantités et des espèces reçues.

La fabrication ne pourra commencer que six heures seulement après la déclaration, lorsque ladite déclaration aura été faite avant midi.

Si la déclaration n'est faite qu'après midi, la fabrication ne pourra commencer que le lendemain au plus tôt à dix heures.

Le droit sera perçu à raison de deux hectolitres de cidre ou de poiré pour cinq hectolitres de fruits.

Il est interdit aux personnes désignées dans le présent article de vendre aucun des produits de leur fabrication.

Les contraventions à ces dispositions seront punies des peines portées en l'article 11.

Art. 14.— Notre ministre secrétaire d'État au département des finances est chargé de l'exécution de la présente ordonnance, qui sera insérée au *Bulletin des lois*.

LOI DU 8 AOUT 1847

Portant fixation du budget des recettes de l'exercice 1848.

Art. 7. — Les droits sur le sel, lorsque la somme à payer excédera 600 francs, pourront être acquittés en obligations cautionnées, moitié à trois mois, moitié à six mois (1).

. . . .

Art. 14. — Les cautionnements des agents comptables dont la quotité n'est pas déterminée par une loi seront fixés par une ordonnance rendue sur le rapport du ministre compétent, de concert avec le ministre des finances.

. . . .

DÉCRET DU 9 MARS 1848

Ce décret, qui suspendait l'exercice de la contrainte par corps, a été abrogé par la loi du 13 décembre 1848.

Voir la loi du 22 juillet 1867.

DÉCRET DU 13 MARS 1848

Relatif au cumul des pensions avec un traitement d'activité.

Nul ne pourra désormais jouir simultanément d'un traitement d'activité et d'une pension de retroite, servis l'un et l'autre, soit par les fonds de l'État ou des communes, soit par les fonds de retenue.

Le cumul continuera à avoir lieu, dans tous les cas, *jusqu'à concurrence de* 700 *francs*.

Voir l'art. 28 de la loi du 9 juin 1853.

---

(1) Voir l'arrêté ministériel du 22 septembre 1860 qui fixe à 3 p. 0/0 l'escompte accordé en cas de payement au comptant des droits excédant 600 fr.

DÉCRET DU 31 MARS 1848 (1).

Portant suppression des exercices dans les débits de boissons.

Art. 1er. — A partir du 15 avril prochain, sera supprimée la perception des droits de circulation et de détail sur les vins, cidres, poirés et hydromels, ainsi que celle du droit de détail sur les alcools, esprits et liqueurs.

En conséquence, les exercices cesseront d'avoir lieu dans le débit de boissons.

Art. 2. — A la même époque, il sera perçu en remplacement et conformément au tarif ci-annexé, un droit général de consommation sur les vins, cidres, poirés et hydromels, ainsi que sur l'alcool pur contenu dans les eaux-de-vie, esprits et liqueurs à destination, tant des débitants que des consommateurs.

Art. 3. — Les liqueurs en cercles ou en bouteilles seront imposées comme alcool pur, à raison de *trente-cinq pour cent* de leur volume.

Art. 4. — Le droit de consommation sera payable à l'enlèvement des boissons ou à leur arrivée à destination.

Dans le premier cas, le déclarant sera tenu de se munir d'un congé, et, dans le deuxième, d'un acquit-à-caution.

Art. 5. — Toutes les formalités à la circulation des boissons actuellement existantes sont maintenues pour assurer la perception du droit de consommation.

Art. 6. — A l'avenir, la fraude en matière de boissons sera assimilée au vol et passible des mêmes peines.

Art. 7. — Les propriétaires qui voudront vendre en détail les boissons provenant de leur récolte seront tenus d'en faire préalablement la déclaration au bureau de la régie, et de faire connaître les quantités qu'ils auront en leur possession.

Ces boissons seront inventoriées, et il sera procédé à des récolements pour constater les quantités vendues et les soumettre aux droits généraux de consommation.

Il sera fait sur les quantités vendues une déduction de *cinq pour cent* pour consommation de famille, ouillage et coulage.

Art. 8. — Dans les communes ayant un octroi dont la perception est faite aux entrées, le conseil municipal pourra demander que les formalités à la circulation soient supprimées dans l'intérieur, et que la perception des droits d'entrée et de consommation soit faite cumulativement aux entrées avec celles de l'octroi.

Dans ce cas, les débitants de boissons qui réclament l'entrepôt seront soumis aux mêmes visites et vérifications que les marchands en gros.

Art. 9. — Les débitants de boissons qui voudraient n'acquitter le

(1) Ce décret a été abrogé par le décret du 22 juin 1848. Il est reproduit ici comme document présentant un intérêt historique.

droit de consommation qu'après la vente pourront obtenir l'entrepôt.

Dans ce cas, il sera tenu par les employés un compte d'ordre d'entrées et de sorties dont la balance, lors des recensements et inventaires, fera connaître les quantités à soumettre aux droits.

Il sera fait déduction sur ces quantités de *trois pour cent* de consommation de famille.

Art. 10.—Sont abrogées toutes dispositions des lois, ordonnances et règlements antérieurs contraires à celles du présent décret.

Art. 11.—Au moment où sera mise en vigueur la perception du nouveau droit général de consommation, les comptes des marchands en gros, débitants, bouilleurs, distillateurs, liquoristes et entrepositaires, seront réglés et arrêtés, et les droits dus seront acquittés d'après les tarifs actuels.

Les quantités restantes seront assujetties immédiatement aux droits généraux de consommation, à moins que le redevable ne réclame l'entrepôt.

Art. 12.—Le ministre des finances est chargé de l'exécution du présent décret, qui sera inséré au *Bulletin des lois.*

Fait en conseil du gouvernement, le 31 mars 1848.

Les membres du gouvernement provisoire,

Signé : DUPONT (de l'Eure), LAMARTINE, ARAGO, FLOCON, LEDRU-ROLLIN, GARNIER-PAGÈS, ARMAND MARRAST, LOUIS BLANC, ALBERT, AD. CRÉMIEUX, MARIE.

Le secrétaire général du gouvernement provisoire,

Signé : PAGNERRE.

ARRÊTÉ MINISTÉRIEL DU 6 JUIN 1848

Qui règle la quotité de la remise des receveurs des douanes sur les crédits.

Art. 1er. — La remise que les receveurs des douanes sont autorisés à exiger des redevables auxquels ils accordent le crédit, reste fixée à 1/3 p. 0/0.

Art. 2. — A dater du 1er janvier 1849, le produit de cette remise ne sera alloué auxdits receveurs que dans la proportion suivante :

Sur les deux premiers millions.....	1/3 p. 0/0.
De 2,000,000 à 4,000,000.........	1/4 p. 0/0.
De 4,000,000 à 5,000,000.........	1/5 p. 0/0.
De 5,000,000 à 6,000,000.........	1/6 p. 0/0.
De 6,000,000 à 11,000,000.........	1/10 p. 0/0.
Au-dessus de.. 11,000,000.........	1/20 p. 0/0.

Art. 3. — L'excédant de produit sera attribué au Trésor pour le couvrir, au besoin, des non-valeurs qui, en définitive, pourraient

rester à sa charge. Il en sera fait article dans les comptes à titre de recette accidentelle.

Art. 4. — Le directeur de l'administration des douanes est chargé de l'exécution du présent arrêté.

DÉCRET DU 22 JUIN 1848

Relatif au droit sur les boissons.

Art. 1er. — Le décret du 31 mars, relatif au droit sur les boissons, est abrogé à partir du 10 juillet 1848.

Art. 2. — Pour faciliter la perception de l'impôt sur les boissons, conformément aux lois en vigueur avant le 31 mars 1848, l'abonnement sera accordé à tous les débitants qui en feront la demande.

L'abonnement aura pour base, en 1848, les produits de 1847, atténués d'un dixième.

Art. 3. — A l'égard des débitants nouveaux qui se seraient établis postérieurement au 1er janvier 1848, ou qui s'établiront à l'avenir, l'abonnement sera fait, soit de gré à gré avec la régie, soit dans la forme indiquée par l'article 70 de la loi du 28 avril 1816, en prenant en considération toutes les circonstances qui peuvent influer sur le débit de l'année.

Art. 4. — A dater de la promulgation du présent décret dans les lieux où les perceptions seraient interrompues, le gouvernement fera appliquer d'office, et pour tous les droits non perçus, l'abonnement général autorisé par l'article 73 de la loi du 28 avril 1816, pendant toute la durée de l'interruption.

A défaut de vote spécial et immédiat, le remplacement s'opérera, dans chaque commune, au moyen de centimes additionnels au principal des quatre contributions directes.

Dans ce cas, les communes seront autorisées à recouvrer par voie d'abonnement forcé, sur les débitants, les sommes qu'elles auront été contraintes de verser au Trésor pour leur compte.

LOI DU 8 DÉCEMBRE 1848

Art. 13. — A partir du 1er janvier 1849, la Cour des comptes recevra chaque mois les comptes des comptables, appuyés des pièces justificatives des recettes et des dépenses publiques.

Voir les décrets des 6 août 1850 et 12 août 1854.

EXTRAIT DE LA LOI DU 18 DÉCEMBRE 1848

Sur la contrainte par corps.

Art. 1er. — Le décret du 9 mars 1848, qui suspend l'exercice de la contrainte par corps, cesse d'avoir son effet.

La législation antérieure sur la contrainte par corps est remise en vigueur sous les modifications suivantes.

. . . .

Les dispositions de la présente loi, de même que celles de la loi du 17 avril 1832, ont été modifiées, remplacées ou abrogées par la loi du 22 juillet 1867.

LOI DU 28 DÉCEMBRE 1848

Relative à l'impôt du sel.

Art. 1er. — Le décret du 15 avril 1848, portant abolition de l'impôt du sel, est abrogé.

Art. 2. — A dater du 1er janvier 1849, l'impôt du sel est réduit à 10 fr. par 100 kilogrammes.

Art. 3. — A partir du 1er janvier 1849, les sels étrangers sont admis en France moyennant l'acquittement d'un droit de douane fixé ainsi qu'il suit : . . . .

. . . .

Art. 4. — Les sels de l'Algérie et de nos autres possessions d'outre-mer seront exempts, à l'importation en France, de tous droits de douane sous pavillon français.

Art. 5. — Les sels étrangers nationalisés par le payement des droits d'entrée, et le sel de l'Algérie et autres possessions françaises d'outre-mer, avant d'être livrés à la consommation en France, seront passibles de la taxe de consommation établie par l'article 2 de la présente loi, sous déduction d'une remise à titre de déchet.

Art. 6. — La différence entre la taxe perçue sur les sels qui se trouveront dans le commerce à la date du 1er janvier 1849 et la taxe nouvelle établie par la présente loi sera remboursée, sous les conditions et selon les formes que déterminera un règlement d'administration publique.

Art. 7. — Les franchises et modérations de droits actuellement en vigueur sont maintenues.

Art. 8. — Les lois, ordonnances et règlements, en ce qu'ils ont de contraires à la présente loi, sont abrogés.

EXTRAIT DE LA LOI ÉLECTORALE DES 8 ET 28 FÉVRIER ET 15 MARS 1849

TITRE IV. — Des éligibles.

Art. 82. — Ne peuvent être élus (*représentants du peuple*) par les départements compris en tout ou en partie dans leur ressort. . . . .
Les directeurs des contributions directes et indirectes. . . .

Art. 83. — La prohibition continuera de subsister pendant les six mois qui suivront la cessation de la fonction par démission, destitution, changement de résidence ou de toute autre manière. . . . .
. . . .

LOI DU 19 MAI 1849 (1).

Art. 3. — A partir du 1ᵉʳ janvier 1850, l'impôt sur les boissons sera aboli.

D'ici à cette époque, il sera présenté à l'Assemblée nationale un projet de loi pour le remplacement de cet impôt (1).

. . . .

DÉCRET DU 4 SEPTEMBRE 1849

Relatif à la perception des droits de navigation sur les rivières et canaux concédés compris dans les bassins de l'Escaut et de l'Aa.

Voir le décret du 9 février 1867.

LOI DU 20 DÉCEMBRE 1849

Sur les boissons.

Art. 1ᵉʳ — L'article 3 de la loi du 19 mai 1849, portant que, à partir du 1ᵉʳ janvier 1850, l'impôt sur les boissons sera aboli, est abrogé.

Art. 2. — L'impôt sur les boissons, tel qu'il est établi par la législation actuellement en vigueur, est maintenu pour l'année 1850.

Art. 3. — Une commission de quinze membres, nommée dans les bureaux, procédera immédiatement à une enquête sur l'état de la production et de la consommation des vins et des esprits; sur l'influence qu'exerce en cette matière l'impôt des boissons et sur les modifications que cet impôt peut recevoir.

1) L'article 3 de cette loi a été abrogé par la loi du 20 décembre 1849.

Le rapport et les résultats de l'enquête, ainsi que les modifications dont la législation actuelle serait jugée susceptible, seront soumises à l'Assemblée législative avant le 1er juillet 1850.

DÉCRET DU 21 DÉCEMBRE 1849

(Modification à la délimitation des lignes pour la vente du tabac de cantine.)

Remplacé par le décret du 7 août 1872.

DECRET DU 6 JUIN 1850

Relatif à la vérification et au jugement des comptes adressés, chaque mois, par le ministre des finances, à la Cour des comptes.

Art. 1er. — La Cour des comptes continuera de procéder successivement à la vérification des comptes et pièces qui lui seront adressés, chaque mois, par le ministre des finances. Toutefois, il ne sera plus statué sur ces comptes par des arrêts mensuels.

Art. 2. — La Cour des comptes procédera au contrôle et au jugement des comptes mensuels de la manière suivante :

1o En ce qui concerne les comptes des payeurs du Trésor public, la Cour rendra des arrêts trimestriels qui seront formés en double expédition : l'une sera notifiée directement au payeur par la Cour des comptes ; l'autre sera adressée au ministre des finances, avec les pièces dont le renvoi aurait été prescrit, pour y être donné la suite nécessaire vis-à-vis des comptables et des ordonnateurs.

Les arrêts trimestriels devront être rendus avant l'expiration du trimestre qui suivra celui auquel ils se rapporteront.

2o A l'égard des agents de la recette, des arrêts spéciaux et interlocutoires seront rendus, lorsqu'il y aura lieu de prescrire des régularisations immédiates dont les contrôles successifs auraient fait reconnaître la nécessité.

Art. 3. — Les comptes de gestion annuelle à rendre par les comptables seront divisés en deux parties : la première, applicable aux opérations complémentaires de l'exercice précédent, effectuées depuis le 1er janvier jusqu'à l'époque de la clôture de cet exercice ; la deuxième, comprenant dans la forme actuelle et avec les totaux de la première partie, qui y seront rappelés, les recettes et les dépenses publiques de l'exercice courant, et les opérations de trésorerie effectuées du 1er janvier au 31 décembre.

Art. 4. — Les comptes de l'exercice clos devront être adressés à la cour des comptes dans les trois mois qui suivront la clôture définitive de l'exercice.

La cour prononcera par des arrêts, sur ces comptes, dans un délai de deux mois à partir de leur production.

Les comptes de gestion annuelle devront parvenir à la cour avant le 30 avril, et la cour statuera sur leurs résultats, également par des arrêts, dans un délai qui n'excédera pas le 31 juillet suivant.

Art. 5. — Conformément à l'article 38 du décret organique du 28 septembre 1807, le procureur général pourvoira, lorsqu'il y aura lieu, par voie de réquisition, à l'exécution des dispositions ci-dessus.

Il adressera au ministre des finances des rapports périodiques sur la situation des travaux de vérification par comptabilités.

Art. 6. — Le présent décret recevra son application à partir de l'année 1850.

L'article 4 de l'arrêté du chef du pouvoir exécutif du 21 novembre 1848 est et demeure rapporté.

Art. 7. — Le ministre des finances est chargé de l'exécution du présent décret, qui sera inséré au *Bulletin des lois*.

LOI DU 7 AOUT 1850 (EXTRAIT)

Portant fixation ou budget des recettes de l'exercice 1851.

Art. 10. — A partir du 1ᵉʳ janvier 1851, les prix de la poudre de chasse fine, superfine et extra-fine, fixés par la loi du 24 mai 1834 et par l'ordonnance du 26 décembre 1834, seront modifiés ainsi qu'il suit :

Poudre de chasse fine, le kilogramme, neuf francs cinquante centimes (9 fr. 50 c.).

Poudre de chasse superfine, le kilogramme, douze francs (12 fr.).

Poudre de chasse extra-fine, le kilogramme, quinze francs cinquante centimes (15 fr. 50 c.).

Les prix de vente des poudres à feu, doublés par la loi du 4 septembre 1871, ont été ramenés au taux fixé par l'article 10 ci-dessus. — (Voir loi du 25 juillet 1873.)

Art. 11. — A partir du 1ᵉʳ janvier 1851, le droit de quinze centimes actuellement perçu par chaque jeu de cartes sera élevé à *vingt-cinq centimes par jeu*, de quelque nombre de cartes qu'il soit composé.

Les fabricants de cartes continueront à n'obtenir aucune déduction sur le montant du droit, ni sur le papier qui leur sera livré par la régie, sous prétexte d'avarie, de déchet, ou pour quelque autre motif que ce soit.

Le droit sur les cartes à jouer est aujourd'hui fixé à 50 centimes par jeu en principal. — (Art. 5 de la loi du 1ᵉʳ septembre 1871.)

DÉCRET DU 11 AOUT 1850

Concernant la liquidation et l'ordonnancement des dépenses.

Art. 1ᵉʳ — Le délai exceptionnel accordé par l'article 4 de l'ordonnance du 31 mai 1838, pour achever les services du matériel qui n'auraient pu être terminés avant le 31 décembre, est limité au 1ᵉʳ février de l'année suivante.

Art. 2. — Les époques déterminées par les articles 90 et 91 de la même ordonnance, en ce qui concerne la clôture de l'ordonnancement et du payement, sont et demeurent fixés, savoir :

Au 31 juillet de la seconde année de l'exercice, pour l'ordonnancement des dépenses ;

Au 31 août suivant, pour le payement des ordonnances ministérielles.

Art. 3. — Faute, par les créanciers, de réclamer leur payement avant le 31 août de la deuxième année, les ordonnances et mandats délivrés à leur profit seront annulés, sans préjudice des droits de ces créanciers, et sauf réordonnancement jusqu'au terme de déchéance.

Art. 4. Les dispositions ci-dessus seront applicables à l'exercice 1850 et aux exercices suivants.

DÉCRET DU 29 SEPTEMBRE 1850

Qui fixe le prix de vente des poudres de mine et de commerce extérieur.

Art. 1ᵉʳ. — Les prix de vente par l'administration des contributions indirectes, des poudres de mine et de commerce extérieur, sont fixés, à partir du 1ᵉʳ janvier 1851, ainsi qu'il suit :

Poudre de mine prise dans les entrepôts de la régie, deux francs vingt-cinq centimes le kilogramme ;

La même poudre prise chez les débitants, deux francs cinquante centimes le kilogramme ;

Poudre de commerce extérieur, un franc *soixante centimes* le kilogramme.

Voir le décret du 8 octobre 1864, qui a fixé le prix de deux nouvelles espèces de poudre de mine et l'arrêté ministériel du 16 juin 1873, d'après lequel le prix de la poudre de commerce extérieur, que le décret du 20 avril 1859 avait abaissé à 1 fr. 30, est réduit à 1 fr. 10 le kilog.

DÉCRET DU 29 SEPTEMBRE 1850

Qui fixe le prix des poudres de chasse que la régie des contributions indirectes vendra à charge d'exportation.

Art. 1ᵉʳ. — A partir du 1ᵉʳ janvier 1851, le prix des poudres de chasse fine, superfine et extrafine, que la régie des contributions indirectes vendra à charge d'exportation, sera fixé ainsi qu'il suit :

Poudre de chasse fine ou ordinaire, le kilogramme *quatre francs au lieu* de neuf francs cinquante centimes, prix du tarif des ventes à l'intérieur ;

Poudre de chasse superfine, le kilogramme, *quatre francs cinquante centimes*, au lieu de douze francs ;

Poudre de chasse extrafine, le kilogramme, *cinq francs*, au lieu de quinze francs cinquante centimes.

Modifié par le décret du 10 mai 1872.

EXTRAIT DU DÉCRET DU 31 OCTOBRE 1850

Relatif aux cautionnements de divers agents comptables et non comptables ressortissant au ministère des finances.

Art. 1er. — Les cautionnements des agents comptables et non comptables ressortissant au ministère des finances, ci-après désignés, seront à l'avenir réalisés en numéraire et déterminés à chaque mutation, d'après les bases suivantes :

. . . .

Administration des contributions indirectes et des tabacs.

Receveurs principaux sans entrepôts (trois pour cent des produits recouvrés annuellement) :

Pour le département de la Seine. . . . . . . Maximum spécial. 24,000 fr.

Dans les autres départements. .	1re classe . . .	Maximum 18,000
		Minimum 14,000
	2e et 3e classe.	Maximum 14,000
		Minimum 12,000

Receveurs principaux entreposeurs (trois pour cent des produits recouvrés annuellement) :

1re classe.	Maximum. . . . 18,000 fr.
	Minimum. . . . 14,000
2e et 3e classe	Maximum. . . . 14,000
	Minimum. . . . 12,000

Receveurs particuliers entreposeurs (trois pour cent des produits recouvrés annuellement) :

1re et 2e classe.	Maximum. . . . 14,000 fr.
	Minimum. . . . 12,000
3e et 4e classe.	Maximum. . . . 10,000
	Minimum. . . . 9,000

Entreposeurs (trois pour cent produits annuels) :

Pour la Seine. . . . . Maximum spécial. . . . . 50,000 fr.

| Dans les autres départements. . | 1re classe. . . . . 39,000 |
| | 2e classe . . . . 30,000 |

Receveurs particuliers sédentaires, y compris les receveurs près les salines :

1° pour les emplois dont le traitement est au-dessus de deux mille cent francs (trois pour cent des produits recouvrés annuellement) :

1re et 2e classe	Maximum	14,000 fr.
	Minimum	12,000
3e et 4e classe	Maximum	10,000
	Minimum	9,000
5e et 6e classe	Maximum	8,000
	Minimum	7,000

2e Pour les emplois à deux mille cent francs d'appointement et au-dessous, fixation uniforme, comme pour les recettes ambulantes, au chiffre de. . 3,000 fr.

Receveurs de la garantie (trois pour cent des produits recouvrés annuellement, mêmes fixations, quant au maximum et au minimum, que pour les receveurs particuliers sédentaires).

Receveurs de la navigation et des canaux.

1° Emplois dont le traitement est supérieur à deux mille cent francs (trois pour cent des produits recouvrés annuellement) :

1re classe	Maximum	14,000 fr.
	Minimum	12,000
2e et 3e classe	Maximum	10,000
	Minimum	9,000
4e et 5e classe	Maximum	8,000
	Minimum	7,000

2° Emplois à deux mille cent francs d'appointement et au-dessous, fixation uniforme, comme pour les recettes ambulantes, au chiffre de . . 3,000 fr.

Receveurs particuliers ambulants, cautionnement fixe et uniforme de.   3,000 fr.

Agents non comptables			
	Directeurs.	1re classe	14,000 fr.
		2e classe	12,000
		3e classe	10,500
	Inspecteurs. (1)	1re classe	6,000
		2e classe	5,000
		3e classe	4,000
	Contrôleurs principaux		5,000
	Contrôleurs ambulants		3,000
	Contrôleurs de ville.		3,000
	Commis adjoints ambulants		3,000

Service spécial des tabacs.

Régisseurs de manufactures. . . . . 12,500 fr.
Contrôleurs de fabrication et de comptabilité 4,000
Sous-contrôleurs. 3,000

Gardes-magasins de manufactures.	1re classe	4,000 fr.
	2e classe	3,000
Gardes-magasins des tabacs en feuilles	1re classe	5,000
	2e classe	4,000
Contrôleurs des magasins de tabacs en feuilles.	1re classe	4,000
	2e classe	3,000

Voir le décret du 15 octobre 1862, qui a fixé le chiffre des cautionnements des divers agents non-comptables du service de la garantie.

---

(1) Et sous-directeurs. (Circulaire n° 13 du 27 janvier 1869.)

LOI DU 30 MAI 1851

Sur la police du Roulage.

TITRE Ier.— Des conditions de la circulation des voitures.

Art. 1er. — Les voitures suspendues ou non suspendues, servant au transport des personnes ou des marchandises, peuvent circuler sur les routes nationales et chemins vicinaux de grande communication, sans aucune condition de réglementation de poids, ou de largeur de jantes.

Art. 2. — Des règlements d'administration publique déterminent :

§ 1er. Pour toutes les voitures,

1° La forme des moyeux, le maximum de la longueur des essieux, et le maximum de leur saillie au delà des moyeux ;

2° La forme des bandes des roues ;

3° La forme des clous des bandes ;

4° Les conditions à observer pour l'emplacement et les dimensions de la plaque prescrite par l'article 3 ;

5° Le maximum du nombre des chevaux de l'attelage que peut comporter la police ou la libre circulation des routes ;

6° Les mesures à prendre pour régler momentanément la circulation pendant les jours de dégel, et les précautions à prendre pour la protection des ponts suspendus.

§ 2. Pour les voitures ne servant pas au transport des personnes :

1° La largeur du chargement ;

2° La saillie des colliers des chevaux ,

3° Les modes d'enrayage ;

4° Le nombre des voitures qui peuvent être réunies en un même convoi, l'intervalle qui doit rester libre d'un convoi à un autre, et le nombre de conducteurs exigé pour la conduite de chaque convoi ;

5° Les autres mesures de police à observer par les conducteurs, notamment en ce qui concerne le stationnement sur les routes, et les règles à suivre pour éviter ou dépasser d'autres voitures.

Sont affranchies de toute réglementation de largeur de chargement les voitures de l'agriculture servant au transport des récoltes de la ferme aux champs, et des champs à la ferme, ou au marché.

§ 3. Pour les voitures de messageries :

1° Les conditions relatives à la solidité et à la stabilité des voitures ;

2° Le mode de chargement, de conduite et d'enrayage des voitures ;

3° Le nombre de personnes qu'elles peuvent porter ;

4° La police des relais ;

5° Les autres mesures de police à observer par les conducteurs, cochers ou postillons, notamment pour éviter ou dépasser d'autres voitures.

Art. 3. — Toute voiture circulant sur les routes nationales, départementales et chemins vicinaux de grande communication, doit être munie d'une plaque conforme au modèle prescrit par le règlement d'administration publique rendu en vertu du n° 4 du premier paragraphe de l'article 2.

Sont exceptées de cette disposition :

1° Les voitures particulières destinées au transport des personnes, mais étrangères à un service public des messageries ;

2° Les malles postes et autres voitures appartenant à l'administration des postes ;

3° Les voitures d'artillerie, chariots et fourgons appartenant au département de la guerre et de la marine ;

Des décrets du président de la république déterminent les marques distinctives que doivent porter les voitures désignées aux paragraphes 2 et 3, et les titres dont leurs conducteurs doivent être munis ;

4° Les voitures employées à la culture des terres, au transport des récoltes, à l'exploitation des fermes, qui se rendent de la ferme aux champs ou des champs à la ferme, ou qui servent au transport des objets récoltés du lieu où ils ont été recueillis jusqu'à celui où, pour les conserver ou les manipuler, le cultivateur les dépose ou les rassemble.

TITRE II. — De la pénalité.

Art. 4. — Toute contravention aux règlements rendus en exécution des dispositions des n°ˢ 1, 2, 3, 5 et 6 du premier paragraphe de l'article 2, et des n°ˢ 1, 2 et 3 du deuxième paragraphe du même article, est punie d'une amende de cinq à trente francs.

Art. 5. — Toute contravention aux règlements rendus en exécution des dispositions des n°ˢ 4 et 5 du deuxième paragraphe de l'article 2 est punie d'une amende de six à dix francs et d'un emprisonnement de un à trois jours. En cas de récidive, l'amende pourra être portée à quinze francs et l'emprisonnement à cinq jours.

Art. 6. — Toute contravention aux règlements rendus en vertu du troisième paragraphe de l'article 2 est punie d'une amende de seize à deux cents francs et d'un emprisonnement de six à dix jours.

Art. 7. — Tout propriétaire d'une voiture circulant sur des voies publiques sans qu'elle soit munie de la plaque prescrite par l'article 3 et par les règlements rendus en exécution du n° 4 du premier paragraphe de l'article 2, sera puni d'une amende de six à quinze francs, et le conducteur d'une amende de un à cinq francs.

Art. 8. — Tout propriétaire ou conducteur de voiture qui aura fait usage d'une plaque portant un nom ou domicile faux ou supposé sera puni d'une amende de cinquante à deux cents francs et d'un emprisonnement de six jours au moins et de six mois au plus.

La même peine sera applicable à celui qui, conduisant une voiture dépourvue de plaque, aura déclaré un nom ou domicile autre que le sien ou que celui du propriétaire pour le compte duquel la voiture est conduite.

Art. 9. — Lorsque, par la faute, la négligence ou l'imprudence du conducteur, une voiture aura causé un dommage quelconque à une route ou à ses dépendances, le conducteur sera condamné à une amende de trois à cinquante francs.

Il sera, de plus, condamné aux frais de la réparation.

Art. 10. — Sera puni d'une amende de seize à cent francs, indépendamment de celle qu'il pourrait avoir encourue pour toute autre cause, tout voiturier ou conducteur qui, sommé de s'arrêter par l'un des fonctionnaires ou agents chargés de constater les contraventions, refuserait d'obtempérer à cette sommation et de se soumettre aux vérifications prescrites.

Art. 11. — Les dispositions du livre III, titre Ier, chapitre III, section 4, paragraphe 2, du Code pénal, sont applicables en cas d'outrages ou de violences envers les fonctionnaires ou agents chargés de constater les délits et contraventions prévus par la présente loi.

Art. 12. — Lorsqu'une même contravention ou un même délit prévu aux articles 4, 7 et 8 a été constaté à plusieurs reprises, il n'est prononcé qu'une seule condamnation, pourvu qu'il ne soit pas écoulé plus de vingt-quatre heures entre la première et la dernière constatation.

Lorsqu'une même contravention ou un même délit prévu à l'article 6 a été constaté à plusieurs reprises pendant le parcours d'un même relais, il n'est prononcé qu'une seule condamnation.

Sauf les exceptions mentionnées au présent article, lorsqu'il aura été dressé plusieurs procès-verbaux de contravention, il sera prononcé autant de condamnations qu'il y aura eu de contraventions constatées.

Art. 13. — Tout propriétaire de voiture est responsable des amendes, des dommages-intérêts et des frais de réparation prononcés, en vertu des articles du présent titre, contre toute personne préposée par lui à la conduite de sa voiture.

Si la voiture n'a pas été conduite par ordre et pour le compte du propriétaire, la responsabilité est encourue par celui qui a préposé le conducteur.

Art. 14. — Les dispositions de l'article 463 du Code pénal (1) sont applicables dans tous les cas où les tribunaux correctionnels ou de simple police prononcent en vertu de la présente loi.

TITRE III. — De la procédure.

Art. 15. — Sont spécialement chargés de constater les contra-

---

(1) Relatif aux circonstances atténuantes.

ventions et délits prévus par la présente loi, les conducteurs, agents voyers, cantonniers, chefs et autres employés du service des ponts et chausseés ou des chemins vicinaux de grande communication, commissionnés à cet effet, les gendarmes, les gardes champêtres, les employés des contributions indirectes, agents forestiers ou des douanes, et employés des poids et mesures ayant droit de verbaliser, et les employés des octrois ayant le même droit.

Peuvent également constater les contraventions et les délits prévus par la présente loi, les maires et adjoints, les commissaires et agents assermentés de police, les ingénieurs des ponts et chaussées, les officiers et sous-officiers de gendarmerie, et toute personne commissionnée par l'autorité départementale pour la surveillance de l'entretien des voies de communication.

Les dommages prévus à l'article 9 sont constatés, pour les routes nationales et départementales, par les ingénieurs, conducteurs et autres employés des ponts et chaussées commissionnés à cet effet, et pour les chemins vicinaux de grande communication, par les agents voyers, sans préjudice du droit réservé à tous les fonctionnaires et agents mentionnés au présent article de dresser procès-verbal du fait de dégradation qui aurait lieu en leur présence.

Les procès-verbaux dressés en vertu du présent article font foi jusqu'à preuve contraire.

Art. 16. — Les contraventions prévues par les articles 4 et 6 ne peuvent, en ce qui concerne les voitures publiques allant au trot, être constatés qu'au lieu de départ, d'arrivée, de relai et de stations desdites voitures, ou aux barrières d'octroi, sauf toutefois celles qui concernent le nombre des voyageurs, le mode de conduite des voitures, la police des conducteurs, cochers ou postillons, et les modes d'enrayage.

Art. 17. — Les contraventions prévues par les articles 4 et 9 sont jugées par le conseil de préfecture du département où le procès-verbal a été dressé.

Tous les autres délits et contraventions prévus par la présente loi sont de la compétence des tribunaux.

Art. 18. — Les procès-verbaux rédigés par les agents mentionnés au paragraphe premier de l'article 15 ci-dessus doivent être affirmés dans les trois jours, à peine de nullité, devant le juge de paix du canton ou devant le maire de la commune, soit du domicile de l'agent qui a verbalisé, soit du lieu où la contravention a été constatée.

Art. 19. — Les procès-verbaux doivent être enregistrés en débet dans les trois jours de leur date ou de leur affirmation, à peine de nullité.

Art. 20. — Toutes les fois que le contrevenant n'est pas domicilié en France, la voiture est provisoirement retenue, et le procès-verbal est immédiatement porté à la connaissance du maire de la commune où il a été dressé, ou de la commune la plus proche sur la route que suit le prévenu.

Le maire arbitre provisoirement le montant de l'amende, et, s'il y a lieu, des frais de réparation, et il en ordonne la consignation immédiate; à moins qu'il ne lui soit présenté une caution solvable.

A défaut de consignation ou de caution, la voiture est retenue jusqu'à ce qu'il ait été statué sur le procès-verbal. Les frais qui en résultent sont à la charge du propriétaire.

Le contrevenant est tenu d'élire domicile dans le département du lieu où la contravention a été constatée; à défaut d'élection de domicile, toute notification lui sera valablement faite au secrétariat de la commune dont le maire aura arbitré l'amende ou les frais de réparation.

Art. 21. — Lorsqu'une voiture est dépourvue de plaque, et que le propriétaire n'est pas connu, il est procédé conformément aux trois premiers paragraphes de l'article précédent.

Il en est de même dans le cas de procès-verbal dressé à raison de l'un des délits prévus à l'article 8.

Il sera procédé de la même manière à l'égard de tout conducteur de voiture de roulage ou de messageries, inconnu dans le lieu où il serait pris en contravention, et qui ne serait point régulièrement muni d'un passe-port, d'un livret ou d'une feuille de route, à moins qu'il ne justifie que la voiture appartient à une entreprise de roulage ou de messageries, ou qu'il ne résulte des lettres de voiture ou des autres papiers qu'il aurait en sa possession, que la voiture appartient à celui dont le domicile serait indiqué sur la plaque.

Art. 22. — Le procès-verbal est adressé, dans les deux jours de l'enregistrement, au sous-préfet de l'arrondissement.

Le sous-préfet le transmet, dans les deux jours de sa réception, au préfet, s'il s'agit d'une contravention de la compétence des conseils de préfecture, ou au procureur de la République, s'il s'agit d'une contravention de la compétence des tribunaux.

Art. 23. — S'il s'agit d'une contravention de la compétence du conseil de préfecture, copie du procès-verbal, ainsi que de l'affirmation, quand elle est prescrite, est notifiée avec citation, par la voie administrative, au domicile du propriétaire, tel qu'il est indiqué sur la plaque, ou tel qu'il a été déclaré par le contrevenant, et, quand il y a lieu, à celui du conducteur.

Cette notification a lieu dans le mois de l'enregistrement, à peine de déchéance.

Le délai est étendu à deux mois, lorsque le contrevenant n'est pas domicilié dans le département où la contravention a été constatée; il est étendu à un an, lorsque le domicile du contrevenant n'a pas pu être constaté au moment du procès-verbal.

Si le domicile du conducteur est resté inconnu, toute notification qui lui est faite au domicile du propriétaire est valable.

19

Art. 24. — Le prévenu est tenu de produire, dans le délai de trente jours, ses moyens de défense devant le conseil de préfecture.

Ce délai court à compter de la date de la notification du procès-verbal ; mention en est faite dans ladite notification.

A l'expiration du délai fixé, le conseil de préfecture prononce, lors même que les moyens de défense n'auraient pas été produits.

Son arrêté est notifié au contrevenant dans la forme administrative, dix jours au moins avant toute exécution. Si la condamnation a été prononcée par défaut, la notification faite au domicile énoncé sur la plaque est valable.

L'opposition à l'arrêté rendu par défaut devra être formée dans le délai de quarante jours, à compter de la date de la notification.

Art. 25. — Le recours au conseil d'Etat contre l'arrêté du conseil de préfecture peut avoir lieu par simple mémoire déposé au secrétariat général de la préfecture, ou à la sous-préfecture, et sans l'intervention d'un avocat au conseil d'Etat.

Il sera délivré au déposant récépissé du mémoire, qui devra être immédiatement transmis par le préfet.

Si le recours est formé au nom de l'administration, il devra l'être dans les trois mois de la date de l'arrêté.

Art. 26. — L'instance à raison des contraventions de la compétence des conseils de préfecture est périmée par six mois, à compter de la date du dernier acte des poursuites, et l'action publique est éteinte, à moins de fausses indications sur la plaque, ou de fausse déclaration en cas d'absence de plaque.

Art. 27. — Les amendes se prescrivent par une année, à compter de la date de l'arrêté du conseil de préfecture, ou à compter de la décision du conseil d'Etat, si le pourvoi a eu lieu.

En cas de fausses indications sur la plaque, ou de fausses déclarations de nom ou de domicile, la prescription n'est acquise qu'après cinq années.

Art. 28. — Lorsque le procès-verbal constatant le délit ou la contravention a été dressé par l'un des agents désignés au paragraphe 1er de l'article 15, le tiers de l'amende prononcée appartient audit agent, à moins qu'il ne s'agisse d'une contravention ou d'un délit prévu aux articles 10 et 11.

Les deux autres tiers sont attribués, soit au Trésor public, soit au département, soit aux communes intéressées, selon que la contravention ou le dommage concerne une route nationale, une route départementale ou un chemin vicinal de grande communication. Il en est de même du total des frais de réparation réglés en vertu de l'article 9, ainsi que du total de l'amende, lorsqu'il n'y a pas lieu d'appliquer les dispositions du paragraphe 1er du présent article.

TITRE IV.

Art. 29. — Sont et demeurent abrogés, à dater de la promulgation de la présente loi :

La loi du 29 floréal an X (19 mai 1802), relative à la police du roulage :

La loi du 7 ventôse an XII (27 février 1804) ;

Le décret du 23 juin 1806 ;

Ainsi que toutes autres dispositions contraires à celles de la présente loi.

Continueront d'être exécutées, jusqu'à la promulgation des règlements d'administration publique à établir en vertu de l'article 2, celles des dispositions aujourd'hui en vigueur que ces règlements d'administration publique ont pour objet de modifier ou de remplacer. Toutefois, en ce qui concerne les juridictions et la pénalité, les dispositions de la présente loi seront immédiatement applicables.

TITRE V.

Art. 30. — Amnistie est accordée pour les peines encourues ou prononcées à raison de surcharge ou de défaut de largeur de jantes.

Cette amnistie n'est point applicable aux frais avancés par l'Etat, ni à la part attribuée par les lois et règlements, sur le montant des amendes prononcées, aux divers agents qui ont constaté les contraventions.

- Les sommes recouvrées avant la promulgation de la présente loi, en vertu des décisions des conseils de préfecture, ne seront pas restituées.

DÉCRET DU 11 AOUT 1851

Art. 1ᵉʳ. — Les frais de plombage, fixés à quinze centimes par plomb, y compris la ficelle, pour les sels expédiés à des destinations qui dispensent du paiement du droit, seront réduits à dix centimes à partir du 1ᵉʳ septembre 1851.

ARRÊTÉ MINISTÉRIEL DU 11 AOUT 1851

Les frais de plombage fixés à quinze centimes par plomb, y compris la ficelle, pour les colis de sucre qui doivent être plombés, seront réduits à dix centimes à partir du 1ᵉʳ septembre 1851.

DÉCRET DU 27 DÉCEMBRE 1851

Qui réunit en une seule administration les administrations des douanes et des contributions indirectes (1).

Art. 1ᵉʳ — L'administration des contributions indirectes et celle des douanes sont réunies en une seule administration sous le

(1) Abrogé par le décret du 19 mars 1869.

titre de *Direction générale des douanes et des contributions in-directes.*

DÉCRET DU 27 DÉCEMBRE 1851.

Qui nomme M. Gréterin directeur général de l'administration des douanes et des contributions indirectes.

Art. 1er. — M. Gréterin, directeur de l'administration des douanes, est nommé directeur général des douanes et des contributions indirectes.

DÉCRET DU 29 DÉCEMBRE 1851

Sur les cafés, cabarets et débits de boissons.

Art. 1er. — Aucun café, cabaret ou autre débit de boissons à consommer sur place ne pourra être ouvert, à l'avenir, sans la permission préalable de l'autorité administrative (*Préfets*) (1).

Art. 2. — La fermeture des établissements désignés en l'article 1er, qui existent actuellement ou qui seront autorisés à l'avenir, pourra être ordonnée par arrêté du préfet, soit après une condamnation pour contravention aux lois et règlements qui concernent ces professions, soit par mesure de sûreté publique.

Art. 3. — Tout individu qui ouvrira un café, cabaret ou débit de boissons à consommer sur place sans autorisation préalable, ou contrairement à un arrêté de fermeture pris en vertu de l'article précédent, sera poursuivi devant les tribunaux correctionnels, et puni d'une amende de 25 à 500 francs et d'un emprisonnement de six jours à six mois.

L'établissement sera fermé immédiatement.

EXTRAIT DU DÉCRET DU 9 JANVIER 1852

Sur l'exercice de la pêche côtière.

Art. 16, 2e alinéa. — Lorsque l'infraction portera sur le fait de vente, transport ou colportage du frai, du poisson assimilé au frai, du poisson ou coquillage n'atteignant pas les dimensions prescrites, elle pourra être également constatée par les officiers de police judiciaire, les agents municipaux assermentés, *les employés des contributions indirectes et des octrois.*

Art. 17. — Les procès-verbaux devront êre signés; ils devront, et à peine de nullité, être en outre affirmés dans les trois jours de la clôture desdits procès-verbaux par-devant le juge paix du canton ou l'un de ses suppléants, ou par-devant

---

(1) Et Sous-Préfet (Décret du 3 avril 1861).

le maire ou l'adjoint, soit de la commune de la résidence de l'agent qui dresse le procès-verbal, soit de celle où le délit a été commis.

DÉCRET DU 21 FÉVRIER 1852

Concernant les limites de l'inscription maritime.

. . . .

Art. 2. — Les limites de la mer sont déterminées par des décrets du chef de l'État rendus sous forme de règlement d'administration publique, tous les droits des tiers réservés, sur le rapport du ministre des travaux publics lorsque cette délimitation aura lieu à l'embouchure des fleuves ou rivières, et sur le rapport du ministre de la marine lorsque cette délimitation aura lieu sur un autre point du littoral....

DÉCRET DU 1ᵉʳ MARS 1852

Relatif à l'importation des poudres à feu.

Art. 1ᵉʳ. — L'introduction en France de poudres à feu sera punie des peines portées dans les lois relatives aux importations de marchandises prohibées en général.

DÉCRET DU 17 MARS 1852

Portant fixation du budget général des dépenses et des recettes de l'exercice 1852.

Art. 11. — *A partir du 1ᵉʳ mai 1852, il sera perçu un droit de 16 francs par 100 kilogrammes sur les sels destinés à la fabrication des soudes. Ce droit sera dû sur les sels qui se trouveront dans les fabriques à cette époque.*

Cet article a été abrogé par l'article 16 de la loi du 2 juillet 1862, d'après lequel les sels destinés aux fabriques de soude sont délivrés en franchise.

Art. 12. — Les produits similaires de ceux obtenus de la décomposition du chlorure de sodium dans les fabriques de soude, qui seront fabriqués sur les marais salants mêmes, soit par l'emploi des eaux-mères, soit par tout autre procédé, seront assujettis à une taxe correspondante à celle établie par l'article 11 ci-dessus, sur les sels employés dans les fabriques de soude.

Voir le décret du 12 août 1852.

Art. 13. — Les raffineurs de sels bruts dits *sels neufs* ou de sels impurs de toutes espèces et provenances, et les fabricants de salpêtre, libres, par licence ou commissionnés, seront soumis comme les fabricants de produits chimiques, aux obligations énumérées en l'article 11 de la loi du 17 juin 1840.

Voir le décret du 19 mars 1852, rendu pour l'exécution de ces dispositions.

Boissons.

Art. 14. — Les droits d'entrée actuellement établis sur les vins, cidres, poirés et hydromels, dans les communes ayant 4,000 âmes de population agglomérée et au-dessus, seront réduits de moitié, conformément au tarif annexé au présent décret.

Le tarif des droits d'entrée sur les vins, cidres, poirés et hydromels a été modifié par l'article 2 de la loi du 31 décembre 1873.

Art. 15. — Les taxes d'octroi qui sont actuellement, et celles qui, après l'exécution de la loi du 11 juin 1842, demeureront supérieures aux droits d'entrée dont le tarif est annexé au présent décret, seront, de plein droit, réduites au taux de ce dernier tarif, dans un délai de trois ans, à partir du 1er janvier 1853.

Une prolongation de délai pourra être accordée, en la forme déterminée par l'article 8 de la loi du 11 juin 1842, aux seules communes qui, suivant des stipulations formelles d'emprunts régulièrement contractés ou autorisés antérieurement au présent décret, auront affecté exclusivement le produit de leurs taxes actuelles d'octroi sur les boissons au service des intérêts et de l'amortissement de ces emprunts.

Art. 16. — Les quantités de vins, cidres, poirés et hydromels, de 25 litres et au-dessus, tant en cercle *qu'en bouteilles*, expédiés à des consommateurs par les marchands en gros ou par les récoltants, seront soumises au droit de circulation.

Les quantités inférieures payeront le droit de détail.

En ce qui concerne exclusivement les vins en bouteilles, les dispositions de cet article ont été abrogées par le dernier paragraphe de l'article 17 de la loi du 21 juin 1873, aux termes duquel le droit de circulation est applicable à toute quantité quelconque de vins expédiés en bouteilles.

Art. 17. — La déduction accordée sur les quantités manquantes au compte des propriétaires récoltants, jouissant, quant au droit d'entrée, de l'entrepôt pour les vins, cidres et poirés de leur récolte, sera calculée à raison de 10 p. 0/0, d'après la quantité totale formant les charges d'entrepôt, sans avoir égard à la durée du séjour des vins, cidres et poirés en magasin.

Art. 18. — Le droit à la vente en détail des vins, cidres, poirés et hydromels, sera perçu à raison de 15 p. 0/0 du prix de vente.

Art. 19. — Dans les villes où, sur la demande des conseils municipaux, et par application des lois du 21 avril 1832 et du 25 juin 1841, les droits d'entrée et de détail sur les vins, cidres, poirés et hydromels sont convertis en une taxe unique aux entrées ; le tarif de cette taxe unique sera révisé, conformément à la loi précitée du 21 avril 1832 et en raison combinée des dispositions du présent décret, portant réduction du droit d'entrée et augmentation du droit de détail.

La taxe aux entrées de Paris, en remplacement des droits sur les vins, cidres, poirés et hydromels, sera perçue conformément au tarif annexé au présent décret.

Art. 20. — L'exemption accordée, quant au droit de circulation par l'article 15 de la loi du 25 juin 1841, est restreinte aux transports que, dans les cas déterminés par ledit article, les propriétaires, colons partiaires ou fermiers effectueront dans l'étendue du canton où la récolte aura été faite, et des communes limitrophes de ce canton, que celles-ci soient, ou non, du même département.

L'article 16 de la loi du 25 juin 1841 sera applicable aux vins, cidres et poirés de leur récolte que les propriétaires feront transporter au delà de ces limites.

Art. 21. — *Les eaux-de-vie versées sur les vins ne seront affranchies des droits (établis sur les eaux-de-vie) que dans les départements des Pyrénées-Orientales, de l'Aude, du Tarn, de l'Hérault, du Gard, des Bouches-du-Rhône et du Var. La quantité ainsi employée en franchise ne dépassera pas un maximum de cinq litres d'alcool par hectolitre de vin ; et, après la mixtion, qui ne pourra être faite qu'en présence des proposés de la régie, les vins ne devront pas contenir plus de 18 centièmes d'alcool.*

Lorsque les vins contiendront plus de 18 centièmes d'alcool, et pas au delà de 21 centièmes, ils seront imposés comme vins, et payeront, en outre, les doubles droits de consommation, d'entrée et d'octroi, pour la quantité d'alcool comprise entre 18 et 21 centièmes.

Les vins contenant plus de 21 centièmes d'alcool ne seront pas imposés comme vins, et seront soumis, pour leur quantité totale, aux mêmes droits de consommation, d'entrée et d'octroi que l'alcool pur.

Les vins destinés aux pays étrangers ou aux colonies françaises pourront, dans tous les départements et seulement au port d'embarquement ou au point de sortie, recevoir, en franchise des droits, une addition d'alcool supérieure au maximum déterminé par le paragraphe 1er du présent article, pourvu que le mélange soit opéré en présence des employés de la régie, et que l'embarquement ou l'exportation ait lieu sur-le-champ (1).

Les dispositions du premier paragraphe de cet article ont été abrogées par l'article 5 de la loi du 8 juin 1864. En ce qui concerne les paragraphes 2 et 3, voir l'article 3 de la loi du 1er septembre 1871.
Voir aussi l'article 3 de la loi du 2 août 1872.

Art. 22 — Les soumissionnaires d'acquits-à-caution s'obligeront à payer, à défaut de justification de la décharge de ces acquits, *le double* du droit de consommation pour les eaux-de-vie, esprits, liqueurs et fruits à l'eau-de-vie, et pour les vins, cidres, poirés et hydromels, le sextuple du droit de circulation.

Voir l'article 10 de la loi du 21 juin 1873.

___

(1) Voir l'arrêté ministériel du 26 mars 1861.

Art. 23. — Le produit des trempes données pour un brassin pourra excéder de 20 p. 0/0 la contenance de la chaudière déclarée pour la fabrication du brassin. La régie des contributions indirectes est autorisée à régler, en raison des procédés de fabrication et de la durée ou de la violence de l'ébullition, le moment auquel le produit des trempes devra être rentré dans la chaudière.

Art. 24. — Les dispositions des articles 14, 16, 17, 18, 19, 20, 21, 22 et 23 qui précédent, seront mis à exécution à partir du 1er mai prochain.

Octrois.

Art. 25. — A dater du 1er mai prochain, le prélèvement de 10 p. 0/0, attribué au Trésor public sur le produit des octrois, sera supprimé.

Les taxes quelconques d'octroi, autres que les taxes additionnelles et temporaires dont le produit est maintenant affranchi du prélèvement de 10 p. 0/0, seront simultanément et de plein droit réduites d'un dixième.

Relativement aux octrois affermés, les dispositions qui précèdent ne seront appliquées que lors de l'expiration ou de la résiliation des baux actuellement en vigueur.

DÉCRET DU 19 MARS 1852

Concernant les raffineries de sel et les salpêtreries soumises, par la loi du 17 mars 1852, aux obligations énumérées en l'article 11 de la loi du 17 juin 1840.

Art. 1er. — Les raffineries de sel et les salpêtreries, soumises par l'article 13 de la loi de finances du 17 mars 1852 aux obligations énumérées en l'article 11 de la loi du 17 juin 1840, seront surveillées par les agents des douanes ou des contributions indirectes.

Cette surveillance s'exercera dans un rayon de 15 kilomètres des usines.

Art. 2. — Les raffineurs de sel, un mois au moins avant de commencer leurs travaux, seront tenus de faire au plus prochain bureau des douanes, lorsque leurs établissements seront situés dans les 15 kilomètres des côtes ou dans les 20 kilomètres des frontières de terre, et au bureau le plus prochain des contributions indirectes, lorsque ces établissements seront situés dans l'intérieur, une déclaration de l'intention où ils seront d'entreprendre le raffinage des sels. Ils indiqueront la nature des sels (sels *neufs* ou sels *impurs*) qu'ils compteront employer.

Tout raffineur de sel qui voudra cesser de se livrer à cette industrie dévra en faire la déclaration au même bureau, pareillement un mois à l'avance.

Art. 3. — Les raffineurs seront tenus de déclarer au receveur de l'un ou de l'autre des bureaux mentionnés en l'article précédent toutes les quantités de sels neufs ou impurs qu'ils introduiront dans leurs usines, et cela, au plus tard, dans les vingt-quatre heures de l'arrivée de ces sels.

Art. 4. — Après reconnaissance desdits sels par les agents des douanes ou des contributions indirectes, ils seront pris en charge, savoir : les sels neufs pour leur poids effectif, les sels impurs pour la quantité de sel *pur* (chlorure de sodium) qu'ils représenteront, laquelle sera évaluée de gré à gré par les raffineurs et les agents chargés de la surveillance. En cas de désaccord, elle sera réglée au moyen d'une expertise faite par les commissaires experts institués par l'article 19 de la loi du 27 juillet 1822.

Art. 5. — Les sels neufs que les raffineurs recevront dans leurs usines ne pourront provenir que des salines ou marais salants, de l'étranger ou des entrepôts. Ils devront être présentés en sacs plombés du poids uniforme de 20 kilogrammes et accompagnés d'expéditions régulières des douanes ou des contributions indirectes constatant que les droits ont été payés.

Toute quantité de sel sortant des raffineries en excédant de celles dont le payement antérieur de l'impôt aura été justifié, ainsi qu'il vient d'être indiqué, sera passible de la taxe de consommation. En cas de fraude, le contrevenant sera, en outre, passible des peines prononcées par l'article 10 de la loi du 17 juin 1840.

Est interdite toute introduction dans une raffinerie ou ses dépendances de matières salifères autres que des sels neufs ou sels impurs proprement dits.

Art. 6. — Les déficits qui seront reconnus dans les raffineries lors des recensements et inventaires seront immédiatement soumis au payememt de la taxe.

Quant aux excédants, on se bornera à les prendre en charge au compte des raffineurs, toutes les fois qu'il ne s'élèvera aucun soupçon de fraude.

Art. 7. — Aucune quantité de sel ne pourra être expédiée hors de l'usine qu'en vertu d'une expédition délivrée par le receveur des douanes ou par le receveur des contributions indirectes.

Art. 8. — Les agents chargés de la surveillance procéderont à des recensements, à l'effet de s'assurer de la régularité des opérations.

Ils pourront pénétrer en tout temps, même la nuit, si l'établissement est en activité, dans les ateliers et magasins ou autres locaux dépendants des raffineries.

La vérification des sels par le mesurage ou la pesée sera faite aux frais des propriétaires ou gérants, à toute réquisition des employés.

Art. 9. — Les dispositions de l'article 7 de la loi du 10 mars 1819, relatives au maximum de rendement en sel (chlorure de sodium) imposé aux fabricants de salpêtre, sont modifiées ainsi qu'il suit : les quantités à prendre en charge pourront, sur la demande des fabricants, être réglées au *minimum* par un abonnement qui sera calculé d'après les quantités de salpêtre produites, et en tenant compte du mode de fabrication.

Art. 10. — Les chlorures de sodium, soit purs, soit mélangés d'autres matières, obtenus dans les fabriques de salpêtre, ne pourront être admis dans la consommation, même sous le payement de la taxe, que sur la représentation d'un certificat constatant que ces chlorures de sodium ne contiennent aucune substance nuisible à la santé publique.

Le mode de délivrance de ces certificats sera le même que celui adopté relativement aux sels dits *sels marins* que l'on obtient dans les fabriques de produits chimiques.

Art. 11. — Aucune quantité de sels bruts ou raffinés, de sels impurs ou de matières salifères quelconques, ne pourra circuler dans le rayon de 15 kilomètres des raffineries de sel, des salpêtreries ou des fabriques de produits chimiques, sans être accompagnée d'une expédition indiquant la provenance, la destination, le mode de transport et la route à suivre.

Les voituriers ou conducteurs seront tenus d'exhiber cette expédition à toute réquisition des employés dans ce rayon de 15 kilomètres.

Art. 12. — Toute contravention aux dispositions du présent décret sera punie des peines prononcées par l'article 10 de la loi du 17 juin 1840.

DÉCRET DU 19 MARS 1852

Qui déclare obligatoire le rôle d'équipage pour les bacs situés en aval de l'inscription maritime.

Art. 1er. — Le rôle d'équipage est obligatoire pour tous les bâtiments ou embarcations exerçant une navigation maritime. — La navigation est dite maritime sur la mer, dans les ports, sur les étangs et les canaux où les eaux sont salées et jusqu'aux limites de l'inscription maritime sur les fleuves et rivières affluant directement ou immédiatement à la mer.

DÉCRET DU 25 MARS 1852

Sur la décentralisation administrative.

Art. 3. — Les préfets statueront en conseil de préfecture, sans l'autorisation du ministre des finances, mais sur l'avis ou la proposition des chefs de service en matière de contributions indirectes.... sur les objets déterminés par le tableau C annexé au présent décret. (Transactions ayant pour objet les contraventions en matière de poudres à feu, lorsque la valeur des amendes et confiscations ne s'élève pas au delà de 1,000 fr.)

Art. 5. — Ils (les préfets) nommeront directement, sans l'intervention du gouvernement et sur la présentation des divers chefs de service, aux fonctions et emplois suivants :

14° Les débitants de poudres à feu ;

15° Les titulaires des débits de tabacs simples dont le produit ne dépasse pas 1,000 francs ;

16° Les préposés en chefs des octrois des villes.

Art. 6. — Les préfets rendront compte de leurs actes aux ministres compétents dans les formes et pour les objets déterminés par les instructions que ces ministres leur adresseront.

Ceux de ces actes qui seraient contraires aux lois et règlements, ou qui donneraient lieu aux réclamations des parties, pourront être annulés ou réformés par les ministres compétents.

Art. 7. — Les dispositions des articles..... et 5 ne sont pas applicables au département de la Seine.

DÉCRET DU 27 MARS 1852

Qui modifie le tarif des sucres indigène et étranger.

Art. 1er. — (Fixant le tarif des sucres.)

Modifié par les lois subséquentes. Voir lois des 7 mai 1864; 8 juillet 1871, 22 janvier et 30 décembre 1873.

Art. 2. — Les dispositions de l'article 6 de la loi du 31 mai 1846 seront appliquées aux raffineries de sucre et aux établissements dans lesquels on extrait le sucre des mélasses, ainsi qu'aux bâtiments et locaux de toute nature enclavés dans la même enceinte que ces raffineries ou ces établissements, ou y adhérant.

Art. 3. — Tout établissement dans lequel on extrait le sucre des mélasses sera soumis à l'exercice.

Un arrêté du ministre des finances pourra aussi soumettre à l'exercice les raffineries de sucre situées dans le rayon déterminé par l'article 15 de la loi du 31 mai 1846.

Voir article 28 du règlement du 1er septembre 1852.

Art. 4. — Les contestations relatives à la détermination de la qualité ou de la richesse des sucres indigènes et des matières sucrées de toute nature provenant des fabriques ou raffineries de sucre et des fabriques de glucoses seront déférées aux commissaires-experts institués par l'article 19 de la loi du 27 juillet 1822.

Voir article 20 du règlement de 1852.

Art. 5. — Des règlements d'administration publique détermineront les obligations des fabricants et des raffineurs, et les conditions de l'exercice dans les fabriques, dans les raffineries et dans les établissements où l'on extrait le sucre des mélasses.

Ils fixeront le minimum de rendement obligatoire, le mode de payement des droits, les conditions et les formalités relatives à l'enlèvement, à la circulation des sucres et des matières sucrées, et détermineront les produits qui pourront être reçus dans les fabriques, raffineries et établissements exercés, ceux qui pourront en être expédiés, ainsi que les caractères distinctifs de ces produits.

Il sera pourvu, par des règlements d'administration publique, à tout ce qui concerne les fabriques de glucoses et les produits en provenant.

En exécution de cet article, a été rendu le règlement d'administration publique portant la date du 1er septembre 1852.

Art. 6. — L'article 16 de la loi du 31 mai 1846 est abrogé.

Art. 7. — Toute infraction aux dispositions du présent décret et aux règlements d'administration publique qui seront rendus en exécution de l'article 5 ci-dessus donnera lieu à l'application des peines prononcées *par l'article 26 de la loi du 31 mai* 1846 (1).

Lorsqu'il aura été constaté plus de deux contraventions à la charge d'un fabricant ou d'un raffineur, un arrêté du ministre des finances pourra ordonner la fermeture de l'établissement dans lequel la fraude aura été commise.

Art. 8. — Le bénéfice de la réfaction des droits résultant des articles 51 à 59 de la loi du 21 avril 1818 cessera d'être appliqué aux sucres avariés.

Art. 9. — La loi du 13 juin 1851 est abrogée dans toutes les dispositions non maintenues par le présent décret.

Seront également abrogées, à dater de la mise à exécution des règlements d'administration publique prescrits par l'article 5 ci-dessus, les dispositions de la loi du 31 mai 1846 qui seraient contraires à ces règlements.

Art. 10. — Le ministre de l'intérieur, de l'agriculture et du commerce, et le ministre des finances, sont chargés, chacun en ce qui le concerne, de l'exécution du présent décret.

ARRÊTÉ MINISTÉRIEL DES FINANCES, DU 3 MAI 1852 (2)

Relatif à l'exécution du décret du 25 mars 1852, sur la décentralisation administrative.

Art. 1er. — La nomination des préposés en chef des octrois des villes a lieu sur la présentation par le maire d'une liste de trois candidats, et sur l'avis du directeur des contributions indirectes du département.

Art. 2. — La nomination des débitants de poudres à feu est faite sur la présentation, par le directeur des contributions indirectes du département, d'une liste de trois candidats.

Art. 3. — La même règle est applicable à la nomination des titulaires des débits de tabac simples, dont le produit ne dépasse

---

(1) Par l'article 3 de la loi du 30 décembre 1873.
(2) Modifié par les décrets des 28 novembre 1873 et 17 mars 1874.

pas mille francs, sous la réserve des conditions d'admissibilité déterminées par les articles 4, 5, 6 et 7 ci-après.

Art. 4. — Les débits de tabac sont réservés :

1° Aux anciens militaires, à leurs femmes, veuves ou enfants majeurs ;

2° Aux anciens employés des services publics, à leurs femmes, veuves ou enfants majeurs;

3° Aux personnes qui ont justifié d'actes de courage et de dévouement dans un intérêt public.

Ces dernières ne peuvent être admises au nombre des candidats que sur une autorisation du ministre.

Art. 5. — Toute demande doit être appuyée d'un état authentique des services du postulant, indiquant leur nature, leur durée et le motif de leur cessation.

Les veuves ou les enfants produiront, dans cette forme, la justification des services de leurs maris ou pères.

Art. 6. — Les anciens militaires ne peuvent être inscrits sur la liste des candidats qu'autant qu'ils sont restés sous les drapeaux au delà du temps fixé par la loi sur le recrutement. Sont exceptés les militaires que des blessures graves auraient mis hors de service.

Art. 7. — Ne sont point admis comme candidats, les titulaires de pensions civiles ou militaires dont le chiffre est supérieur à deux mille francs.

Art. 8. — Les débitants sont tenus de résider et de gérer personnellement. Des dispenses pourront être accordées par les préfets, sur l'avis des directeurs. Les débitants qui auront obtenu ces dispenses devront, à la fin de chaque année, produire un certificat de vie.

Art. 9. — La débitante, fille ou veuve, qui se marie, doit en informer le directeur, et, sur l'avis de ce dernier, le préfet décide si le débit peut être conservé à la titulaire.

Art. 10. — Toute transmission est interdite du vivant des titulaires; mais, en cas de décès d'un débitant, il peut être disposé du débit en faveur de l'époux survivant ou de ses enfants, si cette ressource leur est nécessaire.

La démission donnée par un débitant en faveur d'une personne de son choix ne peut être admise. Tout trafic de débit est interdit, sous peine de révocation.

Art. 11. — Les nominations de préposés en chef d'octroi et de débitants de poudres à feu seront portées immédiatement par les préfets à la connaissance du ministre.

Art. 12. — A la fin de chaque trimestre, les préfets adresseront au ministre des finances un état nominatif des débitants de tabac qu'ils auront nommés.

Cet état sera dressé suivant le modèle ci-annexé.

Art. 13. — Le présent arrêté sera déposé au secrétariat général, pour être notifié à qui de droit.

DÉCRET DU 15 JUIN 1852

Art. 1er. — Tout douanier, garde forestier, garde-pêche, garde champêtre, cantonnier, enfin tout agent assermenté, salarié par l'Etat ou par les communes, requis par l'autorité militaire pour être employé, à l'intérieur, comme auxiliaire de la force publique pour le maintien de l'ordre, aura droit au bénéfice des dispositions stipulées au troisième paragraphe de l'article 8 de l'ordonnance du 31 mai 1831.

DÉCRET DU 26 JUILLET 1852

Qui rétablit la culture du tabac dans les départements des Bouches-du-Rhône et du Var.

Art. 1er. — La culture du tabac est rétablie dans les départements des Bouches-du-Rhône et du Var, à titre de nouvel essai. Cette culture s'appliquera seulement aux espèces de tabacs légers propres à la fabrication des tabacs à fumer.

Art. 2. — Les lois et règlements qui régissent la culture du tabac dans les autres départements recevront leur application dans ceux des Bouches-du-Rhône et du Var.

Art. 3. — Dans les arrondissements de ces deux départements où les essais de culture seront autorisés par le ministre des finances, il sera mis, à titre gratuit, à la disposition de l'administration, des magasins convenables pour recevoir et manutentionner les récoltes des planteurs.

DÉCRET DU 10 AOUT 1852

Portant règlement sur la police du roulage et des messageries publiques.

TITRE Ier. — Dispositions applicables à toutes les voitures.

Art. 1er. — Les essieux des voitures ne pourront avoir plus de deux mètres cinquante centimètres (2^m 50) de longueur, ni dépasser à leurs extrémités le moyeu de plus de six centimètres (0^m 06).

La saillie des moyeux, y compris celle de l'essieu, n'excédera pas de plus de douze centimètres (0^m 12) le plan passant par le bord extérieur des bandes. Il est accordé une tolérance de deux centimètres (0^m 02) sur cette saillie, pour les roues qui ont déjà fait un certain service.

Art. 2. — Il est expressément défendu d'employer des clous à tête de diamant. Tout clou de bande sera rivé à plat, et ne pourra, lorsqu'il sera posé à neuf, former une saillie de plus de cinq millimètres (0^m 005).

Art. 3. — Il ne peut être attelé :

1° Aux voitures servant au transport des marchandises, plus de cinq chevaux si elles sont à deux roues; plus de huit si elles sont à quatre roues, sans qu'il puisse y avoir plus de cinq chevaux de file;

2° Aux voitures servant au transport des personnes, plus de trois chevaux si elles sont à deux roues; plus de six si elles sont à quatre roues.

Art. 4. — Lorsqu'il y aura lieu de transporter des blocs de pierre, des locomotives ou d'autres objets d'un poids considérable, l'emploi d'un attelage exceptionnel pourra être autorisé, sur l'avis des ingénieurs ou des agents voyers, par les préfets des départements traversés.

Art. 5. — Les prescriptions de l'article 3 ne sont pas applicables sur les parties de routes ou de chemins vicinaux de grande communication affectées de rampes d'une déclivité ou d'une longueur exceptionnelle.

Les limites de ces parties de routes ou de chemins sur lesquelles l'emploi de chevaux de renfort est autorisé sont déterminées par un arrêté du préfet, sur la proposition de l'ingénieur en chef ou de l'agent voyer en chef du département, et indiquées sur place par des poteaux portant cette inscription : *Chevaux de renfort.*

Pour les voitures marchant avec relais réguliers et servant au transport des personnes ou des marchandises, la faculté d'atteler des chevaux de renfort s'étend à toute la longueur des relais dans lesquels sont placés les poteaux.

L'emploi de chevaux de renfort peut être autorisé temporairement sur les parties de routes ou de chemins de grande communication, lorsque, par suite de travaux de réparation ou d'autres circonstances accidentelles, cette mesure sera nécessaire. Dans ce cas, le préfet fera placer des poteaux provisoires.

Art. 6. — En temps de neige ou de verglas, les prescriptions relatives à la limitation du nombre des chevaux demeurent suspendues.

Art. 7. — Le ministre des travaux publics détermine les départements dans lesquels il pourra être établi, sur les routes nationales et départementales, des barrières pour restreindre la circulation pendant les temps de dégel.

Les préfets, dans chaque département, déterminent les chemins de grande communication sur lesquels ces barrières pourront être établies.

Ces barrières seront fermées et ouvertes en vertu d'arrêtés du sous-préfet, pris sur l'avis de l'ingénieur d'arrondissement ou de l'agent voyer. Ces arrêtés seront affichés et publiés à la diligence des maires.

Dès que la fermeture des barrières aura été ordonnée, aucune voiture ne pourra sortir de la ville, du bourg ou du village dans lequel elle se trouvera. Toutefois, les voitures qui seront déjà en marche pourront continuer leur route jusqu'au gîte le plus voisin, où elles seront tenues de rester jusqu'à l'ouverture des barrières. Pour n'être point inquiétés dans leur trajet, les propriétaires ou conducteurs de ces voitures prendront un laissez-passer du maire.

Le jour de l'ouverture des barrières et le lendemain, les voitures ne pourront partir du lieu où elles auront été retenues que deux à la fois et à un quart d'heure d'intervalle. Le maire ou son délégué présidera au départ, qui aura lieu dans l'ordre suivant lequel les voitures se seront fait inscrire à leur arrivée dans la commune.

Le service des barrières sera fait par des agents désignés à cet effet par les ingénieurs ou par les agents voyers.

Toute voiture prise en contravention aux dispositions du présent article sera arrêtée, et les chevaux seront mis en fourrière dans l'auberge la plus rapprochée; le tout sans préjudice de l'amende stipulée à l'article 4, titre II de la loi du 30 mai 1851, et des frais de réparation mentionnés dans l'article 9 de ladite loi.

Peuvent circuler pendant la fermeture des barrières de dégel :

1° Les courriers de la malle ;

2° Les voitures de voyage suspendues, étrangères à toute entreprise publique de messageries ;

3° Les voitures non chargées ;

4° *Sur les chaussées pavées, les voitures chargées, mais attelées seulement d'un cheval si elles sont à deux roues, et de deux chevaux si elles sont à quatre roues ;*

5° *Sur les chaussées empierrées, les voitures chargées, mais attelées seulement de deux chevaux si elles sont à deux roues, et de trois chevaux si elles sont à quatre roues.*

Les deux derniers paragraphes de cet article ont été remplacés par l'article 1er du décret du 24 février 1858.

Art. 8. — Pendant la traversée des ponts suspendus, les chevaux seront mis au pas; les voituriers ou rouliers tiendront les guides ou le cordeau; les conducteurs et postillons resteront sur leurs siéges.

Défense est faite aux rouliers et autres voituriers de dételer aucun de leurs chevaux pour le passage du pont.

Toute voiture attelée de plus de cinq chevaux ne doit pas s'engager sur le tablier d'une travée, quand il y a déjà sur cette travée une voiture d'un attelage supérieur à ce nombre de chevaux.

Pour les ponts suspendus qui n'offriraient pas toutes les garanties nécessaires pour le passage des voitures lourdement chargées, il pourra être adopté par le ministre des travaux publics ou par le ministre de l'intérieur, chacun en ce qui le concerne, telles autres dispositions qui seront jugées nécessaires.

Dans des circonstances urgentes, les préfets et les maires pourront prendre telles mesures que leur paraîtra commander la sûreté publique, sauf à en rendre compte à l'autorité supérieure.

Les mesures prescrites pour la protection des ponts suspendus seront, dans tous les cas, placardées à l'entrée et à la sortie de ces ponts.

Art. 9. — Tout roulier ou conducteur de voiture doit se ranger à sa droite, à l'approche de toute autre voiture, de manière à lui laisser libre au moins la moitié de la chaussée.

Art. 10. — Il est interdit de laisser stationner sans nécessité sur la voie publique aucune voiture attelée ou non attelée.

TITRE II. — **Dispositions applicables aux voitures ne servant pas au transport des personnes.**

Art. 11. — La largeur du chargement des voitures qui ne servent pas au transport des personnes ne peut excéder deux mètres cinquante centimètres (2ᵐ 50). Toutefois, les préfets des départements traversés peuvent délivrer des permis de circulation pour les objets d'un grand volume qui ne seraient pas susceptibles d'être chargés dans ces conditions.

Sont affranchies, conformément à la loi du 30 mai 1851, de toute réglementation de largeur de chargement, les voitures d'agriculture lorsqu'elles sont employées au transport des récoltes de la ferme aux champs, et des champs à la ferme ou au marché.

Art. 12. — La largeur des colliers des chevaux ou autres bêtes de trait ne peut dépasser quatre-vingt-dix centimètres (0ᵐ 90), mesurés entre les points les plus saillants des pattes des attelles.

Art. 13. — Lorsque plusieurs voitures marchent à la suite les unes des autres, elles doivent être distribuées en convois de *quatre voitures* au plus si elles sont à quatre roues et attelées d'un seul cheval; de *trois voitures* au plus si elles sont à deux roues et attelées d'un seul cheval; et de deux voitures au plus si l'une d'elles est attelée de plus d'un cheval.

L'intervalle d'un convoi à l'autre ne peut être moindre de cinquante mètres.

Le nombre des voitures dont cet article permet la réunion en convoi peut être restreint par les Préfets. — (Voir art. 2 du décret du 24 février 1858.)

Art. 14. — Tout voiturier ou conducteur doit se tenir constamment à portée de ses chevaux ou bêtes de trait et en position de les guider.

Il est interdit de faire conduire par un seul conducteur plus de quatre voitures à un cheval si elles sont à quatre roues, et plus de trois voitures à un cheval si elles sont à deux roues.

Chaque voiture attelée de plus d'un cheval doit avoir un conducteur. Toutefois, une voiture dont le cheval est attaché derrière une voiture attelée de quatre chevaux au plus n'a pas besoin d'un conducteur particulier.

Les règlements de police municipale détermineront, en ce qui concerne la traverse des villes, bourgs et villages, les restrictions qui peuvent être apportées aux dispositions du présent article et de celui qui précède.

Art. 15. — Aucune voiture marchant isolément ou en tête d'un convoi ne pourra circuler pendant la nuit sans être pourvue d'un falot ou d'une lanterne allumée.

Cette disposition pourra être appliquée aux voitures d'agriculture par des arrêtés des préfets ou des maires.

Art. 16. — Tout propriétaire de voitures ne servant pas au transport des personnes est tenu de faire placer, en avant des roues et au côté gauche de sa voiture, une plaque métallique portant, en caractères apparents et lisibles ayant au moins cinq millimètres (0ᵐ 005) de hauteur, ses noms, prénoms et profession, le nom de la commune, du canton et du département de son domicile.

Sont exceptées de cette disposition, conformément à la loi du 30 mai 1851 :

1° Les voitures particulières destinées au transport des personnes, mais étrangères à un service public des messageries ;

2° Les malles-postes et autres voitures appartenant à l'administration des postes ;

3° Les voitures d'artillerie, chariots et fourgons appartenant aux départements de la guerre et de la marine.

Des décrets du Président de la République déterminent les marques distinctives que doivent porter les voitures désignées aux paragraphes 2 et 3, et les titres dont leurs conducteurs doivent être munis ;

4° Les voitures employées à la culture des terres, au transport des récoltes, à l'exploitation des fermes, qui se rendent de la ferme aux champs ou des champs à la ferme, ou qui servent au transport des objets récoltés du lieu où ils ont été recueillis jusqu'à celui où, pour les conserver ou les manipuler, le cultivateur les dépose ou les rassemble.

TITRE III. — Dispositions applicables aux voitures des messageries.

Art. 17. — Les entrepreneurs des voitures publiques allant à destination fixe déclareront le siége principal de leur établissement, le nombre de leurs voitures, celui des places qu'elles contiennent, le lieu de destination, les jours et heures de départ et d'arrivée. Cette déclaration sera faite, dans le département de la Seine, au préfet de police, et, dans les autres départements, aux préfets ou sous-préfets.

Ces formalités ne seront obligatoires pour les entrepreneurs actuels qu'au renouvellement de leurs voitures, ou lorsqu'ils en modifieront la forme ou la contenance.

Tout changement aux dispositions arrêtées par suite du premier paragraphe du présent article donnera lieu à une déclaration nouvelle.

Art. 18. — Aussitôt après les déclarations faites en vertu des paragraphes 1 et 2 de l'article précédent, le préfet ou le sous-préfet ordonne la visite des voitures, afin de constater si elles sont entièrement conformes à ce qui est prescrit par les articles ci-après, de 19 à 29 inclusivement, et si elles ne présentent aucun vice de construction qui puisse occasionner des accidents. Cette visite, qui pourra être renouvelée toutes les fois que l'autorité le jugera nécessaire, sera faite en présence du commissaire de police, par un expert nommé par le préfet ou le sous-préfet.

L'entrepreneur a la faculté de nommer, de son côté, un expert pour opérer contradictoirement avec celui de l'administration.

La visite des voitures ne peut être faite qu'à l'un des principaux établissements de l'entreprise; les frais sont à la charge de l'entrepreneur.

Le préfet prononce sur le vu du procès-verbal d'expertise et du rapport du commissaire de police.

Aucune voiture ne peut être mise en circulation avant la délivrance de l'autorisation du préfet.

Art. 19. — Le préfet transmet au directeur des contributions indirectes copie, par extrait, des autorisations par lui accordées en vertu de l'article précédent.

L'estampille prescrite par l'article 117 de la loi du 25 mars 1817 n'est délivrée que sur le vu de cette autorisation, qui doit être inscrite sur un registre spécial.

Art. 20. — La largeur de la voie pour les voitures publiques est fixée au minimum à un mètre soixante-cinq centimètres (1m 65), entre le milieu des jantes de la partie des roues reposant sur le sol.

Toutefois, si les voitures sont à quatre roues, la voie de devant pourra être réduite à un mètre cinquante-cinq centimètres (1m 55).

En pays de montagnes, les entrepreneurs pourront être autorisés, par les préfets, sur l'avis des ingénieurs et des agents voyers, à employer des largeurs de voies moindres que celles réglées par les paragraphes précédents, mais à la condition que les voies seront au moins égales à la voie la plus large des voitures en usage dans la contrée.

Art. 21. — La distance entre les axes des deux essieux, dans les voitures publiques à quatre roues, sera égale au moins à la moitié de la longueur des caisses mesurées à la hauteur de leur ceinture, sans pouvoir néanmoins descendre au-dessous de un mètre cinquante-cinq centimètres (1m 55).

Art. 22. — Le maximum de la hauteur des voitures publiques, depuis le sol jusqu'à la partie la plus élevée du chargement, est fixé à trois mètres (3m) pour les voitures à quatre roues, et à deux mètres soixante centimètres (2m 60) pour les voitures à deux roues.

Il est accordé, pour les voitures à quatre roues, une augmentation de dix centimètres (0m 10), si elles sont pourvues à l'avant-train de sassoires et contre-sassoires formant chacune au moins un demi-cercle de un mètre quinze centimètres (1m 15) de diamètre, ayant la cheville ouvrière pour centre.

Lorsque, par application du troisième paragraphe de l'article 20, on autorisera une réduction dans la largeur de la voie, le rapport de la hauteur de la voiture avec la largeur de la voie sera, au maximum, de un trois quarts.

Dans tous les cas, la hauteur est réglée par une traverse en fer placée au milieu de la longueur affectée au chargement, et dont les montants, au moment de la visite prescrite par l'article 17, sont marqués d'une estampille constatant qu'ils ne dépassent pas la hauteur voulue ; ils doivent, ainsi que la traverse, être constamment apparents.

La bâche qui recouvre le chargement ne peut déborder ces montants ni la hauteur de la traverse.

Il est défendu d'attacher aucun objet en dehors de la bâche.

Art. 23. — Les compartiments des voitures publiques seront disposés de manière à satisfaire aux conditions suivantes :

Largeur moyenne des places, quarante-huit centimètres (0ᵐ 48) ;

Largeur des banquettes, quarante-cinq centimètres (0ᵐ 45) ;

Distance entre deux banquettes, quarante-cinq centimètres (0ᵐ 45) ;

Distance entre la banquette du coupé et le devant de la voiture, trente-cinq centimètres (0ᵐ 35) ;

Hauteur du pavillon au-dessus du fond de la voiture, un mètre quarante centimètres (1ᵐ 40) ;

Hauteur des banquettes, y compris le coussin, quarante centimètres (0ᵐ 40).

Pour les voitures parcourant moins de vingt kilomètres et pour les banquettes à plus de trois places, la largeur moyenne des places pourra être réduite à quarante centimètres (0ᵐ 40).

Art. 24. — Il peut être placé sur l'impériale une banquette destinée au conducteur et à deux voyageurs, ou à trois voyageurs lorsque le conducteur se placera sur le même siége que le cocher.

Cette banquette, dont la hauteur, y compris le coussin, ne dépassera pas trente centimètres (0ᵐ 30), ne peut être recouverte que d'une capote flexible.

Aucun paquet ne peut être chargé sur cette banquette.

Art. 25. — Le coupé et l'intérieur auront une portière de chaque côté.

La caisse de derrière ou la rotonde peut n'avoir qu'une portière ouverte à l'arrière.

Chaque portière sera garnie d'un marche-pied.

Art. 26. — Les essieux seront en fer corroyé, de bonne qualité, et arrêtés à chaque extrémité, soit par un écrou assujetti au moyen d'une clavette, soit par une boîte à huile, fixée par quatre boulons traversant la longueur du moyeu, soit par tout autre système qui serait approuvé par le ministre des travaux publics.

Art. 27. — Toute voiture publique doit être munie d'une machine à enrayer agissant sur les roues de derrière et disposée de manière à pouvoir être maneuvrée de la place assignée au conducteur.

Les voitures doivent être, en outre, pourvues d'un sabot et d'une chaîne d'enrayage, que le conducteur placera à chaque descente rapide.

Les préfets peuvent dispenser de l'emploi de ces appareils les voitures qui parcourent uniquement des pays de plaine.

Art. 28. — Pendant la nuit, les voitures publiques seront

éclairées par une lanterne à réflecteur placée à droite et à l'avant de la voiture.

Art. 29. — Chaque voiture porte à l'extérieur, dans un endroit apparent, indépendamment de l'estampille délivrée par l'administration des contributions indirectes, le nom et le domicile de l'entrepreneur, et l'indication du nombre des places de chaque compartiment.

Art. 30. — Elle porte à l'intérieur des compartiments : 1° le numéro de chaque place ; 2° le prix de la place depuis le lieu du départ jusqu'à celui d'arrivée.

L'entrepreneur ne peut admettre dans les compartiments de ses voitures un plus grand nombre de voyageurs que celui indiqué sur les panneaux, conformément à l'article 29.

Art. 31. — Chaque entrepreneur inscrit sur un registre coté et parafé par le maire le nom des voyageurs qu'il transporte ; il y inscrit également les ballots et paquets dont le transport lui est confié.

Il remet au conducteur, pour lui servir de feuille de route, une copie de cet enregistrement, et à chaque voyageur un extrait en ce qui le concerne, avec le numéro de sa place.

Art. 32. — Les conducteurs ne peuvent prendre en route aucun voyageur, ni recevoir aucun paquet, sans en faire mention sur les feuilles de route qui leur ont été remises au point de départ.

Art. 33. — Toute voiture publique dont l'attelage ne présentera de front que deux rangs de chevaux pourra être conduite par un seul postillon ou un seul cocher.

Elle devra être conduite par deux postillons ou par un cocher et un postillon, lorsque l'attelage comportera plus de deux rangs de chevaux.

Art. 34. — Les postillons ou cochers ne pourront, sous aucun prétexte, descendre de leurs chevaux ou de leurs siéges.

Il leur est enjoint d'observer, dans les traversées des villes et des villages, les règlements de police concernant la circulation dans les rues.

Dans les haltes, le conducteur et le postillon ne peuvent quitter en même temps la voiture tant qu'elle reste attelée.

Avant de remonter sur son siége, le conducteur doit s'assurer que les portières sont exactement fermées.

Art. 35. — Lorsque, contrairement à l'article 9 du présent décret, un roulier ou conducteur de voiture n'aura pas cédé la moitié de la chaussée à une voiture publique, le conducteur ou postillon qui aurait à se plaindre de cette contravention devra en faire la déclaration à l'officier de police du lieu le plus rapproché, en faisant connaître le nom du voiturier d'après la plaque de sa voiture.

Les procès-verbaux de contravention seront sur-le-champ transmis au procureur de la République, qui fera poursuivre les délinquants.

Art. 36. — Les entrepreneurs de voitures publiques, autres que celles conduites par les maîtres de poste, feront, à Paris, à la préfecture de police, et dans les départements, à la préfecture ou sous-préfecture du lieu où sont établis leurs relais, la déclaration des lieux où ces relais sont situés et du nom des relayeurs.

Une déclaration semblable sera faite chaque fois que les entrepreneurs traiteront avec un nouveau relayeur.

Art. 37. — Les relayeurs ou leurs préposés seront présents à l'arrivée et au départ de chaque voiture, et s'assureront par eux-mêmes, et sous leur responsabilité, que les postillons ne sont pas en état d'ivresse.

La tenue des relais, en tout ce qui intéresse la sûreté des voyageurs, est surveillée, à Paris, par le préfet de police, et dans les départements, par les maires des communes où ces relais se trouvent établis.

Art. 38. — Nul ne peut être admis comme postillon ou cocher, s'il n'est âgé de seize ans au moins et porteur d'un livret délivré par le maire de la commune de son domicile, attestant ses bonnes vie et mœurs et son aptitude pour le métier qu'il veut exercer.

Art. 39. — A chaque bureau de départ et d'arrivée, et à chaque relai, il y a un registre coté et parafé par le maire, pour l'inscription des plaintes que les voyageurs peuvent avoir à former contre les conducteurs, postillons ou cochers. Ce registre est présenté aux voyageurs à toute réquisition par le chef du bureau ou par le relayeur.

Les maîtres de poste qui conduisent des voitures publiques présentent, aux voyageurs qui le requièrent, le registre qu'ils sont obligés de tenir d'après le règlement des postes.

Art. 40. — Les dispositions qui précèdent ne sont pas applicables aux malles-postes destinées au transport de la correspondance du gouvernement et du public, la forme, les dimensions, le chargement et le mode de conduite de ces voitures étant déterminés par des règlements particuliers.

Les voitures des entrepreneurs qui transportent les dépêches ne sont pas considérées comme malles-postes.

Art. 41. — Les voitures publiques qui desservent les routes des pays voisins, et qui partent des villes frontières ou qui y arrivent, ne sont pas soumises aux règles ci-dessus prescrites. Elles doivent, toutefois, être solidement construites.

Art. 42. — Les articles ci-dessus, de 16 à 38, seront constamment placardés, à la diligence des entrepreneurs des voitures publiques, dans le lieu le plus apparent des bureaux et des relais.

Les articles, de 28 à 38 inclusivement, seront imprimés à part et affichés dans l'intérieur de chacun des compartiments des voitures.

TITRE IV. — Dispositions transitoires.

Art. 43. — Il est accordé un délai de deux ans, à partir de la promulgation du présent décret, pour l'exécution de l'article 12, relatif à la saillie des colliers.

Art. 44. — Les contraventions au présent règlement seront constatées, poursuivies et réprimées conformément aux titres II et III de la loi du 30 mai 1851, sans préjudice des mesures spéciales prescrites par les règlements locaux.

Art. 45. — Les ordonnances des 23 décembre 1816 et 16 juillet 1828 sont et demeurent rapportées.

Art. 46. — Les ministres des travaux publics, de l'intérieur et des finances sont chargés, chacun en ce qui le concerne, de l'exécution du présent décret, qui sera inséré au *Bulletin des lois*.

DÉCRET DU 12 AOUT 1852

Qui fixe les droits à percevoir sur certains produits chimiques.

Art. 1er. — Il sera perçu savoir :

1° Sur les soudes brutes, dites *cendres de varech*, provenant de l'incinération des plantes marines récoltées en France, ci... 1 fr. 50 c. par 100 kil.

2° Sur les salins ou résidus bruts de la calcination des vinasses de betteraves. .... 1 fr. 25 c. par 100 kil.

3° Sur le sulfate de soude naturel obtenu sur les marais salants ou dans les fabriques de sel, savoir :

Sulfate pur.....	cristallisé ou hydraté..........	2 fr. 40 c. par 100 kil.	
	anhydre.	6	00 —
Sulfate impur.	cristallisé ou hydraté........	2	10 —
	anhydre.....................	5	40 —

4° Sur le chlorure de magnésium créé, comme ces sulfates naturels, par l'évaporation des eaux-mères.................. 4 fr. 00 c. par 100 kil.

Nota.—Comme conséquence de l'article 16 de la loi du 2 juillet 1862 qui a rendu la franchise aux sels destinés pour la fabrication de la soude artificielle, la même franchise doit être accordée aux produits dénommés en l'article ci-dessus. (Circulaire n° 872, du 22 décembre 1862.)

Art. 2. — Les chlorures de sodium, purs ou mélangés d'autres sels, produits par le raffinage ou par tout autre traitement des soudes brutes de varech, étant assimilés aux chlorures de sodium obtenus dans les fabriques de produits chimiques en général, supporteront la même taxe que ceux-ci.

Toutefois, les sels de l'espèce qui, à la date du 1er mai dernier, existaient dans quelques établissements industriels où l'emploi en franchise en avait été précédemment autorisé, ne seront soumis qu'à un droit de 6 francs seulement par 100 kilogrammes.

Art. 3. — (Relatif à l'emploi dans les fabriques de soude du sel exempt de la taxe. — Modifié par le décret du 30 juillet 1853.)

Art. 4. — La perception des droits mentionnés aux trois articles précédents s'effectuera conformément aux lois et règlements relatifs à la perception de la taxe générale de consommation sur les sels. Toutefois, il ne sera accordé aucune remise à titre de déchet.

Ces droits seront appliqués aux produits dont l'enlèvement et l'emploi ont été autorisés conditionnellement depuis le 1ᵉʳ mai dernier, c'est-à-dire à tous ceux qui, depuis cette époque, ont été laissés à la libre disposition des intéressés.

Art. 5. — En cas de contestation relativement à la nature, à l'espèce ou à la qualité des produits désignés au présent décret, il sera statué par les commissaires experts institués par l'article 19 de la loi du 22 juillet 1822.

Art. 6. — Ces mêmes produits ne pourront circuler dans le rayon de 15 kilomètres des côtes maritimes, y compris les rivières affluentes à la mer, jusqu'au dernier bureau de douanes, des marais salants, fabriques de sel ou de soude, et des usines où il est procédé à la calcination des vinasses de betteraves, sans être accompagnés d'une expédition indiquant la provenance, la destination, le mode de transport et la route à suivre.

Les contraventions à cette disposition entraîneront, selon le cas, l'application des pénalités déterminées par les décrets des 11 juin 1806 et 25 janvier 1807 et par la loi du 17 décembre 1814, ou celles édictées par les articles 10 et 13 de la loi du 17 juin 1840.

DÉCRET DU 1ᵉʳ SEPTEMBRE 1852

Portant règlement d'administration publique, sur les fabriques et les raffineries de sucre.

TITRE Iᵉʳ. — Des fabriques de sucre.

Art. 1ᵉʳ. — Les fabriques de sucre seront soumises à la surveillance permanente du service des douanes et des contributions indirectes.

Les 2ᵉ, 3ᵉ et 4ᵉ paragraphes de cet article, qui imposaient aux fabricants et raffineurs l'obligation de fournir un logement et un bureau aux employés, ont été rapportés par un décret en date du 17 novembre 1852.

Art. 2. — Toute communication intérieure des lieux déclarés par le fabricant, avec les maisons voisines non occupées par lui, est interdite et devra être scellée.

Les jours et fenêtres du magasin affecté au dépôt des sucres achevés seront garnis d'un treillis de fer, dont les mailles auront cinq centimètres d'ouverture au plus.

L'administration pourra exiger :

1° Que tous les jours et fenêtres de la fabrique et des batiments attenants soient garnis d'un treillis des dimensions indiquées ci-dessus ;

2° Qu'il n'existe nulle communication intérieure entre la fabrique et les maisons d'habitation ou les bâtiments d'exploitation attenants ;

3° Que la fabrique et ses dépendances n'aient qu'une entrée habituellement ouverte et que les autres portes soient fermées à deux serrures. La clef de l'une de ces serrures sera remise aux employés, et les portes ne pourront être ouvertes qu'en leur présence.

Le fabricant devra, lorsqu'il en sera requis, satisfaire à ces prescriptions dans un délai d'un mois. A défaut, les sucres fabriqués après l'expiration de ce délai seront considérés comme produits en fraude, et donneront lieu à l'application des peines prononcées par l'article 26 de la loi du 31 mai 1846.

Les fabriques qui seront établies à l'avenir devront être séparées de tout autre bâtiment. Tous les jours et fenêtres devront être garnis d'un treillis en fer, et il ne pourra y avoir qu'une porte principale habituellement ouverte, le tout conformément à ce qui est prescrit ci-dessus.

Art. 3. — A l'extérieur du bâtiment principal de tout établissement où l'on fabrique du sucre, seront inscrits les mots *Fabrique de sucre*.

Art. 4. — Les employés chargés de la surveillance de la fabrique sont autorisés à recevoir la déclaration prescrite par l'article 3 de la loi du 31 mai 1846.

Elle devra être faite un mois avant le commencement de la fabrication.

Les contenances des vaisseaux déclarés seront vérifiées par le jaugeage métrique. S'il y a contestation, elles le seront par empotement.

Le fabricant fera apposer distinctement les marques ci-après prescrites :

Chacun des vaisseaux recevra un numéro d'ordre et l'indication de sa contenance en litres.

Les formes seront classées par séries de contenances semblables, et marquées seulement d'une lettre par série.

Les numéros des vaisseaux et l'indication des contenances seront peints à l'huile, en caractères ayant au moins cinq centimètres de hauteur.

Art. 5. — Il est défendu de changer, de modifier ou altérer la contenance des chaudières, citernes et autres vaisseaux jaugés ou épalés, ou d'en établir de nouveaux, sans en avoir fait la déclaration vingt-quatre heures d'avance aux employés exerçant la fabrique.

Le fabricant ne pourra faire usage desdits vaisseaux qu'après que leur contenance aura été vérifiée, conformément à l'article précédent.

Art. 6. — Chaque année, et quinze jours au moins avant l'ouverture des travaux de défécation, le fabricant déclarera aux employés exerçant la fabrique :

1° Le procédé qu'il emploiera pour l'extraction du jus ;

2° Les heures de travail pour chaque jour de la semaine.

Tout changement dans le procédé d'extraction du jus ou dans le régime de la fabrique, pour les jours et heures de travail, sera précédé d'une nouvelle déclaration.

Lorsque le fabricant voudra suspendre ou cesser les travaux de sa fabrique, il devra en faire la déclaration aux mêmes agents.

Art. 7. Les registres que les fabricants auront à tenir, en vertu de l'article 5 de la loi du 31 mai 1846, leur seront fournis gratuitement par l'administration. Ils seront cotés et paraphés par le chef de service délégué à cet effet.

Ces registres seront, à toute réquisition, et à l'instant même de la demande, représentés aux employés, qui y apposeront leur visa.

Art. 8. — Un premier registre servira à constater toutes les défécations, au fur et à mesure qu'elles auront lieu, et sans interruption ni lacune.

Le fabricant y inscrira :

A l'instant même où le jus commencera à couler dans la chaudière : 1° le numéro de cette chaudière ; 2° la date et l'heure du commencement de l'opération ;

A la fin de la défécation, l'heure à laquelle elle aura été terminée.

Ce registre sera placé dans la partie de l'atelier où se trouvent les chaudières de défécation.

Art. 9. — Avant que la chaux ne puisse être versée dans la chaudière, et préalablement à tout mélange d'autres matières, la densité du jus sera reconnue par l'employé chargé de la surveillance des défécations. Il la constatera sur le registre.

S'il est ajouté au jus des sucres imparfaits, des sirops ou des mélasses, le même agent en vérifiera le volume et le constatera, à chaque opération, sur le registre des défécations.

Chaque jour, le registre des défécations sera arrêté par le chef du service de la fabrique, et les quantités de jus déféqués seront prises en charge au portatif, après déduction, s'il y a lieu, du volume des sucres imparfaits, sirops et mélasses ajoutés.

Dans les fabriques où les procédés ordinaires de défécation ne sont pas suivis, les bases de la prise en charge pourront être modifiées en vertu de décisions de l'administration. Ces décisions ne seront valables que pour la durée de la campagne. En cas de fraude dûment constatée, elles seront considérées comme non avenues.

Art. 10. — Un second registre présentera les résultats de la cuite et de la mise en forme des sirops.

Le fabricant y indiquera :

1° Avant l'*empli*, l'heure à laquelle le sirop commencera à être retiré du rafraîchissoir et porté dans les formes ou cristallisoirs ;

2° Après l'empli, le nombre de formes ou cristallisoirs de

chaque série qui auront été remplis, et l'heure à laquelle l'opération aura été terminée.

Les formes et cristallisoirs provenant d'un même empli seront réunis sur un même point de la purgerie, et ne pourront être déplacés qu'avec l'autorisation du service.

Art. 11. — Les employés vérifieront et prendront en compte le volume des sirops versés dans les formes ou cristallisoirs. Ils pourront marquer les formes ou cristallisoirs ou désigner, par une étiquette générale, tous les sirops provenant du même empli.

En cas de soustraction de tout ou partie des sirops pris en compte, un procès-verbal sera dressé pour l'application des peines résultant de l'article 26 de la loi du 31 mai 1846, et le droit dû sur les quantités soustraites sera calculé à raison d'un kilogramme de sucre par litre de sirop.

Art. 12. — L'administration pourra exiger la prise en compte des rafraîchissoirs et de tous autres vaisseaux dans lesquels sont reçus les sirops et les matières sucrées de toute nature. Dans ce cas, les fabricants seront tenus d'inscrire sur les registres qui leur seront fournis, et, au moment où les opérations auront lieu, les quantités versées dans ces vaisseaux, ainsi que les quantités extraites.

Les soustractions dûment constatées donneront lieu à l'application des dispositions de l'article 11 du présent règlement.

Art. 13. — Les sucres en cristallisation ne pourront être retirés des formes ou cristallisoirs qu'à la suite d'une déclaration faite pour toutes les opérations de la journée. Cette déclaration indiquera le nombre des formes ou cristallisoirs de chaque série qui devront être *lochés*. Les sucres ne pourront être extraits qu'en présence du service, qui en vérifiera le poids et le prendra en charge.

Les lochages ne devront avoir lieu que de jour.

Art. 14. — Dans les établissements où l'on emploie les appareils à force centrifuge, le fabricant déclarera, par journée, les sirops qui devront passer à la turbine. La déclaration indiquera la nature des sirops et le nombre et la contenance des vaisseaux qui devront être vidés. Le sucre obtenu ne pourra être enlevé qu'après vérification et prise en charge de son poids par le service.

Art. 15. — Dans les fabriques où l'on raffine, le nombre et le poids des pains qui devront être mis à l'étuve sera déclaré par le fabricant et vérifié par le service.

La sortie de l'étuve devra aussi être préalablement déclarée. Le service constatera et prendra en charge le nombre et le poids des pains retirés de l'étuve.

Toute différence, quant au nombre des pains retirés de l'étuve, donnera lieu à l'application de l'article 26 de la loi du 31 mai 1846.

Art. 16. — Il sera affecté au dépôt des sucres un ou plusieurs magasins n'ayant qu'une porte fermée à deux serrures. Les employés garderont une des deux clefs, et les magasins ne pourront être ouverts qu'en leur présence.

Dès que les vérifications prescrites par les articles 13, 14 et 15 auront été effectuées, les sucres fabriqués seront transportés dans les magasins de dépôt. Toute quantité de sucre trouvée en dehors de ces magasins sera réputée fabriquée en fraude.

Art. 17. — Tout fabricant qui voudra remettre en fabrication des sucres ou des sirops sera tenu de déclarer :

La nature et la quantité totale des sucres ou sirops qu'il devra refondre dans la journée ;

Les vaisseaux dans lesquels ils seront contenus.

Il ne sera donné décharge desdits sucres ou sirops qu'autant que la quantité déclarée aura été refondue en entier en présence des employés.

Art. 18. — L'administration pourra accorder un dégrèvement sur la prise en charge, lorsque les pertes matérielles de jus, de sirops ou de sucres résultant d'accidents, auront été dénoncées immédiatement par le fabricant aux employés. Ceux-ci seront tenus de les constater d'après les règles propres à l'administration.

Art. 19. — Les employés pourront, à des époques indéterminées, arrêter la situation du compte particulier des sucres achevés, et, à cet effet, vérifier par la pesée les quantités existantes dans les fabriques.

Si cette vérification fait ressortir un excédant, cet excédant sera saisi. Si, au contraire, cette vérification fait ressortir des manquants, ces manquants seront alloués jusqu'à concurrence de 3 p. 0/0 des quantités prises en charge depuis le dernier recensement. La quantité restant en magasin à l'époque de chaque recensement jouira de la portion non absorbée de l'allocation, sans que l'allocation totale puisse excéder 3 0/0.

Lorsque les manquants ne seront pas de plus de 6 p. 0/0 des quantités prises en charge depuis le dernier recensement, l'administration pourra en autoriser la remise avec ou sans payement des droits. Les manquants de plus de 6 p. 0/0 donneront lieu à l'application de l'article 26 de la loi du 31 mai 1846.

Le déchet éprouvé par les sucres mis à l'étuve sera alloué en entier lorsque le nombre des pains sera exactement représenté. Après l'entrée en magasin, les sucres raffinés n'auront droit à nulle allocation pour déchet, s'il existe des différences dans le nombre des pains, et ces différences donneront lieu à l'application des peines prononcées par l'article 26 de la loi du 31 mai 1846.

Pour l'application des dispositions ci-dessus, le compte des sucres en poudre et celui des sucres en pain seront réglés séparément.

Art. 20. — Lors des inventaires, et toutes les fois qu'il y aura lieu à l'évaluation de la quantité de sucre au premier type ou de la quantité de sucre raffiné contenue dans les sucres imparfaits, sirops et mélasses, cette évaluation sera faite par les employés. En cas de contestation de la part du fabricant, les commissaires experts institués par la loi du 27 juillet 1822 statueront au vu d'échantillons prélevés contradictoirement.

Les frais de transport des échantillons seront à la charge du fabricant, lorsque sa prétention aura été reconnue mal fondée.

Art. 21. — *Pour la balance du compte général de fabrication, les sucres achevés seront ramenés au premier type, en ajoutant :*

1° Aux quantités de nuance supérieure au premier type, 6 kilogrammes 667 grammes p. 0/0;

2° Aux quantités de sucre raffiné, 17 kilogrammes 333 grammes p. 0/0.

Cet article a été abrogé par le décret du 11 août 1860.

Art. 22. — Par dérogation à l'article 10 de la loi du 31 mai 1846, *les fabricants raffineurs pourront, à partir du jour où l'inventaire des défécations aura eu lieu,* recevoir, aux conditions déterminées ci-après, les sucres achevés de toute origine, libérés de l'impôt.

Ces sucres devront être représentés sous le plomb et l'acquit-à-caution de la fabrique ou du bureau de départ. Ils seront pris en charge au compte général de fabrication, comme matières non imposables, d'après les quantités constatées à l'arrivée, dans les fabriques, et sur les bases fixées par l'article 21 du présent règlement.

Les sorties pour la consommation seront réparties proportionnellement sur les quantités imposables et les quantités non imposables existant au moment de l'expédition.

Après la cessation des travaux de la campagne, tout manquant sera soumis aux droits. Les excédants seront pris en charge comme matière imposable.

Les bas produits seront retirés des fabriques après payement des droits sur les quantités imposables ou mis sous scellés jusqu'à ce que l'importance des travaux de la campagne suivante ait été déterminée par l'inventaire des défécations.

Article abrogé et remplacé par l'article 2 du décret du 17 avril 1852.

Art. 23. — Les mélasses épuisées, dont l'expédition sur les distilleries est autorisée par l'article 11 de la loi du 31 mai 1846, ne pourront être portées à la décharge du compte de fabrication pour un rendement de plus de 5 p. 0/0 en sucre au premier type.

Art. 24. — Tant qu'un fabricant conservera des betteraves, des sucres, des sirops, des mélasses ou autres matières saccharifères, la déclaration qu'il fera de cesser définitivement ses travaux n'aura pour effet de l'affranchir des obligations imposées aux fabricants de sucre, y compris le payement de la licence, que s'il paye immédiatement les droits sur les sucres achevés, et s'il expédie les sucres imparfaits, sirops et mélasses, sur un autre établissement où ils seront soumis à la prise en charge.

Art. 25. — Néanmoins, dans le cas prévu par le troisième paragraphe de l'article 10 de la loi du 31 mai 1846, le fabricant qui aura déclaré cesser sa fabrication de l'année pour se livrer au raffinage sera dispensé d'enlever les sucres et résidus existant dans l'usine, pourvu que ces produits soient mis sous le scellé ou déposés dans des magasins, sous la double clef du redevable et du service.

Les opérations du raffinage dans ces fabriques seront soumises aux conditions établies par le titre II du présent règlement.

Art. 26. — Aucune expédition ne pourra être faite de la fabrique que sur déclaration du fabricant, et qu'après vérification par le service et délivrance d'un acquit-à-caution.

La déclaration et l'acquit-à-caution énonceront :

Les nombre, marque et numéro des colis ;

Leur poids brut et net ;

La qualité des sucres, et le rendement en sucre au premier type des sirops et des mélasses ;

La destination ;

Les noms, demeures et professions des destinataires ; le nom du voiturier, ainsi que la route qui devra être suivie.

L'acquit-à-caution indiquera, en outre, l'heure de l'enlèvement.

Les employés procéderont, avant l'enlèvement, à la reconnaissance et à la pesée des produits déclarés.

Les colis contenant des sucres seront immédiatement plombés, aux frais du fabricant.

Les futailles contenant des sirops ou des mélasses seront revêtues du cachet de la régie.

Art. 27. — Les sucres et mélasses ne pourront être enlevés que de jour et transportés dans des colis fermés suivant les usages du commerce.

Les sacs devront avoir toutes les coutures à l'intérieur et être d'un poids net uniforme de 100 kilogrammes ; les autres colis pèseront net au moins 100 kilogrammes.

Néanmoins, les sucres candis pourront être transportés en caisses de 25 kilogrammes.

TITRE II. — Des raffineries de sucre et des établissements dans lesquels on extrait le sucre des mélasses.

Art. 28. — Lorsqu'une raffinerie, située dans le rayon déterminé par l'article 15 de la loi du 31 mai 1846, sera soumise à l'exercice en vertu de l'article 3 du décret du 27 mars 1852, notification sera donnée au raffineur de l'arrêté rendu par le ministre des finances. Dans un délai de quinze jours, à partir de cette notification, le raffineur fera au bureau de la régie le plus prochain les déclarations prescrites par l'article 3 de la loi du 31 mai 1846. L'application de l'exercice ne pourra commencer que dans un délai d'un mois, à dater de la même notification.

L'exercice sera appliqué, le 1ᵉʳ octobre 1852, aux établissements dans lesquels le sucre est extrait des mélasses. Les déclarations prescrites par l'article 3 de la loi du 31 mai 1846 seront faites, pour ces établissements, le 15 septembre 1852, au plus tard.

Art. 29. — La destination de l'établissement devra être indiquée à l'extérieur du bâtiment principal de toute usine soumise à l'exercice, dans laquelle le sucre est raffiné ou extrait des mélasses.

Art. 30. — Les dispositions des articles 4, 14 et 25 de la loi du 31 mai 1846, 1, 2, 4, 5, 6, 15, 16, 19, 20, 24, 26 et 27 du présent règlement, seront appliquées aux raffineries de sucre soumises à l'exercice, et aux établissements dans lesquels on extrait le sucre des mélasses.

L'administration pourra étendre, en entier ou partiellement, à ces raffineries et aux établissements dans lesquels le sucre est extrait des mélasses, les dispositions des articles 5 de la loi du 31 mai 1846, 7, 10, 11, 12, 13, 14 et 17 du présent règlement.

Art. 31. — Il ne pourra être introduit que des matières libérées d'impôt dans les raffineries de sucre et dans les établissements où le sucre est extrait des mélasses. Nulle introduction ne pourra avoir lieu qu'à la suite d'une déclaration du raffineur et qu'après vérification par les employés.

Les quantités vérifiées seront prises en charge d'après le poids reconnu à l'arrivée; elles devront être représentées aux employés à toute réquisition.

Art. 32. — Les quantités de sucre ou de mélasse qui devront être mises en fabrication ou en décomposition dans les raffineries et établissements soumis à l'exercice seront déclarées par journées et vérifiées par les employés. Elles donneront ouverture, d'après le résultat de la vérification, aux crédits de fabrication indiqués ci-après :

Dans les raffineries,

Pour 100 kilogrammes de sucre au premier type, 86 kilogrammes de sucre raffiné, blanc et étuvé, ou de sucre candi sec et transparent;

Pour 100 kilogrammes de sucre au-dessus du premier type, kilogrammes de sucre raffiné, blanc ou étuvé, ou de sucre candi sec et transparent;

Et dans les établissements où le sucre est extrait de la mélasse par la baryte :

Pour 100 kilogrammes de mélasse, 38 kilogrammes de sucre au premier type.

Ne sont pas comptés en atténuation des crédits de fabrication :

Dans les raffineries, les mélasses épuisées :

Et, dans les établissements où le sucre est extrait des mélasses, les résidus de cette opération.

Il sera procédé conformément à l'article 20 ci-dessus pour la détermination des crédits de fabrication applicables aux produits imparfaits introduits dans les raffineries et établissements exercés, et pour l'évaluation en sucre raffiné des bas produits du raffinage.

Voir l'article 2 du décret du 11 août 1860.

Art. 33. — Il sera procédé, dans les raffineries soumises à l'exercice et dans les établissements où l'on extrait le sucre des mélasses, à l'inventaire des produits existant dans les usines au jour de l'application de l'exercice. Ces produits seront compris dans les crédits de fabrication.

Un nouvel inventaire sera dressé au mois d'août de chaque année, et plus fréquemment si les agents chargés de la surveillance le jugent nécessaire. L'administration supérieure pourra, par une décision spéciale, ordonner que les travaux soient interrompus pendant la durée de l'inventaire.

La situation du crédit de fabrication sera arrêtée à chaque inventaire, et un nouveau crédit sera ouvert d'après les quantités existantes dans l'usine.

L'administration pourra faire remise des excédants qui ne dépasseront pas trois pour cent du crédit total de fabrication dans les raffineries, et cinq pour cent dans les établissements où le sucre est extrait des mélasses par la baryte. Lorsque cette proportion sera dépassée, il y aura lieu à l'application de l'article 26 de la loi du 31 mai 1846.

Les excédants allouables dont l'administration n'autorisera pas la remise seront passibles du droit.

TITRE III. — Dispositions générales.

Art. 34. — Les commissaires experts institués par l'article 19 de la loi du 27 juillet 1822 procéderont, lorsqu'il y aura lieu, au remplacement du premier type actuel des sucres indigènes et des sucres coloniaux et exotiques ; le nouveau type devra être conforme au premier type actuel.

Art. 35. — Les déclarations relatives aux opérations des fabriques, raffineries et autres établissements soumis à l'exercice, seront reçues par les employés chargés de l'exercice. Elles devront être faites la veille, pour les opérations du lendemain, ou le jour même, deux heures au moins d'avance.

Les employés constateront sur les portatifs tous les actes de l'exercice. Les expéditions à toute destination seront constatées par deux employés. Toutes les autres opérations pourront être constatées par un seul employé.

En cas de contestation, un second employé sera immédiatement appelé pour concourir aux constatations.

Art. 36. — Aucune quantité de sucre ou d'autre matière imposable ne pourra sortir des fabriques ou des entrepôts qu'après payement des droits ou garantie suffisante de leur acquittement.

Les droits seront dus sur les sucres et sur les glucoses, à la date de l'enlèvement, d'après les quantités constatées par la vérification. Le délai du crédit courra à partir de cette date. Toutefois, seront considérés comme effectués au comptant, pour la liquidation de l'escompte, les payements qui seront faits dans les cinq jours de l'enlèvement, ou, au plus tard, à la première tournée du receveur, si la fabrique est comprise dans la circonscription d'une recette ambulante.

Le minimum des acquittements qui pourront donner lieu au crédit ou à l'escompte reste fixé à 300 francs.

Les règles et conditions relatives à l'escompte, à la concession des crédits et à la responsabilité des comptables pour les perceptions sur les sucres coloniaux ou exotiques, sont applicables en matière de perception sur les sucres indigènes.

La concession des crédits donnera lieu au payement, par les redevables, de la remise déterminée par l'article 1er de l'ordonnance du 30 décembre 1829.

Art. 37. — Dans le rayon déterminé par l'article 15 de la loi du 31 mai 1846, la circulation des sucres raffinés enlevés de tout autre lieu que d'une usine soumise à l'exercice aura lieu sous laissez-passer.

Pourra aussi être effectuée sous laissez-passer la circulation des sucres en poudre, lorsque la quantité expédiée ne dépassera pas, pour le même expéditeur, 1,000 kilogrammes par mois et par destinataire.

Art. 38. — Il ne sera délivré d'acquit-à-caution pour régulariser le transport en franchise des sucres libérés d'impôts que sur la justification du payement des droits et sur la représentation des sucres.

La même justification pourra être exigée pour les sucres expédiés sous laissez-passer.

Toute expédition sous acquit-à-caution donnera lieu au plombage des colis, et, s'il s'agit de sirops ou de mélasses, à l'apposition du cachet de la régie sur les futailles.

Art. 39. — Lorsque l'acquit-à-caution ou le laissez-passer portera l'obligation de visa à un bureau des douanes, des contributions indirectes ou de l'octroi, il deviendra nul par le défaut d'accomplissement de cette obligation.

Art. 40. — Les chargements devront être conduits à la destination déclarée dans le délai porté sur l'acquit-à-caution ou le laissez-passer. Ce délai sera fixé en raison des distances à parcourir et du mode de transport.

Est interdite toute interruption de transport autrement que pour cas de force majeure, dont il devra être justifié dans la forme prescrite par l'article 8, titre III, de la loi du 22 août 1791.

La décharge des acquits-à-caution n'aura lieu qu'après representation des sucres, sirops ou mélasses en mêmes quantités et qualités, et sous cordes et plombs ou cachets intacts. Les plombs seront retirés par les employés, si les sucres doivent entrer dans des établissements ou locaux non soumis à l'exercice.

Art. 41. — Tout conducteur d'un chargement de sucre accompagné d'un acquit-à-caution délivré par la régie des contributions indirectes sera affranchi de l'obligation de lever un passavant pour circuler dans les lignes soumises à la surveillance des douanes.

Art. 42. — La désignation du local proposé pour l'établissement d'un entrepôt réel, ainsi que le règlement sur son régime intérieur, seront soumis à l'approbation du ministre des finances.

Le délai de l'entrepôt sera de trois ans.

Art. 43. — Toute infraction aux dispositions du présent règlement sera punie des peines prononcées par *l'article 26 de la loi du 31 mai* 1846 (1).

Lorsque, par l'enlèvement des produits, la confiscation prononcée par ledit article ne pourra pas être matériellement appliquée, le contrevenant sera tenu de payer, pour tenir lieu de la confiscation, une somme égale à la valeur desdits produits.

Art. 44. — Le présent règlement sera mis à exécution à dater du 1er octobre 1852.

L'ordonnance du 29 août 1846 sera abrogée, à dater de ce jour, en tout ce qui concerne les sucres indigènes.

Jusqu'à ce qu'il en ait été autrement disposé, cette ordonnance continuera d'être appliquée aux glucoses.

A dater du 1er octobre 1852, les articles 1, 2, 9, 12, 13 et 24 de la loi du 31 mai 1846 cesseront leur effet.

DÉCRET DU 17 NOVEMBRE 1852

Qui affranchit les fabricants et les raffineurs de sucre indigène de l'obligation de fournir |un logement et un bureau aux employés.

Art. 1er. Les dispositions des deuxième, troisième et quatrième paragraphes de l'article 1er du décret du 1er septembre 1852, qui obligent les fabricants et raffineurs de sucre à fournir un logement aux employés chargés de l'exercice et de la surveillance de leurs usines, sont rapportées.

---

(1) Par l'article 3 de la loi du 30 décembre 1873.

EXTRAIT DU DÉCRET DU 17 NOVEMBRE 1852

Relatif au costume des employés supérieurs des douanes, des contributions indirectes et des tabacs.

Dispositions générales.

Art. 2. — Pour tous les services, habit de drap vert foncé, coupé droit sur le devant en forme de frac, et garni de neuf boutons en argent bombés, portant un aigle en relief sur un fond mat, et au-dessus l'indication spéciale du service.

Broderies en argent, conformément aux indications comprises dans l'article 3 ci-après.

Gilet blanc coupé droit, garni de six boutons en argent.

Pantalon en casimir blanc pour la grande tenue, et en drap vert pour la petite tenue, avec galon de 4 centimètres en argent broché sur les côtés.

Chapeau français en feutre noir, avec ganse brodée en argent sur velours noir.

Epée à poignée de nacre, avec garde et ornements dorés.

Dispositions particulières à chaque service.

Art. 3. — *Douanes* : — Broderies en branches de chêne et de laurier, conformément au modèle n° 6 ; boutons avec le mot *Douanes*.

Contributions indirectes : — Broderies composées de branches d'olivier, conformément au modèle n° 7 ; boutons avec les mots *Contributions indirectes*.

Marques distinctives des grades.

Art. 4. — Les marques distinctives comprennent sept catégories, conformément au tableau annexé au présent décret.

....

4ᵉ catégorie (1) : — Broderies au collet et aux parements, écusson a la taille, bouquet de poches, baguette tout autour.

Chapeau à plumes noires.

Epée conforme au modèle A.

5ᵉ catégorie (2) : — Broderies au collet et aux parements, écusson à la taille.

Chapeau uni.

Epée conforme au modèle B.

---

(1) Directeurs des douanes et contributions indirectes.
Régisseurs des manufactures de tabacs.
Ingénieur-inspecteur des bâtiments et machines du service des tabacs.

(2) Inspecteurs des douanes.
Inspecteurs des contributions indirectes.
Experts inspecteurs des tabacs.
Inspecteurs de culture des tabacs.
Contrôleurs de la fabrication des tabacs.
Contrôleurs de comptabilité.
Gardes-magasins des tabacs en feuilles.

6ᵉ catégorie (1) : — Broderies au collet et aux parements.
Chapeau uni.
Epée conforme au modèle B.

DÉCRET DU 26 JANVIER 1853

Portant exemption du plombage pour les sels renfermés dans des sacs d'un poids uniforme.

Les sels d'origine française renfermés dans des sacs d'un poids uniforme pourront être expédiés par la voie de terre sur les entrepôts de l'intérieur, en exemption du plombage, sous la garantie d'un acquit-à-caution délivré conformémeut aux lois et règlements en vigueur.

EXTRAIT DE LA LOI DU 4 JUIN 1853

Sur la composition du jury.

Art. 3. — Les fonctions de juré sont incompatibles avec celles de.............. fonctionnaire ou préposé du service actif des douanes et des contributions indirectes......

LOI DU 9 JUIN 1853

Sur les pensions civiles.

TITRE Iᵉʳ. — Liquidation des caisses de retraite supprimées.

Art. 1ᵉʳ. — Les caisses de retraite désignées au tableau n° 1. seront supprimées à partir du 1ᵉʳ janvier 1854.
Leur actif sera acquis à l'Etat.

Art. 2. — Seront inscrites au grand-livre de la dette publique, à partir de la même époque :

1° Les pensions existautes ou en cours de liquidation à la charge des caisses supprimées, pour services terminés avant le 1ᵉʳ janvier 1854 ;

2° Les pensions et indemnités concédées pour cause de réforme, en vertu de l'article 4 de la loi du 1ᵉʳ mai 1822 et décret du 2 mai 1848 ;

3° Les pensions et les secours annuels qui seront concédés à titre de réversibilité aux veuves et aux orphelins des pensionnaires inscrits en vertu des deux paragraphes qui précèdent.

---

(1) Sous-inspecteurs des douanes.
Sous-inspecteurs des contributions indirectes.
Sous-inspecteurs des tabacs.
Sous-contrôleurs des manufactures.

TITRE II. — Conditions du droit à pension pour les fonctionnaires qui entreront en exercice à partir du 1ᵉʳ janvier 1854.

Art. 3. — Les fonctionnaires et employés directement rétribués par l'Etat, et nommés à partir du 1ᵉʳ janvier 1854, ont droit à pension conformément aux dispositions de la présente loi, et supportent indistinctement, sans pouvoir les répéter dans aucun cas, les retenues ci-après :

1° Une retenue de 5 p. 0/0 sur les sommes payées à titre de traitement fixe ou éventuel, de préciput, de supplément de traitement, de remises proportionnelles, de salaires, ou constituant, à tout autre titre, un émolument personnel ;

2° Une retenue du douzième des mêmes rétributions lors de la première nomination ou dans le cas de réintégration, et du douzième de toute augmentation ultérieure ;

3° Les retenues pour cause de congés et d'absences, ou par mesure disciplinaire.

Sont affranchies de ces retenues les commissions allouées en compte courant par le Trésor aux receveurs généraux des finances.

Ces comptables, les receveurs particuliers et les percepteurs des contributions directes, ainsi que les agents ressortissant au ministère des finances, qui sont rétribués par des salaires ou remises variables, supportent ces retenues sur les trois quarts seulement de leurs émoluments de toute nature : le dernier quart étant considéré comme indemnité de loyer et frais de bureau.

Art. 4. — Les fonctionnaires de l'enseignement rétribués, en tout ou en partie, sur les fonds départementaux et communaux, ou sur le prix des pensions payées par les élèves des lycées nationaux, ont droit à pension conformément aux dispositions de la présente loi, et supportent, sur leur traitement et leurs différentes rétributions, la retenue déterminée par l'article 3.

La même disposition est applicable aux fonctionnaires et employés attachés à l'administration de la dotation de la couronne et rétribués sur les fonds de la liste civile.

Il en de même des fonctionnaires et employés qui, sans cesser d'appartenir au cadre permanent d'une administration publique, et en conservant leurs droits à l'avancement hiérarchique, sont rétribués, en tout ou en partie, sur les fonds départementaux ou communaux, sur les fonds des compagnies concessionnaires, et même sur les remises et salaires payés par les particuliers.

Art. 5. — Le droit à la pension de retraite est acquis par ancienneté à soixante ans d'âge et après trente ans accomplis de services.

Il suffit de cinquante-cinq ans d'âge et de vingt-cinq ans de services pour les fonctionnaires qui ont passé quinze ans dans la partie active.

La partie active comprend les emplois et grades indiqués au tableau annexé à la présente loi sous le numéro 2.

Aucun autre emploi ne peut être compris au service actif, ni assimilé à un emploi de ce service, qu'en vertu d'une loi.

Est dispensé de la condition d'âge, établie aux deux premiers paragraphes du présent article, le titulaire qui est reconnu par le ministre hors d'état de continuer ses fonctions.

Art. 6. — La pension est basée sur la moyenne des traitements et émoluments de toute nature soumis à retenues, dont l'ayant droit a joui pendant les six dernières années d'exercice.

Néanmoins, dans les cas prévus par l'article 4, la moyenne ne pourra excéder celle des traitements et émoluments dont le fonctionnaire aurait joui s'il eût été rétribué directement par l'État.

Art. 7. La pension est réglée, pour chaque année de services civils, à un soixantième du traitement moyen.

Néanmoins, pour vingt-cinq ans de services entièrement rendus dans la partie active, elle est de la moitié du traitement moyen, avec accroissement, pour chaque année de services en sus, d'un cinquantième du traitement.

En aucun cas, elle ne peut excéder ni les trois quarts du traitement moyen, ni les maximum déterminés au tableau annexé à la présente loi sous le n° 3.

Art. 8. — Les services dans les armées de terre et de mer concourent avec les services civils pour établir le droit à pension et seront comptés pour leur durée effective, pourvu toutefois que la durée des services civils soit au moins de douze ans dans la partie sédentaire, ou de dix ans dans la partie active.

Si les services militaires de terre ou de mer ont été déjà rémunérés par une pension, ils n'entrent pas dans le calcul de la liquidation. S'ils n'ont pas été rémunérés par une pension, la liquidation est opérée d'après le minimum attribué au grade par les tarifs annexés aux lois des 11 et 18 avril 1831.

Art. 9. — Les services des employés des préfectures et des sous-préfectures rétribués sur les fonds d'abonnement sont réunis, pour l'établissement du droit à pension et pour la liquidation, aux services rémunérés conformément aux dispositions de la présente loi, pourvu que la durée de ces derniers services soit au moins de douze ans dans la partie sédentaire et de dix ans dans la partie active.

Art. 10. — Les services civils rendus hors d'Europe par les fonctionnaires et employés envoyés d'Europe par le Gouvernement français sont comptés pour moitié en sus de leur durée effective, sans, toutefois, que cette bonification puisse réduire de plus d'un cinquième le temps de services effectifs exigé pour constituer le droit à pension.

Le supplément accordé à titre de traitement colonial n'entre pas dans le calcul du traitement moyen.

Après quinze années de services rendus hors d'Europe, la pension peut être liquidée à cinquante-cinq ans d'âge.

A l'égard des agents extérieurs du département des affaires étrangères et des fonctionnaires de l'enseignement, le temps d'inactivité durant lequel ils ont été assujettis à la retenue est compté comme sevice effectif; mais il ne peut être admis dans la liquidation pour plus de cinq ans.

Art. 11. — Peuvent exceptionnellement obtenir pension, quels que soient leur âge et la durée de leur activité. :

1° Les fonctionnaires et employés qui auront été mis hors d'état de continuer leur service, soit par suite d'un acte de dévouement dans un intérêt public, ou en exposant leurs jours pour sauver la vie d'un de leurs concitoyens, soit par suite de lutte ou combat soutenu dans l'exercice de leurs fonctions;

2° Ceux qu'un accident grave, résultant notoirement de l'exercice de leurs fonctions, met dans l'impossibilité de les continuer.

Peuvent également obtenir pension, s'ils comptent cinquante ans d'âge et vingt ans de services dans la partie sédentaire, ou quarante-cinq ans d'âge et quinze ans de services dans la partie active, ceux que des infirmités graves, résultant de l'exercice de leurs fonctions, mettent dans l'impossibilité de les continuer, ou dont l'emploi aura été supprimé.

Peuvent aussi obtenir pension les magistrats mis à la retraite en vertu du décret du 1er mars 1852, qui remplissent la condition de services indiquée dans le paragraphe qui précède.

Art. 12. — Dans les cas prévus par le paragraphe 1° de l'article précédent, la pension est de la moitié du dernier traitement, sans pouvoir excéder les maximum déterminés au tableau n° 3.

Dans le cas prévu par le paragraphe 2°, la pension est liquidée, suivant que l'ayant droit appartient à la partie sédentaire ou à la partie active, à raison d'un soixantième ou d'un cinquantième du dernier traitement pour chaque année de services civils: elle ne peut être inférieure au sixième dudit traitement.

Dans les cas prévus par les deux derniers paragraphes de l'article précédent, la pension est également liquidée à raison d'un soixantième ou d'un cinquantième du traitement moyen pour chaque année de services civils.

Art. 13. — A droit à pension la veuve du fonctionnaire qui a obtenu une pension de retraite en vertu de la présente loi, ou qui a accompli la durée de services exigée par l'article 5, pourvu que le mariage ait été contracté six ans avant la cessation des fonctions du mari.

La pension de la veuve est du tiers de celle que le mari avait obtenue ou à laquelle il aurait eu droit. Elle ne peut être inférieure à 100 francs, sans, toutefois, excéder celle que le mari aurait obtenue ou pu obtenir.

Le droit à pension n'existe pas pour la veuve dans le cas de séparation de corps prononcée sur la demande du mari.

Art. 14. — Ont droit à pension :

1° La veuve du fonctionnaire ou employé qui, dans l'exercice ou à l'occasion de ses fonctions, a perdu la vie dans un naufrage ou dans un des cas spécifiés au paragraphe 1° de l'article 11, soit immédiatement, soit par suite de l'événement;

2° La veuve dont le mari aura perdu la vie par un des accidents prévus au paragraphe 2° de l'article 11, ou par suite de cet accident.

Dans le premier cas, la pension est des deux tiers de celle que le mari aurait obtenue ou pu obtenir par application de l'article 12 (premier paragraphe).

Dans le second cas, la pension est du tiers de celle que le mari aurait obtenue ou pu obtenir en vertu dudit article (deuxième paragraphe).

Dans les cas spécifiés au présent article il suffit que le mariage ait été contracté antérieurement à l'événement qui a amené la mort ou la mise à la retraite du mari.

Art. 15. — Dans le cas où un employé, ayant servi alternativement dans la partie active et dans la partie sédentaire, décède avant d'avoir accompli les trente années de services exigées pour constituer le droit à pension de sa veuve, un cinquième de son temps de services dans la partie active est ajouté fictivement en sus du service effectif pour compléter les trente années nécessaires. La liquidation ne s'opère, néanmoins, que sur la durée effective des services.

Art. 16. — L'orphelin ou les orphelins mineurs d'un fonctionnaire ou employé ayant obtenu sa pension ou ayant accompli la durée de services exigée par l'article 5 de la présente loi, ou ayant perdu la vie dans un des cas prévus par les paragraphes 1° et 2° de l'article 14, ont droit à un secours annuel lorsque la mère est ou décédée, ou inhabile à recueillir la pension, ou déchue de ses droits.

Ce secours est, quel que soit le nombre des enfants, égal à la pension que la mère aurait obtenue ou pu obtenir conformément aux articles 13, 14 et 15. Il est partagé entre eux par égales portions, et payé jusqu'à ce que le plus jeune des enfants ait atteint l'âge de vingt et un ans accomplis, la part de ceux qui décéderaient ou celle des majeurs faisant retour aux mineurs.

S'il existe une veuve et un ou plusieurs orphelins mineurs provenant d'un mariage antérieur du fonctionnaire, il est prélevé sur la pension de la veuve, et sauf reversibilité en sa faveur, un quart au profit de l'orphelin du premier lit, s'il n'en existe qu'un en âge de minorité, et la moitié s'il en existe plusieurs.

Art. 17. — Les pensions et secours annuels qui seront accordés conformément aux dispositions du présent titre sont inscrits au grand-livre de la dette publique.

TITRE III. — Dispositions transitoires applicables aux fonctionnaires et employés en exercice au 1er janvier 1854.

Art. 18. — Les fonctionnaires et employés en exercice au

1er janvier 1854 sont soumis aux retenues déterminées par l'article 3, et sont retraités d'après les règlees ci-après :

Ceux qui étaient tributaires de caisses de retraite supprimées et ceux qui obtenaient pension sur fonds généraux sont liquidés dans les proportions et aux conditions réglées par la présente loi pour leurs services postérieurs au 1er janvier 1854; et pour les services antérieurs, conformément, soit aux règlements spéciaux, soit aux loi et décret des 22 août 1790 et 13 septembre 1806, qui régissaient respectivement leur situation, sans que les maximum déterminés par la présente loi puissent être dépassés.

Toutefois, les pensions des fonctionnaires et employés qui, au 1er janvier 1854, auront accompli la durée de services exigée par les règlements spéciaux, loi et décret précités, sont liquidées conformément à ces règlements, loi ou décret.

Les magistrats nommés avant le 1er janvier 1854, et mis à la retraite en vertu du décret du 1er mars 1852, auront droit à une pension après quinze ans de services.

Les fonctionnaires et employés qui, antérieurement, ne subissaient pas de retenues et n'étaient pas placés sous le régime des loi et décret des 22 août 1790 et 13 septembre 1806, sont admis à faire valoir la totalité de leurs services admissibles pour constituer leur droit à pension; toutefois, cette pension n'est liquidée que pour le temps pendant lequel ces fonctionnaires auront subi la retenue, et n'est réglée qu'à raison d'un cent-vingtième du traitement moyen par chaque année de services civils; mais le montant de la pension ainsi fixé est alors augmenté d'un trentième pour chacune des années liquidées : cette base exceptionnelle cesse lorsque le titulaire se trouve dans les conditions voulues par l'article 5.

TITRE IV. — Dispositions d'ordre et de comptabilité.

Art. 19. — Aucune pension n'est liquidée qu'autant que le fonctionnaire aura été préalablement admis à faire valoir ses droits à la retraite par le ministre au département duquel il ressort.

Art. 20. — Il ne peut être concédé annuellement de pension, en vertu de la présente loi, que dans la limite des extinctions réalisées sur les pensions inscrites. Dans le cas, toutefois, où cette limite devrait être dépassée, par suite de l'accroissement de liquidation auquel donneront lieu les nouvelles catégories de fonctionnaires soumis à la retenue et appelés à la pension par l'article 3, l'augmentation de crédit nécessaire sera l'objet d'une loi spéciale.

Art. 21. — Il sera rendu compte annuellement, lors de la présentation de la loi du budget, des pensions de retraite concédées et inscrites en vertu de la présente loi, en distinguant les charges antérieures et postérieures au 1er janvier 1854.

Art. 22. — Toute demande de pension est adressée au ministre du département auquel appartient le fonctionnaire. Cette demande doit, à peine de déchéance, être présentée avec les pièces à l'appui dans le délai de cinq ans à partir de la promulgation de la présente loi, pour les droits ouverts antérieurement, et, pour les droits qui s'ouvriront postérieurement, à partir, savoir : pour le titulaire, du jour où il aura été admis à faire valoir ses droits à la retraite, ou du jour de la cessation de ses fonctions, s'il a été autorisé à les continuer après cette admission, et, pour la veuve, du jour du décès du fonctionnaire.

Les demandes de secours annuels pour les orphelins doivent être présentées dans le même délai à partir de la promulgation de la présente loi, ou du jour du décès de leur père ou de celui de leur mère.

Art. 23. — Les pensions sont liquidées d'après la durée des services, en négligeant sur le résultat final du décompte les fractions de mois et de franc.

Les services civils ne sont comptés que de la date du premier traitement d'activité et à partir de l'âge de vingt ans accomplis. Le temps de surnumérariat n'est compté dans aucun cas.

Art. 24. — La liquidation est faite par le ministre compétent, qui la soumet à l'examen du conseil d'État avec l'avis du ministre des finances.

Le décret de concession est rendu sur la proposition du ministre compétent. Il est contre-signé par lui et par le ministre des finances.

Il est inséré au *Bulletin des lois.*

Art. 25. — La jouissance de la pension commence du jour de la cessation du traitement, ou du lendemain du décès du fonctionnaire; celle du secours annuel, du lendemain du décès du fonctionnaire ou du décès de la veuve.

Il ne peut, en aucun cas, y avoir lieu au rappel de plus de trois années d'arrérages antérieurs à la date de l'insertion au *Bulletin des lois* du décret de concession.

Art. 26. — Les pensions sont incessibles. Aucune saisie ou retenue ne peut être opérée du vivant du pensionnaire, que jusqu'à concurrence d'un cinquième pour débet envers l'État, ou pour des créances privilégiées, aux termes de l'article 2101 du Code Napoléon, et d'un tiers dans les circonstances prévues par les articles 203, 205, 206, 207 et 214 du même Code.

Art. 27. — Tout fonctionnaire ou employé démissionnaire, destitué, révoqué d'emploi, perd ses droits à la pension. S'il est remis en activité, son premier service lui est compté.

Celui qui est constitué en déficit pour détournement de deniers ou de matières, ou convaincu de malversations, perd ses droits à la pension, lors même qu'elle aurait été liquidée ou inscrite.

La même disposition est applicable au fonctionnaire convaincu de s'être démis de son emploi à prix d'argent, et à celui qui aura été condamné à une peine afflictive ou infamante. Dans ce dernier cas, s'il y a réhabilitation, les droits à la pension seront rétablis.

Art. 28. — Lorsqu'un pensionnaire est remis en activité dans le même service, le payement de sa pension est suspendu.

Lorsqu'il est remis en activité dans un service différent, il ne peut cumuler sa pension et son traitement que jusqu'à concurrence de quinze cents francs.

Après la cessation de ses fonctions, il peut rentrer en jouissance de son ancienne pension, ou obtenir, s'il y a eu lieu, une nouvelle liquidation basée sur la généralité de ses services.

Art. 29. — Le droit à l'obtention ou à la jouissance d'une pension est suspendu par les circonstances qui font perdre la qualité de Français, durant la privation de cette qualité.

La liquidation ou le rétablissement de la pension ne peut donner lieu à aucun rappel pour les arrérages antérieurs.

TITRE V. — Dispositions applicables aux pensions de toute nature.

Art. 30. — Les pensions et secours annuels sont payés par trimestre ; ils sont rayés des livres du Trésor après trois ans de non-réclamation, sans que leur rétablissement donne lieu à aucun rappel d'arrérages antérieurs à la réclamation.

La même déchéance est applicable aux héritiers ou ayants cause des pensionnaires qui n'auront pas produit la justification de leurs droits dans les trois ans qui suivront la date du décès de leur auteur.

Art. 31. — Le cumul de deux pensions est autorisé dans la limite de six mille francs, pourvu qu'il n'y ait pas double emploi dans les années de services présentées pour la liquidation.

La disposition qui précède n'est pas applicable aux pensions que des lois spéciales ont affranchies des prohibitions du cumul.

TITRE VI. — Dispositions spéciales.

Art. 32. — Les dispositions de la loi du 22 août 1790 et du décret du 13 septembre 1806 continueront à être appliquées,

Aux ministres secrétaires d'État,

Aux sous-secrétaires d'État.

Aux membres du conseil d'État,

Aux préfets et sous-préfets.

Art. 33. — Lorsqu'un fonctionnaire aura passé d'un service sujet à retenue dans un service qui en est affranchi, ou réciproquement, la pension est liquidée d'après la loi qui régit son dernier service, à moins qu'il n'ait accompli dans le premier service les conditions d'âge et de durée de fonctions exigées.

Dans ce dernier cas, le fonctionnaire a le droit de choisir le mode de liquidation de sa pension.

Art. 34. — Les dispositions des articles 19, 22, 23, 24, 25, 26, 27, 28, 29, 30 et 31 de la présente loi sont applicables au fonctionnaire dont la pension est liquidée conformément à la loi du 22 août 1790 et au décret du 13 septembre 1806.

Art. 35. — Un règlement d'administration publique déterminera.

1° La portion des rétributions diverses qui peut être affranchie de la retenue mentionnée au paragraphe 1° de l'article 3;

2° La fixation des retenues mentionnées au paragraphe 3° du même article et des prélèvements autorisés sur les amendes et confiscations en matière de douanes, de contributions indirectes et de postes;

3° Les formes à suivre pour déclarer l'incapacité du fonctionnaire dans le cas prévu par le dernier paragraphe de l'article 5;

4° Les formes et les délais dans lesquels seront justifiées les causes, la nature et les suites des blessures ou infirmités pouvant donner droit à pension;

5° Le mode de constatation des circonstances de nature à ouvrir des droits aux veuves dans les cas prévus par les paragraphes 1° et 2° de l'article 14;

6° Les formes suivant lesquelles le fonctionnaire pourra être privé de sa pension dans les cas prévus par l'article 27;

Et 7°, celles suivant lesquelles aura lieu, entre les divers départements ministériels, la répartition du crédit alloué chaque année pour le service des pensions.

Ce règlement déterminera en outre les autres mesures propres à assurer l'exécution de la présente loi.

Art. 36. — Sont abrogés : la loi du 15 germinal an XI, l'arrêté du 15 floréal an XI, le premier paragraphe de l'article 27 de la loi du 25 mars 1817, le premier paragraphe de l'article 13 de la loi du 15 mai 1818, et l'article 31 de la loi du 19 mai 1849, ainsi que les dispositions des lois, décrets, ordonnances ou règlements qui seraient contraires à la présente loi.

N° **1.**

**Tableau des Caisses de retraite supprimées à partir
du 1er janvier 1854.**

(Annexe de l'article 1er de la loi du 9 juin 1853.)

DÉPARTEMENTS MINISTÉRIELS.	NOMBRE DE CAISSES DE RETRAITES SUPPRIMÉES.	DÉSIGNATION DES CAISSES DE RETRAITE SUPPRIMÉES.
Minist. d'État.	1	Caisse de retraite des empl. de la Légion d'honneur.
Justice. . . .	1	— de la magistrature, des bur. du ministère et du conseil d'Etat.
Aff. étrangères	1	— du ministère des aff. étrangères.
Instruction publique et cultes.	3	— des fonctionnaires et professeurs de l'Université et des employés des bureaux du ministère.
		— des fonctionn. et des principaux régents des colléges commu.
Intérieur, Agriculture et commerce, et Police générale.	7	— des empl. des bur. des cultes.
		— des employés des ministères de l'intér. de l'agricul. et du com., de la police générale.
		— des professeurs et employés du Conservatoire imp. de musique
		— des emp. du service des prisons.
		— des employés des haras, dépôts d'étalons et écoles vétérinaires.
		— des vérificateurs et employés du service des poids et mesures.
		— des professeurs et employés des écoles d'arts et métiers.
		— des agents de l'intendance sanitaire de Marseille.
Travaux publ.	1	— des fonctionnaires et empl. des ponts et chaussées et des mines
Guerre. . . .	5	— des empl. des bur. du ministère de la guerre et des commis entretenus pour le service des bur. de l'intendance militaire.
		— des écoles militaires.
		— des poudres et salpêtres.
		— des écoles d'artillerie et du génie et des contrôleurs et réviseurs d'armes.
		— de l'Ecole polytechnique.
Ministères d'Etat et de la Maison de l'Empereur et des Finances.	6	Caisse générale des pensions de retraite des fonctionn. et empl. des ministères d'Etat et de la maison de l'Empereur et des finances. *(Ordon. du 12 janv. 1825 et déc. des 24 nov. et 31 déc. 1852)*
		Caisse de retraite des greffe et archives de la Cour des comptes.
		— des caisses d'amortissement et des dépôts et consignations.
		— des courriers des postes.
		— des empl. de l'anc. Ch. des pairs.
TOTAL . .	25	

N° 2.

Tableau des Emplois du service actif.

(Annexe de l'article 5 de la loi du 9 juin 1853.)

DOUANES.	CONTRIBUTIONS INDIRECTES ET TABACS.	FORÊTS DE L'ÉTAT et de LA COURONNE.	POSTES.
Capitaines de brigade.	SERVICE GÉNÉRAL. Inspecteurs. Sous-Inspecteurs. Contrôleurs de ville. Contrôleurs receveurs à cheval et à pied. Receveurs ambulants à cheval et à pied. Commis adjoints à cheval et à pied. Commis aux exercices.	Gardes généraux adjoints. Gardes à cheval. Brigadiers. Gardes à pied. Gardes forestiers cantonniers.	Courriers et postulants courriers Facteurs de ville. Brigadiers et sous-brigadiers facteurs ruraux. Facteurs locaux. Chargeurs de malles.
Lieutenants d'embarcation.			
Lieutenants de 1re classe.			
Lieutenants de 2e classe.			
Lieutenants de 3e classe.			
Brigadiers à cheval et à pied.			
Sous-brigadiers à cheval et à pied.	NAVIGATION. Commis adjoints à pied. Commis à pied.		
Cavaliers et préposés d'ordonne.			
Préposés.	GARANTIE.		
Patrons et sous-patrons.	Contrôleurs. Sous-contrôleurs. Commis aux exercices.		
Matelots.			
Mousses.			
Préposés gardes-magasins.	CULTURE DES TABACS.		
Préposés concierges.	Inspecteurs. Sous-inspecteurs. Contrôleurs. Commis.		
Préposés emballeurs.			
Préposés peseurs et plombeurs.	OCTROIS. Préposés en chef.		

N° 3.
Tableau des maximum des Pensions.
(Annexe de l'article 7 de la loi du 9 juin 1853.)

DÉSIGNATION DES FONCTIONS, GRADES ET QUOTITÉS DES TRAITEMENTS.	MAXIMUM DES PENSIONS.
1re SECTION.	
AGENTS DIPLOMATIQUES ET CONSULAIRES.	fr.
Ambassadeurs	12,000
Ministres plénipotentaires de 1re classe	10,000
Ministres plénipotentaires de 2e classe, et directeurs des travaux politiques.	»
	8,000
Chargés d'affaires en titre	6,000
Premiers secrétaires d'ambassade ou de légation de 1re classe et sous-directeurs des travaux politiques.	5,000
Tous autres secrétaires d'ambassade ou de légation. .	4,000
Consuls généraux	6,000
Consuls de 1re classe	5,000
Consuls de 2e classe	4,000
Premier drogman et secrétaire interprète à Constantinople.	5,000
Second drogman à la même résidence et premiers drogmans des consuls généraux.	3,000
Tous autres drogmans, chanceliers d'ambassade et de légation.	2,400
Chanceliers des consulats généraux	2,400
Agents consulaires (vice-consuls), Français de nation et rétribués directement sur le Trésor, au moyen d'une allocation ordonnancée en leur nom	2,600
Chanceliers de consulat	1,800
2e SECTION.	
Magistrats de l'ordre judiciaire et de la Cour des comptes, fonctionnaires de l'enseignement et ingénieurs des ponts et chaussées et des mines.	2/3 du traitement moyen, sans pouvoir dépasser 6,000 fr.
3e SECTION.	
Fonctionnaires et employés des administrations centrales et du service intérieur des différents ministères. Agents et préposés de toutes classes autres que ceux compris dans les deux sections ci-dessus.	
Traitements . . . de 1,000 francs et au-dessous. . . .	750 fr.
de 1,001 à 2,400.	2/3 du traitement moyen, sans pouvoir descendre au-dessous de 750 fr.
de 2,401 à 3,200.	1,600 fr.
de 3,201 à 8,000.	1/2 du traitement moyen.
de 8,001 à 9,000	4,000
de 9,001 à 10,500.	4,500
de 10,501 à 12,000	5,000
au-dessus de 12,000	6,000
FONCTIONNAIRES ET AGENTS A SALAIRES ET REMISES.	
Conservateurs des hypothèques et receveurs de l'enregistrement et du timbre de 1re classe	3,000
Conservateurs des hypothèques et receveurs de l'enregistrement et du timbre de 2e classe	2,000
Courriers et postulants courriers des postes	1,200

DÉCRET DU 29 JUIN 1853

Portant qu'il sera délivré aux troupes du tabac de cantine à fumer, aux prix de 1 franc 50 centimes le kilogramme.

Art. 1er. — Il sera livré aux troupes du tabac de cantine à fumer, au prix de 1 fr. 50 cent. le kilogramme.

La livraison s'en effectuera à raison de 10 grammes par jour pour chaque sous-officier et soldat, d'après l'effectif dûment constaté.

Les mesures à prendre pour la distribution de ces tabacs et pour empêcher qu'il n'en soit fait abus seront concertées et arrêtées entre nos ministres secrétaires d'Etat aux départements de la guerre et des finances.

DÉCRET DU 30 JUILLET 1853

Relatif aux fabriques de soude.

Art. 1er. — L'article 3 du décret du 12 août 1852 (Voyez page 311) est modifié ainsi qu'il suit :

Ne pourront exister dans l'enceinte des marais salants ou des salines que les fabriques destinées soit au raffinage du sel marin, soit à la production, au moyen de l'évaporation des eaux-mères, du sulfate de soude naturel, ou du chlorure de magnésium.

Art. 2. — Les produits qui se trouveront, en vertu de l'article 3 du décret du 12 août 1852, dans les fabriques de soude situées dans l'enceinte des salines ou des marais salants seront inventoriés et soumis, au fur et à mesure de leur sortie de l'établissement, aux taxes déterminées par ce décret.

DÉCRET DU 10 AOUT 1853

Portant qu'il sera délivré à l'armée navale du tabac de cantine et en rôle, à raison de 1 franc 50 cent. le kilogramme.

Art. 1er. — Il sera livré du tabac de cantine à fumer, au prix de 1 fr. 50 cent. le kilogramme, aux maîtres, quartier-maîtres et matelots, aux sous-officiers et soldats d'infanterie, d'artillerie et aux gardes-chiourmes, lorsqu'ils seront en activité de service, soit en rade, soit dans les ports.

La livraison s'en effectuera à raison de dix grammes par jour pour chaque ayant droit.

Il sera également livré du tabac de cantine en rôle au prix de 2 francs par kilogramme.

Les mesures à prendre pour la distribution de ce tabac, et pour empêcher qu'il n'en soit fait abus, seront concertées et arrêtées entre nos ministres secrétaires d'Etat aux départements de la marine et des finances.

DÉCRET DU 9 NOVEMBRE 1853

Portant règlement d'administration publique pour l'exécution de la loi du 9 juin 1853, sur les pensions civiles.

TITRE Ier. — Suppression des caisses de retraite et inscription des pensions au grand-livre de la dette publique.

Art. 1er. — A partir du 1er janvier 1854, la Caisse des dépôts et consignations cessera d'être chargée du service des pensions imputées sur les caisses de retraite supprimées par l'article 1er de la loi du 9 juin 1853.

Elle continuera néanmoins, jusqu'au 1er mai 1854, à effectuer le payement des arrérages et décomptes d'arrérages afférents à l'année 1853 et années antérieures, et elle fera également recette des retenues portant sur lesdites années.

A partir du 1er mai 1854, les arrérages antérieurs au 1er janvier de ladite année seront, jusqu'au terme de prescription, payés aux caisses du Trésor public par imputation sur le crédit spécial de dépense affecté chaque année au service des pensions civiles. Les retenues arriérées, dévolues aux caisses de retraite supprimées, ou provenant de leur liquidation, seront portées au chapitre spécial qui sera ouvert au budget des recettes de l'année courante sous le titre désigné à l'article 5.

La Caisse des dépôts et consignations arrêtera au 1er juillet 1854 la situation des caisses de retraite supprimées et versera au Trésor leur solde en numéraire et leurs autres valeurs actives.

Les inscriptions de rentes appartenant à ces caisses seront annulées.

Un procès-verbal de clôture et de remise du service sera dressé contradictoirement entre un délégué du ministre des finances, le directeur général de la Caisse des dépôts et consignations et un membre de la commission de surveillance placé près de cet établissement, désigné par elle à cet effet.

Art. 2. — L'inscription au grand-livre de la dette publique des pensions existantes au 1er janvier 1854, à la charge des caisses de retraite supprimées, aura lieu d'après les états certifiés et transmis au ministre des finances par les ministres des divers départements. Ces états, conformes au modèle ci-annexé sous le n° 1, énonceront, pour chaque pension, la date, la nature et les motifs de l'acte qui l'aura constituée. Il seront divisés en deux catégories :

1° Pensions liquidées et en cours de payement ;

2° Pensions liquidées, mais dont le payement sera suspendu pour cause de remplacement des titulaires, ou pour tout autre motif.

Des états dressés dans la même forme seront successivement transmis pour l'inscription des pensions en cours de liquidation au 1er janvier 1854.

Art. 3. — Les titulaires des pensions de retraite inscrites au grand-livre de la dette publique, en exécution de l'article 2 de la loi du 9 juin 1853, recevront à l'échéance du premier trimestre 1854, en échange de l'ancien titre, un certificat d'inscription au Trésor, délivré par le ministère des finances.

Art. 4. — Le payement de ces pensions aura lieu aux échéances des 1ᵉʳ janvier, 1ᵉʳ avril, 1ᵉʳ juillet et 1ᵉʳ octobre, et sera fait par les payeurs du Trésor, sur les justifications, dans les formes et sous les garanties déterminées pour les pensions inscrites sur les fonds généraux de l'Etat.

A partir du 1ᵉʳ janvier 1854,

Les pensions civiles concédées en vertu de la loi du 22 août 1790 et du décret du 3 septembre 1806,

Les pensions ecclésiastiques,

Les pensions de veuves de militaires et les pensions de donataires cesseront d'être payées par semestre, et seront acquittées par trimestre aux échéances susindiquées.

Il en sera de même des pensions de douanes précédemment payées par mois par les receveurs principaux de cette administration.

TITRE II. — Perception des retenues.

Art. 5. — Les traitements ou allocations passibles de retenues, qui sont acquittés par les comptables du Trésor, sont portés pour le brut dans les ordonnances et mandats, et il y est fait mention spéciale des retenues à exercer pour pension.

Les comptables chargés du payement de ces ordonnances ou mandats les imputent en dépense pour leur montant intégral, et ils constatent en recette les retenues opérées au crédit du budget de chaque exercice et à un compte distinct intitulé : *Retenues sur traitements pour le service des pensions civiles*.

Art. 6. — Les traitements des fonctionnaires des services qui ont une comptabilité spéciale, tels que l'administration de la dotation de la Légion d'honneur, les chancelleries consulaires, les caisses d'amortissement et des dépôts et consignations ou autres, sont portés pour le brut dans des mandats délivrés sur les caisses particulièrement chargées de l'acquittement des dépenses de ces services, et il y est fait mention spéciale des retenues à exercer.

Les décomptes et retenues sont établis sur les états mensuels de traitements. Un bordereau récapitulatif de ces retenues, visé par l'ordonnateur, est remis par lui, comme titre de perception, au receveur des finances, à qui il en fait en même temps verser le montant. Un duplicata de ce bordereau récapitulatif est adressé, par l'ordonnateur de chaque service, au ministre des finances.

Les règles établies par le présent article, en ce qui concerne les bordereaux fournis par les ordonnateurs, comme titre de perception, ne sont pas applicables aux retenues sur les émoluments des receveurs de communes et d'établissements de bienfaisance, lesquelles doivent être soumises aux dispositions spéciales de l'article 20.

Art. 7. — Les retenues afférentes aux traitements tant fixes qu'éventuels des fonctionnaires des lycées sont précomptées chaque mois ou chaque trimestre, à l'instant du payement, par l'économe, et par lui versées à la caisse du receveur des finances.

A l'appui de chaque versement, et comme titre de perception, l'économe fournit au receveur une expédition des états de traitements certifiée par le proviseur et visée par le recteur.

Art. 8. — Les retenues à exercer sur les traitements des fonctionnaires des écoles secondaires de médecine et de pharmacie, et des colléges communaux en régie, au compte des villes, sont précomptées de la même manière par le receveur municipal et par lui versées dans la caisse du receveur des finances, auquel il remet, comme titre de perception, une expédition des états de traitements certifiée par le directeur de l'école ou par le principal, et visée par le recteur.

Art. 9. — A l'égard des colléges communaux où le pensionnat est au compte des principaux, le montant des retenues est précompté par le receveur municipal sur les différents termes de la subvention allouée par la ville à l'établissement. A cet effet, le principal remet au receveur, chaque mois ou chaque trimestre, selon que les traitements sont acquittés mensuellement ou trimestriellement, un état des traitements dressé en double expédition, certifié par lui et visé par le recteur. Le traitement attribué au principal, pour le décompte de la retenue qu'il doit subir, sera calculé sur le traitement du régent le mieux rétribué, augmenté d'un quart.

Une des deux expéditions est produite par le receveur municipal des finances pour justifier le versement des retenues.

Dans les colléges auxquels la ville n'alloue pas de subvention, les retenues sont précomptées par le principal et versées directement par lui dans la caisse du receveur des finances, à qui il remet une expédition de l'état des traitements, certifiée comme il a été dit ci-dessus.

Art. 10. — Les retenues acquises au Trésor sur le traitement des instituteurs communaux, qu'elle que soit l'origine des rétributions dont ce traitement se compose, sont prélevées par le receveur municipal lors du payement, lequel a lieu sur la production de mandats délivrés par le maire et indiquant le montant brut des rétributions, les retenues à exercer et le net à payer.

Lorsque l'instituteur est autorisé à percevoir lui-même la rétribution scolaire, conformément au deuxième paragraphe de l'article 41 de la loi du 15 mars 1850, il remet le vingtième de cette rétribution au receveur municipal, qui le verse avec les autres retenues acquises au Trésor, dans la caisse du receveur des finances.

A l'appui des versements effectués, le receveur municipal produit des copies des mandats de payement, et, en outre, lorsque la rétribution scolaire a été perçue par l'instituteur, une copie du rôle de rétribution.

Art. 11. — Indépendamment des pièces mentionnées à l'article précédent, le receveur municipal adresse tous les trois mois au receveur des finances, pour être transmis au sous-préfet, un bordereau récapitulatif des sommes recouvrées dans le cours du trimestre, pour traitement de l'instituteur, et des retenues dont elles ont été frappées au profit du Trésor.

Le sous-préfet, après avoir, de concert avec l'inspecteur des écoles primaires, opéré le rapprochement de l'état des mutations du personnel avec les bordereaux remis par le receveur des finances, arrête et transmet au préfet, en double expédition, un tableau général de traitements et rétributions de toute nature afférentes aux instituteurs communaux de l'arrondissement, et des retenues qui ont été exercées sur ces traitements et rétributions pendant le trimestre écoulé.

Ce tableau est vérifié par le préfet, qui en adresse une expédition, visée de lui, au ministre de l'instruction publique et des cultes.

Art. 12. — Tous les trois mois, le ministre de l'instruction publique fait parvenir au ministre des finances un état récapitulatif, par catégorie de fonctionnaires, des retenues acquises au Trésor pour tous les services de l'instruction publique.

Cet état indique le total brut des traitements qui ont été payés, et le montant des retenues qui ont dû être précomptées par les payeurs ou versées dans les caisses des receveurs des finances.

En ce qui concerne les instituteurs communaux, cette production n'a lieu que tous les six mois. L'état est dressé par arrondissement.

Art. 13. — Les fonctionnaires et employés rétribués sur d'autres fonds que ceux de l'État, qui ont néanmoins droit à pension conformément au dernier paragraphe de l'article 4 de la loi du 9 juin 1853, supportent la retenue sur l'intégralité de leurs rétributions.

Ceux qui sont placés en France et en Algérie doivent effectuer le versement de cette retenue, par trimestre et dans les premiers jours du trimestre qui suit le trimestre échu, à la caisse du receveur des finances ; ils transmettent la déclaration de ce versement au ministre du département auquel ils ressortissent. Ceux qui résident à l'étranger sont tenus de faire acquitter, pour leur compte, les retenues qui les concernent, et de faire faire en même temps la déclaration ci-dessus prescrite : ils sont autorisés à faire un seul versement par année.

Les ministres transmettent, chaque trimestre, au ministre des finances, des états nominatifs par département desdits fonctionnaires et employés ; ces états, indiquant le traitement applicable à chaque agent et la retenue à exercer, sont transmis, comme titre de perception à recouvrer, aux receveurs des finances.

Art. 14. — Pour les services tels que celui des haras, dans lesquels les traitements et salaires sont, comme les autres dépenses, payés par les comptables à titre d'avance et sauf justification ultérieure, l'ordonnancement des retenues a lieu tous les trois mois, au profit du Trésor, par l'administration centrale.

La vérification et la liquidation définitive des décomptes de retenues perçues sur les agents des chancelleries diplomatiques et consulaires sont faites par le ministère des affaires étrangères, lors du règlement des comptes desdites chancelleries.

Art. 15. — Le compte général des retenues exercées pour le service des pensions civiles, établi par ministères et administrations, est annexé au compte définitif des recettes publié par le ministre des finances pour chaque exercice.

Art. 16. — Les fonctionnaires et employés ne peuvent obtenir, chaque année, un congé ou une autorisation d'absence de plus de quinze jours sans subir une retenue. Toutefois un congé d'un mois sans retenue peut être accordé à ceux qui n'ont joui d'aucun congé et d'aucune autorisation d'absence pendant trois années consécutives.

Pour les congés de moins de trois mois, la retenue est de la moitié au moins et des deux tiers au plus du traitement.

Après trois mois de congé consécutifs ou non, dans la même année, l'intégralité du traitement est retenue, et le temps excédant les trois mois n'est pas compté comme service effectif pour la pension de retraite.

Si, pendant l'absence de l'employé, il y a lieu de pourvoir à des frais d'intérim, le montant en sera précompté, jusqu'à due concurrence, sur la retenue qu'il doit subir.

La durée du congé, avec retenue de la moitié au moins et des deux tiers au plus du traitement, peut être portée à quatre mois pour les fonctionnaires et employés exerçant hors de France, mais en Europe ou en Algérie, et à six mois, pour ceux qui sont attachés au service colonial ou aux services diplomatique et consulaire hors d'Europe.

Sont affranchies de toute retenue les absences ayant pour cause l'accomplissement d'un des devoirs imposés par la loi.

En cas d'absence pour cause de maladie dûment constatée, le fonctionnaire ou l'employé peut être autorisé à conserver l'intégralité de son traitement pendant un temps qui ne peut excéder trois mois. Pendant les trois mois suivants, il peut obtenir un congé avec la retenue de la moitié au moins et des deux tiers au plus du traitement.

Si la maladie est déterminée par l'une des causes exceptionnelles prévues aux premier et deuxième paragraphes de l'article 11 de la loi du 9 juin 1853, le fonctionnaire peut conserver l'intégralité de son traitement jusqu'à son rétablissement ou jusqu'à sa mise à la retraite.

Les membres des cours et tribunaux qui n'ont pas joui des vacances peuvent obtenir, en une ou plusieurs fois dans l'année, un congé d'un mois sans retenue.

Ce congé pourra être de deux mois pour les magistrats composant la chambre criminelle de la Cour de cassation.

Il n'est dérogé par le présent article ni aux dispositions des articles 18 et 17 des décrets des 13 octobre et 24 décembre 1851, concernant la mise en disponibilité, pour défaut d'emploi, des ingénieurs des ponts et chaussées et des ingénieurs des mines, ni aux règles spéciales concernant la mise en inactivité des agents extérieurs du département des affaires étrangères et des fonctionnaires de l'enseignement.

Art. 17. — Le fonctionnaire ou l'employé qui s'est absenté ou qui a dépassé la durée de ses vacances ou de son congé, sans autorisation, peut être privé de son traitement pendant un temps double de celui de son absence irrégulière.

Une retenue qui ne peut excéder deux mois de traitement peut être infligée, par mesure disciplinaire, dans le cas d'inconduite, de négligence ou de manquement au service.

Les dispositions du présent article ne sont applicables ni aux magistrats, qui restent soumis, quant aux peines disciplinaires, aux prescriptions des articles 50 et 56 de la loi du 20 avril 1810, 35 du décret du 28 septembre 1807, et 3 du décret du 19 mars 1852, ni aux membres du corps enseignant, qui restent soumis aux articles 33 de la loi du 15 mars 1850, et 3 du décret du 9 mars 1852.

Il n'est pas dérogé par le présent article aux dispositions des articles 20 et 21 du décret du 13 octobre 1851, concernant les ingénieurs des ponts et chaussées, ni à celles des articles 19 et 20 du décret du 24 décembre 1851, concernant les ingénieurs des mines.

Art. 18. — La retenue prescrite par les deux articles précédents s'exerce sur les rétributions de toute nature constituant l'émolument personnel passible de la retenue de 5 p. 0/0 aux termes du paragraphe 2 de l'article 3 de la loi du 7 juin 1853.

Art. 19. — Les agents politiques et consulaires supportent les retenues déterminées par l'article 3 de la loi du 9 juin 1853 sur l'intégralité des premiers vingt mille francs de leurs émoluments personnels, sur les quatre cinquièmes des seconds vingt mille francs, sur les trois cinquièmes des troisièmes vingt mille francs, sur les deux cinquièmes des quatrièmes vingt mille francs, et enfin, sur le cinquième de tout ce qui excède quatre-vingt mille francs.

Art. 20. — Les percepteurs des contributions directes qui sont en même temps receveurs municipaux et receveurs d'établissements de bienfaisance sont appelés au bénéfice de la loi du 9 juin 1853 pour l'ensemble de leur gestion, et soumis aux retenues prescrites par l'article 3 de ladite loi pour la totalité de leurs émoluments personnels payés, soit sur les fonds de l'État, soit sur ceux des communes.

Les liquidations établies sur les mandats de payement, en ce qui concerne les retenues sur les remises attribuées aux percepteurs comme agents de l'Etat, constatent et justifient les recettes à effectuer à ce titre par les receveurs des finances.

Quant aux retenues sur les émoluments des mêmes agents, en qualité de receveurs de communes et d'établissements de bienfaisance, le receveur des finances de chaque arrondissement forme, tous les trois mois, au vu des liquidations individuelles, un décompte des sommes dues pour le trimestre et dont il fait opérer le versement. Des décomptes généraux sont établis, en outre, pour l'exercice, par les soins des receveurs particuliers et du receveur général, et les résultats en sont soumis à la certification du préfet. Les décomptes trimestriels et d'exercice constituent les titres de perception.

Art. 21. — Sont affranchies des retenues prescrites par l'article 3 de la loi du 9 juin 1853 les sommes payées à titre d'indemnité pour frais de représentation et de stations navales, de gratifications éventuelles, de salaires de travail extraordinaire, d'indemnités pour missions extraordinaires, d'indemnités de perte, de frais de voyage, d'abonnements et d'allocations pour frais de bureau, de régie, de table et de loyer, de supplément de traitement colonial et de remboursement de dépenses.

Sont considérées comme payées à titre de frais de voyages, les indemnités attribuées aux présidents d'assises, et comme payées à titre de frais de bureau, les indemnités attribuées aux procureurs impérieux des chefs-lieux de département et aux juges de paix de Paris pour traitements des secrétaires.

Art. 22. — Pour les fonctionnaires et employés envoyés d'Europe dans l'Algérie ou dans les colonies, le traitement normal assujetti à la retenue est fixé, dans chaque grade, d'après le traitement de l'emploi correspondant ou qui lui est assimilé en France. Dans les emplois qui se divisent en plusieurs classes en France et qui ne sont pas soumis à cette classification dans les colonies, le traitement normal est réglé d'après celui de la première classe du grade en France. Le surplus constitue le supplément de traitement colonial, qui est exempt de la retenue.

Art. 23. — Pour les fonctionnaires et employés qui sont rétribués par des remises et des salaires variables, la retenue du premier douzième des augmentations s'exerce en se reportant au dernier prélèvement subi par le titulaire, soit à titre de premier mois de traitement, soit à titre de premier douzième d'augmentation, et la différence existant entre la moyenne du traitement frappé de la dernière retenue et celle des émoluments afférents au nouvel emploi, constitue l'augmentation passible de la retenue du premier douzième.

Art. 24. — Les prélèvements sur les amendes et confiscations en matière de douanes, de contributions indirectes et de postes, qui doivent être versés au Trésor au compte des pensions civiles, aux termes de l'article 35 de la loi du 9 juin 1853, sont exercés dans les proportions déterminées au tableau ci-annexé sous le n° 2.

Art. 25. — Le fonctionnaire démissionnaire, révoqué ou destitué, s'il est réadmis dans un emploi assujetti à la retenue, subit de nouveau la retenue du premier mois de son traitement et celle du premier douzième des augmentations ultérieures.

Celui qui, par mesure disciplinaire ou par mutation volontaire d'emploi, est descendu à un traitement inférieur, subit la retenue du premier douzième des augmentations ultérieures.

Le fonctionnaire placé dans la situation indiquée par le dernier paragraphe de l'article 10 de la loi du 9 juin 1853 est assujetti à la retenue sur son traitement d'inactivité ; mais il ne subit pas la retenue du premier douzième lorsqu'il est rappelé à un emploi actif.

Composition du traitement moyen.

Art. 26. — Pour déterminer la base de liquidation des pensions des conseillers référendaires de la Cour des comptes, on divise par leur nombre le fonds annuel qui leur est réparti à titre de préciput et de récompense de travaux.

La somme produite par cette division est réunie au traitement fixe, pour former le total des émoluments sur lesquels la pension est liquidée.

Le montant annuel des salaires payés aux courriers et postulants courriers des postes est divisé par leur nombre, et le produit de cette division forme le traitement moyen à prendre pour base du calcul de la pension des agents de cette classe.

A l'égard des principaux des colléges communaux qui administrent le pensionnat à leur compte, le traitement moyen est réglé sur le traitement du régent le mieux rétribué, surévalué d'un quart.

Art. 27. — A l'égard des agents extérieurs du département des affaires étrangères et des fonctionnaires de l'enseignement qui sont admis à la retraite dans la position d'inactivité prévue par le quatrième paragraphe de l'article 10 de la loi du 9 juin 1853, le traitement moyen s'établit sur les six années de services qu'ils ont rendus, comme titulaires d'emploi, avant leur mise en inactivité.

Art. 28. — Le traitement moyen des agents qui sont rétribués par des salaires ou remises variables sujettes à liquidation est établi sur les six années antérieures à celle dans le cours de laquelle cesse l'activité.

TITRE III. — Justification du droit a pension, mode de liquidation.

Art. 29. — L'admission du fonctionnaire à faire valoir ses droits à la retraite est prononcée par l'autorité qui, aux termes des règlements, a qualité pour prononcer sa révocation.

L'acte d'admission à la retraite spécifie les circonstances qui donnent ouverture au droit à la pension, et indique les articles de la loi applicables au fonctionnaire.

Art. 30. — Lorsque l'admission à la retraite a lieu avant l'accomplissement de la condition d'âge imposée par l'article 5 de la loi du 9 juin 1853, cette admission est prononcée dans les formes suivantes :

Si l'impossibilité d'être maintenu en activité résulte pour le fonctionnaire d'un état d'invalidité morale inappréciable pour les hommes de l'art, sa situation est constatée par un rapport de ses supérieurs dans l'ordre hiérarchique.

Si l'incapacité de servir est le résultat de l'invalidité physique du fonctionnaire, l'acte prononçant son admission à la retraite doit être appuyé, indépendamment des justifications ci-dessus spécifiées, d'un certificat des médecins qui lui ont donné leurs soins et d'une attestation d'un médecin désigné par l'administration et assermenté, qui déclare que le fonctionnaire est hors d'état de continuer utilement l'exercice de son emploi.

Art. 31. — Le fonctionnaire admis à la retraite doit produire, indépendamment de son acte de naissance et d'une déclaration de domicile :

1° Pour la justification des services civils :

Un extrait dûment certifié des registres et sommiers de l'administration ou du ministère auquel il a appartenu, énonçant ses nom et prénoms, sa qualité, la date et le lieu de sa naissance, la date de son entrée dans l'emploi avec traitement, la série de ses grades et services, l'époque et les motifs de leur cessation et le montant du traitement dont il a joui pendant chacune des six dernières années de son activité.

Cet extrait est dressé dans la forme du modèle ci-annexé sous le n° 3.

Lorsqu'il n'aura pas existé de registres, ou que tous les services administratifs ne se trouveront pas inscrits sur les registres existants, il y sera suppléé, soit par un certificat du chef ou des chefs compétents des administrations où l'employé aura servi, relatant les indications ci-dessus énoncées, soit par un extrait des comptes et états d'émargement certifié par le greffier de la Cour des comptes.

Les services civils rendus hors d'Europe sont constatés par un certificat distinct délivré par le ministre compétent. Ce certificat, conforme au modèle ci-annexé sous le n° 4, énonce, pour chaque mutation d'emploi, le traitement normal du grade et le supplément accordé à titre de traitement colonial.

A défaut de ces justifications, et lorsque, pour cause de destruction des archives dont on aurait pu les extraire, ou le décès des fonctionnaires supérieurs, l'impossibilité de les produire aura été prouvée, les services pourront être constatés par acte de notoriété.

2° Pour la justification des services militaires de terre et de mer :

Un certificat directement émané du ministère de la guerre ou de celui de la marine.

Les actes de notoriété, les congés de réforme et les actes de licenciement ne sont pas admis pour la justification des services militaires. Lorsque des actes de cette nature sont produits, ils sont renvoyés au ministère de la guerre ou à celui de la marine, qui les remplace, s'il y a lieu, par un certificat authentique.

Les services des employés de préfecture et de sous-préfecture sont justifiés par un certificat du préfet ou du sous-préfet, constatant que le titulaire a été rétribué sur des fonds d'abonnement, et ce certificat doit être visé par le ministre de l'intérieur.

Art. 32.—Les veuves prétendant à pension fournissent, indépendamment des pièces que leur mari aurait été tenu de produire :

1° Leur acte de naissance;

2° L'acte de décès de l'employé ou du pensionnaire;

3° L'acte de célébration du mariage;

4° Un certificat de non-séparation de corps, et, si le mariage est antérieur à la loi du 8 mai 1816, un certificat de non-divorce;

5° Dans le cas où il y aurait eu séparation de corps, la veuve doit justifier que cette séparation a été prononcée sur sa demande.

Les orphelins prétendant à pension fournissent, indépendamment des pièces que leur père aurait été tenu de produire :

1° Leur acte de naissance;

2° L'acte de décès de leur père;

3° L'acte de célébration de mariage de leurs père et mère;

4° Une expédition ou un extrait de l'acte de tutelle;

5° En cas de prédécès de la mère, son acte de décès.

En cas de séparation de corps, expédition du jugement qui a prononcé la séparation, ou un certificat du tribunal qui a rendu le jugement.

En cas de second mariage, acte de célébration.

Les veuves ou orphelins prétendant à pension produisent le brevet délivré à leur mari ou père, lorsqu'il est décédé en jouissance de pension, ou une déclaration constatant la perte de ce titre.

Art. 33. — Si le fonctionnaire a été justiciable direct de la Cour des comptes, soit en deniers, soit en matières, il doit produire un certificat de la comptabilité générale des finances ou du ministère compétent, constatant, sauf justification ultérieure du quitus de la Cour des comptes, que la vérification provisoire de sa gestion ne révèle aucun débet à sa charge.

Si le prétendant à pension n'est pas justiciable direct de la Cour des comptes, sa situation en fin de gestion est constatée par un certificat du comptable supérieur duquel il relève.

Art. 34. — Les enfants orphelins des fonctionnaires décédés

pensionnaires ne peuvent obtenir des secours à titre de réversion qu'autant que le mariage dont ils sont issus a précédé la mise à la retraite de leur père.

Art. 35. — Dans les cas spécifiés aux paragraphes 1er et 2 de l'article 11, 1er et 2 de l'article 14 de la loi du 9 juin 1853, l'événement donnant ouverture au droit à pension doit être constaté par un procès-verbal en due forme dressé sur les lieux et au moment où il est survenu. A défaut de procès-verbal, cette constatation peut s'établir par un acte de notoriété rédigé sur la déclaration des témoins de l'événement ou des personnes qui ont été à même d'en connaître et d'en apprécier les conséquences. Cet acte doit être corroboré par les attestations conformes de l'autorité municipale et des supérieurs immédiats du fonctionnaire.

Dans le cas d'infirmités prévu par le troisième paragraphe de l'article 11 de la loi du 9 juin, ces infirmités et leurs causes sont constatées par les médecins qui ont donné leurs soins au fonctionnaire et par un médecin désigné par l'administration et assermenté. Ces certificats doivent être corroborés par l'attestation de l'autorité municipale et celle des supérieurs immédiats du fonctionnaire.

Art. 36. — Dans les cas exceptionnels prévus par les premier et deuxième paragraphes dudit article 11, il est tenu compte à l'employé de ses services militaires de terre et de mer, suivant le mode spécial de rémunération réglé par l'article 8 de la loi, indépendamment de la liquidation déterminée pour les services civils par les deux premiers paragraphes de l'article 12.

La liquidation s'établit, dans les mêmes cas, sur le traitement moyen, lorsqu'il est plus favorable à l'employé que le dernier traitement d'activité.

Art. 37. — Les fonctionnaires et employés classés dans la partie active, qui, antérieurement à la loi du 9 juin 1853, ne subissaient pas de retenues et n'étaient pas placés sous le régime des loi et décret des 22 août 1790 et 13 septembre 1806, sont liquidés à raison de 1/100 du traitement moyen pour chaque année de services assujettis à la retenue dans la partie active, et le montant de la pension ainsi fixée est augmenté de 1/25 par chacune des années liquidées.

TITRE IV. — Dispositions d'ordre et de comptabilité.

Art. 38. — En exécution de l'article 20 de la loi du 9 juin 1853, le ministre des finances arrête chaque année, dans les premiers jours de janvier, l'état des extinctions réalisées dans le cours de l'année précédente, et dont le montant sert de base pour la fixation du crédit d'inscription de l'année courante.

Un décret rendu sur le rapport du ministre des finances détermine :

1° La somme jusqu'à concurrence de laquelle ce crédit est employé;

2° La portion afférente à chacun des départements ministériels.

Art. 39. — Le compte à rendre annuellement, lors de la présentation de la loi du budget, en exécution de l'article 21 de la loi du 9 juin 1853, comprend par ministère, et avec la distinction des pensions d'employés, de veuve et d'orphelins :

1° L'emploi du crédit d'inscription qui a été déterminé conformément aux dispositions de l'article précédent ;

2° La situation, par accroissement et décroissement, des pensions concédées et inscrites au 31 décembre de l'année expirée pour services terminés avant le 1er janvier 1854 ;

3° La situation, par accroissement et décroissement, des pensions concédées et inscrites à la même date pour services terminés postérieurement au 1er janvier 1854.

Art. 40. — En exécution de l'article 24 de la loi du 9 juin 1853, le ministre compétent réunit les pièces justificatives du droit à pension, arrête la liquidation, et, après l'avoir communiquée au ministre des finances, la soumet, avec l'avis de ce ministre, à l'examen de la section des finances du conseil d'Etat.

Sur l'avis de cette section, le ministre liquidateur prépare le décret de concession, qui doit être contre-signé par le ministre des finances.

Art. 41. — Les décrets de concessions, conformes au modèle ci-annexé sous le n° 5, mentionnent les nom, prénoms, grade, date et lieu de naissance du pensionnaire, la nature et la durée de ses services, la date des lois, décrets et ordonnances réglementaires en vertu desquels la pension a été liquidée, la quotité du traitement qui a servi de base à la liquidation, la part de rémunération afférente aux services militaires et celle afférente aux services civils, la limitation au maximum, la quotité de la pension, la date d'entrée en jouissance et le domicile de la partie. Ces décrets indiquent, en outre, la date de l'avis rendu par la section des finances, et s'il y a lieu, celle de l'avis du conseil d'Etat.

Lorsque ces décrets sont collectifs, ils doivent être divisés en deux catégories, comprenant distinctement les pensions pour services terminés avant le 1er janvier 1854, et celles concédées pour services terminés postérieurement à cette date.

Art. 42. — La date de la présentation de la demande en liquidation est constatée par son inscription sur un registre spécial tenu dans chaque ministère. Un bulletin de cette inscription est délivré à la partie intéressée.

Art. 43. — Lorsqu'un fonctionnaire dont la pension est liquidée ou inscrite se trouve dans l'un des cas prévus par les deux derniers paragraphes de l'article 27 de la loi du 9 juin 1853, sa perte du droit à la pension est prononcée par un décret rendu sur la proposition du ministre des finances, après avoir pris l'avis du ministre liquidateur et après avoir consulté la section des finances du Conseil d'Etat.

Art. 44. — Lorsqu'un pensionnaire est remis en activité, il en est immédiatement donné avis par le ministre compétent au ministre des finances, pour que le payement de la pension soit suspendu, ou pour qu'il soit fait application des dispositions de l'article 31 de la loi du 9 juin relatives au cumul.

Art. 45. — Lorsqu'un fonctionnaire a disparu de son domicile, et que plus de trois ans se sont écoulés sans qu'il ait réclamé les arrérages de sa pension, sa femme ou les enfants qu'il a laissés peuvent obtenir, à titre provisoire, la liquidation des droits de reversion qui leur seraient ouverts par les articles 13 et 16 de la loi du 9 juin 1853, en cas de décès dudit pensionnaire.

Art. 46. — Tout titulaire d'une pension inscrite au Trésor doit produire, pour le payement, un certificat de vie délivré par un notaire, conformément à l'ordonnance du 6 juin 1839, lequel certificat contient, en exécution des articles 14 et 15 de la loi du 15 mai 1818, la déclaration relative au cumul.

La rétribution fixée par le décret du 21 août 1806 et l'ordonnance du 20 juin 1817, pour la délivrance des certificats de vie, est modifiée ainsi qu'il suit :

Pour chaque trimestre à percevoir,

De 600 francs et au-dessus.	0 50
De 600 à 301 francs.	0 35
De 300 à 101 francs.	0 25
De 100 à 50 francs	0 20
Au-dessous de 50 francs.	0 00

Art. 47. — Lorsque l'intérêt du service l'exige, le fonctionnaire admis à faire valoir ses droits à la retraite peut être maintenu momentanément en activité, sans que la prolongation de ses services puisse donner lieu à un supplément de liquidation. Dans ce cas, la jouissance de sa pension part du jour de la cessation effective du traitement.

Art. 48. — Notre ministre secrétaire d'Etat au département des finances est chargé de l'exécution du présent décret.

DÉCRET IMPÉRIAL DU 31 MAI 1854

Qui établit en Algérie des entrepôts de tabacs fabriqués dans les manufactures impériales de France.

Art. 1er. — Il sera établi dans les villes de l'Algérie où il existe des entrepôts de poudres à feu, des entrepôts de tabacs fabriqués, autres que les cigares, provenant des manufactures impériales de France.

Art. 2. — Ces entrepôts seront gérés par les entreposeurs des poudres à feu.

Art. 3. — Le prix de vente des tabacs mentionnés en l'article 1ᵉʳ est fixé conformément au tableau ci-après :

		PRIX DE VENTE PAR KILOGRAMME	
		AUX ENTREPOSEURS	AUX CONSOMMATEURS
Tabacs dits *étrangers*	en poudre...... à fumer........ en rôles........	7ᶠ 30ᶜ	8ᶠ 00ᶜ
Tabacs dits *ordinaires*	en poudre...... à fumer........	5 50	6 00

Art. 4. — Les tabacs seront vendus dans les entrepôts par paquets fermés de 1 kilogramme à 2 hectogrammes au moins, revêtus des vignettes de la régie et d'étiquettes spéciales.

Ils ne pourront être introduits et consommés en France. Toute infraction à cette disposition sera considérée comme une importation frauduleuse et punie comme telle.

EXTRAIT DE LA LOI DU 22 JUIN 1854

Portant fixation du budget général des dépenses et des recettes de l'exercice 1855.

Art. 18. — Les droits d'octroi sur les vins, cidres, poirés et hydromels, ne pourront être supérieurs au double des droits d'entrée déterminés par le tarif annexé au décret du 17 mars 1852 (le décime non compris).

Dans les communes qui, à raison de leur population, ne sont pas soumises à un droit d'entrée sur les boissons, le droit d'octroi ne pourra dépasser le double du droit d'entrée déterminé par le décret du 17 mars 1852, pour les villes d'une population de 4,000 âmes.

Il ne pourra être établi aucune taxe d'octroi supérieure au double du droit d'entrée qu'en vertu d'une loi.

L'article 15 du décret du 17 mars 1852 est abrogé.

DÉCRET IMPÉRIAL DU 12 AOUT 1854

Relatif aux pièces justificatives de recette et de dépense des comptables des finances justiciables de la Cour des comptes.

Art. 1ᵉʳ. — Le ministre des finances conservera, pour l'exercice de ses contrôles et de sa surveillance, et jusqu'aux époques indiquées ci-après, les pièces justificatives qui lui auront été transmises, chaque mois, par les payeurs du Trésor dans les départements, par les Trésoriers de l'Algérie et des colonies, par les receveurs des régies financières.

Art. 2. — Les pièces justificatives des opérations effectuées par ces comptables, *pendant chaque année*, seront produites à la Cour en deux envois distincts.

Le premier envoi comprendra les justifications relatives aux opérations qui auront été effectuées sur l'*exercice clos*, depuis le 1er janvier de la seconde année de cet exercice jusqu'à l'époque de sa clôture ; il accompagnera la *première partie du compte annuel*, laquelle continuera d'être formée aussitôt après la clôture définitive de l'exercice, et sera affirmée sincère et véritable comme élément de la situation du comptable au 31 décembre.

Le second envoi se composera des pièces justificatives de recettes et dépenses de l'année concernant l'exercice courant et les opérations de trésorerie. Ces pièces seront annexées à la *deuxième partie du compte annuel*, qui reproduira les résultats de la première partie, comprendra l'ensemble des opérations du comptable pendant l'année et établira sa situation.

Art. 3. — Les comptes annuels devront être produits à la Cour des comptes avec les pièces à l'appui, savoir :

La première partie, au plus tard, le 30 novembre de la seconde année de l'exercice ;

La deuxième partie, avant le 1er mai de l'année qui suivra celle pour laquelle les comptes seront rendus.

Art. 4. — La Cour des comptes statuera, par des arrêts spéciaux, sur la première partie des comptes annuels ; elle imposera aux comptables telles charges et injonctions que de droit, pour celles des opérations comprises dans cette partie des comptes qui ne seraient pas régulièrement justifiées.

Les arrêts sur la deuxième partie des comptes annuels statueront, suivant l'usage, sur l'ensemble des opérations de l'année et sur la situation des comptables.

Les jugements seront rendus dans les délais nécessaires pour que la Cour puisse prononcer sa déclaration de conformité sur les comptes de l'exercice, clos avant le 1er mai de l'année qui suivra la clôture de l'exercice, et sa déclaration générale sur les comptes de l'année, avant l'expiration de l'année suivante.

Les arrêts sur chaque partie des comptes des receveurs généraux et des payeurs seront formés en double expédition : l'une sera notifiée directement aux comptables par la Cour des comptes, accompagnée des pièces dont le renvoi aurait été prescrit ; l'autre sera adressée au ministre des finances. Quant aux régies financières, la notification des arrêts aux comptables continuera d'avoir lieu par l'entremise du ministère des finances, d'après le mode actuellement suivi.

Art. 5. — Le caissier payeur central du Trésor public continuera de transmettre, chaque mois, à la Cour des comptes, les pièces justificatives de ses opérations, accompagnées de comptes mensuels. Ces envois seront faits, au plus tard, dans un délai de deux mois.

La Cour prononcera sur ces comptes par des arrêts trimestriels.

Le compte annuel du caissier payeur central sera divisé en deux parties, selon les règles établies ci-dessus pour les autres agents du Trésor.

Art. 6. — Conformément aux articles 37 et 38 du décret du 28 septembre 1807, le procureur général près la Cour des comptes pourvoira, lorsqu'il y aura lieu, par voie de réquisition, à l'exécution des dispositions ci-dessus.

Il adressera au ministre des finances des rapports périodiques sur la situation des jugements de la Cour des comptes.

Art. 7. — Le présent décret est applicable au deuxième semestre de 1854.

Les envois mensuels à la Cour des comptes continueront, suivant le mode actuel, jusques et y compris les pièces justificatives des opérations du mois de juin. Pour les mois suivants, les envois mensuels cesseront à l'égard de toutes les comptabilités autres que celles du caissier payeur central du Trésor. Les justifications relatives aux six derniers mois de l'année 1854 parviendront à la Cour avec chacune des deux parties des comptes annuels à laquelle elles se rapporteront ; elles seront accompagnées de bordereaux récapitulatifs rappelant, par article du compte, les totaux des opérations pour chacun des douze mois de l'année.

Art. 8. — Les articles 1, 2 et 4 de l'arrêté du chef du pouvoir exécutif du 21 novembre 1848 et le décret du 6 juin 1850 sont et demeurent rapportés.

EXTRAIT DU DÉCRET DU 20 DÉCEMBRE 1854

Portant fixation des droits sur les sucres à l'importation.

NAPOLÉON, etc.,
Art. 1er.......

Cet article réduit la taxe d'importation des sucres étrangers et celle des raisins secs.

Art. 2. — Les mélasses importées pour être transformées en alcool sont soumises au régime suivant :

Mélasses...	Par navires français	Des colonies françaises....	Exemptes.	
		Des pays hors d'Europe...	3 fr. 00 c.	les 100 kilogr.
		Des entrepôts............	8 00	
	Par navires étrangers...............		13 00	

La distillation des mélasses importées aux conditions ci-dessus ne pourra être effectuée que dans les établissements soumis à la surveillance permanente du service des douanes ou des contributions indirectes; tant qu'elle aura lieu, toute autre opération sera interdite.

Le rendement minimum des mélasses en alcool est fixé à 33 litres par 100 kilogrammes.

Un échantillon plombé, prélevé dans les formes prescrites en matière de transit, accompagnera les mélasses et servira à la reconnaissance de leur identité au moment de leur arrivée dans les distilleries.

Le transport des mélasses ne pourra se faire qu'au moyen de voitures bâchées et plombées par la douane.

La disposition ci-dessus fixant à 33 0/0 le rendement minimum des alcools des mélasses importées pour être distillées, a été abrogée par le décret du 5 juin 1869.

LOI DU 14 JUILLET 1855
Qui autorise l'établissement de divers impôts.

Article 1ᵉʳ. — A partir du 1ᵉʳ août 1855, le droit général de consommation par hectolitre d'alcool pur contenu dans les eaux-de-vie et esprits en cercles, par hectolitre d'eaux-de-vie et esprits en bouteilles, de liqueurs en cercles et en bouteilles, et de fruits à l'eau-de-vie, sera fixé à *cinquante francs* (50 *francs*) en principal.

Modifié par les lois des 26 juillet 1860, 1ᵉʳ septembre 1871 et 26 mars 1872

Art. 2. — A dater de la promulgation de la présente loi, la taxe de remplacement, aux entrées de Paris sera portée à *soixante-six francs* (66 *francs*) en principal, par hectolitre d'alcool pur contenu dans les eaux-de-vie et esprits en cercles, par hectolitre d'eaux-de-vie et esprits en bouteilles, de liqueurs en cercles et en bouteilles, et de fruits à l'eau-de-vie.

Le tarif de la taxe de remplacement aux entrées de Paris a été modifié d'abord par la loi du 26 juillet 1860, puis par la loi du 1ᵉʳ septembre 1871 et enfin par les articles 3 et 6 de la loi du 26 mars 1872.

Art. 3. — A dater du 1ᵉʳ août 1855, le dixième dû au Trésor public sur le prix des places des voyageurs transportés par les chemins de fer sera calculé sur le prix total des places.

Il sera, en outre, perçu au profit du Trésor public un dixième du prix payé aux compagnies de chemins de fer pour le transport à grande vitesse des marchandises et objets de toute nature.

Les tarifs des compagnies seront accrus du montant des taxes nouvelles résultant du présent article.

Le dixième perçu en vertu de cet article a été accru d'une taxe additionnelle de 10 0/0 (art. 12 de la loi du 16 septembre 1871) (1).
Voir l'article 4 de la loi du 21 mars 1874, qui a établi une taxe de 5 0/0 sur le prix des transports de marchandises aux conditions des tarifs de la petite vitesse.

Art. 4. — A partir de la même époque, la loi du 2 juillet 1838 sera et demeurera abrogée.

(1) Cette taxe additionnelle n'est point passible de décimes. (Circ. n° 25 du 12 octobre 1871.)

23

Art. 5. — Le principal des impôts et produits de toute nature soumis au décime par les lois en vigueur sera augmenté d'un nouveau décime à dater de la promulgation de la présente loi jusqu'au 1ᵉʳ janvier 1858.

Voir l'article 13 de la loi du 8 juin 1864 d'après lequel la perception du second décime doit continuer d'être faite jusqu'à ce qu'il en ait été ordonné autrement et l'article 2 de la loi du 30 décembre 1873, qui a établi un demi-décime sur certaines taxes.

DÉCRET DU 24 JUILLET 1857

Qui établit en Algérie des bureaux de garantie.

Article 1ᵉʳ. — Il est établi en Algérie des bureaux de garantie pour faire l'essai et constater les titres des ouvrages d'or et d'argent, ainsi que des lingots de ces matières qui seront présentés.

Art. 2. — Les lois, décrets et ordonnances, tarifs et règlements en vigueur en France sur la matière, sont rendus applicables à l'Algérie, en ce qui concerne la fabrication et la vente desdits ouvrages d'or et d'argent.

Art. 3. — Par application des dispositions de l'article précédent, les ouvrages d'or et d'argent expédiés de France en Algérie, ou d'Algérie en France, doivent, sans exception, être revêtus de l'empreinte des poinçons français de titre et de garantie en vigueur, et, dans aucun cas, ils ne peuvent être admis au bénéfice de la restitution des deux tiers du droit.

Art. 4. — De même qu'en France, il y a en Algérie trois titres légaux pour les ouvrages d'or, et deux pour les ouvrages d'argent, savoir :

POUR L'OR :
Le 1ᵉʳ de 920 millièmes.
Le 2ᵉ de 840 id.
Le 3ᵉ de 750 id.

ET POUR L'ARGENT :
Le 1ᵉʳ de 950 millièmes.
Le 2ᵉ de 800 id.

La tolérance des titres, pour l'or, est de trois millièmes, et celle des titres, pour l'argent, de cinq millièmes.

Art. 5. — La garantie des titres des ouvrages et matières d'or et d'argent est assurée, en Algérie, par des poinçons semblables à ceux qui ont cours en France.

Le poinçon de chaque bureau de garantie a une marque distinctive qui est déterminée par l'administration des monnaies.

Art. 6. — Les fabricants et marchands d'objets d'or et d'argent sont tenus, dans le délai d'un an, à compter de la promulgation du présent décret, de porter au bureau de garantie de leur circonscription, les ouvrages d'or, d'argent et de vermeil sans marque, ou déjà marqués de poinçons français d'exportation, pour y recevoir l'empreinte des poinçons de titre et de garantie, et y acquitter les droits.

Les objets marqués des poinçons usités chez les nations étrangères sont considérés comme étant dépourvus de toute empreinte et, conséquemment, assujettis dans le même délai, aux formalités susindiquées.

DÉCRET DU 24 FÉVRIER 1858

Sur la police du roulage

Article 1er. — Les deux derniers paragraphes de l'article 7 du décret du 10 août 1852 sont remplacés par les paragraphes suivants :

« 4° Les voitures chargées dont l'attelage n'excédera pas le « nombre de chevaux qui sera fixé par le préfet, à raison du cli- « mat, du mode de construction et de l'état des chaussées, de la « nature du sol et des autres circonstances locales.

« Les arrêtés pris par le préfet en vertu du paragraphe précé- « dent seront soumis, avant leur mise à exécution, à l'approbation ‹ de notre ministre de l'agriculture, du commerce et des travaux « publics. »

Art. 2. — Les préfets pourront appliquer, par des arrêtés spéciaux, aux voitures particulières servant au transport des personnes, les dispositions du premier paragraphe de l'article 15 du décret du 10 août 1852, relatives à l'éclairage des voitures.

Art. 3. — Les préfets pourront restreindre, lorsque la dimension des objets transportés donnera au convoi une longueur nuisible à la liberté ou à la sûreté de la circulation, le nombre des voitures dont l'article 13 du décret du 20 août 1852 permet la réunion en convoi. Leurs arrêtés seront affichés sur les parties de routes auxquelles ils s'appliqueront.

DÉCRET DU 17 AVRIL 1858

Sur les Sucres

Art. 2. — L'article 22 du règlement du 1er septembre 1852 est abrogé et remplacé par les dispositions suivantes :

Les fabricants raffineurs pourront en tout temps recevoir, aux conditions déterminées ci-après, les sucres achevés de toute origine libérés d'impôt.

Ces sucres devront être représentés sous le plomb et l'acquit-à-caution de la fabrique ou du bureau de départ. Ils seront pris en charge au compte général de fabrication comme matières non imposables, d'après les quantités constatées à l'arrivée dans les fabriques, et sur les bases fixées par l'article 21 du règlement du 1er septembre 1852.

Les sorties pour la consommation seront réparties proportionnellement sur les quantités imposables et les quantités non imposables existant au moment de l'expédition.

Après la cessation des travaux de la campagne, il sera procédé à un inventaire général; tout manquant sera soumis au droit; les excédants seront pris en charge comme matière imposable.

DÉCRET IMPÉRIAL DU 15 SEPTEMBRE 1858

Qui modifie l'article 4 de la loi du 9 juillet 1836, en ce qui touche le régime des Chargements mixtes sur les rivières.

Article 1er. — *La disposition ci-dessus rappelée de l'article 4 de la loi du 9 juillet 1836 est abrogée à partir du 1er octobre prochain.*

En conséquence, les bateaux chargés de marchandises diverses seront imposés proportionnellement au poids et suivant la nature de chaque partie du chargement.

Remplacé par l'article 5 du décret du 9 février 1867.

DÉCRET DU 15 SEPTEMBRE 1858

Qui supprime les droits dont sont frappés les bateaux vides sur certains canaux.

Article 1er. — A partir du 1er octobre prochain, seront exempts des droits de navigation sur le canal de Saint-Quentin, sur les rivières et canaux non concédés des bassins de l'Escaut et de l'Aa et sur les canaux d'Ille-et-Rance, du Blavet et de Nantes à Brest, y compris les dérivations de l'Isac et de l'Oust :

1° Les bateaux et bascules à poissons entièrement vides;

2° Les bateaux employés exclusivement au service ou aux travaux de la navigation par les agents des ponts et chaussées;

3° Les bateaux pêcheurs lorsqu'ils porteront uniquement des objets relatifs à la pêche.

4° Les bateaux appartenant aux propriétaires ou fermiers et chargés d'engrais, de denrées, de récoltes et de grains en gerbes pour le compte desdits propriétaires ou fermiers, lorsqu'ils auront obtenu l'autorisation de se servir de bateaux particuliers dans l'étendue de leur exploitation.

Art. 2. — Les bateaux chargés de marchandises diverses seront imposés proportionnellement au poids et suivant la nature de chaque partie du chargement.

Voyez le décret du 9 février 1867.

DÉCRET DU 20 AVRIL 1859

Qui fixe le prix des poudres de mine et de commerce extérieur.

Article 1er. — Le prix de vente, par l'administration des contributions indirectes, de la poudre de commerce extérieur est fixé, à partir du 1er mai 1859, à 1 *fr.* 30 *cent.* le kilogramme.

Le prix de la poudre de mine reste fixé ainsi qu'il suit :
Prise dans les entrepôts de la régie, 2 fr. 25 cent. le kilogramme; prise chez les débitants, 2 fr. 50 cent. le kilogramme.

Voir le décret du 8 octobre 1864 et l'arrêté du ministre des finances du 16 juin 1873.

DÉCRET IMPÉRIAL DU 7 JANVIER 1860

Qui autorise le ministre des finances à faire remise des manquants constatés dans la fabrication du sucre indigène.

Article 1er. — A partir de l'ouverture de la campagne 1859-1860, les manquants constatés dans la fabrication du sucre indigène, sur le minimum légal de prise en charge, pourront être affranchis, par une décision du ministre des finances, des droits auxquels ils sont assujettis par l'article 8 de la loi du 31 mai 1846.

DÉCRET IMPÉRIAL DU 12 MARS 1860

Portant que l'administration des tabacs est séparée de l'administration des douanes et des contributions indirectes et formera une direction générale.

Article 1er. — L'administration des tabacs est séparée de l'administration des douanes et des contributions indirectes, et formera une direction générale dont les attributions seront les mêmes que celles qui avaient été déterminées par l'ordonnance précitée du 5 janvier 1831.

DÉCRET DU 22 MARS 1860

Qui supprime les droits dits de navigation maritime perçus à l'embouchure des fleuves.

Art. 1er. — Sont supprimés, *à partir du 15 avril prochain*, les droits dits de navigation maritime qui sont actuellement perçus, en vertu des arrêtés, décrets et ordonnances ci-dessus visés, sur la Seine, la Charente, la Seudre, la Sèvre-Niortaise, la Loire, le Rhône, l'Orne, la Toucques, la Vilaine, et sur le canal de Brouage, ainsi que la taxe proportionnelle et annuelle dont sont frappés, aux termes du décret du 4 mars 1808, les bâtiments à quille, pontés ou non pontés, servant au cabotage sur la Gironde, la Garonne et la Dordogne.

Art. 2. — Sont maintenus toutefois, jusqu'à l'entier remboursement de la somme de quatre cent mille francs (400,000 fr.) avancée par la ville de Rochefort, les droits de péage perçus, en vertu du décret susvisé du 16 juillet 1857 sur les bâtiments allant de Rochefort à la mer, et *vice versâ*.

DÉCRET IMPÉRIAL DU 2 MAI 1860

Portant que les montres françaises pourront être marquées du poinçon de titre, avec contremarque, ou du poinçon de petite garantie, au choix des fabricants.

Article 1er. — Les montres françaises pourront être marquées du poinçon de titre avec contremarque ou du poinçon de petite garantie, au choix des fabricants ; mais elles resteront, dans tous les cas, soumises au mode d'essai prescrit pour les objets assujettis à la marque du poinçon de titre.

LOI DU 23 MAI 1860.

Tarif des sucres. — Abonnement des fabriques.

(Le tarif a été modifié par les lois subséquentes. La faculté d'abonnement accordée aux fabricants de sucre a été supprimée par l'article 4 de la loi du 7 mai 1864.)

DÉCRET DU 26 MAI 1860

Concernant les obligations des fabricants d'ouvrages dorés ou argentés par les procédés galvaniques ou électro-chimiques.

Article 1er. — Sont applicables aux fabricants d'ouvrages dorés ou argentés par les procédés galvaniques ou électro-chimiques, les articles 14 et 95 à 100 de la loi du 19 brumaire an VI, relatifs aux obligations des fabricants de plaqué.

En conséquence, les fabricants d'ouvrages dorés ou argentés par les procédés ci-dessus sont tenus de se servir exclusivement, pour marquer leurs produits, de poinçons dont la forme est un carré parfait. Néanmoins, par dérogation à l'article 97 de ladite loi, ils sont dispensés d'insculper sur leurs ouvrages le mot *doublé* et la quantité d'or ou d'argent qui y est superposée.

Art. 2. — Les fabricants de ces sortes d'ouvrages se conformeront immédiatement aux dispositions qui précèdent.

Un délai d'une année, à partir de la promulgation du présent décret, est accordé aux marchands non fabricants, pour la vente des ouvrages de l'espèce qui existent en leur possession.

EXTRAIT DU DÉCRET IMPÉRIAL DU 13 JUIN 1860.

Perception des impôts en Savoie et dans l'arrondissement de Nice.

Article 1er. — Le monopole de la vente du sel dans la province de Savoie et dans l'arrondissement de Nice, annexé au territoire de l'empire, est aboli.

La fabrication, le transport, la circulation et la vente du sel dans ces deux provinces s'effectueront sous les conditions prescrites par les lois des 24 août 1806, 17 juin 1840 et 28 décembre 1848.

Art. 2. — Est également aboli le monopole de la fabrication et de la vente du plomb de chasse.

Art. 3. — Le gouvernement français est substitué au gouvernement sarde pour le monopole et la fabrication de la vente des tabacs et des poudres à feu. Ces monopoles s'exerceront conformément à la loi française.

Le tarif établi par le gouvernement sarde pour la vente des tabacs continuera à être appliqué jusqu'à l'épuisement des quantités existantes dans les magasins et provenant des manufactures sardes.

Art. 5. — Jusqu'à ce qu'il en soit autrement ordonné, continueront à être perçus conformément aux lois, arrêtés royaux, lettres patentes, règlements et tarifs en vigueur au jour de la promulgation du présent décret, toutes autres contributions directes ou indirectes, tous droits d'enregistrement, d'insinuation, de timbre, de greffe et d'hypothèques, de navigation, péage, toutes autres taxes à quelque titre et sous quelque dénomination qu'elles se perçoivent, soit au profit du gouvernement sarde, soit au profit des communes et autres établissements publics.

Art. 6. — Abrogé par l'article 4 du décret du 8 septembre 1860.

DÉCRET IMPÉRIAL DU 25 JUIN 1860

Qui rend applicables aux départements de la Savoie, de la Haute-Savoie et des Alpes-Maritimes les lois et règlements en matière de garantie.

Art. 1er. — Sont rendus applicables aux départements de la Savoie, de la Haute-Savoie et des Alpes-Maritimes, les lois, décrets et ordonnances concernant la surveillance du titre des matières d'or et d'argent et la perception des droits de garantie.

Art. 2. — Des bureaux de garantie sont créés à Chambéry et à Nice.

Art. 3. — La circonscription de ces bureaux est déterminée ainsi qu'il suit :

Pour le bureau de Chambéry, les départements de la Savoie et de la Haute-Savoie ;

Pour le bureau de Nice, le département des Alpes-Maritimes.

Art. 4 et 5. — (Dispositions transitoires.)

LOI DU 26 JUILLET 1860

Élévation du droit général de consommation et de la taxe de remplacement perçue aux entrées dans Paris.

Les tarifs établis par cette loi ont été modifiés par les lois des 1er septembre 1871 et 26 mars 1872.

DÉCRET DU 4 AOUT 1860

Portant règlement d'administration publique pour l'admission des fabricants de sucre indigène au régime de l'abonnement.

La faculté d'abonnement a été supprimée par l'article 4 de la loi du 7 mai 1864.

DÉCRET IMPÉRIAL DU 11 AOUT 1860 ·

Relatif aux fabriques-raffineries de sucre non abonnées et aux raffineries soumises à l'exercice.

Art. 1er. — Dans les fabriques-raffineries *non abonnées*, les sucres raffinés seront admis dans la balance du compte général de fabrication, en ajoutant 10 p. 0/0 aux quantités fabriquées.

L'article 21 du règlement de 1er septembre 1852 est abrogé.

Art. 2. — Les sucres bruts de toute nuance livrés au raffinage dans les raffineries soumises à l'exercice, en vertu de l'article 3 du décret du 27 mars 1853, donneront ouverture à un crédit de fabrication à raison de 90 kilogrammes de sucre pur pour 100 kilogrammes de sucre brut.

L'article 32 du règlement du 1er septembre 1852 est maintenu dans tout ce qui n'est pas contraire à cette disposition.

DÉCRET DU 22 AOUT 1860

Relatif aux droits de navigation établis sur les rivières et canaux y désignés.

Remplacé par le décret du 9 février 1867.

DÉCRET IMPÉRIAL DU 8 SEPTEMBRE 1860

Qui rend applicables aux départements de la Savoie, de la Haute-Savoie et des Alpes-Maritimes, les lois, décrets et ordonnances concernant les droits perçus au profit du Trésor public, sur les boissons, les sucres et glucoses, etc.

Art. 1er. — Sont rendus applicables aux départements de la Savoie, de la Haute-Savoie et des Alpes-Maritimes (l'arrondissement de Grasse excepté) et à partir du 1er octobre prochain, la loi du 28 avril 1816 et généralement les lois, décrets ou ordonnances concernant l'assiette et la perception des droits perçus au profit du trésor public, sur les boissons, les sucres et glucoses, les cartes à jouer, les licences, le timbre des expéditions et quittances.

Art. 2. — Pour la perception du droit de circulation et d'entrée sur les vins, pour le règlement des déductions allouées aux marchands en gros de boissons, distillateurs, etc., les départements ci-dessus désignés seront rangés dans la 1re classe.

Dans les mêmes départements, la licence à payer par les brasseurs sera perçue au taux le plus faible du tarif.

Art. 3. — Jusqu'à ce qu'il en soit autrement ordonné, les droits d'octroi continueront à être perçus au profit des communes d'après les tarifs actuellement en vigueur. Toutefois, les tarifs d'octroi qui comprennent additionnellement les droits de gabelle seront immédiatement réduits d'une somme équivalente à ces droits.

Cette réduction sera faite par arrêté du préfet.

Art. 4. — Sont abrogées toutes dispositions contraires au présent décret et notamment l'article 6 du décret du 13 juin 1860.

ARRÊTÉ DU MINISTRE DES FINANCES DU 22 SEPTEMBRE 1860

Qui fixe le taux de l'escompte bonifié à certains redevables.

Art. 1er. — A dater du 1er octobre 1860, l'escompte bonifié aux redevables qui acquittent en numéraire : 1° les droits de douane à l'importation, 2° les taxes de consommation sur les sels, 3° les droits sur les sucres indigènes, 4° les droits à la fabrication des bières, sera calculé à raison de 3 p. 0/0 par an.

Art. 2. — Les autres dispositions des règlements relatifs à l'escompte sont maintenues.

EXTRAIT DU DÉCRET IMPÉRIAL DU 13 AVRIL 1861

Sur la décentralisation administrative.

Art. 1er. — Les préfets statueront désormais sur les affaires départementales et communales..... dont la nomenclature suit, par addition au tableau A annexé au décret du 25 mars 1852.

Art. 3. — .....

1° Approbation des adjudications pour la mise en ferme des bacs.

Art. 5. — Ils nommeront directement, sans l'intervention du gouvernement, et sur la présentation des divers chefs de service, par addition à l'article 5 du décret du 25 mars 1852, aux fonctions et emplois suivants :

. . . .

8° Les surnuméraires des contributions indirectes, dans les conditions déterminées par les règlements;

. . . .

12° Les titulaires des débits de tabac dont le produit ne dépasse pas 1,000 francs;

. . . .

14° Les canotiers de la navigation;

15° Les ouvriers employés dans les manufactures de tabac.

Art. 6. — Les sous-préfets statueront désormais, soit directement, soit par délégation des préfets, sur les affaires..... dont la
nomenclature suit :

4° Autorisation de mise en circulation des voitures publiques ;

. . . .

7° Autorisation de débits de boissons temporaires ;

. . . .

19°.....

Les sous-préfets nommeront les simples préposés d'octroi.

DÉCRET IMPÉRIAL DU 8 MAI 1861

**Qui autorise la vente des tabacs à prix réduits et de qualités
intermédiaires dans les arrondissements de Nice et de Puget-Théniers (Alpes-Maritimes) et dans les départements de la
Savoie et de la Haute-Savoie.**

Art. 1er. — La vente des tabacs en poudre, à fumer et en rôles
dits *à prix réduits* et de qualités intermédiaires, est autorisée dans
les arrondissements de Nice et de Puget-Théniers (département
des Alpes-Maritimes) et dans les départements de la Savoie et de
la Haute-Savoie.

Art. 2. — Ces tabacs seront vendus aux consommateurs aux
prix suivants :

Départements de la Sa-voie et de la Haute-Savoie.	Partie du territoire français au delà de la ligne des douanes..	Scaferlati et rôles.	3	50
		Poudres.........	2	»

Indépendamment des tabacs dont les prix de vente sont ci-
dessus fixés, il pourra être vendu aux consommateurs toutes autres
espèces de tabacs à des prix supérieurs.

Arrondissements de Nice et de Puget-Théniers (Alpes-Maritimes) et partie des départements de la Haute-Savoie et de la Savoie en deçà de la ligne de douanes.	Scaferlati et rôles.	5 et 8 fr.
	Poudres	8

Art. 3. — Conformément à l'ordonnance du 17 janvier 1834, la
régie des contributions indirectes est autorisée à limiter, en raison
de la population de chaque localité, les quantités de ces tabacs
qui seront livrées aux débitants.

DÉCRET DU 3 OCTOBRE 1861

Concernant les sucres indigènes expédiés des fabriques.

Art. 1er. — Les sucres indigènes expédiés des fabriques sur les
villes où l'administration des douanes et des contributions indirectes a un service organisé, pourront, à leur arrivée au lieu de
destination, si l'administration l'autorise, être soumis à l'acquittement des droits sans entrer en entrepôt.

LOI DU 22 JUIN 1862

Portant prorogation, jusqu'au 1er janvier 1873, de la loi du 3 juillet 1852, qui attribue à l'État le monopole des tabacs.

Art. 1er. — (Prorogation du monopole jusqu'au 1er janvier 1873.)

Art. 2. — (Déclaration de culture pour les pièces de terre d'une contenance inférieure à 20 ares.) Remplacé par l'article 3 de la loi du 21 décembre 1872.

Art. 3. — Les contraventions aux lois et règlements qui prohibent la culture des tabacs continueront à être constatées et poursuivies dans les formes propres à l'administration des contributions indirectes. Lorsque les contraventions concerneront la culture autorisée, elles seront constatées et poursuivies par l'administration des tabacs, dans les formes propres à l'administration des contributions indirectes.

EXTRAIT DE LA LOI DU 2 JUILLET 1862

Portant fixation du budget ordinaire des dépenses et des recettes de l'exercice 1863.

Art. 14. — ..... (Perception du second décime.)

Art. 15. — (Modifications au tarif des sucres.) (V. la loi du 30 décembre 1873.)

Art. 16. — A partir du 1er janvier 1863, les sels destinés aux fabriques de soude seront délivrés en franchise sous les conditions déterminées par les règlements antérieurs au décret du 17 mars 1852, dont l'article 11 se trouvera ainsi abrogé.

Les fabricants de soude, détenteurs de produits libérés de l'impôt, obtiendront le remboursement du droit afférent aux sels existants dans leurs magasins en nature ou en produits fabriqués.

Voir l'arrêté ministériel du 18 décembre 1862 relatif aux formalités auxquelles sont tenus les fabricants qui veulent jouir de la franchise. — (*Annales* 1860-63 p. 362.)

Art. 23. — Les préposés des douanes, des contributions indirectes et ceux des octrois ont, pour constater les contraventions au timbre des actes ou écrits sous signature privée, et pour saisir les pièces en contravention, les mêmes attributions que les préposés de l'enregistrement.

DÉCRET DU 15 OCTOBRE 1862

Qui fixe le cautionnement des agents supérieurs du service de la garantie.

Art. 1er. — Les cautionnements des agents supérieurs du service de la garantie, depuis le grade de sous-contrôleur jusqu'au grade d'inspecteur, sont fixés de la manière suivante :

Inspecteurs de.....	1re classe	6,000 fr.
	2e classe	5,000
	3e classe	4,000
Sous-inspecteurs, contrôleurs et sous-contrôleurs.....		3,000

DÉCRET DU 13 DÉCEMBRE 1862

Concernant l'exercice des fabriques de soude.

Art. 1er. — Les fabriques de soude auxquelles sera délivré en franchise le sel nécessaire à leur fabrication seront soumises à une surveillance permanente. Le nombre des préposés à l'exercice sera fixé par l'administration. Pour couvrir le Trésor de la dépense à laquelle donnera lieu cette surveillance, chaque fabricant versera, à la caisse du receveur principal des douanes et des contributions indirectes, une redevance annuelle dont le montant est fixé à 30 centimes par 100 kilogrammes de sel employé à la fabrication.

Les recouvrements auront lieu par trimestre.

Art. 2. — Chaque fabricant sera, en outre, tenu de fournir les logements nécessaires aux préposés à l'exercice, soit dans l'enceinte de l'usine, soit en dehors de cette enceinte, mais à proximité de la fabrique et dans un logement agréé par l'administration.

Il sera mis également à la disposition du service, dans l'enceinte même de l'usine et à proximité de son entrée, un local pour le bureau, d'une superficie minimum de 12 mètres carrés, garni du mobilier nécessaire.

Le fabricant sera tenu de pourvoir à l'éclairage et au chauffage de ce bureau, soit en nature, soit au moyen d'un abonnement annuel fixé à 200 francs.

Art. 3. — Les sels seront expédiés sur les fabriques de soude sous le plomb de l'administration.

Le plombage ne sera pas exigé dans le seul cas où le sel sera tiré d'une saline ou d'un salin attenant à la fabrique qui doit l'employer. L'acquit-à-caution serait alors remplacé par un bulletin au pied duquel le fabricant attesterait la réception du sel.

Art. 4. — Seront admis en compensation du sel marin livré en franchise de droits :

1° Les sulfates de soude contenant au maximum, en mélange intime, 25 0/0 de sel marin, ou l'équivalent en chlorures divers;

2° Les carbonates de soude au titre alcalimétrique, minimum de 60 degrés ;

3° Les soudes brutes au titre alcalimétrique, minimum de 30 degrés.

Le titre des produits fabriqués ne pourra être abaissé au-dessous des limites fixées ci-dessus qu'en vertu d'une autorisation spéciale toujours révocable et sous l'observation des mesures prescrites par l'administration.

Toutes les fois que les produits fabriqués contiendront une quantité de sel supérieure à la limite autorisée, ils ne pourront être enlevés des fabriques qu'à la charge, par les intéressés, d'acquitter le droit de consommation sur le sel, sans préjudice des peines portées par les lois et règlements.

Art. 5. — Le sel placé dans un magasin spécial de dépôt, fermant à deux clefs, n'en sera extrait qu'au fur et à mesure des besoins de la fabrication et après pesage.

L'introduction du sel dans les fours à sulfate et son mélange avec l'acide sulfurique devront toujours avoir lieu sous les yeux des préposés, qui constateront la quantité d'acide sulfurique additionné et le degré aérométrique de cet acide.

Le sel destiné à abaisser le titre des carbonates de soude, lorsque le mélange aura lieu dans le four à carbonate de soude, sera ajouté avant que le carbonate de soude ait pris nature et brassé avec la masse, sous les yeux des préposés.

Il sera en grains fins ou pulvérisés.

Pour la soude brute, le sel pourra être incorporé, soit directement, soit après son mélange avec des marcs de soude, mais seulement au moment de la mise au four, laquelle aura lieu sous les yeux des préposés.

Art. 6. — Les préposés auront libre accès à toute heure du jour et de nuit dans tous les magasins et ateliers de la fabrique; ils auront droit de prélever tous les échantillons nécessaires à la vérification des produits fabriqués de toute nature.

Art. 7. — Les fabriques de soude établies dans l'intérieur de salins ou salines seront soumises comme les autres aux formalités d'exercice nécessaires pour la constatation régulière des dénaturations du sel.

Art. 8. — L'administration des douanes et des contributions indirectes prescrira, en vertu des anciens règlements, les mesures d'ordre pour assurer l'exécution du présent décret; et les contraventions, s'il en était constaté, seraient passibles des amendes de pénalités fixées par ces règlements.

DÉCRET DU 25 MARS 1863

Qui charge l'administration des contributions indirectes du recouvrement du produit de la pêche, des francs-bords, etc., sur les fleuves et rivières navigables et flottables.

Art. 1er. — A partir du 1er juillet 1863, les fermages de la pêche et de la chasse sur les cours d'eau, les produits de la récolte des francs-bords et les redevances pour prises d'eau et permissions d'usine sont recouvrés par l'administration des contributions indirectes dans les fleuves et rivières navigables et flottables, comme dans les canaux et rivières canalisées.

Art. 2. — Un arrêté de notre ministre des finances réglera les mesures à prendre pour l'exécution du présent décret.

DÉCRET DU 13 JANVIER 1864

Qui modifie le nombre, la forme et la signification de la marque des ouvrages d'or et d'argent venant de l'étranger.

Art. 1er. — A partir du 1er juin 1864, le poinçon dit *le Charançon* aura la valeur d'un poinçon de titre et sera exclusivement appliqué sur les ouvrages d'or et d'argent (les montres exceptées) provenant des pays avec lesquels ont été conclus des traités de commerce, ouvrages dont l'admission ne peut, en vertu de ces traités, être autorisée qu'autant qu'ils remplissent les conditions de titre voulues par la loi française.

Art. 2. — A partir de la même époque, les ouvrages d'or et d'argent (les montres exceptées) de toute autre origine étrangère seront marqués de l'empreinte d'un poinçon rectangulaire créé à cet effet et renfermant, à l'intérieur, les lettres ET (étranger).

Art. 3. — Le poinçon dit *la Chimère* continuera de servir exclusivement à la marque de l'horlogerie importée, et, comme aujourd'hui, il ne sera appliqué que sur les montres qui, après essai, auront été reconnues aux titres légaux de France. Toute montre étrangère présentée au contrôle et trouvée à un titre inférieur sera brisée.

LOI DU 7 MAI 1864

Relative au régime des sucres.

Art. 1er. — A partir du 15 juin 1864, les droits sur les sucres seront établis ainsi qu'il suit, décimes compris :

	Bruts de toute origine.	au dessous du n° 13. . . 42 fr.	
		du n° 13 au n° 20 inclus. 44	les
Sucres	Assimilés aux raffinés.	Poudre blanche au-dessus du n° 20. 45	100 kilog.
	Raffinés dans les fabriques de sucre indigène et dans les colonies françaises. 47		

Les types n° 13 à 20 seront déterminés conformément à la série des types de Paris.

(Le tarif a été modifié par les lois subséquentes. Voir lois des 8 juillet 1871, 22 janvier et 30 décembre 1873.)

Art. 2. — Les colonies françaises de l'île de la Réunion et des Antilles jouiront d'une détaxe de 5 francs par 100 kilogrammes du 15 juin 1864 au 1er janvier 1870, décimes compris.

Art. 3. — Les sucres importés des pays hors d'Europe par navires étrangers et les sucres importés des pays et des entrepôts d'Europe, quel que soit le mode de transport, seront soumis à une surtaxe de 2 francs par 100 kilogrammes, décime compris.

Art. 4. — La faculté d'abonnement accordée aux fabriques de sucre indigène par l'article 4 de la loi du 23 mai 1860 est et demeure supprimée.

Art. 5. — Le régime actuel du drawback est supprimé.

Les sucres non raffinés, de toute origine jouiront de la faculté de l'admission temporaire en franchise, sous les conditions ci-après déterminées.

L'admission temporaire ne sera obligatoire qu'à l'égard des sucres qui seront raffinés pour l'exportation.

Les sucres déclarés pour l'admission temporaire donneront lieu à des obligations cautionnées.

Ces obligations seront apurées dans un délai qui ne pourra excéder *quatre mois* (1), soit par l'exportation après raffinage ou par la mise en entrepôt d'une quantité de sucres raffinés correspondant aux rendements qui seront déterminés par le payement des taxes et surtaxes applicables aux sucres bruts soumissionnés.

Lorsque les raffinés exportés proviendront de sucres importés par navire étranger, les soumissionnaires devront payer, au moment de l'exportation ou de la mise en entrepôt, la moitié de la surtaxe de pavillon.

Relativement aux obligations cautionnées, l'action du Trésor et la responsabilité des comptables resteront de tous points soumises aux règles tracées par les ordonnances et arrêtés rendus sur les crédits accordés pour le payement des droits de douane.

Art. 6. — (Rendement des sucres destinés à l'exportation après raffinage.)

Art. 7. — Les sucres raffinés qui, après avoir été placés en entrepôt dans les conditions prévues par l'article 5, seront retirés pour la consommation, acquitteront les droits afférents à la matière brute dont ils proviennent et sur les quantités soumissionnées au moment de l'admission temporaire.

Art. 8. — Si les obligations ne sont pas apurées dans le délai fixé par l'article 5 de la présente loi, le Trésor poursuivra immédiatement, outre le recouvrement du droit d'entrée, le payement des intérêts de ce droit, à raison de 5 0/0 l'an, et ce, à partir de l'expiration dudit délai.

Toute tentative ayant pour but de faire admettre à l'exportation ou à la réintégration en entrepôt, comme il est dit à l'article 5, des

_____

(1) Deux mois. Voir article 27 de la loi du 8 juillet 1865.

sucres n'ayant pas le poids déclaré ou le degré de pureté ou de blancheur exigé par les règlements sur la matière, sera puni, dans le premier cas, d'une amende égale au double droit sur le déficit, et, dans le second cas, d'une amende de 10 francs par 100 kilogrammes. La marchandise pourra être retenue pour sûreté de l'amende et des frais.

Art. 9. — La restitution des droits à l'exportation des sucres raffinés, lorsque le payement de ces droits sera justifié au moyen de quittances antérieures à la promulgation de la présente loi et n'ayant pas plus de quatre mois de date, se fera sur les bases du tarif et d'après les rendements déterminés par les lois antérieures. -

Les sucres raffinés indigènes non libérés d'impôt, existant en magasin dans les fabriques-raffineries ou en cours de raffinage au moment de la mise en vigueur de la présente loi, acquitteront le droit de 47 francs par 100 kilogrammes, décimes compris.

EXTRAIT DE LA LOI DU 8 JUIN 1864

Portant fixation du budget général des dépenses et des recettes de l'exercice 1865.

Art. 3. — (Perception du second décime.)

Art. 4. — Prorogation de la perception du droit de consommation établi par la loi du 26 juillet 1860.

Art. 5. — Les dispositions du premier paragraphe de l'article 21 du décret du 17 mars 1852, concédant exceptionnellement aux départements désignés dans ledit article l'exemption des droits pour les eaux-de-vie versées sur les vins, cesseront leur effet à partir du 1er janvier 1865.

DÉCRET DU 8 OCTOBRE 1864

Qui fixe le prix de vente des diverses espèces de poudre de mine.

Art. 1er. — Indépendamment de la poudre de mine dite ordinaire, il sera vendu dans les entrepôts de la Régie des contributions indirectes, une poudre de mine dite *lente* et une autre poudre de mine dite *forte*.

Les prix de vente sont ainsi fixés :

	AUX DÉBITANTS	AUX CONSOMMATEURS	
		dans les entrepôts	dans les débits
Lente...............	1 75 le k.	1 75 le k.	2 00 le k.
Ordinaire...........	2 25 »	2 25 »	2 50 »
Forte...............	2 60 »	2 60 »	2 85 »

DÉCRET DU 28 NOVEMBRE 1864

Relatif à l'importation des ouvrages d'or, d'argent... venant de la Suisse.

. . . .

Art. 11. Les articles d'orfévrerie et de bijouterie en or, en argent, platine ou autres métaux importés de l'un des deux pays (1), seront soumis dans l'autre au régime de contrôle établi pour les articles similaires de fabrication nationale, et paieront s'il y a lieu, sur la même base que ceux-ci, les droits de marque et de garantie.

Des bureaux spéciaux seront établis à Bellegarde et à Pontarlier pour le contrôle et la marque des objets ci-dessus désignés. Il est entendu que les matières d'or et d'argent pourront être expédiées aux bureaux de vérification en France, moyennant une soumission cautionnée, garantissant leur exportation.

EXTRAIT DE LA LOI DU 31 MAI 1865

Relative à la pêche.

Art. 10. Les infractions concernant la pêche, la vente, l'achat, le transport, le colportage, l'exportation et l'importation du poisson, seront recherchées et constatées par les agents des douanes, les employés des contributions indirectes et des octrois, ainsi que par les autres agents autorisés par la loi du 15 avril 1829 et par le décret du 9 janvier 1852.

Des décrets détermineront la gratification qui sera accordée aux rédacteurs des procès-verbaux ayant pour objet de contrôler les délits. Cette gratification sera prélevée sur le produit des amendes.

Voir le décret du 25 janvier 1868, qui fixe les époques pendant lesquelles la pêche est interdite.

(1) La Suisse et la France. La même disposition est applicable aux autres pays avec lesquels des traités de commerce ont été conclus.

EXTRAIT DE LA LOI DU 21 JUIN 1865
Relative aux conseils de préfecture.

Art. 11. — A l'avenir seront portées devant les conseils de préfecture toutes les affaires contentieuses dont le jugement est attribué au préfet en conseil de préfecture, sauf recours au conseil d'Etat (1).

EXTRAIT DE LA LOI DU 8 JUILLET 1865
Portant fixation du budget général des dépenses et des recettes ordinaires de l'exercice 1866.

Art. 3. — (Perception du second décime.)

Art. 4. Le timbre des quittances de produits et revenus de toute nature délivrées par les comptables de deniers publics, est réduit à 20 centimes. La délivrance de ces quittances est obligatoire. Le prix du timbre, lorsqu'il est exigible, s'ajoute de plein droit au montant de la somme due, et est soumis au même mode de recouvrement.

Sont maintenues les dispositions de l'article 16 de la loi du 13 brumaire an VII concernant les contributions directes, et celles des articles 19 et 243 de la loi du 28 avril 1816 relatives aux quittances des douanes et à celles des contributions indirectes.

Art. 6 et 7. — (Autorisation de perception des impôts existants.)

Art. 27. — Le délai de quatre mois, accordé par l'article 5 de la loi du 7 mai 1864, pour la libération des obligations souscrites pour les sucres admis en franchise temporaire, est réduit à deux mois.

Cette disposition sera applicable aux obligations souscrites à partir du 1er septembre prochain.

DÉCRET IMPÉRIAL DU 17 JUILLET 1865
Qui supprime la direction des poudres et salpêtres.

Art. 1er. — La direction des poudres et salpêtres, aujourd'hui placée dans les attributions de la guerre, est et demeure supprimée.

---

(1) Cet article restitue aux conseils de préfecture la connaissance de certaines affaires évidemment contentieuses que divers actes réglementaires avaient fait attribuer *au préfet en conseil de préfecture*, plutôt par une erreur de rédaction que par une intention arrêtée du législateur. Le projet du gouvernement se bornait à rectifier sous ce rapport l'article 136 du décret du 17 mai 1809, sur les octrois, et les articles 49, 70 et 78 de la loi du 28 avril 1816, relatifs à la vente en détail des boissons.

Les termes ci-dessus de la loi du 21 juin 1865 rendent la disposition nouvelle plus générale.

Art. 2. — Les opérations dont elle était chargée sont partagées entre le ministère des finances et le ministère de la guerre.

Art. 3. — Le ministère de la guerre fabrique exclusivement les divers types de poudres nécessaires pour les services militaires.

Il conserve à cet effet les établissements ci-dessous désignés :

Poudreries : Metz, Le Bouchet, Le Ripault, Saint-Chamas, Constantine.

Raffineries de salpêtres : Paris, Le Ripault, Constantine.

Art. 4. — Le ministère des finances fabrique tous les types de poudre de mine, de commerce extérieur et de chasse, et en général toutes les matières explosives assimilables à la poudre, destinées à être vendues aux particuliers.

Le ministre de la guerre lui cède, à cet effet, les établissements et immeubles ci-dessous désignés :

Poudreries : Saint-Ponce, Vonges, Toulouse, Saint-Médard, Angoulême, Le Pont-de-Buis, Esquerdes.

Raffineries de salpêtres : Lille, Marseille, Bordeaux.

Raffinerie de soufres : Marseille.

Magasin de Grammont : Parcelle de la raffinerie de salpêtres de Paris, limitée sur le plan ci-joint par un liseré jaune.

Art. 5. — Le partage des approvisionnements de salpêtre, soufre, et autres matières premières existant en magasin, sera effectué en prenant pour base le rapport des chiffres des poudres fabriquées pour le compte des finances d'une part, et, d'autre part, pour le compte de la guerre et de la marine, pendant la période de onze années, commençant au 1er janvier 1854 et finissant au 31 décembre 1864.

Art. 6. — Les fonctionnaires de l'ordre civil, désignés sous le titre de commissaires des poudres et salpêtres, aujourd'hui compris dans le corps de l'artillerie, passent au service du département des finances.

Art. 7. — La direction générale actuellement chargée de la fabrication des tabacs, est également chargée de la fabrication des poudres de commerce.

DÉCRET DU 9 NOVEMBRE 1865

Qui attribue à la Direction générale des tabacs la fabrication des poudres. — Direction unique sous le nom de Direction générale des manufactures de l'État.

EXTRAIT D'UN DÉCRET IMPÉRIAL DU 28 AVRIL 1866

Relatif à l'organisation d'un service de touage à vapeur sur chaîne noyée dans le souterrain de Poully (Côte-d'Or) et les tranchées aux abords.

Art. 4. — Les taxes à percevoir sont fixées ainsi qu'il suit :
  Bateaux vides, 1 fr. 50 c.;
  Bateaux chargés, 1 fr. 50 c. pour la coque et 0 fr. 05 c. par
    tonne de chargement ;
  Radeaux, 0 fr. 035 par stère.
Cette perception sera faite par l'administration des contributions indirectes.

DÉCRET DU 9 FÉVRIER 1867

Portant nouveau tarif des droits de navigation sur les rivières et canaux,

Art. 1er. — A partir du 1er avril 1867, les droits de navigation intérieure seront perçus conformément au tarif suivant :

	FLEUVES, RIVIÈRES ET CANAUX désignés aux paragraphes 1er et 2e du tableau annexé au présent décret. Par kilomètre.	CANAUX et RIVIÈRES canalisées désignés aux paragraphes 3 et 4 du même tableau. Par kilomètre.
MARCHANDISES.		
De 1re classe, par tonne	Deux millimes.	Cinq millimes.
De 2e classe, par tonne.	Un millime.	Deux millimes.
TRAINS ET RADEAUX.		
Bois de toute espèce, par mètre cube d'assemblage, sans déduction de vide	Deux dix-millimes.	Deux millimes.

Le flottage en trains ne sera soumis qu'à la moitié du droit sur la partie des rivières où la navigation ne peut avoir lieu avec des bateaux.

Art. 2. — Les marchandises ci-après dénommées seront soumises au droit fixé pour la première classe du tarif :

1° Sucre, café, denrées coloniales, épiceries, savons ;

2° Vins, eaux-de-vie, esprits, liqueurs, vinaigres, cidre, bière, eaux gazeuses et minérales, et autres boissons ;

3° Céréales en grains ou en farine, fécules, pommes de terre, riz, menus grains et graines diverses ;

4° Métaux ouvrés, armes de toute espèce, machines, voitures ;

5° Soie, coton, laine, chanvre, lin, crins, ouvrés ou non ouvrés ; tissus de toute nature, sparterie, quincaillerie, cristaux, glaces, porcelaine, parfumerie, passementerie, mercerie, tabletterie, liéges ouvrés ; ivoire, nacre, écaille, ouvrés ou non ouvrés ; corne façonnée, cartons, papiers de tenture et à écrire, librairie, cuirs et peaux, fourrures et pelleteries, statues, marbres en caisses, éponges, meubles ;

6° Comestibles, fruits et légumes frais, légumes secs, fruits secs et confits, salaisons, conserves, huiles de toute nature, fruits oléagineux, beurre, fromage, miel, cire, suif, saindoux, glucoses, gélatine, colle forte, houblon et tabacs.

Toutes les marchandises non désignées ci-dessus seront imposées à la seconde classe du tarif.

Art. 3. — Les perceptions opérées en vertu du présent tarif seront frappées du double décime.

Art. 4. — Les marchandises chargées sur des trains ou radeaux seront imposées par tonne de 1,000 kilogrammes, comme si elles étaient transportées par bateaux ; les trains et radeaux qui les porteront ne seront passibles que du droit fixé par l'article 1er.

Art. 5. — Les bateaux chargés de marchandises diverses supporteront les droits proportionnellement au poids et suivant la nature de chaque partie du chargement.

Art. 6. — Les marchandises pourront être transportées de la première dans la seconde classe du tarif par décision ministérielle ; les taxes ainsi réduites ne pourront pas être relevées avant un intervalle d'un an.

Art. 7. — Les bateliers auront la faculté de payer au départ ou à l'arrivée la totalité des droits pour le voyage entier, lors même que leurs bateaux devraient circuler sur plusieurs cours d'eau pour se rendre à destination.

Art. 8. — Sont exempts des droits :

1° Les bateaux entièrement vides ;

2° Les bâtiments et bateaux de la marine impériale affectés au service militaire de ce département ou du département de la guerre sans intervention de fournisseurs ou d'entrepreneurs ;

3° Les bateaux employés exclusivement au service et aux travaux de la navigation par les agents des ponts et chaussées ;

4° Les bateaux pêcheurs, lorsqu'ils porteront uniquement des objets relatifs à la pêche ;

5° Les bascules à poisson vides ou ne renfermant que du poisson ;

6° Les bacs, batelets et canots servant à transporter d'une rive à l'autre ;

7° Les bateaux appartenant aux propriétaires ou fermiers et chargés d'engrais, de denrées, de récoltes et de graines en gerbes pour le compte desdits propriétaires ou fermiers, lorsqu'ils auront obtenu l'autorisation de se servir de bateaux particuliers dans l'étendue de leur exploitation.

Art. 9. — Les obligations imposées aux bateliers ou conducteurs de bateaux et de trains par les articles 2, 5, 6, 10, 11, 13, 14, 15, 16, 17, 20 et 21 de la loi du 19 juillet 1836, et 2, 3, 4, 5, 6, 7, 8, 10, 11, 12, 13 et 14 de l'ordonnance du 15 octobre suivant, continueront d'être appliquées.

TABLEAU

Des fleuves, rivières et canaux soumis au droit de navigation intérieure, au profit de l'État.

DÉSIGNATION des FLEUVES, RIVIÈRES ET CANAUX.	DÉSIGNATION des FLEUVES, RIVIÈRES ET CANAUX.

§ 1er. — FLEUVES ET RIVIÈRES.

Bassin de l'Adour. { Adour. / Midouze. / Nive. / Pau (Gave de)	**Bassin de la Meuse . .** } Meuse.
	Bassin de la Moselle. . .	Meurthe. / Moselle.
Bassin de la Charente. . { Boutonne. / Charente. / Sèvre-Niortaise. / Vendée.	**Bassin de l'Orne**	Toucques.
Bassin de la Gironde . . { Baïse. / Dordogne. / Garonne / Isle. / Lot. / Tarn. / Vézère.	**Bassin du Rhône.** { Ain. / Bienne. / Doubs. / Durance. / Isère. / Rhône. / Rhône (Petit-). / Saône. / Seille.
Bassin de la Loire . . . { Acheneau. / Allier. / Cher. / Creuse. / Layon. / Loir. / Loire. / Mayenne. / Oudon. / Sarthe. / Sèvre-Nantaise. / Thouet. / Vienne.	**Bassin de la Seine. . . .** { Aisne. / Aube. / Eure. / Grand-Morin. / Marne et ses dérivations entre Dizy et son embouchure. / Oise non canalisée. / Ornain. / Saulx. / Seine. / Yonne.
	Bassin de la Vilaine. . . } Vilaine.

DÉSIGNATION des FLEUVES, RIVIÈRES ET CANAUX.	DÉSIGNATION des FLEUVES, RIVIÈRES ET CANAUX.

§ 2. — CANAUX ASSIMILÉS AUX RIVIÈRES.

Canaux de Bretagne.
- Canal du Blavet.
- — d'Ille-et-Rance.
- — de Nantes à Brest et ses dérivations.

Canal de Brouage.

Canal de la Brusche et la partie inférieure de l'Ill, entre ce canal et celui du Rhône au Rhin.

Canal de la Charente à la Seudre.

§ 3. — CANAUX.

Canal d'Aire à la Bassée.
- — de l'Aisne à la Marne.
- — des Ardennes et embranchement de Vouziers.
- — d'Arles à Bouc.
- — de Bergues à Dunkerque.
- — du Berry.
- — de Bourbourg.
- — de Bourgogne.
- — de Briare.

Canaux du Calaisis.
- Ardres.
- Calais.
- Guines.

Canal du Centre et rigole de Torcy.
- — de la Colme et embranchement d'Hondschoote.
- — de la Deûle.
- — des Étangs et ses embranchements sur Cette et sur Lunel.

Canaux d'Hazebrouck.
- Bourre.
- Hazebrouck.
- Nieppe.
- Préaven.

Canal des houillères de la Sarre.
- — latéral de l'Aisne.
- — — à la Loire et ses embranchements.
- — — à la Marne, de Dizy à Vitry.
- — — à l'Oise.
- — de Loing.
- — de Manicamp.
- — de la Marne au Rhin et ses embranchements.
- — de la Marne (Haute-), de Vitry à Saint-Dizier.
- — de Mons à Condé.
- — de Neuf-Fossés.
- — du Nivernais.
- — d'Orléans.
- — du Rhône au Rhin et ses embranchements d'Huningue et de Colmar.
- — de Roanne à Digoin.
- — de Saint-Quentin et embranchement de la Fère.
- — de la Seine (Haute-).
- — de la Sensée.
- — de la Somme.

§ 4. — RIVIÈRES CANALISÉES ASSIMILÉES AUX CANAUX.

Aa.
Escaut.
Lawe.

Lys.
Oise canalisée.
Scarpe supérieure.

EXTRAIT DU DÉCRET DU 20 FÉVRIER 1867,

Relatif au prolongement du canal de Lagoin (Basses-Pyrénées).

Art. 6. — La compagnie permissionnaire sera tenue de payer à la caisse du receveur des contributions indirectes une redevance annuelle de 5 francs.

Cette redevance sera payée en un seul terme et d'avance le 1ᵉʳ janvier de chaque année.

Le premier payement sera exigible à l'époque qui sera fixée pour la réception des travaux, et le montant en sera calculé d'après le temps restant à courir jusqu'au 31 décembre suivant.

Le chiffre de cette redevance sera revisé tous les trente ans.

LOI DU 22 JUILLET 1867,

Relative à la contrainte par corps.

Art. 1ᵉʳ. — La contrainte par corps est supprimée en matière commerciale, civile et contre les étrangers.

Art. 2. — Elle est maintenue en matière criminelle, correctionnelle et de simple police.

Art. 3. — Les arrêts, jugements et exécutoires portant condamnation, au profit de l'État, à des amendes, restitutions et dommages-intérêts en matière criminelle, correctionnelle et de police, ne peuvent être exécutés par la voie de la contrainte par corps que cinq jours après le commandement qui est fait aux condamnés, à la requête du receveur de l'enregistrement et des domaines.

La contrainte par corps n'aura jamais lieu pour le paiement des frais au profit de l'État.

Dans le cas où le jugement de condamnation n'a pas été précédemment signifié au débiteur, le commandement porte en tête un extrait de ce jugement, lequel contient le nom des parties et le dispositif.

Sur le vu du commandement et sur la demande du receveur de l'enregistrement et des domaines, le procureur impérial adresse les réquisitions nécessaires aux agents de la force publique et aux autres fonctionnaires chargés de l'exécution des mandements de justice.

Si le débiteur est détenu, la recommandation peut être ordonnée immédiatement après la notification du commandement.

Le deuxième paragraphe de cet article a été abrogé par la loi du 19 décembre 1871 (art. 1ᵉʳ).

Art. 4. — Les arrêts et jugements contenant des condamnations en faveur des particuliers pour réparations de crimes, délits ou contraventions commis à leur préjudice, sont, à leur diligence, signifiés et exécutés suivant les mêmes formes et voies de contrainte que les jugements portant des condamnations au profit de l'Etat.

Art. 5. — Les dispositions des articles qui précèdent s'étendent au cas où les condamnations ont été prononcées par les tribunaux civils au profit d'une partie lésée, pour réparation d'un crime, d'un délit ou d'une contravention reconnus par la juridiction criminelle.

Art. 6. — Lorsque la contrainte a lieu à la requête et dans l'intérêt des particuliers, ils sont obligés de pourvoir aux aliments des détenus ; faute de provision, le condamné est mis en liberté.

La consignation d'aliments doit être effectuée d'avance pour trente jours au moins ; elle ne vaut que pour des périodes entières de trente jours.

Elle est, pour chaque période, de quarante-cinq francs à Paris, de quarante francs dans les villes de cent mille âmes et de trente-cinq francs dans les autres villes.

Art. 7. — Lorsqu'il y a lieu à l'élargissement faute de consignation d'aliments, il suffit que la requête présentée au président du tribunal civil soit signée par le débiteur détenu et par le gardien de la maison d'arrêt pour dettes, ou même certifiée véritable par le gardien si le détenu ne sait pas signer.

Cette requête est présentée en duplicata : l'ordonnance du président, aussi rendue par duplicata, est exécutée sur l'une des minutes qui reste entre les mains du gardien ; l'autre minute est déposée au greffe du tribunal et enregistrée gratis.

Art. 8. — Le débiteur élargi faute de consignation d'aliments ne peut plus être incarcéré pour la même dette.

Art. 9. La durée de la contrainte par corps est réglée ainsi qu'il suit :

De deux à vingt jours, lorsque l'amende et les autres condamnations n'excèdent pas cinquante francs ;

De vingt jours à quarante jours, lorsqu'elles sont supérieures à cinquante francs et qu'elles n'excèdent pas cent francs.

De quarante jours à soixante jours, lorsqu'elles sont supérieures à cent francs et qu'elles n'excèdent pas deux cents francs ;

De deux mois à quatre mois, lorsqu'elles sont supérieures à deux cents francs et qu'elles n'excèdent pas cinq cents francs ;

De quatre mois à huit mois, lorsqu'elles sont supérieures à cinq cents francs et qu'elles n'excèdent pas deux mille francs ;

D'un an à deux ans, lorsqu'elles s'élèvent à plus de deux mille francs ;

En matière de simple police, la durée de la contrainte par corps ne pourra excéder cinq jours.

Art. 10. — Les condamnés qui justifient de leur insolvabilité, suivant l'article 420 du Code d'instruction criminelle, sont mis en liberté après avoir subi la contrainte pendant la moitié de la durée fixée par le jugement.

Art. 11. — Les individus contre lesquels la contrainte a été prononcée peuvent en prévenir ou en faire cesser l'effet en fournissant une caution reconnue bonne et valable.

L'a caution est admise, pour l'Etat, par le receveur des domaines; pour les particuliers par la partie intéressée ; en cas de contestation, elle est déclarée, s'il y a lieu, bonne et valable par le tribunal civil de l'arrondissement.

La caution doit s'exécuter dans le mois, à peine de poursuites.

Art. 12. — Les individus qui ont obtenu leur élargissement ne peuvent plus être détenus ou arrêtés pour condamnations pécuniaires antérieures, à moins que ces condamnations n'entraînent, par leur quotité, une contrainte plus longue que celles qu'ils ont subie, et qui, dans ce dernier cas, leur est toujours comptée pour la durée de la nouvelle incarcération.

Art. 13. — Les tribunaux ne peuvent prononcer la contrainte par corps contre les individus âgés de moins de seize ans accomplis à l'époque des faits qui ont motivé la poursuite.

Art. 14. — Si le débiteur a commencé sa soixantième année, la contrainte par corps est réduite à la moitié de la durée fixée par le jugement, sans préjudice des dispositions de l'article 10.

Art. 15. — Elle ne peut être prononcée ou exercée contre le débiteur au profit : 1° de son conjoint; 2° de ses ascendants, descendants, frères ou sœurs; 3° de son oncle ou de sa tante, de son grand-oncle ou de sa grand'tante, de son neveu ou de sa nièce, de son petit-neveu ou de sa petite-nièce, ni de ses alliés au même degré.

Art. 16. — La contrainte par corps ne peut être exercée simultanément contre le mari et la femme, même pour des dettes différentes.

Art. 17. — Les tribunaux peuvent, dans l'intérêt des enfants mineurs du débiteur et par le jugement de condamnation, surseoir, pendant une année au plus, à l'exécution de la contrainte par corps.

Art. 18. — *Les articles* 120 *et* 355, § 1er, *du Code d'instruction criminelle,* 174 *et* 175 *du décret du* 18 *juin* 1811, *sur les frais de justice criminelle, sont abrogés en ce qui concerne la contrainte par corps.*

Sont également abrogées, en ce qu'elles ont de contraire à la présente loi, toutes les dispositions des lois antérieures; néanmoins, il n'est point dérogé aux articles 80, 157, 171, 189, 304, 355, §§ 2 et 3, 452, 454, 456 et 522 du Code d'instruction criminelle.

Le titre XIII du Code forestier et le titre VII de la loi sur la pêche fluviale sont aussi maintenus et continuent d'être exécutés en ce qui n'est pas contraire à la présente loi.

En matière forestière et de pêche fluviale, lorsque le débiteur ne fait pas les justifications de l'article 420 du Code d'instruction

. criminelle, la durée de la contrainte par corps est fixée par le jugement, dans les limites de huit jours à six mois.

' Les dispositions légales abrogées par le premier paragraphe de cet article ont . été remises en vigueur par l'article 2 de la loi du 19 décembre 1871.

Art. 19. — Les dispositions précédentes sont applicables à tous jugements et cas de contrainte par corps antérieurs à la présente loi.

EXTRAIT DE LA LOI DU 24 JUILLET 1867.

Sur les conseils municipaux.

Art. 8. — L'établissement des taxes d'octroi votées par les conseils municipaux, ainsi que les règlements relatifs à leur perception, sont autorisés par décrets impériaux rendus sur l'avis du conseil d'État.

Il en sera de même en ce qui concerne :

1° Les modifications aux règlements ou aux périmètres existants ;

2° L'assujettissement à la taxe d'objets non encore imposés dans le tarif local ;

3° L'établissement ou le renouvellement d'une taxe sur des objets non compris dans le tarif général, indiqué ci-après ;

4° L'établissement ou le renouvellement d'une taxe excédant le maximum fixé par ledit tarif général ;

Voir les articles 48 et 49 de la loi du 10 août 1871 sur les conseils généraux.

Art. 9. — Sont exécutoires, dans les conditions déterminées par l'article 18 de la loi du 18 juillet 1837 (1), les délibérations prises par les conseils municipaux, concernant :

1° La suppression ou la diminution des taxes d'octroi ;

2° La prorogation des taxes principales d'octroi pour cinq ans au plus ;

3° L'augmentation des taxes jusqu'à concurrence d'un décime, pour cinq ans au plus ;

Sous la condition, toutefois, qu'aucune des taxes ainsi maintenues ou modifiées n'excédera le maximum déterminé dans un tarif général (2), qui sera établi, après avis des conseils généraux, par un règlement d'administration publique , ou qu'aucune des-

---

(1) *Article 18 de la loi du 18 juillet* 1837 *sur l'administration municipale :* « Expédition de toute délibération sur un des objets énoncés en l'article précé- « cédent est immédiatement adressée par le maire au sous-préfet, qui en dé- « livre ou en fait délivrer récépissé. La délibération est exécutoire si, dans « les trente jours qui suivent la date du récépissé, le préfet ne l'a pas an- « nulée, soit d'office, pour violation d'une disposition de loi ou d'un règle- « ment d'administration publique, soit sur la réclamation de toute partie « intéressée.

« Toutefois, le préfet peut suspendre l'exécution de la délibération pendant « un autre délai de trente jours. »

(2) — Voir ce tarif général, qui est annexé au décret du 12 février 1870.

dites taxes ne portera sur des objets non compris dans ce tarif.

En cas de désaccord entre le maire et le conseil municipal, la délibération ne sera exécutoire qu'après approbation du préfet.

Art. 10. — Sont exécutoires, sur l'approbation du préfet, lesdites délibérations ayant pour but :

La prorogation des taxes additionnelles actuellement existantes ;

L'augmentation des taxes principales au delà d'un décime.

Dans les limites du maximum des droits et de la nomenclature des objets fixés par le tarif général.

Voir l'article 46 de la loi du 14 août 1871.

DÉCRET DU 25 JANVIER 1868

Qui fixe les époques pendant lesquelles la pêche est interdite.

Art. 1er. — Les époques pendant lesquelles la pêche est interdite en vue de la reproduction du poisson, sont fixées comme il suit :

1° Du 20 octobre au 31 janvier est interdite la pêche du saumon, de la truite et de l'ombre-chevalier ;

2° Du 15 avril au 15 juin, est interdite la pêche de tous autres poissons et de l'écrevisse.

Art. 2. — Les préfets pourront, chaque année, par des arrêtés spéciaux, après avoir pris l'avis des conseils généraux, interdire exceptionnellement la pêche de toutes les espèces de poissons, pendant l'une et l'autre desdites périodes, lorsque cette interdiction sera nécessaire pour protéger l'espèce prédominante........

LOI DU 1er FÉVRIER 1868

Sur le recrutement de l'armée et l'organisation de la garde nationale mobile.

Art. 4. . . . .
Les conseils de révision dispensent du service dans la garde nationale mobile :

1° Ceux auxquels leurs fonctions confèrent le droit de requérir la force publique ;

3° Les préposés du service actif des douanes et des contributions indirectes.

DÉCRET DU 24 OCTOBRE 1868

Qui détermine les emplois civils réservés aux anciens militaires.

Art. 1er. — Les emplois civils compris dans l'état annexé au présent décret (1) seront exclusivement attribués, dans la proportion du nombre des vacances annuelles déterminées audit état, aux sous-officiers, caporaux, brigadiers et soldats qui, après la période de cinq ans de service actif, auront contracté et terminé un engagement de cinq autres années et qui auront mérité un certificat de bonne conduite.

Art. 2. — Seront seuls dispensés de la condition du rengagement et admis à participer aux mêmes avantages, les militaires retraités ou réformés par suite de blessures ou pour des infirmités contractées au service.

Art. 3. — Les militaires appelés à concourir pour l'obtention des emplois civils, conformément aux dispositions des articles 1 et 2 du présent décret, devront en outre satisfaire aux conditions d'âge, d'aptitude et de connaissances spéciales nécessaires pour remplir ces emplois selon les règlements spéciaux à chaque administration.

Art. 4. — Les vacances d'emplois revenant au tour des militaires seront attribués de préférence aux sous-officiers, et subsidiairement aux caporaux, brigadiers et soldats qui en feraient la demande.

Art. 5. — A défaut d'un nombre suffisant de militaires susceptibles de remplir la totalité des emplois qui leur sont réservés, il pourra être pourvu à cette insuffisance par la désignation des candidats civils, mais seulement dans ce cas, et lorsque les emplois auxquels il s'agira de pourvoir ne pourraient pas rester plus longtemps vacants sans danger pour ce service.

DÉCRET DU 19 MARS 1869

Qui sépare le service des contributions indirectes de celui des douanes.

Art. 1er. — Le service des contributions indirectes est séparé de celui des douanes.

Chacun de ces services formera, sous les ordres d'un directeur général, une administration distincte.

---

(1) *Extrait de cet état en ce qui concerne l'administration des contributions indirectes.*
Octrois :
Employés de l'octroi — Les trois quarts.
Préfecture de la Seine :
Employés du service actif de l'octroi. — Les trois quarts.
Préposé aux escortes de l'octroi. — La moitié.
Employés des octrois de Sceaux et de Saint-Denis. — La moitié.
Ministères des finances (Administration centrale) :
Garçons de bureau et gens de service. — Les trois quarts.

Art. 2. — Les attributions de la direction générale des douanes et celles de la direction générale des contributions indirectes sont rétablies telles qu'elles existaient avant le décret ci-dessus visé du 27 décembre 1851, sauf les modifications apportées par les décrets des 12 mars et 3 juillet 1860.

EXTRAIT DE LA LOI DU 8 MAI 1869

Sur les suppléments de crédits de l'exercice 1868 et de l'exercice 1869.

Art. 6. — A partir du 1er juillet 1869, les droits de douane pour les vins importés de l'étranger et contenant plus de 14 centièmes d'alcool seront perçus ainsi qu'il suit :

Ces vins payeront les droits de douane et de consommation sur la quantité d'alcool dépassant 14 centièmes, sans préjudice du droit de 25 centimes par hectolitre.

DÉCRET DU 5 JUIN 1869

Qui abroge la disposition du décret du 20 décembre 1845, fixant à 33 pour 100 le minimum de rendement des mélasses importées pour la distillation.

Art. 1er. — La disposition de l'article 2 de notre décret du 20 décembre 1854, fixant à 33 pour cent le rendement minimum en accool des mélasses importées pour être distillées, est et demeure abrogée.

Art. 2. — A l'avenir, le rendement desdites mélasses sera déclaré dans les conditions générales déterminées par l'article 10 de la loi du 20 juillet 1837.

DÉCRET IMPÉRIAL DU 8 NOVEMBRE 1869

Relatif à l'affranchissement du droit sur les sels employés pour les besoins de l'agriculture.

Art. 1er. — Seront livrés en franchise de droits, sous la condition d'être dénaturés par un mélange préalable, conformément à l'un des procédés qui sont énumérés dans le tableau annexé au présent décret, ou qui seront autorisés ultérieurement par un règlement d'administration publique, les sels destinés à la nourriture des bestiaux, à la préparation des engrais ou à l'amendement direct des terres.

Le ministre des finances pourra, après avis du comité consultatif des arts et manufactures, autoriser, à titre d'essai, l'emploi de procédés nouveaux. L'autorisation ne pourra être donnée que pour un temps qui n'excédera pas une année.

Art. 2. — Le mélange sera operé aux frais des intéressés, sous la surveillance du service des douanes ou de celui des contributions indirectes.

Il ne pourra avoir lieu que dans les marais salants, salines, fabriques de sel, bureau d'importation, entrepôts généraux des douanes, fabriques de produits chimiques soumises à l'exercice, ou dans les autres établissements qui seraient autorisés à cet effet, sous les conditions déterminées par le ministre des finances.

Les sels y seront placés sous le régime de l'entrepôt.

Art. 3. — Des dépôts spéciaux de sels mélangés pourront être établis, avec l'autorisation de l'administration des douanes ou de celle des contributions indirectes, dans les lieux où il existe un poste d'agents appartenant à l'un de ces deux services.

Les sels y seront également placés sous le régime de l'entrepôt.

Art. 4. — Sont maintenues les franchises dont le commerce est actuellement admis à jouir, en ce qui concerne les sels impurs, dits *sels de coussins, ressel, saumures*, etc., destinés à l'amendement des terres.

Art. 5. — Les dispositions de l'ordonnance du 26 février 1846 sont abrogées.

Procédés de dénaturation des sels destinés soit à l'alimentation du bétail, soit à la fabrication des engrais ou à l'amendement des terres.

Pour 1,000 kilogrammes de sel, on pourra employer, au choix des intéressés :

1° 200 kilogrammes de tourteaux oléagineux ;

2° 300 kilogrammes de pulpes pressées de betteraves ou de marcs ae fruits ;

3° 5 kilogrammes de peroxyde rouge de fer (colcotas ou rouge de Prusse), 100 kilogrammes de tourteaux oléagineux ;

4° 5 kilogrammes de peroxyde rouge de fer ; 200 kilogrammes de pulpes pressées de betteraves ou de marcs de fruits

5° 5 kilogrammes de peroxyde rouge de fer ; 10 kilogrammes de poudre d'absinthe ; 10 kilogrammes de mélasse ou de goudron végétal ;

6° 5 kilogrammes de peroxyde rouge de fer ; 10 kilogrammes de suie ou de noir de fumée ; 10 kilogrammes de goudron végétal ;

7° 5 kilogrammes de peroxyde rouge de fer ; 20 kilogrammes de goudron végétal ;

8° 30 kilogrammes d'ocre ferrugineuse ou de minerai de fer en poudre fine ; 30 kilogrammes de goudron provenant de la fabrication de gaz ; 30 kilogrammes du guano, de poudrette, de matières fécales, de fumier d'étable consommé ou d'autres engrais d'origine animale ;

9° 30 kilogrammes de sulfate de fer; 120 kilogrammes de guano de poudrette, de matières fécales, de fumier d'étable consommé ou d'autres engrais d'origine animale ;

10° 60 kilogrammes de plâtre cru ou cuit ou de plâtras en poudre fine ; 150 kilogrammes de guano, de poudrette, de matières fécales, de fumier d'étable consommé ou d'autres engrais d'origine animale.

Vu pour être annexé au décret impérial en date du 8 novembre 1869.

Nota. Que les sels soient destinés à la nourriture des bestiaux, à la fabrication des engrais ou à l'amendement des terres, ils seront réduits en poudre fine et amenés à l'état de mélange intime avec les agents de dénaturation.

DÉCRET DU 3 JANVIER 1870

Qui prescrit la publication de la déclaration relative au régime des sucres, signée le 27 décembre 1869, entre la France, la Belgique, la Grande-Bretagne et les Pays-Bas.

Napoléon, etc.,

Sur le rapport de notre ministre secrétaire d'Etat au département des affaires étrangères,

Avons décrété et décrétons ce qui suit :

Art. 1er. — Une déclaration ayant été signée à Paris, le 27 décembre 1869, entre la France, la Belgique, la Grande-Bretagne et les Pays-Bas, pour régler diverses questions se rattachant à l'exécution de la convention de 8 novembre 1864, sur le régime des sucres, ladite déclaration, dont la teneur suit, est approuvée et sera insérée au *Bulletin des lois*.

DÉCLARATION.

Les gouvernements de France, de Belgique, de la Grande-Bretagne et des Pays-Bas, désirant régler, d'un commun accord, diverses questions se rattachant à l'exécution de la convention du 8 novembre 1864, sur le régime des sucres, les soussignés, dûment autorisés à cet effet, et après avoir pris connaissance du protocole final signé, le 5 octobre de la présente année, par les commissaires des quatre gouvernements, réunis en conférence à la Haye, sont convenus des dispositions suivantes :

Art. 1er. — Le délai accordé au gouvernement français par la déclaration du 4 novembre 1860, pour établir une corrélation exacte entre les droits à percevoir sur les sucres bruts et les rendements fixés par la déclaration du 20 novembre 1866, est prolongé jusqu'au 30 juin 1871.

Art. 2. — Provisoirement, le droit à l'importation en France des sucres raffinés provenant des autres Etats contractants demeure fixé à quarante-huit francs quatre-vingt-cinq centimes (48 fr. 85 c.).

3. La limite d'exportation des vergeoises provenant des sucres admis sous le régime de l'importation temporaire, fixée par le second alinéa de l'article 10 de la convention du 8 novembre 1864, est rapportée du type n° 10 au type n° 7.

4. Chacun des gouvernements contractants aura la faculté de subdiviser les classes de sucres bruts mentionnées à l'article 1er de la convention du 8 novembre 1864, et de créer des sous-types correspondant à ces subdivisions, sans pouvoir toutefois modifier la limite de l'une des classes actuelles, ni abaisser le rendement moyen des diverses qualités de sucres que ces classes comprennent.

5. Le présent arrangement sera exécutoire à dater du 1er janvier 1870.

En foi de quoi, les soussignés ont dressé la présente déclaration, qu'ils ont revêtue du cachet de leurs armes.

DÉCRET IMPÉRIAL DU 12 FÉVRIER 1870

Portant règlement d'administration publique pour l'exécution, en ce qui concerne les octrois, des articles 8, 9 et 10 de la loi du 24 juillet 1867 sur les conseils municipaux.

Art. 1er. — Le maximum des taxes d'octroi que les conseils municipaux peuvent établir et la nomenclature des objets sur lesquels ils peuvent maintenir ces taxes dans les conditions des articles 8, 9 et 10 de la loi du 24 juillet 1867, sont fixés conformément au tarif général ci-annexé.

Art. 2. — Les communes devront choisir entre les divers modes de tarification admis par le tarif général pour les objets qui sont de nature à être imposés, soit d'après le poids, soit d'après la mesure, soit à raison du nombre.

Elles ont le droit de détailler et de subdiviser les articles, dans les cas où la désignation au tarif général d'un objet imposable comprend plusieurs espèces ou variétés de nature à comporter des taxes différentes dans la limite du maximum.

Art. 3. — Toutes les fois qu'une commune aura prorogé son octroi ou modifié les taxes de son tarif dans les limites déterminées par les articles 9 et 10 de la loi du 24 juillet 1867, le maire adressera au préfet, dans le délai de trente jours, la délibération du conseil municipal et trois exemplaires du tarif prorogé ou modifié.

Le premier de ces exemplaires sera conservé par le préfet, qui remettra le second au directeur des contributions indirectes du département et transmettra le troisième au directeur général des contributions indirectes.

Le maire continuera d'ailleurs, conformément à l'article 71 de l'ordonnance du 9 décembre 1814, de remettre au préposé supérieur de l'administration des contributions indirectes résidant dans la localité, qui les transmettra au directeur du département, les états et bordereaux de recettes et dépenses de l'octroi.

Art. 4. — Les abonnements collectifs que les communes sont autorisées à consentir avec certaines classes de redevables seront désormais exécutoires sur l'approbation des préfets.

Une ampliation de chacun de ces traités sera remise au directeur des contributions indirectes du département, qui la fera parvenir à la direction générale des contributions indirectes, avec l'arrêté du préfet qui l'aura approuvé.

Art. 5. — Les communes qui auront adopté la ferme comme mode de perception continueront à procéder à l'adjudication de cette ferme dans la forme prescrite par le décret du 17 mai 1809.

Les préfets transmettront au directeur des contributions indirectes du département et au directeur général des contributions indirectes, ampliation de l'arrêté par lequel ils auront approuvé l'adjudication, après en avoir reconnu la régularité, et copie du procès-verbal d'adjudication et du cahier des charges.

Art. 6. — Les frais de premier établissement, de régie et de perception des octrois, qui étaient soumis à l'approbation de notre ministre des finances, aux termes de l'article 10 de l'ordonnance du 9 décembre 1814, seront désormais arrêtés par le préfet, qui transmettra à la direction générale des contributions indirectes une ampliation de son arrêté, avec une copie de la délibération du conseil municipal.

Art. 7. — Les marchands en gros ou en demi-gros pourront jouir de l'entrepôt à domicile, alors même qu'ils feraient dans les mêmes magasins des ventes au détail.

Art. 8. — Les combustibles et les matières premières à employer dans les établissements industriels et dans les manufactures de l'État sont admis à l'entrepôt à domicile.

Toutefois, l'entrepôt ne sera pas accordé pour les matières premières dans le cas où la somme à percevoir à raison des quantités pour lesquelles elles entrent dans un produit industriel n'atteindrait pas un quart pour cent de la valeur de ce produit.

Décharge sera accordée aux entrepositaires pour toutes les quantités de combustibles et de matières premières employées, dans ces établissements, à la préparation ou à la fabrication de produits qui ne sont frappés d'aucun droit par le tarif de l'octroi du lieu sujet, pourvu que l'emploi ait été préalablement déclaré et qu'il en ait été justifié aux préposés de l'octroi chargés de l'exercice des entrepôts, à défaut de quoi le droit sera perçu sur les quantités manquantes.

Si le produit industriel à la préparation ou à la fabrication duquel sont employés les combustibles ou les matières premières est imposé au tarif de l'octroi, l'entrepositaire n'en obtiendra pas moins l'affranchissement pour le combustible et la matière première employés à la fabrication ; mais il payera le droit dû par les produits industriels pour ceux de ces produits qu'il ne justifiera pas avoir fait sortir du lieu sujet.

Art. 9. — Lorsque des droits d'octroi auront été acquittés à l'entrée pour des combustibles ou des matières premières qui, dans l'intérieur du lieu sujet, seront employés à la préparation ou à la fabrication d'un produit industriel livré à la consommation intérieure et imposable, s'il est régulièrement justifié de ce payement, le montant desdits droits sera précompté sur celui des droits dus pour le produit fabriqué.

Toutefois, il n'y aura jamais lieu à remboursement d'aucune portion des droits payés à l'entrée, dans les cas où ils se trouveraient excéder ceux qui sont dus pour le produit fabriqué lui-même.

Art. 10. — En aucun cas, les objets inscrits au tarif ne pourront être soumis à des taxes différentes à raison de ce qu'ils proviendraient de l'extérieur ou de ce qu'ils seraient récoltés ou fabriqués dans l'intérieur du lieu sujet.

L'article 14 de l'ordonnance du 9 décembre 1814 est abrogé.

Art. 11. — Ne seront soumis à aucun droit d'octroi : les approvisionnements en vivres destinés au service de l'armée de terre ainsi que de la marine militaire ou marchande, et qui ne doivent pas être consommés dans le lieu sujet; les bois, fers, graisses, huiles, et généralement toutes les matières employées pour la confection et l'entretien du matériel de l'armée de terre; dans les constructions navales où pour la fabrication d'objets servant à la navigation ; les combustibles et toutes autres matières embarqués sur les bâtiments de l'État et du commerce pour être consommés ou employés en mer.

Ces approvisionnements et matières seront introduits dans les magasins de la guerre, de la marine impériale et de la marine marchande de la manière prescrite pour les objets en entrepôt.

Le compte en sera suivi par les employés et préposés désignés à cet effet, et les droits d'octroi ne seront dus que sur les quantités enlevées pour l'intérieur du lieu sujet et pour toute autre destination que celle qui est spécifiée ci-dessus.

Art. 12. — Les charbons de terre, le coke et tous autres combustibles employés, tant par l'administration de la guerre pour la fabrication ou l'entretien du matériel de guerre et pour la confection d'objets destinés à être consommés hors du lieu sujet que par la marine impériale et par la marine marchande pour la confection d'objets destinés à la navigation, seront, comme ceux qui sont employés dans les établissements industriels pour la préparation ou la fabrication d'objets destinés au commerce général, affranchis, au moyen de l'entrepôt, du payement de tous droits d'octroi.

Art. 13. — Les combustibles et matières destinés au service de l'exploitation des chemins de fer, aux travaux des ateliers et à la construction de la voie seront affranchis de tous droits d'octroi.

En conséquence, les dispositions relatives à l'entrepôt à domicile des combustibles et matières premières employés, dans les établissements industriels, à la préparation et à la fabrication des objets destinés au commerce général, sont applicables aux fers, bois, charbons, coke, graisse, huiles, et en général à tous les matériaux employés dans les conditions ci-dessus indiquées.

En dehors de ces conditions, tous les objets portés au tarif qui seront consommés dans les gares, salles d'attente et bureaux seront soumis aux taxes locales.

Art. 14. — L'abonnement annuel pourra être demandé pour les combustibles et matières admis à l'entrepôt, aux termes des articles 8, 11, 12 et 13.

Les conditions de l'abonnement seront réglées de gré à gré entre le maire et le redevable.

Art. 15. — Tout règlement d'octroi aujourd'hui en vigueur qui ne contiendrait pas de dispositions conformes à celle des articles 8, 9, 10, 11, 12, 13 et 14 ci-dessus, cessera d'avoir son effet à l'expiration de la durée fixée pour cet octroi par le décret qui l'aurait autorisé.

Art. 16. — Le présent décret n'est pas applicable à l'octroi de Paris.

Tarif général dressé en exécution de l'article 9 de la loi

NOMENCLATURE DES OBJETS QUI PEUVENT ÊTRE IMPOSÉS.	ES URES, POIDS OU NOMBRES.	MAXIMUM DES TAXES		
		de 4,000 âmes et au-dessous.	de 4,001 à 10,000 âmes.	de 10,001 à 20.000 âmes.
		1re catégorie.	2e catégorie.	3e catégorie.
BOISSONS ET LIQUIDES.		fr. c.	fr. c.	fr. c.
Vins en cercles et en bouteilles, cidres, poirés, hydromels (1 et 2).	L'hectolitre	Les maxima fixés par l'article		
Alcool pur contenu dans les eaux-de-vie et esprits en cercles, eaux-de-vie et esprits en bouteilles, liqueurs et fruits à l'eau-de-vie (3)	Idem . . .	Les maxima fixés par l'article		
Alcools dénaturés (4).	Idem . . .	Les maxima fixés par l'article 2		
1º Dans les départements suivants : Aisne, Ardennes, Marne, Marne (Haute-). Meurthe, Meuse, Moselle, Nord, Oise, Pas-de-Calais. Rhin (Bas-), Rhin (Haut-), Somme, Vosges	Idem . . .	1845 et par le tableau nº 2 3 »	4 »	4 50
2º Dans les départements suivants : Allier, Aube, Calvados, Charente-Inférieure, Cher, Côtes-du-Nord, Creuse, Eure, Eure-et-Loir, Finistère, Ille-et-Vilaine , Indre, Indre-et-Loire, Loire-Inférieure, Loir-et-Cher, Loiret, Maine-et-Loire, Manche, Mayenne, Morbihan, Nièvre, Orne, Puy-de-Dôme, Sarthe, Seine, Seine-et-Marne, Seine-et-Oise, Seine-Inférieure, Sèvres (Deux-), Vendée, Vienne, Vienne (Haute-), Yonne. .	Idem . . .	4 »	5 »	5 50
3º Dans les départements suivants : Ain, Alpes (Basses-), Alpes (Hautes-), Alpes-Maritimes, Ardèche. Ariége, Aude, Aveyron, Bouches-du-Rhône, Cantal, Charente, Corrèze, Corse, Côte-d'Or, Dordogne, Doubs, Drôme, Gard, Garonne (Haute-), Gers, Gironde, Hérault, Isère, Jura, Landes, Loire, Loire (Haute-), Lot, Lot-et-Garonne, Lozère, Pyrénées (Basses-), Pyrénées (Hautes-), Pyrénées-Orientales, Rhône, Saône-et-Loire, Saône (Haute-), Savoie, Savoie (Haute-), Tarn, Tarn-et-Garonne, Var, Vaucluse	Idem . . .	5 »	6 »	6 50
Vinaigres de toute espèce et conserves au vinaigre (5).	Idem . . .	1 50	2 »	3 »
Limonades gazeuses.	Idem . . .	4 »	5 »	6 »
COMESTIBLES.				
Animaux vivants(6) Bœufs, vaches, taureaux, génisses .	Les 100 kil. Par tête.	2 50 Le maximum de 8 francs	3 »	4 »
Moutons	Les 100 kil Par tête.	3 » 1 »	4 » 1 30	4 50 1 50
Chèvres	Les 100 kil. Par tête.	1 » » 35	1 30 » 45	1 50 » 50

(a) Voir l'article 4 de la loi du

du 24 juillet 1867 sur les conseils municipaux.

DANS LES VILLES.			OBSERVATIONS.
de 20,001 à 50,000 âmes.	de 50,001 à 100,000 âmes.	au-dessus de 100,000 âmes.	
4e catégorie.	5e catégorie.	6e catégorie.	
fr. c.	fr. c.	fr. c.	
18 de la loi du 22 juin 1854.			La catégorie à laquelle appartient chaque commune est déterminée à raison de sa population municipale agglomérée, constatée par la dernière colonne du tableau n° 3 annexé au décret impérial qui déclare authentiques les tableaux de la population de l'Empire.
9 de la loi du 11 juin 1842. *de l'ordonn. royale de 19 août annexé à cette ordonnance* (a).			Lorsque, dans une catégorie, aucune quotité n'est indiquée pour un article de la nomenclature, c'est que cet article ne peut figurer au tarif des octrois de cette catégorie.
5 »	5 50	6 »	(1) Le maximum est le double du droit d'entrée perçu au profit du Trésor, et, pour les communes au-dessous de 4,000 âmes où le Trésor ne perçoit pas de droits d'entrée, double du droit d'entrée déterminé pour les villes de 4,000 âmes. (Voir le tableau annexé à la loi du 12 décembre 1830, qui range les départements en quatre classes, et l'état annexé au décret-loi du 17 mars 1852.)
6 »	6 50	7 »	(2) Les vendanges et les fruits à cidre ou à poiré seront soumis au droit d'octroi à raison de 3 hectolitres de vendange pour 2 hectolitres de vin, et 5 hectolitres de pommes ou de poires pour 2 hectolitres de cidre ou de poiré. Les fruits secs destinés à la fabrication du cidre ou du poiré seront imposés à raison de 25 kilogrammes de fruits pour 1 hectolitre de cidre ou de poiré.
(3) Le droit d'octroi ne peut être supérieur au droit d'entrée perçu au profit du Trésor, et, dans les communes où le Trésor ne perçoit pas de droit d'entrée, il ne peut être supérieur au droit d'entrée déterminé pour les villes de 4,000 âmes. (Voir le tableau annexé à la loi du 12 juillet 1830, qui détermine les droits d'entrée sur les alcools.)
(4) Voir les articles 2 et 3 de la loi du 24 juillet 1843.
(5) Les vinaigres concentrés, acides acétiques, pyroligneux, ainsi que les vinaigres de toilette, pourront être soumis à des taxes sept fois plus fortes que celles mentionnées ci-contre.
(6) Pour les viandes dépecées:
7 »	7 50	8 »	Lorsque l'animal vivant est imposé au poids, les taxes portées aux tarifs seront doublées pour les bœufs, taureaux, vaches, génisses, moutons, chèvres, agneaux et chevreaux, augmentées d'un tiers pour les veaux et d'un cinquième pour les porcs.
4 »	4 50	5 »	Lorsque l'animal vivant est imposé par tête, si la taxe par tête est de 8 francs, maximum fixé par la loi du 10 mai 1846, le maximum de la taxe pour les bœufs, taureaux, vaches et
7 »	7 »	8 »	génisses ne pourra excéder 4 francs par 100 kilogrammes; si la taxe par tête sur les animaux est inférieure à 8 francs, le
5 »	6 »	7 »	droit sera établi proportionnellement et d'après la base ci-dessus indiquée, de telle sorte que les 100 kilogrammes ne
fixé par la loi du 10 mai 1846.			payent jamais plus que la moitié de la taxe par tête.
5 »	6 »	7 »	Quant aux animaux autres que les bœufs, taureaux, vaches
1 70	2 »	2 30	et génisses, pour obtenir le droit afférent au kilogramme de
1 70	2 »	2 30	viande dépecée, la taxe établie par tête sera divisée par le
» 55	» 65	» 80	poids moyen de l'animal, tel qu'il est déterminé ci-après

2 août 1872.

Tarif général dressé en exécution de l'article 9 de la loi

NOMENCLATURE DES OBJETS QUI PEUVENT ÊTRE IMPOSÉS.	MESURES, POIDS OU NOMBRES.	MAXIMUM DES TAXES		
		de 4,000 âmes et au-dessous. 1re catégorie.	de 4,001 à 10,000 âmes. 2e catégorie.	de 10,001 à 20,000 âmes. 3e catégorie
		fr. c.	fr. c.	fr. c.
COMESTIBLES (Suite).				
Agneaux et chevreaux	Les 100 kil.	3 50	5 »	5 »
	Par tête.	» 50	» 80	» 80
Animaux vivants(6) Veaux	Les 100 kil.	3 »	4 »	5 »
	Par tête.	2 55	3 40	4 25
Porcs	Les 100 kil.	2 50	3 50	4 50
	Par tête.	2 60	3 70	4 75
Cochons de lait	Les 100 kil.	3 »	4 »	5 »
	Par tête.	» 30	» 40	» 50
Charcuterie	Les 100 kil.	7 »	9 »	9 »
Graisse, lard et viandes salées	Idem	5 »	6 »	6 »
Abats et issues	Idem	2 »	3 »	3 50
Truffes, volailles et gibier truffés, pâtés et terrines truffés	Le kilog.	» »	» 60	» 75
Volailles de toute espèce et lapins domestiques (1)	Idem	» 05	» 10	» 15
Poissons de mer (2)	Idem	» 05	» 05	» 10
Huîtres fraîches ou marinées (3)	Idem	» 05	» 05	» 05
	Le cent	» »	1 10	1 10
Poissons d'eau douce	Le kilog.	» 05	» 05	» 10
Gibier (1)	Idem	» 10	» 15	» 20
Beurre de toute espèce, frais ou fondu, salé ou non	Idem	» 05	» 05	» 10
Fromages secs	Idem	» 05	» 05	» 10
Conserves et fruits confits, olives, fruits secs de table, tels que raisins, figues, dattes, pruneaux, etc	Idem	» 05	» 10	» 10
Huiles comestibles de toute espèce	Les 100 kil. ou l'hectol.	8 »	11 »	13 »
Oranges, citrons et limons	Les 100 kil.	» »	» »	5 »
COMBUSTIBLES.				
Bois à brûler (4) dur	Le stère.	» 50	» 80	1 »
tendre	Idem	» 40	» 65	» 80
Fagots et coterets	Le cent	1 »	2 »	2 50
Charbon de bois et ses dérivés	Les 100 kil.	» 50	1 »	1 25
	L'hectolitre	» 10	» 20	» 25
Charbon de terre, tourbe, anthracite, lignite et tous les autres combustibles minéraux	Les 100 kil.	» 15	» 25	» 30
	L'hectolitre	» 10	» 20	» 25
Coke (5)	Les 100 kil.	» 20	» 30	» 35
	L'hectolitre	» 10	» 10	» 15
Huiles à brûler, animales ou végétales, à l'exception du dégras et de l'huile de poisson	Les 100 kil. ou l'hect.	4 »	5 »	5 50
Huiles à brûler minérales	Idem	2 »	2 50	2 75
Chandelles	Les 100 kil.	5 »	6 »	7 »
Suifs de toute espèce (6)	Idem	5 »	6 »	7 »
Cires, blanches ou jaunes	Idem	12 »	15 »	18 »
Spermaceti brut	Idem	4 50	6 »	7 »
raffiné	Idem	9 »	12 »	14 »
Bougie stéarique, acides stéarique et margarique et autres substances pouvant remplacer la cire	Idem	10 »	13 »	15 »

du 24 juillet 1867 sur les conseils municipaux (*Suite*).

DANS LES VILLES.			OBSERVATIONS.
de 20,001 à 50,000 âmes.	de 50,001 à 100,000 âmes.	au-dessus de 100,000 âmes.	
4e catégorie.	5e catégorie.	6e catégorie.	
fr. c.	fr. c.	fr. c.	
6 »	7 »	8 »	Moutons et chèvres. . . . . . . 34 kilogrammes.
1 »	1 10	1 30	Agneaux et chevreaux . . . . . 16 —
7 »	8 »	8 »	Veaux . . . . 85 —
6 »	6 80	6 80	Porcs. . . . . 105 —
6 »	6 50	7 »	Cochons de lait. . . . . 10 —
6 30	6 80	7 35	Le résultat sera doublé pour les moutons, chèvres, agneaux
6 »	7 »	8 »	et chevreaux, augmenté d'un tiers pour les veaux et d'un cin-
» 60	» 70	» 80	quième pour les porcs.
10 »	10 »	10 »	
7 »	7 »	7 »	(1) Dans les communes où l'on voudra imposer les volailles,
4 »	4 50	5 »	les lapins domestiques ou le gibier de toute espèce par tête
			ou à la dizaine, on établira les calculs de conversion d'après
1 »	1 »	1 20	les poids ci-après :
» 15	» 20	» 25	1o Dindes ou oies grasses . . . . 5k000 par tête.
» 15	» 20	» 25	2o Poulets gras et ordinaires, canards,
» 10	» 10	» 10	barboteaux 1 000
2 20	2 20	2 20	3o Dindes et oies communes, chapons gras,
» 15	» 15	» 15	lapins gras, lapins domestiques. . . . 2 500
» 25	» 30	» 30	4o Pigeons de volière et bizets 0 250
» 10	» 10	» 10	5o Cerfs, biches et sangliers 55 000
» 10	» 10	» 10	6o Chevreuils et daims 20 000
			7o Lièvres 5 000
			8o Lapins de garenne. . . . : 1 000
» 10	» 15	» 20	9o Coqs de bruyère. 2 500
			10o Oies et canards sauvages, faisans (coqs
15 »	16 »	16 »	ou poules) 1 000
6 »	6 »	6 »	11o Pilets et râles rouges 0 500
			12o Bécasses, perdrix, pigeons ramiers, pou-
			les d'eau, sarcelles. 0 400
			13o Bécassines, cailles, grives, merles, plu-
			viers, plongeons, râles de genêts et
1 25	1 50	1 80	vanneaux. 0 125
1 »	1 20	1 40	14o Alouettes et ortolans . . . . 0 300 les dix.
2 50	2 50	2 50	
1 70	2 »	2 »	(2) La morue salée, le maquereau salé, le stockfisch, le ha-
» 35	» 40	» 40	reng saur ou salé ne peuvent pas être imposés.
» 35	» 40	» 40	
» 30	» 30	» 30	(3) Les huîtres d'Ostende et de Marennes pourront être im-
» 40	» 45	» 45	posées au double.
» 20	» 20	» 20	
»	8 »	10 »	(4) Les bois ou planches de déchirage seront imposés comme
3 50	4 »	5 »	bois à brûler tendre.
8 »	10 »	10 »	
8 »	10 »	10 »	(5) Le coke fabriqué à l'intérieur avec du charbon qui aura
22 »	25 »	25 »	payé le droit sera affranchi de la taxe.
8 »	9 »	9 »	
16 »	18 »	18 »	(6) Pour les suifs bruts ou en branches, les taxes devront
			être inférieures d'un cinquième à celles du suif fondu.
6 »	21 »	21 »	

DÉCRET DU 12 FÉVRIER 1870

Tarif général dressé en exécution de l'article 9 de la loi

NOMENCLATURE DES OBJETS QUI PEUVENT ÊTRE IMPOSÉS.	MESURES, POIDS OU NOMBRES.	MAXIMUM DES TAXES		
		de 4,000 âmes et au- dessous. 1re catégorie.	de 4,001 à 10,000 âmes. 2e catégorie.	de 10,000 à 20,000 âmes. 3e catégorie.
FOURRAGES.		fr. c.	fr. c.	fr. o.
Foin, sainfoin, trèfle, luzerne et autres four-rages (1)	Les 100 kil.	» 30	» 40	» 50
Pailles de toute espèce.	Idem . . .	» 25	» 30	» 35
Avoine.	Les 100 kil.	» 80	1 »	1 20
	L'hectolitre	» 35	» 45	» 55
Sons et recoupes	Les 100 kil.	» 65	» 80	1 »
	L'hectolitre	» 20	» 20	» 25
Orge	Les 100 kil.	» »	» 50	» 70
	L'hectolitre	» »	» 30	» 45
MATÉRIAUX.				
Chaux et mortier de toute espèce (2) . . .	Les 100 kil. ou l'hect	» 15	» 25	» 30
Ciments de toute espèce.	Les 100 kil.	» 45	» 80	» 90
	L'hectolitre	» 25	» 50	» 55
Plâtre	Les 100 kil. ou l'hect.	» 20	» 30	» 40
Moellons, platras, pavés et meulières de toute dimension, travaillés ou non	Le m.cube.	» 25	» 35	» 45
Pierres de taille dures.	Idem . . .	1 »	2 »	2 50
Pierres de taille tendres	Idem . .	» 80	1 60	2 »
Dalles et carreaux de pierre de toute espèce.	Le m. sup.	» 15	» 25	» 40
Marbres et granits (3)	Le m.cube.	» »	6 »	10 »
Fers de toute espèce.				
Zinc . . . . ⎫ Destinés à la construc- Plomb . . . . ⎪ tion des bâtiments, Cuivre . . . . ⎬ façonnés ou non (4) Fonte. . . . . ⎭	Les 100 kil.	» »	1 50	2 »
Ardoises pour toitures.	Le mille. .	2 »	3 »	3 »
Briques, tuiles, carreaux, mitres, tuyaux et poteries destinées à la construction des bâtiments.	Idem . . .	1 50	2 »	2 70
Argile, terre glaise, sable, gravois et cailloux (5).	Le m.cube.	» 15	» 20	» 25
Bois de charpente ou⎫ dur . . . . de menuiserie ou-⎬ vré. . . . . ⎭ tendre (6)	Idem . . . Idem . . .	2 » 1 50	3 » 2 25	4 » 3 »
Bois en grume . . . ⎱ dur . . . . ⎰ tendre.	Idem . . . Idem . . .	1 50 1 20	2 25 1 80	3 » 2 25
Verres à vitres	Les 100 kil.	1 »	1 50	2 »
Glaces	Idem . . .	» »	» »	6 »
OBJETS DIVERS.				
Savons (7)	Les 100 kil.	» »	4 »	6 »
Vernis de toute espèce autres que ceux à l'alcool, blanc de céruse et de zinc et autres couleurs ; escences de toute nature, goudrons liquides, résidus de gaz et autres liquides pouvant être employés comme essences	Les 100 kil. ou l'hect.	2 »	4 »	6 »

du 24 juillet 1867 su   les conseils municipaux (Suite).

DANS LES VILLES.			OBSERVATIONS.
de 20,001 à 50,000 âmes.	de 50,001 à 100,000 âmes.	au-dessus de 100,000 âmes.	
4e catégorie.	5e catégorie.	6e catégorie.	
fr. c.	fr. c.	fr. c.	
» 55	» 60	» 80	(1) Les fourrages verts ne peuvent pas être imposés.
» 45	» 50	» 60	
1 75	2 »	2 50	
» 80	» 90	1 15	(2) Les pierres à chaux ou à plâtre seront imposées en rai-
1 50	1 60	2 »	son de la chaux ou du plâtre qu'elles contiennent.
» 40	» 40	» 50	
» 80	1 25	1 50	
» 50	» 80	1 »	(3) Lorsque le cubage du marbre présentera des difficultés, la taxe sera appliquée au poids, à raison de 2,700 kilogrammes par mètre cube. Les marbres qui font partie des meubles ne
» 40	» 40	» 45	seront pas imposables, pas plus que les meubles eux-mêmes.
1 20	1 60	1 60	
» 75	1 »	1 »	
» 50	» 60	» 70	(4) Pour les cuivres, les taxes pourront être doublées.
» 55	» 60	» 65	(5) Le sable, les cailloux et gravois, destinés à la confection
3 »	3 50	3 50	et à la réparation des chemins publics sont affranchis de la
2 40	2 80	2 80	taxe.
» 60	» 65	» 65	
12 »	14 »	15 »	
			(6) Les lattes, treillages, voliges, échalas, barreaux, perches de toute nature pourront être imposés comme bois tendre et au cent, en tenant compte du rapport avec le mètre cube.
2 50	2 50	2 50	
3 50	4 »	4 »	(7) Pour les savons de parfumerie, les taxes pourront être élevées au triple.
3 »	3 50	4 »	
» 30	» 35	» 40	
4 50	5 »	5 50	
3 50	3 75	4 »	
3 50	3 75	4 »	
2 60	2 80	3 »	
2 50	3 »	4 »	
7 50	9 »	12 »	
8 »	8 »	8 »	
8 »	8 »	9 »	

EXTRAIT DE LA LOI DU 27 JUILLET 1870

Portant fixation du budget général des recettes et des dépenses de l'exercice 1871.

TITRE Iᵉʳ, § 2. — Impôts autorisés.

. . . .

Art. 9. — Nonobstant les dispositions de l'article 145 de la loi du 28 avril 1816, les eaux-de-vie, esprits et liqueurs expédiés en bouteilles seront imposés d'après la capacité des bouteilles.

TITRE VII. — Dispositions diverses.

Art. 40. — Il sera annexé, chaque année, à la loi de finances un tableau indiquant les noms, domiciles et titres des personnes auxquelles le ministre des finances aura, dans l'année, concédé des débits de tabac.

DÉCRET DU 5 NOVEMBRE 1870

Relatif à la promulgation des lois et des décrets.

Art. 1ᵉʳ. — Dorénavant la promulgation des lois et des décrets résultera de leur insertion au *Journal officiel* de la République française, lequel, à cet égard, remplacera le *Bulletin des lois*.

Le *Bulletin des lois* continuera à être publié, et l'insertion qui y sera faite des actes non insérés au *Journal officiel* en opérera la promulgation.

Art. 2. — Les lois et les décrets seront obligatoires à Paris, un jour franc après la promulgation, et partout ailleurs dans l'étendue de chaque arrondissement, un jour franc après que le *Journal officiel*, qui les contient, sera parvenu au chef-lieu de cet arrondissement. Le gouvernement, par une disposition spéciale, pourra ordonner l'exécution immédiate d'un décret.

Art. 3. — Les préfets et sous-préfets prendront des mesures nécessaires pour que les actes législatifs soient imprimés et affichés partout où besoin sera.

Art. 4. — Les tribunaux et les autorités administratives et militaires pourront, selon les circonstances, accueillir l'exception d'ignorance alléguée par les contrevenants, si la contravention a eu lieu dans le délai de trois jours francs, à partir de la promulgation.

EXTRAIT DE LA LOI DES 19-21 JUIN 1871

Sur la fabrication des armes de guerre et de la poudre fulminante.

Art. 3. — Tout individu fabricant ou détenteur, sans autorisation, de machines ou engins meurtriers ou incendiaires, agissant par explosion ou autrement, *ou de poudre fulminante, quelle qu'en soit la composition*, sera puni d'un emprisónnement de six mois à cinq ans et d'une amende de cinquante à trois mille francs.

Les dispositions de l'article 463 du Code pénal sont et demeurent applicables aux délits prévus par la présente loi.

Nota. — L'article 2 de la loi ci-dessus indique qu'elle n'est que provisoire.

La disposition pénale que renferme l'article 3 est empruntée à la loi du 27 février 1858, cette loi ayant été abrogée par le décret du 24 octobre 1870, il a fallu rétablir la prescription pénale qui existait précédemment.

LOI DU 8 JUILLET 1871

Sur les sucres.

Art. 1er. — Les droits sur les sucres de toute origine sont augmentés de trois dixièmes.

Art. 2. — Les sucres extraits par les procédés barytiques des mélasses dites épuisées sont assujettis à un droit de 15 *francs* les 100 kiilogrammes, décimes compris.

Art. 4. — Les glucoses à l'état de sirop et à l'état concret acquitteront un droit de 10 *francs* les 100 kilogrammes, décimes compris.

Les dispositions de cette loi ont été modifiées par les lois des 16 septembre 1871, 22 janvier et 20 décembre 1872, et 30 décembre 1873

EXTRAIT DE LA LOI DU 10 AOUT 1871

Relative aux conseils généraux.

(Journal officiel du 29 août 1871.)

TITRE II. — De la formation des conseils généraux.

Art. 8. — Ne peuvent être élus membres du conseil général :

. . . .

13° Les agents et comptables de tout ordre, employés à l'assiette, à la perception et au recouvrement des contributions directes ou indirectes et au payement des dépenses de toute nature, dans le département, où ils exercent leurs fonctions;

14° Les directeurs et inspecteurs des postes, des télégraphes et des manufactures de tabac dans le département où ils exercent leurs fonctions.

Art. 46. — Le conseil général statue définitivement sur les objets ci-après désignés :

. . . .

25° Délibération des conseils municipaux ayant pour but la prorogation des taxes additionnelles d'octroi actuellement existantes, ou l'augmentation des taxes principales au delà d'un décime, le tout dans les limites du maximum des droits et de la nomenclature des objets fixés par le tarif général, établi conformément à la loi du 24 juillet 1867;

Art. 48. — Le conseil général délibère :

. . . .

4° Sur les demandes des conseils municipaux : 1° pour l'établissement ou le renouvellement d'une taxe d'octroi sur des matières non comprises dans le tarif général indiqué à l'article 46 ; 2° pour l'établissement ou le renouvellement d'une taxe excédant le maximum fixé par ledit tarif ; 3° pour l'assujettissement à la taxe d'objets non encore imposés dans le tarif local ; 4° pour les modifications aux règlements ou aux périmètres existants ;

Art. 49. — Les délibérations prises par le conseil général, sur les matières énumérées à l'article précédent, sont exécutoires si, dans le délai de trois mois, à partir de la clôture de la session, un décret motivé n'en a pas suspendu l'exécution.

Art. 52. — Les chefs de service des administrations publiques dans le département sont tenus de fournir verbalement ou par écrit tous les renseignements qui leur seraient réclamés par le conseil général sur les questions qui intéressent le département.

Art. 58, § 6...... — Les droits de péage sur les bacs et passages d'eau, établis sur les routes et chemins, à la charge du département, font partie des recettes du département.

Art. 94. — La présente loi n'est pas applicable au département de la Seine. Il sera statué à son égard par une loi spéciale.

EXTRAIT DE LA LOI SUR LE TIMBRE, DU 23 AOUT 1871.

Art. 18. — A partir du 1er décembre 1871, sont soumis à un droit de timbre de 10 centimes :

1° Les quittances ou acquits donnés au pied des factures et mémoires, les quittances pures et simples, reçus ou décharges de sommes, titres, valeurs ou objets et généralement tous les titres de quelque nature qu'ils soient, signés ou non signés, qui emporteraient libération, reçu ou décharge ;

2° ......

Le droit est dû pour chaque acte, reçu, décharge ou quittance ; il peut être acquitté par l'apposition d'un timbre mobile.......

Le droit de timbre de 10 centimes n'est applicable qu'aux actes faits sous signatures privées et ne contenant pas de dispositions autres que celles spécifiées au présent article.

Art. 20. — Sont seuls exceptés du droit de timbre de 10 centimes :

1° ......

2° Les quittances de 10 francs et au-dessous, quand il ne s'agit pas d'un à-compte ou d'une quittance finale sur une plus forte somme ;

3° Les quittances énumérées en l'article 16 de la loi du 13 brumaire an VII , à l'exception de celles relatives aux traitements et émoluments des fonctionnaires, officiers de terre et de mer, et employés salariés par l'État, les départements, les communes et tous les établissements publics;

4° Les quittances délivrées par les comptables de deniers publics, celles des douanes, des contributions directes et des postes, qui restent soumises à la législation qui leur est spéciale.

Toutes autres dispositions contraires sont abrogées.

Art. 23. — Toute contravention aux dispositions de l'article 18 sera punie d'une amende de 50 francs. L'amende sera due par chaque acte, écrit, quittance, reçu ou décharge pour lequel le droit de timbre n'aurait pas été acquitté.

Le droit de timbre est à la charge du débiteur; néanmoins, le créancier qui a donné quittance, reçu ou décharge en contravention aux dispositions de l'article 18, est tenu personnellement et sans recours, nonobstant toute stipulation contraire, du montant des droits, frais et amendes.

La contravention sera suffisamment établie par la représentation des pièces non timbrées et annexées aux procès-verbaux que les employés de l'enregistrement, les officiers de police judiciaire, les agents de la force publique, les préposés des douanes, des contributions indirectes et ceux des octrois sont autorisés à dresser conformément aux articles 31 et 32 de la loi du 13 brumaire an VII. Il leur est attribué un quart des amendes recouvrées.

Les instances seront instruites et jugées selon les formes prescrites par l'article 76 de la loi du 28 avril 1816.

Art. 24. — Un règlement d'administration publique déterminera la forme et les conditions d'emploi des timbres mobiles créés en exécution de la présente loi. Toute infraction aux dispositions de ce règlement sera punie d'une amende de 20 francs.

Sont applicables à ces timbres les dispositions de l'article 21 de la loi du 11 juin 1859.

Sont considérés comme non timbrés :

1° Les actes, pièces ou écrits sur lesquels le timbre mobile aurait été apposé sans l'accomplissement des conditions prescrites par le règlement d'administration publique, ou sur lesquels aurait été apposé un timbre ayant déjà servi;

2° Les actes, pièces ou écrits sur lesquels un timbre mobile aurait été apposé en dehors des cas prévus par l'article 18.

LOI DU 1ᵉʳ SEPTEMBRE 1871

Portant modification des tarifs de divers impôts indirects.

Art. 1ᵉʳ. — Le droit de circulation sur les vins, cidres, poirés et hydromels sera perçu, en principal et par chaque hectolitre, conformément au tarif ci-après :

Vins en cercles à destination des départements : première

classe, 1 fr. 20 cent.; deuxième classe, 1 fr. 60 cent.; troisième classe, 2 francs; quatrième classe, 2 fr. 40 cent.

Vins en bouteilles, quel que soit le département, 15 francs (1).

Cidres, poirés et hydromels, 1 franc.

La taxe « de remplacement » perçue aux entrées de Paris sera portée en principal :

Sur les vins en cercles, à 8 *fr.* 50 *cent.*; en bouteilles, à 15 *francs.*

Dans les autres villes rédimées, la taxe de remplacement sera révisée eu égard au nouveau droit de circulation.

Le tarif de la taxe de remplacement aux entrées de Paris a été modifié par l'article 2 de la loi du 31 décembre 1873.

Art. 2. — Le droit général de consommation par hectolitre d'alcool pur contenu dans les eaux-de-vie et esprits en cercles, par hectolitre *d'eaux-de-vie et esprits en bouteilles, de liqueur et absinthe en cercles et en bouteilles, et de fruits à l'eau-de-vie, est fixé à 125 francs en principal.*

Voir la loi du 26 mars 1872, qui a modifié les tarifs du droit de consommation et changé le mode de perception sur les eaux-de-vie, esprits etc., en bouteilles.

Les débitants établis dans les villes qui sont soumises à une taxe unique, les débitants établis en tous autres lieux et qui payent le droit général de consommation à l'arrivée, conformément à l'article 41 de la loi du 21 avril 1832, seront tenus d'acquitter, par hectolitre, un complément de 50 francs, en principal, sur les quantités qu'ils auront en leur possession à l'époque où les dispositions du présent article seront exécutoires et qui seront constatées par voie d'inventaire.

A dater de la même époque, la taxe de remplacement aux entrées de Paris sera portée à 141 *francs* en principal, par hectolitre d'alcool pur contenu dans les eaux-de-vie et esprits en cercles, *par hectolitre d'eaux-de-vie et esprits en bouteilles, de liqueurs et absinthes en cercles et en bouteilles, et de fruits à l'eau-de-vie.*

Voir art. 3 et 6 de la loi du 26 mars 1872.

Art. 3. — Les vins présentant une force alcoolique supérieure à 15 degrés sont passibles du double droit de consommation, d'entrée ou octroi pour la quantité d'alcool comprise entre 15 et 21 degrés. Les vins présentant une force alcoolique supérieure à 21 degrés seront imposés comme alcool pur.

Les vins présentant une force alcoolique *naturelle*, supérieure à 15 degrés, sans dépasser 18 degrés sont affranchis des doubles droits de consommation et d'octroi. (Voir art. 3 de la loi du 2 août 1872.)

Art. 4. — Le droit à la fabrication des bières sera porté, pour la bière forte, à 3 fr. 60 cent. l'hectolitre, décimes compris; pour la petite bière, à 1 fr. 20 cent.

Art. 5. — Les droits de 25 centimes et de 40 centimes actuellement perçus par chaque jeu de cartes à jouer sont remplacés par

---

(1) Et quelle que soit la quantité (art. 17 de la loi du 21 juin 1873).

un droit unique de 50 centimes, en principal, par jeu, quel que soit le nombre de cartes dont il se compose et quels que soient la forme et le dessin des figures.

Le supplément de taxe sera payé par les fabricants de cartes sur les quantités reconnues en leur possession et déjà imposées, d'après le tarif qui est modifié.

Le droit unique de 50 centimes fixé par cet article a été porté à 70 centimes pour les cartes dites au portrait étranger. (Art. 19 de la loi du 21 juin 1873.)

Art. 6. — A partir du 1er octobre 1871, les droits de licence seront perçus, d'après le tarif suivant, sur les assujettis qui y sont dénommés :

Débitants de boissons : dans les communes au-dessous de 4,000 âmes, 12 francs; dans celles de 4,000 à 6,000 âmes, 16 francs; dans celles de 6,000 à 10,000 âmes, 20 francs; dans celles de 10,000 à 15,000 âmes, 24 francs; dans celles de 15,000 à 20,000 âmes, 28 francs; dans celles de 20,000 à 30,000 âmes, 32 francs; dans celles de 30,000 à 50,000 âmes, 36 francs; dans celles de 50,000 âmes et au-dessus (Paris excepté), 40 francs.

Brasseurs : dans les départements de l'Aisne, des Ardennes, de la Côte-d'Or, de la Meurthe, du Nord, du Pas-de-Calais, du Rhône, de la Seine, de la Seine-Inférieure, de Seine-et-Oise et de la Somme, 100 francs; dans les autres départements, 60 francs.

Bouilleurs et distillateurs de profession : dans tous les lieux, 20 francs.

Marchands en gros de boissons dans tous les lieux, 100 francs.

Fabricants de cartes : dans tous les lieux, 100 francs.

Fabricants de sucres et glucoses : dans tous les lieux, 100 francs.

Les dispositions de cet article sont applicables aux fabricants d'allumettes chimiques, aux fabricants de papier, aux fabricants de chicorée, lesquels acquittent un droit de licence de 20 francs (art. 10 de la loi du 4 septembre 1871). — Fabricants de savons et de bougies (Voir art. 7 et 11 de la loi du 30 décembre). — Huiles (Art. 5 de la loi du 31 décembre 1873).

LOI DU 4 SEPTEMBRE 1871

Relative à de nouveaux impôts établis sur les tabacs, les allumettes chimiques, la chicorée, le papier et les poudres de chasse.

Art. 1er. — Le prix des tabacs, dits de cantine, dont la vente a été autorisée par la loi du 28 avril 1816, ne pourra pas excéder 2 fr. 50 cent., 4 francs et 6 francs chez les débitants, suivant les zones auxquelles ils appartiendront.

Un règlement d'administration publique déterminera l'étendue et la délimitation des nouvelles zones.

Voir l'article 2 de la loi du 29 février 1872 et le décret du 17 août 1872.

Art. 2. — La régie est autorisée à fabriquer de nouvelles qualités de tabacs supérieurs à priser, à fumer et à mâcher, dont les prix seront fixés conformément à l'article 177 de la loi du 28 avril 1816.

Art. 3. — Il sera perçu par la régie des contributions indirectes, sur les allumettes chimiques fabriquées en France ou importées, quelles qu'en soient la forme et la dimension, un droit fixé comme suit, décimes compris :

Allumettes en bois :

Boîtes ou paquets *de 50 allumettes et au-dessous, 1 cent. 5 millièmes* (par boîte ou paquet) ;

Boîtes ou paquets *de 51 à 100 allumettes, 3 cent. (par boîte ou paquet) ;*

Boîtes ou paquets renfermant plus de 100 allumettes, 3 *cent.* (par centaine ou fraction de centaine) ;

Allumettes en cire, en amadou, en papier, en tissu et toutes autres que les allumettes en bois :

Boîtes ou paquets de 50 allumettes et au-dessous, 5 cent. (par boîte ou paquet).

Boîtes ou paquets de 51 à 100 allumettes, 10 centimes (par boîte ou paquet) ;

Boîtes ou paquets renfermant plus de 100 allumettes, 10 centimes (par centaine ou fraction de centaine).

Ces droits seront perçus, indépendamment des taxes de douanes, sur les allumettes importées de l'étranger.

Sont considérés comme allumettes chimiques passibles de l'impôt tous les objets quelconques amorcés ou préparés de manière à pouvoir s'enflammer ou produire du feu par frottement ou par tout moyen autre que le contact direct avec une matière en combustion.

Les allumettes disposées de manière à s'enflammer ou à prendre feu plusieurs fois seront taxées proportionnellement au nombre de leurs amorces.

Les allumettes exportées sont affranchies de l'impôt.

En ce qui concerne les allumettes en bois, le tarif a été modifié. Il est aujourd'hui fixé à 4 centimes par boîte ou paquet de 100 allumettes et au-dessous. — Les boîtes ou paquets renfermant plus de 100 allumettes acquittent cette même taxe de 4 centimes par centaine ou fraction de centaine (art. 4 de la loi du 22 janvier 1872).

Art. 4. — Le droit sur les allumettes chimiques fabriquées en France sera assuré au moyen de l'exercice des fabriques et des débits par les employés des contributions indirectes.

Les allumettes chimiques fabriquées à l'intérieur ou importées ne pourront circuler ou être mises en vente qu'en boîtes ou paquets fermés et revêtus d'une vignette timbrée constatant la perception du droit.

Les dispositions de cet article sont applicables à la chicorée. (Voir art. 6 ci-après).

Art. 5. — Dans les trois jours de la promulgation de la présente loi, les fabricants d'allumettes chimiques seront tenus de faire la déclaration de leur industrie dans un bureau de la régie et de désigner les espèces et quantités d'allumettes qu'ils auront en leur possession. Ces quantités seront passibles de l'impôt.

Une déclaration devra être également faite dans un délai de

dix jours avant le commencement des travaux par les fabricants nouveaux.

Toute fabrication sans déclaration sera punie d'une amende de 100 à 1,000 francs, sans préjudice de la confiscation des objets saisis et du remboursement du droit fraudé.

Tout autre contravention, soit du fabricant, soit du débitant, sera punie d'une amende de 100 à 1,000 francs, sans préjudice de la confiscation des objets saisis et du remboursement du droit fraudé.

Les dispositions de cet article sont applicables à la fabrication de la chicorée (art. 6 de la présente loi), aux fabricants de schiste (art. 5 de la loi du 16 septembre 1871).

Art. 6. — La racine de chicorée préparée est soumise à un droit de fabrication de 30 centimes par kilogramme, décimes compris.

Les dispositions de l'article 4 de la présente loi sont applicables à la constatation du droit sur la chicorée ainsi qu'à la vente et à la circulation de ce produit.

Sont également applicables à la fabrication de la chicorée préparée les dispositions de l'article 5, et notamment les dispositions pénales.

La chicorée exportée sera affranchie des droits.

Voyez la loi du 21 juin 1873 (art. 20, 21, 22 et 23), qui a soumis les produits similaires de la chicorée à la taxe de 30 centimes par kilogramme établie par l'article ci-dessus.

Art. 7. — Il est établi un droit de fabrication sur les papiers de toute sorte, papiers à écrire, à imprimer et à dessiner, papiers d'enveloppe et d'emballage, papiers-cartons, papiers de tenture et tous autres.

. . . .

Les mêmes droits seront perçus, en sus de ceux des douanes, sur les papiers importés de l'étranger.

Les papiers et les objets confectionnés en papier, destinés à l'exportation, seront affranchis du droit.

Les dispositions des articles 4 et 5 sont applicables aux fabricants de papiers.

Le papier employé à l'impression des journaux et autres et publications périodiques assujetties au cautionnement est, en outre, soumis à un droit de 20 francs par 100 kilogrammes.

Les paragraphes 2 à 7 de cet article, fixant le tarif des droits applicables aux différentes sortes de papiers et de cartons, ont été remplacés par l'article 18 do loi du 21 juin 1873.

Art. 8. — Sont applicables aux visites et exercices des employés des contributions indirectes, dans les fabriques d'allumettes, de chicorée et de papier, ainsi que dans les imprimeries des journaux et autres publications périodiques, les dispositions énoncées aux articles 235, 236, 237, 238, 245 de la loi du 28 avril 1816.

Voir l'article 24 de la loi du 21 juin 1873, qui astreint les fabricants de papier et de chicorée et les marchands munis de la licence à fournir les ouvriers ainsi que les balances, poids et ustensiles pour les pesées lors des exercices, des recensements, etc., etc.

Les contraventions aux dispositions ci-dessus seront poursuivies, et les amendes et confiscations réparties comme en matière, de contributions indirectes.

Art. 9. — Un règlement d'administration publique statuera sur les mesures que nécessitera l'exécution de la présente loi en ce qui concerne les dispositions des articles 4 et suivants.

Art. 10. — Les dispositions de l'article 6 de la loi du 1er septembre 1871 seront applicables aux fabricants d'allumettes chimiques, aux fabricants de chicorée, aux fabricants de papier, lesquels seront assujettis à un droit annuel de licence de 20 francs en principal.

La licence annuelle dont tout fabricant de papier est tenu de se munir n'est valable que pour un seul établissement (art. 18 de la loi du 21 juin 1873).

Art. 11. — A partir de la promulgation de la présente loi, *le prix actuel des diverses espèces de poudre de chasse sera. doublé.*

Cet article se trouve abrogé par la loi du 25 juillet 1873 qui a rétabli les prix anciens fixés par la loi du 7 août 1850.

LOI DU 16 SEPTEMBRE 1871

Portant établissement d'un impôt sur les huiles de schiste et d'une taxe additionnelle sur le prix des transports, par voitures publiques, par chemins de fer, etc.

Art. 5. — Il est établi un droit de fabrication sur l'huile de schiste.

Ce droit, dont la perception s'effectuera à l'enlèvement, est fixé ainsi qu'il suit :

Huile à l'état brut, en principal, les 100 kilogrammes, 5 francs;
Huile épurée, en principal, les 100 kilogrammes, 8 francs;
Essence, en principal, les 100 kilogrammes, 10 francs.

Les dispositions de l'article 5 de la loi du 4 septembre 1871 sont applicables aux fabricants de schiste.

Le tarif des droits sur les huiles minérales de production française a été modifié par la loi du 29 décembre 1873.

Art. 6. — L'article 2 de la loi du 8 juillet 1871 est modifié ainsi qu'il suit :

Les sucres extraits par les procédés barytiques et autres, des mélasses épuisées libérées d'impôt, sont assujettis à un droit de 15 francs les 100 kilogrammes, décimes compris.

Ce tarif, élevé de 15 à 25 francs par l'article 4 de la loi du 20 décembre 1872, a été accru de 4 0/0 et porté à 26 francs en vertu de la loi du 30 décembre 1873.

Art. 12. — A dater du 15 octobre 1871, il sera perçu, au profit du Trésor public, une taxe additionnelle de 10 0/0 du prix actuel.

1° Sur le prix des places des voyageurs transportés par chemins de fer, par voitures publiques, par bateaux à vapeur ou autres consacrés au public;

2° Sur le prix des transports de bagages et messageries à grande vitesse par les mêmes voies.

Dans l'application de la taxe, il ne sera pas tenu compte de tout prix ou fraction de prix sur lesquels la taxe serait inférieure à cinq centimes.

Voyez la loi du 21 mars 1874 (art. 4), qui a établi une taxe de 5 0/0 sur le prix des transports de marchandises effectués par les chemins de fer aux tarifs de la petite vitesse.

Art. 28. — L'article 54 de la loi du 28 avril 1816 concernant les manquants et les charges constatés par le service des contributions indirectes, est modifié ainsi qu'il suit :

« Les actes réguliers seront valables même lorsqu'ils ne seraient « signés que par un seul commis. »

Art. 29.

Les cautionnements qui, aux termes des lois actuellement en vigueur, doivent ou peuvent être constitués en totalité ou en partie, soit en immeubles, soit en rentes françaises d'une nature spéciale, pourront être constitués en rentes françaises de toute nature.

EXTRAIT DU DÉCRET DU 27 NOVEMBRE 1871.

Art. 1er. — Il est établi, pour l'exécution de l'article 18 de la loi susvisée, un timbre mobile à 10 centimes, conforme au modèle annexé au présent décret.

L'administration de l'enregistrement, des domaines et du timbre, fera déposer au greffe des cours et tribunaux des spécimens de ce timbre mobile. Le dépôt sera constaté par un procès-verbal dressé sans frais.

Art. 2. — Ce timbre mobile est apposé sur les quittances ou acquits donnés au pied des factures et mémoires, les quittances pures et simples, les reçus ou décharges de sommes, titres, valeurs ou objets, et généralement sur tous les titres, de quelque nature qu'ils soient, signés ou non signés et qui emporteraient libération, reçu ou décharge.

Ce timbre est collé et immédiatement oblitéré par l'apposition, à l'encre noire, en travers du timbre, de la signature du créancier ou de celui qui donne reçu ou décharge, ainsi que de la date de l'oblitération.

Cette signature peut être remplacée par une griffe apposée à l'encre grasse, faisant connaître la résidence, le nom ou la raison sociale du créancier et la date de l'oblitération du timbre.

Art. 3. — Les ordonnances, taxes, exécutoires, et généralement tous mandats payables sur les caisses publiques, les bordereaux, quittances, reçus ou autres pièces, peuvent être revêtus du timbre à 10 centimes par les agents chargés du payement. Le timbre est oblitéré au moyen d'une griffe par ces agents, qui demeurent res-

.ponsables des contraventions commises à raison des pièces acquittées à leur caisse......

Nota. — Le 2e paragraphe de l'article 3 et les articles 4, 5 et 6 du deleret ne sont pas applicables au service de l'administration des contributions indirectes.

DÉCRET DU 28 NOVEMBRE 1871

Portant règlement d'administration publique pour l'exécution de la loi du 4 septembre 1871, sur les papiers.

(Remplacé par le règlement du 16 août 1873.)

DÉCRET DU 29 NOVEMBRE 1871

Portant règlement d'administration publique pour l'exécution de la loi du 4 septembre 1871, qui a établi un impôt sur les allumettes chimiques.

TITRE Ier. — Des fabricants et des marchands en gros ou commissionnaires pourvus de la licence de fabricant.

Art. 1er. — Les fabricants d'allumettes chimiques doivent, au moment où ils font la déclaration prescrite par l'article 5 de la loi du 4 septembre 1871, payer le prix de la licence dont ils sont tenus de se munir, en vertu de l'article 10 de ladite loi.

Tant qu'ils n'ont pas déclaré cesser leur industrie, ils ont ensuite à payer, dès le 1er janvier de chaque année, le même droit de licence.

Si le payement n'est pas effectué au 1er janvier, il est procédé au recouvrement du droit de licence par voie d'avertissement et de contrainte, dans les conditions fixées par la législation des contributions indirectes pour les autres droits constatés.

Art. 2. — La déclaration prescrite par l'article 5 de la loi du 4 septembre 1871 doit indiquer la situation de la fabrique et en présenter la description.

Cette déclaration indique, en outre : 1° le mode de fabrication, la nature et l'espèce des allumettes fabriquées; 2° en ce qui concerne chaque espèce, les types adoptés pour les boîtes et paquets, leur forme et leur dimension ou contenance; 3° le régime de la fabrique pour les jours et heures de travail.

Tout changement dans le mode de fabrication, dans la nature des allumettes produites, dans la forme des boîtes et paquets, ou dans le régime de la fabrique pour les jours et heures de travail, est l'objet d'une nouvelle déclaration.

Néanmoins, dans les cas imprévus, le fabricant peut se borner à constater sur le registre mis à sa disposition par l'administration, ainsi qu'il sera dit à l'article 7, la nécessité où il se trouve de continuer le travail en dehors des heures déterminées.

Lorsque le fabricant veut suspendre ou cesser les travaux de fabrication, il doit également en faire la déclaration au bureau de l'administration des contributions indirectes.

Art. 3. — Pour chaque fabrique, sauf pour les fabriques d'allumettes de luxe, de fantaisie, le nombre des types des boîtes et paquets est limité de la manière suivante :

		50 allumettes.	
Boîtes		100	—
ou paquets.		200	—
		500	—
		1,000	—

Quelle que soit leur forme, les boîtes ou paquets doivent être disposés de telle sorte qu'ils puissent être scellés au moyen des timbres ou vignettes timbrées prescrits par l'article 4 de la loi du 4 septembre 1871.

Sont considérés comme étant conformes aux types, les boîtes et paquets dont le contenu ne présente que les différences de 1 à 10 0/0 qui sont inhérentes aux procédés de fabrication et de garnissage.

Art. 4. — A l'extérieur du bâtiment principal de tout établissement où l'on fabrique des allumettes chimiques, les mots : FABRIQUE D'ALLUMETTES CHIMIQUES doivent être inscrits en caractères apparents.

Art. 5. — L'administration des contributions indirectes peut exiger :

1° Que les jours et fenêtres donnant directement sur la voie publique ou sur les propriétés voisines soient garnis d'un treillis de fer à mailles de 5 centimètres au plus;

2° Que la fabrique et ses dépendances n'aient qu'une entrée habituellement ouverte et que les autres soient fermées à deux serrures, la clef de l'une des serrures étant aux mains des employés de l'administration.

Si la fabrique n'est pas séparée de tout autre bâtiment, toute communication intérieure entre la fabrique et les maisons voisines non occupées par le fabricant est interdite et doit être scellée.

Art. 6. — Un local convenable d'au moins 20 mètres carrés doit être disposé par le fabricant, si l'administration en fait la demande, pour servir de bureaux aux employés.

Ce local doit être pourvu de tables, de chaises, d'un poêle ou d'une cheminée et d'une armoire fermant à clef.

Le loyer en est supporté par l'administration.

Art. 7. — L'administration fournit gratuitement aux fabricants un registre imprimé sur lequel ils doivent inscrire comme éléments d'appréciation ou de contrôle :

1° Au moment même où ont lieu les introductions, les quantités de bois, de stéarine et d'autres matières premières destinées à la fabrication;

2° A la fin de chaque journée, le nombre, par espèce d'allumettes, des boîtes ou paquets qui ont été garnis.

Ce registre sert également à recevoir les mentions prescrites par l'article 2, § 4, l'article 17, § 4, et l'article 18.

Art. 8. — *L'administration peut, selon les circonstances, exiger que les timbres ou vignettes timbrées, sans lesquels les boîtes ou paquets ne peuvent circuler ou être mis en vente, soient apposés par les fabricants, sous sa surveillance ou faire apposer les timbres ou vignettes par ses agents.*

Dans le premier cas, il est accordé aux fabricants une remise dont le taux est débattu entre eux et l'administration, ou à défaut de fixation amiable, réglé par un expert que désigne le président du tribunal civil.

Modifié par le décret du 29 février 1872.

Art. 9. — Quand les fabricants sont chargés de l'apposition des timbres ou vignettes, ils peuvent l'effectuer à mesure que les boîtes sont garnies, et ils ont en outre la faculté de procéder immédiatement à l'opération du paquetage. Ils deviennent, par suite, comptables envers l'administration des timbres et vignettes qui leur ont été remis.

Art. 10. — Lorsque l'administration reste chargée d'apposer les timbres ou vignettes, les fabricants sont tenus de faire passer les boîtes et paquets dans le local servant de bureau à mesure qu'ils sont garnis, puis de les en retirer immédiatement après l'apposition des vignettes timbrées.

Les fabricants délivrent à l'administration un reçu des vignettes timbrées apposées sur les boîtes et paquets qui sont ainsi remis à leur disposition, et dès ce moment, ils en sont comptables.

Art. 11. — Les boîtes ou paquets d'allumettes importées qui ne sont pas revêtus de timbres ou vignettes ne peuvent être introduits en France qu'en vertu d'acquits-à-caution, et s'ils sont adressés à un fabricant ou bien à un marchand en gros ou commissionnaire pourvu de la licence de fabricant.

Art. 12. — Les boîtes ou paquets revêtus de timbres ou de vignettes doivent être placés immédiatement dans un local spécial fermant à clef. Ils y sont disposés de manière que le recensement puisse en être fait avec exactitude et célérité.

Les fabricants sont tenus de placer successivement dans un compartiment distinct du même magasin, ou dans un autre local spécial fermant à clef, les boîtes ou paquets non revêtus de timbres ou de vignettes qu'ils se réservent d'exporter ou d'expédier à d'autres fabricants avec transport du crédit de l'impôt.

Si ces boîtes ou paquets sont l'objet d'un assemblage sous enveloppe, l'enveloppe porte la mention : *Sans timbre.*

Art. 13. — Les envois de fabrique à fabrique ou de fabrique à magasin de dépôt peuvent avoir lieu avec transport de la perception des droits à la charge du destinataire.

Ces envois ont lieu en vertu d'acquits-à-caution, et le destinataire ne peut introduire les chargements dans son usine ou magasin de dépôt qu'en présence des employés de l'administration

Art. 14. Les marchands en gros et les commissionnaires peuvent obtenir de l'administration le crédit de l'impôt dans les mêmes conditions que les fabricants, à la charge de se munir d'une licence de fabricant, de se soumettre à l'exercice et de fournir une caution qui s'engage solidairement avec eux à payer les droits sur les quantités imposables.

Art. 15. — Lorsqu'il s'agit d'envois à destination de l'étranger ou d'envois de fabrique à fabrique ou magasin avec transport du crédit de l'impôt, les allumettes peuvent être expédiées, même en *vrac;* mais elles doivent être placées dans des colis fermant hermétiquement, et elles ne peuvent être transportées que sous la garantie du plomb de l'administration des contributions indirectes, qui perçoit 10 centimes à titre de remboursement des frais de l'opération.

Dans ce cas, la déclaration peut indiquer le poids au lieu du nombre pour chaque espèce d'allumettes, y compris l'amadou amorcé.

Pour les envois à destination de l'étranger, comme pour les envois de fabrique à fabrique, l'expéditeur est tenu de se munir d'un acquit-à-caution.

Art. 16. — Les employés de l'administration tiennent un compte général présentant : .

D'une part, l'entrée et la sortie des timbres et vignettes qu'ils ont reçus ;

D'autre part, l'emploi des timbres et vignettes dont les fabricants sont comptables.

Les fabricants sont tenus de payer immédiatement le prix des timbres et vignettes reconnus manquant à leur charge.

Art. 17. — Il est mis gratuitement à la disposition des fabricants un registre à souche où ils doivent inscrire, successivement et avant l'enlèvement, le nombre et la contenance, par espèce d'allumettes, des boîtes et paquets imposables à l'enlèvement.

L'inscription constate, en outre, à la souche et à l'ampliation du registre, l'heure précise de l'enlèvement, le nom et la qualité du destinataire, le lieu de destination.

Les énonciations relatives à la quantité et à l'espèce des allumettes constituent les éléments de la perception de l'impôt.

Ne sont point inscrits audit registre les envois effectués en vertu d'acquits-à-caution. Ces envois sont mentionnés au registre dont la tenue est prescrite par l'article 7.

Art. 18. — Les réintégrations en fabrique pour une cause quelconque sont déclarées et constatées de la manière prescrite, pour les envois de fabrique à fabrique, par l'article 13 du présent décret.

Toutefois, dans le cas d'urgence, il suffit que le fabricant constate les réintégrations au registre dont la tenue est prescrite par l'article 7 et qu'il en informe immédiatement les employés chargés de l'exercice de son usine.

Art. 19. — Les quantités enlevées des fabriques et passibles du

droit, sont successivement imputées au compte des quantités libérées d'impôt qui y ont été introduites, et elles ne donnent lieu à la
perception de taxe qu'après apurement de ce compte.

Art. 20. — Les registres dont la tenue est prescrite par les articles 7 et 17 doivent être représentés à toute réquisition des employés de l'administration.

Art. 21. — L'administration peut accorder, par voie de décharge
ou de restitution, la remise des droits afférents aux allumettes
chimiques qui, par accident, seraient détruites ou mises hors d'u-
sage, soit chez les fabricants et chez les marchands en gros ou commissionnaires pourvus de la licence de fabricant, soit en cours de
transport.

Art. 22. — L'administration règle, de quinzaine en quinzaine ou
de mois en mois, selon l'importance des ventes à l'intérieur, les
sommes dues par les fabricants, marchands en gros et commissionnaires.

Lorsque le décompte s'élève à plus de 300 francs, les sommes
dues peuvent être payées en une obligation cautionnée à quatre
mois de terme, sous la condition que l'obligation sera souscrite au
plus tard cinq jours après le règlement de quinzaine ou de mois.

Toutefois les fabricants, marchands en gros et commissionnaires
ont alors à payer la remise de 1/3 0/0 qui est imposée aux fabricants de sucre.

Si le payement des sommes supérieures à 300 francs est effectué
au comptant en numéraire, il est alloué un escompte qui est déterminé par arrêté du ministre des finances, mais à la condition que
le payement des droits soit effectué au plus tard cinq jours après
le règlement de quinzaine ou de mois. Dans ces limites, l'ajournement de la perception n'entraîne aucune réduction dans le calcul
de l'escompte.

Les dispositions de cet article sont applicables aux importations d'allumettes chimiques (art. 2 du décret du 29 février 1872).

Art. 23. — A défaut de payement en obligations cautionnées
au comptant avec escompte, le recouvrement des droits est poursuivi par voie d'avertissement et de contrainte, dans les conditions
fixées par la législation des contributions indirectes.

Art. 24. — En cas de non-accomplissement des conditions inhérentes aux acquits-à-caution, les soumissionnaires ou cautions
ont à payer le double du droit garanti par les acquits.

Art. 25. — Seront prises en charge comme passibles de l'impôt
toutes les quantités d'allumettes qui sont inventoriées, en vertu de
l'article 5 de la loi du 4 septembre 1871, chez les fabricants et
chez les marchands en gros et commissionnaires pourvus de la licence de fabricant.

Ces fabricants, marchands en gros et commissionnaires jouiront
du crédit des droits aussi bien pour les quantités inventoriées que
pour les fabrications ultérieures.

En cas de déclaration de cesser, ils devront payer immédiatement l'impôt sur les quantités formant leurs charges.

TITRE II. — Des marchands en gros et en détail non pourvus de la licence de fabricant.

Art. 26. — Les marchands en gros ou en détail d'allumettes chimiques, non pourvus de la licence de fabricant, devront faire au bureau de l'administration des contributions indirectes le plus voisin de leur établissement et dans le délai de cinq jours à dater de la promulgation du présent décret, une déclaration dont il leur sera délivré ampliation et qui aura le caractère d'une commission.

A l'avenir, nul ne pourra entreprendre le commerce en gros ou en détail des allumettes chimiques avant d'avoir accompli la même formalité.

Tant qu'ils n'ont pas fait au même bureau une déclaration de cesser, les marchands en gros et en détail demeurent soumis à l'exercice des employés de l'administration et à l'obligation de leur représenter, à toute réquisition, les allumettes chimiques formant leur approvisionnement.

Art. 27. — Les employés de l'administration apposeront gratuitement des timbres ou vignettes sur les boîtes et paquets existant au moment où ils feront leur première visite dans les magasins des marchands en gros ou détaillants non pourvus de la licence de fabricant.

Postérieurement à cette visite, ces commerçants ne pourront plus recevoir ni avoir chez eux que des allumettes chimiques en boîtes ou en paquets revêtus des timbres ou des vignettes de l'administration.

Modifié par le décret du 29 février 1871.

Art. 28. — Les dispositions du présent règlement ne sont pas applicables aux provisions de ménage limitées à 1 kilogramme.

Art. 29. — Le produit net des amendes et des confiscations est réparti conformément aux dispositions de l'article 126 de la loi du 25 mars 1817 (1).

DÉCRET DU 30 NOVEMBRE 1871 (2)

Portant règlement d'administration publique pour l'exécution de la loi du 4 septembre 1871, qui a établi un impôt sur la chicorée.

TITRE Ier. — Des fabricants et des marchands en gros et commissionnaires pourvus de la licence de fabricant.

Art. 1er. — Les fabricants de racine de chicorée préparée doi-

---

(1) Les contraventions aux règlements d'administration publique rendus pour l'exécution de la loi du 4 septembre 1871 sont punies des peines portées à l'article 5 de la loi du 4 septembre 1871 (art. 25 de la loi du 21 juin 1873).

(2) Voir l'article 21 de la loi du 21 juin 1873 qui a rendu applicable aux fabricants et marchands de produits similaires de la chicorée les dispositions de la loi du 4 septembre 1871 et des règlements d'administration publique statuant sur les mesures d'exécution de cette loi.

vent, au moment où ils font la déclaration prescrite par les articles 5 et 6 de la loi du 4 septembre 1871, payer le prix de la licence dont ils sont tenus de se munir, en vertu de l'article 10 de ladite loi.

Tant qu'ils n'ont pas déclaré cesser leur industrie, ils ont à payer, dès le 1ᵉʳ janvier de chaque année, le même droit de licence.

Si le payement n'est pas effectué au 1ᵉʳ janvier, il est procédé au recouvrement du droit de licence par voie d'avertissement et de contrainte, dans les conditions fixées par la législation des contributions indirectes pour les autres droits constatés.

Art. 2. — La déclaration prescrite par les articles 5 et 6 de la loi du 4 septembre 1871 doit indiquer la situation de la fabrique et en présenter la description.

Cette déclaration indique, en outre : 1° le mode de fabrication ; 2° les types adoptés pour les paquets, leur forme et leur poids ; 3° le régime de la fabrique pour les jours et heures de travail.

Tout changement dans le mode de fabrication, dans la forme des paquets, ou dans le régime de la fabrique pour les jours et heures de travail, est l'objet d'une nouvelle déclaration.

Néanmoins, dans les cas imprévus, le fabricant peut se borner à constater sur le registre mis à sa disposition par l'administration, ainsi qu'il est dit à l'article 7, la nécessité où il se trouve de continuer le travail en dehors des heures déterminées.

Lorsque le fabricant veut suspendre ou cesser les travaux de fabrication, il doit également en faire la déclaration au bureau de l'administration des contributions indirectes.

Art. 3. — Pour chaque fabrique, le nombre des types de paquets est limité de la manière suivante :

$$\text{Paquets de} \begin{cases} 250 \text{ grammes.} \\ 500 \quad — \\ 1,000 \quad — \end{cases}$$

Quelle que soit leur forme, les paquets doivent être disposés de telle sorte qu'ils puissent être scellés au moyen des timbres ou vignettes timbrées prescrites par l'article 4 de la loi du 4 septembre 1871.

Modifié par l'article 1ᵉʳ des décrets du 18 janvier 1873, qui a ajouté aux types de paquets autorisés, le calibre du poids de 100 grammes.

Art. 4. — A l'extérieur du bâtiment principal de tout établissement où l'on fabrique de la chicorée, les mots : *Fabrique de chicorée* doivent être inscrits en caractères apparents.

Art. 5. — L'administration des contributions indirectes peut exiger :

1° Que les jours et fenêtres donnant directement sur la voie publique ou sur les propriétés voisines soient garnis d'un treillis de fer à mailles de 5 centimètres au plus ;

2° Que la fabrique et ses dépendances n'aient qu'une entrée habituellement ouverte et que les autres soient fermées à deux serrures, la clef de l'une des serrures étant aux mains des employés de l'administration.

Si la fabrique n'est pas séparée de tout autre bâtiment, toute communication intérieure entre la fabrique et les maisons voisines non occupées par le fabricant est interdite et doit être scellée.

Art. 6. — Un local convenable d'au moins 20 mètres carrés doit être disposé par le fabricant, si l'administration en fait la demande, pour servir de bureau aux employés.

Ce local doit être pourvu de tables, de chaises, d'un poêle ou d'une cheminée et d'une armoire fermant à clef.

Le loyer en est supporté par l'administration.

Art. 7. — L'administration fournit gratuitement aux fabricants un registre imprimé sur lequel ils doivent inscrire comme éléments d'appréciation ou de contrôle :

1° Au moment où elles sont introduites dans leurs usines, les quantités de cossettes provenant de l'extérieur ;

2° A la fin de chaque journée, les quantités de cossettes préparées à l'intérieur.

A la fin de chaque journée, les fabricants inscrivent au même registre :

1° Les quantités de cossettes soumises à la torréfaction ;

2° Les quantités retirées des touraïlles ;

3° Les quantités de cossettes passées aux moulins ;

4° Les quantités de chicorée retirées des moulins ;

5° Enfin, par type ou format, les quantités de chicorée mises en paquets.

Ce registre sert également à recevoir les mentions prescrites par l'article 2, § 4, l'article 17, § 4, et l'article 18.

Modifié par l'article 1er du décret du 18 janvier 1873.

Art. 8. — *L'administration peut, selon les circonstances, exiger que les timbres ou vignettes timbrées, sans lesquels les paquets ne peuvent circuler ou être mis en vente, soient apposées par les fabricants, sous sa surveillance, ou faire apposer les timbres ou vignettes par ses agents.*

Dans le premier cas, il est accordé aux fabricants une remise dont le taux est débattu entre eux et l'administration, ou, à défaut de fixation amiable, réglée par un expert que désigne le président du tribunal civil.

Modifié par l'article 23 de la loi du 21 juin 1873.

Art. 9. — Quand les fabricants sont chargés de l'apposition des timbres ou vignettes, ils peuvent l'effectuer à mesure que les paquets sont garnis, et ils ont en outre la faculté de procéder immédiatement à l'opération de l'emballage. Ils deviennent, par suite, comptables envers l'administration des timbres et vignettes qui leur ont été remis.

Art. 10. — Lorsque l'administration reste chargée d'apposer les timbres ou vignettes, les fabricants sont tenus de faire passer les paquets dans le local servant de bureau, à mesure qu'ils sont garnis, puis de les en retirer immédiatement après l'apposition des timbres ou vignettes.

Les fabricants délivrent à l'administration un reçu des timbres ou vignettes apposés sur les paquets qui sont ainsi remis à leur disposition, et, dès ce moment, ils en sont comptables.

Art. 11. — Les paquets de chicorée importée qui ne sont pas revêtus de timbres ou vignettes ne peuvent être introduits en France qu'en vertu d'acquits-à-caution, et s'ils sont adressés à un fabricant ou bien à un marchand en gros ou commissionnaire pourvu de la licence de fabricant.

Art. 12. — Les paquets revêtus de timbres ou de vignettes doivent être placés immédiatement dans un local spécial fermant à clef. Ils y sont disposés de manière que le recensement puisse en être fait avec exactitude et célérité.

Les fabricants sont tenus de placer successivement dans un compartiment distinct du même magasin, ou dans un autre local spécial fermant à clef, les paquets non revêtus de timbres ainsi que les colis qu'ils se réservent d'exporter ou d'expédier à d'autres fabricants avec transport du crédit des droits.

Si les paquets sont l'objet d'un emballage, l'enveloppe porte la mention :

Sans timbre.

Art. 13. — Les envois de fabrique à fabrique ou de fabrique à magasin de dépôt peuvent avoir lieu avec transport de la perception des droits à la charge du destinataire.

Ces envois ont lieu en vertu d'acquits-à-caution, et le destinataire ne peut introduire les chargements dans son usine ou magasin qu'en présence des employés de l'administration.

Art. 14. — Les marchands en gros et les commissionnaires peuvent obtenir de l'administration le crédit de l'impôt dans les mêmes conditions que les fabricants, à la charge de se munir d'une licence de fabricant, de se soumettre à l'exercice et de fournir une caution qui s'engage solidairement avec eux à payer les droits sur les quantités imposables.

Art. 15. — Lorsqu'il s'agit d'envois à destination de l'étranger ou d'envois de fabrique à fabrique ou magasin avec transport du crédit de l'impôt, la chicorée peut être expédiée même en *vrac ;* dans ce dernier cas, la chicorée doit être placée dans des colis fermant hermétiquement, et elle ne peut être transportée que sous la garantie du plomb de l'administration des contributions indirectes, qui perçoit 10 centimes à titre de remboursement des frais de l'opération.

Pour les envois à destination de l'étranger, comme pour les envois de fabrique à fabrique, l'expéditeur est tenu de se munir d'un acquit-à-caution.

Art. 16. — Les employés de l'administration tiennent un compte général présentant :

D'une part, l'entrée et la sortie des timbres et vignettes qu'ils ont reçus ;

D'autre part, l'emploi des timbres et vignettes dont les fabricants sont comptables.

Les fabricants sont tenus de payer immédiatement le prix des timbres et vignettes reconnus manquants à leur charge.

Art. 17. — Il est mis gratuitement à la disposition des fabricants un registre à souche où ils doivent inscrire, successivement et avant l'enlèvement, la quantité de chicorée par type de paquets qui doit sortir des fabriques sans transfert du crédit de l'impôt.

L'inscription constate, en outre, à la souche et à l'ampliation du registre : 1° l'heure précise de l'enlèvement ; 2° le nom et la qualité du destinataire ; 3° le lieu de destination.

Ces énonciations relatives à la quantité de chicorée constituent les éléments de la perception de l'impôt.

Ne sont point inscrits audit registre les envois effectués en vertu d'acquits-à-caution. Ces envois sont mentionnés au registre dont la tenue est prescrite par l'article 7.

Modifié par l'article 1er du décret du 18 janvier 1873.

Art. 18. — Les réintégrations en fabrique pour une cause quelconque sont déclarées et constatées de la manière prescrite, pour les envois de fabrique à fabrique, par l'article 13 du présent règlement.

Toutefois, dans le cas d'urgence, il suffit que le fabricant constate les réintégrations au registre dont la tenue est prescrite par l'article 7 et qu'il en informe immédiatement les employés chargés de l'exercice de son usine.

Art. 19. — Les quantités enlevées des fabriques et passibles du droit sont successivement imputées au compte des quantités libérées d'impôt qui y auraient été introduites, et elles ne donnent lieu à la perception de la taxe qu'après apurement de ce compte.

Art. 20. — Les registres dont la tenue est prescrite par les articles 7 et 17 doivent être représentés à toute réquisition des employés de l'administration.

Art. 21. — L'administration peut accorder, par voie de décharge ou de restitution, la remise des droits afférents aux quantités de chicorée qui, par accident, seraient détruites ou mises hors d'usage, soit chez les fabricants et chez les marchands en gros ou commissionnaires pourvus de la licence de fabricant, soit en cours de transport.

Art. 22. — L'administration règle, de mois en mois, les sommes dues par les fabricants, marchands en gros et commissionnaires.

Lorsque le décompte s'élève à plus de 300 francs, les sommes dues peuvent être payées en une obligation cautionnée à quatre mois de terme, sous la condition que l'obligation sera souscrite au plus tard cinq jours après le règlement mensuel.

Toutefois les fabricants, les marchands en gros et commissionnaires ont alors à payer la remise de 1/3 0/0.

Si le payement des sommes supérieures à 300 francs est effectué au comptant en numéraire, il est alloué un escompte qui est déterminé par arrêté du ministre des finances, mais à la condition que le payement des droits soit effectué au plus tard cinq jours après le règlement mensuel. Dans ces limites, l'ajournement de la perception n'entraîne aucune réduction dans le calcul de l'escompte.

Art. 23. — A défaut de payement en obligations cautionnées ou au comptant avec escompte, le recouvrement des droits est poursuivi par voie d'avertissement et de contrainte, dans les conditions fixées par la législation des contributions indirectes.

Art. 24. — En cas de non-accomplissement des conditions inhérentes aux acquits-à-caution, les soumissionnaires ou cautions ont à payer le double du droit garanti par les acquits.

Art. 25. — Seront prises en charge comme passibles de l'impôt toutes les quantités de chicorée qui seront inventoriées, en vertu de l'article 5 de la loi du 4 septembre 1871, chez les fabricants et chez les marchands en gros et commissionnaires pourvus de la licence de fabricant.

Ces fabricants, marchands en gros et commissionnaires jouiront du crédit des droits aussi bien pour les quantités inventoriées que pour les fabrications ultérieures.

En cas de déclaration de cesser, ils devront payer immédiatement l'impôt sur les quantités formant leurs charges.

TITRE II. — Des marchands en gros et en détail non pourvus
de la licence de fabricant.

Art. 26. — Les marchands en gros ou en détail de chicorée, non pourvus de la licence du fabricant, doivent faire au bureau de l'administration des contributions indirectes le plus voisin de leur domicile, et dans le délai de cinq jours à dater de la promulgation du présent règlement, une déclaration dont il leur est délivré ampliation et qui aura le caractère d'une commission.

A l'avenir, nul ne pourra entreprendre le commerce en gros ou en détail de la chicorée sans avoir accompli la même formalité.

Tant qu'ils n'ont pas fait au même bureau une déclaration de cesser, les marchands en gros et débitants de chicorée demeurent soumis à l'exercice des employés de l'administration et à l'obligation de leur représenter, à toute réquisition, les quantités de chicorée formant leur approvisionnement.

Art. 27. — Les marchands en détail ne peuvent, en cas de vente de quantités inférieures à 250 *grammes* (1), fractionner plusieurs paquets à la fois.

Art. 28. — Les employés de l'administration apposeront gratuitement des timbres ou vignettes sur les paquets existant au moment où ils feront leur première visite dans les magasins des marchands en gros ou détaillants non pourvus de la licence de fabricant.

_____

(1) A 100 grammes (art. 1er du décret du 18 janvier 1873).

Postérieurement à cette visite, ces commerçants ne pourront plus recevoir ni avoir chez eux que de la chicorée en paquets revêtus de timbres ou de vignettes.

Art. 29. — Les dispositions du présent règlement ne sont pas applicables aux provisions de ménage existant à domicile dans la limite de 3 kilogrammes.

Art. 30. — Le produit net des amendes et des confiscations est réparti conformément aux dispositions de l'article 126 de la loi du 25 mars 1817.

LOI DU 19 DÉCEMBRE 1871

Sur la contrainte par corps.

Art. 1er. — Est abrogé l'article 3, § 2 (1) de la loi du 22 juillet 1867, qui a interdit l'exercice de la contrainte par corps pour le recouvrement des frais dus à l'Etat, en vertu des condamnations prévues dans l'article 2 de la même loi.

Art. 2. — Sont, en conséquence, remises en vigueur les dispositions légales abrogées par l'article 18, § 1er, de la loi du 22 juillet 1867 (2).

Il résulte de cette loi que la durée de la contrainte par corps doit être déterminée d'après le total des condamnations pécuniaires, y compris les frais liquidés par le jugement. (*Note de la Rédaction des Annales.*)

DÉCRET DU 22 DÉCEMBRE 1871

Portant règlement d'administration publique pour l'exécution de la loi du 16 septembre 1871, qui a établi un impôt sur l'huile de schiste.

Art. 1er. — La déclaration prescrite aux fabricants d'huile de schiste, par les dispositions combinées de l'article 5 de la loi du 4 septembre 1871 et de l'article 5 de la loi du 16 du même mois, doit indiquer les quantités, par espèces, des produits imposables existant dans leurs usines ; la situation des mines en exploitation, et spécialement la situation des puits d'extraction et des ateliers de fabrication ; la nature, le nombre et la force ou la capacité des machines à fabriquer ou à épurer ; les procédés généraux de fabrication et la nature des produits fabriqués ; le régime de l'exploitation pour les jours et heures de travail.

Chaque machine ou appareil de distillation reçoit un numéro d'ordre peint en caractères apparents.

Art. 2. — Toute modification dans l'outillage des fabriques, toute augmentation du nombre des puits d'extraction ou du nombre des appareils à fabriquer ou à épurer, tout changement dans les pro-

---

(1) D'après le *Bulletin des lois*, il s'agirait du paragraphe 3 ; mais il y a évidemment erreur ; c'est le paragraphe 2 et non le paragraphe 3 qui se trouve abrogé par l'article ci-dessus.

(2) Extrait du rapport de M. Paris, etc.

cédés généraux de fabrication et dans la nature des produits ou dans le régime de la fabrique, doit être précédé d'une déclaration faite par écrit, vingt-quatre heures d'avance, au bureau de l'administration des contributions indirectes.

Lorsque le fabricant veut suspendre ou cesser les travaux de fabrication, il doit également en faire la déclaration au bureau de l'administration des contributions indirectes.

Art. 3. — Un local convenable, d'au moins 12 mètres carrés, est disposé par le fabricant, si l'administration en fait la demande, pour servir de bureau aux employés. Il doit être pourvu de tables, de chaises, d'un poêle ou d'une cheminée et d'une armoire fermant à clef.

Le loyer de ce bureau est payé par l'administration.

Art. 4. — L'administration des contributions indirectes fournit gratuitement aux fabricants un registre imprimé sur lequel ils doivent inscrire à la fin de chaque journée, comme élément d'appréciation et de contrôle :

1° Le numéro des machines ou appareils de distillation qui auront fonctionné ;

2° La nature et la quantité des produits résultant de la fabrication ;

3° Les quantités de produits soumises à l'épuration et les résultats de cette opération.

Art. 5. — Les produits sont pris en charge au compte des fabricants à mesure que ces produits se trouvent dans l'état où ils sont destinés à être enlevés des usines.

Il est alloué, pour couvrir les déchets d'évaporation, une déduction de 6 p. 0/0 par an sur les produits pris en charge. Cette déduction est calculée d'après la durée du séjour en magasin, et le montant définitif en est arrêté, à la fin de chaque année, sur les prises en charge de l'année entière.

Tout manquant extraordinaire qui sera reconnu en sus du déchet légal sera immédiatement soumis au droit.

Il peut être accordé une déduction supplémentaire dans le cas où il est reconnu par l'administration que le déchet est supérieur à 6 p. 0/0.

Il est accordé décharge des pertes matérielles dûment constatées.

Art. 6. — Les huiles et les essences de schiste sont imposables selon l'état dans lequel elles sont enlevées des fabriques.

Les résidus liquides des opérations de distillation et d'épuration sont taxés comme huiles à l'état brut lorsque leur poids spécifique est inférieur à 780 grammes. Quand leur poids spécifique sera de 780 grammes et au-dessus, ils seront imposés pour la quantité d'huile épurée qui peut en être extraite.

En cas de contestation, il est procédé à des expériences contradictoires pour constater la quantité d'huile épurée qui peut être extraite de ces résidus, sauf recours aux tribunaux, s'il y a lieu.

Toutefois, dans le cas où l'impôt n'est pas perçu sur ces résidus, ils ne peuvent sortir des fabriques qu'en vertu d'un acquit-à-caution levé au bureau de l'administration des contributiosn indirectes, au moins huit heures avant le moment fixé pour l'enlèvement.

Art. 7. — Les huiles de schiste à l'état brut ou imparfait, ainsi que les résidus liquides dés opérations de distillation ou d'épuration, peuvent être expédiés, avec transfert de la perception des droits, de la fabrique où ils ont été obtenus à toute autre fabrique produisant ou épurant exclusivement des huiles de schiste.

Ces expéditions ont lieu en vertu d'acquits-à-caution, et les quantités expédiées sont prises en compte chez le destinataire comme passibles de l'impôt.

Art. 8. — Les épurateurs non fabricants ne peuvent recevoir, avec transfert de la perception des droits, soit des huiles de schiste, soit des résidus liquides de la distillation du schiste, qu'à la condition de faire préalablement la déclaration prescrite par l'article premier du présent règlement et de se soumettre à toutes les obligations imposées aux fabricants.

Art. 9. — Les fabricants épurateurs et les simples épurateurs placés sous le régime des fabricants ne peuvent recevoir des produits libérés d'impôt, huiles de pétrole ou huiles de schiste, qu'en vertu d'une autorisation spéciale de l'administration des contributions indirectes, déterminant les conditions dans lesquelles ces matières doivent être remises en œuvre.

La même autorisation doit être obtenue préalablement par les simples épurateurs de produits libérés de l'impôt, pour l'introduction dans leurs usines, soit d'huiles de schiste, soit de résidus liquides de la distillation du schiste, lorsque ces huiles et résidus leur sont expédiés avec transfert de la perception des droits.

Art. 10. — Il est mis gratuitement à la disposition des fabricants et des simples épurateurs soumis au régime des fabricants un registre à souche où ils doivent inscrire successivement et avant l'enlèvement les quantités, par nature, des huiles ou essences de schiste qui doivent sortir des fabriques sans transfert du crédit de l'impôt.

L'inscription constate en outre à la souche et à l'ampliation du registre :

L'heure précise de l'enlèvement ;

Le nom et la qualité du destinataire ;

Le lieu de destination ;

Le délai dans lequel le chargement sera transporté au delà du rayon de surveillance déterminé ci-après.

Les énonciations relatives à la quantité et à la nature des produits constituent les éléments de la perception de l'impôt.

Art. 11. — Les registres dont la tenue est prescrite par les articles 4 et 10 doivent être représentés à toute réquisition des employés.

Art. 12. — Les expéditions à destination de l'étranger ou des colonies françaises, avec suspension de payement de l'impôt, ne peuvent avoir lieu qu'en vertu d'un acquit-à-caution.

Art. 13. — L'administration et les fabricants ou épurateurs déterminent, d'un commun accord, la route par laquelle les chargements doivent sortir des dépendances de l'exploitation. En cas de désaccord, le préfet statue.

Art. 14. — Dans un rayon de 5 kilomètres de chaque fabrique ou atelier d'épuration, les ampliations des déclarations d'enlèvement doivent être représentées à la première demande des agents des contributions indirectes.

Au delà de ce rayon, les employés ne peuvent exiger la représentation des ampliations de déclaration d'enlèvement que pour les chargements qu'ils auraient vu sortir des fabriques ou ateliers d'épuration.

Art. 15. — Le compte des fabricants et épurateurs d'huile ou d'essence de schiste est réglé à la fin de chaque mois.

Lorsque le montant du décompte mensuel s'élève à plus de 300 francs, les sommes dues peuvent être payées en une obligation cautionnée à quatre mois de terme; mais cette faculté est subordonnée à la condition que l'obligation sera souscrite au plus tard cinq jours après le règlement mensuel.

Toutefois les fabricants et épurateurs ont alors à payer une remise de 1/3 p. 0/0.

Si le payement des sommes supérieures à 300 francs est effectué au comptant en numéraire, il est alloué un escompte qui est déterminé par un arrêté du ministre des finances, mais à la condition que le payement des droits sera effectué au plus tard cinq jours après le règlement mensuel.

Dans ces limites, l'ajournement de la perception n'entraîne aucune réduction dans le calcul de l'escompte.

Art. 16. — En cas de retard dans le payement, le recouvrement des droits sera poursuivi par voie d'avertissement et de contrainte dans les conditions fixées par la législation des contributions indirectes.

Art. 17. — A défaut d'accomplissement des conditions inhérentes aux acquits-à-caution délivrés, les soumissionnaires ou cautions ont à payer le double des droits garantis par les acquits.

Art. 18. — Les fabricants d'huiles ou d'essences de schiste ainsi que les épurateurs soumis au régime des fabricants jouiront du crédit des droits, aussi bien pour les quantités inventoriées, conformément à l'article 5 de la loi du 4 septembre 1871, que pour les fabrications ultérieures.

En cas de déclaration de cesser, ils doivent payer immédiatement l'impôt dû pour les quantités formant leurs charges.

Art. 19. — Le produit net des amendes et confiscations sera réparti conformément aux dispositions de l'article 126 de la loi du 26 mars 1817.

LOI DU 22 JANVIER 1872
Sur les sucres et glucoses de toute origine et sur les allumettes chimiques.

Art. 1er. — Les droits perçus sur les sucres et glucoses de toute origine, antérieurement à la loi du 8 juillet 1871, sont augmentés de deux nouveaux dixièmes.

Voir les lois des 20 décembre 1872 et 30 décembre 1873.

Art. 4. — Le droit intérieur sur les allumettes *en bois* est fixé comme suit, *décimes compris :*
Boîte ou paquet de 100 allumettes et au-dessous, 4 centimes par boîte ou paquet ;
Boîte ou paquet renfermant plus de 100 allumettes, 4 centimes par centaine ou fraction de centaine.
Le même droit sera perçu, indépendamment des taxes de douane, sur les allumettes en bois importées.

LOI DU 28 FÉVRIER 1872
Concernant la répression de la fraude sur les spiritueux.

Art. 1er. — Les déclarations exigées avant l'enlèvement des boissons par l'article 10 de la loi du 28 avril 1816 contiendront, outre les énonciations prescrites par ledit article, l'indication des principaux lieux de passage que devra traverser le chargement et celle des divers modes de transport qui seront successivement employés, soit pour toute la route à parcourir, soit pour une partie seulement, à charge, dans ce dernier cas, de compléter la déclaration en cours de transport.
Les contraventions aux dispositions du présent article seront punies de la confiscation des boissons saisies et d'une amende de 500 francs à 5,000 francs.

Les peines édictées par cet article sont applicables aux contraventions à la loi du 2 août 1872 et à toutes autres contraventions se rapportant à la distillation ainsi qu'au commerce en gros et en détail des spiritueux. (Art. 7 de la loi du 2 août 1872.)

Art. 2. — Tout destinataire de boissons spiritueuses accompagnées d'un acquit-à-caution et qui auront parcouru un trajet de plus de 2 myriamètres sera tenu de représenter, en même temps que l'expédition de la régie, les bulletins de transport, lettres de voiture et connaissements applicables au chargement.
A défaut de l'accomplissement de cette formalité et dans le cas où il ne résulterait pas des pièces représentées que le transport des spiritueux a réellement eu lieu dans les conditions de la déclaration, les doubles droits garantis par l'acquit-à-caution devien-

dront exigibles, sans préjudice de toutes autres peines encourues pour contraventions.

Art. 3. — Les acquits-à-caution délivrés pour le transport des boissons ne seront déchargés qu'après la prise en charge des quantités y énoncées si le destinataire est assujetti aux exercices des employés de la régie, ou le payement du droit dans le cas où il serait dû à l'arrivée.

Les employés ne pourront délivrer de certificats de décharge pour les boissons qui ne seraient pas représentées ou qui ne le seraient qu'après l'expiration du terme fixé par l'acquit-à-caution, ni pour les boissons qui ne seraient pas de l'espèce énoncée dans l'acquit-à-caution.

Les marchands en gros ne pourront user du bénéfice de l'article 100 de la loi du 28 avril 1816, qui leur permet de transvaser, mélanger et couper leurs boissons hors la présence des employés, que lorsque les boissons qu'ils auront reçues avec acquits-à-caution auront été vérifiées par le service de la régie et reconnues entièrement conformes à l'expédition.

Art. 4. — Sont assujettis aux formalités à la circulation prescrites par le chapitre I, titre Ier, de la loi du 28 avril 1816, les vernis, eaux de senteur, éthers, chloroformes et toutes autres préparations à base alcoolique.

Art. 5. — Tous les employés de l'administration des finances, la gendarmerie, tous les agents de service des ponts et chaussées, de la navigation et des chemins vicinaux, autorisés par la loi à dresser des procès-verbaux, pourront verbaliser en cas de contravention aux lois sur la circulation des boissons.

DÉCRET DU 29 FÉVRIER 1872

Qui modifie les articles 8 et 27 du règlement d'administration publique du 29 novembre 1871.

Art. 1er. — Les articles 8 et 27 du règlement d'administration publique du 29 novembre 1871 sont modifiés ainsi qu'il suit :

Art. 8. — Les fabricants d'allumettes chimiques sont tenus, en exécution des articles 3 et 4 de la loi du 4 septembre 1871 et 4 de la loi du 22 janvier 1872, d'apposer eux-mêmes et à leurs frais les timbres ou vignettes sans lesquels les boîtes ou paquets ne peuvent circuler ou être mis en vente.

Art. 27. — A partir de la promulgation du présent décret, les marchands en gros ou en détail, non pourvus de licence de fabricant, ne pourront plus recevoir ni avoir chez eux que des allumettes chimiques en boîtes ou en paquets revêtus de timbres ou vignettes.

A cet effet, ils seront tenus de déclarer les quantités qu'ils ont en possession et pour lesquelles l'impôt n'a pas été acquitté. Ces quantités seront immédiatement soumises aux droits par l'apposition de timbres et vignettes dans les conditions déterminées par l'article 8 du règlement ci-dessus modifié.

Art. 2. — Les importateurs d'allumettes chimiques pourront, lorsque les droits dus par eux s'élèveront à plus de 300 francs, payer en une obligation cautionnée à quatre-mois de terme, ou si le payement des sommes supérieures à 300 francs est par eux effectué au comptant en numéraire, il leur sera alloué un escompte dont le taux est déterminé par le ministre des finances.

LOI DU 29 FÉVRIER 1872
Concernant les prix des tabacs.

Art. 1er. — Le prix des tabacs ordinaires que la régie vendra aux consommateurs est fixé à 12 fr. 50 cent. par kilogramme.

Art. 2. — Le tabac à prix réduit dont la fabrication est prescrite par l'article 175 de la loi du 28 avril 1816 ne comprendra plus le tabac à priser.

Le prix du scaferlati de cantine ne pourra pas excéder 3, 5 et 8 francs chez les débitants, suivant les zones auxquelles ils appartiendront. Les rôles dits de cantine seront exlusivement vendus dans la première et la deuxième zone aux prix de 6 et 8 francs chez les débitants.

Les tabacs à fumer et à mâcher destinés aux troupes de terre et de mer continueront à être vendus aux prix de 1 fr. 50 c. pour le scaferlati et de 2 fr. pour les rôles.

Art. 3. — Les procès-verbaux et actes divers relatifs à l'exécution des lois concernant les tabacs pourront être établis par un seul employé ; mais dans ce cas, ils ne feront foi que jusqu'à preuve contraire.

Art. 4. — Les articles 174 et 175 de la loi du 28 avril 1816 sont abrogés.

LOI DU 11 MARS 1872
Débits de boissons, — Application de l'article 463 du Code pénal.

Article unique. — Dans les cas prévus par la loi du 29 décembre 1851, sur les débits de boissons, les tribunaux sont autorisés à appliquer l'article 463 du Code pénal (1).

LOI DU 26 MARS 1872
Concernant la fabrication des liqueurs et la perception du droit d'entrée sur les spiritueux

Art. 1er Les liqueurs, les fruits à l'eau-de-vie et les eaux-de-vie

_____

(1) Cet article est relatif à l'admission des circonstances atténuantes.

en bouteilles seront taxés comme les eaux-de-vie et les esprits en cercles, proportionnellement à leur richesse alcoolique.

Art. 2. Le droit de consommation par hectolitre d'alcool pur contenu dans les liqueurs, les fruits à l'eau-de-vie et les eaux-de-vie en bouteilles est fixé, en principal, à cent soixante-quinze francs (175 fr.) avec addition de deux décimes (1).

Art. 3. — L'absinthe, soit en bouteilles, soit en cercles, continuera d'être considérée comme alcool pur et sera passible du droit de cent soixante-quinze francs (175 fr.) en principal, et, à Paris, d'une taxe de remplacement de cent quatre-vingt-dix-neuf francs (199 fr.) également en principal.

Art. 4. — La préparation concentrée connue sous le nom d'*essence d'absinthe* ne sera plus fabriquée et vendue qu'à titre de substance médicamenteuse. Le commerce de ladite essence et sa vente par les pharmaciens s'effectueront conformément aux prescriptions des titres I et II de l'ordonnance royale du 29 octobre 1846.

Toute contravention aux prescriptions dudit article sera punie des peines portées en l'article 1er de la loi du 17 juillet 1845.

Art. 5. — Le droit d'entrée par hectolitre d'alcool pur que contiennent ou que représentent les spiritueux quelconques est fixé, en principal, ainsi qu'il suit ;

Dans les communes ayant une population agglomérée de	4,000 âmes à 6,000.	6 fr.
	6,000 âmes à 10,000.	9
	10,000 âmes à 15,000.	12
	15,000 âmes à 20,000.	15
	20,000 âmes à 30,000.	18
	30,000 âmes à 50,000.	21
	50,000 âmes et au-dessus.	24

Art. 6. — Le droit de remplacement aux entrées de Paris est fixé, en principal, par hectolitre d'alcool pur :

Pour les eaux-de-vie et esprits en cercles, droit de consommation et droit d'entrée, à cent quarante-neuf francs. . . . 149 fr.

Pour les liqueurs, les fruits à l'eau-de-vie et les eaux-de-vie en bouteilles, droit de consommation et droit d'entrée, avec addition de deux décimes, à cent quatre-vingt-dix-neuf francs . . 199 fr.

Art. 7. — Dans les magasins des fabricants et marchands en gros, les liqueurs, les fruits à l'eau-de-vie et les eaux-de-vie en bouteilles devront être rangés distinctement par degré et richesse alcoolique. Des étiquettes indiqueront d'une manière apparente le degré alcoolique.

Quels que soient l'expéditeur et le destinataire, les déclarations d'enlèvement relatives aux liqueurs, aux fruits à l'eau-de-vie et aux eaux-de-vie en bouteilles énonceront leur degré alcoolique, lequel sera mentionné dans les acquits-à-caution, congés et passavants délivrés par la régie.

Art. 8. — Relativement aux eaux-de-vie et esprits en nature

(1) Et du demi-décime établi par la loi du 30 décembre 1873.

qu'ils voudront expédier en cercles, les marchands en gros liquoristes ne pourront faire d'expéditions qu'en futailles contenant au
moins vingt-cinq litres.

Ces expéditions, qui auront lieu en présence des employés, devront être déclarées quatre heures d'avance dans les villes, et
douze heures dans les campagnes.

Art. 9. — Les liquoristes marchands en gros seront tenus de payer
immédiatement les droits spéciaux à l'alcool contenu dans les
liqueurs et fruits à l'eau-de-vie pour toutes les quantités d'alcool
reconnues manquantes dans leurs ateliers de fabrication au delà
des déductions allouées pour ouillage et coulage, et réglées conformément aux dispositons de l'article 7 de la loi du 20 juillet 1837 (1).

Art. 10. — Toute fausse indication, toute fausse déclaration relativement à la richesse alcoolique des liqueurs, des fruits à l'eau-
de-vie et des eaux-de-vie en bouteilles, ainsi que toute autre contravention à la présente loi, sera punie d'une amende de cinq cents
à cinq mille francs (500 à 5,000 fr.), indépendamment de la
confiscation des boissons.

Toute introduction clandestine d'eau-de-vie ou d'esprits chez les
liquoristes donnera lieu à l'application de ces pénalités, non-seulement contre les liquoristes eux-mêmes, mais encore contre les
individus qui auront sciemment fourni les eaux-de-vie ou esprits.

L'administration pourra appliquer à ceux qui auront subi les condamnations ci-dessus énoncées le régime suivant :

Les eaux-de-vie et esprits destinés à la fabrication des liqueurs
et fruits à l'eau-de-vie devront être emmagasinés dans des locaux
distincts, n'ayant aucune communication intérieure avec les autres
magasins affectés au commerce des eaux-de-vie et esprits en nature.

Art. 11. — Les liquoristes débitants restent assujettis aux dispositions du chapitre 3 du titre Ier de la loi du 28 avril 1816, sous
la modification prononcée par la présente loi, quant au droit de
consommation porté à cent soixante-quinze francs (175 francs) en
principal par hectolitre d'alcool employé à la fabrication des
liqueurs.

LOI DU 30 MARS 1872

**Relative aux pensions exceptionnelles ou indemnités tempo-
raires à concéder aux employés réformés ou dont les emplois ont été supprimés.**

Art. 1er. — Les fonctionnaires et employés civils ayant subi une
retenue, qui, du 12 février 1871 au 31 décembre 1872, auront été
réformés pour cause de suppression d'emploi, de réorganisation,
ou pour toute autre mesure administrative qui n'aurait pas le
caractère de révocation ou de destitution, pourront obtenir pension,
s'ils réunissent vingt ans de services. Cette pension sera calculée,

---

(1) Voir le décret du 4 décembre 1872.

pour chaque année de service civil, à raison d'un soixantième du traitement moyen des quatre dernières années d'exercice. En aucun cas, elle ne devra excéder le maximum de la pension de retraite affectée à chaque emploi.

Art. 2. — Ceux desdits fonctionnaires et employés réformés qui ne compteront pas la durée de services exigée par l'article précédent, obtiendront une indemnité temporaire du tiers de leur traitement moyen des quatre dernières années pour un temps égal à la durée de leurs services, sans pouvoir excéder cinq ans.

Néanmoins, si les fonctionnaires et employés ont plus de dix années de services, la jouissance de l'indemnité sera limitée à la moitié de la durée des services.

Art. 3. — Si ces fonctionnaires et employés sont ultérieurement replacés dans une administration de l'État, les pensions ou indemnités accordées conformément aux articles 1 et 2 ci-dessus ne se cumuleront pas avec leur nouveau traitement.

Art. 4. — Les pensions concédées en vertu de l'article premier seront éventuellement reversibles sur la tête des veuves et des enfants, aux conditions de la loi du 9 juin 1853.

LOI DU 30 MARS 1872

Relative à l'élévation du droit de garantie des matières d'or et d'argent.

Art. 1er. — Le droit de garantie perçu au profit du Trésor sur les ouvrages d'or et d'argent de toute sorte fabriqués à neuf est fixé à :

30 francs par hectogramme d'or;

1 fr. 60 cent. par hectogramme d'argent, non compris les frais d'essai ou de touchau.

Art. 2. — La totalité des droits de garantie perçus sur les objets d'or et d'argent fabriqués en France sera restituée lorsque ces objets seront exportés.

Art. 3. — Le ministre des finances fixera le prix des essais des matières d'or et d'argent applicable à tous les bureaux de garantie. Ce prix ne pourra, dans aucun cas, excéder le prix fixé par l'article 62 de la loi du 19 brumaire an VI.

Le paragraphe 2 de l'article 24 et l'article 25 de la loi du 19 brumaire an VI sont abrogés.

DÉCRET DU 10 MAI 1872

Concernant le prix des poudres de chasse destinées à l'exportation.

Le prix des poudres de chasse (fine, surfine et extra-fine) que la régie des contributions indirectes livrera à *nu* dans des barils, pour le commerce d'exportation, est fixé ainsi qu'il suit : :

Poudre de chasse fine, le kilogramme, *trois francs vingt-cinq centimes* (3 fr. 25 c.) au lieu de *quatre francs* (4 fr.) ;

Poudre de chasse superfine, le kilogramme, *trois francs soixante-quinze centimes* (3 fr. 75 c.) au lieu de *quatre francs cinquante centimes* (4 fr. 50 c.) ;

Poudre de chasse extra-fine, le kilogramme, *quatre francs vingt-cinq centimes* (4 fr. 25 c.) au lieu de *cinq francs* (5 fr).

Les mêmes espèces de poudre de chasse livrées pour l'exportation *en boîtes de fer blanc verni*, continueront à être vendues aux prix fixés par le décret du 29 septembre 1850.

DÉCRET DU 5 JUIN 1872

Qui autorise l'admission temporaire en franchise des droits, du sucre et du cacao destinés à la fabrication du chocolat.

Art. 1er. — Le cacao et le sucre importés des pays hors d'Europe par navires français ainsi que le sucre indigène qui seront destinés à la fabrication du chocolat, pourront être admis temporairement en franchise de droits, sous les conditions déterminées par l'article 5 de la loi du 5 juillet 1836.

Art. 2. — L'importateur s'engagera, par une soumission valablement cautionnée, à réexporter ou à réintégrer en entrepôt, dans un délai qui ne pourra excéder quatre mois, 100 kilogrammes de chocolat pour 53 kilogrammes de cacao et 60 kilogrammes de sucre brut des n°s 10 à 14 (1).

Pour la balance des comptes, les sucres de toute qualité seront ramenés à la classe des n°s 10 à 14, d'après les bases suivantes :

100 kilogrammes de sucre au-dessous du n° 7 seront comptés pour 76 kilogr. 10 de sucre des n°s 10 à 14.

100 kilogrammes de sucre des n°s 7 à 9 inclusivement seront comptés pour 90 kilogr. 90 de sucre des n°s 10 à 14.

100 kilogrammes de sucre des n°s 15 à 18 inclusivement seront comptés pour 106 kilogr. 80 de sucre des n°s 10 à 14.

100 kilogrammes de sucre des n°s 19 et 20 inclusivement seront comptés pour 109 kilogr. 10 de sucre des n°s 10 à 14.

100 kilogrammes de sucre poudre blanche au-dessus du n° 20 seront comptés pour 111 kilogr. 35 de sucre des n°s 10 à 14.

100 kilogrammes de sucre raffiné seront comptés pour 113 kilogr. 60 de sucre des n°s 10 à 14.

Art. 3. — Ne seront admis à la décharge des soumissions d'admission temporaire que les chocolats valant au moins 2 fr. 70 cent. le kilogramme en fabrique, droits compris, et composés exclusivement de cacao, de sucre et d'aromates, sans mélange d'aucune autre

---

(1) Modifié, en ce qui concerne les réexportations en Belgique, par le décret du 18 octobre 1873.

substance. Ils devront être revêtus de l'étiquette ou de la marque du fabricant.

Art. 4. — Les opérations ne pourront avoir lieu, à l'entrée, que par les bureaux où il existe un entrepôt; à la sortie, que par les douanes de Paris, Bordeaux, Bayonne et Marseille.

Les déclarations sont faites au nom et sous la responsabilité des fabricants.

Art. 5. — Toute manœuvre ayant pour objet de faire admettre comme purs des chocolats mélangés entraînera pour le fabricant la déchéance du régime de l'admission temporaire, indépendamment des pénalités résultant de l'article 5 de la loi du 5 juillet 1836.

EXTRAIT DE LA LOI DU 5 JUILLET 1836, RELATIVE AUX DOUANES.

(Bulletin des lois du 16 juillet 1836, n° 442.)

Art. 5. — *Produits étrangers admis temporairement pour recevoir des façons.*

Des ordonnances royales pourront autoriser, sauf révocation en cas d'abus, l'importation temporaire de produits étrangers destinés à être fabriqués ou à recevoir en France un complément de main-d'œuvre, et que l'on s'engagera à réexporter ou à rétablir en entrepôt, dans un délai qui ne pourra excéder six mois, et en remplissant les formalités et les conditions qui seront déterminées.

Dans le cas où la réexportation ou la mise en entrepôt ne sera pas effectuée dans le délai et sous les conditions déterminées, le soumissionnaire sera tenu au payement d'une amende égale au quadruple des droits des objets importés ou au quadruple de la valeur, selon qu'ils seront ou non prohibés, et il ne sera plus admis à jouir du bénéfice du présent article.

DÉCRET DU 11 JUIN 1872

Qui rend exécutoire en Algérie la loi du 30 mars 1872, relative à l'élévation du droit de garantie des matières d'or et d'argent.

Art. 1er. — La loi du 30 mars 1872, relative à l'élévation des droits de garantie des matières d'or et d'argent est rendue exécutoire en Algérie; elle y sera publiée à la suite du présent décret, qui sera insérée au *Bulletin des lois.*

DÉCRET DU 11 JUILLET 1872

Qui nomme M. Provensal directeur général des contributions indirectes.

Article 1er. — M. Provensal, administrateur de 1re classe des contributions indirectes, est nommé directeur général de la même administration en remplacement de M. Mercier-Lacombe, appelé à d'autres fonctions.

Art. 2. — Le ministre des finances est chargé de l'exécution du présent décret.

LOI DU 2 AOUT 1872

Concernant l'impôt des boissons (bouilleurs de cru, vinages, alcools dénaturés, cautionnement des marchands en gros et débitants).

Art. 1er. — Tout détenteur d'appareils propres à la distillation d'eaux-de-vie ou d'esprits est tenu de faire au bureau de la régie une déclaration énonçant le nombre et la capacité de ses appareils.

Art. 2. — Les bouilleurs et distillateurs qui mettent en œuvre des vins, cidres, poirés, marcs, lies, cerises et prunes provenant exclusivement de leur récolte, demeurent exempts de la licence; ils sont affranchis du payement de l'impôt général sur les eaux-de-vie et esprits produits et consommés sur place dans la limite de 40 *litres* (1) d'alcool par année, et ils cessent d'être soumis aux visites et vérifications des employés de la régie dès qu'ils n'ont plus en compte que de l'alcool exempt ou libéré de l'impôt.

Sous ces réserves, la législation relative aux distillateurs de profession est rendue applicable aux bouilleurs de cru.

Art. 3. — Les vins qui seront connus comme présentant naturellement une force alcoolique supérieure à 15 degrés sans dépasser 18 degrés seront marqués au départ chez le récoltant expéditeur avec mention sur l'acquit-à-caution et seront affranchis des doubles droits de consommation, d'entrée et d'octroi.

Art. 4. — Les alcools dénaturés de manière à ne pouvoir être consommés comme boissons seront soumis en tous lieux à une taxe spéciale dite de *dénaturation*, dont le taux est fixé en principal à 30 francs par hectolitre d'alcool pur.

Le droit d'octroi sur les alcools dénaturés ne pourra pas excéder le quart du droit du Trésor.

Art. 5. — Le comité des arts et manufactures déterminera pour chaque branche d'industrie les conditions dans lesquelles la dénaturation des alcools devra être opérée en présence des employés de la régie.

Art. 6. — La disposition de la loi du 21 avril 1832, qui oblige les distillateurs et les marchands en gros établis dans les villes à présenter une caution solvable qui s'engage solidairement avec eux à payer les droits constatés à leur charge, est rendue applicable, pour les taxes générales et locales, à tous les distillateurs de profession et à tous les marchands en gros indistinctement.

---

(1) 20 litres (art. 2 de la loi du 21 mars 1874).

La même obligation pourra être *imposée* par la régie aux personnes qui, faisant le commerce en détail des eaux-de-vie, esprits et liqueurs, auraient en leur possession plus de 10 hectolitres d'alcool.

Art. 7. — Les contraventions à la présente loi et toutes autres contraventions qui, se rapportant à la distillation, ainsi qu'au commerce en gros ou en détail des spiritueux, donnent lieu maintenant à l'application des articles 95, 96, 106 et 143 de la loi du 28 avril 1816, seront frappées des peines édictées par l'article 1er de la loi du 28 février 1872.

Art. 8. — Tout acquit-à-caution devra porter l'indication des substances avec lesquelles ont été fabriqués les produits qu'il accompagnera et l'acquit délivré sera sur papier *blanc* pour les alcools de vin, sur papier *rouge* pour les alcools d'industrie, et sur papier *bleu* pour les mélanges.

Les propriétaires, fermiers, expéditeurs et destinataires pourront, avec l'autorisation du juge de paix, prendre connaissance sur place des livres et registres de la régie des contributions indirectes.

Il est dû un droit de recherche de *un franc* par compte communiqué.

LOI DU 2 AOUT 1872

Qui attribue à l'Etat le monopole de la fabrication et de la vente des allumettes chimiques.

Art. 1er. — A partir de la promulgation de la présente loi, l'achat, la fabrication et la vente des allumettes chimiques sont attribués exclusivement à l'Etat dans toute l'étendue du territoire.

Art. 2. — Le ministre des finances est autorisé à faire exploiter directement par les administrations des manufactures de l'Etat et des contributions indirectes, soit à concéder par voie d'adjudication publique ou à l'amiable, le monopole des allumettes.

Art. 3. — Il sera procédé à l'expropriation des fabriques d'allumettes chimiques actuellement existantes, dans la forme et dans les conditions déterminées par la loi du 3 mai 1841. — A cet effet, le ministre des finances est autorisé à avancer la somme qui sera nécessaire pour pourvoir aux indemnités d'expropriation.

Cette avance sera régularisée au moyen d'un prélèvement annuel sur le produit du monopole. — Elle fera l'objet d'un nouveau compte classé parmi les services spéciaux du Trésor.

Art. 4. — Le prix des allumettes que la régie des contributions indirectes vendra aux consommateurs ne pourra excéder la fixation ci-après, savoir :

Allumettes en bois.

Par kilogramme.	2 fr.	50
Par boîte de 150	»	10
Par boîte de 60.	»	05

Tolérance de 10 p. 0/0.

Allumettes en cire.

Par boîte de 40. . . . . » 10
Tolérance de 10 p. 0/0.

Art. 5. — Les stipulations financières à intervenir dans le cas de la mise en ferme de l'impôt des allumettes chimiques seront soumises à l'approbation de l'Assemblée nationale.

Art. 6. — Quel que soit le mode adopté pour l'exploitation du monopole, l'importation, la circulation et la vente des allumettes demeurent assujetties au régime et aux pénalités établis par les lois des 4 septembre 1871 et 22 janvier 1872.

Art. 7. — Sont abrogées toutes les dispositions contraires à la présente loi.

DÉCRET DU 17 AOUT 1872,

Fixant l'étendue et la délimitation des zones dans lesquelles la vente du tabac de cantine est autorisée.

Art. 1er. — La vente des tabacs à fumer, dits *de cantine*, aura lieu dans trois zones.

Ces trois zones sont délimitées conformément aux états annexes au présent décret (1).

Art. 2. — La vente à prix réduits des tabacs à mâcher ou rôles, dits *de cantine*, n'aura lieu que dans les limites de la première et de la deuxième zone des tabacs à fumer.

DÉCRET DU 1er OCTOBRE 1872

Qui règle le taux des primes afférentes aux tabacs saisis.

Art. 1er. — Les articles 2 et 3 de l'ordonnance susvisée du 31 décembre 1817 sont modifiés ainsi qu'il suit :

Art. 2. — Les tabacs saisis seront expertisés, en présence des saisissants, s'il est possible, par un conseil composé du directeur de l'arrondissement, de l'entreposeur et d'un délégué du service spécial des tabacs, ou, à défaut de ce délégué, d'un troisième agent de la régie, désigné par le directeur du département. Lorsque la saisie aura été opérée par des agents du service des douanes, l'expertise aura lieu en présence d'un délégué de ce service.

Le dépôt des tabacs saisis doit être effectué à l'entrepôt de la circonscription où la saisie aura été opérée, excepté s'il s'agit de tabacs en feuilles vertes, qui, devant toujours être détruits, seront dirigés sur le bureau de la régie le plus rapproché du lieu de la saisie : entrepôt, recette sédentaire, recette ambulante, simple poste d'employés, où la destruction en sera opérée en présence d'un agent supérieur du service des contributions indirectes, délégué

---

(1) Ces états sont annexés à la circulaire n° 65 du 7 septembre 1872.

par le directeur du service et assisté de deux agents de la régie des contributions indirectes ou du service spécial des tabacs.

Art. 3. — Le conseil d'expertise jugera si les tabacs saisis ne sont pas susceptibles d'être employés dans la fabrication.

Si les tabacs sont jugés propres à la fabrication du tabac ordinaire, ils seront payés à raison de 200 francs par 100 kilogrammes.

S'ils consistent en tabacs de cantine propres à être vendus sans préparation nouvelle, ils seront payés à raison de 150 francs par 100 kilogrammes.

S'ils sont simplement jugés susceptibles d'être employés dans la fabrication du tabac de cantine, ils seront payés à raison de 125 francs par 100 kilogrammes.

Ces primes, sous déduction de la part d'un tiers réservée aux indicateurs, seront attribuées, savoir :

Un quart au Trésor ;

Un quart à la caisse des pensions ;

Et la moitié aux saisissants.

Quant aux tabacs qui ne seront pas jugés propres à la fabrication, ils seront détruits en présence des saisissants, et il sera accordé, à titre de prime, 50 francs par 100 kilogrammes.

Cette prime, sous déduction de la part d'un tiers réservée aux indicateurs, appartiendra intégralement aux saisissants.

ARRÊTÉ DU 17 OCTOBRE 1872

Qui règle le mode de répartition des amendes et confiscations en matière de saisies communes.

Art. 1er. — Le paragraphe 1er de l'article 6 de l'arrêté du 17 octobre 1816 est modifié ainsi qu'il suit :

1° Le Trésor et la commune partageront par moitié, comme par le passé, le produit net de la confiscation ;

2° Le produit net des amendes sera réparti entre les mêmes administrations, au prorata du chiffre de l'amende que la loi attribue respectivement à chacune d'elles ;

3° Dans l'imputation du montant des transactions, les réductions consenties aux contrevenants porteront sur les amendes et sur la confiscation proportionnellement aux sommes qui auraient pu être exigées tant à titre d'amende qu'à titre de confiscation ;

4° Lorsque le taux de la transaction concédée sera supérieur au minimum des condamnations encourues, il y aura lieu d'attribuer, d'abord, à chaque administration, l'intégralité de ce minimum (la valeur de la confiscation se divisant par moitié) ; l'excédent sera ensuite réparti au prorata des chiffres représentant la différence entre le maximum et le minimum de chaque amende.

DÉCRET DU 4 DÉCEMBRE 1872

Qui fixe la quotité de la déduction à allouer annuellement aux marchands en gros, sur les spiritueux.

Art. 1er. — Les déductions à allouer annuellement aux marchands en gros et autres entrepositaires, pour ouillage, coulage, soutirage, affaiblissement de degrés et pour tous autres déchets sur les alcools et liqueurs, tant en cercles qu'en bouteilles, seront uniformément calculées dans toute la France à raison de 7 0/0.

Art. 2. — La disposition qui précède aura son effet à partir du 1er janvier 1873.

LOI DU 20 DÉCEMBRE 1872

Portant fixation du budget de l'exercice 1873

Art. 4. — À partir de la promulgation de la présente loi, le droit applicable aux sucres, extraits des mélasses libérées d'impôts par les procédés barytiques ou autres, est élevé de 15 à 25 francs, et celui des glucoses, de 10 fr. 48 c. à 11 francs par 100 kilogrammes.

Voir l'article 2 de la loi du 30 décembre 1873, qui a établi une surtaxe de 4 p. 0/0.

DÉCRET DU 21 DÉCEMBRE 1872

Qui fixe la vente de trois nouvelles espèces de poudre de mine.

Art. 1er. — Le prix de vente par l'administration des contributions indirectes de trois sortes de poudre dynamite, qui seront mises à la disposition des consommateurs, est fixé ainsi qu'il suit :
Qualité la plus forte, désignée sous le n° 1. 11 25 le kilogr.
Qualité intermédiaire 7 50
Qualité la moins forte 4 50

Art. 2. — La poudre dynamite de fabrication étrangère ne pourra être introduite en France que sur l'autorisation spéciale du ministre des finances.

L'arrêté d'autorisation fixera le droit à percevoir sur cette substance, suivant sa force comparée à celle de la poudre de mine.

LOI DU 21 DÉCEMBRE 1872

Portant prorogation, jusqu'au 1er janvier 1883, des lois qui attribuent à l'État l'achat, la fabrication et la vente du tabac, et réglant la cession des permis de culture.

Art. 1er. — La loi du 22 juin 1862, portant prorogation des lois des 23 avril 1840, 12 janvier 1835 et du titre V de la loi du 28 avril

1816, qui attribue à l'Etat l'achat, la fabrication et la vente du tabac dans toute l'étendue du territoire, continuera d'avoir son effet jusqu'au 1er janvier 1883.

Art. 2. — Tout propriétaire qui a obtenu un permis de culture doit, s'il cède à un fermier le droit d'user de ce permis, faire agréer ce fermier par la régie.

Il doit également, s'il a un ou plusieurs colons, faire agréer ces colons par la régie. Le fermier qui a des colons est soumis à la même obligation.

Les entrepreneurs des travaux de culture de tabac à façon ne sont pas considérés comme colons, alors même que leur rémunération consisterait dans une partie du prix du tabac. Mais les propriétaires restent responsables à l'égard de la régie des actes de ces entrepreneurs.

Art. 3. — Les déclarations de culture seront admises pour des pièces de terre d'une contenance inférieure à 20 ares, pourvu que cette contenance ne soit pas inférieure à 5 ares et que l'ensemble de la déclaration représente au moins 10 ares.

Art. 4. — Il sera nommé par l'Assemblée nationale une commission de 15 membres, chargée de procéder à une enquête sur toutes les questions se rattachant à l'exploitation du monopole des tabacs et des poudres.

DÉCRET DU 18 JANVIER 1873

Qui modifie les articles 3, 7, 17 et 27 du règlement d'administration publique du 30 novembre 1871.

Art. 1er. — Les articles 3, 7, 17 et 27 du règlement d'administration publique du 30 avril 1871 sont modifiés ainsi qu'il suit :

« Art. 3. — Pour chaque fabrique, le nombre des types de paquets est limité de la manière suivante :

« Paquets de   100 grammes;
« Paquets de   250
« Paquets de   500
« Paquets de 1,000

« Quelle que soit leur forme, les paquets doivent être disposés de telle sorte qu'ils puissent être scellés au moyen des timbres ou vignettes timbrées prescrits par l'article 4 de la loi du 4 septembre 1871.

« Art. 7. — L'administration fournit gratuitement aux fabricants un registre imprimé sur lequel ils doivent inscrire comme éléments d'appréciation ou de contrôle :

« 1° Au moment où elles sont introduites dans leurs usines, les quantités de cossettes provenant de l'extérieur ;

« 2° A la fin de chaque journée, les quantités de cossettes préparées à l'intérieur.

« A la fin de chaque journée, les fabricants inscrivent au même registre :

« 1° Les quantités de cossettes soumises à la torréfaction ;

« 2° Les quantités retirées des tourailles;

« 3° Les quantités de cossettes passées aux moulins ;

« 4° Les quantités de chicorée retirées des moulins ;

« 5° Enfin, par type ou format, les quantités de chicorée mises
« en paquets.

« Ce registre sert également à recevoir les mentions prescrites
« par l'article 2, § 4, l'article 17, § 4, et l'article 18.

« Les quantités successivement fabriquées et les quantités pro-
« venant de l'extérieur sont inscrites en charge à un registre por-
« tatif tenu par les employés de la Régie, et elles constituent, avec
« les quantités sorties, les éléments de la balance du compte gé-
« néral de fabrication.

« Art. 17. — Il est mis gratuitement à la disposition des fabri-
« cants un registre à souche où ils doivent inscrire successivement
« et avant l'enlèvement la quantité de chicorée par type de paquets
« qui doit sortir des fabriques sans transfert du crédit de l'impôt.

« L'inscription constate, en outre, à la souche et à l'ampliation
« du registre :

« 1° L'heure précise de l'enlèvement;

« 2° Le nom et la qualité du destinataire ;

« 3° Le lieu de destination.

« Ces énonciations relatives à la quantité de chicorée constituent
« les éléments de la perception de l'impôt.

« Ne sont point inscrits audit registre les envois effectués en
« vertu d'acquits-à-caution.

« Ces envois sont mentionnés au registre dont la teneur est
« prescrite par l'article 7.

« Les manquants qui, après inventaire, ressortent de la balance
« des entrées et des sorties, telle qu'elle résulte des écritures te-
« nues au registre portatif, sont passibles de l'impôt.

« Tout excédant est saisissable par procès-verbal.

« Art. 27. — Les marchands en détail ne peuvent, en cas de
« vente de quantités inférieures à 100 grammes, fractionner plu-
« sieurs paquets à la fois. »

LOI DU 15 MARS 1873

Relative à l'exercice du monopole et à la vente des allumettes chimiques.

Art. 1er. — Le prix des allumettes au phosphore amorphe que
l'Administration des contributions indirectes, ou le concessionnaire du monopole des allumettes chimiques, vendra aux consommateurs et aux marchands en détail patentés, dûment autorisés, ne
pourra excéder la fixation suivante :

Allumettes en bois

Par boîte de 100. . . . . . . 10 centimes.
Par boîte de 50. 05   »

Allumettes en cire

Par boîte de 30. . . . . 10 centimes.

avec tolérance de 10 p. 0/0 sur le nombre des allumettes.

— Tous les marchands patentés qui en feront la demande seront autorisés à faire le débit des allumettes de toute sorte en se soumettant aux règlements généraux de l'Etat et à ceux de la Compagnie concessionnaire, approuvés par l'Etat.

Art. 2. — L'Administration des contributions indirectes ou le concessionnaire du monopole des allumettes chimiques pourra fabriquer et vendre des allumettes dites *de luxe* dont le prix sera fixé par décret du Président de la République.

Art 3. — L'importation des allumettes chimiques de fabrication étrangère est prohibée en France, sauf les exceptions résultant des traités internationaux actuellement en vigueur.

Les allumettes importées en vertu de ces traités à destination de simples consommateurs exclusivement pour leurs besoins personnels, acquitteront, indépendamment des droits de douane, les taxes établies par les lois des 4 septembre 1871 et 22 janvier 1872.

Le ministre des finances pourra autoriser le concessionnaire du monopole à importer avec exemption de ces dernières taxes, mais moyennant le payement des droits de douane, des allumettes qui seront considérées comme allumettes de luxe.

Art. 4. — Les actes relatifs à l'adjudication de l'exploitation du monopole des allumettes ne sont assujettis, pour l'enregistrement, qu'au droit fixe de 1 fr. 50 c.

Art. 5. — Les agents présentés par le concessionnaire du monopole des allumettes chimiques, s'ils sont agréés par l'Administration des contributions indirectes, seront commissionnés par elle. Ils seront assermentés et pourront, dans les mêmes conditions que les préposés des octrois, constater par des procès-verbaux, qui feront foi jusqu'à preuve contraire, les contraventions aux lois et règlements concernant le monopole.

Ces contraventions donneront lieu à l'application des peines édictées par la loi du 4 septembre 1871.

Art. 6. — Sont abrogées toutes dispositions contraires à la présente loi.

DÉCRET DU 31 MAI 1873

Portant nouvelle fixation des prix de vente de la poudre dynamite.

A partir de la publication du présent décret, les prix de vente par l'Administration des contributions indirectes des trois sortes de poudre dynamite qui sont mises à la disposition des consommateurs sont fixés ainsi qu'il suit :

Qualité la plus forte, désignée sous le n° 1. 9 fr. 50 c. le kilogr.
Qualité intermédiaire, désignée sous le n° 2. 6 50 —
Qualité la moins forte, désignée sous le n° 3. 4 50 —

LOI DU 21 JUIN 1873

Concernant la répression de la fraude et apportant diverses modifications à la législation et aux tarifs.

Art. 1er. — Les agents de l'Administration des Contributions indirectes pourront prêter serment et exercer leurs fonctions à partir de l'âge de vingt ans.

Art. 2. — Est étendu aux gardes champêtres le pouvoir donné par l'article 5 de la loi du 28 février 1872, aux agents qu'il énumère, de verbaliser en cas de contravention aux lois sur la circulation des boissons.

Art. 3. — Les procès-verbaux dressés par les agents des contributions indirectes seront affirmés par deux des verbalisants, dans les trois jours de la clôture de l'acte, devant l'un des juges de paix établis dans le ressort du Tribunal qui doit connaître du procès-verbal, ou devant l'un des suppléants de ce juge de paix. L'affirmation énoncera qu'il en a été donné lecture aux affirmants.

Art. 4. — Les procès-verbaux dressées avec l'accomplissement des formalités indiquées par les articles 21 à 24 du décret du 1er germinal an XIII, par deux des employés des contributions indirectes, dont l'un sera majeur, des douanes ou des octrois, et affirmés par eux, conformément à l'article précédent, feront foi en justice jusqu'à inscription de faux, conformément à l'article 26 du décret précité.

Art. 5. — Lorsqu'un procès-verbal constatant une contravention à la circulation des boissons aura été dressé par un ou plusieurs des autres agents autorisés par la loi à verbaliser, suivant les formes propres à l'administration ou aux services auxquels ils appartiennent, ou bien encore par un seul des employés des Contributions indirectes, il ne fera foi en justice que jusqu'à preuve contraire, conformément aux articles 154 et suivants du Code d'instruction criminelle.

Art. 6. — Tout transport de spiritueux sans expédition ou avec une expédition inapplicable, donnera lieu aux pénalités édictées par l'article 1er de la loi du 28 février 1872.

Les déclarations d'enlèvement d'alcools et spiritueux devront porter la contenance de chaque fût et le degré avec un numéro correspondant à celui placé sur le fût.

Le dépotoir cylindrique à échelle, de même que tout dépotoir dont l'exactitude aura été constatée par les vérificateurs des poids et mesures, sera désormais placé au nombre des mesures légales et poinçonné par lesdits vérificateurs.

Art. 7. — Les contraventions auxquelles se réfèrent les articles 19 et 96 de la loi du 28 avril 1816, le second alinéa de l'article 106 de ladite loi et le second alinéa de l'article 1er de la loi du 28 février 1872, donneront lieu dorénavant, lorsqu'elles auront pour objet des vins, cidres, poirés et hydromels, à l'application d'une amende de 200 francs à 1,000 francs, indépendamment de la confiscation des boissons saisies.

En cas de récidive, l'amende ne pourra pas être inférieure à 500 francs.

Une tolérance de 1 p. 0/0 soit sur la contenance, soit sur le degré, est accordée aux expéditeurs sur leurs déclarations, d'alcools, spiritueux, vins, cidres, poirés et hydromels ; mais les quantités reconnues en excédant seront prises en charge au compte du destinataire.

Art. 8. — Si le certificat de décharge d'un acquit-à-caution n'est pas représenté, l'action de la régie contre l'expéditeur devra être intentée, sous peine de déchéance, dans le délai de quatre mois à partir de l'expiration du délai fixé pour le transport.

Art. 9. — Toute personne convaincue d'avoir sciemment recelé dans des caves, celliers, magasins ou autres locaux dont elle a la jouissance, des boissons qui auront été reconnues appartenir à un débitant, à un marchand en gros, à un distillateur ou à un bouilleur, sera punie des peines portées par l'article 7 de la présente loi par l'article 1er de la loi du 28 février 1872, suivant les cas, sans préjudice des peines encourues par l'auteur de la fraude.

Art. 10. — Les soumissionnaires des acquits-à-caution délivrés pour le transport des vins contenant plus de 15 p. 0/0 d'alcool, s'obligeront à payer, à défaut de justification de la décharge de ces acquits-à-caution :

1° Le sextuple droit de circulation sur le volume total du liquide imposable comme vin ; 2° le quadruple droit de consommation sur la quantité d'alcool comprise entre 15 et 21 centièmes.

Cette disposition n'est pas applicable aux vins qui, présentant naturellement une force alcoolique supérieure à 15 degrés sans dépasser 18 degrés, sont expédiés directement par les propriétaires récoltants.

Art. 11. — Les contraventions constatées en matière de boissons aux entrées de Paris et de Lyon et qui constituent une fraude soit au droit général de consommation sur les alcools ou spiritueux, soit au droit de circulation sur les vins, cidres, poirés ou hydromels, en même temps qu'au droit d'entrée compris dans la taxe unique dite de remplacement, sont passibles de la double amende fixée par l'article 46 de la loi du 28 avril 1816 et par les articles 6 et 7 de la présente loi, sans préjudice des pénalités d'octroi et des autres peines spéciales à la récidive et aux cas de fraude par escalade, par souterrain ou à main armée, prévus par le deuxième paragraphe de l'article 46 de la loi du 28 avril 1816.

Art. 12. — En cas de fraude dissimulée sous vêtements, ou au moyen d'engins disposés pour l'introduction ou le transport frauduleux d'alcools ou de spiritueux, soit à l'entrée, soit dans un rayon de un myriamètre à partir de la limite de l'octroi, pour les villes de cent mille âmes et au-dessus, et de cinq kilomètres pour les villes au-dessous de cent mille âmes, d'un lieu sujet au droit d'entrée, les contrevenants encourront une peine correctionnelle de six jours à six mois d'emprisonnement.

Seront considérés comme complices de la fraude et passibles comme tels des peines ci-dessus, tous individus qui auront concerté, organisé ou sciemment procuré les moyens à l'aide desquels la fraude a été commise; ceux qui, soit à l'intérieur du lieu sujet, soit à l'extérieur dans les limites du rayon indiqué au paragraphe précédent, auront formé ou sciemment laissé former dans leurs propriétés ou dans les locaux tenus par eux à location des dépôts clandestins destinés à opérer le vidage ou le remplissage des engins de fraude.

Art. 13. — Dans les cas de fraudes prévues par l'article précédent et par les lois antérieures, les transporteurs ne seront pas considérés, eux et leurs préposés ou agents, comme contrevenants, lorsque, par une désignation exacte et régulière de leurs commettants, ils mettront l'Administration en mesure d'exercer des poursuites contre les véritables auteurs de la fraude.

Art. 14. — La pénalité ci-dessus de six jours à six mois d'emprisonnement sera appliquée aux contrevenants qui, contrairement à la prohibition de l'article 10 de la loi du 22 mai 1822 et de l'ordonnance royale du 20 juillet 1825, auront fabriqué, distillé, revivifié à l'intérieur de Paris ou de toute autre localité soumise au même régime prohibitif, des eaux-de-vie ou esprits ou revivifié des alcools dénaturés préalablement introduits avec payement de la taxe réduite.

Art. 15. — Dans les cas prévus par les articles 12 et 14 de la présente loi et dans ceux prévus par l'article 46 de la loi du 28 avril 1816, les procès-verbaux constatant les contraventions seront transmis au procureur de la République et déférés aux tribunaux compétents. Dans ces divers cas, le droit de transaction ne pourra s'exercer qu'après le jugement rendu et seulement sur le montant des condamnations pécuniaires prononcées.

Dans tous ces mêmes cas où la peine d'emprisonnement est prononcée par la loi contre les délinquants, les tribunaux pourront appliquer, mais seulement en ce qui concerne cette peine d'emprisonnement, l'article 463 du Code pénal.

Art. 16. — Dans les villes sujettes au droit d'entrée ou à la taxe unique, les envois de boissons à l'intérieur du lieu sujet par des marchands en gros à d'autres commerçants des mêmes catégories, devront toujours être déclarés au moins deux heures avant l'heure indiquée pour l'enlèvement.

La régie est autorisée à désigner dans chacune de ces villes, selon les besoins de son service, un ou plusieurs bureaux où les déclarations de ces envois devront être faites à l'exclusion de tous autres.

Art. 17. — Sauf les cas de franchise prévus par la loi, le droit de circulation, fixé à 15 francs par hectolitre, en principal, pour les vins en bouteilles, sera appliqué à toute quantité quelconque

que les marchands en gros, les débitants ou les récoltants, quel que soit le régime de perception dans le lieu de leur domicile, expédieront à des consommateurs en tous lieux ou à des débitants établis dans une ville à taxe unique.

Sont abrogées, en ce qui concerne exclusivement les vins en bouteilles, les dispositions de l'article 102 de la loi du 28 avril 1816 et de l'article 16 du décret du 17 mars 1852.

Art. 18. — Le droit de fabrication sur les papiers et cartons de toute sorte continuera à s'effectuer à l'enlèvement ou par voie d'abonnements annuels que la régie pourra consentir et qui seront réglés de gré à gré entre elle et les fabricants.

Ce droit est fixé ainsi qu'il suit, décime compris :

1° Papiers à cigarettes, papiers-soies, papiers-pelures, papiers-parchemins de toute espèce et de toute couleur, 15 francs les 100 kilogrammes ;

2° Papiers à lettres de toute espèce et de tout format, 11 francs les 100 kilogrammes;

3° Papiers à écrire, à imprimer, à dessiner, papiers pour musique et assimilables ;

Papiers de couleurs fabriqués soit exclusivement avec de la pâte blanche ou blanchie, soit avec un mélange de pâte blanche ou blanchie et de pâte de couleur naturelle ; papiers blancs de tenture, papiers coloriés et marbrés pour reliure et assimilables ;

Papiers buvards blancs et tous similaires, papier à filtrer blancs;

Cartons blancs, papiers-cartons blancs, papiers blancs d'enveloppe ou d'encartage,

10 francs les 100 kilogrammes ;

4° Papiers bulle ou papier de couleur fabriqués avec de la pâte bulle ;

Cartons, papiers-cartons, papiers d'enveloppe ou d'emballage, papiers de tenture, papiers buvards et papiers à filtrer — à pâte de couleur naturelle ayant reçu ou non une addition de matières colorantes,

5 francs les 100 kilogrammes.

Les papiers peints, les papiers ou cartons revêtus d'un enduit, les cartes ou cartons-porcelaine sont imposés eu égard à la nature du papier et du carton, sous les déductions déterminées par le règlement d'administration publique relatif à l'exécution de la loi du 4 septembre 1871.

La licence annuelle dont tout fabricant de papier est tenu de se munir ne sera valable que pour un seul établissement.

Art. 19. — Le droit unique de 50 centimes, en principal, actuellement perçu, en vertu de la loi du 1er septembre 1871, par jeu de cartes à jouer, quel que soit le nombre des cartes dont il se compose et quels que soient la forme et le dessin des figures, est porté à 70 centimes par jeu pour les cartes dites au portrait étranger.

Le nouveau tarif est donc ainsi fixé :

Cartes à jouer, au portrait français, 50 centimes par jeu ;

Cartes à jouer, au portrait étranger, 70 centimes par jeu.

Ces taxes sont frappées du double décime.

Le supplément de taxe sera payé par les fabricants de cartes et les débitants commissionnés sur les quantités reconnues en leur possession et déjà imposées, d'après le tarif ainsi modifié.

Art. 20. — Sont soumis au droit de fabrication de 30 centimes par kilogramme, décimes compris, établi par l'article 6 de la loi du 4 septembre 1871, tous les produits similaires de la chicorée préparée qui, soit quant à la couleur, soit quant à l'état de réduction en poudre, et sous quelque dénomination que ce soit, sont livrés à la consommation pour être employés au même usage que la chicorée ou le café.

Art. 21. — Sont applicables aux fabricants et marchands de produits similaires de la chicorée les dispositions de la loi du 4 septembre 1871 et des règlements d'administration publique statuant sur les mesures d'exécution de cette loi.

Art. 22. — Les marchands en gros et les débitants non soumis à la licence de fabricants seront tenus de déclarer les espèces et les quantités de produits similaires de la chicorée qu'ils auront en leur possession. Ces quantités seront immédiatement passibles de l'impôt. Elles devront être mises en paquets et revêtues de vignettes, aux frais des détenteurs, dans le délai d'un mois à partir de la promulgation de la présente loi. Passé ce délai, les quantités qui circuleront sans expédition ou qui seront mises en vente sans être revêtues de vignettes, seront saisissables.

Art. 23. — Les fabricants de chicorée ou de tous autres produits similaires et les marchands pourvus de la licence de fabricants apposeront à leurs frais les timbres ou vignettes dont les boîtes et paquets doivent être revêtus.

Art. 24. — Pour la pesée des chicorées et des produits similaires, lors des exercices des recensements et de la vérification de chargement au départ ou à l'arrivée, les fabricants et les marchands munis de licence de fabricant seront tenus de fournir les ouvriers, ainsi que les balances, poids et ustensiles nécessaires.

Cette disposition est applicable aux fabricants de papier (1)

Art. 25. — Les contraventions à la présente loi, ainsi qu'aux règlements d'administration publique rendus pour l'exécution de la loi du 4 septembre 1871, en ce qui concerne le papier et la chicorée, seront punies des peines portées à l'article 5 de la loi du 4 septembre 1871.

---

(1) Elle est également applicable aux fabricants de bougies et de savons. (Art. 8 et 14 de la loi du 30 décembre 1873.)

LOI DU 25 JUILLET 1873

Qui diminue le prix des poudres de chasse.

Article unique. — A partir de la promulgation de la présente loi, le prix des poudres de chasse sera diminué de moitié.

DÉCRET DU 16 AOUT 1873

Portant règlement d'administration publique pour la perception de l'impôt sur le papier.

TITRE PREMIER. — Dispositions applicables aux fabricants de papiers et aux marchands et commissionnaires soumis à l'exercice.

Art. 1er. — Les fabricants de papier doivent, au moment où ils font la déclaration prescrite par les articles 5 et 7 de la loi du 4 septembre 1871, acquitter le prix de la licence dont ils sont tenus de se munir en vertu de l'article 10 de ladite loi.

Tant qu'ils n'ont pas déclaré cesser leur industrie, ils ont à payer, dès le 1er janvier de chaque année, le droit de licence, dans les conditions indiquées par l'article 18 de la loi du 21 juin 1873.

Si le payement n'est pas effectué au 1er janvier, il est procédé au recouvrement du droit de licence par voie d'avertissement et de contrainte, dans les conditions fixées par la législation des contributions indirectes pour les autres droits constatés.

Art. 2. — La déclaration prescrite aux fabricants de papier par les articles 5 et 7 de la loi du 4 septembre 1871 doit présenter la description de la fabrique et indiquer : 1° la nature, le nombre et la force des moteurs et des machines ; 2° le nombre et la contenance des piles de cylindres et autres vaisseaux servant à la préparation de la pâte ; 3° les procédés généraux de la fabrication et la nature des produits fabriqués ; 4° le régime de la fabrique pour les jours et heures de travail.

Chaque machine, chaque cuve-cylindre ou autre vaisseau reçoit un numéro d'ordre peint à l'huile, en caractères apparents.

La déclaration énonce, en outre, si le fabricant demande à être placé sous le régime de l'exercice ou sous le régime de l'abonnement.

Art. 3. — Il est défendu de modifier l'outillage des fabriques et, en particulier, d'augmenter le nombre des moteurs des machines, des piles de cylindres et autres vaisseaux, si ce n'est en vertu d'une déclaration faite par écrit vingt-quatre heures d'avance au bureau de l'administration des contributions indirectes.

Tout changement dans les procédés généraux de fabrication, dans la nature des fabrications, dans le régime de la fabrique pour les jours et heures de travail, doit être précédé d'une nouvelle déclaration. Toutefois, dans le cas où l'usine est exercée par des employés en permanence, le fabricant est dispensé d'effectuer une déclaration, quand il s'agit de modifications apportées dans les jours et heures de travail.

Lorsque le fabricant veut suspendre ou cesser les travaux de fabrication, il doit également en faire la déclaration au bureau de l'administration des contributions indirectes.

Art. 4. — A l'extérieur de tout établissement où l'on fabrique du papier, les mots : *Fabrique de papier* doivent être inscrits en caractères apparents.

Art. 5. — L'administration peut exiger :

1° Que les jours et les fenêtres donnant sur la voie publique ou sur les propriétés voisines soient garnis d'un treillis de fer à mailles de cinq centimètres au plus :

2° Que la fabrique et ses dépendances n'aient qu'une entrée habituellement ouverte et que les autres soient fermées à deux serrures, la clef de l'une des serrures étant aux mains des employés de l'administration.

Si la fabrique n'est pas séparée de tout autre bâtiment, les dispositions prescrites par les paragraphes précédents deviennent obligatoires ; en outre, toute communication intérieure entre la fabrique et les maisons voisines non occupées par le fabricant est interdite et doit être scellée.

Art. 6. — Un local convenable d'au moins douze mètres carrés est disposé par le fabricant, si l'administration en fait la demande, pour servir de bureau aux employés.

Il doit être pourvu de tables, de chaises, d'un poêle ou d'une cheminée et d'une armoire fermant à clef.

Le loyer de ce bureau est réglé de gré à gré ou fixé, s'il y a lieu, par l'autorité compétente.

Il est payé par l'administration.

Art. 7. — L'administration fournit gratuitement aux fabricants un registre imprimé sur lequel ils doivent inscrire, à la fin de chaque journée de travail, la quantité, par espèce et catégorie, des papiers fabriqués.

Les fabricants qui font subir aux papiers provenant soit de leurs fabriques, soit d'autres fabriques françaises ou étrangères, des préparations, des transformations de nature à changer leur classification au point de vue de l'impôt, doivent constater sur le même registre, à la fin de chaque journée, les quantités, par espèce et catégorie, des papiers soumis à des préparations, à des transformations, et les résultats de ce travail.

Les quantités successivement fabriquées et les quantités provenant de l'extérieur doivent être emmagasinées distinctement par espèce et par catégorie. Elles sont inscrites en charge à un registre portatif tenu par les employés de l'administration et constituent, avec les quantités sorties, les éléments de la balance du compte général de la fabrication.

Art. 8. — Sont autorisés tous envois de fabrique à fabrique. Qu'il s'agisse de papiers libérés ou non libérés d'impôt, tout expéditeur de quantités destinées à une fabrique doit en faire la déclaration au bureau de l'Administration des contributions indirectes quatre heures d'avance dans les villes et douze heures dans les campagnes. Le destinataire est tenu de représenter les bulletins de transport, lettres de voiture et connaissements applicables au chargement. La prise en charge à son compte est subordonnée à l'accomplissement de cette obligation.

Les fabricants soumis à l'exercice qui expédient du papier à d'autres fabricants ne peuvent le faire qu'en transportant la perception à la charge du destinataire.

Dans ce cas, il est délivré un acquit-à-caution, et les papiers sont pris en compte chez le destinataire.

Dans le cas où l'envoi est fait par une fabrique abonnée, il est constaté au registre dont la tenue est prescrite par l'article 12 ; il donne lieu, en outre, à la délivrance d'un acquit-à-caution, et les papiers sont pris en compte chez le destinataire comme libérés d'impôt.

Art. 9. — Les fabricants soumis à l'exercice sont, en outre, autorisés à recevoir, avec le crédit de l'impôt intérieur, les papiers de provenances étrangères, in-folio en rames ou en rouleaux, qui sont destinés à être façonnés.

Dans ce cas, le service des douanes délivre un acquit-à-caution garantissant l'impôt intérieur. Les papiers sont placés dans des caisses ou enveloppes, qui sont scellées ou plombées au moment de l'importation ; ils sont ensuite présentés aux employés des contributions indirectes, lors de l'introduction dans l'usine destinataire.

Si les papiers sont libérés d'impôt, ils sont également placés sous des enveloppes plombées au moment de l'importation ; ils sont ensuite présentés aux employés des contributions indirectes, lors de l'introduction dans l'usine destinataire. Sous cette condition, les papiers sont pris en charge comme non passibles de droits.

Art. 10. — Les fabricants placés sous le régime de l'exercice n'ont point à payer l'impôt sur les quantités de papier, y compris les enveloppes ou emballages, qu'ils déclarent expédier directement à destination de l'étranger ou des colonies françaises. Il leur est délivré un acquit-à-caution garantissant l'impôt pour le cas où l'exportation ne serait pas justifiée dans un délai de six mois.

Art. 11. — Les réintégrations en fabrique pour une cause quelconque, sont déclarées et constatées de la même manière que les envois de fabrique à fabrique.

Art. 12. — L'administration met à la disposition des fabricants de papier, un registre à souche, où ils doivent inscrire successivement, et avant l'enlèvement, les quantités, par espèce et catégorie, des papiers, y compris les enveloppes ou emballages, qui devront sortir des fabriques sans transfert du crédit de l'impôt.

L'inscription constate, en outre, à la souche et à l'ampliation du registre :

L'heure précise de l'enlèvement des papiers ;
Le nom et la qualité du destinataire ;
Le lieu de destination ;
Les voies de communication et les moyens de transport employés.

Les énonciations relatives à la quantité des papiers sont indiquées en toutes lettres et en chiffres.

Dans le délai d'un mois après l'enlèvement, l'ampliation doit être remise aux employés de l'administration.

A défaut de la remise de l'ampliation, il est dressé procès-verbal.

En cas de contravention quelconque, constatée par le procès-verbal, le registre à souche pourra être retiré des mains du fabricant, lequel fera ses déclarations au bureau de la régie.

Art. 13. — Chez les fabricants soumis à l'exercice, les manquants qui, après inventaire, ressortent de la balance des entrées et des sorties, telle qu'elle résulte des écritures tenues au registre portatif, sont passibles de l'impôt.

Une déduction spéciale, dont la quotité ne peut dépasser 10 p. 0/0, peut être allouée par l'administration sur toutes les quantités qui, après une prise en charge, sont façonnées et rognées à l'intérieur des usines. Le maximum de 10 p. 0/0 ne peut être modifié que par un règlement d'administration publique.

Tout excédant est saisissable par procès-verbal.

Art. 14. — Dans un rayon de deux myriamètres autour de chaque fabrique, les ampliations des déclarations d'enlèvement doivent accompagner les chargements et être représentées aux agents des contributions indirectes, sur leur demande.

La représentation des ampliations n'est plus obligatoire au delà du rayon, ni dans le rayon au delà de la gare où s'est terminé le transport par la voie de terre ou d'eau.

Dans ce dernier cas, la mise du chargement à la gare est justifiée par la production du bulletin délivré conformément aux dispositions de la loi du 13 mai 1863, bulletin qui sera remis avec l'ampliation aux employés de l'administration.

Art. 15. — Les marchands en gros, les commissionnaires exportateurs et tous ceux qui font subir des transformations à des papiers destinés à être exportés en totalité ou en partie, peuvent obtenir de l'administration le crédit de l'impôt dans les conditions réglées par les articles précédents, en ce qui concerne les fabricants, à la charge de se munir d'une licence de fabricant, de se soumettre à l'exercice et de fournir une caution qui l'engage solidairement avec eux à payer les droits sur les quantités imposables.

Art. 16. — Les papiers doivent être déclarés et imposés selon l'état dans lequel ils sont enlevés des fabriques.

La désignation de *papier à lettres* est applicable à tout papier façonné à cet usage.

Les enveloppes de lettres sont rangées dans la catégorie à laquelle appartient le papier dont elles sont formées.

La désignation de *papier-parchemin* s'applique aux parchemins de la nature du papier, à l'exclusion des parchemins en peau.

La désignation de *papier-carton* n'est applicable qu'au papier obtenu directement à l'état de carton.

Le papier-carte et les cartons quelconques résultant de l'assemblage de papiers qui, isolément, appartiendraient à d'autres catégories, sont rangés dans la même catégorie que ces papiers eux-mêmes et doivent, dès lors, être l'objet de déclarations spécifiant, par catégorie, la quantité de papier formant l'assemblage.

Les mêmes distinctions seront faites relativement aux livres et aux registres de toute nature, y compris ceux dits copies de lettres, aux cahiers divers avec couverture, y compris les cahiers à cigarettes, et à tous objets confectionnés en papier.

A défaut de déclaration déterminant et spécifiant leur composition, le papier-carte, les cartons et cartonnages, les cahiers à couverture, non compris les cahiers à cigarettes, les registres et les livres, sont considérés comme appartenant, pour leur poids total, à la catégorie des papiers à écrire ou imprimer.

Conformément aux dispositions de l'article 18 de la loi du 24 juin 1873, les papiers dénommés ci-après, les papiers peints ou enduits, et les cartes ou cartons-porcelaines sont déclarés et imposés, eu égard à la nature du papier, sous les déductions suivantes :

Papier dit *taille-douce*. . . . . Néant.

Papier de couleur sans fond, papier ciré et carte ou carton porcelaine enduit d'un seul côté. 1/6

Papier blanc sans fond, papier étamé ou argenté. . . 1/5

Papier mat, papier mat doré et tous autres papiers à fond, cartes et cartons-porcelaine enduits des deux côtés. 1/3

Papier avec fond satiné et doré, mat doré et verni. . 1/2

Papiers veloutés et veloutés dorés, papiers verrés et émerisés, cartons bitumés. 2/3

Art. 17. — Les dispositions de l'article précédent sont applicables aux papiers importés, y compris les papiers, cartons et cartonnages servant d'enveloppe ou d'emballage à des marchandises, pour lesquels la douane est chargée de percevoir à la fois le droit d'entrée et le droit intérieur.

Art. 18. — Au moyen d'ordonnances de décharges émanant de l'administration centrale, il est accordé aux fabricants, ainsi qu'aux marchands en gros ou commissionnaires pourvus de la licence de fabricant, remise d'une somme d'impôt égale au montant des droits afférents aux papiers, cartons ou cartes, et à tous objets confectionnés en papier, carte ou carton, pour lesquels ils produisent des certificats réguliers d'exportation délivrés par le service des douanes et ayant moins de six mois de date.

A l'égard des papiers peints ou enduits et des cartes ou cartons-porcelaine dont l'exportation serait justifiée, la remise d'impôt n'est accordée que sous les déductions fixées par l'article 16. Les déclarations d'exportation faites par le commerce et les certificats de sortie délivrés par la douane relativement aux papiers peints doivent, d'ailleurs, spécifier s'il s'agit de papiers blancs ou de papiers de couleur.

Les papiers, les cartes et les cartonnages servant d'enveloppe ou d'emballages à des marchandises exportées ne sont mentionnés dans les certificats de sortie délivrés par la douane, et ils ne donnent lieu à la remise de l'impôt intérieur, que s'il s'agit de marchandises taxées à l'intérieur et donnant lieu elles-mêmes à la remise de l'impôt en cas d'exportation.

A défaut de déclaration déterminant le poids des différentes espèces de papiers façonnés expédiés à l'étranger dans un même emballage, les registres de toute nature, y compris ceux dits *copie de lettres*, les cahiers divers avec couverture, y compris les papiers à cigarettes, les livres et tous les papiers façonnés sont considérés comme appartenant, pour leur poids total, à la catégorie des papiers à écrire ou à imprimer.

Art. 19. — En ce qui concerne les papiers libérés d'impôt reçus par les fabricants ou les marchands en gros pourvus de licence, aucune décharge n'est accordée, aucune remise de droits n'est faite, pour déchets de fabrication ou de transformation.

Les quantités livrées à la consommation intérieure, postérieurement à la prise en charge du papier libéré d'impôt, sont purement et simplement affranchies des taxes jusqu'à concurrence de la somme d'impôt afférente aux papiers introduits après payement des droits.

Art. 20. — Lorsque les commerçants ou commissionnaires non soumis à l'exercice exportent, soit des papiers façonnés ou rognés autres que des papiers à lettres, soit des livres, registres, cahiers à couverture et objets quelconques confectionnés en papier, il est accordé par l'administration des contributions indirectes une bonification de 10 p. 0/0 sur le poids des papiers, pour compenser les déchets occasionnés par le façonnage.

La bonification est exceptionnellement de 30 p. 0/0 pour le papier en dentelle, l'album photographique et l'éventail en papier.

Ces bonifications ne sont accordées que s'il est justifié que le façonnage a eu lieu postérieurement à la perception du droit sur les papiers, c'est-à-dire ailleurs que dans les établissements soumis au régime de l'exercice ou au régime de l'abonnement.

Les justifications dont il s'agit doivent être mises à l'appui des certificats d'exportation délivrés par la douane; elles sont contrôlées par l'administration des contributions indirectes.

Art. 21. — L'administration peut accorder la décharge des droits afférents aux papiers qui seraient détruits par un accident de force majeure, tel qu'un incendie ou une inondation,

Cette faculté s'étend aux papiers qui seraient aussi détruits en cours de transport.

Art. 22. — Le compte des fabricants exercés, y compris les marchands en gros et commissionnaires pourvus de la licence de fabricant, est réglé à la fin de chaque mois.

Art. 23. — Les fabricants exercés et les marchands en gros ou commissionnaires pourvus de la licence de fabricant jouiront du crédit des droits aussi bien pour les quantités inventoriées en vertu de l'article 5 de la loi du 4 septembre 1871, que pour leurs fabrications ultérieurs.

En cas de déclaration de cesser, ils devront payer immédiatement l'impôt dû pour les quantités formant leurs charges.

TITRE II. — Dispositions spéciales aux fabricants abonnés.

Art. 24. — Les dispositions des articles 1, 2, 4, 5, § 3; 7, §§ 1 et 2; 12, 14 et 16 à 21 sont applicables aux fabricants placés sous le régime de l'abonnement.

Art. 25. — Les fabricants qui veulent obtenir l'abonnement sont tenus de remettre aux agents de l'administration un relevé indiquant pour chacune des six dernières années :

Le nombre et la force des moteurs et des machines qui ont fonctionné;

Le nombre et la contenance des piles de cylindres employées pour la trituration des matières premières;

Le nombre effectif des jours de travail et la durée moyenne du travail par jour;

Enfin, par catégorie, les quantités de papier fabriquées.

Ce relevé doit indiquer, en outre, les moyens actuels de production et les modifications que, durant la période fixée pour l'abonnement, les fabricants se réservent d'apporter dans l'outillage et dans la nature même des fabrications.

Il doit, d'ailleurs, être donné aux employés de l'administration communication des registres de commerce et de comptabilité tenus dans les fabriques, et de tous autres documents existant dans l'usine et dont la production serait jugée utile par l'administration.

Toute fabrique nouvelle sera soumise au régime de l'exercice pendant la première année.

Art. 26. — Les abonnements sont discutés entre les fabricants et les directeurs ou sous-directeurs du département de l'administration des contributions indirectes. Ils reçoivent immédiatement leur effet, mais ils ne sont définitifs qu'après l'approbation de l'autorité supérieure.

À défaut d'approbation, le régime de l'exercice se substitue au régime de l'abonnement dix jours après la notification de la décision de l'administration.

La durée des abonnements est limitée à un an, sauf renouvellement.

Art. 27. — Les abonnements sont basés sur la moyenne de la production effective des trois dernières années de fabrication normale, sauf les modifications apportées dans les moyens de production et les circonstances qui peuvent influer sur la fabrication pendant la durée de l'abonnement.

La base des abonnements ayant été ainsi déterminée, il est établi, pour chaque catégorie de papier, une moyenne de fabrication par jour effectif de travail, et cette moyenne est appliquée au nombre total des jours compris dans la période fixée pour l'abonnement.

Les interruptions de travail sont immédiatement déclarées aux employés de l'administration et constatée par le fabricant sur le registre tenu conformément à l'article 7.

Dans le cas où l'interruption de travail serait d'une journée entière au moins, elle peut faire, en fin d'année, l'objet d'une proposition de décharge.

Aucune décharge ne peut être allouée qu'autant que les quantités réellement fabriquées représentent une somme d'impôt inférieure au montant total de l'abonnement. Elle n'est, dans ce cas, prononcée que jusqu'à concurrence des droits afférents à la différence existant entre les quantités produites et les quantités ayant servi de base à l'abonnement.

Art. 28. — Durant l'abonnement, les fabricants ne peuvent accroître leurs moyens de production ou modifier la nature de leurs fabrications qu'après une déclaration faite au bureau de l'administration, déclaration qui entraîne la révision de l'abonnement, eu égard aux changements apportés dans les moyens de production ou dans la nature des fabrications. Un nouveau traité est alors conclu dans les conditions fixées par l'article 26.

Dans tous les cas, les fabricants peuvent réparer ou remplacer, dans des conditions identiques ou similaires, l'outillage d'après lequel l'abonnement a été réglé.

Les agents de l'administration ont le droit de s'assurer que les moyens de production et la nature des fabrications n'ont pas été modifiés sans déclaration préalable.

Toute contravention constatée par procès-verbal à la charge d'un fabricant abonné donne à l'administration le droit de résilier l'abonnement.

Art. 29. — Les fabricants abonnés peuvent expédier leurs papiers à toute destination, même à destination de fabriques exercées.

Art. 30. — Les fabricants doivent payer le montant de leur abonnement par douzième, de mois en mois et d'avance.

Art. 31. — Les fabricants qui se placeront sous le régime de l'abonnement auront à payer immédiatement les droits afférents aux quantités de papiers qui seront inventoriées dans leurs fabriques, en vertu de l'article 5 de la loi du 4 septembre 1871.

Les quantités existant dans les mêmes établissements à l'expiration des abonnements sont considérées comme libérées d'impôt.

TITRE III. — Dispositions relatives aux papiers servant à l'impression des journaux et autres écrits périodiques.

Art. 32. — Sont soumis à la déclaration prescrite par l'article 5 de la loi du 4 septembre 1871, et aux visites et vérifications des employés de l'administration des contributions indirectes, tous tablissements spéciaux ou autres dans lesquels s'impriment des ournaux ou autres publications périodiques assujetties au cautionnement.

Art. 33. — Les directeurs, [régisseurs ou gérants 'de ces établissements doivent inscrire sur un registre imprimé qui leur est fourni par l'administration des contributions indirectes :

1° A mesure qu'ils reçoivent des papiers destinés à l'impression des journaux ou d'autres publications assujetties au cautionnement, le nombre et le poids des feuilles introduites dans l'établissement;

2° Chaque matin et chaque soir, le nombre et le poids des feuilles de papier livrées à l'impression pour chaque journal ou autre écrit assujetti au cautionnement;

3° Le nombre et le poids des feuilles de papier employées pour les épreuves, ou constituant des non-valeurs, pour cause de détérioration;

4° Le nombre et le poids des feuilles formant le tirage effectif.

Art. 34. — Les employés de l'administration s'assurent, par l'examen des registres particuliers de commerce et de comptabilité tenus dans chaque établissement, que les déclarations ou inscriptions prescrites par l'article précédent sont faites avec exactitude.

Les gérants des établissements ci-dessus désignés sont tenus de fournir tous les dix jours aux agents de la régie un état présentant les indications du tirage journalier.

L'administration peut, d'ailleurs, comme moyen de contrôle, relativement au tirage, avoir recours à l'installation de compteurs.

Art. 35. — Toutes les quantités de papier formant le tirage effectif des journaux et autres publications assujettis au cautionnement sont passibles du droit établi par le dernier paragraphe de la loi du 4 septembre 1871.

Sont frappés du même droit les papiers dont l'emploi ne serait pas justifié. L'administration tient compte des non-valeurs dans la limite de 5 p. 0/0 des quantités livrées à l'impression, mais seulement pour le cas où les imprimeurs justifieraient de' causes particulières de perte.

Art. 36. — Les imprimeurs payent à la fin de chaque mois le

droit spécial afférent aux papiers employés à l'impression des journaux et des autres publications assujetties au cautionnement, en vertu de la loi du 6 juillet 1871.

TITRE IV. — Dispositions générales.

Art. 37. — Lorsque le montant du décompte mensuel ou du douzième de l'abonnement dépasse le chiffre de 300 francs, les sommes dues peuvent être acquittées en une obligation cautionnée à quatre mois de terme sous la condition que l'obligation sera souscrite au plus tard cinq jours après le règlement mensuel.

Toutefois, les fabricants, marchands en gros, commissionnaires et imprimeurs ont alors à payer une remise de un tiers pour cent.

Si le payement des sommes supérieures à 300 francs est effectué au comptant, en numéraire, il est alloué un escompte réglé par arrêté du ministre des finances, sous la condition que le payement des droits sera effectué au plus tard cinq jours après le règlement mensuel. Dans ces limites, l'ajournement de la perception ne motive aucune réduction dans le calcul de l'escompte.

En cas de retard dans le payement, le recouvrement des droits est poursuivi par voie d'avertissement et de contrainte, dans les conditions fixées par la législation des contributions indirectes.

Art. 38. — A défaut d'accomplissement des conditions inhérentes aux acquits-à-caution, les souscripteurs des acquits-à-caution payeront le double des droits dus au Trésor.

Art. 39. — Le produit net des amendes et confiscations est réparti conformément aux dispositions de l'article 126 de la loi du 25 mars 1817 (1).

Art. 40. — Le décret du 28 novembre 1871 est et demeure abrogé.

DÉCRET DU 27 SEPTEMBRE 1873

Qui fixe le taux de la remise à allouer aux débitants sur la vente de la poudre dynamite.

Art. 1er. — La remise à allouer aux débitants sur la vente de la poudre dynamite est fixée à 60, 40 et 30 centimes, selon la qualité.

Le prix de vente par la régie aux débitants sera conséquemment fixé ainsi qu'il suit :

Qualité la plus forte, désignée sous le numéro 1, 8 fr. 90 c. le kilogramme ;

---

(1) Les contraventions aux règlements rendus pour l'exécution de la loi du 4 septembre 1871 seront punies des peines portées à l'article 5 de ladite loi. (Art. 25 de la loi du 21 juin 1873.)

Qualité intermédiaire, désignée sous le numéro 2, 6 fr. 10 c. le kilogramme ;

Qualité la moins forte, désignée sous le numéro 3, 4 fr. 20 c. le kilogramme.

DÉCRET DU 18 OCTOBRE 1873

Relatif à l'admission temporaire du sucre et du cacao destinés à la fabrication des chocolats qui seront exportés en Belgique.

Article 1er. — L'article 2 du décret du 5 juin 1872, relatif à l'admission temporaire en franchise de droits du sucre et du cacao pour la fabrication des chocolats destinés à être exportés en Belgique est modifié ainsi qu'il suit :

« L'importateur s'engagera, par une soumission valablement cautionnée, à réexporter en Belgique ou à réintégrer en entrepôt, dans un délai qui ne pourra excéder quatre mois, 100 kilogrammes de chocolat pour 38 kilogrammes de cacao et 43 kilogrammes de sucre brut des numéros 10 à 14.

Art. 2. — Toutes les autres dispositions du décret précité conservent leur plein et entier effet.

EXTRAIT DE LA LOI DU 26 NOVEMBRE 1873

Relative à l'établissement d'un timbre ou signe spécial destiné à être apposé sur les marques commerciales et de fabrique.

Art. 1er. — Tout propriétaire d'une marque de fabrique ou de commerce déposée conformément à la loi du 23 juin 1857, pourra être admis, sur sa réquisition écrite, à faire apposer par l'Etat, soit sur les étiquettes, bandes ou enveloppes en papier, soit sur les étiquettes ou estampilles en métal sur lesquelles figure sa marque, un timbre ou poinçon spécial destiné à affirmer l'authenticité de cette marque. — Le poinçon pourra être apposé sur la marque faisant corps avec les objets eux-mêmes, si l'administration les en juge susceptibles.

Art. 2. — Il sera perçu, au profit de l'Etat, par chaque apposition du timbre, un droit qui pourra varier de un centime à un franc. — Le droit dû pour chaque apposition du poinçon sur les objets eux-mêmes ne pourra être inférieur à cinq centimes ni excéder cinq francs.

Art 3. — La quotité des droits perçus au profit du Trésor sera proportionnée à la valeur des objets sur lesquels doivent être apposées les étiquettes soit en papier, soit en métal, et à la difficulté de frapper d'un poinçon les marques fixées sur les objets eux-mêmes.

Cette quotité sera établie par des règlements d'administration publique qui détermineront, en outre, les métaux sur lesquels le poinçon pourra être appliqué, les conditions à remplir pour être admis à obtenir l'apposition du timbre ou poinçon, les lieux dans lesquels cette apposition pourra être effectuée, ainsi que les autres mesures d'exécution de la présente loi.

Art. 4. — La vente des objets par le propriétaire de la marque de fabrique ou de commerce à un prix supérieur à celui correspondant à la quotité du timbre ou du poinçon sera punie, par chaque contravention, d'une amende de cent francs (100 fr.) à cinq mille francs (5,000 fr.). — Les contraventions seront constatées, dans tous les lieux ouverts au public, par tous les agents qui ont qualité pour verbaliser en matière de timbre et de contributions indirectes, par les agents des postes et par ceux des douanes, lors de l'exportation. — Il leur est accordé un quart de l'amende ou portion d'amende recouvrée. — Les contraventions seront constatées et les instances seront suivies et jugées, savoir : 1° comme en matière de timbre, lorsqu'il s'agira du timbre apposé sur les étiquettes, bandes ou enveloppes en papier; 2° comme en matière de contributions indirectes, en ce qui concerne l'application du poinçon.

(*L'article 5 porte que les consuls de France à l'étranger ont qualité pour dresser les procès-verbaux des usurpations de marques et les transmettre à l'autorité compétente.*

Art. 6. — Ceux qui auront contrefait ou falsifié les timbres ou poinçons établis par la présente loi; ceux qui auront fait usage des timbres ou poinçons falsifiés ou contrefaits, seront punis des peines portées en l'article 140 du Code pénal, et sans préjudice des réparations civiles. — Tout autre usage frauduleux de ces timbres ou poinçons et des étiquettes, bandes, enveloppes et estampilles qui en seraient revêtues sera puni des peines portées en l'article 142 dudit Code. — Il pourra être fait application de l'article 463 du Code pénal.

(*Suivent quelques autres dispositions (art. 7, 8 et 9) de nature à être insérées dans le règlement d'exécution.*

DÉCRET DU 28 NOVEMBRE 1873

Concernant les candidatures pour l'obtention des débits de tabac (1).

Art. 1er. — Il sera institué auprès du ministre des finances, sous la présidence d'un membre de l'Assemblée nationale, une commission de neuf membres, renouvelable chaque année et com-

---

(1) Modifié par le décret du 17 mars 1874, qui institue au chef-lieu de chaque département une commission chargée d'examiner les demandes relatives à la concession des débits de tabac de 2e classe.

posée de députés, de conseillers d'État en service ordinaire ou extraordinaire.

Le président sera nommé par le ministre, et les fonctions de secrétaire seront remplies par un maître des requêtes au Conseil d'État.

Cinq membres au moins devront être présents aux délibérations.

Art. 2. — Cette commission sera chargée d'établir des listes de candidatures aux débits de tabacs.

Les titulaires des débits d'un produit supérieur à 1,000 francs seront nommés par les préfets, qui les choisiront de préférence parmi les candidats qui leur seront désignés par la commission.

Ces listes seront dressées suivant l'importance des services rendus à l'État dans l'ordre des catégories indiquées au tableau **A** annexé au présent décret. Elles seront appuyées des pièces justificatives énumérées au tableau B.

La commission fera connaître en outre, pour chaque candidat, s'il y a lieu de lui accorder la dispense de gérer personnellement le débit dont il aura été nommé titulaire.

Art. 3. — La même commission donnera son avis :

1° Sur les demandes formées à titre de survivance ;

2° Sur celles tendant à faire autoriser, dans des circonstances exceptionnelles, le transfert d'un débit du vivant du titulaire ;

3° Enfin sur celles des titulaires déjà en possession de débits, qui se marieront ou se remarieront en justifiant de ressources suffisantes.

Art. 4. — Sont abrogées les dispositions antérieures contraires à celles du présent décret, lequel sera inséré au *Bulletin des lois* et recevra son exécution dans le délai d'un mois à partir de sa publication.

TABLEAU A.

Candidatures qui pourront figurer sur la liste.

1re *catégorie.*

Les anciens officiers ayant occupé un grade supérieur, leurs femmes, leurs veuves ou leurs enfants ;

Les officiers de grades inférieurs qui se seraient signalés par des actions d'éclat, leurs femmes, leurs veuves ou leurs enfants ;

Les anciens fonctionnaires ou employés supérieurs des services publics, leurs femmes, leurs veuves ou leurs enfants.

2e *catégorie.*

Les anciens officiers des grades inférieurs, leurs femmes, leurs veuves ou leurs enfants ;

Les anciens fonctionnaires ou agents civils inférieurs, leurs femmes, leurs veuves ou leurs enfants.

3e *catégorie.*

Les anciens militaires de tout grade qui, n'étant pas restés sous les drapeaux au delà du temps fixé par la loi du recrutement, auront été mis hors de service par suite de blessures graves.

4ᵉ *catégorie.*

Les personnes qui auront accompli, dans un intérêt public, des actes de courage ou de dévouement dûment attestés.

TABLEAU B.

Pièces justificatives à fournir.

1° Demande au ministre des finances, formée sur papier timbré, indiquant l'âge le domicile et les titres des postulants;

2° Etat authentique ou copie dûment certifiée des services militaires ou civils indiquant leur durée ou leur importance;

3° Certificat délivré par l'autorité municipale du lieu où le pétitionnaire est domicilié, attestant sa moralité, sa situation de famille et faisant connaître quels sont ses moyens d'existence;

4° Un extrait des rôles indiquant le montant des contributions payées par le postulant ou certificat de non-inscription sur les rôles.

LOI DU 29 DÉCEMBRE 1873

Portant fixation du droit intérieur sur les huiles minérales.

Art. 1ᵉʳ. — A dater du 1ᵉʳ janvier 1874, les huiles de schiste et toutes autres huiles minérales propres à l'éclairage sont soumises aux droits intérieurs ci-après, décime compris :

Essence à 700° de densité et au-dessous, à la température de 15°, les 100 kilogrammes, 44 fr. 50 c.

Huiles raffinées à 800° de densité et au-dessus, à la température de 15°, les 100 kilogrammes, 34 fr. 50 c.

Huiles brutes :

Pour chaque kilogramme d'huile pure à 800° qu'elles contiennent à la température de 15°, 0 fr. 22 c.;

Pour chaque kilogramme d'essence à 700° qu'elles contiennent à la température de 15°, 0 fr. 32 c.

Les résidus liquides et les huiles à l'état imparfait provenant d'huiles brutes non libérées de droit seront taxés d'après les bases admises pour l'huile brute.

Art. 2. — Le droit de 34 fr. 50 par 100 kilogrammes sur les huiles raffinées s'appliquera d'une manière fixe à l'huile qui sera présentée sous forme de raffinée à l'acquit des droits, chaque fois que la densité ne sera pas inférieure à 800°. — Dans le cas où la densité serait au-dessous de 800°, ce droit serait augmenté de 0 fr. 10 c. par degré de densité en moins.

Art. 3. — Les fabricants français continueront à avoir la faculté d'acquitter les droits exclusivement sur les huiles brutes d'après la base indiquée à l'article 1ᵉʳ.

Art. 4. — Une circulaire ministérielle fixera les procédés à suivre pour la détermination du degré de richesse des différents produits soumis à l'impôt.

Les contestations relatives à l'espèce, à la qualité ou à la teneur des huiles minérales seront déférées aux commissaires-experts institués par l'article 19 de la loi du 27 juillet 1822.

EXTRAIT DE LA LOI DU 29 DÉCEMBRE 1873

Portant fixation du budget de l'exercice 1874.

. . . .

Art. 21. — Les traites et obligations souscrites aux receveurs des douanes et des contributions indirectes, en payement des droits dus au Trésor, sont exclusivement payables au chef-lieu de l'arrondissement dans lequel elles ont été souscrites, et à la caisse du trésorier-payeur général ou du receveur particulier des finances. Toutefois, sur la demande du souscripteur, elles pourront être acquittées, soit à son domicile lorsqu'il habitera au chef-lieu de l'arrondissement, soit à celui de toute autre personne qu'il aura déléguée à cet effet et qui remplira la même condition.

LOI DU 30 DÉCEMBRE 1873

Portant établissement de taxes additionnelles aux impôts indirects.

Art. 1er. — Sont établis à titre extraordinaire et temporaire les augmentations d'impôts et les impôts énumérés dans la présente loi.

Art. 2. — Il est ajouté aux impôts et produits de toute nature déjà soumis aux décimes par les lois en vigueur :

5 0/0 du principal pour les impôts et produits dont le principal seul est déterminé par la loi, ainsi que pour les amendes et condamnations judiciaires ;

4 0/0 du droit total actuel sur les sucres, des taxes de douanes et autres, dont la quotité fixée par la loi comprend à la fois le principal et les décimes.

Cette disposition ne s'applique pas :

1° Aux droits de greffe et de timbre ;

2° Aux droits sur les allumettes et la chicorée ;

3° A l'impôt sur les places de voyageurs et le transport à grande vitesse en chemin de fer et en voitures de terre et d'eau.

Art. 3. — Toute infraction aux dispositions des lois et règlements concernant la perception de la taxe des sucres indigènes et des glucoses est punie d'une amende de 1,000 francs à 5,000 francs et de la confiscation des sucres, glucoses, sirops et mélasses fabriqués, recélés, enlevés et transportés en fraude.

En cas de récidive, l'amende peut être portée à 10,000 francs.

Les sucres importés à l'étranger avec le caractère de fraude donneront lieu aux mêmes peines.

. . . .
. . . .

Art. 6. — Les augmentations de droits établies par les articles précédents sont applicables à partir de la promulgation de la présente loi.

Ces augmentations de droits doivent être acquittées sur les quantités, même libérées des impôts antérieurs, existant à cette époque dans les fabriques ou magasins ou dans tout autre lieu en la possession des fabricants, raffineurs et commerçants.

Les quantités seront reprises par voie d'inventaire.

Art. 7. — A partir de la promulgation de la présente loi, il sera perçu sur les savons de toute nature un droit d'accise de 5 francs par 100 kilogrammes.

Les fabricants de savons devront faire une déclaration préalable et payer chaque année, comme droit de licence, une somme de 20 francs.

Les fabriques seront assujetties à l'exercice des employés de l'administration des contributions indirectes.

Toute contravention sera punie d'une amende de 100 à 500 francs, et, en cas de récidive, de 500 francs à 1,000 francs.

Les savons étrangers payeront à l'importation un droit compensateur de 5 francs par 100 kilogrammes, comme équivalent du même droit payé par le fabricant français; les savons exportés auront droit à la décharge de l'impôt.

Art. 8. — Les savons employés à la préparation des soies, des laines, des cotons, pourront être livrés avec décharge du droit, si l'emploi en est suffisamment justifié. Cette justification résultera de l'exercice des fabriqués qui réclameront le bénéfice de cette exemption; les frais de ces exercices seront à leur charge.

Les articles de la présente loi, relatifs à l'exercice des fabriques de stéarine et de bougie, seront applicables aux fabriques de savons.

Le règlement d'administration publique, indiqué à l'article 15, déterminera la forme spéciale de l'application de ces dispositions aux fabriques de savons, et, notamment, en ce qui regarde l'exception consentie pour les fabriques et teintureries de soie, laines et cotons.

Art. 9. — Il est établi, sur l'acide stéarique et autres matières à l'état de bougie ou de cierges, un droit de consommation intérieur, fixé en principal à 25 francs les 100 kilogrammes.

Cette taxe ne sera point soumise au demi-décime établi par la présente loi.

Sont imposables, comme bougie stéarique, tous les mélanges ou composés factices d'acide stéarique et autres substances.

Quelle qu'en soit la composition, les chandelles et bougies à mèche tissée ou tressée, ou moulinée, ayant subi une préparation chimique, sont passibles de la même taxe.

Art. 10. — Le tarif des douanes, en ce qui concerne l'acide stéarique et les bougies, est modifié en ces termes :

Acide stéarique, 5 0/0 de la valeur ;

Bougies de toutes sortes et chandelles comme elles sont définies par l'article précédent, 10 0/0.

Art. 11. — Le droit établi par l'article 9 est assuré sur les produits fabriqués à l'intérieur au moyen de l'exercice des fabriques d'acide stéarique, de bougies ou de produits assimilés, par l'Administration des contributions indirectes.

En ce qui concerne les produits importés, ce droit est perçu ou garanti à l'importation, indépendamment des droits de douane.

Les produits exportés sont affranchis de l'impôt par voie de décharge au compte des fabricants.

Les fabricants d'acide stéarique, de bougies ou de produits assimilés, sont soumis à un droit annuel de licence de 20 francs en principal par établissement.

Art. 12. — L'acide stéarique en masses, blocs, plaques ou tablettes ne peut circuler que sous le plomb de la douane ou de l'Administration des contributions indirectes, et en vertu d'acquits-à-caution garantissant, sur les quantités y énoncées, le quadruple du droit afférent à un poids égal de bougie pour le cas de non-représentation de la marchandise.

L'acide stéarique, à l'état de bougie, et les autres produits assimilés à la bougie stéarique, ne peuvent circuler qu'en boîtes ou paquets fermés dans les conditions fixées par le règlement d'administration publique mentionné à l'article 15 ci-après.

Art. 13. — Dans le délai de trois jours, à partir de la promulgation de la présente loi, les fabricants et marchands d'acide stéarique, de bougies et d'autres produits assimilés sont tenus de faire la déclaration de leur industrie dans un bureau de la régie, et de désigner les espèces et quantités qu'ils ont en leur possession.

Une déclaration doit être également faite dans un délai de dix jours, avant le commencement des travaux, par les fabricants nouveaux.

Art. 14. — Sont applicables aux visites et vérifications des employés des contributions indirectes dans les fabriques d'acide stéarique, de bougies et de produits assimilés, les dispositions des articles 235, 236, 237, 238 et 245 de la loi du 28 avril 1816, ainsi que celle de l'article 24 de la loi du 21 juin 1873.

Art. 15. — Il sera statué par un règlement d'administration publique sur les mesures que nécessitera l'exécution des articles 9 à 14.

Dans le cas où le règlement prescrirait de revêtir les boîtes ou paquets fermés mis en circulation d'une vignette timbrée constatant la perception de l'impôt, cette vignette sera apposée aux frais du fabricant ou de l'importateur.

Art. 16. — Toute fabrication d'acide stéarique, de bougies ou de produits assimilés, sans déclaration, est punie d'une amende de 300 à 3,000 francs, sans préjudice de la confiscation des objets saisis et du remboursement du droit fraudé.

Toute autre contravention auxdits articles et aux règlements d'administration publique rendus pour leur exécution est punie d'une amende de 100 francs à 1,000 francs, indépendamment de la confiscation des objets saisis et du remboursement du droit fraudé.

Le produit des amendes et confiscations est réparti conformément aux dispositions de l'article 126 de la loi du 25 mars 1817.

Art. 17. — Les taxes sur les savons, l'acide stéarique et les bougies seront perçues par voie d'inventaire sur les quantités existant, au moment de la promulgation de la présente loi, dans les fabriques ou magasins, ou dans tout autre lieu en la possession des fabricants et commerçants.

LOI DU 31 DÉCEMBRE 1873

Établissant une augmentation d'impôts sur les boissons et un droit d'entrée sur les huiles.

Art. 1er. — Le coût des acquits-à-caution et passavants de toute sorte est élevé à 50 centimes, y compris le timbre.

Art. 2. — Le droit d'entrée sur les vins, cidres, poirés et hydromels est perçu conformément au tarif ci-après :

POPULATION AGGLOMÉRÉE DES COMMUNES.	DROIT EN PRINCIPAL PAR HECTOLITRE DE VIN EN CERCLES et en bouteilles dans les départements de				DROIT EN PRINCIPAL par hectolitre de cidre, poiré et hydromel.
	1re classe.	2e classe.	3e classe.	4e classe.	
De 4,000 à 6,000 âmes	0f 45c	0f 60c	0f 75c	0f 90c	0f 40c
— 6,001 à 10,000 —	0 70	0 90	1 15	1 35	0 60
— 10,001 à 15,000 —	0 90	1 20	1 50	1 80	0 75
— 15,001 à 20,000 —	1 15	1 50	1 90	2 25	1 00
— 20,001 à 30,000 —	1 35	1 80	2 25	2 70	1 15
— 30,001 à 50,000 —	1 60	2 10	2 65	3 15	1 35
— 50,001 et au-dessus	1 80	2 40	3 00	3 60	1 50

La taxe de remplacement perçue aux entrées de Paris est portée en principal par hectolitre :

Pour les vins en cercles, à . . . .   9 fr. 50 c
Pour les vins en bouteilles, à . . . . . :   16   00
Pour les cidres en cercles et en bouteilles, à.   4   75

Dans les autres villes rédimées, la taxe de remplacement est accrue du montant de l'élévation des droits d'entrée.

Art. 3. — A moins qu'une loi spéciale n'en décide autrement, les taxes d'octroi sur les vins, cidres, poirés et hydromels ne peuvent excéder de plus d'un tiers les droits d'entrée perçus pour le Trésor public.

Dans les communes de moins de 4,000 âmes, les taxes d'octroi peuvent atteindre, mais non dépasser, la limite fixée pour les communes de 4,000 à 6,000 âmes.

Art 4. — Il est perçu au profit du Trésor public sur les huiles de toute sorte, à l'exception des huiles minérales, qui seront introduites ou fabriquées dans les communes ayant au moins 4,000 âmes de population agglomérée, un droit fixé en principal conformément au tarif ci-après :

POPULATION AGGLOMÉRÉE.	HUILES ET AUTRES LIQUIDES pouvant être employés comme huile, à l'exception des huiles minérales.
De 4,000 à 10,000 âmes	6 francs les 100 kilogrammes.
— 10,001 à 20,000 —	7 idem.
— 20,001 à 50,000 —	8 idem.
— 50,001 à 100 000 —	10 idem.
Au-dessus de 100,000 —	12 idem.

Ce droit est perçu dans les faubourgs des lieux sujets, mais les habitations éparses et les dépendances rurales entièrement détachées du lieu principal en sont exemptées.

Art. 5. — Sont remises en vigueur, pour la perception du droit d'entrée sur les huiles, les dispositions des articles 90, 91, 92, 93, 94, 95, 96, 97, 98, 99, 100, 101, 102, 103, 104, 105, 106, 107 et 108 de la loi du 25 mars 1817 (1), sauf les modifications suivantes :

Les filateurs de laine, les fabricants de tissus de laine, de toile cirée ou de taffetas ciré, les teinturiers, les tanneurs, corroyeurs, mégissiers et autres industriels peuvent recevoir en entrepôt les huiles qui sont nécessaires à leur fabrication ou à l'entretien de leurs machines, et elles sont exemptes de droit.

Les frais de surveillance des employés, pour éviter qu'il ne soit fait abus de cette exception, seront à la charge de ceux qui réclameront le droit d'en faire usage.

Aux entrées des villes sujettes, les employés peuvent, après

(1) Les articles 90 à 108 de la loi du 25 mars 1817 sont reproduits à la suite de la présente loi.

interpellation, faire sur les bateaux, voitures et autres moyens de transport toutes les visites et recherches nécessaires.

Les marchands autres que les fabricants établis à l'intérieur ne peuvent réclamer l'admission en entrepôt que s'ils ont en magasin au moins 500 kilogrammes d'huiles diverses passibles de l'impôt.

Les fabricants et marchands d'huiles admis à jouir de la faculté de l'entrepôt sont tenus de se munir d'une licence au taux fixé pour les débitants de boissons par l'article 6 de la loi du 1er septembre 1871.

Lorsque les droits afférents aux quantités d'huiles fabriquées ou introduites s'élèvent à 300 francs, les fabricants ou commerçants qui renoncent à l'entrepôt sont admis, dans les mêmes conditions que les fabricants de sucre, à les acquitter en une obligation cautionnée à quatre mois de terme.

Il sera facultatif aux villes frappées de l'impôt sur les huiles de le payer par voie d'abonnement.

En cas d'abonnement, seront applicables à l'impôt sur les huiles les articles 73, 74 et 75 de la loi du 28 avril 1816.

Dans les villes où l'abonnement sera accordé, l'entrée et la fabrication des huiles seront affranchies de toute formalité.

Art. 6. — Les contraventions aux dispositions édictées ou remises en vigueur par les articles 4 et 5 sont punies de la confiscation des huiles saisies et d'une amende de 200 à 1,000 francs, suivant la gravité du cas.

Si la fraude a lieu en voiture suspendue, l'amende est de 1,000 à 3,000 francs.

En cas de fraude au moyen d'engins disposés pour l'introduction frauduleuse, les contrevenants encourent, indépendamment de l'amende et de la confiscation, une peine correctionnelle de six jours à six mois d'emprisonnement.

En cas de fraude par escalade, par souterrain, ou à main armée, il est infligé aux contrevenants une peine correctionnelle de un mois à un an d'emprisonnement, outre l'amende et la confiscation.

Sont considérés comme complices de la fraude, et passibles, comme tels, des peines ci-dessus déterminées, tous individus qui auraient concerté, organisé ou sciemment procuré les moyens à l'aide desquels la fraude a été commise.

Le produit des amendes et confiscations est réparti conformément à l'article 126 de la loi du 25 mars 1817.

ARTICLES DE LA LOI DU 25 MARS 1817

Remis en vigueur par la loi du 31 décembre 1873, pour la perception du droit d'entrée sur les huiles.

Art. 90. — Les communes soumises au droit d'entrée sur les huiles seront rangées dans les différentes classes du tarif, en raison de leur population agglomérée.

S'il s'élève des difficultés sur l'assujettissement d'une commune, ou sur la classe dans laquelle elle devra être rangée par sa population, la réclamation de la commune sera soumise au préfet.

Celui-ci prendra l'avis du sous-préfet et celui du directeur de la régie, et transmettra le tout, avec son opinion, au directeur général des contributions indirectes, sur le rapport duquel il sera statué par le ministre des finances, sauf le recours de droit.

Le préfet prendra dans l'intervalle une décision, qui sera provisoirement exécutée.

Art. 91. — Tout conducteur d'huile sera tenu, avant de l'introduire dans le lieu sujet au droit d'entrée, d'en faire la déclaration au bureau et d'acquitter le droit, si l'huile est destinée à la consommation du lieu.

Art. 92. — Dans les lieux où il n'existera qu'un bureau central de perception, les conducteurs ne pourront décharger les voitures, ni introduire les huiles au domicile du destinataire, avant d'avoir rempli les obligations qui leur sont imposées par l'article précédent.

Art. 93. — Les huiles ne pourront être introduites dans un lieu sujet au droit d'entrée, que dans les intervalles de temps ci-après déterminés, savoir :

Pendant les mois de janvier, février, novembre et décembre, depuis sept heures du matin jusqu'à six heures du soir ;

Pendant les mois de mars, avril, septembre et octobre, depuis six heures du matin jusqu'à sept heures du soir ;

Pendant les mois de mai, juin, juillet et août, depuis cinq heures du matin jusqu'à huit heures du soir.

Art. 94. — Toute quantité d'huile introduite sans déclaration, dans un lieu sujet au droit d'entrée, sera saisie par les employés ; il en sera de même des voitures, chevaux et autres objets servant au transport, à défaut, par le contrevenant, de consigner le *maximum* de l'amende ou de donner caution solvable.

Art. 95. — Les huiles introduites dans un lieu sujet au droit d'entrée, pour le traverser seulement ou y séjourner moins de vingt-quatre heures, ne seront pas soumises à ce droit; mais le conducteur sera tenu d'en consigner ou d'en faire cautionner le montant à l'entrée, et de se munir d'un permis de passe-debout.

La somme consignée ne sera rendue ou la caution libérée qu'au départ des huiles et après que la sortie du lieu en aura été justifiée.

Lorsqu'il sera possible de faire escorter les chargements, le conducteur sera dispensé de consigner ou de faire cautionner le droit.

Art. 96. — Les huiles conduites à un marché, dans un lieu sujet au droit général, seront admises aux formalités prescrites par l'article précédent.

Art. 97. — Tout négociant ou propriétaire qui fera conduire dans un lieu sujet au droit d'entrée, au moins un hectolitre d'huile, pourra en réclamer l'admission en entrepôt, et ne sera tenu d'acquitter le droit que sur les quantités non représentées, et qu'il ne justifiera pas avoir fait sortir de la commune.

La durée de l'entrepôt est illimitée.

Art. 98. — Les fruits, graines ou autres substances destinés à faire de l'huile, ne seront soumis à aucun droit d'entrée; le droit ne sera dû que sur l'huile en provenant. A cet effet, la fabrication aura lieu sous la surveillance de la régie.

Les visites des employés chargés de constater les produits de la fabrication pourront être faites de nuit et de jour, et sans l'assistance d'un officier public, dans les moulins ou autres établissements où l'huile sera fabriquée, pendant le moment de la fabrication.

Art. 99. — Les huiles fabriquées dans les lieux sujets au droit d'entrée seront également admises à jouir de l'entrepôt.

Il sera accordé par la régie, sur les huiles nouvellement fabriquées qui seront prises en charge au compte de l'entrepositaire ou enlevées pour la consommation du lieu immédiatement après avoir été fabriquées, une déduction dont la quotité sera déterminée par le préfet, en conseil de préfecture, sur la proposition du directeur de la régie, et réglée d'après la nature des substances employées, les procédés particuliers de la fabrication et les usages locaux.

Art. 100. — La faculté de l'entrepôt pourra encore être accordée à des particuliers qui recevraient des huiles pour être conduites, après leur arrivée, soit à la campagne, soit dans une autre résidence ; la déclaration devra en être faite au moment de l'arrivée des huiles.

Art. 101. — Les entrepositaires d'huiles seront soumis à toutes les obligations imposées aux marchands en gros de boissons, par la loi du 28 avril 1816. Ils seront tenus, en outre, de produire aux commis, lors de leurs exercices, des certificats de sortie pour les huiles qu'ils auront expédiées à l'extérieur et des quittances du droit d'entrée pour celles qu'ils auront livrées à l'intérieur. A la fin de chaque mois, ils seront soumis au payement de ce même droit sur les quantités manquantes à leurs charges.

Art. 102. — Lorsque les huiles auront été emmagasinées dans un entrepôt public sous la clef de la régie, il ne sera exigé aucun droit de l'entrepositaire pour les manquants à ses charges.

Art. 103. — Les personnes qui auront droit à l'entrepôt pourront l'obtenir à domicile, lors même qu'il existerait dans le lieu un entrepôt public (*Paris excepté*).

Art. 104. — Les filateurs de laine, les fabricants de tissus de laine, de savon et de toile cirée ou de taffetas ciré, les teinturiers de coton en rouge, les tanneurs, corroyeurs et mégissiers, pourront recevoir en entrepôt les huiles qui seront nécessaires à leur fabrication, et elles seront exemptes de droit.

Art. 105. Les huiles qui, lors de la mise à exécution de la présente loi, se trouveront en quantité supérieure à deux hectolitres en la possession de commerçants en huile dans les lieux sujets aux entrées, seront soumises au droit, au moyen d'une déclaration que les commerçants seront tenus de faire au bureau de la régie, et dont l'exactitude pourra être vérifiée par les employés.

Les commerçants qui réclameront l'entrepôt seront admis à jouir de cette faculté, en se conformant aux obligations qui leur sont imposées par la loi, et, si mieux il n'aiment, lorsque le montant du droit s'élèvera à 100 francs et au-dessus, l'acquitter en obligations dûment cautionnées à trois, six, neuf et même douze mois de terme.

Art. 106. — En cas de soupçon à l'égard des commerçants ayant en magasin des huiles qu'ils n'auraient pas déclarées en vertu de l'article précédent, les employés de la régie pourront faire des visites dans l'intérieur de leurs habitations, en se faisant assister du juge de paix, du maire, de son adjoint ou du commissaire de police ; chacun desquels sera tenu de déférer à la réquisition qui lui en sera faite, et qui sera transcrite en tête du procès-verbal.

Ces visites ne pourront avoir lieu que d'après l'ordre d'un employé du grade de contrôleur au moins, qui rendra compte des motifs au directeur.

Art. 107. — Toute personne admise à jouir de la faculté de l'entrepôt à raison d'un commerce quelconque d'huile, sera tenue de se munir annuellement d'une licence dont le prix est fixé à 10 francs.

Art. 108. — Les droit d'octrois qui seront établis à l'avenir sur les huiles ne pourront excéder ceux qui seront perçus aux entrées des villes, au profit du Trésor.

Art. 126. — Il sera procédé, à l'égard du produit des amendes et confiscations, comme à l'égard des saisies en matières d'octroi.

DÉCRET DU 8 JANVIER 1874

Portant règlement d'administration publique pour la perception de l'impot sur l'acide stéarique, les bougies, etc.

Article 1er. — Les fabricants d'acide stéarique, de bougies, de cierges ou de produits assimilés à la bougie, doivent, au moment où ils font la déclaration prescrite par l'article 13 de la loi du 30 décembre 1873, payer le prix de la licence dont ils sont tenus de se munir.

Tant qu'ils ne déclarent pas cesser leur industrie, ils ont à payer le 1er janvier de chaque année le même droit de licence.

A défaut de payement effectué d'office au renouvellement de l'année, le recouvrement du prix de la licence est assuré dans les conditions déterminées par la législation des contributions indirectes pour les autres droits constatés.

Art. 2. — La déclaration prescrite par l'article 13 de la loi du 30 décembre 1873 doit présenter la description de la fabrique et indiquer :

La nature des produits fabriqués ;

Le mode de fabrication ;

La nature et le nombre des appareils servant à la fabrication de l'acide stéarique ou des produits similaires ;

Le nombre d'appareils servant à fabriquer la bougie stéarique ainsi que les produits similaires, et, par appareil, le nombre et le calibre des moules ;

Le nombre et l'espèce des instruments employés pour achever la fabrication et pour marquer les produits ;

Le régime de la fabrique pour les jours et heures de travail.

Chaque appareil de fabrication reçoit un numéro d'ordre peint à l'huile en caractères apparents.

Il est défendu de modifier l'outillage des fabriques et, en particulier, d'augmenter le nombre des appareils servant à fabriquer la bougie stéarique ou les produits similaires, si ce n'est en vertu d'une déclaration faite par écrit vingt-quatre heures d'avance au bureau de la régie.

Tout changement dans les procédés de fabrication, dans la nature des fabrications ou dans le régime de la fabrique pour les jours et heures de travail, doit être précédé d'une nouvelle déclaration.

Lorsque le fabricant veut suspendre ou cesser les travaux de fabrication, il doit également en faire la déclaration au bureau de l'administration des contributions indirectes.

Art. 3. — A l'extérieur du bâtiment principal de tout établissement où l'on fabrique de l'acide stéarique, de la bougie, des cierges ou des produits similaires, les mots : *Fabrique d'acide stéarique, de bougie, de cierges*, doivent être inscrits en caractères apparents.

Art. 4. — L'Administration des contributions indirectes peut exiger :

1° Que les jours et fenêtres donnant directement sur la voie publique ou sur les propriétés voisines soient garnis d'un treillis de fer à mailles de 5 centimètres au plus ;

2° Que la fabrique et ses dépendances n'aient qu'une entrée habituellement ouverte et que les autres soient fermées à deux serrures, la clef de l'une des serrures étant aux mains des employés de l'Administration.

Si la fabrique n'est pas séparée de tout autre bâtiment, toute communication entre la fabrique et les maisons voisines non occupées par le fabricant est interdite et doit être scellée.

Art. 5. — Un local convenable d'au moins 20 mètres carrés doit être disposé par le fabricant, si l'administration en fait la demande, pour servir de bureau aux employés.

Ce local doit être pourvu de tables, de chaises, d'un poêle ou d'une cheminée et d'une armoire fermant à clef.

Le loyer en est supporté par l'Administration. A défaut de fixation amiable, il est réglé par l'autorité compétente.

Art. 6. — En dehors des cas prévus par les articles 8, 9 et 10 du présent règlement, la bougie stéarique et les produits similaires ne peuvent sortir des fabriques ni être exposés ou vendus qu'en boîtes ou paquets fermés et revêtus de vignettes timbrées ou autres marques.

Le nombre des types de boîtes et paquets est limité de la manière suivante :

Bougies ordinaires et chandelles-bougies.	500 grammes.
Cierges ordinaires.	500 grammes. 1,000
Bougies et cierges de luxe et de fantaisie.	200 grammes. 500 1,000

Quelle que soit leur forme, les boîtes et paquets doivent être disposés de telle sorte qu'ils puissent être scellés au moyen de vignettes timbrées ou autres marques adoptées par l'Administration.

Les marchands ne peuvent fractionner, pour la vente en détail, plus d'un paquet à la fois de chacun des types prévus au présent article.

Art. 7. — A la fin de chaque journée, ou à six heures du soir si le travail est continu de jour et de nuit, le fabricant doit placer dans des locaux spéciaux les quantités de bougies ou de produits similaires dont la préparation se trouve achevée, et inscrire, à un registre qui lui sera fourni gratuitement par l'Administration des contributions indirectes et qui doit être représenté à chaque réquisition des employés, d'une part, le nombre, par nature et catégorie, des boîtes ou paquets.; d'autre part, les quantités laissées en vrac.

Les boîtes ou paquets dont la fabrication est ainsi constatée sont prises en charge comme passibles de l'impôt.

Les boîtes ou paquets sont immédiatement revêtus de vignettes timbrées ou autres marques ; ils doivent être distinctement emmagasinés par nature et catégorie. Nonobstant l'apposition de vignettes timbrées ou autres marques, le fabricant conserve d'ailleurs le crédit de l'impôt jusqu'à l'enlèvement.

Les fabricants peuvent faire dans la journée la déclaration des quantités dont ils opèrent la sortie au fur et à mesure de leur fabrication.

Art. 8. — L'acide stéarique en masses, blocs, tablettes ou plaques, quelle qu'en soit la provenance, est expédié, sous le plomb de la douane ou de l'Administration des contributions indirectes, avec le crédit de l'impôt intérieur, aux fabricants de bougies ou de produits similaires.

Les fabricants qui reçoivent du dehors de l'acide stéarique ou de la cire doivent immédiatement l'inscrire au registre dont la tenue est prescrite par l'article 12, et ils sont tenus d'en justifier l'emploi par la représentation d'une quantité correspondante de bougies ou de cierges fabriqués. Toutefois, dans les ateliers où l'acide stéarique et la cire sont mis en œuvre sans addition d'aucune autre substance, il est accordé décharge, jusqu'à concurrence de 2 p. 0/0, des manquants imputables aux déchets de fabrication.

Les manquants qui ressortent sur les quantités d'acide stéarique ou de cire reçues ou prises en compte donnent lieu au payement du quadruple du droit afférent à la bougie, si la fabrique est restée inactive depuis l'arrêté de compte ou la réception de l'acide stéarique.

Les fabricants peuvent recevoir de l'étranger ou des colonies françaises, avec le crédit de l'impôt intérieur, toute quantité d'acide stéarique, de bougies stéariques ou de produits similaires en paquets ou en vrac.

Sont également autorisés de fabrique à fabrique, avec transfert du crédit de l'impôt, tous envois de bougies stéariques ou de produits similaires en paquets ou en vrac.

Dans l'un et dans l'autre cas, les envois ont lieu sous le plomb de la douane ou de l'Administration des contributions indirectes, et en vertu d'acquits-à-caution qui ne seront déchargés que sur la représentation des chargements avant l'introduction dans les fabriques ou avant l'enlèvement des plombs apposés au lieu de départ.

Les produits expédiés de fabrique à fabrique sans transfert de l'impôt consistent nécessairement en boîtes ou paquets revêtus de vignettes timbrées. Le destinataire est tenu de représenter les récépissés, bulletins de transport, lettres de voiture et connaissements applicables au changement. La prise en charge à son compte est subordonnée à l'accomplissement de cette obligation.

Art. 9. — Le crédit de l'impôt intérieur, pour les bougies stéariques et les produits similaires de toute provenance, peut être accordé par l'administration des contributions indirectes, dans les conditions déterminées pour les fabricants, aux simples marchands qui font habituellement des exportations à l'étranger ou aux colonies françaises.

Ces marchands auront à payer la licence de fabricant et à fournir une caution solvable.

Art. 10. — Les fabricants et les marchands assimilés aux fabricants ne peuvent livrer à l'exportation que des caisses, boîtes ou paquets dont l'emballage est plombé au départ par l'administration des contributions indirectes, qui perçoit 10 centimes par plomb à titre de remboursement des frais de l'opération.

L'exportation de boîtes ou paquets timbrés ne peut avoir lieu dans les fabriques sans une autorisation spéciale de l'administration des contributions indirectes. Dans les fabriques autorisées et dans les magasins assimilés aux fabriques, les vignettes timbrées sont, au lieu d'enlèvement, détruites ou oblitérées par les employés des contributions indirectes.

Art. 11. — Les employés des contributions indirectes tiennent un compte général présentant :

D'une part, l'entrée et la sortie des vignettes qu'ils ont reçues ;

D'autre part, l'emploi des vignettes timbrées remises aux fabricants ou marchands assimilés et dont ceux-ci sont comptables.

Les fabricants et marchands sont tenus de payer immédiatement le prix des vignettes timbrées qui manquent à leur charge.

Art. 12. — Il est mis gratuitement à la disposition des fabricants et des marchands assimilés aux fabricants un registre à souche qui doit être représenté à chaque réquisition des employés, et sur lequel ils doivent inscrire successivement, avant chaque enlèvement, en toutes lettres et sans rature ni surcharge, le nombre et le poids net des boîtes et paquets de bougies ou de produits similaires imposables à l'enlèvement.

L'inscription constate, en outre, à la souche et à l'ampliation du registre, le date et l'heure précise de l'enlèvement, le nom et la qualité du destinataire, le lieu de destination, ainsi que les voies de communication et les moyens de transport employés. Quoiqu'ils donnent lieu à la délivrance d'acquits-à-caution, les envois de fabrique à fabrique, sans transfert du crédit de l'impôt, sont inscrits au même registre, mais seulement à la souche : l'ampliation est annulée.

Ne sont point inscrits audit registre les envois effectués en vertu d'acquits-à-caution avec transfert du crédit de l'impôt.

Dans tous les cas, les acquits-à-caution sont levés au bureau de l'administration des contributions indirectes.

Le registre dont la tenue est prescrite par le présent article aux fabricants et marchands assimilés peut être retiré dans les cas où un fait d'inscription inexacte ou un défaut d'inscription est constaté à leur charge. Ces fabricants et marchands doivent alors faire toutes leurs déclarations au bureau de la régie.

Art. 13. — Les réintégrations en fabrique ou en magasin assimilé aux fabriques sont déclarées et constatées de la manière prescrite par l'article 8 pour les envois de fabrique à fabrique.

Art. 14. — Lorsque les fabricants ou marchands assimilés aux fabricants ont en charge des produits libérés d'impôt, les envois qu'ils effectuent à la consommation intérieure sont successivement imputés au compte des produits libérés d'impôt, et ils ne donnent lieu à la perception de la taxe qu'après apurement de ce compte.

Art. 15. — Il est accordé décharge des quantités de bougies ou produits similaires remises en fabrication à la condition que la refonte ait lieu en présence des employés de l'administration.

L'administration supérieure peut accorder aux fabricants ou aux marchands assimilés la décharge des droits afférents aux bougies ou produits similaires qui seraient détruits, soit par accident en cours de transport, soit dans les usines ou magasins par un événement de force majeure.

Art. 16. — Le compte des fabricants et marchands assimilés aux fabricants est réglé mensuellement.

Lorsque le décompte s'élève à plus de 300 francs, les sommes dues peuvent être payées, sous les conditions réglementaires, en une obligation cautionnée à quatre mois de terme.

Si le payement des sommes supérieures à 300 francs est effectué au comptant en numéraire, au plus tard cinq jours après le règlement mensuel, il est alloué aux fabricants et marchands un escompte, déterminé par le ministre des finances.

A défaut de payement en obligations cautionnées ou au comptant avec escompte, le recouvrement des droits est poursuivi par voie d'avertissement et de contrainte dans les conditions fixées par la législation des contributions indirectes.

Art. 17. — Les fabricants et les marchands assimilés aux fabricants obtiennent le crédit de l'impôt aussi bien pour les quantités inventoriées en vertu de l'article 21 de la loi du 30 décembre 1873 que pour les fabrications ou réceptions ultérieures.

En cas de déclaration de cesser, ils doivent payer immédiatement l'impôt sur les quantités formant leurs charges.

Art. 18. — Les acquits-à-caution délivrés pour des bougies ou produits similaires sont régis par la législation générale des contributions indirectes.

Art. 19. — Au moment où ils feront la déclaration prescrite par l'article 21 de la loi du 30 décembre 1873, les marchands qui n'obtiendront pas le crédit de l'impôt devront payer immédiatement, dans les conditions déterminées au dernier paragraphe de l'article 16, la taxe afférente aux quantités en leur possession. Ils recevront alors les vignettes timbrées qui doivent être apposées à leurs frais sur les boîtes et paquets formant leur approvisionnement.

L'apposition de ces vignettes timbrées devra être faite par eux immédiatement et sans désemparer. Postérieurement à la visite des employés, les marchands ne pourront plus recevoir, ni mettre en vente, ni conserver dans leurs magasins de la bougie stéarique ou des produits similaires qu'en boîtes ou paquets timbrés.

Art. 20. — En attendant que de nouvelles vignettes timbrées aient été établies, la régie pourra, pour la perception de l'impôt sur les bougies et produits similaires, faire usage des vignettes dont elle se sert aujourd'hui pour la perception du droit sur la chicorée.

Lorsque les nouveaux modèles de vignettes seront mis en vigueur, un arrêté ministériel inséré au *Journal officiel* fixera un délai pendant lequel les fabricants, marchands assimilés ou débitants auront à remplacer sans payer de nouveaux droits les anciens modèles par les nouveaux.

Ce délai expiré, la présence chez les fabricants, marchands assimilés ou débitants, de boîtes ou paquets revêtus des vignettes timbrées de l'ancien modèle sera constatée par procès-verbal.

DÉCRET DU 8 JANVIER 1874
Portant règlement d'administration publique pour la perception de l'impôt sur les savons.

Art. 1er. — Les fabricants de savons doivent, au moment où ils font la déclaration prescrite par l'article 7 de la loi du 30 décembre 1873, payer le prix de la licence dont ils sont tenus de se munir.

Tant qu'ils n'ont pas déclaré cesser leur industrie, ils ont à payer, le 1er janvier de chaque année, le même droit de licence.

À défaut de payement effectué d'office au renouvellement de l'année, le recouvrement du prix de la licence est assuré dans les conditions déterminées par la législation des contributions indirectes pour les autres droits constatés.

Art. 2. — La déclaration prescrite par l'article 7 de la loi du 30 décembre 1873 doit présenter la description de la fabrique et indiquer :

La nature des savons fabriqués ;

Le mode de fabrication ;

La nature, le nombre et la contenance des chaudières, cuves *mises* ou *formes* et autres appareils servant à la fabrication ;

Le nombre et l'espèce des instruments ou ustensiles employés pour achever la fabrication et pour marquer les produits ;

Le régime de la fabrique pour les jours et heures de travail.

Chaque chaudière, cuve, *mise* ou *forme*, ou autre appareil, reçoit un numéro d'ordre peint à l'huile en caractères apparents.

La contenance est vérifiée par le jaugeage métrique. En cas de contestation, elle est constatée par empotement. L'eau et les ouvriers nécessaires sont fournis par le fabricant.

Il est défendu de modifier l'outillage des fabriques, et, en particulier, d'augmenter le nombre des chaudières et des *mises*, *formes* et autres appareils servant à fabriquer le savon, si ce n'est en vertu d'une déclaration faite par écrit vingt-quatre heures d'avance au bureau de la régie.

Tout changement dans le mode de fabrication, dans la nature des fabrications ou dans le régime de la fabrique pour les jours et heures de travail, doit être précédé d'une nouvelle déclaration.

Lorsque le fabricant veut suspendre ou cesser les travaux de fabrication, il doit également en faire la déclaration au bureau des contributions indirectes.

Art. 3. — A l'extérieur du bâtiment principal de tout établissement où l'on fabrique le savon, les mots : *Fabrique de savon* doivent être inscrits en caractères apparents.

Art. 4. — L'Administration des contributions indirectes peut exiger :

1° Que les jours et fenêtres donnant directement sur la voie publique ou sur les propriétés voisines soient garnis d'un treillis de fer à mailles de 5 centimètres au plus ;

2° Que la fabrique et ses dépendances n'aient qu'une entrée habituellement ouverte, et que les autres soient fermées à deux serrures, la clef de l'une des serrures étant aux mains des employés de l'administration.

Ces dispositions sont applicables de plein droit aux fabriques nouvelles.

Si la fabrique n'est pas séparée de tout autre bâtiment, les communications entre la fabrique et les maisons voisines, non occupées par le fabricant sont interdites et doivent être scellées.

Art. 5. — Un local convenable d'au moins 20 mètres carrés doit être disposé par le fabricant, *si l'Administration en fait la demande,* pour servir de bureau aux employés.

Ce local doit être pourvu de tables, de chaises, d'un poêle ou d'une cheminée et d'une armoire fermant à clef.

Le loyer en est supporté par l'Administration. A défaut de fixation amiable, il est réglé par l'autorité compétente.

Art. 6. — L'Administration des contributions indirectes met gratuitement à la disposition du fabricant un registre destiné à constater les opérations de cuite et de versement en *mises* ou *formes.*

Le fabricant y inscrit à l'instant même où les matières premières sont introduites dans la chaudière :

1° Le numéro de cette chaudière; 2° la date et l'heure précise du commencement de l'opération; 3° le poids et la nature de chacune des matières premières employées; 4° et par approximation, d'après les résultats normaux de la fabrication, la quantité en poids de savon qui sera obtenue par 100 kilogrammes des différentes matières grasses employées.

Cette quantité, qui est discutée avec les agents de la régie, est prise en charge comme minimum de rendement.

Après la cuite, le fabricant inscrit au même registre, pour ce qui concerne distinctement chaque chaudière :

S'il s'agit d'une fabrication de savon mou : 1° l'heure précise du commencement et de la fin de l'entonnement; 2° le nombre par calibre ou capacité des tonneaux qui ont été emplis; 3° la quantité totale en poids de savon entonnée;

S'il s'agit d'une fabrication de savon dur : 1° la date et l'heure précise du commencement et de la fin de l'opération du versement en *mises* ou en *formes;* 2° le numéro de ces vaisseaux et le degré de remplissage de chacun d'eux.

Le registre mentionné au présent article est représenté à toute réquisition des employés de l'Administration.

Art. 7. — A mesure que les tonnelets ou barils de savon mou sont emplis, le fabricant doit y fixer une étiquette qui est fournie gratuitement par l'Administration des contributions indirectes.

La forme ou la couleur de l'étiquette varie suivant le poids des tonneaux ou barils. L'étiquette indique la date de son apposition, son numéro d'ordre ainsi que le poids du baril. Elle doit être maintenue jusqu'à ce que les tonneaux ou barils aient été enlevés du rayon de surveillance des fabriques.

Les *mises* ou *formes* renfermant le savon dur ne peuvent être vidées qu'en vertu d'une inscription au registre dont la tenue est prescrite par l'article précédent. L'inscription indique pour chaque *mise* ou *forme* la date et l'heure précise à laquelle commence l'extraction du savon, la date et l'heure à laquelle l'extraction a été terminée et la quantité en poids de savon obtenue.

Art. 8. — Les employés de l'Administration prennent en compte, comme passibles de l'impôt, toutes les quantités en poids de savon entonnées ou extraites des *mises* ou *formes*.

Si ces quantités sont inférieures au minimum déclaré, les manquants sont imposables. Toutefois, l'Administration supérieure, après justification, peut en accorder décharge.

Art. 9. — Les fabricants peuvent recevoir de l'étranger ou des colonies françaises, *avec* ou *sans* le crédit de l'impôt intérieur, toutes quantités de savon.

Sont également autorisés tous envois de savon de fabrique à fabrique, *avec* ou *sans* transfert du crédit de l'impôt.

Dans l'un et dans l'autre cas, les envois ont lieu sous le plomb de la douane ou de l'Administration des contributions indirectes, et en vertu d'acquits-à-caution qui ne sont déchargés chez le destinataire que sur la représentation des chargements encore sous cordes et plombs.

Les produits que les fabricants reçoivent ainsi *sans* transfert de l'impôt sont pris en charge à destination comme libérés de la taxe.

Art. 10 — Le crédit de l'impôt intérieur pour les savons de toute espèce et de toute provenance peut être accordé par l'Administration, dans les conditions déterminées pour les fabricants, aux simples marchands qui font habituellement des exportations à l'étranger ou aux colonies françaises.

Ces marchands ont à payer la licence de fabricant et à fournir une caution solvable.

Art. 11. — Les envois de savons effectués à l'étranger par les fabricants ou par des marchands en gros assimilés aux fabricants ont lieu en vertu d'acquits-à-caution et sous le plomb de l'Administration des contributions indirectes, qui perçoit 10 centimes par plomb à titre de remboursement des frais de l'opération.

Il en est de même des envois effectués à l'intérieur, à destination des établissements industriels affranchis de l'impôt.

Les agents chargés de la surveillance dans ces établissements, ne déchargent les comptes que jusqu'à concurrence des quantités de savon dont ils ont constaté l'emploi régulier. Le surplus, quelle que soit la date des prises en charge, est passible de la taxe intérieure.

Art. 12. — Les fabricants qui reçoivent du dehors des savons pour les travailler ou qui, postérieurement à la prise en charge des savons produits sur place, leur font subir des préparations, des manipulations de nature à en augmenter le poids sont tenus de constater ces opérations de la même manière et dans la même forme que les fabrications ordinaires. A cet effet, Il leur est remis par l'Administration un registre spécial. Les inscriptions faites à ce registre indiquent notamment les quantités de savons remises en œuvre, la nature et la quantité des matières ajoutées et le poids total des mélanges.

Les accroissements de poids résultant des opérations viennent en augmentation des charges imposables.

Ces dispositions sont applicables aux fabricants de parfumerie qui reçoivent des savons du dehors.

Art. 13. — L'Administration peut exiger que les savons dont la fabrication se trouve *achevée*, et dont l'enlèvement des fabriques n'est pas immédiat, soient emmagasinés dans des locaux distincts où il soit facile d'en opérer l'inventaire.

Les tonneaux ou barils renfermant du savon mou, les caisses renfermant du savon dur, ne peuvent être enlevés des fabriques qu'après avoir reçu, d'une manière apparente, un numéro de sortie, dont la série par catégorie doit être exactement suivie.

Les savons expédiés en blocs sans emballage spécial reçoivent un numéro d'ordre sur des blocs eux-mêmes.

Art. 14. — Il est mis gratuitement à la disposition des fabricants et des marchands assimilés aux fabricants un registre à souche, qu'ils sont tenus de représenter à toute réquisition des employés de l'Administration, et sur lequel ils doivent inscrire successivement, en toutes lettres, sans rature ni surcharge, avant chaque envoi imposable à l'enlèvement, l'espèce de savon, le nombre par série ou calibre des caisses, barils ou autres emballages, leurs numéros d'ordre et leur poids net total.

L'inscription constate, en outre, à la souche et à l'ampliation du registre, l'heure précise de l'enlèvement, le nom et la qualité du destinataire, le lieu de destination, ainsi que les voies de communication et les moyens de transports employés.

Les ampliations doivent être remises aux agents dans le délai d'un mois et rapprochées par eux de la souche.

Quoiqu'ils donnent lieu à la délivrance d'acquits-à-caution, les envois de fabrique à fabrique, *sans transfert du crédit de l'impôt* sont inscrits au même registre, mais seulement à la souche. L'ampliation est annulée.

En cas de contravention quelconque constatée par un procès-verbal, le registre à souche peut être retiré des mains du fabricant, lequel est tenu alors de faire toutes ses déclarations au bureau de la régie.

Ne sont point inscrits audit registre les envois effectués en vertu d'acquits-à-caution *avec transfert du crédit de l'impôt*.

Dans tous les cas, les acquits-à-caution sont levés au bureau de l'Administration des contributions indirectes.

Art. 15. — Dans un rayon de deux myriamètres autour de chaque fabrique, les ampliations des déclarations d'enlèvement doivent être représentées à la première demande des agents des contributions indirectes et des douanes.

La représentation des ampliations n'est plus obligatoire au delà du rayon, ni dans le rayon au delà de la gare de chemin de fer où s'est terminé le transport par la voie de terre ou d'eau.

Art. 16. — Les réintégrations en fabrique ou en magasin assimilé aux fabriques sont déclarées et constatées de la manière prescrite par l'article 9 pour les envois de fabrique à fabrique.

Art. 17. — Il est accordé décharge des quantités de savon remises en fabrication, à la condition que la refonte ait lieu en présence des employés de l'Administration.

L'Administration peut accorder aux fabricants ou marchands assimilés la décharge des droits afférents aux savons qui sont détruits, soit par accident en cours de transport, soit dans les usines ou magasins par un événement de force majeure.

Les manquants reconnus dans les fabriques proprement dites sur les quantités entonnées (art. 6) ou extraites des *mises* ou *formes* (art. 7) ne sont imposables que sous une déduction de 5 p. 0/0 au titre de déchets d'évaporation et de dessiccation.

Cette déduction est réglée d'après les quantités fabriquées d'un recensement à un autre. Toutefois, si, lors d'un recensement, il ressort un excédent de déduction, cet excédent est, jusqu'à concurrence de 5 p. 0/0 des restes, reporté au règlement suivant.

L'Administration peut accorder une déduction supplémentaire aux fabricants et préparateurs de savon de parfumerie.

Aucune déduction pour évaporation ou dessiccation n'est accordée aux simples marchands pourvus de la licence de fabricant.

Art. 18. — Lorsque les fabricants ou marchands assimilés aux fabricants ont en charge des savons libérés d'impôt, les envois qu'ils effectuent à la consommation intérieure sont successivement imputés au compte des savons libérés, et ils ne donnent lieu à la perception de la taxe qu'après apurement de ce compte.

Art. 19. — Le compte des fabricants et des marchands assimilés aux fabricants est réglé mensuellement.

Lorsque le décompte s'élève à plus de 300 francs, les sommes dues peuvent être payées, sous les conditions réglementaires, en une obligation cautionnée à quatre mois de terme.

Si le payement des sommes supérieures à 300 francs est effectué au comptant en numéraire, au plus tard cinq jours après le règlement mensuel, il est alloué aux fabricants et marchands un escompte déterminé par le Ministre des finances.

A défaut de payement en obligations cautionnées ou au comptant avec escompte, le recouvrement des droits est poursuivi par voie d'avertissement et de contrainte dans les conditions fixées par la législation générale des contributions indirectes.

Art. 20. — Les fabricants et les marchands assimilés aux fabricants obtiendront le crédit de l'impôt, aussi bien pour les qualités inventoriées, en vertu de l'article 17 de la loi du 30 décembre 1873, que pour les fabrications ou réceptions ultérieures.

En cas de déclaration de cesser, ils doivent payer sans délai l'impôt sur les quantités formant leurs charges.

Les simples marchands qui n'obtiennent pas le crédit de l'impôt sur les quantités inventoriées chez eux sont admis à payer immédiatement les droits dans les conditions déterminées par les trois derniers paragraphes de l'article 19.

Art. 21. — Les acquits-à-caution délivrés pour des savons sont régis par la législation générale des contributions indirectes.

Art. 22. — Un règlement ultérieur d'administration publique déterminera les conditions spéciales dans lesquelles s'exercera l'immunité accordée aux fabriques et teintureries de soies, laines et cotons.

DÉCRET DU 17 MARS 1874

Instituant, au chef-lieu de chaque département, une commission de cinq membres chargés d'examiner les demandes relatives à la concession des débits de tabac de deuxième classe.

Art. 1er. — Il sera institué, au chef-lieu de chaque département, une commission de cinq membres, renouvelée par année, composée ainsi qu'il suit :

1° Le préfet, président ;

2° Un membre du Conseil général, désigné par ses collègues à la session d'avril, lequel ne pourra être réélu que trois années après l'expiration de son mandat ;

3° Un membre du Conseil de préfecture ;

4° Le Directeur de l'un des services financiers du département ;

5° Le Directeur des contributions indirectes du département.

Le préfet désignera, le 1er janvier de chaque année : 1° le membre du Conseil de préfecture ; 2° le Directeur d'un des services publics.

Trois membres, au moins, devront être présents aux délibérations.

Art. 2. — Cette commission est chargée d'examiner les demandes relatives à la concession des débits de tabac de deuxième classe.

Ses décisions seront prises suivant l'importance des services rendus à l'Etat dans la deuxième catégorie (services des sous-officiers et services civils secondaires) et dans les troisième et quatrième catégories indiquées au tableau A du décret du 28 novembre 1873.

Les demandes devront être appuyées des pièces justificatives énumérées au tableau B dudit décret.

La commission fera connaître, en outre, pour chaque candidat, s'il y a lieu de gérer ou de ne pas gérer personnellement, en cas de nomination.

Art. 3. — Les préfets nomment les titulaires des débits d'un produit ne dépassant pas 1,000 francs ; leurs choix devront être faits parmi :

1° Les candidatures désignées par la commission centrale instituée par le décret du 28 novembre 1873 ;

2° Les candidatures accueillies par la commission instituée par le présent décret.

Art. 4. — La commission donnera, en outre, son avis lorsqu'il s'agira des bureaux de deuxième classe :

1° Sur les demandes formées à titre de survivance ;

2° Sur celles tendant à faire autoriser dans des circonstances exceptionnelles, le transfert d'un débit du vivant du titulaire ;

3° Enfin, sur celles des titulaires déjà en possession de débits qui se marieront ou se remarieront en justifiant de ressources insuffisantes.

Art. 5. — Sont abrogées les dispositions contraires à celles du présent décret, lequel sera inséré au *Bulletin des lois* et recevra son exécution dans le délai d'un mois à partir de sa publication.

Art. 6. — Le Ministre des finances est chargé de l'exécution du présent décret.

LOI DU 21 MARS 1874

Modifiant la législation sur les bouilleurs de cru et établissant une taxe de 5 p. 0/0 du prix payé aux compagnies de chemins de fer pour le transport des marchandises aux conditions des tarifs de la petite vitesse.

Art. 1er. — Sont établis à titre extraordinaire et temporaire les augmentations d'impôts et les impôts énumérés dans la présente loi.

Art. 2. — La quantité de 40 litres d'alcool par année, pour laquelle l'affranchissement du droit général de consommation est accordé aux bouilleurs et distillateurs par l'article 2 de la loi du 2 août 1872, est réduite à 20 litres.

Art. 3. — Un règlement d'administration publique déterminera les mesures nécessaires pour assurer la perception de l'impôt dans les distilleries, chez les dénaturateurs d'alcool, et relativement aux versements d'alcool sur les vins.

Les contraventions aux dispositions de ce règlement sont passibles des peines édictées par l'article 1er de la loi du 28 février 1872.

Art. 4. — Il est perçu au profit du Trésor public une taxe de 5 p. 0/0 du prix payé aux compagnies de chemin de fer pour le transport, le chargement et le déchargement effectués par les compagnies, les frais de gare et de transmission entre deux réseaux des marchandises et objets de toute nature expédiés aux conditions des tarifs de la petite vitesse.

Les tarifs des compagnies peuvent être accrus du montant de cette taxe, qui n'est pas sujette aux décimes.

Toutes les autres expéditions faites par les compagnies de chemins de fer, aux conditions de tarifs autres que ceux de la petite vitesse, restent soumises aux dispositions des lois du 14 juillet 1855 et du 16 septembre 1871.

Art. 5. — Le gouvernement peut, par décret, suspendre temporairement la perception de cette taxe, en ce qui concerne les céréales.

Art. 6. — Seront exemptés de l'impôt de 5 p. 0/0:

1° Le transport des marchandises en transit d'une frontière à l'autre;

2° Le transport des marchandises expédiées directement en destination d'un pays étranger.

Un décret rendu dans la forme de règlement d'administration publique déterminera les conditions sous lesquelles les exemptions ci-dessus seront accordées.

Tableau des Bureaux de Douane ouverts à l'exportation des ouvrages neufs d'or et d'argent, dans les cas déterminés par la loi du 19 brumaire an VI, celle du 10 août 1839 et l'ordonnance du 30 décembre suivant.

(Voir *Annales* 1863-65, p. 236 et 237, Circ. 51 et 98 des 31 mai 1872 et 26 juillet 1873.)

DÉPARTEMENTS.	ARRONDISSEMENTS.	POINTS DE SORTIE.	DÉPARTEMENTS.	ARRONDISSEMENTS.	POINTS DE SORTIE.
AIN	Nantua.	Bellegarde.		Dunkerque . . .	Dunkerque.
ALPES (HAUTES-)	Briançon. . . .	Briançon.		Lille.	Lille.
ALPES-MARITIM.	Nice.	Nice. . . / Menton. .	NORD	Avesnes	Jeumont. / Feignies.
ARDENNES . . .	Charleville, . . / Rocroi. . . . . / Sedan	Charleville. / Givet. / Givonne.		Valenciennes. .	Blanc-Misseron. / Valenciennes.
B.-DU-RHÔ E. .	Marseille. . .	Marseille.	PAS-DE-CALAIS .	Boulogne. . . .	Calais. / Boulogne.
CHARENTE-INF..	La Rochelle . .	La Rochelle.			Ainhoa.
DOUBS	Montbéliard. . . / Pontarlier . . .	Montbéliard. / Pontarlier. / Jougne. / Villers. / Les Verrières-de-Joux.	PYRÉNÉES (BAS-SES-)	Bayonne. . . .	Bayonne. / Béhobie. / Hendaye.
GIRONDE. . . .	Bordeaux . . .	Bordeaux.	PYRÉNÉES-ORIENTALES. .	Céret . . . . . / Perpignan . . .	Port-Vendres. / Le Perthus.
HÉRAULT. . . .	Béziers. . . . . / Montpellier. . .	Agde. / Cette.		Moutiers. . . .	Seez.
ILLE-ET-VILAINE	Saint-Malo. . .	Saint-Malo.	SAVOIE.	St-Jean-de-Maurienne	Saint-Michel. / Lanslebourg.
JURA.	Saint-Claude. .	Les Rousses.			
LOIRE-INFÉR . .	Nantes. . . . . / Savenay	Nantes. / Saint-Nazaire.	SAVOIE (HAUTE-)	Saint-Julien . . / Le Havre. . . .	Le Pont-de-la-Caille. / Le Havre.
MANCHE	Cherbourg. . .	Cherbourg.	SEINE-INFÉR . .	Rouen.	Rouen.
MORBIHAN . . .	Lorient.	Lorient.		Dieppe.	Dieppe.
MEURTHE-ET-MOSELLE. . .	Nancy . . . . . / Lunéville. . . . / Briey	Pagny. / Embermenil. / Audun-le-Roman. / Batilly.	SOMME.	Abbeville. . . .	St-Valery-sur-Somme
			VAR	Toulon.	Toulon.

Tableau des bureaux de garantie établis pour l'essai et la marque des ouvrages d'or et d'argent (art. 35 de la loi du 19 brumaire an VI).

NOTA. — Les bureaux marqués d'un astérisque sont ouverts à l'essai et à la marque des montres de fabrication étrangère.

DÉPARTEMENTS.	BUREAUX.	DÉPARTEMENTS.	BUREAUX.
Ain	*Bellegarde.	Marne (Haute-). .	Chaumont.
Aisne.	Laon.	Mayenne.	Laval.
Allier.	Moulins.	Meurthe-et-Moselle	*Nancy.
Alpes (Hautes-) .	Gap.	Morbihan	Vannes.
Alpes-Maritimes.	*Nice.		Lille.
Ardennes	Charleville.	Nord	Dunkerque.
Aveyron.	Rodez.		Valenciennes.
Bes-du-Rhône. .	*Marseille.	Oise.	Beauvais.
Calvados	Caen.	Pas-de-Calais . .	Arras.
Cantal.	Aurillac.		Boulogne.
Charente.	Angoulême.	Puy-de-Dôme . .	Clermont.
Charente-Infre. .	La Rochelle.	Pyrénées(Basses-)	Pau.
Cher	Bourges.	Pyrénées(Hautes-)	Perpignan.
Côte-d'Or	Dijon.	Rhône.	*Lyon.
Côtes-du-Nord. .	Saint-Brieuc.	Savoie.	*Chambéry.
Creuse.	Guéret.	Savoie (Haute-) .	*Annecy.
Dordogne	Périgueux.	Seine.	*Paris.
Doubs.	*Besançon.	Seine-Inférieure .	Rouen.
	*Pontarlier.		*Le Havre.
Drôme.	Valence.	Seine-et-Oise. . .	Versailles.
Eure.	Evreux.	Sèvres (Deux-). .	Niort.
Eure-et-Loir. . .	Chartres.	Somme	Amiens.
Finistère	Brest.	Tarn-et-Garonne.	Albi.
Gard	Nîmes.	Var.	Toulon.
Garonne (Haute-).	*Toulouse.	Vaucluse. . . . :	Avignon.
Gironde.	*Bordeaux.	Vienne	Poitiers.
Hérault.	Montpellier.		Châtellerault.
Ille-et-Vilaine. .	Rennes.	Vienne (Haute-). .	Limoges.
Indre-et-Loire. .	Tours.	Vosges	Épinal.
Isère	Grenoble.	Yonne.	Auxerre.
Loir-et-Cher. . .	Blois.		Alger.
Loire (Haute-). .	Le Puy.		Oran.
Loire-Inférieure .	Nantes.		Constantine.
Loiret.	Orléans.	Algérie	Philippeville.
Lot-et-Garonne .	Agen.		Bone.
Maine-et-Loire. .	Angers.		Sétif.
	Saumur.		Batna.

Tableau des lieux qui peuvent seuls être désignés comme points de sortie pour les Boissons expédiées à l'étranger par la voie de terre.

(Art. 8 de la loi du 28 avril 1816.)

ÉPARTEMENTS.	ARRONDISSEMENTS.	POINTS DE SORTIE.	DÉPARTEMENTS.	ARRONDISSEMENTS.	POINTS DE SORTIE.
AIN..	Nantua.....	Bellegarde.	NORD.....	Avesnes...	Anor (g.du ch. de fer) / Bettignies. / Feignes. / Jeumont (gare). / Jeumont (port).
	Gex.....	Ferney. / Pouilly-Saint-Genis. / Pougny-Chancy.		Dunkerque.	Oost-Cappel. / Chivelde (route). / Chivelde (station)
ALPES(HAUTES-)	Briançon....	Mont-Genèvre.		Hazebrouck...	Bailleul. / Le Sceau. / Godewaersvelde(r.et s-
ALPES-MARITIM.	Nice.....	Vintimille (Italie). / Nice. / Fontan. / Breil. / Menton. / Isola. / Monaco. / Menton. / Turbie. / Roquebrune.		Lille.....	Armentières. / Halluin. / Comines. / Roubaix. / Tourcoing. / Lille.
ARDENNES..	Rocroi....	Givet. / Givet(g.du ch.de fer) / Gué-d'Hossus. / Vireu.		Valenciennes..	Blanc-Misseron(r.et s.) / Valenciennes. / Lecoq. / Maulde. / Mortagne. / Macou. / Vieux-Condé.
	Sedan.....	La Chapelle. / Tremblois. / Sapogne.	PYRÉNÉES (BASSES-)....	Bayonne....	Ainhoa. / Béhobie. / Hendaye.
DOUBS....	Montbéliard..	Villars-sous-Blamont. / Abbevillers. / Indevillers. / Fessevillers. / Vaufrey.		Mauléon....	Arnéguy.
	Pontarlier..	Pontarlier. / Verrières-de-Joux / Villers. / Les Fourgs.		Oloron.....	Urdos.
GARONNE (HTE-).	Saint-Gaudens.	Fos. / Saint-Mamet.	PYRÉNÉES-ORIENTALES..	Céret.....	Le Perthus. / Prats-de-Molle. / St-Laurent-de-Cerdans
JURA.....	Saint-Claude..	Les Rousses. / Bois-d'Amont.		Prades.....	Bourg-Madame.
	Briey.....	Crusmes. / Audun-le-Roman(sta.) / Avril. / Auboué. / Doncourt. / Mars-la-Tour. / Batilly.	RHIN (HAUT-)..	Belfort....	Rechésy. / Delle. / La Chapelle-s-Rougemt / Foussemagne. / Bourogne, / Montreux-Château. / Courtevelant. / Rougement. / Charmes-les-Grands.
	Toul.....	Arnaville.	SAVOIE....	Moutiers...	Séez.
MEURTHE-ET-MOSELLE..	Nancy....	Champey. / Pagny-sur-Moselle(st). / Raucourt. / Letricourt. / Lanfroicourt. / Mancel-sur-Seille. / Bouzières-s.-Froidmont		St-Jean-de-Maurienne.	Lanslebourg. / Modane.
			SAVOIE (HAUTE-)	Saint-Julien..	Saint-Julien. / Moille-Sulaz. / Machilly. / Pierre-Grand.
	Lunéville...	Aracourt. / Xures. / Vaucourt. / Emberménil (station). / Blamont (route et sta.) / Bertrambois.		Thonon....	Douvaine. / Thonon. / Evian. / Saint-Gingolph.
			VOSGES.....	Remiremont..	La Bresse. / Ventron. / Bussang.
				Saint-Dié...	Raon-sur-Plaine / Belval. / Wissenbach. / Plainfaing. / La Schlucht. / La Grande-Fosse. / Les Broques.
				Mirecourt	Provenchères.

ableau des prix de vente des Tabacs aux débitants et aux consommateurs, conformément à la législation en vigueur.

ESPÈCES de TABACS.	PRIX DE VENTE par kilogr. aux débitants.	aux consommateurs.	LOIS, DÉCRETS ORDONNANCES.	ESPÈCES de TABACS.	PRIX DE VENTE par kilog. aux débitants.	aux consommateurs.	LOIS, DÉCRETS ORDONNANCES.
	...	375 »		Cigares fabriqués à Manille.	44 »	50 »	Décret du 14 juillet 1860.
	...	312 50			33 »	47 50	
	...	250 »			80 »	87 50	Décret du 14 juillet 1870.
	...	187 50			68 »	75 »	
Cigares de la Havane.	...	150 »	Décrets des 14 juillet 1860 et 16 août 1862.	Cigares fabriqués en France.	56 »	62 50	Décrets des 22 décem. 1871 et 11 juin 1872.
	...	125 »			44 »	50 »	
	...	112 50			33 »	37 30	
	...	100 »			22 »	25 »	Déc. du 14 juillet 1860.
	...	87 50			16 50	18 25	Décret du 11 juin 1872.
	...	75 »			11 »	12 50	Déc. du 14 juillet 1860.
	...	62 50			30 »	28 »	
Cigares fabriqués en France.	...	125 »		Cigarettes fabriquées en France.	25 »	23 25	Décret du 11 juin 1872.
	...	100 »			20 »	18 50	
	...	75 »			15 »	13 90	
	...	62 50		Poudre et scaferlati étranger et supérieur.	15 »	16 »	
	...	50 »					
Cigarettes fabriquées en France.	...	150 »	Décisions administratives.	Rôles menus filés.	15 »	16 »	Loi du 29 février 1872.
	...	100 »					
	...	75 »		Poudre scaferlati Gros rôle et carottes à fumer.	11 50	12 50	
	...	60 »					
	...	50 »					
	...	40 »					
	...	25 »		Tabacs de cantine pour l'armée. Poudre	1 30	1 50	Décrets des 29 juin et 10 août 1853. — Loi du 29 février 1872.
	...	20 »		Scarferlati	1 08	2 »	
Scaferlati étranger.	...	25 »		pour les établiss. hospital. Poudre	4 40	5 »	Arrêté ministériel du 8 juillet 1872.
	...	20 »		Scarferlati	4 40	5 »	
Cigares fabriqués à la Havane.	140	150 »	Décrets des 29 juin 1863 et 22 décembre 1871.	Tabacs à prix réduit. Scaferlati 1re zone	2 60	3 »	Décret du 17 août 1872.
	116	125 »		2e —	4 40	5 »	
	92	100 »		3e —	7 20	8 »	
	80	87 50		Rôles 1re zone	5 30	6 »	
	68	75 »		2e —	7 20	8 »	
	44	50 »		3e —	. .	. . .	

Tableau des prix de vente des poudres à feu aux débitants et aux consommateurs conformément à la législation actuelle.

ESPÈCES DE POUDRES.		PRIX DE VENTE par KILOGRAMME.		LOIS, DÉCRETS, ORDONNANCES.
		aux débitants.	aux consommateurs.	
Poudre de chasse	Fine	9 »	9 50	Loi du 25 juillet 1873.
	Superfine	11 50	12 »	
	Extra-fine	15 »	15 50	
Poudre de mine (1)	Lente.	1 75	2 »	Décret du 8 octobre 1864.
	Ordinaire. . . .	2 25	2 50	
	Forte.	2 60	2 85	
Poudre de commerce extérieur		prix unique.	1 10	Décret du 29 septembre 1850. Arrêté ministériel du 16 juin 1873.
Poudre dynamite (1)	Qualité la plus forte, n° 1	8 90	9 50	Décrets des 31 mai et 27 septembre 1873.
	Qualité intermédiaire, n° 2. . .	6 10	6 50	
	Qualité la moins forte, n° 3 . . .	4 20	4 50	

(1) La poudre de mine et la poudre dynamite sont livrées diectement aux consommateurs dans les entrepôts aux prix fixés pour la vente aux débitants.

31

Liste des bureaux de navigation désignés pour le jaugeage des bateaux. (Ord. du 15 octobre 1836. — Décisions ultérieures.

DÉPARTEMENTS.	BUREAUX.	DÉPARTEMENTS.	BUREAUX.
Allier.	Moulins. Montluçon.	Maine-et-Loire. .	Angers.
Ardennes , . . .	Charleville. Rethel.	Marne.	Châlons-s-Marne. Vitry-le-François
	Givet.	Mayenne.	Laval.
Aube.	Nogent-sur-Seine.	Meurthe-et-Moselle.	Nancy.
B⁰ⁱ-du-Rhône. .	Arles.	Morbihan	Pontivy.
Calvados	Touques.		Nevers.
Charente . . .	Angoulême. Cognac.	Nièvre.	Clamecy. St-Léger-des-Vignes.
Charente-Inf⁰⁰. .	Rochefort. Saintes. Marans.	Nord	Dunkerque. Cambrai. Condé.
Cher	Vierzon.	Oise.	Compiègne.
Côte-d'Or. . .	St-Jean-de-Losne.	Pas-de-Calais . .	Arras. Saint-Omer.
Côtes-du-Nord. .	Dinan.	Pyrénées (Basses-)	Bayonne.
Dordogne. . . .	Périgueux. Bergerac.	Rhin (Haut-). . .	Bourogne.
Doubs.	Besançon.	Rhône.	Lyon. { Pont-Morand Pont-de-Serin Pont-d'Ainay.
Finistère.	Châteaulin.		
Garonne (Haute-).	Toulouse.	Saône (Haute-). .	Gray.
Gironde.	Bordeaux. Libourne.	Saône-et-Loire. .	Mâcon. Chalon-s-Saône. Digoin. Blanzy.
Hérault	La Peyrade. Croisée-du-Léez .		
Ille-et-Vilaine . .	Rennes. Redon.	Seine.	Paris.
		Seine-Inférieure .	Rouen.
Indre-et-Loire . .	Tours.	Seine-et-Marne. .	Melun. Meaux. Montéreau.
Isère	Grenoble.		
Landes	Mont-de-Marsan . Dax.	Seine-et-Oise. . .	Pontoise.
Loir-et-Cher. . .	Montrichard.	Sèvres (Deux-). .	Niort.
Loire.	Roanne.	Somme	Abbeville. Péronne.
Loire-Inférieure .	Nantes.		
Loiret.	Orléans. Briare.	Tarn-et-Garonne.	Montauban.
		Vaucluse.	Avignon.
Lot.	Cahors.	Yonne.	Auxerre. Tonnerre.
Lot-et-Garonne. .	Agen.		

TABLE ALPHABÉTIQUE

A

C

reforme et autres préparations à base d'alcool sont soumis aux formalités à la circulation, 422.

Commissaires de police. — Doivent, lorsqu'ils en sont légalement requis, assister les employés dans leurs visites et exercices, 165. — Visites chez les assujettis du service de la garantie, 21. — Constatation des contraventions aux règlements sur la police du roulage, 288.

Commissions des employés. — Transcription du serment sur les commissions des employés, 64. — Les préposés destitués ou démissionnaires doivent, sous peine d'y être contraints, remettre leurs commissions à la régie, 65.

Comptables. — Sont responsables des payements effectués sans une ordonnance régulière, 46, 125. — Poursuites en cas de débets, 42, 43. — Privilège du Trésor sur les meubles des comptables, 68, 78. — Vols de deniers. Mesures à prendre pour la sûreté des caisses, 47. — Responsabilité en cas de non-recouvrement des droits. Décharges de droits, justifications, 201, 202. — Relevés des droits et produits restant à recouvrer, 201. — Créances mises à la charge des comptables. Admission en reprise, 201, 202. — Non-valeurs, justifications, 202. — Subrogation des comptables dans tous les droits du trésor, 202.

Confiscations. — V. AMENDES et CONFISCATIONS, POURSUITES et INSTANCES.

Congés des employés. — Règles relatives aux congés, maladies et intérims, 341, 342. — V. RETRAITES.

Conseils d'État. — Règlement sur les affaires contentieuses portées au Conseil d'État, 74.

Conseils généraux. — Attributions en matière d'octroi, 397, 398. — Renseignements à fournir aux Conseils généraux par les chefs de service des administrations publiques, 398. — Les comptables et agents de tout ordre ne peuvent être élus membres du Conseil général, 397.

Conseils municipaux. — V. ENTRÉE. — Attributions en matière d'octroi. V. OCTROIS.

Consommation (Droit de). — Assiette du droit. Perception à raison du degré, 141, 188, 423, 424. — Tarifs, 353, 400, 425. — Payement à l'enlèvement ou à l'arrivée. Marchands en gros, débitants, 141, 189. — Exemptions. Simples particuliers. Bouilleurs de cru, 141, 142. — Alcools rendus impropres à la consommation comme boissons, 242. — Eaux-de-vie versées sur les vins, 141, 295, 368. — Eaux-de-vie et esprits altérés, 189. — Payement du droit à l'entrée des villes rédimées, 200, 233, 234. — Vins contenant de 15 à 21 centièmes d'alcool. Vins ayant plus de 21 degrés, 295, 400, 429, 438. — Droit de consommation sur les vins importés ayant plus de 14 degrés, 383. — Les eaux-de-vie, esprits et liqueurs expédiés en bouteilles, sont imposables d'après la capacité réelle des bouteilles, 396, et proportionnellement à leur richesse alcoolique, 423, 424. — Vernis, eaux de senteur, chloroforme, éther, formalités à la circulation, 422. — Régime des absinthes. Essence d'absinthe, 425. — Vins présentant *naturellement* une force alcoolique de 15 à 18 degrés, 429. — Tolérance de 1 0/0 sur le degré ou sur le volume, 438. — Transports sans expédition ou avec une expédition inapplicable. Pénalités, 437. — V. DÉNATURATION.

Contraintes. — Les contraintes et actes de poursuites pour le recouvrement des droits sont enregistrés gratuitement lorsqu'il s'agit de cotes ne dépassant pas 100 francs, 187. — V. JUGES DE PAIX, POURSUITES et INSTANCES.

Contrainte par corps. — Emploi, à défaut de payement des obligations cautionnées, 68. — Suppression de la contrainte par corps en matière commerciale et civile, 377. — Maintien en matière criminelle, correctionnelle et de simple police, 377. — Recouvrements des frais dus à l'État, 417. — Insolvabilité des condamnés. Mise en liberté, 197, 378. — Cautions, 379. — La contrainte par corps est indépendante des autres peines prononcées contre les condamnés, 197. — Exécution des arrêts et jugements, 377. — Jugements à la requête et dans l'intérêt des particuliers, 378. — Aliments. Consignation. Elargissement, 378. — Durée de la contrainte par corps, 378 ; est déterminée d'après le montant des condamnations, y compris les frais dus à l'Etat, 417. — Individus âgés de moins de 16 ans, 379. — Débiteurs ayant commencé leur soixantième année, 379. — Faculté de surseoir à l'exécution de la contrainte par corps. Abrogation des lois antérieures, 379.

Contrebande. — Avec ou sans attroupement et port d'armes. Instruments réputés armes, 49. — Contrebande de tabac avec attroupement et à main armée. Peines, 163.

Contribution foncière. — Taxe à laquelle sont soumis les canaux de navigation ainsi que les francs-bords, etc., dépendant du domaine public, 48, 184. — Exemption pour les bâtiments affectés à un service public, 83. — Contribution foncière des salines et marais salants, 232. — V. Bacs, Navigation, Sels.

Contribution personnelle et mobilière. — Villes ayant un octroi. — Payement par les caisses municipales. Délibérations à cet effet, 198. — Fonctionnaires logés dans les bâtiments de l'Etat, 198.

Correspondance. — V. Franchises de la correspondance.

Cour des comptes. — Les comptes-matières sont soumis à son contrôle, 241. — Vérification et jugement des comptes transmis par le Ministre, 280. — Production à la Cour des comptes des pièces justificatives de recette et de dépense, 277, 350. — Délais, 351. — Arrêts rendus par la Cour. Exécution, 281, 351, 352, 353. — Comptes de gestion à rendre par les comptables, première partie, deuxième partie. Exercices clos, 280, 353. — Délais de production.

Cour de cassation. — Le tribunal de cassation prononce sur tous les jugements rendus en dernier ressort, 1.

Courriers. — V. Entrée. Octrois. Voitures publiques.

Crédit des droits. — Remises à exiger des redevables auxquels le crédit est accordé. Quotités, 276. — La concession des crédits de droits sur les sucres donne lieu au payement de la remise, 321. — V. Obligations cautionnées.

Cumul. — V. Retraites.

D

Débets des comptables. — Arrêtés à prendre pour les poursuites, à fin de recouvrement des débets. — Poursuites contre les entrepreneurs, fournisseurs et agents quelconques, 42, 43. — V. Comptables.

Débits de boissons. — Fermeture en cas de rébellion, 165. — Autorisation d'ouverture de débits à consommer sur place. Préfets et sous-préfets, 292, 362.

Débits de tabacs. — Conditions d'admissibilité aux candidatures. Pièces à procurer. Gestion personnelle. Transmission. Démissions conditionnelles. Trafic des débits, 301, 454. — Tableau annuel des débits de tabac concédés par le Ministre des finances, 396. — Institution d'une Commission chargée d'établir les listes des candidatures aux débits de tabacs, 454. — Tableaux des candidatures par catégories. Pièces à fournir par les candidats, 454, 455. — Commissions départementales, 475.

Débits de poudres. — V. Débitants de Poudres a feu.

Débitants de boissons. — Déclaration de profession. Licence, 155, 401. — Personnes assujetties à la licence, 134, 135, 151. — Obligations des débitants, 134, 206. — Boissons à déclarer, 135. — Cantiniers, 135. —

Prise en charge aux portatifs, marque des futailles, représentation d'expéditions pour les boissons introduites, 135. — Droits d'entrée d'octroi et de banlieue, 135, 152, 175. — Constatation des manquants. Actes des employés, foi due, 135, 405. — Registres des débitants, 135. — Ouverture des caves et celliers. Ventes en gros, 136. — Décharge des boissons perdues ou gâtées, vaisseaux prohibés, nombre de pièces en vente, mise en bouteilles, remplissages, substitutions, démarque des futailles vides. Râpes, 136. — Recelés. Communications interdites, 136, 137. — Voisins des débitants, 137. — Décompte des droits à percevoir. Déchet pour consommation de famille. Ventes dans les foires, marchés ou assemblées. Déclaration de cesser. Continuation des exercices, 137. — Vente en détail après déclaration de cesser, 142. — Refus d'exercice, droits à payer nonobstant la suite des procès-verbaux, 138. — Abonnements individuels et à l'hectolitre, abonnements généraux et par corporation, révocation des abonnements en cas de fraude, 138, 139, 140. — Époque de l'exigiblité du montant des abonnements, 234. — Débitants de cru. Obligations, 140, 141, 234. — Contraventions. Pénalités, 142, 430, 437. — Visites et exercices, 164, 165. — Débitants vendant à consommer sur place. Autorisation préfectorale, 292. — Fermeture des débits, 165, 292. — Infractions. Peines, 292. — Circonstances atténuantes, 423. — Débitants ayant en leur possession plus de 10 hectolitres d'alcool. Cautionnement, 430. — V. Détail (Droit de).

Débitants de poudres à feu. — Nominations par les préfets, 299. — Mode et nomination, 300.

Débitants de tabacs. — Les débitants de tabacs doivent s'approvisionner à l'entrepôt de leur arrondissement, 99. — Les préfets nomment directement les titulaires de débits de tabacs simples d'un produit de 1,000 francs et au-dessous, 299. — Mode de nomination, 300.

Décimes. — Établissement du décime, 41, 164, 174. — Second décime, 354. — Taxe de 5 0/0 sur les impôts et produits de toute nature soumis aux décimes, 456. — Taxe additionnelle de 4 0/0 du droit actuel des sucres et autres, dont la quotité comprend à la fois le principal et les décimes, 456. — Exemptions, 456.

Décrets. — Promulgation des décrets. — V. Promulgation.

Déductions. — Sont réglées, suivant les lieux et la nature des boissons, par des ordonnances rendues sous forme de règlements d'administration publique, 219. — Minimum légal, 219. — Règlement des déductions par classe de départements, par nature de boissons et par classe d'entrepositaires, 223. — Tableau des déductions, 224, 433. — Tableau des départements divisés en trois classes pour le calcul des déductions, 225. — Quotité de la déduction à allouer sur les spiritueux, 433. — V. Entrée. Marchands en gros. Débitants.

Dénaturation (Droit). — Affranchissement des droits pour les alcools dénaturés, 242. — Droit spécial de dénaturation, 242, 246, 429. — Conditions, formalités, 242, 245, 429. — Maximum des droits d'octroi sur les esprits dénaturés, 242, 246, 429. — Formalités à la circulation, 242, 246. — Contraventions. Pénalités, 242, 247. — Préparateurs d'alcools dénaturés. Déclaration, licence, 246. — Obligations des préparateurs. Dispositions applicables aux alcools dénaturés, tenue des comptes, 246. — Dénaturation des alcools en présence des employés. Conditions dans lesquelles elle doit s'opérer. Comité des Arts et Manufactures, 429. — Revivification des alcools dénaturés dans les villes où la distillation est interdite. Pénalités, 439.

Départements. — Divisés en quatre classes pour la perception des droits de circulation et d'entrée, 196. — Tableau des départements divisés en trois classes pour le calcul des déductions à allouer sur les vins, alcools et liqueurs, 225.

Dépens. — Liquidation des dépens en matières ordinaires, 77.

Dépenses. — Liquidation et ordonnancement des dépenses. Délais. Epoques de clôture de l'ordonnancement et du payement des dépenses de l'exercice expiré. Annulation des mandats, réordonnancement, 282.

E

cidres, poirés fabriqués avec de la vendange ou des fruits ayant acquitté le droit d'entrée, 233. — Vins contenant de 18 à 21 centièmes, vins contenant plus de 21 centièmes, 295, 400. — Droit d'entrée sur les huiles, 171, 460. — Faubourgs, habitations éparses. — Dispositions de la loi du 25 mars 1817 remises en vigueur, 460. — Huiles employées aux usages industriels. Exemptions. Frais de surveillance. Visites et recherches à l'entrée des villes sujettes, 460. — Entrepôt. Licence des entrepositaires, 461. — Payement du droit. Sommes supérieures à 300 francs. Obligations cautionnées, 461. — Abonnement général. Contraventions. Fraudes en voitures suspendues, au moyen d'engins, par escalade. Pénalités. Complices. Répartition du produit des amendes et confiscations, 461. — V. VILLES RÉDIMÉES. TAXE DE REMPLACEMENT.

Entrepôt. Entrepositaires. — V. ENTRÉE. MARCHANDS EN GROS. OCTROI.

Entrepôt réel et fictif. — V. ENTRÉE. OCTROI. SUCRES.

Entrepreneurs de roulage et de messageries. — Objets délaissés et non réclamés dans un délai de six mois. Vente par l'administration de l'enregistrement, 93. — Vérification des registres des entrepreneurs par les employés de la régie, 94.

Escalade. — Fraude par escalade. — V. ENTRÉE. OCTROI.

Escompte. — Fixation du taux de l'escompte bonifié à certains redevables, 361. — V. OBLIGATIONS CAUTIONNÉES.

Escorte. — V. ENTRÉE. OCTROI.

Estampilles — V. VOITURES PUBLIQUES.

Ether. — V. CIRCULATION. CONSOMMATION.

F

Franchise de la correspondance. — Dispositions générales. Concessions des franchises, 249. — Taxe en cas de suspicion de fraude, 249, 250. — Objets assimilés à la correspondance de service. Poinçons de garantie. Registres reliés et cartonnés. Portatifs, 250, 253, 254. — Contreseing. Intérimaires, 250, 251. — Mode de fermeture des lettres et paquets, 251. — Transport des acquits-à-caution, 252. — Dépôt de la correspondance dans les bureaux de poste, lettres ordinaires, chargées ou recommandées, 252, 253. — Chargements, 253. — Poids des paquets expédiés en franchise. Distribution, 254. — Retrait de la correspondance dans les bureaux de poste. Agents délégués, 255. — Ouverture et vérification des dépêches taxées, refusées par les fonctionnaires, 255, 261. — Correspondances reconnues non distribuables. Fonctionnaires décédés. Vacances, 257.

Ferme. — V. BACS. PÊCHE. OCTROI. ALLUMETTES CHIMIQUES.

Force publique. — V. AUTORITÉ.

Frais de poursuites et frais judiciaires. — Frais de poursuites tombés en non-valeurs. Pièces justificatives, 41. — Liquidation et recouvrement des frais de justice, 101, 102, 103. — Avance des frais par la régie, 167. — Imputation des frais relatifs aux saisies de poudres à feu, 183. V. POURSUITES ET INSTANCES.

Frais de casernement. — V. CASERNEMENT.

Frais de capture. — Arrestation de délinquants insolvables. Taxe allouée aux gendarmes, 261.

Francs-bords. — V. PÊCHE.

Fruits à l'eau-de-vie. — V. LIQUORISTES.

G

H

fabriqués, 418 — Déchets d'évaporation. Déchets supplémentaires, pertes matérielles, 418. — Etat dans lequel les huiles et essences sont imposables, 455. — Détermination de la richesse des produits, 455. — Résidus. Contestations relatives au poids spécifique, 418. — Enlèvement des fabriques en vertu d'acquits-à-caution, 419, 420, 456. —Expéditions avec transfert du crédit des droits. Acquits-à-caution, 419. — Doubles droits, 420. — Epurateurs non fabricants. Fabricants épurateurs, 419. — Eléments de la perception de l'impôt, 419. — Expéditions à destination de l'étranger, 420. — Rayon de surveillance. — Représentation des ampliations des laissez-passer, 420. — Règlement de compte à la fin de chaque mois. — Payement des sommes supérieures à 300 francs. Crédit de l'impôt. Obligations cautionnées. Escompte en cas de payement au comptant, 420. —Recouvrement des droits. Poursuites, 420. — Déclaration de cesser. Payement de l'impôt sur les quantités restantes, 420.

I

Incompatibilités. — Fonctions de notaire et celles de préposé à la recette des contributions directes et indirectes, 45, 46. — Députés. Inéligibilité des directeurs des contributions indirectes, 279. — Fonctions de juré, service actif des contributions indirectes, 324. — Conseils généraux. Employés et agents de tous grades, 397.

Injures et menaces. — V. Rébellion. Voies de fait.

Inscription de faux. — V. Procès-verbaux. Poursuites et Instances.

Insolvabilité des redevables. — Doit être constatée par des procès-verbaux dressés par des huissiers, ou par des certificats délivrés par les maires et adjoints. Visa de ces certificats, 48.

Instances civiles. — Poursuites et Instances.

Interprétation. — Aucunes instructions ne peuvent annuler, étendre, modifier le vrai sens des dispositions de la loi, 166.

J

Jaugeage. — Contestation des résultats de jaugeages effectués par des employés. Contre-vérification. Experts, 151, 152.

Jaugeage des bateaux. — V. Navigation.

Juges de paix. — Compétence des juges de paix en matière d'octroi, 44, 119. — Affirmation des procès-verbaux, 43, 51, 65, 437. — Visa des contraintes, 40. — Nomination d'experts en cas de contestations des résultats de jaugeage, 152. — Visites et exercices. Assistance des juges de paix, 165. — Les registres portatifs doivent être cotés et paraphés par les juges de paix, 166. — Communication des registres de la régie. Autorisation des juges de paix, 430.

L

Lettres de voitures. —Doivent être représentées par les destinataires des spiritueux accompagnées d'acquits-à-caution et ayant parcouru un trajet de 2 myriamètres, 421.

Licence (Droit de). — Personnes qui y sont assujetties, 151. — Débitants. Marchands en gros. Brasseurs. Bouilleurs et distillateurs de profession, 401. — Entrepreneurs de voitures publiques, 172. — Salpêtriers, 180. — Liquoristes, 190. — Sucres, 218, 263, 400. — Dénaturateurs d'alcool, 246. — Fabricants de cartes, 154, 400. — Fabricants d'allumettes, de chicorée et de papier, 404, 440. — Fabricants de savons, 437; — de bougies et de cierges, 458. — Entrepositaires d'huiles, 461. — Les licences ne sont applicables qu'à un seul établissement, 155, 440. — Contraventions au droit de licence, 155. — Payement par trimestre, sauf en ce qui concerne les voitures publiques, 201. — Les bouilleurs de cru ne sont pas soumis à la licence, 219, 429.

Liqueurs. — V. CONSOMMATION. LIQUORISTES.

Liquoristes. — Déclaration de profession. Licence. Dispositions applicables aux liquoristes débitants. Liquoristes marchands en gros et entrepositaires, 190. — Vente en détail, commerce de gros, 190. — Eaux-de-vie et esprits en nature expédiés en cercles, minimum, 191, 426. — Magasins séparés des ateliers de fabrication. Communications avec les habitations voisines, 190. — Défense de placer des vins, cidres ou poirés dans les ateliers de fabrication et de s'y livrer à la distillation, 190. — Contenance des vaisseaux, empotement, marque, 190, 191. — Conversion des eaux-de-vie et esprits en liqueurs, 191, 234. — Droits imposables sur les manquants. Prise en charge des excédents, 191. — Payement immédiat des droits sur les quantités d'alcool reconnues manquantes dans les ateliers de fabrication, 426. — Contraventions. Pénalités, 191, 426. — Fabrication dans l'intérieur d'un lieu sujet, 231. — Liqueurs, fruits à l'eau-de-vie et eaux-de-vie en bouteilles. Distinction par degré dans les magasins. Etiquettes, 425. — Fausse indication de la richesse alcoolique des liqueurs, etc., etc., 426. — Introductions clandestines. Pénalités applicables aux liquoristes et aux individus ayant fourni sciemment les liqueurs, 426. — Régime exceptionnel que la régie peut appliquer en cas de fraude, 426.

Logements dans les bâtiments de l'État. — Fonctionnaires logés gratuitement dans les bâtiments appartenant à l'Etat. Impôts des portes et fenêtres, 198. — Réparations locatives et d'entretien, 247. — Ameublements, 247. — Chauffage et éclairage des fonctionnaires logés dans les bâtiments de l'Etat, 247.

Lois. — Promulgation des lois. — V. PROMULGATION. — Interprétation. V. INTERPRÉTATION.

Lyon. — V. TAXE DE REMPLACEMENT.

M

Maires et adjoints. — Attributions en matière d'octroi, 85, 87, 106, 116, 120, 153, 380, 386. — Délivrance de certificats d'insolvabilité ou d'absence des redevables, 48. — Contestations sur le prix de vente en détail des boissons, 134. — Visites et exercices, assistance des maires et adjoints, 165.

Maladies des employés. — Comment elles sont constatées, 341. V. RETRAITES.

Marchands en gros. — Définition. Déclaration des boissons, 143. — Licence, 155, 401. — Transvasions, mélanges, coupages hors la présence des employés, 143. — Ne peuvent avoir lieu qu'après vérification des employés, 422. — Tenue des comptes, charges et décharges, 143. — Tolérance de 1 0/0 sur les déclarations d'enlèvement, 438. — Déductions pour coulage, ouillage, etc., 144, 188, 189, 224, 433. — Visites et vérifications des employés, 144, 164, 206. — Ventes par petites quantités, droits dus, 144. — Quantités de 25 litres et au-dessus en cercles et en bouteilles, 294. — Constatation des manquants, 188, 189. — Droits sur les manquants, 144. — Manquants extraordinaires, 219. — Déclaration de cesser, ventes en gros et en détail après déclaration de cesser, 144, 145. — Contraventions, pénalités, 145, 430, 437. — Recettes de boissons appartenant à un marchand en gros. Peines, 438. — Indication du degré sur les eaux-de-vie et liqueurs en bouteilles, étiquettes, 425. — Cautionnement des marchands en gros, 429.

Marques de fabriques. — Etablissement d'un signe ou timbre spécial destiné à être apposé sur les marques commerciales et de fabriques, 452.

Médailles et jetons. — V. GARANTIE.

Mélasses. — V. SUCRES. DISTILLERIES.

Messageries. — V. ROULAGE. VOITURES PUBLIQUES.

Modération d'amendes. — V. TRANSACTIONS.

Monnaies. — La monnaie de cuivre et de billon ne peut être employée dans les payements que pour l'appoint de la pièce de 5 francs, 94.

Monnaies et médailles. — V. GARANTIE.

Monopole. — V. ALLUMETTES. TABACS. POUDRES A FEU.

Mont-de-Piété. V. GARANTIE.

N

Navigation. — Établissement du droit de navigation sur les fleuves et rivières navigables, 48. — Maintien de la perception, 164. — Division par bassins, 49. — Tableau des fleuves, rivières et canaux soumis à la navigation, 375. — Attributions des préfets et des ingénieurs, 49. — Receveurs et contrôleurs de la navigation, 50. — Transaction interdite sur la quotité du droit, 50. — Pénalités en cas d'infraction de la part des mariniers, 50, 211. — Responsabilité des propriétaires de bateaux, trains, etc., 211. — Aide et assistance des autorités, 50. — Poursuites devant les tribunaux, 50. — Procès-verbaux. Affirmation. Formes dans lesquelles ils doivent être suivis, 51, 211. — Poteaux. Tarifs de perception, 50, 51, 372. — Touage à la vapeur, 372. — Maîtres de ponts ou de pertuis, 51. — Taxe sur les bâtiments à quille, 79, 80, 211. — Epaves. Objets non réclamés, 81. — Nombre de tonneaux imposables pour chaque bateau, 208. — Classification des marchandises. Chargements mixtes, 208, 373. — Bateaux chargés de voyageurs, 208. — Trains et radeaux, 373. — Abonnements, 208. — Bascules à poisson, 208, 374. — Droit de navigation maritime. Suppression, 357. — Exemptions des droits, 208, 215, 373. — Bateaux vides, 356. — Jaugeage des bateaux, 209, 213. 214. — Contre-vérification. — Echelles, 213. — Cubage des trains, 214. — Calcul des distances, 214, 226. — Dispositions applicables aux bateaux à vapeur, 210. — Payement du droit au départ et à l'arrivée, 209, 214, 373. — Laissez-passer. Acquits-à-caution, 210, 214. — Changement de destination, 215. — Représentation des expéditions et des procès-verbaux de jaugeage, 210, 215. — Contestation sur le fond du droit, 211. — Bureaux de jaugeage, 213, 482. V. VOITURES PUBLIQUES.

Navigation maritime. — V. BACS.

O

Obligations cautionnées. — Peuvent être acquittés en obligations, lorsqu'ils s'élèvent à plus de 300 francs, les droits sur les bières, 148 ; les sels, 243, 274 ; les sucres, 321, 367, 370 ; les allumettes, 410 ; la chicorée 415 ; le papier, 451 ; les savons, 474 ; les bougies, 468 ; les huiles, 420, 461. — Emploi de la contrainte par corps à l'égard des redevables à défaut de payement des obligations cautionnées, 68. — Payement des obligations au chef-lieu de l'arrondissement. Exception. 456.

Octrois. — Établissement et modifications des taxes municipales, 39, 45, 85, 107, 153, 240, 386. — Délibérations des conseils municipaux. Approbations, 45, 107, 108, 380, 386. — Délibérations des conseils généraux, 397, 398. — Suppression, remplacement des taxes, 106, 120, 380. — Extension du rayon, 85, 380. — Octrois de banlieue, 152. — Frais d'établissement et de perception, 61, 108, 387. — Tarifs et règlements, 40, 43, 45, 107, 108, 110, 116, 123, 240. — Tarif général, 390 à 395. — Tarifs maxima en ce qui concerne les boissons, 240, 350, 386, 460. — Alcools dénaturés, 429. — Limites. Poteaux, 110, 116. — Dispositions contraires aux lois sur les contributions indirectes, 106, 123, 152. — Attributions des ministres des finances et de l'intérieur, 54. — Attributions de la régie des contributions indirectes, 120, 121, des Préfets (V. PRÉFETS), des Maires (V. MAIRES). Modes de perception. Régie simple. Ferme. Adjudications, etc., etc., 86 à 89, 121, 122, 152. — Traités de gré à gré, 153. — Objets imposables, 39, 85, 107, 108, 380, 386. — Perception du droit sur les bestiaux, 262. — Exemptions des droits, 51, 123, 387, 388, 389. — Introductions d'objets déclarés. Barrières. Bureaux, 110. — Bureau central, 112. — Perception sur les spiritueux à raison du degré, 190. — Déclarations, 43, 44, 111. — Visites, 44. — Personnes à pied ou à cheval, 44. — Voitures particulières, 196. 203. — Courriers, 112. — Objets susceptibles d'être endommagés, 112. — Introduction à l'aide d'instruments préparés, 197. — Escalade, 196. — Déclarations inexactes, 117. — Saisies à l'intérieur. Visites domiciliaires, 112. Fabrication à l'intérieur, 112, 388. — Passe-debout. Transit, 86, 112, 113. — Entrepôt, 86, 113, 203, 387. — Entrepôt public, 203. — Recouvrement des droits. Contraintes, 95, 114. — Propriétaires récoltants, 112. — Employés de la régie, 69. — Personnel. Nominations. Révocations, 95, 115, 153. — Cautionnement des préposés, 153. — Receveurs municipaux, 191. — Prévarications. Poursuites, 45, 116. — Mise en jugements des préposés, 52, — Préposés en chef, 89, 153, 259. 300. — Concours des préposés d'octroi et des employés de la régie, 90, 91, 120. — Préposés d'octroi. Attributions en matière de contributions indirectes, 68, 107, 152, 174 ; — en matière d'enregistrement, 70, 363 ; — de police de roulage, 288. — Pêche côtière, 292. Employés de la régie. Attributions en matière d'octroi, 69. — Indemnité d'exercices payée à la régie, 121. — Suppression du prélèvement de 10 0/0 pour le compte du Trésor, 296. — Registres de comptabilité. Timbre des expéditions, 117. — Procès-verbaux. Forme. Affirmation. Foi due, 43, 118, 119. — Poursuites correctionnelles, 91, 119. — Modération des peines. Transactions, 120. — Contestations sur le fond du droit, 44, 91. — Répartitions d'amendes, 44, 89, 120, 165, 166, 432. — Contraventions, 85, 86, 111, 196, 197. — Oppositions. Voies de fait, 44, 45.

Officiers municipaux. — Doivent prêter assistance aux employés dans leurs visites et exercices, 165. — Visites chez les assujettis du service de la garantie, 21. — V. MAIRES. JUGES DE PAIX. COMMISSAIRES DE POLICE.

Oppositions. — A contraintes et à jugements. V. POURSUITES ET INSTANCES. — Oppositions sur les traitements. V. SAISIES-ARRÊTS. — Sur des cautionnements. V. CE MOT. — Sur les droits du Trésor. V. SAISIE DES DROITS.

Organisation. — Établissement de la régie des droits réunis. Directeur général. Administrateurs. Directeurs et employés, 52, 56. — Organisation de l'administration centrale, 54, 258. — Administration dans les départements, 55. Nomination aux divers emplois, 55, 96, 258, 259, 260. — Fonctions des préposés, 55, 56. — Règlements d'administration publique, 63. — Douanes et contributions indirectes, 124, 291, 382. — Séparation du service des tabacs de l'administration des douanes et des contributions indirects, 357. — Séparation des deux administrations des douanes et des contributions indirectes, 382. — Nomination de M. Provensal en qualité de directeur général des contributions indirectes, 428.

P

Papiers. — Droit de fabrication sur les papiers de toute sorte, 403, 440, 446. — Classification des papiers, 440. — Importations, 403, 446. — Exportations, 403, 444. — Exercice des fabriques, 402. — Déclaration de profession, 402, 403. — Contraventions. Pénalités, 403, 441. — Papiers employés à l'impression des journaux, 403. — Dispositions applicables aux visites des employés, 403. — Déductions pour les papiers peints, les papiers ou cartons revêtus d'un enduit, 440, 446. — Licence des fabricants, 404

R

T

V

Vendanges. — V. CIRCULATION. ENTRÉE.

Vernis. — Sont soumis aux formalités prescrites pour la circulation des boissons, 422. — V. CONSOMMATION. DÉNATURATION.

Villes rédimées. — Remplacement des droits de détail et d'entrée par une taxe unique, 199, 233, 425, 460. — Etablissement et fixation de la taxe unique, 199, 234, 400. — Délibération des conseils municipaux. — Notification à la régie, 234. — Entrepôt. Cautionnement des marchands en gros et distillateurs, 199. — Boissons existant chez les débitants au moment de l'établissement ou de la suppression de la taxe unique, 200. — Droit de consommation perçu à l'entrée des villes rédimées, 200, 233. — Revision des tarifs de la taxe unique, 294. — Expéditions d'entrepôt à entrepôt dans les villes rédimées. Déclaration spéciale, 439.

Vinages. — V. CONSOMMATION.

Visites et exercices. — Chez les assujettis, 164, 165. — Chez les particuliers en cas de soupçon de fraude ou lorsque les employés sont à la suite de la fraude, 165.

Voies de fait. — Voies de fait et rébellion contre les employés. Peines, 165. — Conducteurs de voitures publiques, 61.

Voitures publiques. — Droit sur les voitures publiques de terre et d'eau et les chemins de fer, 52, 164, 171, 353. — Service régulier. Définition, 172. — Déclaration. Licence. Estampille. Laissez-passer, 60, 61, 172, 173. — Dixième sur le prix des transports de marchandises, 52, 353. — Droit de 10 centimes sur les marchandises transportées à grande vitesse par les chemins de fer, 353. — Taxe additionnelle de 10 0/0 sur le prix des places et le transport des marchandises en chemins de fer, voitures publiques, bateaux à vapeur, 404. — Taxe de 5 0/0 sur les transports de marchandises par chemins de fer aux conditions des tarifs de la petite vitesse, 476. — Cette taxe n'est pas passible de décimes, 476. — Perception du droit de dixième. Déduction pour places vides, 172, 182. — Perception sur le vu des registres des entrepreneurs et des feuilles de route, 52, 60, 173. — Obligations des entrepreneurs de voitures en service régulier, 59. — Courriers des postes, 61. — Suspension de service. Substitution de voitures, 61. — Registres des entrepreneurs. Emploi de faux registres. Voies de fait. Pénalités, 61. — Service d'occasion. Déclaration, 172. — Quotité du droit, 202. — Service régulier assimilé pour la perception au service d'occasion, 202. — Constatation et payement des droits. Abonnements pour les voitures de terre et d'eau en service régulier, 173. — Service accidentel. Déclaration. Laissez-passer. Quotité du droit, 220. — Loi de police (V. ROULAGE). Indication que doivent présenter les locomotives, tenders et wagons servant à l'exploitation des chemins de fer, 270. — Circulation sur les voies ferrées, 270, 271. — Circulation des voitures publiques, sans laissez-passer ni estampille. Saisie, 173. — Procès-verbaux, 60. — Contraventions. Pénalités, 173.

Vols de deniers publics. — Conditions auxquelles les comptables peuvent obtenir la décharge de sommes volées, 47.

ANNALES
DES
CONTRIBUTIONS INDIRECTES
DES TABACS ET DES OCTROIS

Fondées en 1838, par plusieurs employés de l'Administration cen=
trale, sous la direction de M. Dareste, les *Annales* forment la collection
non interrompue des lois, décrets, ordonnances, décisions et instructions réglementaires, ainsi que des arrêts et jugements rendus par les
tribunaux judiciaires et administratifs.

Les discussions des lois sur l'impôt indirect proprement dit, celles
des pétitions y relatives, les commentaires dont elles ont été l'objet,
sont analysés dans la première partie du Recueil. Des Codes spéciaux
pour chaque branche du service composent la deuxième partie.

PRIX : 9 FRANCS PAR AN.

RÉPERTOIRE ANALYTIQUE
OU
DICTIONNAIRE
DES
CONTRIBUTIONS INDIRECTES
DES TABACS ET DES OCTROIS

CONTENANT LES

Lois, Ordonnances, Décrets, Décisions et Circulaires administratives
ainsi que la Jurisprudence des Tribunaux à tous les degrés
depuis 1804 jusqu'en 1873.

PUBLIÉ SOUS LA DIRECTION

DE M. A. DARESTE

Chevalier de la Légion d'honneur, Chef de bureau de 1re classe (en retraite)

Un volume in-8° de près de 900 pages.—Prix 9 fr.—Franco 10 fr.

Paris. — Société d'imprimerie PAUL DUPONT, 41, rue J.-J.-Rousseau. (Cl.) 7 bis 2,84.